U0871545

中国好人传

ZHONGGUO HAOREN ZHUAN

2019年卷

《中国好人传》编辑委员会 编

学习出版社

图书在版编目（CIP）数据

中国好人传. 2019年卷 /《中国好人传》编辑委员会编. --北京：学习出版社，2022.10

ISBN 978-7-5147-1147-9

Ⅰ. ①中… Ⅱ. ①中… Ⅲ. ①人物－先进事迹－中国－现代 Ⅳ. ①K820.7

中国版本图书馆CIP数据核字（2022）第047614号

中国好人传（2019年卷）

ZHONGGUO HAOREN ZHUAN (2019 NIAN JUAN)

《中国好人传》编辑委员会　编

责任编辑：李　岩　翟晓波　徐　阳
技术编辑：胡　啸　朱宝娟
装帧设计：和物文化

出版发行：学习出版社
北京市崇外大街11号新成文化大厦B座11层（100062）
010-66063020　010-66061634　010-66061646
网　　址：http://www.xuexiph.cn
经　　销：新华书店
印　　刷：北京盛通印刷股份有限公司

开　　本：889毫米×1194毫米　1/16
印　　张：41
字　　数：1268千字
版次印次：2022年10月第1版　2022年10月第1次印刷

书　　号：ISBN 978-7-5147-1147-9
定　　价：133.00元

如有印装错误请与本社联系调换，电话：010-67081356

目录

一 月

助人为乐

见义勇为

诚实守信

敬业奉献

孝老爱亲

二　月

助人为乐

见义勇为

诚实守信

敬业奉献

孝老爱亲

三　月

助人为乐

见义勇为

诚实守信

敬业奉献

孝老爱亲

四　月

助人为乐

见义勇为

诚实守信

敬业奉献

孝老爱亲

五　月

助人为乐

见义勇为

诚实守信

敬业奉献

孝老爱亲

见义勇为

诚实守信

敬业奉献

孝老爱亲

八　月

助人为乐

见义勇为

诚实守信

敬业奉献

孝老爱亲

九　月

助人为乐

见义勇为

诚实守信

敬业奉献

孝老爱亲

十　月

助人为乐

见义勇为

诚实守信

敬业奉献

孝老爱亲

十一月

助人为乐

见义勇为

诚实守信

敬业奉献

孝老爱亲

十二月

助人为乐

见义勇为

诚实守信

敬业奉献

孝老爱亲

一

JANUARY

月

王　娅

退休女工 30 年捐资助学去世后捐献遗体

「助人为乐」

人物故事

王娅，女，1952 年生，生前系天津市西青区中北镇华亭丽园社区居民。2018 年当选“天津好人”，2019 年获“第六届天津市道德模范”荣誉称号。

王娅是天津市一名普通的电力退休职工。从 1985 年开始，她就走上了热心公益之路，并默默坚持了 30 余年，从西南旱灾、青海震灾、南方水灾、希望工程到汶川地震，处处都有她的爱心善举。

2016 年 7 月，她通过甘肃兴华青少年助学基金会资助了西部地区多名贫困生。2018 年 3 月，王娅被确诊为胰腺癌晚期，她做出了一个惊人的决定：放弃使用昂贵的化疗药物，将本应用于治疗的钱全部捐给贫困学生。几天后，一笔 3 万元的捐款就汇到基金会账户上。她以生前捐赠的方式捐出名下的唯一一套房产，用于助学。最后的时光里，王娅拖着病体完成了所有捐赠流程，并将自己的遗体也捐赠给医疗事业。她燃尽了自己的全部，照亮了远方孩子求学的天空。

（天津市文明办供稿）

何瑞生

退役军人自主创业带群众脱贫致富

「助人为乐」

人物故事

何瑞生，男，1961 年生，退役军人。获得全国、河北省“模范军队转业干部”荣誉称号以及“河北省创业之星”等荣誉。

2003 年，他筹措资金 200 多万元，将村内百余亩废弃窑坑和千亩沼泽湿地，一并综合治理。经过 2 年多的改造，深坑沼泽变成了湿地公园。

他自掏腰包租赁和装修 700 余平方米办公场地建成保定军创家园，每年投入 100 多万元，用于保障保定军创家园为退役军人搭建就业创业平台。

2016 年以来，保定市军创家园组织各类培训 1000 余人次，帮助了 600 多名退役军人实现就业，扶持了 70 多名退役军人实现创业，提供优质创业项目 40 多个。

他捐资改建了教学条件落后的村办学校；常年资助 2 个村办剧团；不定期捐助贫困家庭、特困学生，慰问村里 60 岁以上退役老兵，10 多年来累计捐款捐物共计 100 余万元。

（河北省文明办供稿）

孟利军

凡人善举　微光成炬

「助人为乐」

人物故事

孟利军，男，1970年生，山西省太原市舒俐雅化妆品有限公司总经理。

2017年11月，孟利军得知太原市清徐县长头小学的孩子们上学条件简陋，当他问起孩子们的愿望时，孩子们仰起稚嫩的小脸说："我们想穿每个同学都一样的校服！"为了满足孩子们提出的"小小的"愿望，他组织工作站人员精心策划，发动爱心人士开展捐赠活动，联系服装厂定做校服。12月15日他带领20多名志愿者携带价值3万多元的100多套校服、打印机、200个新书包、100册图书及若干文化、体育用品走进校园。

2018年年初，孟利军了解到太原市阳曲县北小店乡扫峪村武大哥家中5000多斤土豆滞销。他驱车赶到武大哥家，看着堆积如山的土豆，决定由自己出资购买全部土豆，并送往多家敬老院。这既帮助武大哥销售了土豆，又给敬老院老人们送去一份爱心。

孟利军的梦想就是把公益当成一个事业，坚守初心，坚持不懈，保持对公益事业的热爱，彰显"中国好人"的责任和担当。

（山西省文明办供稿）

赵军婷

一场没有终点的爱心长跑 "90后"客运员把旅客当亲人

「助人为乐」

人物故事

赵军婷，女，1991年生，中国铁路沈阳局集团有限公司长春站客运车间爱心服务室客运员。荣获"吉林好人标兵"等称号。

爱心班组是一个特殊的岗位，每天都要为"老幼病残孕"特殊重点旅客服务。赵军婷总是细致耐心地满足每名旅客的需求，耐心解答旅客的每一次问询。有的旅客听力有障碍，赵军婷便趴在旅客耳边与旅客交流；一些有语言障碍的旅客，她便用纸写字与旅客交流；一些无人陪护的重点旅客，赵军婷也会身体力行地对其进行照顾。为防止旅客出现意外，平常赵军婷每天要送40余名旅客进站上车，赶上春暑运高峰期，每天有100多名旅客需要照顾。

工作6年多来，赵军婷为精神疾病患者找过家人，为脑出血患者清理呕吐物并实施抢救，服务过重度烧伤的病人，接触过各类传染病患者，推送过300多斤的肥胖症患者，照顾过先天畸形的婴儿，抢救过突发癫痫的老汉，服务过独自出行临产的孕妇……

（吉林省文明办供稿）

袁湘勤

将大爱撒向社会的“爱心妈妈”

「助人为乐」

人物故事

袁湘勤，女，1974年生，江苏省常州市金坛区人。先后获得全国城乡妇女岗位建功先进个人、江苏省十佳巾帼志愿者等称号。

多年来，她先后帮助17名留守儿童、农民工子弟重返校园，先后对60名困难学生开展帮扶活动。10多年来，袁湘勤的公益捐款达300多万元。2012年，她投资1500多万元创办了常州地区最大的早教中心——金坛优容早教中心，填补了金坛0—6岁幼儿启蒙教育上的空白。2016年，袁湘勤又投入1000多万元创办了南洲幼儿园，并向贫困儿童免费开放。她先后利用节假日和个人业余时间，就老旧小区管理、教育产业、城乡建设一体化等党政重视、群众关心、社会关注的重点热点难点问题进行调研考察，并撰写了一系列有见地的建议。

在众人眼里，袁湘勤就是一位把公益当成产业做、事业做、家业做的新时代女性。她始终觉得，无论是企业家，还是人大代表，都应当为社会担一份责任，传递一份爱心，为需要帮助的人托起希望之梦。

（江苏省文明办供稿）

钱国钿

无偿献血20多年 他是居民心中的献血大王

「助人为乐」

人物故事

钱国钿，男，1969年生，浙江省宁波市慈溪鄞州区钟公庙街道宁广社区居民。

1998年5月，钱国钿路过阳光广场看到献血车，主动献血200毫升。这一年，他献了3次血共计1000毫升。从此，钱国钿开启了长达21年的献血之路。每隔几个月，他就跑去血站或是献血车献血，从未中断过。年复一年，风雨无阻，他用自己的方式默默实现着帮助他人的心愿。

2003年，他开始参加成分血的捐献。全血每隔3个月才能献一次，成分血1个月可以献两次。最多的一年他献了24次血，最少的一年也有17次。2008年起他成了“献血冠军”，目前已累计献血270多次，献血总量达21万毫升，相当于46位成人的血量。

除了献血，钱国钿还坚持在血站做了12年志愿者。从2006年开始，他一有空就跑到市中心血站做志愿者，为初次献血的人进行讲解，为献完血的志愿者服务，跟着献血车到各地宣传无偿献血知识等。

（浙江省文明办供稿）

程　磊

创业青年义务搭建 10 余个公益网站 捐赠物资近 300 万元

「助人为乐」

人物故事

程磊，男，1986 年生，安徽省马鞍山百助网络科技有限公司 CEO。先后获全国非公经济人士优秀建设者、安徽省五一劳动奖章、安徽省青年五四奖章等荣誉。

程磊少年时家境贫寒，进入大学后，他将助学金让给更困难的同学，自己勤工俭学。2012 年 8 月，程磊回到马鞍山创办百助 Bz.cn。他在注册公司的同时便设立了企业慈善基金，自此，从山区的希望小学到城里的儿童福利院；从乡村道路建设到抗洪抢险一线；从农村特困农民到城市重病教师；从市内市外到省内省外……程磊捐款捐物近 300 万元。他还众筹开了一家纯公益性的膳食馆，每年餐馆的全部收入都用来做公益活动。

程磊每年都要到马鞍山各大专院校，分享互联网创业经验，为毕业班的同学做就业指导讲座；到有关中小学，为同学们讲述如何实现报效祖国的人生理想；担任花山区首批“互联网 +”青年电子商务培训公益导师，助推青年创新创业。程磊领导下的百助还义务搭建国际反拐网、马鞍山慈善总会官网、马鞍山志愿者 App 等公益网站 10 余个。

（安徽省文明办供稿）

王子洲

爱心画家扶困助学 20 年 累计捐款近 2000 万元

「助人为乐」

人物故事

王子洲，男，1962 年生，安徽省阜阳市太和县宫集镇宫大村人，北京子洲美术馆馆长。曾获中国希望工程 25 年杰出贡献奖、安徽省爱心慈善行为楷模等荣誉。

王子洲自幼家境贫寒、命运多舛，先后因病导致左耳失聪和双目近乎失明，幸运的是，一直有好心人帮助他克服困难。后来一位民间画匠发现了他的天赋，为他开启了绘画之门。2002 年，卧病在床近 5 年、生活不能自理的王子洲在安徽举办了康复后的首次个人画展，将 6.66 万元的收入全部捐给安徽希望工程子洲助学基金会作为启动资金。2009 年夏，王子洲放弃北京的优越条件和心爱的画室，只身一人来到黄山脚下的越山村志愿支教 3 年，为未走出过大山的孩子们传授绘画技能，捐资 20 万元组织三期夏令营，让孩子们分期分批到北京参观学习。

20 多年来，王子洲奔走的足迹遍布甘肃、陕西、四川、安徽、新疆等贫困地区的希望小学、聋哑学校、孤儿院以及国内重大自然灾害发生地，累计捐款近 2000 万元，援建希望小学 6 所。

（安徽省文明办供稿）

陈梦龙

退伍军人无偿献血 8 年 捐造血干细胞助人重燃生命希望

「助人为乐」

人物故事

陈梦龙，男，1989 年生，安徽省淮北市濉溪县刘桥镇人，退伍军人，安徽理士电池汽车电池车间一线职工。

2011 年，正在军营里的陈梦龙第一次献血，8 年来已无偿献血 2 万余毫升。

2013 年 9 月 7 日，24 岁的陈梦龙又申请成为一名造血干细胞捐献志愿者。2018 年 8 月，陈梦龙接到红十字会组织通知，他的造血干细胞与一名患者初配成功，询问是否愿意捐献，陈梦龙当时就表示愿意。

2018 年 10 月 7 日，陈梦龙从淮北启程赶往合肥。捐献前，医生每天为陈梦龙打两针动员剂。因药物反应，他腰酸背痛，往往要到凌晨才能入睡，妹妹心疼得直掉泪，他却反过来劝妹妹说："只是有一点难受，完全能忍得住，不要担心我，和救人一命相比，这点小疼算什么？" 10 月 12 日上午，在捐献志愿书上，陈梦龙毫不犹豫地签上自己的名字。经过 4 个多小时，分离机从他体内循环采集了 1.1 万毫升血液，并从中提取 198 毫升造血干细胞，第一时间送往苏州，注入那位病情危重的白血病患者体内。

（安徽省文明办供稿）

林剑弟

带领志愿者帮助、关爱弱势群体的普通红十字会志愿者

「助人为乐」

人物故事

林剑弟，男，1988 年生，福建省东山县樟塘镇畜牧兽医站站长、东山县红十字会志愿者服务队队长。

2008 年，林剑弟考入大学，从此开启了他的红十字志愿者服务生涯。4 年间，他带领团队经营红十字博爱超市，定期将义卖所得捐献给贫困学生；并在年底开展"暖冬行动"。同时，林剑弟还开设两个勤工俭学岗位。

2012 年参加工作后，他应召成为东山县红十字会志愿服务队队长。2013 年开始，他和红十字志愿者们每月都会给全县五保户老人送去一袋米、一瓶油，为贫困孤寡老人送去一份基本生活物资，送去一份温暖。同时，他不定期地组织志愿者们下乡到各镇、村为老人测量血压、血糖，宣传健康知识。

（福建省文明办供稿）

文兰英

39 年初心不改　牵手同行汇聚大爱无疆

「助人为乐」

人物故事

文兰英，女，1967 年生，江西省萍乡市湘东区牵手爱心志愿者协会会长、湘东区税务局第一税务分局副局长。其家庭获评“全国最美家庭”，其个人获“江西省先进工作者”“全省优秀志愿者”等称号。

2013 年，她成立了牵手爱心志愿者协会。在她的带动下，协会从最初的几个人发展到现在的 5000 多名志愿者，服务范围涵盖扶贫助学、帮困助残等领域。协会成立以来，累计开展各项公益活动 2800 多次，累计志愿服务时长达 35 万小时，组织捐款捐物 500 多万元，孵化出江西、湖南等地 6 支公益组织，成为江西省最具影响力的公益组织之一。在她的带领下，协会先后多次被评为省、市、区优秀志愿者组织、关爱未成年人先进单位；协会实施的“常回家看看”敬老孝老爱老服务项目获评 2017 年全国学雷锋志愿服务“四个 100”最佳志愿服务项目。风雨数十载，她默默奉献，四处传播正能量，从发动身边的亲朋好友开始，到组建一支几千人的公益团队，她为此付出了常人无法想象的艰辛和努力。

（江西省文明办供稿）

毛美滨

爱心奶奶 15 年免费给公交司机送早餐

「助人为乐」

人物故事

毛美滨，女，1936 年生，江西银行学校退休教师。

在南昌市青云谱区迎宾大道印钞厂公交站台，每天早晨 7 点，无论刮风下雨，毛美滨坚持免费为 20 路公交司机送早餐，目前累计达 5 万余份。15 年来的坚持，让毛美滨清楚地知道 20 路公交司机的饮食习惯，司机小李爱喝汤，小洪爱吃包子，她都一一记在心上，为每位司机准备各自爱吃的早餐。

2007 年，她自掏腰包印制了“爱心让座答谢卡”，卡上写着“衷心感谢你公交车内让座，祝你一生平安”。每次外出，毛美滨老人口袋里都要放好几张这样的“答谢卡”，凡是主动让座的人，都能获得一张精致的卡片，时间一长，“爱心让座答谢卡”也成了南昌市的一张暖心名片。

除了坚持给早班公交司机送早餐，她还尽自己的力量帮助过许多家庭困难的人，低保户岳兰英家庭经济困难，儿女面临失学，在了解情况后，毛美滨不仅时常为岳兰英家送油送米，还义务为岳兰英的儿女辅导功课。

（江西省文明办供稿）

钟建武　钟建胜

组建民间救援队，为生命保驾护航

「助人为乐」

人物故事

钟建武，男，1966年生；钟建胜，男，1967年生。二人分别系江西省赣州市兴国县曙光救援队队长、队员。

2014年，钟建武组建民间救援队，钟建胜无偿提供训练场地2万平方米，办公楼2栋，还负责购买训练装备。

救援队成立后，他们的身影不断出现在群众最为需要的地方：危难急突发事故，道路车辆救援、冰灾救援、洪灾水域搜救以及山地生命拯救，等等。

几年来，钟建武带领曙光救援队队员为兴国县筑起了一道安全屏障。同时，他们还积极参与全国重大自然灾害救援，如福建泰宁泥石流事件、安徽池州市和景德镇重大水灾事件、泰和桥梁坍塌事件。此外，他们还带领曙光救援队和曙光服务队多次进行安全宣讲，为防范学生儿童户外溺亡的“激水值守”大型水上巡护及宣传行动，共出动冲锋舟60余次，派出巡护队员100多人次，并在全县各大河段张贴宣传防水防溺亡事故横幅，在整个暑假期间为学生提供了安全保护。

（江西省文明办供稿）

臧义好　原林春

“癌症夫妻”笑对死神 扎根乡间传播传统文化

「助人为乐」

人物故事

臧义好，男，1956年生；原林春，女，1949年生。夫妻俩是山东省胶州市铺集镇铺上四村村民。

2003年，一场癌症降临到热爱文艺的原林春身上，作为村里健身秧歌队的领队，手术后的她身体异常虚弱，丈夫臧义好一边照顾妻子，一边重整健身秧歌队。

就这样，臧义好接替妻子成为这个团队的带头人。他鼓励妻子原林春一起钻研胶州的风土民情、秧歌的起源传承，一起编写秧歌新剧，反复琢磨练习。在夫妻二人的共同努力下，原来20人的小秧歌队逐渐发展成服装道具齐全、节目多样、成员达60余人的民间艺术团体，每年参加公益演出百余场。

正当他们的秧歌队不断发展壮大的时候，2010年春天，臧义好被确诊为食道癌。原林春和臧义好没有沮丧，臧义好手术后不久又坚持回到了编排演出的队伍当中。几年的时间，臧义好早已忘了自己生过病动过手术的事情，他们在乡间的舞台上，将党的好政策用老百姓喜欢的方式深植到每一个人的心里。

（山东省文明办供稿）

何文礼

一根拐棍丈量人生　残疾企业家自强不息回报社会

「助人为乐」

人物故事

何文礼，男，1967年生，河南省确山县鼎鑫新型墙体材料有限公司总经理。

何文礼8个月时患上了小儿麻痹症，从此双腿残疾。13岁时，何文礼凭借坚强的毅力和不服输的性格，开出4亩荒地，种红薯芋头，减轻家庭负担。他从来没有把自己看成残疾人，他觉得不能白过这一生，要做一个对家庭对社会有用的人。从那以后，20多年间，何文礼拄着一根拐杖走过6个省，到过20多个城市，放过羊、养过牛、育过树苗，历尽千般苦，尝尽世间难。

2002年，国家实施退耕还林政策，何文礼通过竞标进入树苗培育供应商之列，全乡80%的树苗都是他培育和提供的。他靠勤劳和诚信得到了丰厚的回报。但他始终明白自己的责任所在，他关心村民疾苦，尽力帮他们解决生计问题。在当前脱贫攻坚大环境下，他主动申请帮扶4户贫困户，两年为他们捐款2万多元。2019年，何文礼向贫困家庭的大学生捐助学金5万元。近年来，他累计捐款近百万元，安排就业300多人，其中残疾人13人，每年上缴利税300多万元。

（河南省文明办供稿）

任正启

村医49年待病人如亲人　烧掉50余万元欠条

「助人为乐」

人物故事

任正启，男，1947年生，河南省太康县马头镇任庄村村医。

任正启所在的行政村距县城约30多公里，辖6个自然村，300多户，1800余人，且村民居住分散，多以老年人为主，地处偏远，交通不便。任正启从医49年，坚持对家庭困难的群众、孤寡老人看病免收医疗费。有些村民一时拿不出钱看病，打下欠条，为免除那些欠账村民的“后顾之忧”，任正启一把火烧掉了村民们看病打下的欠条，共计有50余万元。1991年，村民王清民的父亲患了偏瘫，在医院抢救后，因家庭拮据，只好拉回家保守治疗。任正启得知这一情况后，把王清民的父亲抬到了诊所内，免费治疗了8年，一直到老人去世。3年后，王清民同样得了偏瘫，任正启又把他接到诊所。经过一段时间的精心治疗，王清民除手有点震颤外，已基本康复。

为更好地照顾本村特困老人，2019年11月，任正启又投资上百万元，在任庄村建立了一座花园式居村联养点，目前已入住孤寡老人16名。

（河南省文明办供稿）

李照义 闫 博

杏林伉俪街头伸援手 施救视频刷爆朋友圈

「助人为乐」

人物故事

李照义，男，1976年生，河南省邓州市人民医院副院长；闫博，女，1977年生，河南省邓州市城乡居民医保中心特殊病种科科长。

2018年6月12日早上7时许，李照义和闫博开车上班途经滨河南路时，发现一个头发花白的老人倒在血泊中。停下车，夫妇二人急忙奔向老人。李照义来到老人身边，发现其意识已经不是很清醒，他迅速地查看脉搏和心跳，并叫妻子抱着老人的头，请围观群众侧身扶好老人，一边用纸巾给老人擦拭鲜血，一边快速定位出血点，随即迅速进行了按压止血，并拨打了急救电话。夫妇俩不停地跟老人说话，防止老人再度昏迷。救护车赶到后，夫妻二人和围观群众将老人安置上车，并告知接诊人员老人的伤情和自己的初步判断及处理意见。由于送诊及时，老人头部伤口缝合7针，意识恢复清醒，已无大碍。

他们夫妻二人街头救人的视频刷爆朋友圈，面对赞誉李照义说："治病救人是医生的天职，没想到，我们的一次路边施治，引来了大家的高度关注，这是我们应该做的。"

（河南省文明办供稿）

陈彦珍

栉风沐雨五十余载 托起寒门学子求学之梦

「助人为乐」

人物故事

陈彦珍，男，1937年生，湖北省大冶市东岳路街道办事处原教育组退休教师，大冶市陈彦珍助学基金会会长。

1964年，陈彦珍到大冶铜矿公社（现殷祖镇）殷祖小学任教，任教期间坚持资助贫困学生。直到调至大冶镇（现东岳路街办）教育组工作，他仍经常走进学校访贫问苦，遇到学习刻苦成绩优异却家庭贫困的孩子，他便倾力资助。为了实现助学梦想，陈彦珍退休后开始艰难创业，从60岁干到80岁，为助学工作积累了较充裕的资金。2017年8月25日，陈彦珍自筹资金200万元，成立了大冶市陈彦珍助学基金会，首次资助了31名贫困学生。

据统计，截至2019年年底，陈彦珍助学基金会共扶贫救助690人，共发放善款90余万元。

2019年8月，陈彦珍投资500余万元建设的慈善大楼正式投入使用。大楼一至三层出租所得收入用来资助贫困学生，四至六层免费给陈贵镇一些贫困无房户家庭居住。他还立下遗嘱，在他百年之后，由他的子孙做助学基金会负责人。

（湖北省文明办供稿）

刘继忠

爱心巡警收养失亲娃 关注特殊儿童成长

「助人为乐」

人物故事

刘继忠，男，1962年生，湖南省株洲市公安局石峰分局巡警大队民警。

2003年的春节，刘继忠回老家时，得知村里一名15岁的女孩玉儿父母双亡，刘继忠和妻子便收养了她，要玉儿喊他舅舅。玉儿回忆起舅舅一家对她的好，如数家珍："舅舅把我领进家的第一天，让我和小玉妹妹睡同一张床；我参加工作准备搬去宿舍时，他下班后还跑去超市帮我把所有生活日用品买齐；我出嫁前一晚，舅舅睡不着，给了我压箱钱陪嫁……"现在，大玉也像刘继忠一样，成为株洲市公安系统中的一员。

2008年夏季，刘继忠接到热心群众报警：4岁小女孩琪琪的父母离异了，赌气都不管孩子。刘继忠每隔几个月，特意穿上警服，提上水果，去琪琪家走访一次。每到六一儿童节，他和妻子就给琪琪买漂亮裙子，接她去游乐场玩。每到大年三十，刘继忠就接琪琪到所里给警察叔叔阿姨拜年，他和同事们的持续关注，最终让被抛弃的孩子重获父爱。在他从警30余年中，"捡"到过很多次孩子，他用爱心与耐心帮助特殊家庭的孩子回家。

（湖南省文明办供稿）

张家秀

退休教师开办图书室 22年义务辅导学生163人

「助人为乐」

人物故事

张家秀，女，土家族，1940年生，湖南省张家界市慈利县零阳镇柳林完小退休教师。2019年被中宣部、农业农村部评为"乡村阅读榜样"。

1994年，张家秀退休后，在家里办起了图书室。现在，她的图书室有了近4000册图书，她将历年来获得的4000多元奖金全部用来购置图书。孩子们来家里读书，张家秀冬生火炉，夏备凉茶，遇到孩子们不懂的问题就耐心讲解。有一些父母工作忙或有事外出，就把孩子托付给张家秀辅导作业，她从不推辞，且分文不收。她还到镇敬老院为残疾孩子每月辅导两次，教他们读书认字。截至2019年，张家秀义务辅导学生163人，共计2846人次；借书1.8万多人次。

八旬高龄的她，是图书管理员，星期一至星期三学生借书，星期四还书，星期五至周末给学生免费辅导；是保洁员，每月逢5日、15日、25日在村里义务拾捡垃圾；也是宣传员，每月23日是村里读书日，她组织退休老人一起开展读书活动，学习传统文化。

（湖南省文明办供稿）

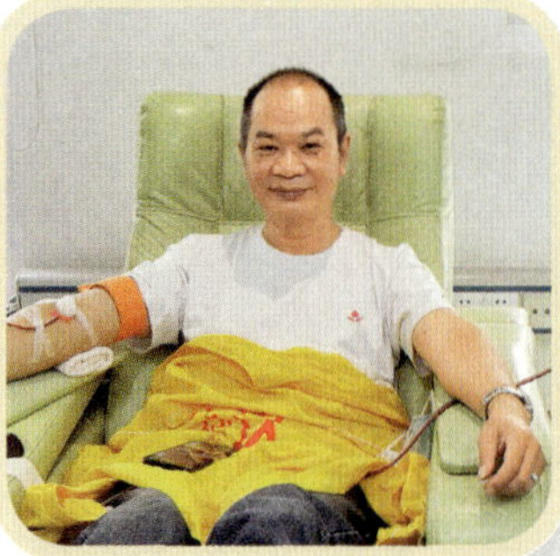

梁志豪
陶艺师 20 年无偿献血 467 次

「助人为乐」

人物故事

梁志豪，男，1969 年生，广东省佛山市豪瀚坊工作室工艺美术师。2016 年其家庭被评为“全国最美家庭”。

1999 年 1 月的一天，梁志豪从收音机听到无偿献血的公益宣传后，便抱着试一试的心态，前往广东省佛山市第一人民医院献血。第一次献血后，梁志豪觉得这是一件很有意义的事情。于是，3 个月后，他第二次挽起了衣袖……这一坚持就是整整二十载。截至 2019 年，梁志豪共无偿献血 467 次，其中捐献全血 19 次共 6700 毫升、捐献血小板共 813.5 个单位（治疗量）。

2006 年他加入佛山市中心血站无偿献血服务队，成为一名无偿献血志愿者。他利用休息时间到各大社区、文化广场等人流密集的地方派发传单，播放健康宣传片，向大家宣传无偿献血。在梁志豪的影响下，他的儿子也开始了无偿献血。除了做无偿献血志愿服务外，梁志豪还热心妇女儿童公益活动，只要有时间，他都尽己所能帮助他人。

（广东省文明办供稿）

翟才彦
坚持无偿献血　捐献眼角膜 把光明留给人间

「助人为乐」

人物故事

翟才彦，男，1963 年生，退伍军人，生前系广西壮族自治区钦州市无偿献血志愿者协会副会长。

翟才彦 1983 年入伍，1998 年从武警钦州消防支队退伍。从有数据统计的 2003 年开始，翟才彦先后 34 次参加无偿献血，累计献血量达到 1 万毫升，参加志愿服务的时长超过 600 小时。在罹患癌症后，翟才彦依然坚持参加各种志愿服务活动，深入钦州大街小巷宣传无偿献血。在生命的最后时刻，翟才彦签下了捐献全身器官的志愿书，经过医学专家评估，只有眼角膜能够捐献。

翟才彦 2010 年加入钦州市无偿献血志愿者协会，2014 年经选举担任该协会的副会长。2015 年翟才彦罹患癌症，从查出癌症到离世的 3 年多时间里，不管活动大小，不管是宣传无偿献血，还是看望孤寡老人、留守儿童、贫困家庭，每次活动都有翟才彦忙碌的身影。

“要么不做，要么就做到最好。”这是翟才彦时常挂在嘴边的一句话。将公益精神传遍钦城每个角落，带动一群人，感动一座城！

（广西壮族自治区文明办供稿）

何　波

从身边做起　从小事做起

「助人为乐」

人物故事

何波，男，44岁，四川省巴中市青年志愿者协会副秘书长、巴中市志愿者协会副会长、巴中公益救援队秘书长、巴中义工联合会常务理事、巴中市爱无界慈善会理事、国际狮子会巴中红叶服务队志愿者。获得“全国无偿献血奉献奖铜奖”。

2008年，何波第一次来到了儿童福利救助院。从此，他开始参加各种志愿服务活动，帮助别人。近年来，他先后参加了“爱心助考、助学”“向癌症患者大学生村官张雪梅送祝福”“援助脑梗患者张建国”“文明餐桌公益行动”“为不幸女孩小玉募捐”“为烧伤小女孩杨娟募捐”“为贫困女孩张露修建温暖爱心屋”“保护母亲河”“中秋敬老公益行”“向贫困村小学捐赠课桌椅”等公益活动。通过募捐帮助38余名贫困孩子，获得爱心助学款总计20余万元，为通江、南江、巴州区的6所村小募捐价值20万元的体育用品和学习用品。

（四川省文明办供稿）

杨小伟

小小农民慈善家　心怀公益大梦想

「助人为乐」

人物故事

杨小伟，男，1979年生，云南省丽江市玉龙县石鼓镇大新村委会保丰乐组农民，丽江江畔山狼爱心公益中心理事长。

2015年6月，杨小伟发起成立丽江江畔山狼爱心公益中心。目前，公益中心注册会员达800余名，开展公益活动48次，向社会各界捐助资金财物价值170余万元。

一开始，公益中心把重教助学作为主要目标，先后走访偏远贫困山区小学36所，慰问贫困学生及留守儿童8000余人，赠送各类物资价值40余万元，定向资助贫困学生118名。后来，公益团队把爱心触角延伸到了更多弱势群体。

2015年，华坪县遭遇特大洪涝，公益中心将价值8万元的物资运送到受灾最严重的村寨发放。2016年6月，古城区金江乡发生泥石流，公益中心人员迅速到达现场，捐赠矿泉水235件，协助当地救援队伍清理路面。2016年9月，九河乡河源村发生洪灾，公益中心人员逐户发放大米万余斤。2018年11月，面对金沙江白格堰塞湖溃流，公益中心制定救灾方案，连续8天抗战在救灾一线，发放爱心物资，为群众解燃眉之急。

（云南省文明办供稿）

周 慧 董静安

千里献血 只为救人一命

「助人为乐」

人物故事

周慧，女，1983年生，陕西省延安市实验中学教师；董静安，男，1988年生，榆林祥和建公路桥集团有限公司管理人员。

“熊猫血”是稀有血型Rh阴性血的俗称，AB型更是罕见。8年前，延安市中心血站为稀有血型献血者搭建了一个互帮互助的交流的平台，并分别按血型建立了微信群；每年组织献血者开展联谊活动，以增进友谊，宣传普及血型知识，树立自救和互助意识。

2017年1月29日，正是大年初二，稀有血型AB型微信群里突然出现求救的信号，周慧、董静安是AB型稀有血型献血者。看到求助信息，他们毫不犹豫，组成救助队立即赶赴北京。同时，为了避免父母的担忧，他们二人隐瞒了此行真相，乘坐当晚火车去北京。第二天一早直奔北京301医院抽血化验，一个小时后，体检合格。董静安二话没说献出了两个单位血小板，周慧因身体偏瘦贡献了一个单位的血小板，整个过程持续到下午两点多，他俩都没顾上吃饭。当晚，陕西榆林籍白血病患者及时输入血小板，得以脱险。

（陕西省文明办供稿）

师富贵

用仁心大爱抒写“手足”情深

「助人为乐」

人物故事

师富贵，男，1978年生，甘肃省兰州手足外科医院院长。获得改革开放四十年甘肃民营经济“诚信人物”。

2015年6月，甘肃省舟曲县峰迭镇杜坝村民李平先被坍塌的围墙砸伤，骨盆骨折，师富贵收治了李平先，并为其一家三口提供免费三餐和住宿，减免所有医疗费用8万多元。2017年1月，甘肃省古浪县3岁的小女孩蓉蓉因意外致手腕断开，师富贵组织全院展开救治，使小蓉蓉保住了小手，还减免了医疗费用。2014年以来，师富贵为贫困患者减免和救助费用达260万元。

2017年4月22日师富贵宣布设立“兰州市慈善总会手足博爱慈善基金”，并发放慈善救助资金5万元。他组织“手足情深·助残脱贫”医疗队，奔赴甘肃省14个市州50多个县区进行义诊，先后对1000余名患者给予救助治疗，对230余名患者给予免费治疗。他连续4年救助了40名“阳光学子”，还在甘肃中医药大学设立助学基金，投入20万元，资助贫困大学生。

（甘肃省文明办供稿）

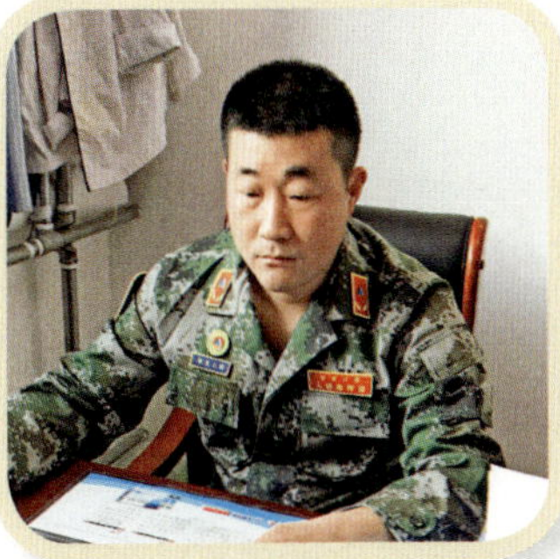

米　阳

帮助别人　快乐自己
一个永远为人民服务的老兵

「见义勇为」

人物故事

米阳，男，1988年生，河北省张家口市人防办驻赤城县赤城镇青洋沟村扶贫干部。荣获全国“十大见义勇为英雄”称号。

2015年12月20日，在一次执行任务途中，米阳发现宣化半坡街路段一辆轿车追尾了一辆半挂货车，轿车油箱破损，瞬间起火，米阳果断从车上拎下两个车载灭火器前去灭火。灭火器耗尽，火还是没有熄灭，于是他用尿浇湿上衣套在头上，冒着汽车随时爆炸的危险，用右胳膊肘击破车窗，救出一家三口。随后他拨打120、119和122急救电话，并挥动烧破了的迷彩服指挥交通，让车辆腾出应急车道。120、122救援车辆逆行赶到事发现场，将伤者送至医院。中央文明办奖励了他10万元的见义勇为奖金，他毫不犹豫地捐给了西柏坡的抗战老兵，省里文明办奖励了他10万元见义勇为奖金，他全部捐给了山区的贫困学生。

（河北省文明办供稿）

陈树民

奋不顾身冰湖救人

「见义勇为」

人物故事

陈树民，男，1955年生，山西省太原市第一机床厂退休工人。

2018年1月1日11时23分，陈树民路过湖边听到有人喊“救命”，他将两岁的孙子交给朋友，沿着呼救声，边跑边脱衣服。当他赶到时，水已经淹过了落水妇女的脖子。他奋不顾身地跃进2米多深的湖中，向落水妇女游去。他用胳膊撑破冰面，锋利的冰碴子将他的身体多处划伤，但他没有顾及身体的疼痛，毅然向女子靠拢，从冰窟窿向落水妇女处“开辟”出一条通道。妇女身穿厚重羽绒服，遇水后身子更加沉重，给施救带来了很大的困难。他和落水女子离岸约20米，岸上的人们甩过一条绳子，他一手拽住落水妇女，一手扯着绳子向岸边挪动，两次想爬上冰面，但均没有成功。人们找来几根木棍，排放在冰面上，供他和落水妇女使用。在牵引绳和木棍的帮助下，经众人的接应，两人终于靠近岸边，成功上岸。

（山西省文明办供稿）

李　瑶

路遇车祸救出4名被困女生

「见义勇为」

人物故事

李瑶，女，1990年生，毕业于辽宁中医药大学护理系，大连医科大学附属第二医院重症医学科护士。

2018年3月25日早上，在丈夫送李瑶上班的路上，他们目睹了一场交通事故，一辆出租车追尾了一辆大货车，出租车车头直接钻进了大货车的车尾，受损非常严重。李瑶和丈夫立即停车救人，车内除了出租车司机之外，还有4个年轻女孩，都不同程度受伤。其中一个小姑娘被卡在后座上，已经神志不清，而且头部一直在流血。她凭借工作经验，初步判断小姑娘只是头部外伤，立即在丈夫的帮助下将其抱到自己的车上，一同将4个受伤的小姑娘送往医院。

一路上，李瑶一边帮4个小姑娘止血按压，一边安慰她们并和医院取得联系，在家长们还没有赶到时，李瑶就先帮助受伤最重的两个女孩挂了号，垫付了前期费用。事后，女孩的家长找到了李瑶，向她再三表示感谢，李瑶却说："这是我们应该做的，我是护士，我老公是现役军人，救死扶伤就是我们的责任。"

（辽宁省文明办供稿）

于占宝

英雄教师两入寒江 勇救两名年轻人

「见义勇为」

人物故事

于占宝，男，1975年生，吉林工业职业技术学院校企合作部主任。先后获得"吉林省道德模范""吉林好人标兵""吉林省五一劳动奖章"等荣誉。

2017年2月6日晚上8点40分左右，正在吉林市江滨公园松花江畔行走的于占宝忽然看到一个人跌跌撞撞地跑过来，喊着："快下江救人！"于占宝迅速和那人一起冲了过去。模糊光影下，发现似乎是两个人躺在江中，距离岸边十几米。江畔多雪，冰与地面相连难以分辨，两个人手持树枝试图营救，不料一下落了水。两人上岸，于占宝脱掉大衣、外裤，返身跳入水中，游近两人。男孩已经没有了意识，他先拽着男孩衣服将其拖到岸边，交给其他参与救援的人。而女孩离岸边越来越远，面对暗夜刺骨的江水，他毅然再次游向女孩，架着女孩再次返回岸边的时候，于占宝已经筋疲力尽了。徐庆玉等人把他和女孩拉上岸，终于两人都成功获救。

（吉林省文明办供稿）

刘路佳

智勇双全　救人于危难 胸怀坦荡　真英雄少年

「见义勇为」

人物故事

刘路佳，男，1999年生，黑龙江省大庆市第三十五中学校学生。2018年被评为“龙江好人”。

2018年3月19日6时20分许，刘路佳像往常一样去早餐店吃早餐，一进屋发现屋里充满了蒸汽，没人应答，他赶紧进屋查看情况，刚走几步便发现晕倒在地的老人吴某。刘路佳摇晃了老人几次，都没反应，便急忙跑去隔壁喊自己的母亲帮忙救助老人。随后，刘路佳再次进入早餐店，此时屋内已弥漫着浓重的煤气味儿，刘路佳感到自己身体如灌铅一般沉，头晕，不能呼吸，他赶紧把窗户全打开，接着用尽全身力气把已经昏迷的店主小张拽到屋外，又冲进去把里屋的老板娘刘某也拖出来。在几位好心路人的帮助下，将3位中毒者送进医院。医生说，幸亏发现得早，要是再晚10分钟，3人就有生命危险。安顿好了3位中毒者，刘路佳松了一口气，不顾医生让他留在医院吸氧观察的建议，坚持上学。到了学校，他煤气中毒的症状越来越严重，最后送到医院抢救才脱离危险。

（黑龙江省文明办供稿）

韩　平

不畏严寒营救落水女子

「见义勇为」

人物故事

韩平，1982年生，上海市浦东新区纪委监委干部。

2018年12月9日下午3点10分左右，韩平在高东镇生态园参加浦东新区机关足球联队与上海媒体人士足球联队的友谊赛。中场休息时，韩平听到远处有人呼救，他第一时间跑向出事地点，发现一落水女子脸朝下趴在水面一动不动，已经失去知觉。危急时刻，韩平不顾个人安危，第一个跳入湖中救人。随后，高东镇徐路村的李雄伟和一位路过的企业白领何锐也先后跳入湖中参加营救，岸上的热心群众也拿着木棍协助营救。李雄伟游到落水女子身后，抱住落水女子的腰往岸边推，韩平接住落水女子，一只手拉着落水女子的衣领，一只手抓住岸上的木棍，使劲往岸边游。

在其他队员和群众的协助下，最终合力将落水女子营救上岸。李雄伟等人对落水女子实施心肺复苏，岸上热心群众马上拨打120急救电话。因室外温度极低，在岸上协助救人的交警李钱龙等人将该女子转移至室内，让她尽量恢复体能，并给她衣物保暖，后将落水女子送往医院救治，终于转危为安。

（上海市文明办供稿）

谢小进

生死两分钟连救五名落水者

「见义勇为」

人物故事

谢小进，男，1978 年生，江苏省东台市人。

2019 年 1 月 7 日下午 4 点 20 分左右，谢小进开车回家途经东台市安丰镇东淘水街时，突遇一辆白色轿车撞断河边栏杆坠入水中，慢慢下沉。他立即停车，一边疾速跑向河边一边脱去羽绒服，纵身一跃跳水救人。入水后，他设法打开落水汽车的后车门，在 2 分钟时间内先后往返 5 次，耗尽体力将 4 个孩子和 1 名女驾驶员救上岸，此时汽车正好完全沉没。谢小进上岸后，反复向周围群众确认："是不是人都救上来了？"在得到肯定回答后，他让惊魂未定的司机赶紧带孩子们回去换衣服，自己也开车离开。

2016 年的一天，邻居刘昌琴双腿骨折，动弹不得，打电话给谢小进，请他帮忙送自己去医院，当时谢小进正在送孩子上学的路上，并且已与老板联系好，送完孩子就去帮忙装货送货。接到电话后，他一边和老板说明情况，承诺由自己承担误工损失；一边赶到刘昌琴家中，将她送到医院。

（江苏省文明办供稿）

孙　波

永葆军人本色转业军人深湖救人

「见义勇为」

人物故事

孙波，男，1976 年生，山东省淄博市高青县水务局引黄处调度科科长。

2017 年 6 月 29 日早上 5 点 30 分左右，孙波与往常一样，在千乘湖公园晨练，忽然听到呼救的声音，他循声望去，只见有一个人正在湖水中央苦苦挣扎，孙波没来得及多想，立即跳入湖中进行营救。

在施救过程中孙波几次出现体力不支的情况，但他没有考虑自己的安全，用尽全身力气将落水者抓住，并与闻讯赶来的几名游泳爱好者将落水者成功救至岸边。

当落水者被营救上岸后，已失去了意识。孙波等几名施救者不顾身体的疲累，轮流为其按压腹部积水，进行紧急救治，落水者逐渐恢复意识。120 急救人员赶到后，大家一起把落水者抬上救护车送往医院。

孙波是一名转业军人，1994 年参军入伍，在部队服役期间多次立功受奖，先后参加过 4 次抗洪抢险，特别是 1998 年参与洞庭湖抗洪抢险中，他在被毒蛇咬伤的情况下仍然坚守抗洪第一线 69 天。

（山东省文明办供稿）

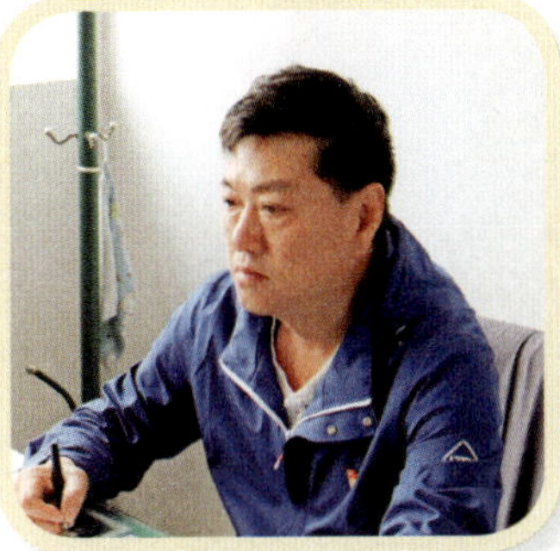

王彦秋

冰河勇士冒险救落水女孩

「见义勇为」

人物故事

王彦秋，男，1966年生，河南省驻马店市烟草公司遂平县分公司员工。2019年其家庭荣获“河南省文明家庭”称号。

2018年12月27日，王彦秋因身体不适住院治疗。2019年1月2日早上7点左右，经医生同意王彦秋一大早回家取个人物品。当他走到汝河大桥南岸时，听到河对岸发出呼救声。来不及多想，他从桥南侧一口气跑到桥北东面大约200米的事发地点。王彦秋赶到时，发现落水者仅剩头部在河道中间时隐时现。他迅速脱下棉袄和毛裤，纵身一跃跳入冰河。好不容易接近了目标，但水下的暗流将他们一次次冲散，几经努力他才抓住落水者的衣服，并奋力拖向岸边，在岸边群众的帮助下，他将落水者拽上岸。王彦秋救完人，顾不上擦去身上的冰水，浑身打战地穿上衣服悄然离开。回到医院他就发起高烧，出现了高血压症状，又由于他患有糖尿病，腿上被冰碴划伤的十几道伤口过了半个月才痊愈。

王彦秋英勇救人的事迹先后被央视《新闻直播间》《晚间新闻》等多家新闻媒体报道。

（河南省文明办供稿）

张金传

英雄村民勇闯火海救两人

「见义勇为」

人物故事

张金传，男，1966年生，广东省河源市龙川县义都镇长兴村村民。2018年被评为“广东好人”。

2018年7月29日晚上8时许，龙川县义都镇长兴村村民张振兴家中因煤气泄漏发生火灾，张振兴和妻子刘美娣身上均已着火，两位老人大声呼救。当时，正在家中纳凉的张金传听到邻居老人的呼救声，连上衣都没穿就赶了过去。面对熊熊烈火，张金传想都没想就冲进了火海中。他蹲下身子，快速挪进屋子，屋里面浓烟滚滚，身边四周到处都是火，不断有着火的东西从头上、身边往下掉，而他完全顾不上这些，一心只想救人。就这样，他忍着剧痛和剧烈的咳嗽，在浓烟中不断摸索，陆续把两位老人救出了火海，而他本人却被严重烧伤。事发后，前来救援的群众立即把张金传和张振兴夫妇送往医院救治。

因两位被救老人伤情较轻，经治疗后不久即出院，而张金传被诊断为特重度烧伤61%，面部烧伤3%，双手烧伤5%，同时还有吸入性损伤，经过3个多月的治疗，张金传才出院。

（广东省文明办供稿）

孙 勇

30年见恶必除 见危必救

「见义勇为」

人物故事

孙勇，男，1973年生，海南省委直属机关工委宣传部副部长，退役军人。

1995年7月1日晚，湖南省岳阳县新开乡遭遇特大洪水袭击，上万名群众急需营救。孙勇跳进险象环生的洪水中，救出87名被困村民。之后连续3年，孙勇先后20多次参加抗洪抢险的战斗，与战友们营救、转移被困群众8000多人。

2018年11月6日，孙勇遇见一位老人过马路时被汽车撞倒，下半身被卷进车底，无法动弹。孙勇拨打110、120电话后立即疏散围观群众，并召集10多个年轻力壮的市民抬车救人。当医务人员赶到时，老人已脱离生命危险。

2018年10月30日早上，在海口市文明东路，一位老人被汽车撞飞后躺在地上，不省人事。孙勇恰巧在上班途中经过此地，他第一时间拨打了急救电话。救护车很快赶到现场，孙勇协助医护人员将老人送医院救治后才离开。

孙勇服役期间曾荣立二等功1次、三等功9次。

（海南省文明办供稿）

李志朋

花甲之年勇救落水者

「见义勇为」

人物故事

李志朋，男，1954年生，四川省雅安市芦山县芦阳街道城西社区居民，原芦山县国营酒厂退休职工。

2016年6月30日傍晚，路过黎明村境内的沫东水库时，李志朋听到一阵阵急切的落水呼救声，李志朋跑过去一看，距离水库岸边五六米远的水里，一名落水小女孩扑腾着手臂极力挣扎。李志朋快速翻过栏杆跳入水库中。

他在水中连续两次把小女孩往岸上托举，奋力向岸边游去，但由于水库坡陡、苔滑，他反复几次登岸都未能成功。李志朋稳定心神，拼尽全力，终于将女孩托举出水面，让其脱离了生命危险。

三次的托举，三次的拼命挽救，让年迈的李志朋不堪重负，闻声赶来的一位年轻小伙将李志朋救上岸时，李志朋已处于昏迷状态，经过抢救，次日凌晨4点才苏醒过来。

（四川省文明办供稿）

张明奎

勇敢村民成功制服持刀行凶者

「见义勇为」

人物故事

张明奎，男，1964年生，贵州省毕节市赫章县野马川镇上街村村民。2018年获“贵州好人”荣誉称号。

2017年3月12日上午11点左右，贵州省毕节市赫章县野马川镇有人正在持刀行凶，已砍伤多人。张明奎得知消息后，立即赶往现场，主动参与野马川派出所民警对犯罪嫌疑人刘万芳的抓捕行动。

当时，刘万芳手持菜刀和锄头站在自己家门口，拒绝抓捕并伺机继续行凶，现场围观的群众有100余人。面对危情，张明奎挺身而出，积极疏散群众。刘万芳见围堵力量越来越强，手持菜刀、锄头从家门口突然向外冲出。见此情景，张明奎不顾个人安危，手持木棒迎上前去与刘万芳搏斗，将他手中的锄头打掉在地上。而刘万芳继续挥舞菜刀冲向围观群众，参与疏导群众的政府工作人员刘昂躲闪不及，头部被砍了一刀。此时，眼疾手快的张明奎再次用木棒向刘万芳的头部打去，将其击晕倒地。最终，将犯罪嫌疑人刘万芳成功制伏并抓获。

（贵州省文明办供稿）

张新武

少年不慎跌入急流干渠，退伍老兵纵身一跃紧急施救

「见义勇为」

人物故事

张新武，男，1957年生，陕西省咸阳市杨陵区杨陵街道乔家底村人。2020年获第六届陕西省道德模范荣誉称号。

2018年3月4日上午10时许，张新武和工友在杨陵区大寨社区西高干渠北侧路旁植树，突然听见高干渠内有人在大声呼喊救命。张新武抬头发现，高干渠内一位少年落水。张新武来不及脱去上衣，纵身一跃，跳入水中，拼命向男孩游去。当时水估计有3米多深，从孩子落水的地方到前面的涵洞也就300米的距离，水面离涵洞顶只有一二十厘米，如果孩子顺水流到那个地方，后果不堪设想。

张新武奋力将男孩拖到岸边，不料水流很急，他抱着孩子被冲了十几米。第二次救援又展开了，张新武奋力托起孩子，在众人的帮助下，男孩终于被救上了岸，此时的张新武已是精疲力竭，体力严重不支。

（陕西省文明办供稿）

牛　利

民警临危不惧 保群众生命财产安全

「见义勇为」

人物故事

牛利，男，1984年生，甘肃省兰州市公安局交通警察支队七里河大队清水营中队副中队长。

2018年10月31日，牛利像往常一样着便装在下班途中，路经城关区解放门附近时，突然听到有人大喊“救命！救命！”只见一名男子正在对一名妇女疯狂殴打，该妇女已经头破血流，男子抢走妇女随身携带的包和财物后，夺路而逃，朝牛利的方向跑来。牛利见状伸腿绊倒抢劫男子，随即猛地扑上去，将该男子压在身下控制住。这时，周围群众纷纷上前要殴打抢劫男子。为了避免该劫犯被群众所伤，牛利一边规劝群众不要围观，一边仔细观察四周是否有该男子同党在场，并向110指挥中心报案。随后，城关分局刑警队民警赶到将抢劫男子带走，此时的牛利却悄悄离开现场。城关分局在调查案件时，通过报警电话才查询到当时见义勇为、制伏歹徒的年轻人正是七里河大队民警牛利。

（甘肃省文明办供稿）

李明君

好村民奋不顾身 勇救跌落化粪池幼童

「见义勇为」

人物故事

李明君，男，1980年生，青海省西宁市城东区韵家口镇中庄村村民。2018年荣获青海省第三届“最美青海人”，2019年荣获“全省见义勇为英雄模范”。

2018年4月22日，3岁幼童仔仔在西宁市德源小区楼下玩耍时，不慎掉进一口井盖破损且深度达4米的化粪池内。危急时刻，同小区的李明君毫不犹豫地抽出自己的腰带，让妻子王勤君拉住一头，自己拽着另一头跳进化粪池中……其间，妻子全程双膝跪在池边，用自己的衣服和丈夫的皮带连成的“绳子”死死拽着丈夫和仔仔，几次差点被拖进化粪池。随后小区内听到呼救的其他住户陆续赶来，在大家的协助下，经过40分钟的救援，终于将孩子成功救出。而此时的李明君双手发硬失去知觉，全身颤抖，身上多处擦伤。

李明君是大家眼中的凡人英雄，更是父母心里的孝顺儿子。李明君的母亲因车祸曾两度成为植物人，在李明君夫妻精心照顾下才苏醒，精神状态转好。

（青海省文明办供稿）

王　彪

为救人英勇牺牲　用生命诠释美德

「见义勇为」

人物故事

王彪，男，1985年生，生前系宁夏回族自治区广银铝业有限公司员工。2018年11月被宁夏回族自治区政府评定为烈士。

2015年7月25日，王彪在家休息。突然听到有人高呼救命，他立即跑出家门查看究竟。原来是邻居家院内的一家酱菜食品公司的腌菜池内有人呼救。王彪闻声跳进腌菜池后，感觉呼吸不畅，腿脚无力。此时，王彪的妻子也闻声赶来，她劝王彪赶快上来，但王彪挂念池内躺倒的人，继续挣扎着去救人。当其妻也准备跳下池子救人时，王彪用最后的力气将她推开，只说了一句："我不行了，快去喊人来救人，不要让其他人下来。"随后便失去知觉晕倒在了腌菜池内。

由于王彪妻子的及时呼救，王彪的父亲等人迅速赶来，找来竹竿、铁钩等工具，齐心协力将池内的人救出并送往医院抢救。王彪因吸入过量硫化氢气体导致中毒，经抢救无效死亡。

王彪用生命诠释了"见义勇为"这一传统美德的真谛，为全社会作出了榜样。

（宁夏回族自治区文明办供稿）

张　旋

"90后"太原公交小伙
捡到10万现金物归原主

「诚实守信」

人物故事

张旋，男，1990年生，山西省太原公共交通控股（集团）有限公司电车分公司四车队103路驾驶员。

2018年4月30日9时许，张旋驾驶103路电车到达终点站广场。按照公司要求，乘客全部下车后，张旋要进行车厢易燃易爆例行检查。检查中，张旋突然发现下客门附近座位夹角有一个灰色双肩书包，打开后包内有大量现金、证件等物品，张旋第一时间给车队领导打电话上报此事。

当张旋驾车回到车队时，恰好丢失物品的乘客也火急火燎赶到了调度站，见人就询问是否捡到一个背包，说背包里有大量现金。

车队工作人员和张旋在确认失主身份后给他办理了失物领取手续，把背包还给这位乘客，并让乘客检查核对背包里的财物有无遗失。惊魂未定的乘客找回背包后又惊又喜，当场拿出1000元现金感谢张旋，张旋婉言谢绝了对方的答谢。

（山西省文明办供稿）

隆晓辉

打造医疗器械和影视文化“双一流”的诚信企业家

「诚实守信」

人物故事

隆晓辉，男，1959年生，南微医学科技股份有限公司董事长，兼任江苏中天龙投资集团董事长、江苏中天龙文化传媒集团总裁。

2004年，隆晓辉担任南微医学董事长，在他的带领下，南微医学研发出一个又一个医疗创新产品，为广大患者带来福音。南微医学自主研发的杯口球头支架、一次性活检钳、可旋转重复开闭组织夹等产品，不仅在性能上可与进口同类产品相媲美，而且大幅降低了医保费用和患者负担。

文化传媒领域，隆晓辉特别注重在影视创作和制作中表达文化理想，传递正能量。多年来，隆晓辉始终秉持强烈的精神认知和家国情怀，走出一条不同于常人的影视之路，其投资拍摄的《于无声处》等一系列国安剧屡获大奖。

隆晓辉始终坚信，在商言商没有错，但不能唯商，尤其在文化教育医疗等领域，更要考虑社会价值和商业价值的统一。

（江苏省文明办供稿）

袁　青

身残志坚诚实做事　独腿撑起一片天

「诚实守信」

人物故事

袁青，女，1994年生，江西省南昌市湾里区肢协主席，在一家建筑企业担任会计助理。她小时候因一场意外，导致失去了一条腿，读书期间，她努力学习，成绩优异，在各类演讲比赛中多次获奖，还曾荣获“大学生自立自强之星”称号。

工作后，袁青主要负责现金收支、银行转账工作。刚做出纳时，因业务不熟悉，给同事少报销了钱，她发现后立即找当事人说明情况，将属于他人的现金一分不少地退还。有一次银行转账，因为网络延迟，造成重复转账，袁青积极与对方沟通，把资金追回。

袁青大学在校期间积极加入青年志愿者协会，成为一名志愿者。工作后，她参加了南昌市建委组建的志愿团队“青清行动”公益组织，积极参加各类志愿服务活动。现在袁青已经是南昌市残联委员，肢残代表。

（江西省文明办供稿）

孙配河

拾金不昧守诚信　千方百计寻失主

「诚实守信」

人物故事

孙配河，男，1955年生，山东省烟台市蓬莱区新港街道许马村村民。

平时孙配河帮儿子料理服装加工店的生意，加工衣服从不偷工减料、不漫天要价，顾客有什么不满意的地方，他就立马修改，改到顾客满意为止，他家的小店不大，但口碑不错。

2018年9月5日，孙配河到儿子家的服装加工店帮忙，途中发现了一个男士挎包，打开一看里面装有3万多元现金、5万余元的欠条和多张银行卡。孙配河站在原地等了半个多小时，也不见有人来寻，又仔细查看了包里的东西，里面没有身份证，找不到任何个人信息，他只好拿着包在附近商户挨家挨户打听。一圈下来没有任何收获，只好拨打了110报警电话，民警找到了失主周某。周某拿到失而复得的挎包十分激动，当面感谢孙配河，并拿出2000元现金作为答谢，孙配河连忙拒绝，他说："这没什么，拾金不昧的道理连小学生都懂，我只是做了自己应该做的。"

（山东省文明办供稿）

谢红军

一家三代接力守护红军墓八十余载

「诚实守信」

人物故事

谢红军，男，1962年生，湖南省永州市东安舜皇山国家森林公园管理局红军村村民。

1934年红军队伍路过老山界时，有一名红军战士因伤病牺牲在这里，谢红军的爷爷谢忠芝将红军烈士安葬在对面的山头，每年清明节都会带着谢红军的父亲谢臣明去给这位红军烈士扫墓，并交代谢臣明，要他和后代一定坚持守墓。谢忠芝离世后，谢臣明延续着父亲的承诺。1995年，父亲谢臣明去世，留下的唯一遗言就是，让子女一定要为无名红军烈士守墓。带着父亲的遗言、爷爷许下的承诺，谢红军和母亲留在了村子里。每过一段时间谢红军就去看一看无名红军烈士墓，敬个礼，每年清明前后两天去给它插坟条。

距离谢红军家最近的公路有3000米，由于交通不便，同村的其他村民都搬到外面去了，他的弟弟妹妹也劝他搬到外面去，他说："我已经习惯了这里的生活，况且为无名红军战士守墓和扫墓是爷爷和父亲的遗愿，也成为我生活的最重要部分了，我必须要信守承诺坚守在这里，不然我不安心的。"

（湖南省文明办供稿）

石兰荣

六旬老人一诺千金 带领村民修路 20 年

「诚实守信」

人物故事

石兰荣，男，1957 年生，广西壮族自治区来宾市兴宾区平阳镇弄洛村委弄水屯人。

1997 年，石兰荣担任来宾市兴宾区平阳镇弄洛村村委会主任。他向弄水屯村民郑重承诺，不管遇到什么样的困难，一定为乡亲们解决出行难的问题。

2000 年，石兰荣正式带领他的“愚公团队”开凿新路。为节约宝贵的修路经费，没有大型机械设备，村民投工投劳，把巨石一斧子一斧子敲碎了，再把碎石一担子一担子挑上来。经过 5 年奋战，石兰荣带着 30 多位村民把 4.7 公里的石阶路修成砂石路，终于打通弄水屯与外界的联系。

但是砂石路路基不牢固，每年汛期一到，暴涨的洪水将半条路冲走，路面上显露出狰狞的巨石，极易伤人。于是，每年暴雨过后，碎石路上总能见到石兰荣带领村民补路的身影。这反反复复地一直修到 2017 年才结束。当地政府在石兰荣带头修建的砂石路基础上建成水泥路，弄洛村集体实现道路硬化。至此，石兰荣为践行当初的承诺，已带领村民修路整整 20 年！

（广西壮族自治区文明办供稿）

张爱华

下岗女工靠诚信树品牌 成长为优秀企业家

「诚实守信」

人物故事

张爱华，女，1955 年生，陕西省铜川市轩州服饰有限公司总经理。

1996 年，张爱华从服装企业下岗，东借西凑了 1.5 万元，带领 50 名下岗职工开始了艰难的创业。由于资金周转不便，她把自己仅有的一套住房抵押给银行，并把家里仅有的 800 元钱拿出来，又从 10 多家亲朋好友处凑够 1.5 万元，按时给职工发工资。在做服装加工初期，由于运输原因延迟交货，但搞运输的也是个下岗职工无力赔偿，她默默赔了 8 万元的违约金，事后这个外贸企业负责人得知实情后，成了她主要客户之一。

张爱华热心公益事业，帮助残疾人就业、资助困难学生、照料孤寡老人、扶贫帮困、抗震救灾、植树造林等爱心捐赠从未间断，捐款捐物累计达 50 多万元。她以信立业，以质量取胜，公司经过 10 多年的发展，“轩州”牌商标被评为陕西著名商标，资产已达 8000 多万元。她个人先后获得全国“三八红旗手”、全国“城镇妇女巾帼建功标兵”、“全国再就业优秀个人”等 50 多种荣誉称号。

（陕西省文明办供稿）

季景书

扎根深山 借智慧能量绘致富蓝图

「敬业奉献」

人物故事

季景书，男，1971年生，北京工业大学材料科学与工程学院副院长。2016年，季景书到北京市密云区地处深山的张泉村挂职担任第一书记。

经季景书的努力，2017年9月，10公里的柏油马路修进了村，解决了出行问题。为了发展张泉村的果品、蜂产品等深加工产业，他找到旺旺集团上海食品研究所、中科院蜜蜂研究所和承德的饮料生产厂家，分别研制出张泉达康牌“核栗红”饼、能吃的蜂胶唇膏和板栗仁、山楂汁饮料酒、山楂系列茶饮。针对张泉村残疾人多的情况，季景书成立了张泉村残疾人手工编织互助经济合作小组。他与相邻的大龙门、碰河寺两村的第一书记联合，打造“龙·泉·寺”品牌。

经过几年的努力，张泉达康科技发展有限公司成功注册，民宿旅游得到了发展，旅游步道修上了山，由村中果品生产的健康套装产品也在淘宝、京东等网站销售，张泉“两学一做”学习教育基地、“张泉互助创业实践基地”、中国农业大学和北京工业大学马克思主义学院张泉村社会实践基地建成，季景书带领村民走上了致富路、幸福路。

（北京市文明办供稿）

武大勇

海归博士情系衡水湖 10年付出换来鸟飞鱼跃

「敬业奉献」

人物故事

武大勇，男，1971年生，河北省衡水学院生命科学学院教授，河北省侨联侨界专家委员会委员。荣获“河北省高等学校优秀共产党员”。

2009年武大勇到衡水学院任教，2013年被聘为河北大学硕士生导师。2016年6月18日，中央电视台报道衡水学院海归博士武大勇衡水湖湿地保护事迹；中德财政项目“衡水湿地保护与恢复”德国专家组力邀武大勇加入研究团队。

在校工作期间，武大勇先后主持多项省级自然基金课题，带领团队开展中德合作，研究衡水湖的湿地监测和可持续发展研究。在武大勇和同人们的不懈努力下，衡水湖水质由过去局部劣V类达到总体III类，鸟类数量由286种增加到327种。而武大勇记录观测到的国家一级保护动物白尾海雕、世界极危物种青头潜鸭，更是让衡水湖扬名世界。为了观察青头潜鸭的习性，他往往凌晨4点就出发，围着衡水湖一转就是一天。为了解衡水湖，保护衡水湖，他经常冒险下水采样。

（河北省文明办供稿）

高瑞奎

“帮大哥”生命最后7小时 一直在为群众调解

「敬业奉献」

人物故事

高瑞奎，男，1948年生，生前系河北省石家庄市正定县“帮大哥、帮大姐”人民调解员协会会长。先后获“全国模范人民调解员”“全国标兵人民调解员”“全国法治宣传教育模范个人”等荣誉称号。

从1976年开始，高瑞奎43年如一日，勤奋耕耘在人民调解员岗位上，被广大群众亲切地称为“帮大哥”，他先后调解各类矛盾纠纷近万起，调解率为100%，调解成功率达98.6%。

调解工作不好干，听起来心烦，说起来琐碎，做起来麻烦。高瑞奎却不厌其烦，一次次奔波在纠纷当事人之间，大到婚姻、财产、宅基地，小到羊吃麦苗、鸡进错窝，只要群众有纠纷，就少不了他忙碌的身影。2019年1月3日8时，在司法局的调解室，“帮大哥”与刘利国在一起待了3个多小时，帮助刘利国解决了一起纠纷，为他争取到一笔赔偿金。在调解完刘利国的事情后，高瑞奎就跟老伴来到妹妹家一起吃饭。13时许，吃过饭的高瑞奎回家取东西，下楼时在楼梯转角的地方突然摔倒了。这一摔，“帮大哥”再也没能醒来。

（河北省文明办供稿）

樊志勤

立志成才朴实无华 焊枪成就大国工匠梦

「敬业奉献」

人物故事

樊志勤，男，1979年生，山西省太原重型机械集团有限公司太原重工理化检定中心焊接技术培训室负责人。曾获全国五一劳动奖章、“全国技术能手”、“中国重型机械行业大工匠”等荣誉。

从1998年参加工作开始，几年时间下来，樊志勤练就了左手可以和右手一样进行灵活焊接，焊接产品合格率始终保持在99%以上。多年来，樊志勤先后攻克了新型复合板高速焊接、高强度钢焊接、超厚壁缸体对接焊等重大技术难题，在百余项国家重点建设项目和重大装备替代进口等方面作出了突出贡献。

太原重型机械集团有限公司研发生产的一款中国名牌产品，其中一个重要部件原来一直采用浇铸工艺生产，成本居高不下。樊志勤和团队独创出新的连接工艺法，成本降低了56%左右，每年可为企业节约1300万元。2011年10月的一天，樊志勤临时接到解决卫星发射基地塔架的问题，为保证“神舟八号”飞船如期发射，基地要求樊志勤必须在3天内找到问题并处理好。樊志勤圆满完成了任务。

（山西省文明办供稿）

阿迪雅

坚持长期巡护守边 将诚信写在边防线上

「敬业奉献」

人物故事

阿迪雅，男，1962年生，内蒙古自治区包头市达茂旗满都拉镇巴音哈拉嘎查牧民。他和妻子35年巡护守边，先后荣获第七届全国诚实守信道德模范、全国民族团结进步模范个人等荣誉。

35年来，他始终在中蒙边境一线坚持放牧守边，义务巡边累计近10万公里，上报各种信息300多条，参加军警民联合巡防100多次，协助边境派出所破获涉边案件数十起。

1981年，阿迪雅参军入伍，3年后复员返乡。他与妻子娜仁其其格自愿当起了中蒙边境上的义务护边员。2008年夏季，阿迪雅在一处斜草坡上用162块红色砖块摆出了“中国”两个大字，并用石头摆出了“守望相助”“同心筑梦”的字样。2009年夏天，他在自家院里竖起了五星红旗。有一次放牧，阿迪雅发现一片凌乱的马蹄印，他扔下自家的羊群，赶到“草原110报警点”报案，为牧民那顺敖其尔寻回了丢失的20多匹良驹。20世纪80年代末，阿迪雅在放牧的时候，在远处山丘上发现3名携带枪支的外籍人员，他迅速联系了边境派出所，最终将3人遣送出境。

（内蒙古自治区文明办供稿）

张善哲

生命最后一刻停稳28吨油罐车

「敬业奉献」

人物故事

张善哲，男，1967年生，辽宁省铁岭市西丰县人，生前系中石油辽河油田沈阳采油厂油罐车司机。

2018年11月21日，漆黑的夜晚、6米多宽的路面、密集呼啸而过的车辆、前后100米处急转弯车道、几十米外的油气管道……51岁的张善哲在生命的最后关头，忍着剧痛将载有28吨热油的油罐车稳稳地停靠在路边，启动双闪后一头倒在方向盘上……后车司机陈金玉感觉情况不对，过来查看发现，张善哲头已经倒在方向盘上，口吐白沫、大汗淋漓、昏迷不醒，右脚却牢牢踩着脚刹。张善哲被紧急送到北部战区总医院，经检查诊断为脑动脉血管瘤破裂，抢救无效不幸去世。

平凡的岗位，恢宏的壮举。张善哲在生命最后时刻的“双闪”，是他长期职业道德修养的本能，是他个人品质修养的本能，是他一生高尚境界的终极展现。危难之时显担当，张善哲走了，可他留给这个世界的，却是满满的震撼和感动。

（辽宁省文明办供稿）

袁兴启

二十载践行工匠精神，破壁垒勇当国门卫士

「敬业奉献」

人物故事

袁兴启，男，1969年生，江苏省昆山市人，昆山海关自行车检测中心工程师。

袁兴启20年来潜心钻研自行车检测技术，利用一切外出参观和外部审核机会，努力提升技术和能力。为了试验装夹的方便和科学，他针对老设备进行了大量的技术改造，设计的夹具图纸，累计有半米多高。为了检测的规范，他编写了200多个检测作业指导书，并对测试人员进行轮训。

与此同时，他潜心研究标准，研发检测设备。迄今为止，袁兴启已经累计设计了近30台专用检测设备。昆山海关自行车检测中心也成为国内第一个开展欧盟自行车系列标准的检测机构、第一个开展欧盟电动车标准的检测机构。他注重于基础理论的研究。取得6项发明专利，7项实用新型专利，发表论文20余篇。制定3项国家标准，5项轻工行业标准，曾获得原质检总局“科技兴检”二等奖1次，三等奖2次。袁兴启是ISO/TC149/SC1中国组成员，提出的国际标准审定意见和数据被ISO采纳，被全国自行车标准化委员会秘书长誉为“自行车ISO技术委员会第一次开始倾听中国的声音”。

（江苏省文明办供稿）

梅晓鹏

暖心30秒 仁心医生 危急关头“跪救”病人

「敬业奉献」

人物故事

梅晓鹏，男，1991年生，江苏省无锡市惠山区中医医院心内科住院医师。

2018年7月10日下午1点半左右，正在无锡市中医医院进行住院医师规范化培训的梅晓鹏与老师接诊的一名患者在做CT检查前突发抽搐、心脏呼吸骤停，生命岌岌可危。梅晓鹏冷静分析，赶紧将病人转运往抢救室抢救。可是，如果不采取应急措施，病人可能都撑不到抢救室。在没有处方权的情况下，梅晓鹏凭着医生救死扶伤的本能挺身而出，紧急关头跳上飞奔转运的急救病床，跪着为患者进行心肺复苏，争分夺秒抢救病人，在100多米的距离中不停地给病人做心肺复苏，一直到病人被送到抢救室，终于在“黄金时间”内将患者从死神手里夺了回来。

2016年入职以来，梅晓鹏已连续多次在旅途中救人，诠释了医生“救死扶伤”的真谛。不仅如此，他还经常参加公益活动，曾到2100公里以外的青海乐都区进行志愿扶贫，多次到基层参加公益宣讲、社区义诊等活动，用实际行动展现了一名“敬业奉献”的当代好青年、好医生的担当。

（江苏省文明办供稿）

沈银亮

面对尖刀毫不退缩的年轻辅警

「敬业奉献」

人物故事

沈银亮，男，1986年生，生前系江苏省如皋市公安局白蒲中心派出所辅警、白蒲镇专职消防队队长。

自2008年加入公安辅警队伍以来，沈银亮立足岗位，把职业当事业，善于摸排破案线索，打击犯罪冲锋在前，参与破获“两抢”、赌博、贩毒等各类违法犯罪案件50余起，协助民警抓获违法犯罪嫌疑人300余名，有效制止违法犯罪活动460余次，先后7次被表彰为“先进个人”。

2018年10月19日8时许，沈银亮随民警一起处置了一起交通事故警情。刚回到所里，又接到一起砸汽车的警情，当天9时26分，沈银亮在协助民警抓捕砸车犯罪嫌疑人时，对方转身掏出一把尖刀。面对犯罪嫌疑人的尖刀，沈银亮不惧危险、冲锋在前，在制伏犯罪嫌疑人顾某时被尖刀刺中心脏。虽经现场全力抢救，但因心脏破裂导致急性大出血，不幸因公殉职，年仅32岁。

（江苏省文明办供稿）

姚进生

观星空仰头九天外 播知识爱在人世间

「敬业奉献」

人物故事

姚进生，男，1952年生，江苏省淮安市盱眙县铁山寺天文科技馆副馆长。

1998年，姚进生来到盱眙，主要负责1.2米近地天体探测望远镜观测基地的选址建站工作。他不畏艰辛，徒步勘测了以南京为中心的苏皖两省交界数十个山头。在铁山寺期间，他白天忙于记录各种气象数据和协调道路、水电、通信的相关事宜，夜里进行天文选址观测和计算。两年多的时间，他和项目组同事晨去昏归，共获得15980个价值很高的天文、气象观测数据，为确定选址铁山寺提供了宝贵的支撑资料。2001—2006年盱眙站建设期间，他每年有超过300天坚守在工地，经过5年努力，把一个“鸟不生蛋”的山头建成了一座具有独特风格和理念的现代化天文观测基地。

2012年退休后，姚进生相继被江苏淮安未成年人社会实践基地和盱眙县铁山寺天文科技馆聘用，7年来共接待周边地区参加社会实践活动的大中小学生、游客等20万人次，开展天文科普讲座120场，参与天象观测6500人次。2017年，他被聘为铁山寺天文科技馆副馆长。

（江苏省文明办供稿）

王桂华

身患癌症不离三尺讲坛
用大爱浇灌学生成长

「敬业奉献」

人物故事

王桂华，女，1968年生，江苏省连云港经济技术开发区猴嘴街道台北盐场学校数学老师。

2011年，王桂华被医院确诊为乳腺癌，先后经历了化疗、右乳切除手术，难以承受的病痛一度让王桂华陷入抑郁，凭着对教育事业的热爱，她不顾家人的劝阻，出院后执意回到学校教高年级的数学，就算日常的回院复查，她也从不耽误学生一堂课。面对常人难以忍受的生活和工作难题，她坚持了8年。

在教学工作中，王桂华十分注重学生的思想道德教育，在她所执教的每个班级内专设了“知心姐姐”信箱，学生可以通过写信的方式向王桂华老师讲述自己的心事，而且隐私得到了很好的保护。信箱开设至今，王桂华老师收到了近千封信，为孩子们解决了无数的难题。她的心中始终装着留守儿童，给孩子们建立成长档案，自制紧急联系人电话簿，课后时间全面了解这些孩子的生活状况、心理动态、兴趣爱好等，还经常找学生聊天谈心，进行情感疏导。

（江苏省文明办供稿）

颜日春

为解救被劫持女孩
壮烈牺牲的民警

「敬业奉献」

人物故事

颜日春，男，1978年生，浙江省玉环市人。

2018年10月27日晚8时，一名12岁的女孩被犯罪嫌疑人梁秀贵挟持，要挟女孩的母亲林仙凤见面。为了稳定梁秀贵情绪，颜日春立即让林仙凤和梁秀贵取得联系，并将其引导至玉环芦浦高速出口见面。

23点20分，林辉带领颜日春等3名民警，赶到见面地点。但梁秀贵比预期更早到达了现场，林辉和颜日春立即决定对梁秀贵进行控制。

就在这时，梁秀贵似乎发现了什么，突然发动车子，企图逃窜。眼疾手快的颜日春一把抓住梁秀贵，在表明警察身份的同时，试图将车子控制住。但梁秀贵发疯式地猛踩油门，试图摆脱颜日春，“砰”的一声，车子驾驶室一侧重重地撞在了路边的隔离护栏上。颜日春死死抓着梁秀贵不松手，拖行了200余米。梁秀贵又猛打方向盘，故意将颜日春的身体往路边的铁护栏上撞。最终，颜日春被摔下车，头部重重地撞上铁护栏的立柱上，飞出护栏外数米远，当场倒在血泊之中，壮烈牺牲。

（浙江省文明办供稿）

韩先春

特教老师倾情呵护残疾学生二十四载 援疆支教育桃李

「敬业奉献」

人物故事

韩先春，男，1975年生，安徽省滁州市来安县新安镇中心校校长。

韩先春是一名扎根基层特殊教育事业的普通教师，在他任特教老师的24年里，共培育出500多名残疾孩子，其中40个孩子相继考入了高中或大学，一些人还参加了工作，自食其力。

2017年8月，韩先春作为安徽省第九批援疆教师，来到新疆和田地区皮山县。韩先春从实际出发，利用多媒体课件、以赛代练、课上与课下相结合等方法让学员张开嘴、提起笔。经过一年的不懈努力，他所任教的3个班级167名维吾尔族学员普通话水平快速提高，MHK（民族汉语考试）通过率平均为71%。他结对帮扶两名皮山县教师，传授自己的教学方法；他利用援疆业余时间，编写了6本计40多万字的适应当地教辅资料或教案，为后援支教人提供宝贵的经验；他多次往返内地奔走求助，先后向皮山基层学校捐赠了1.78万多本课外读物，解决了学校“缺书”难题。

（安徽省文明办供稿）

毛胜利

晒纸工一线工作三十余载 精益求精传承宣纸技艺

「敬业奉献」

人物故事

毛胜利，男，1969年生，安徽省宣城市泾县中国宣纸股份有限公司晒纸工。

1987年6月初，年轻的毛胜利跨进泾县宣纸厂，从事晒纸学徒工作。

晒纸是一份辛苦的工作，部分体质较弱的晒纸工积压纸帖现象时有发生，每到此时，毛胜利不仅按质按量地完成自己的工作任务，他还总是起早贪黑加班加点，不提任何条件努力完成车间积压下来的纸帖。33年来，他几乎没请过一天的假，歇过一天的工。2009年以来他更是以每月工作出勤率100%，每月平均完成工作任务180%以上，每月产品对路率95%以上的纪录，被公司员工称为晒纸车间铁人。

毛胜利晒纸技术精湛，他先后带过3名徒弟，如今都熟练掌握了晒纸的各项操作技能，成了生产技术好手。此外，毛胜利多次参与研制一系列特种纪念宣纸的晒制工作，“三丈三特大纪念宣纸”是他最得意的杰作，获得了吉尼斯世界纪录。

（安徽省文明办供稿）

张泽礼

民警恪尽职守二十五载 罹患癌症仍坚守工作一线

「敬业奉献」

人物故事

张泽礼，男，1969 年生，生前系安徽省铜陵市枞阳县公安局党委委员、副政委。2001 年荣获“全国优秀人民警察”称号。

自 1994 年参加工作以来，张泽礼始终立足岗位，冲锋在前。2000 年，在“追逃”专项行动中，他半个月吃住在单位，梳理 130 多个在逃人员信息，完成 4000 多名各类人员的网上对比工作，发现并抓获逃犯 32 人，被安徽省公安厅授予全省“追逃”工作先进个人称号。2014 年，张泽礼的女儿高考，但因为工作忙，他没能去送女儿。女儿考上远在河南的一所大学，他也没有送女儿去学校。

2017 年年初，张泽礼的身体已经很差，可是因为一堆工作要处理，他强忍着坚守岗位。7 月，在妻子的催促下，他去医院做了详细检查，被告知患了胃癌，并且已经扩散恶化。此时的张泽礼想到的仍然是手头的工作，他第一时间向单位报告了自己的情况，做好了工作交接后，才住院治疗。治疗期间，他仍不忘在病床上通过电话和手机短信提醒同事相关工作事项。生命的最后时期，张泽礼通过手机转账交上了党费。

（安徽省文明办供稿）

王开佺　林珠金

乡村教师不忘初心 坚守海岛二十余载

「敬业奉献」

人物故事

王开佺，男，1970 年生，福建省福州市长乐区松下镇长屿小学校长兼教师；林珠金，女，1977 年生，长屿小学教师，王开佺妻子。

为了改善长屿小学的办学条件，王开佺多方奔走、积极争取，坐船进出小岛上百次，终换来长屿小学面貌焕然一新。王开佺夫妇索性住进了学校的宿舍，是校长，又是老师，还是保安。

让每个孩子都享受到同等的教育机会，这是王开佺、林珠金一直坚持的理念，他们始终将这些留守孩子当作自己的孩子，不仅常常家访指导功课还时不时为孩子送去衣物与文具。随着外出人口逐渐增多，新的学年长屿小学只剩下不到 10 个孩子。但是他们夫妇俩仍坚持语、数、英、体、音、美一门课程不落教，一节课时不减少，一项制度不缺失，每周坚持升国旗唱国歌，每天坚持做课间操，积极开展各类安全教育，定期开展主题班队会、节假日文艺会演等。23 年来，长屿小学作为一个海岛学校没有发生一起学生溺水伤亡事故，教学成绩在长乐百人以下的同类学校中一直位居前列。

（福建省文明办供稿）

刘才添
初心不改　大爱铸警魂

「敬业奉献」

人物故事

刘才添，男，1990 年生，生前系福建省公安厅交警总队南平高速公路支队四大队一级警员，二级警司警衔。2019 年 9 月被评定为烈士，追记个人一等功。

2018 年 12 月 30 日，福银高速闽赣省际路段突降大雪，道路结冰。31 日子夜，28 岁的刘才添和同事驾驶警车护送养护车辆铺撒融雪剂。1 时 45 分，途经上村大桥路段时，他们发现一辆事故车斜停在桥面上，车旁站着两名群众等待救援。刘才添紧急靠边停车处置。就在他引导事故车辆驾乘人员王早平夫妇撤离危险区域时，后方一辆重型牵引车突然打滑失控，冲向他们。危急关头，刘才添一边高声呼喊："快跑快跑，车来了车来了！"一边奋力推开王早平夫妇。

顺利逃生的王早平夫妇回头一看，发现失控货车就撞停在他们夫妇身后不足两米的地方，而刘才添，已被货车碰撞挤压在桥面右侧水泥护栏上。

刘才添用自己短暂的生命，诠释了心中的那片海，守护了群众的平安与幸福。

（福建省文明办供稿）

李淑琴
把家安在派出所的"拼命女三郎"

「敬业奉献」

人物故事

李淑琴，女，1966 年生，生前系江西省南昌市公安局红谷滩分局卧龙派出所教导员。先后获得"全省优秀人民警察""全省五星级政法民警"荣誉称号。

她是南昌一名拥有 35 年警龄的基层民警，因积劳成疾被诊断为直肠癌晚期，2018 年 11 月 30 日，年仅 52 岁的她永远离开了这个世界。

遇到老同志生病，李淑琴一定会上门走访慰问，子女不在身边，李淑琴放弃休息，陪在老人身边照顾，她的工作得到了单位所有离退休老民警的认可。2015 年，李淑琴调往卧龙派出所不久，她的父亲病重住院，直到 12 月过世，她只请了 3 天假办理父亲的丧事，其间一直坚守在岗位。作为当班领导，李淑琴身先士卒，凌晨两三点都会坚持去查岗。

女儿欧阳仪说，每年的大年三十晚上，母亲都会在街头巡逻备勤，家里只留下她和父亲，她最大的愿望就是可以和爸爸妈妈在家里一起看春晚，但这个愿望再也无法实现了。

（江西省文明办供稿）

金世凤　周栋良

盲艺人数十年如一日走村入户宣传党的好政策

「敬业奉献」

人物故事

金世凤，男，1950年生，江西省高安市高安道情曲艺队队长，锣鼓手；周栋良，男，1967年生，江西省高安市高安道情曲艺队副队长，唱词创作人。

金世凤、周栋良二人带领一群盲艺人二十几年如一日，走村串户宣传党的好政策。

1990年1月中旬的一天，曲艺队到相城镇华阳村去演出。在途经锦惠渠时，由于没留神，好几个人一下子全跌进了旁边的水沟里，衣服都湿透了。被村民救起后，他们顾不上换下湿衣服，急忙赶往村里的库房，架起乐器表演。

2018年初秋的一个夜晚，曲艺队一行人完成演出后摸黑赶往下一个演出点，却不承想半路跑来一个醉汉，不分青红皂白对他们拳脚相加。因为一行全是盲人，完全无法反抗，在慌乱中大家拼命地呼救。等附近村民赶到，这个醉汉却早已逃之夭夭了。一位队员右腿被打折，在医院一躺就是两个月，医药费自付部分全是同事拼凑垫付。

如今道情曲艺队每年下乡送演120余场，队员收入微薄。尽管生活过得异常艰辛，但是对道情的执着和初心却从未改变。

（江西省文明办供稿）

张保国

排爆除险舍生忘死淬火丹心保国为民

「敬业奉献」

人物故事

张保国，男，1965年生，山东省济南市公安局特警支队副支队长。2018年获“全国公安系统一级英雄模范”、全国“最美退役军人”，2019年获“齐鲁时代楷模”、全国“公安楷模”、全国“人民满意的公务员”、新中国成立70周年“最美奋斗者”等荣誉。

1988年，张保国从军械技术学院弹药专业毕业，分配到原济南军区军械维修检验所从事弹药修理、销毁技术工作，1999年转业到济南市公安局从事排爆工作。他参加公安工作20多年，一直战斗在排爆工作最前沿，先后完成防爆安检任务1500多次，排除爆炸装置和爆炸可疑物130余个，排除销毁各类炮弹、炸弹等4000余枚，废旧雷管30余万枚、导火索50余万米、导爆索1万余米。

张保国坚守安检排爆第一线，深入研究新型爆炸装置的起爆原理和拆解技术，革新排爆工具，成长为全国公安排爆战线上的领军尖兵，是中国知名的爆炸物品管理、防爆安检和排爆专家。

（山东省文明办供稿）

王艳霞

扎根乡村教育二十载 用奉献撑起农村娃的一片天

「敬业奉献」

人物故事

王艳霞，女，1979年生，河南省舞阳县保和乡朱耀环小学校长。

王艳霞从教20年，担任了18年的农村偏远地区的小学校长，她先后把王桥小学、扁担赵小学、顿庄小学、朱耀环小学4所濒临倒闭的学校办成了“县级花园式学校”“漯河市德育工作先进集体”“河南省艺术特色学校”“中国好人集体”。每次接手破烂不堪的学校时，她都会向家长承诺：“一定让孩子们坐在宽敞明亮的教室内读书学习。”

同时，她还特别关爱留守儿童，家访上千次，资助贫困生近百人，没有一个孩子成为问题学生。为了让农村孩子学有所长，她到北京拜访著名教育家、竹笛演奏家周波教授，把周教授请到学校，无偿教孩子们学习乐器。家长感受到孩子们在学校成长的快乐，纷纷给学校捐赠款物，借以表达感激之情。每当校长轮岗时，家长们都恳求各级领导不要把王艳霞调走，村里的娃们都指望着她，她在，家长睡觉安稳。

（河南省文明办供稿）

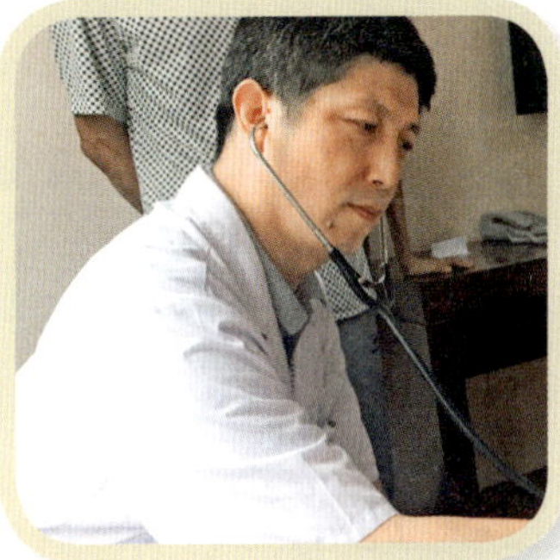

李　凯

30年为先心病患儿修补“心”希望的好医生

「敬业奉献」

人物故事

李凯，男，1967年生，河南省郑州市第一人民医院心胸外科主任。

从20世纪80年代至今，李凯已从医近30年。在他们科室，李凯总是第一个到病房，看一看病人病情有没有变化，下班也是最后一个离开科室，再看看病人病情是否稳定。曾经有一位患者，术后病情恶化，为了监测病情，李凯连续在病床边守护了22天，最终将病人从死亡线上拉了回来。

2011年，郑州市第一人民医院作为农村参合儿童先天性心脏病定点救治医院，开展先天性心脏病免费救治活动。作为心胸外科主任的李凯先后为300多位先天性心脏病患儿进行了免费手术，手术成功率达99.4%。2016年4月，郑州市第一人民医院启动了“精准扶贫护苗行动”。此后两年时间里，李凯带领团队成员顶过烈日，淋过大雨，冒过风雪，蹚过泥泞，从安阳市内黄县到信阳市潢川县，从三门峡市卢氏县到商丘市民权县，走遍了139个县区，行程5万多公里，先后筛查先天性心脏病患儿2600多名，成功为600余名患儿进行免费手术。

（河南省文明办供稿）

康艳敏

视乘客为亲人　温暖一座城

「敬业奉献」

人物故事

康艳敏，女，1986 年生，河南省安阳市汤阴县正大公交公司通勤车驾驶员。

康艳敏入职以来，视乘客为亲人，总是替乘客着想。每天早上，通勤车上的学生比较多，她耐心疏导他们，避免拥挤发生危险；冬季天气冷，她总是先用湿拖把把车拖净，再用干拖把把地擦干，以防乘客滑倒；每次开车前，她总是从车内反光镜看到乘客坐好之后再起步发车。

2016 年冬，随着天气转冷，有乘客说冰冷的光板座椅太凉。说者无意，听者有心，康艳敏便萌生了给座椅铺上棉坐垫的念头。她自费买来布料、针线和丝绵，利用休息时间，缝制了一批棉坐垫，并铺在了自己的车上，听到乘客们的赞许，她感到无比欣慰和喜悦。2018 年元旦前后，她分两批制作的 2000 余个坐垫全部铺到了公司营运的 140 余辆公交车上，让汤阴县更多的乘客感受到冬日的温暖。

康艳敏的事迹感动全城，被亲切地称为“最美女司机”。

（河南省文明办供稿）

王焕云

最美山村“红丝带”
坚守抗艾一线 19 年

「敬业奉献」

人物故事

王焕云，男，1961 年生，湖北省十堰市竹山县溢水镇陈家铺村医生。2014 年获评全国“最美乡村医生”，2017 年获得“白求恩奖章”。

2001 年 7 月，王焕云在村里巡诊时，发现了竹山县第一例艾滋病感染病例。从此以后，王焕云义务承担起 5 个邻近村 30 位因不洁血液而感染艾滋病患者的防治工作。

为消解村民对艾滋病患者的恐慌，给艾滋病患者实施接触性治疗时，他不戴手套、不戴口罩、不穿白大褂，毫无戒备地陪伴。2005 年夏，一患者家被泥石流冲毁，王焕云二话不说，将用多年积蓄买的新房免费让给了他们一家人居住。他陪伴患者许某 12 年，照顾他一家三代人，为他家争取了 5000 元的养牛扶持资金。在王焕云的精心陪伴下，30 位艾滋病人，没有一人因绝望而自暴自弃，他们的生命平均得到近 20 年的延续。为了延续自己的防艾梦想，在王焕云的劝说下，2015 年在市人民医院进修的儿子放弃优厚待遇，回村和他一起从事防艾工作。

（湖北省文明办供稿）

易有淼

金牌总监监理世纪工程

「敬业奉献」

人物故事

易有淼，男，1965年生，铁四院监理公司副总工程师。曾获“铁路建设功臣”称号，获评交通部优秀监理工程师，建设部、铁道部优秀总监，火车头奖章等荣誉。

2012—2018年，易有淼在担任港珠澳大桥主体桥梁工程项目总监期间，率领团队审查了各类施工方案500余项，其中重大方案40余项，组织召开专家评审会27次。完成青州桥两个“中国结”钢撑150米高空精准对接，江海桥3个“钢海豚”主塔109米高，2800多吨重整体竖转吊装，以及1006根钢管复合桩施工，136个整体墩台预制吊装，135跨钢箱梁吊装等施工监理任务。

他带领团队辛勤工作，认真负责，为大桥深水区顺利建成，特别是桩基施工、墩台预制安装、钢箱梁运输吊装、钢结形撑和海豚塔高难度安装，以及施工作业和防台安全等付出了巨大心力、汗水，确保了高质高效平安顺利实现目标。

（湖北省文明办供稿）

吴金源

扎根一线岗位，30年技校生成石化技能大师

「敬业奉献」

人物故事

吴金源，男，1970年生，中国石化茂名分公司炼油分部重油加氢车间班长。2017年被评为“南粤工匠”“广东好人”，享受国务院政府特殊津贴。

吴金源从事加氢技能操作30年，他针对制约渣油加氢、柴油加氢两套装置运行的瓶颈问题提出150多条整改建议，参与创新创效项目10多个，为公司增创效益5020万元。他提出的“氢气梯级利用法”，避免了氢气大量排放火炬，每年节约成本3400万元。

他先后参与多套中国石化重大装置建设和生产，特别在参与全球炼油行业颠覆性技术的国内首套浆态床渣油加氢装置建设中，他作为操作骨干在设计审查过程中，查出60多项设计方面的问题，为新装置建设顺利推进扫除了障碍。

吴金源独创了“渣油加氢装置高压法兰拆装质量监督吴金源操作法”，在中国石化全系统加氢装置进行推广。他先后带徒弟61人，其中带出技师6人，一大批徒弟已成为行业操作骨干。

（广东省文明办供稿）

陈　中

“小个头”帮助贫困户 一年卖出 23 万元农产品

「敬业奉献」

人物故事

陈中，男，1987 年生，重庆市云阳县水口镇电商服务站工作人员。

陈中患先天性肢体二级残疾。2017 年，他成了村电商服务站的一名工作人员，凭借自己的钻劲和韧劲，帮助家乡贫困户销卖出 23 万元的农特产品，为脱贫攻坚贡献了自己的力量。

2017 年，陈中第一次接触电商工作，他花了很长时间，参加各种培训会，熟练掌握了电商流程。

他一家家地解释、演示电商的优点，走遍了村里的家家户户。乡亲们理解了陈中，愿意将农特产品交给他。就这样，在田间小路上，经常会看到一个小个子，推着一个大推车，艰难地往返于农户家和电商服务站。

在陈中的带动下，农村平时不值钱的农作物变成了“金疙瘩”，乡亲们家里种的“土李子”变成了抢手的品牌货，困难群众的脱贫致富也在陈中的奔波中一步步变成了现实。

（重庆市文明办供稿）

姜瑞华

主动冲锋在前　累倒在岗位上

「敬业奉献」

人物故事

姜瑞华，男，1963 年生，生前系重庆市公安局渝北区分局交通巡警支队双龙大队教导员。荣获“全国五一劳动奖章”。

被誉为“重庆第一岗”的渝中区临江门岗组曾是重庆的名片，姜瑞华便是“重庆第一岗”的首任组长。“重庆第一岗”初建时警力较少，姜瑞华制定了两班倒的工作模式。作为组长的他主动承担白天最繁忙的班，每天一站就是 12 个小时。挥臂、转体、偏头，一个班站下来，要重复动作 1 万多次。在他的带领下，临江门岗组先后荣获“全国青年文明号”“全国优秀交通岗组”等称号。

双龙大队辖区绿梦广场转盘长期拥堵，姜瑞华琢磨探索出“4+1”排堵保畅工作法。

自调至双龙大队任教导员以来，他共牵头查处各类交通违法行为 6 万余起，协调相关部门整改道路交通安全隐患 56 处，辖区从未发生较大道路交通事故。

2019 年 1 月 16 日上午 6 时 40 分左右，姜瑞华突发脑出血倒在工作岗位上，永远离开了他的战友和心爱的岗位。

（重庆市文明办供稿）

最美村支书

行走在脱贫攻坚一线的优秀干部

「敬业奉献」

人物故事

攀枝花市红宝乡中槽村第一书记钱可英，统计村发展建设项目需求11项；乐山市荣丁镇光荣村村支书李易坤，帮助贫困群众就近务工；南充市隆兴乡新桥沟村副主任曹琼蓉，牺牲在扶贫一线；南充市溪头乡红光村第一书记陈国界，建成柑橘产业园；南充市鸣龙镇凉快垭村村支书邓如云，组织种花椒、养甲鱼；南充市天星乡弥陀院村第一书记蒲春宇，创建“巴山脆李产业示范园”；宜宾市沐爱镇南坪村村支书黄祖均，坚守农村35年；广安市兴平镇原党委书记杨绪德，引进大型农企；广安市禄市镇大坡老村驻村干部周明川，倒在脱贫攻坚最前线；达州市八庙镇石和寨村村支书肖开静，完成村社道路建设；巴中市大和乡界牌村村支书李荣华，让界牌村成为“省历史文化名村”；雅安市烈士乡烈士村第一书记高小松，推进“茶叶+特色种养殖”产业发展；眉山市丹棱镇龙鹄村村支书罗朝运，实施农村生活垃圾处理模式；阿坝州川主寺镇五间房村第一书记殷启雄，为村民创造健康生活条件；凉山州淌塘镇老君洞村第一书记唐川，突出引导、打造堡垒、破解瓶颈、发展产业。

（四川省文明办供稿）

张敬疆

长年奋斗在农村公路一线的工程师

「敬业奉献」

人物故事

张敬疆，男，1969年生，贵州省黔南州罗甸县农村公路管理局副局长、高级工程师。2017年获贵州省“五一劳动奖章”，2018年获“贵州好人”荣誉称号。

1996年9月，刚刚参加工作1年的张敬疆被单位派往本县三岔河至土坝公路参与建设工作。为做到精准测量，他每天早出晚归，背着仪器，顶着烈日，每个点反复测量3次以上，脚上的解放鞋穿烂了4双。在他的辛勤付出下，不管是工程进度，还是工程质量都排在全省行业系统前列，被贵州省交通主管部门评为优良工程。2008年，罗甸县遭遇冰雪凝冻灾害，在接到除冰扫雪任务后，他连控制血糖的药都没来得及拿，就赶到养护路段进行除冰扫雪作业。他每天连续工作十几个小时，一直是吃在路上，休息在车里，每天睡眠不足5个小时，一干就是半个月。2012年，边阳工业园区道路建设工程的施工任务落在张敬疆的肩上。从工作开始，他坚持每天核对施工设计图，尽管患有严重的胰腺炎，但为了不影响施工进度，他每天边吃药边工作。直到2014年年底，园区道路全部完工，园区面貌也有了雏形。

（贵州省精神文明办供稿）

杜富国

为人民扫除雷患　为战友血染雷场

「敬业奉献」

人物故事

杜富国，1991年生，贵州省遵义市湄潭县兴隆镇太平村村民，现任南部战区陆军云南扫雷大队上士。2018年获“第六届贵州省道德模范”称号，2019年获“感动中国2018年度人物”“时代楷模”“第七届全国道德模范”等荣誉。

2010年冬天，杜富国参军入伍，服役于云南省西双版纳。在祖国的南疆云南省麻栗坡县老山雷区，杜富国先后1000余次进出雷场，排雷排爆2400余枚。他苦练排雷技能，熟练掌握10余种地雷的排除方法，所有考核科目成绩均为优秀。2018年10月11日，他随队参加边境扫雷行动，在清理未爆弹时，杜富国对战友讲道：“你退后，让我来！”用血肉之躯挡住了手榴弹爆炸的弹片。杜富国却身受重伤，失去了双手和双眼。

3年多来，杜富国和战友们排清的57.6平方公里雷区，已变成村民安心耕种的田园，他和战友们的付出，赢得了边民们的拥戴。在杜富国受伤住院期间，边民乡亲赶到医院探望杜富国，用最朴实的语言和最实际的行动表达他们的感激之情。

（贵州省文明办供稿）

王秋婷

26岁的年轻生命定格在扶贫路上

「敬业奉献」

人物故事

王秋婷，女，1992年生，生前系云南省昭通市大关县纪委办公室工作人员（科员），派驻天星镇打瓦村工作队员。2018年11月19日，王秋婷在扶贫工作途中遭遇车祸不幸因公殉职。

王秋婷2017年10月被大关县纪委监委派驻天星镇打瓦村。打瓦村距天星镇13公里，距县城45公里，下辖22个村民小组，贫困面大、贫困程度深。入驻打瓦村后，王秋婷把自己当作一名普通的群众，走村入户了解群众急需解决的问题，短短2个多月就走遍了22个村民小组。为有效解决打瓦村生产生活饮水问题，王秋婷与男同事、村干部一道，不畏酷暑和风雨，上山穿丛林、越荆棘寻找水源。

王秋婷热情活泼，走访途中遇到背柴的老人，连忙上前热心帮助，亲切关怀；看到村民老石家破旧的房屋，便将自己的衣物洗干净折叠好后送给老石读初中的女儿；她从网上自费采购了一批精美的包装瓶，帮助贫困户王方明家卖光了100多斤蜂蜜。

（云南省文明办供稿）

次仁多吉

青年民警在平凡岗位挥洒激情

「敬业奉献」

人物故事

次仁多吉，男，1988年生，西藏自治区拉萨市人，在拉萨市达孜区公安局交警大队办公室从事文秘综合工作。

基层工作人员紧张，事情繁杂，次仁多吉一个人承担着政工、办公、党建、违法处理、法制等一系列工作，常常都是从上班到下班一坐下就起不来。其间，要向许多驾驶员解释相关的道路交通法律法规。他都是耐心、平和、理性地做好解释工作，到目前为止没有发生过一起投诉。次仁多吉常说“警察工作是我的事业而不是我的职业”。

然而，对家庭他有着太多的愧疚。妹妹住院，爱人入院手术，他都不在身边。面对这种种的困难和委屈，次仁多吉也想过退缩和放弃，可想到领导的信任、同事的鼓励、群众的期待、家人的支持，心里就会重新燃起斗志，一切的困难都变得微不足道。

（西藏文明办供稿）

白　亮

陇关大山里唱响扶贫奋进歌

「敬业奉献」

人物故事

白亮，男，1978年生，国家税务总局宝鸡市税务局干部，陕西省陇县东风镇胡家庄村驻村第一书记。

2014年，白亮筹资10余万元维修胡家庄村委会，新建花园式休闲广场、群众阅览室和党员活动室。他联系专家教授组织开展“送医送药下乡”义诊活动。2015年，他积极协助村委先期完成了1.3公里通组水泥道路建设及二组塘坝加固扩建工程；他协调上凉泉村土地6亩，实施滑坡点剩余24户98人移民搬迁安置工程。2016年，建设村庄水泥路面0.6公里，安装太阳能路灯46盏，亮化村庄道路3.2公里。2017年，全村危房贫困户全部入住新房。

2016年年初，他采取推广合作社模式，整合“三变”资金60万元，购置优质中华蜂450箱，对贫困户进行广覆盖式扶持。他又联系投资60余万元实施果园水肥一体化滴灌项目，解决了苹果核桃产量低、果质差的窘况。他带领群众发展育种小麦500亩，引导烤烟和药材规模化种植，形成发展多轮驱动、致富多渠道增收的良好态势。2014年至2018年，全村贫困户由133户538人下降至46户177人。

（陕西省文明办供稿）

马敏泉

“环保老兵”33年坚守一线 用实际行动守护蓝天白云

「敬业奉献」

人物故事

马敏泉，男，1963年生，甘肃省兰州市环境监测站副站长。2016年被原环境保护部授予从事环保工作30年纪念奖章。

马敏泉作为在环保系统工作30多年的一名环保“老兵”，一直奋战在环境监测一线。在日常监测分析工作中，从分析原理到实验过程，从数据分析到出具报告，每一个环节他都一丝不苟。在“冬防”工作中，他主动请缨，带队驻区包抓，经常几十天回不了家，始终坚持在巡查一线。在2014年、2015年兰州市两次水质污染问题处理中，他都坚持在监测一线，昼夜加班加点，为上级决策提供了及时、科学、可靠的技术依据。

2018年6月21日，马敏泉因长期劳累，突发脑出血昏倒在工作岗位上，幸被同事及时发现送往医院，经全力抢救挽回了生命。

（甘肃省文明办供稿）

莫岸飞

好警察坚守戈壁贡献光和热

「敬业奉献」

人物故事

莫岸飞，男，1988年生，新疆生产建设兵团第三师图木舒克市城区公安局旗杆桥派出所民警。2019年荣获全国“最美基层民警”提名奖。

从警以来，莫岸飞坚持做“雷锋式”好警察，爱岗敬业、乐于奉献，用实际行动诠释着公安民警的责任与担当。

2017年4月，莫岸飞主动申请负责社情复杂的居民拆迁片区。为尽快熟悉辖区民情，他坚持每天逐户逐人走访登记。在走访中，做到进门、见人、见物、查疑，连不漏户、户不漏人、人不漏项。通过走访登记，他对辖区居民情况熟悉率达90%以上。莫岸飞知百家情、办百家事，时刻将群众冷暖放在心头。通过扎实细致的群众工作，莫岸飞收集有价值情报线索27条，根据情报线索打击犯罪分子19名。2019年4月，他成功解救被困火场的7户人家20余人，挽回直接经济损失15万元；2019年8月，他成功抓获逃窜至辖区内的1名涉枪涉黑在逃犯。

（新疆生产建设兵团文明办供稿）

赵立新

石油教师30年谱写孝心传奇 最美家庭饮誉全国

「孝老爱亲」

人物故事

赵立新，女，1967年生，中国石油华北油田公司天津石油职业技术学院教师。

1989年，成绩优秀的赵立新留校成为天津石油职业技术学院一名教师。30年致力于电子信息系自动化技术专业教研，为油田和社会培养输送2000多名合格毕业生。1990年结婚后，赵立新视公婆如父母，演绎了久病床前有孝女、25年如一日敬奉公婆的孝心传奇。1999年公公去世后，她对婆婆不离不弃，在老人患病的最后日子里，赵立新24小时守护病床边，揉腿搓身缓解癌症病痛，吃喝拉撒照顾得无微不至，让老人安详辞世。她教女有方，培养出品学兼优的好女儿史海欣。2011年女儿海欣读研期间，捐献造血干细胞成功挽救一名7岁白血病患儿的生命。由于品学兼优，史海欣于2012年5月光荣加入中国共产党，如今成为北京某医院的一名医生。

（河北省文明办供稿）

郭桂莲

大爱无私　赤诚孝心延续40年

「孝老爱亲」

人物故事

郭桂莲，女，1953年生，国电太原第一热电厂退休工人。

在山西临县程家塔公社杨家沟村，住着一位名叫贺存录的孤寡独居老人。他双手重度烧伤导致残疾，没有劳动能力，生活不能自理，也没有任何经济来源，生活过得非常艰苦。郭桂莲听说了这件事后，与爱人多次商量，1978年，夫妇二人去临县，把贺存录接回了太原市一电厂小区的家，40年如一日照顾贺存录，从未有过一句怨言。

贺存录因为有残疾，情绪有些焦虑，每当贺存录无缘无故大喊时，郭桂莲都会像哄孩子一样，陪贺存录聊天，搀扶着贺存录下楼散心，安抚贺存录情绪。

为了照顾好贺存录的日常生活，多年来，郭桂莲每天下班就往家跑，按时按点给贺存录做饭，红烧肉、饺子、包子、茄子煲、羊肉汤、炒烩面……用郭桂莲爱人冀套锁的话讲：“托老人家的福，自家的伙食是天天改善啊，每天都不重样儿。”

郭桂莲夫妻二人照顾了贺存录40年，直到2019年3月24日，老人去世，享年95岁。

（山西省文明办供稿）

葛　平

从青春到白发　34 年悉心照顾 3 位重残兄弟

「孝老爱亲」

人物故事

葛平，女，1963 年生，江苏省宿迁市沭阳县人。

葛平上有两个姐姐和两个哥哥，大哥为肢体一级重残，二哥为智力一级重残。后来，家中又有了一个弟弟，不幸的是，弟弟也是智力一级重残。1983 年，20 岁的葛平经人介绍，与一个名叫王言国的小伙子喜结连理，她在婚前便与丈夫商定，要继续扛起照顾 3 个残疾兄弟的重任。大哥腿脚残疾，每天葛平起床后第一件事情就是替大哥洗脸、洗手、按摩、翻身；二哥智力残疾，喜欢和邻居闲逛，每天到饭点她都要出门去找二哥回家吃饭；三弟智力也有残疾，每天下午，她都带着他出门散步。弟兄 3 个人长期服药，一大笔的医疗费用也让葛平心力交瘁。但是无论怎样，葛平从来没有想过要放弃，她觉得一家人就应该相互照顾、不离不弃。

34 年来，时光见证了葛平的善良、勤劳、执着、朴实。

（江苏省文明办供稿）

张海平

50 余年守候没有血缘的亲情

「孝老爱亲」

人物故事

张海平，1946 年生，浙江省诸暨市牌头镇同文村村民。

在张海平 11 岁那年，母亲带着他和弟弟改嫁到了继父家。继父家共 4 兄弟，多年来，由于 3 位叔叔一直没有成家，张海平一家成了他们最亲的人。

张海平 17 岁时，二叔罹患咽癌，由于继父体弱多病，于是让张海平陪二叔张贵良去杭州看病。可医生一查病情，已经扩散到食道癌晚期了。回家后没几天，二叔就撒手人寰了。不久继父也去世了。

20 世纪 90 年代，三叔张伟良患了皮肤癌，由于病灶在背部，不能仰着睡，张海平与小叔时时为他翻身变换体位。3 年后，三叔张伟良也离开了人世。而他的后事，依然由张海平一手操办。

2018 年，小叔张祝良患上眼疾，张海平鞍前马后地跑腿，又是登记预约、又是检查身体。考虑到小叔年纪大了，张海平专门联系了一辆三轮车带他去医院治病。

这几年，张海平被支气管炎折磨，但这丝毫没有影响到他对小叔的关照。张海平先后荣获“中华慈孝人物”、第七届“浙江孝贤”称号。

（浙江省文明办供稿）

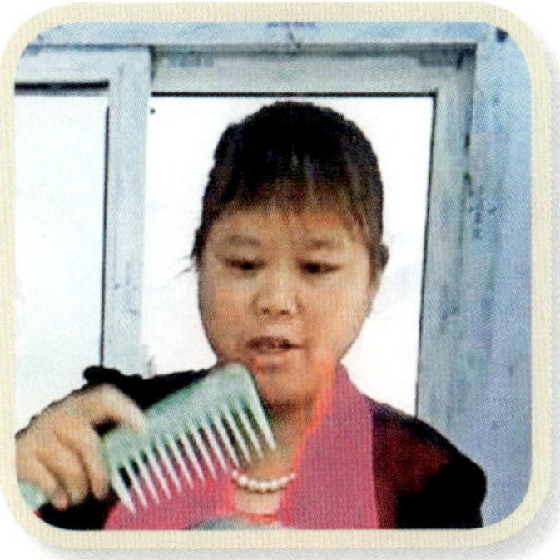

王传荣

30年如一日照料婆家亲人 言传身教弘扬好家风

「孝老爱亲」

人物故事

王传荣，女，1969年生，安徽省亳州市利辛县阚疃镇公路村大于庄人。

王传荣7岁时就跟随杂技团行走大江南北演艺杂技。19岁时，任性的她嫁到阚疃镇公路村大于庄，与侯辉结婚。走进了一个不一样的家庭，奶奶是大家闺秀，小脚的她手无缚鸡之力，爷爷一个人挑家，公公是个独生子，不懂田园劳作，婆婆是个精神病患者，二弟13岁，三弟9岁，妹妹7岁。王传荣把爷爷奶奶照顾得无微不至。奶奶病倒了，王传荣给喂饭喂药，擦洗换衣，任劳任怨；年迈的爷爷吃穿都是王传荣照顾；婆婆患精神病她从不嫌弃，每日饭菜做好给公公婆婆吃，穿衣服全是王传荣照管。2001年，公公赶集晚归不料被车撞伤，医院里全由王传荣照顾，胜过亲闺女。

王传荣是个好嫂子，她照顾弟弟妹妹，给二弟盖三间瓦房，又做媒给二弟说亲。王传荣是个热心的人，村里有一条土路坡陡难行，王传荣看到了，自己掏钱找挖掘机，把路整修好。王传荣不但侍候公公婆婆，还带着俩孙子读书、照料侄女侄子。

（安徽省文明办供稿）

张玉成

八旬老妪照顾病残小叔五十六载 不离不弃释真情

「孝老爱亲」

人物故事

张玉成，女，1933年生，福建省永春县吾峰镇枣岭村村民。

张玉成的小叔辜大川，19岁时因严重的风湿关节炎，两腿僵硬、畸形瘫痪，完全失去了劳动能力。

在辜大川人生最低谷的时候，张玉成一家人对他不离不弃。作为二嫂的她毫不犹豫地承担起小叔子的照料护理工作，煎药喂饭、换洗清理、清扫房间，这一做就是56年。除了在生活上照料护理外，他们还四处打听治疗风湿的医生和偏方，竭力把大川送到各地寻医问药。

2010年，小叔的病情加重，溃烂化脓的地方七八处，已近80岁高龄的张玉成为了上好药，她得靠丈夫和儿子帮忙，把小叔扶坐在床边，才能慢慢上药。

（福建省文明办供稿）

梁付华
只为一个承诺 悉心照料亲家18年

「孝老爱亲」

人物故事

梁付华，女，1956年生，山东省临沂市兰陵县苍山街道孙洼村村民。获得“山东好人之星”称号。

2001年，梁付华的儿子成婚，儿子儿媳以售卖CD影片和收音机为生。儿媳家中哥哥智力缺陷，父亲身体单薄，母亲患有精神分裂症，儿媳非常担心，梁付华知道后对她说：“你爹妈一家我来照顾，你们放心出去做生意吧！”

从此梁付华就承担起照顾亲家一家的重担，每天天不亮就起床到亲家家做早饭，打扫卫生，做完午饭后再回家收拾自己家里。傍晚，再去给亲家做晚饭，3里多路，一天两个来回，365天，天天如此。

亲家母卧床不起，梁付华给她喂饭喂药、擦屎擦尿从不厌烦。2015年，亲家公患上了帕金森病，行走困难，大小便失禁。亲家母去世后，为方便照顾，梁付华把亲家公爷俩接到自己的老房里悉心照料。左邻右舍称赞她为“最美亲家”，她说，既然答应了儿媳妇要照顾她的父母，就一定会做到。

（山东省文明办供稿）

李志锋
割皮救女　彰显父爱如山

「孝老爱亲」

人物故事

李志锋，男，1977年生，河南省原阳县齐街镇高北村村民。

2018年10月3日13时左右，李志锋家里的大人去地里干活，他17岁的女儿李辰玺和儿子在家。儿子正在写作业，突然听到厨房“砰”的一声巨响，他急忙从室内跑出来，看见姐姐李辰玺已经成了一个火人。邻居在爆炸发生后立即赶过来，用一桶水浇灭了李辰玺身上的火。随后，李辰玺被紧急送往新乡市第二人民医院烧伤科进行治疗。经诊断，李辰玺全身多处二度、三度火焰烧伤，面积达80%，同时伴有吸入性损伤，低血容量休克和爆震伤。经过紧急抢救后，李辰玺住进了重症监护室。

由于李辰玺烧伤面积太大，每次植皮只能从头顶或者腋下取皮，但所植皮肤并不能保证每次成功。为了提高植皮成功率，李志锋决定让医生将自己一整条腿的皮肤移植给女儿，作为女儿植皮后的保护层，等女儿自身的皮肤长好后，这些皮肤会逐渐脱落。两个多月来，李辰玺经历了无数次的植皮手术，父亲李志锋一次又一次瞒着女儿将左腿皮肤移植给她，然后又将左胳膊上的皮肤移植给她。

（河南省文明办供稿）

赵福兰

好媳妇为多难家庭撑起天 用勤劳双手织幸福家

「孝老爱亲」

人物故事

赵福兰，女，1989年生，湖北省宜城市郑集镇八庙村五组村民。2018年其家庭获评“全国最美家庭”，2019年其个人被评为第七届湖北省道德模范。

2006年，赵福兰和同在深圳打工的石红波相恋结婚。带着新婚的喜悦，赵福兰来到石红波家。

2007年，石红波夫妻俩有了自己的孩子，可这时大哥石磊患食道癌病故，大嫂患上精神病后双目失明，侄女正上中学，二哥三哥患有精神病需要医治，一家人的重担都压在小两口身上。

为把这个家撑起来，夫妻俩决定在种好自家10多亩责任田的同时养猪增加收入。他们很快掌握了养猪技术，并逐渐扩大养殖规模。现在，赵福兰家的存栏母猪达18头，年出栏仔猪300多头。

凭着小两口十几年如一日的勤劳，家里的日子发生了翻天覆地的变化：2016年一家人从破旧的平房搬进自己新建的两层楼里；侄女毕业后在深圳顺利找到了工作；两口子购买了几台农业机械，流转了几十亩土地种植玉米作为养猪饲料，增加收入。

（湖北省文明办供稿）

龚大贵

“情义汉子”悉心照料瘫痪的3位至亲

「孝老爱亲」

人物故事

龚大贵，男，1952年生，湖北省枝江市马家店街道办事处熊家窑社区居民。2018年10月荣膺“荆楚楷模”称号。

10多年来，他和衣而卧，从未睡过完整觉，以一己之力悉心照料瘫痪在家的3位至亲：耳聋高龄的养母、因脑瘤瘫痪的妻子以及先天性脑瘫的外孙。家里经济最困难的时候，龚大贵每天天不亮就出门“跑麻木”，8点钟回家做好早饭，服侍母亲起床，为瘫痪的妻子穿衣，将她背到躺椅上，为瘫痪的外孙穿衣，给他喂饭。一切妥当后，他又出门，10点钟回家处理两个瘫者的大小便，然后再出门挣钱，12点回家做午饭。他时而载着客人穿梭在大街小巷，时而挥汗如雨忙碌于锅碗瓢盆，一天下来，家里家外要往返8次……

2017年3月，养母离开人世，享年94岁。2018年7月，龚大贵的老伴也安详地闭上了眼睛。经历了这么多苦难，龚大贵对未来依然充满信心。他说，希望能多照顾外孙几天，看着他慢慢长大。

（湖北省文明办供稿）

申如意

“90后”孝女带着病母上大学

「孝老爱亲」

人物故事

申如意，女，1994年生，湖南省长沙岳麓区联丰小学教师。2018年获评湖南省第四届“向上向善好青年”，2019年获湖南省少先队辅导员技能大赛特等奖。

2012年，申如意考上了湖南第一师范学院。2015年11月底，母亲身患重病。

申如意做了一个大胆的决定：她要带着母亲继续上大学！2016年2月，她带着母亲来到长沙。在学校领导帮助下，免费申请到一间宿舍，与母亲合住。每天早上6点，申如意就起床帮助母亲解手、喂吃早饭。早饭后，她会贴心地在床头放上水和面包以及水果，一切安顿妥当，她才安心去上课。她闲下来时，就上网收集治疗脊髓炎的医疗知识；每天扶着母亲沿着墙壁走一走，坚持按摩；天晴时，便推着母亲出去晒晒太阳，散散心。在她悉心照料下，母亲的精神状态好了许多。2016年8月，申如意考上了长沙的编制老师，她便将母亲安顿到自己工作的地方。

2018年，如意的爱心工作室成立，名字叫“蒲公英姐姐联爱工作室”。她和学生们一起学做新时代“雷锋”。

（湖南省文明办供稿）

骆碧青

15年不离不弃 照顾夫家4位病人

「孝老爱亲」

人物故事

骆碧青，女，1979年生，广东省河源市人，湖南省怀化市辰溪县上蒲溪瑶族乡六屋场村六组村民。

2004年12月，骆碧青与在广州打工的李慧结婚，成为千里之外的辰溪县上蒲溪瑶族乡六屋场村一员。他们生下一个宝宝后不久，丈夫李慧因长期过度劳累，患上了严重的腰肌劳损，最后瘫痪在床，成了重度残疾。为了给丈夫治病，她四处筹借医疗费用。并再次奔赴广东打工，为丈夫挣点医药费。不久由于丈夫病情逐渐加重，急需人照顾，骆碧青又一次回到了瑶乡。回到家里之后，骆碧青担负起照顾丈夫、儿子、公公婆婆以及失明单身的大伯的重任。骆碧青每天坚持为丈夫按摩两个多小时，每3天为他洗一次澡，每天定时为他翻身。在天气好的时候总能看到她把公公婆婆和患病的丈夫扶到院子里晒太阳，陪家人聊天，宽慰老人，安慰丈夫。

骆碧青的一言一行感动了七里八村的瑶乡人民，谈起这个来自广东的外地媳妇，村民们无不竖起大拇指，交口称赞，敬佩不已。

（湖南省文明办供稿）

黄凤梅
悉心照料智障养女十余载谱写大爱之歌

「孝老爱亲」

人物故事

黄凤梅，女，1957年生，广西壮族自治区南宁市隆安县屏山乡文化村板龙屯人。

2001年1月13日清晨，一声陌生婴儿的啼哭改变了黄凤梅的人生。她开门看到门口有个孩子，旁边有张字条写着孩子的出生日期，还有50块钱和一个坏了的奶瓶……面对无人认领的婴儿，黄凤梅心软了，跟家里商量后，她把孩子送到医院体检，办好了收养手续，为女儿取名少珏。当知道少珏是智障后，黄凤梅没有难过，认为“这是缘分。”从那以后，她对这个女儿付出了更多的爱。

黄凤梅回顾十几年照顾“女儿”的生活，艰苦却也乐观。早年从林场下岗的黄凤梅，有很长一段时间没有收入，每次带孩子去医院，至少得花400多元药费。前几年，黄凤梅领到了退休金，在亲戚朋友资助下，家里的房子也建起来了，虽然只是简单的毛坯房，日子总比以前好了一些，可女儿少珏仍是她心中最大的牵挂。她现在最大的心愿，就是有好心人资助小少珏完成手术，让孩子以后的生活有保障。

（广西壮族自治区文明办供稿）

李治英
不离不弃陪护植物人丈夫

「孝老爱亲」

人物故事

李治英，女，1965年生，重庆市忠县新生街道合水社区五组居民。2018年获评“重庆好人”。

2013年10月4日上午，李治英的丈夫郑秀华连人带车摔下近百米高的山崖下，由于伤势过重，生还希望渺茫，医生建议李治英放弃抢救。

最终，在李治英的坚持下，丈夫活了下来。但高昂的治疗费用，耗光了这个家多年的积蓄。李治英卖掉了家里所有值钱的东西，最终还是负债近10万元。

丈夫郑秀华出院后瘫痪在床、大小便失禁，成为一个植物人。7年多来，2500多个日夜里，李治英就在照顾着植物人丈夫的日子里一晃而过。

丈夫瘫痪在床、儿子读大学、公婆身体差、家里欠巨债，为了撑起这个家，李治英到附近果园打工挣钱养家。

李治英坦言，照顾丈夫很苦，撑起这个家很累，但从未想过放弃。

（重庆市文明办供稿）

李彩琴

坚强妇女撑起9口之家 先后送走3位老人

「孝老爱亲」

人物故事

李彩琴，女，1971年生，陕西省榆林市绥德县满堂川镇闫家沟村村民。

李彩琴祖籍甘肃康县，1991年，远嫁绥德。丈夫3岁丧母，与患病多年的父亲和大哥相依为命，靠种地和挖药材维生。1993年，为了照料娘家双目失明的大舅和肝硬化晚期的三舅，她抱着3岁的大女儿和没过百天的二女儿来到大舅家，每天端屎倒尿、洗衣喂饭，直到老人离世。1997年，大哥罹患精神分裂症，大嫂丢下两个孩子离家出走。为给大哥治病，她卖掉家中余粮，四处借钱。当时，丈夫外出打工，她在家除了种地和操持家务外，还加工卖凉粉、碗饦，贴补家用。丈夫打工不慎被切割机割伤脚，随后查出患有糖尿病，丈夫不仅不能干重活，每天还得吃药。万般无奈，她的大女儿和侄女在初中毕业后外出打工，减轻家中负担。

2013年，患有多年哮喘的父亲查出患有脑出血，住院治疗26天，李彩琴精心护理，出院后第四天，父亲安详离世。随后大哥又查出患有白血病和肝癌晚期等病症，她一如既往地照料他的饮食起居，直至2014年离世，整整照顾了16年。

（陕西省文明办供稿）

王明兰

23年照顾瘫痪丈夫

「孝老爱亲」

人物故事

王明兰，女，1947年生，新疆维吾尔自治区博乐市贝林哈日莫墩乡新塔拉村村民。

1997年的一个晚上，王明兰的丈夫突然晕倒在地昏迷不醒，一家人急忙把他送往医院，经检查为突发性脑出血，在医生的及时抢救下，终于转危为安，但却失去了语言表达能力，还落下偏瘫的后遗症。

看着原本健康的丈夫瘫痪在床，王明兰心如刀绞。为了让丈夫的生活不那么单调无味，她用尽各种办法让丈夫高兴；生活中的痛苦难过，她也从来不在丈夫面前流露。每顿饭她都亲自喂进丈夫嘴里，为了使丈夫身上不生褥疮，她每天为丈夫洗衣擦身，一天24小时，每隔一段时间都会给丈夫翻身，20多年从来没有间断过。

23年的辛苦付出，让王明兰的背也驼了，腰也弯了，可她对生活的信心、对丈夫一颗炽热的心却从未改变，依然以积极乐观、自信向上的精神面貌面对生活。

（新疆维吾尔自治区文明办供稿）

二月

FEBRUARY

纪永齐

“鹅王”身残志坚 帮助残疾人养鹅致富

「助人为乐」

人物故事

纪永齐，男，1958年生，河北省廊坊市安次区扶贫养鹅基地负责人。

纪永齐从小患有小儿麻痹症，9岁之前都是在地上爬行，后来才能靠双拐行走。纪永齐从小就知道残疾人的苦。

20世纪80年代，靠着自学服装剪裁，他成了远近闻名的“纪裁缝”。他创办学校，免费招收残疾人入学，从1984年到2003年，共培训了6000多名学员，其中315名是残疾人。

1999年，41岁的纪永齐拿出家中所有的积蓄，在老家办起了养殖场。养殖场为贫困残疾人家庭免费提供雏鸡，养大了再回收。通过这种方式，他帮助的残疾人农户超过了200家，很多贫困残疾人家庭靠养鸡渡过难关。养殖场里还有15名残疾人员工，他们每个月能有1800元至2500元不等的收入。

“精准帮扶鹅富千家”工程启动后，纪永齐被确定为合作对象，养殖场也从养鸡改为养鹅。他把孵化出来的雏鹅养至半个月至一个月大，然后送到贫困残疾人手中，接着就一个乡镇一个乡镇地给他们做培训。等鹅养大后，再高价回收销往南方。

（河北省文明办供稿）

郭　莉

组建慈善义工队 服务社会万余小时

「助人为乐」

人物故事

郭莉，女，1961年生，辽宁省本溪市国学义工支队组建者、队长。因为幼时患有小儿麻痹症，郭莉行动不便，但这并不妨碍她投身公益慈善事业，成为全市志愿者的榜样。

1990年下岗后，郭莉从一间不足8平方米的陋室起步，自创了“晓丽美发店”。2011年，郭莉发起成立了国学慈善义工队，目前是本溪市最大的一支义工队伍。团队先后开展了道德讲堂、扶贫助困、助残助学等公益活动，多年来累计捐款30多万元，累计服务时间超过1万多个小时。

其实她的善举早在2009年就开始了，她成立了本溪市首家爱心超市，长期回收旧衣物邮寄给贫困山区和灾区的人们，截至2015年，捐出衣物2万余件，邮寄费用达6万余元。2014年，义工团队提出“爱心超市进社区”的倡议，给社区搭建一个扶贫帮困的直通平台，2015年就有9个社区成立了爱心超市，深得居民拥护。

一点一滴累积成山海，郭莉用自己的实际行动，引领更多人加入志愿服务队伍中，为社会注入向上向善的正能量。

（辽宁省文明办供稿）

王 京

爱岗敬业当标兵 优质服务做模范

「助人为乐」

人物故事

王京，男，1978 年生，吉林省长春公交集团南通汽车公司 13 路五星级驾驶员。曾先后荣获吉林省五一劳动奖章，连续两年获得全国公交驾驶技能大赛节能标兵，被交通运输部和中华全国总工会评选为 2019 年度“全国最美公交司机”，被吉林省委宣传部评为“最美战疫志愿者”。

王京 2012 年来到 13 路车队，认真做好服务工作，热情为广大乘客服务，在车厢里推出了吸氧机、图书角、向导图、电子表、方便袋、爱心雨伞、医药箱、残疾人坡道、方便车票等设施和服务项目。

王京还加入了南通公司爱心协会，把大部分的时间和精力都倾注在了公益事业上，帮助残疾朋友圆梦、为残友当红娘、慰问敬老院的孤寡老人、前往少年管教所帮教少年犯、做长春雁鸣湖俄语中等职业学校校外辅导员、资助困难儿童……至今参加公益活动 200 余次。

（吉林省文明办供稿）

胡爱华

照顾盲人邻居夫妻 30 年 平凡之中彰显不平凡

「助人为乐」

人物故事

胡爱华，1957 年生，上海市静安区芷江西路街道居民。

30 多年前，胡爱华嫁到中兴路 1279 弄 11 号楼，与一对盲人夫妻赵胜利、杨锦华夫妇为邻，从此她与这对特别的邻居结下了“不解之缘”。

2018 年年初，赵胜利常去买菜的菜场要装修 2 个月，胡爱华便自告奋勇地“承包”了他们家的买菜任务。居住的小区开展“美丽家园”升级版建设，胜利夫妇的出行遇到麻烦，胡爱华又承担起了“代购”任务。

闲暇之余，胡爱华还会带夫妇二人在小区逛逛。赵胜利夫妇家墙壁脱落，杂乱无章，厨卫是“重灾区”，油污厚。胡爱华日常探视，帮忙擦洗，也多留了一份心，为盲人夫妻向居委会争取翻修厨卫的免费名额。摸着干净整洁返修一新的房间，他们对胡爱华感激不尽。

胡爱华俨然成了这对盲人夫妻的“眼睛”，带他们领略美好的世界，安享幸福的晚年。

（上海市文明办供稿）

杜 磊

维权律师不忘初心 10年坚持传递正能量

「助人为乐」

人物故事

杜磊，男，1983年生，江苏法德东恒（溧水）律师事务所律师。

2009年，杜磊的一位亲戚发生一起交通事故，因为法律知识的匮乏，导致亲戚不仅自己承担了大量医疗费用，最终还落下了残疾。正是这件事情触发了杜磊要当一名律师的决心，要通过自己的努力成功圆梦，永不忘曾经没有法律帮助时无助的心境。

成为执业律师后，杜磊坚守为他人提供法律帮助的初心，以维护法律的正确实施、维护公平正义作为行为准则来严格要求自己，积极地投身公益法律服务中。多次参加社区的义务法律讲座，参加溧水电视台的“与法同行”栏目制作，向市民普及法律知识，利用业余时间在小区内及社会上义务提供法律咨询，为社区居民挽回了大量的经济损失，维护了他们的合法权益，受到广大群众的一致好评。

杜磊坚信一个信条：点滴的小事，也能汇聚成为民服务大爱的江河！

（江苏省文明办供稿）

周六妹

六旬老人热心公益 十年献血7000毫升

「助人为乐」

人物故事

周六妹，女，1957年生，江苏省苏州市相城区人。

2008年，周六妹偶然看到一台采血车，上面打着“捐献可再生的血液，拯救不可重来的生命”的醒目标语。那一刻，她毫不犹豫地登上了采血车。自此，每隔半年她都会去献一次血，连续19次从未间断，直至年龄超标，累计献血量7000毫升，超过了一个正常成年人身体里的血液量。59周岁那年，她又捐献了一次血小板。2009年，周六妹无意间在新闻中了解到遗体捐献。2009年4月9日，她在捐遗协议上签下自己的名字，成为北桥街道第一位捐遗志愿者。

2018年5月8日，“周六妹好人工作室”正式成立。作为负责人，周六妹每周二下午都会值守工作室，为居民群众提供无偿献血登记、志愿者招募以及遗体捐献（器官、眼角膜）的相关登记服务，同时鼓励大家积极参与各类志愿服务活动。截至2019年年底，在这间不到30平方米的工作室内，65名志愿者在这里登记捐遗，其中年纪最长的91岁，最年轻的仅30岁，并有4人已完成捐遗。

（江苏省文明办供稿）

杨义春

坚守教育公益事业一线 26年的耄耋老人

「助人为乐」

人物故事

杨义春，男，1932年生，江苏省淮安市清江浦区清江街道施家桥社区关工委常务副主任。2014年获得“新中国建设功勋人物”荣誉称号。

如今近90岁高龄的杨义春，仍然精神矍铄，坚持在写作、教育和公益事业一线，退休26年没有清闲过一天。1993—1997年，他在区关工委工作，深入学校、社区，对青少年作革命传统教育报告20余场，受众2万余人。1994—2002年，他先后应聘在淮海晚报社、清河报社和区志办工作。2013年至今，他在社区“道德讲堂”无偿给社区青少年授课。他关心城市建设，热心公益事业，多次为特困生、贫困户、残疾人等困难群体捐款。

2004年，杨义春搬进新建小区，从那时候开始，他决定跟小广告“势不两立”。一个人力量有限，便发动社区的8名老党员一起，和城市“牛皮癣”作斗争，这一干就是15年。一抹“夕阳红”，染红“一片天”，他用他的行动，一直践行着作为一名共产党员、一名志愿者的无私奉献和大爱无疆。

（江苏省文明办供稿）

顾昌明

自建家庭文化室义务服务村民的八旬老人

「助人为乐」

人物故事

顾昌明，男，1938年生，江苏省海安市人。

1978年12月，顾昌明倾尽积蓄探索创办了全国第一个家庭文化室。为了经营好家庭文化室，顾昌明和家人约法三章：家中喜事宴请、人情往来等一切从简，绝不铺张浪费。据不完全统计，他先后为家庭文化室投入40多万元。有人问他办文化室倒贴图个啥？他高兴地说：“文化室让乡亲们有了娱乐、休闲、学习、健身的好场所，为文化室花钱我舍得！”在办好家庭文化室的过程中，顾昌明不仅致力于满足人们的精神需要，还致力于探索如何对人们科学致富提供帮助。他先后向村民义务提供致富信息、科学技术上千条，受益村民数百户，获利上千万元。人民日报、新华社等30多家新闻媒体对他进行了采访报道。

在顾昌明的示范带动下，雅周镇村民自发建立了80多家家庭文化室。2007年3月，雅周镇成立了全国农村第一个镇级“家庭文化协会”。

（江苏省文明办供稿）

张　侠　张晓杏　张三贞　张　磊

四姊妹同签器官捐献书 传承无私大爱好家风

「助人为乐」

人物故事

张侠，女，1971年生；张晓杏，女，1977年生；张三贞，女，1980年生；张磊，女，1982年生。四人均为安徽省亳州市第一位完成眼角膜捐献者李凤琴老人的女儿。

张侠作为家中长女，从小就主动担起家庭的责任，帮助父母操持家务、看护妹妹。张晓杏在教师岗位上兢兢业业，曾获得亳州市"学科带头人""优秀教育人才"等称号。张三贞为人热情大方，与邻里相处和睦，经常帮助邻居接送孩子、照看老人。张磊也是个热心人，看到有需要帮助的人，她都会伸出援手。受母亲李凤琴的言传身教，助人为乐早已融入姐妹四人血液，化作自觉行动。

2013年3月，李凤琴老人离世后，家人帮她实现了捐献眼角膜的遗愿，让3位患者重见了光明，张家姐妹四人还把慰问金全部转赠给市红十字会。2018年5月30日，在母亲去世五周年忌日这天，四姐妹相约一起来到了亳州市红十字会，签署了器官（角膜）捐献书，以实际行动表达了对母亲最深的怀念。

（安徽省文明办供稿）

张银珠

客家女汉子10年如一日做公益

「助人为乐」

人物故事

张银珠，女，1975年生，福建省三明市宁化县城郊镇妇联常务副主席，宁化县如梦令公益协会负责人，宁化县红十字志愿服务大队大队长。

张银珠是宁化县红十字会志愿服务大队登记的第一位志愿者，也是服务时长最长的志愿者。2017年5月，张银珠成立宁化县如梦令公益协会，以民间组织的身份积极对接省、市民间公益组织，成功获得福建省简单助学公益协会、福建省恒申慈善基金会、壹基金、福建蚂蚁力量等公益组织的长期合作支持，将获得的近100万元的资金用于帮助贫困学生和贫困母亲。

为了劝一个孩子返校继续学业，她夜驰山路30公里，到她家里"唇枪舌剑"2个多小时。返校后，她为孩子垫付学费，每月还资助零花钱，这样的事例数不胜数。

10年来，她坚持利用周末等空闲时间开展各种志愿服务，带动身边的志愿者，帮助300多名贫困孩子和100多名贫困母亲渡过难关。

（福建省文明办供稿）

林修平　万小莲

情深伉俪同播爱心暖桑梓

「助人为乐」

人物故事

林修平，男，1969年生，江西省宜春市奉新县上富镇港口村支部书记；万小莲，女，1972年生，江西省宜春市奉新县上富镇人。

1991年，林修平和万小莲喜结连理。2012年，林修平担任上富镇港口村党支部书记，他积极向上级争取扶持资金并带头捐款28万元，解决了村里安全饮水和行路难问题，2014年林修平夫妇带头捐资25万元并多方筹资重建起了港口教学点，并个人每年出资12万元为全体师生提供免费午餐，至今已提供了价值50余万元的爱心午餐。同年，还多方筹集资金新建852平方米的港口村村级活动场所。针对种养殖家庭，主动聘请农技人员进行技术指导，先后培养的种养大户近30名，带动了120余户村民致富。为了改善村民居住环境，夫妻二人又主动筹资改造房屋、新建水渠、栽种苗木，对全村近10公里公路沿线进行整治清理，添置垃圾桶、聘请保洁员，村民的生活环境和居住条件大为改善。

（江西省文明办供稿）

徐国友

为爱撑起一片责任的天空

「助人为乐」

人物故事

徐国友，男，1964年生，江西省南昌市进贤县文港镇渡头村党支部副书记。

在渡头村委会渡头自然村有一户特殊人家，男的叫徐福全，从小患先天性聋哑，女的叫高荣丽，患有痴呆，两人生有一个男孩徐俊浩。

2017年6月，小俊浩跟母亲流浪到宜春，被人带到一家偏远农村养猪场去干活。徐国友用了几天几夜时间，跑遍了8个乡镇，近100个猪场，联系媒体，并得到了热心群众的帮助，2017年12月才将徐俊浩找回。徐俊浩回家后，已经耽搁了半年时间的学习，原先的学校更不敢收他。徐国友只好又硬着头皮去协调别的学校。精诚所至，金石为开。校长被徐国友的真诚打动，答应让徐俊浩转学。当着校长及全体老师的面，徐国友签订了监护协议书，承担起徐俊浩的法律监护责任。

监护协议签订后，徐国友把徐俊浩当成亲生孩子一样来爱护，不仅为他买来学习用具，还经常陪他吃饭，指导他的学习，每次家长会，学校也是通知徐国友参加。

（江西省文明办供稿）

纪金星

坚持公益 20 年　用爱心照亮他人

「助人为乐」

人物故事

纪金星，男，1975 年生，江西省上饶市广信区田墩镇吕江村来苏村小组人。曾荣获全国疫情防控“最美志愿者”荣誉称号。

20 多年来，纪金星积极参与爱心志愿活动，帮助残疾人、孤寡老人、贫困儿童等弱势群体。2018 年，在纪金星走访贫困儿童时，得知盲童陈琬青家中贫穷，多次个人捐款捐物，还动员爱心人士筹集资金，终于在 2019 年 6 月使失明 15 年的花季少女陈琬青重见光明。贫困儿童陈雨杭，身患高度近视、白内障、斜视，2019 年 5 月又突发视网膜脱落。在纪金星及爱心人士积极募捐救助下，11 岁的陈雨杭成功实施视网膜复位等 3 项手术，重见光明。

家住上饶县田墩镇的纪平平，一家有 6 个残疾人，是村里的贫困户，也是纪金星长期持续帮扶对象之一。

纪金星坚持做公益 20 余年，捐款捐物救助残疾人弱势群体，先后组织了 100 多次助残公益活动，救助困难残疾人等 5000 多人次，帮助困难残疾人家庭等募捐资金 300 多万元，个人捐款 60 多万元。

（江西省文明办供稿）

王德文

耄耋党员捐积蓄　一片赤心报党恩

「助人为乐」

人物故事

王德文，男，1930 年生，山东省烟台市牟平区干休所离休干部。曾荣获“山东好人之星”等荣誉称号。

王德文 17 岁入伍参军，参加过解放战争和抗美援朝战争，经历过近百次战斗，4 次负伤，4 次立战功。1953 年，王德文转业进入上海一家建筑公司。

1986 年 5 月，王德文离休回到了牟平老家。2013 年，老伴患病，王德文几乎花光了所有的积蓄，老伴去世后，虽然生活不太富裕，但是他仍然没有忘记自己年轻时的愿望：用自己的余生去回报党，回报社会。2018 年 9 月，老人将省吃俭用积攒下来的 11 万元退休金无偿捐献给党和国家，其中的 1 万元作为特殊党费上交给党组织，另外 10 万元作为爱心款项捐给关工委，用于资助农村贫困大学生完成学业。

如今，老人依旧长期资助几个贫困家庭，每年都将积攒的一部分钱邮寄给贫困家庭当生活费。

（山东省文明办供稿）

朱华磊

爱心企业家情牵弱势群体 专注做公益捐助600万元

「助人为乐」

人物故事

朱华磊，男，1977年生，河南省青年志愿者协会副会长、漯河市青年志愿者协会副会长、漯河三铭吾公益中心理事长。

朱华磊组织参加社会公益活动12年，足迹遍布全国各地。在捐助汶川地震，挽救救火英雄、烧伤病重儿童，慰问抗战老兵、孤寡老人、贫困留守儿童，资助贫困大学生，关爱失独家庭等方面都有他做公益的身影。12年来，朱华磊累计参加各种公益活动1000多次，累计捐助金额600多万元。

2016年，朱华磊组织成立了三铭吾助学协会，设立奖学金20万元，资助贫困中学生1000余名，并为800多名贫困儿童和残疾智障儿童进行健康训练。同时他还资助了数十名贫困大学生。2018年，朱华磊注册成立了漯河三铭吾公益中心，他带领志愿者集中力量实施项目化运作，由他发起并实施的志愿服务项目“心手相依——关爱失独家庭”“绿荫追梦——关爱留守儿童志愿服务”项目分别荣获河南青年志愿服务大赛金奖、第四届中国青年志愿服务项目大赛金奖。

（河南省文明办供稿）

李　丹

10余年助养困境儿童10多名 捐资超百万

「助人为乐」

人物故事

李丹，女，1987年生，河南省太康县清华园书店总经理。

蒋琦涵3岁时爸爸遇车祸身亡，妈妈改嫁，小琦涵只好与年迈的爷爷奶奶相依为命。5年前，李丹到艺丰学校开展公益慰问活动，得知蒋琦涵的情况后，决定收养她做自己的“女儿”。从此，李丹从一点一滴的小事上关心她，让她感受到母爱。在李丹的努力下，小琦涵性格慢慢变得开朗起来，学习成绩也上升到班里前几名。

从2009年开始，她已资助了15名特困儿童上学，参与各类爱心活动400余次，为贫困村民和学生捐款捐物达100余万元。太康县杨庙乡西张村12岁的张毅涵，也是李丹认养5年的一个“女儿”。其母亲患精神疾病多年，4岁的弟弟患小儿侏儒症，身材矮小，最小的弟弟先天残疾，一家6口全靠父亲一个人打零工维持生计，在李丹的帮助下，张毅涵在快乐中成长。2015年年初，李丹又腾出自家书店二楼空间，为孩子们办公益读书会，每逢节假日或星期天，100多名孩子就会来她这里免费读书。

（河南省文明办供稿）

谭 浩

热心公益二十载 助学助老数千人

「助人为乐」

人物故事

谭浩，男，1968年生，河南省南阳市第十一中学教师、南阳市社区志愿者协会会长、南阳爱心飞扬网站站长。

2010年7月，河南省淅川县、内乡县遭遇特大洪灾。灾情发生后，谭浩先后4次和志愿者一起将募集来的救援物资，送到受灾群众手中。他先后走访受灾严重的家庭40多户，并为他们筹集善款3.4万元，救助困难学生17人。在教学之余，谭浩还带领志愿者深入各县区学校走访，给学校赠送图书、光盘和捐建图书室，给贫困学生发放助学款，被资助的贫困学生增加到350人。

2009年冬，志愿者在南召县走访时，发现80多岁孤寡老人王德山。春节前，谭浩和各地网友几十人来到老人家里，送上米面粮油和被服等物资，还为他盖了两间房。2013年，他带领志愿者走访153个特困家庭，共发放爱心款7.8万元，衣服4000余件，新棉被80床。20年来，谭浩先后举办各种公益慈善活动几百次，募集资金、物资总价值1000多万元，救助困难老人、学生4000多名。

（河南省文明办供稿）

刘建营

“献血达人”捐献造血干细胞和淋巴细胞救助他人

「助人为乐」

人物故事

刘建营，男，1966年生，河南省郑州市审计局审计师。

从1996年开始，刘建营每年都要无偿捐献血两次。2007年11月的一次献血中，刘建营得知我国建立造血干细胞资料库急需大批志愿者，他当即决定加入中华骨髓库，成为较早的一批干细胞捐献志愿者。

2013年6月，他与一名广东白血病患者初配相合。2014年4月17日，经过5个多小时采集，刘建营成功完成了196毫升“生命种子”的采集任务，并于当天晚上成功移植到患者体内。谁知4年后，这位患者病情再次出现变化，急需淋巴细胞进行辅助治疗，刘建营再次义无反顾地站了出来。2018年1月19日，经过长达3个多小时的筛选采集，刘建营145毫升淋巴细胞被成功收集，第二次挽救了患者的生命。刘建营也成为郑州第4例为同一患者两次捐献淋巴细胞的人，并以52岁“高龄”成为河南省捐献年龄最大志愿者。同时，在他的感召下，10余名同事朋友加入中国造血干细胞捐献者资料库，时刻准备着为患者捐献“生命种子”。

（河南省文明办供稿）

郑学群

“脱贫铁人”大山深处领头修路二十三载

「助人为乐」

人物故事

郑学群，男，1964年生，湖北省宜昌市长阳土家族自治县贺家坪镇七里坪村村民。

1995年起，郑学群带领32户村民以肩挑背驮的方式踏上了漫漫修路征程。为了解决资金来源，他拿出自己多年的积蓄并举债16万元，共计20万元用以支持修路。由于劳动强度大、安全防护措施差等原因，他落下了一身毛病，即便是这样，他也没有放弃，当地干部群众都称他为“长阳愚公”。最终，历时23年，他带领大家修通了5.7公里道路，彻底改变了大山里的交通条件。

路通了，产业发展也不能落后。2009年郑学群开始种植核桃、发展畜牧业，成为长阳发展核桃产业的第一大户。2017年，他的家庭年收入达12万元，一跃从低保户成为脱贫示范户。

郑学群“不等、不靠、不要”，坚持自力更生摆脱贫困，带领山里人过上了好日子，被称为大山深处的“脱贫铁人”。

（湖北省文明办供稿）

劳绍般

养殖能人带领群众脱贫致富

「助人为乐」

人物故事

劳绍般，男，1970年生，广西壮族自治区崇左市天等县驮堪乡南岭村人。

作为村里有名的养殖能人，劳绍般养了10多年肉牛，积累了一定的资金和养牛经验。2016年南岭村被列为脱贫摘帽贫困村，扶贫政策重点倾斜。以此为契机，他萌生了建设标准牛栏，带领贫困户脱贫摘帽的念头。

为更好地带动贫困户养牛致富，2016年7月，劳绍般和黄克锋、赵小妹、农雄树、冯云伟4户贫困户共同注册成立天等县驮堪乡犇犇养殖专业合作社，注册资金60万元。他充分发挥养殖能人作用，由村养殖能人与贫困户共同成立合作社，利用政府扶持共建的养殖场开展集中饲养。无偿提供养牛技术、肉牛购销指导和资金监管，保证贫困户养殖效益。

为了解决贫困户养殖肉牛的后顾之忧，解决贫困户因为养殖出现的牛死亡风险，劳绍般积极向各级政府反映，寻求解决的途径，建议将牛保险纳入保险范围。最终争取到中国人寿保险公司的支持，在以南岭村为样板的基础上，牛保险开始铺开来。

（广西壮族自治区文明办供稿）

徐 励

一生积蓄捐学子 一片丹心不解情

「助人为乐」

人物故事

徐励，男，1928年生，江苏省扬州市人，1960年9月到四川省青川中学工作，1983年9月离休，2018年10月13日病逝。

徐励生前与夫人商议，设立徐励助学基金，赠予青中校助学金40万元。多年来，徐励一直关心、记挂他奉献了半生的青川教育事业。徐励特别关心报纸、电视上青川的消息，在扬州生活的日子里，他陆续给青川、广元的党政部门写过一些工作建议，青川遭受自然灾害的时候，也主动捐款、写慰问信。

徐励常说，要把“不该花”的钱攒起来，要去完成一个心愿，那就是为青川孩子、为青川教育再尽一点自己的微薄之力。徐励夫妇的40万元捐款，是四川省青川中学迄今为止收到的个人最多单笔捐款。青川留住了徐老的青春岁月，归去的徐老把爱留在了青川。

（四川省文明办供稿）

黄廷华

老支书30年义务为村民管理水源

「助人为乐」

人物故事

黄廷华，男，1939年生，贵州省望谟县桑郎镇桑郎村原党支部书记。

1988年的桑郎村生活条件艰苦，全村人饮水都是靠肩挑背背。时任村支书黄廷华为了解决村民的饮水困难，多次上山寻找水源点。在政府的帮助下，历时一年，完成了水源点的蓄水工程建设，黄廷华积极帮助每家每户拉通了自来水，自此担负起了义务管水员的工作。2007年6月，受连续降雨影响发生水灾，导致水管断裂，全村持续断水3天。为及时恢复村民的饮水，他顶着风雨，抢修水管，终因过度疲劳而晕倒在抢修现场。

桑郎村的青壮年基本外出务工，黄廷华主动把全村500余户留守家庭、7000余人用水的问题扛在肩上，不计报酬地为村民管护和维修设施。无论自来水管道修理难度有多大，耗时有多长，他从不放弃，也从不收取任何报酬，甚至经常带村民上街购买维修材料或自己掏钱为村民买材料。30多年来，无论严寒酷暑还是刮风下雨，只要村民有需要，就会有他那日渐蹒跚的身影，村民都尊称他为布依山寨里的“黄雷锋”。

（贵州省文明办供稿）

格桑拉姆

志愿服务20余年 组建爱心志愿团队

「助人为乐」

人物故事

格桑拉姆，女，1983年生，西藏自治区纪委组织部干部。2017年荣获“西藏自治区最美志愿者”称号。

格桑拉姆先后在昌都、山南、拉萨的基层工作。在昌都支教时，她拿出仅有的1500元工资，给孩子们买棉鞋、毛衣，冬天把孩子们带到自己的宿舍烤火、吃饭，留生病的孩子在自己的宿舍照顾。同时还给当地93岁孤寡老人嘎松买藏药和日常用品。在边境乡工作时，大年三十，一辆大货车掉下悬崖，格桑拉姆第一时间随救援队赶到现场，成功救出两位伤者。在山南时，照顾93岁的格曲奶奶和她残疾的女儿，给她们换被褥，接济日常食物。在拉萨，随其他志愿队伍固定帮助12位老人。在日喀则驻村期间，掏路费、买食品给精准扶贫户边珍，并经常给边珍打电话鼓励她好好学习；让暑假回村的高中生次珍住在驻村点，一起吃饭、睡觉，给她辅导作业，买衣服；帮助重度烫伤的2岁小孩曲桑筹款8600余元。

（西藏自治区文明办供稿）

曹治峰

陕北农民多次救人于危难 帮人于困境

「助人为乐」

人物故事

曹治峰，男，1960年生，陕西省榆林市佳县通镇高家垣村村民。

2018年，曹治峰将侧翻在公路边的半挂车驾驶员从驾驶室里营救出来送到佳县人民医院，他借了3000元为他垫付了住院费，并且一直留守在伤员旁边照顾，直到家属前来，这是曹治峰2018年第7次解救肇事车辆。同年曹治峰将自己帮扶10多年的两位精神病患者送往榆林精神病院治疗，还为他们筹款3000多元，交纳住院费，经一个月的治疗，奇迹发生，10多年不说话的患者雷爱香竟然开口说话了。主治大夫说：“是爱的力量让患者恢复了发声功能。”

尽管自己生活也很贫困，但曹治峰帮扶困难群众毫不含糊。近年来曹治峰不遗余力地联络社会爱心人士，一对一帮扶佳县留守儿童40余名，把自己的家作为爱心中转站，将全国各地爱心人士捐赠的近万件衣物转赠给需要的群众。多年来他把做好事、做善事、做公益当作为后人积福，用自己的实际行动谱写了一首首道德赞歌。

（陕西省文明办供稿）

张玉利

特警抓捕歹徒遇险 税官英勇出手相助

「见义勇为」

人物故事

张玉利，男，1971年生，国家税务总局邢台市税务局干部。

2018年12月5日晚，邢台市公安特警人员在案件走访调查时，突遭嫌疑人袭击。搏斗中，两位特警头部受伤，鲜血直流，嫌疑人落荒逃窜。特警强忍伤痛，奋力起身追击，在咬着牙坚持追出千米之后，终于将嫌疑人扑倒在地擒获，身后路上洒下斑斑血迹，情况十分危急。

此时，张玉利和妻子恰巧步行路过。特警人员已经拼尽力气、呼吸困难、意识模糊。张玉利抱住特警的肩膀让他靠在自己怀里，用双手捂住他不断流血的伤口，还不忘用腿部死死压紧嫌疑人，并吩咐妻子赶快报警，直到警车赶到，张玉利和妻子把特警抬上警车，待警车开走后才离开。

特警铁血壮举和张玉利的勇为义举交相辉映，他们演绎的警民深情在市民中传颂，温暖着整个牛城。

（河北省文明办供稿）

熊　剑

辅警寒夜跳入冰窟勇救落水老人

「见义勇为」

人物故事

熊剑，男，1980年生，河北省唐山市开平区公安分局马路派出所辅警。

2019年2月，一个寒风刺骨的夜晚，110指挥中心接到群众报警称有人落水，熊剑与同事们接警后立即赶赴现场。发现河中心的冰窟中，有一位奄奄一息的老人已神志不清。救人刻不容缓，熊剑马上脱下衣服，只着一条单薄的内裤，匍匐在单薄的冰面上，缓缓滑向冰窟窿处，借助木板向落水者施以援手，但救人非常困难。这时，岸边的消防队员向熊剑甩去长绳，熊剑将绳子绑在自己身上，谁料冰面突然二次塌陷，不会游泳的熊剑随即落入水中，熊剑全身冻僵，而且浑身上下被尖锐的冰凌划破，他继续向落水者靠拢，将绳子抛向落水者，用绳子将落水者紧紧拽住，最后在岸上的同事和在场群众合力帮助下，将二人拉上了岸，落水者成功获救。

熊剑上岸后，四肢已经僵硬麻木，伤痕累累，两只手冻得发紫，右脚指甲盖也被掀开，鲜血流淌到冰面上。

（河北省文明办供稿）

宋　乔

面对残暴歹徒，他挺身而出勇救女子

「见义勇为」

人物故事

宋乔，男，1994年生，山西省运城市盐湖区人。

2017年10月3日，宋乔陪妈妈及邻居杭女士到市区某餐馆用餐。宋乔在座位上看管东西，杭女士和宋乔母亲去排队刷卡买饭。杭女士见前面男顾客已经刷完卡，就对他说："能不能麻烦你让一下，让我刷下卡？"不料，男顾客扭头就来了一句："找死啊你！"说着掏出了一把匕首，并举刀刺向了杭女士。杭女士用手一挡，刀刺进了她的胳膊。这时，宋乔一个箭步从座椅上跳了起来，一边大声呵斥一边把杭女士护在自己身后。歹徒挥刀向宋乔扑来。宋乔一边把杭女士往后推，一边迎着歹徒扑了上去，死死抱住歹徒，厮打在一起。残忍的歹徒用刀狠狠地刺向宋乔，致命的刀伤有6处，胸部3刀，头面部2刀，颈背部中央1刀。宋乔被送到医院时，只剩下心跳，已经没有了血压。刀伤造成了宋乔头额窦前壁骨折，左侧眼球皲裂，左眼眶顶壁、内壁骨折，左侧眼睛永久性失明，随时可能需要摘除眼球。经过了七八个小时的手术抢救，终于挽回了生命，

（山西省文明办供稿）

郭金宝

义勇当先彰显新时代青年的责任与担当

「见义勇为」

人物故事

郭金宝，男，1985年生，黑龙江省大庆市肇源县建国村人。

2018年7月27日12点左右，在肇源县民意乡建国村西湖排涝站出口处，小鑫（化名）、小宇（化名）来这里玩耍。两人不知水情先后下水，小鑫下水后就被呛到，急忙喊"救命啊！"听到情况的小宇拉住了小鑫的手，但二人终因体力不支双双下沉，同时两人大声呼救。路过此地的村民郭金宝听到后，急忙向呼救声跑去，他迅速下水，等他游到二人附近，只剩下一只手露在水面。郭金宝拉住二人的手往上拽，游了两三米后，小鑫因为太害怕，松开了原本拉住小宇的手，迅速搂住了郭金宝的脖子，将自己的重量压在了郭金宝身上，郭金宝因为这突如其来的压力，身体开始下沉，口中呛了水。他用尽全身力气拉住小鑫的手往岸上游，小宇也跟在后面游。时间一分一秒流逝，郭金宝凭借坚定的信念，最终将二人营救上岸。

（黑龙江省文明办供稿）

徐伟芳

八旬老人勇救落水儿童 凡人义举跨越时空30年

「见义勇为」

人物故事

徐伟芳，男，1939年生，江苏省江阴市人。

徐伟芳老人是一名普通的农民，年近八十的他身体一直不太好。2018年8月3日9点左右，徐伟芳正和老伴在家中干活，忽然听到屋外传来呼救声，他顾不得穿鞋，径直冲了出去，看到70多岁的邻居手指向河中央呼喊着："快，快救救我孙子！"徐伟芳来不及多想，立刻冲到离小男孩落水点最近的岸边，在老伴的帮助下把邻居家8岁的孙子从水中救起。上岸后，徐伟芳不顾全身湿透，体力耗尽，又在老伴的协助下把孩子倒背在肩上帮助他吐水，直到孩子苏醒，他才在老伴的搀扶下默默离开。

随着徐伟芳老人勇救溺水儿童的义举被周边目睹全程的村民广泛传播，他多年前曾经勇救溺水村民的故事也被挖掘了出来，而被救对象正是这次溺水男孩的父亲。时空跨越30年，徐老先后救起了父子两代人。从行动敏捷的壮年到白发苍苍的耄耋之年，30年弹指一挥间，徐伟芳老人始终秉承一颗善心，用自己的义举避免了一个家庭的不幸。

（江苏省文明办供稿）

刘增祥

临危不惧勇斗持枪劫匪的外卖小哥

「见义勇为」

人物故事

刘增祥，男，1985年生，江苏省新沂市人。2020年荣获第十二届江苏省"见义勇为"称号。

刘增祥10岁时失去母亲，一直和父亲、妹妹相依为命。2017年他加入美团，对接到的每一个工作都认真负责，客户好评率很高。2018年成为配送部组长。

2018年6月21日中午，刘增祥和往常一样，在江苏新沂汉锦城购物中心等待取餐。突然一声枪响打破了商场的平静，刘增祥循声望去，只见一名男子背着背包逃窜。一名商场保安一边奋力追赶，一边高喊："小心他手里有枪！"听到劫匪持有枪支，群众纷纷避让。眼看劫匪越跑越远，刘增祥没来得及细想就追了上去。在劫匪准备骑摩托车逃跑时，一名保安扑上去抱住劫匪，随后赶到的刘增祥从另一侧扑上去，试图拔掉车钥匙，但没有成功，情急之下他死死勒住劫匪的脖颈，与保安合力将其掀翻在地，并控制其手臂，防止劫匪用枪伤人。周围群众纷纷上前帮忙，将劫匪彻底控制住。

（江苏省文明办供稿）

刘睿锋　江来发

退役军人徒手爬楼 勇救头部被卡 4 楼窗外幼童

「见义勇为」

人物故事

刘睿锋，男，1980 年生，安徽省铜陵市公安局铜官分局治安大队大队长；江来发，男，1962 年生，安徽省铜陵市铜官区行政执法局东郊城管中队队员。

曾经，军人是他们最美的标签。现在，退伍回到地方，他们在不同的岗位初心不变。作为人民警察，刘睿锋办理了一起又一起“漂亮”案件，成为打击犯罪的一把“尖刀”。江来发虽然已近退休年龄，但干起工作却毫不含糊，深得领导和同事的称赞。

2018 年 11 月 10 日下午 3 点，刘睿锋正带着儿子开车回家，突然发现有群众聚集在铜陵市君德山庄小区 2 栋附近，并大声呼救。出于职业的敏感，他立即下车赶往人群聚集的地方，随即发现君德山庄 2 栋 4 楼 401 室窗外，有一名幼童头部被不锈钢防护网卡住，身体悬在空中，四肢用力挣扎，情况危急。这时正在附近巡查的城管队员江来发也闻讯赶来，两人不约而同地选择爬楼救人。他们借着院墙、排水管，徒手爬上 3 楼遮阳棚，一个托着面色发紫的孩子，另一个全力掰开防护网，整个救援过程持续了近半小时，最终男童被成功解救。

（安徽省文明办供稿）

钟富荣

无惧生死勇救少年 好人之城又传佳话

「见义勇为」

人物故事

钟富荣，男，1974 年生，福建省龙岩市武平县平川镇城南村村民。

2017 年 9 月 16 日上午 10 时 40 分，钟富荣在花圃做绿化工作，忽然听到从碧水公园湖边传来“有人溺水了，快来救人啊”的呼喊声。他赶紧放下手中的活，跑向呼救的湖边，只见湖中的两个溺水少年拼命挣扎。在这危急时刻，钟富荣丝毫没有犹豫，第一时间跃入近 6 米深的湖中。施救过程中，他一边安抚往湖岸边游的少年不要紧张，到岸边后抓住湖边的水草；一边全力游到湖中溺水少年身边，潜入水中把已沉入湖水只伸出两只手的少年托出水面。溺水少年因为恐惧一直挣扎并死命抱着钟富荣。钟富荣呛喝了好几口湖水，不过很快就稳定住心态，拼命托起溺水少年，直至最后成功救起两名溺水少年。

（福建省文明办供稿）

简啖根

百米冲刺跳水勇救女童

「见义勇为」

人物故事

简啖根，男，1972年生，江西省新余市渝水区鹄山乡晓堆村村民。

2018年10月20日，4岁的小女孩肖羽欣来到新余市渝水区晓堆村祠堂前的池塘边玩耍，一不小心失足落水。这时，路过的一个不懂水性的村民立即大声呼喊："快来救人啊，有小孩掉到水里面啦！"碰巧此时简啖根正在附近，他听到呼救声后，以百米冲刺的速度赶到现场，看见有一个小女孩在池塘里浮沉，他顾不得将衣服、鞋袜脱下，就纵身一跳，奋力游到肖羽欣身边，一把抓住她，用力把她救回岸边。由于当时情况紧急，简啖根救人时没有来得及把手机掏出来，浸过水的手机已经完全报废了。

在平常生活中，简啖根也是一名乐于助人的人，无论是邻居需要帮忙，还是村里需要开展志愿服务活动，他知道后都二话不说跑去帮忙。在他心里，这件事再普通不过。

（江西省文明办供稿）

王　宁

路遇车祸勇救援 车流中却不幸被撞牺牲

「见义勇为」

人物故事

王宁，男，1974年生，生前系山东省滨州市博兴县茂盛彩钢有限责任公司销售经理。

2017年12月9日傍晚，王宁到公司附近的昌业超市买东西，忽然听到门外"咣"的一声巨响，他迅速跑出门外，发现一名骑摩托的人被撞倒在路中间。由于当时路上车流量很大，伤者存在再次被车辆碾压的危险。王宁发现这一情况后，毫不犹豫地跑到公路上拦截过往车辆，防止伤者二次受伤，并立即拨打报警电话。在王宁的努力下，有几辆车及时停下或避让，就在王宁继续拦截车辆对伤者进行施救的过程中，一辆大货车经过该路段，将正在路上指挥救人的王宁撞倒，导致王宁不幸当场身亡。

王宁在公司任销售经理期间工作能力突出，业绩显著，为人谦虚、和善，和同事相处融洽，平日里也处处帮助他人。

（山东省文明办供稿）

朱恒顺

微山湖上的救援队队长

「见义勇为」

人物故事

朱恒顺，男，1967年生，国网微山电力公司职工，山东省济宁蓝天救援队队员，荷都蓝天救援队队长。

28年来，朱恒顺经常不畏艰险、救人于危难，挽救的生命不计其数。1990年冬天的下班途中，救助了已经处于半昏迷状态的受伤男子；1991年初秋，在昭阳街道南庄村钓鱼时，救助了落水儿童；1996年春，朱恒顺和妻子在微山汽车站经营客运时，与手持尖刀的歹徒搏斗，救助了腿部血流如注的倒地男子；1997年夏夜，救助了一名在交通事故中受伤的群众；2005年秋，巡检电力线路时成功劝解了一名要轻生的妇女……

从2013年起，朱恒顺多次参加应急救援培训，取得了济宁红十字急救员证书、济宁红十字志愿工作者证书、山东户外救援证书。近两年，他参与了多起济宁运河、洸府河救援打捞、溺水救援等任务，被他救起的生命越来越多。

（山东省文明办供稿）

汤俊杰

残疾志愿者勇救煤气中毒群众

「见义勇为」

人物故事

汤俊杰，男，1985年生，湖南省长沙市天心区爱心家园联络员。曾获评“中国网事·感动2020”网络感动人物。

2017年10月17日下午5点20分左右，汤俊杰到长沙南托街道融城社区某蛋糕店购买蛋糕，突然看见店主往后一倒，昏厥在地，口吐白沫。这时，一股浓烈的煤气味蹿入汤俊杰鼻中，他立即指挥店员关闭煤气，同时打开店内大门、窗户通风透气，并和蛋糕店工作人员一起将店主抬到外面通风处进行急救。待店主情况稍微有所好转之后，在周边群众的帮助下汤俊杰将店主扶上自己的私家车中，火速送往附近的医院。经医生检查确诊，无生命危险，汤俊杰长长地松了一口气，直到店主清醒及其家人赶到医院接手照料后，汤俊杰方才默默离开。

汤俊杰是一位残疾人，近年来，依靠树立的良好的口碑，他积极争取社会资源，联合爱心人士组织开展了“99公益日”等30余场大型助残活动，为残疾朋友发放帮扶、慰问金达20万余元，目前已有百余名爱心人士加入他的扶残助残队伍，常态联点帮扶各类残障人士。

（湖南省文明办供稿）

宁华任

空手制伏持刀歹徒 挺身而出守护群众安全

「见义勇为」

人物故事

宁华任，男，1984年生，广西壮族自治区南宁市横县陶圩镇村民。

2018年8月30日上午，在南宁市横县陶圩镇陶圩社区宁村村口榨油房附近的村道上，陶圩镇六秀村委高岭村村民莫某稳把三轮电车临时停靠在路边充电，阻碍了行人和车辆通行。隔壁村村民宁昌正劝说莫某稳移走三轮电车，不要阻塞交通，但莫某稳不听劝告，两人因此发生争执。莫某稳突然冲进附近房屋拿出一把菜刀，在路边胡乱挥舞，扬言要砍人。

宁华任正好路过，他不畏危险上前劝说莫某稳先放下菜刀，不料却被莫某稳一刀砍在头部左侧，顿时鲜血直流，宁华任强忍疼痛，毫不畏惧地冲上前去死死抓住莫某稳持刀的手，英勇顽强地与其搏斗。在群众的协助下，宁华任成功制服了莫某稳，用绳索捆绑后报警交派出所处理。2018年12月13日，南宁市横县召开见义勇为表彰座谈会，授予宁华任见义勇为先进个人荣誉称号。

（广西壮族自治区文明办供稿）

吉庆勋

中学教师奋不顾身救起落水女孩

「见义勇为」

人物故事

吉庆勋，男，1987年生，贵州省毕节市威宁县羊街中学教师。2018年获“深中润贵州希望工程山区优秀青年教师奖”，2019年获“贵州好人”荣誉。

2018年10月1日，吉庆勋驾车从纳雍县前往威宁县。下午4时左右，途经威宁县张湾屯时，突然听到有人大声呼喊：“救命呀！救命呀！”吉庆勋循声望去，只见公路左侧不远处的河边有两个人正在焦急地呼喊着。吉庆勋意识到有人落水，立即停车，疾步跑到河边，沿着河岸跑了一段路后，终于找到了落水者。吉庆勋迅速脱下外衣，纵身扎进冰冷的河水中，快速游了一段距离才抓住落水者，最终将落水女孩成功营救上岸。

吉庆勋还热心公益，就读大学期间就开启了公益之旅。2013年8月，吉庆勋被共青团贵州省委聘为“春晖使者”，他先后多次组织公益活动，持续为威宁县山区的贫困学生送去资助。毕业后，他成为乡村教师先后通过在网上发起募捐倡议，协调相关慈善资金和物资等方式，为贫困户建房、为学校配备电脑、为乡村修路、为山村儿童送温暖，共筹集资金及物资累计56万余元。

（贵州省文明办供稿）

杨启知

危难时刻他舍生忘死勇救 10 余人

「见义勇为」

人物故事

杨启知，男，35 岁，云南省安宁市温泉街道官庄村民小组党支部书记。

2007 年 6 月 26 日晚 9 时许，朋友何文林告诉杨启知，有辆车出事故了。杨启知当即拿上手电筒和何文林朝事发地赶去。只见一辆小汽车翻在沟里，沟水淹没了车辆的一大半。他俩立即跳入水中，从车内救出 3 人（一死两重伤）。一伤者说车内还有一人，他俩再次跳入水中施救，最终在近 2 米深的水底稀泥里将人扒了出来，可惜该人在送医途中抢救无效死亡。

2007 年 7 月 7 日中午，正在给玉米施肥的杨启知听到响声，抬头一看，一辆越野车撞坏了路边护栏冲入水中。他立即飞奔到出事地点，跳入水中施救。因车门被卡住无法打开，杨启知让父亲拿来锄头，将车门撬开缝隙，自己硬是挤进车内，最终将 5 人拖了出来，而杨启知的手臂和背部，因被划伤，血不停地往外冒。

还有一次，一辆越野车翻入山沟，杨启知立即组织村民施救，手抬肩背救出 5 人（2 人当场死亡，1 人重伤，2 人轻伤）。

（云南省文明办供稿）

梅　源

路遇小轿车坠河 “90 后”小伙纵身跳江救人

「见义勇为」

人物故事

梅源，男，1990 年生，陕西省紫阳县盘龙科技贸易有限公司营销经理。2019 年入选“陕西好人榜”。

2019 年 1 月 26 日 11 时许，袁玉军驾车从紫阳县毛坝镇返回紫阳县城，在经过河堤路路段时，因操作不当，其驾驶的小轿车冲破了公路围栏，连人带车直接掉进了深 60 余米的汉江里。开车路过的梅源听到呼喊，迅速冲到岸边，梅源一边脱衣一边问现场群众：“谁有工具？”旁边有人掏出一把钉锤递给梅源，梅源拿起钉锤就从河堤上纵身跳入冰冷刺骨的江水中。

梅源快速游至落水轿车旁，用铁锤连续敲击四五下将轿车后窗玻璃砸碎，在确认车中只有一人后，将袁玉军从车中拽出，小汽车随即沉入了江底。袁玉军被救出后，因其不会游泳，用双手紧紧抱住梅源，梅源一边耐心安慰袁玉军，一边抓紧时间向河堤边游去。河堤上群众迅速放下准备好的绳索，梅源将绳索缠绕在袁玉军身上，又找到一块石头让他落脚。随后，县海事局的救援快艇赶来将梅源和袁玉军两人救上了岸。

（陕西省文明办供稿）

李瑞霖

临危不惧扬正气 见义勇为擒歹徒

「见义勇为」

人物故事

李瑞霖，男，1985 年生，陕西省西安市人民检察院办公室副主任。曾获 2017 年“全国检察机关信息工作先进个人”“陕西好人”等荣誉。

2018 年 6 月 7 日上午 8 时许，他在上班途中行至北二环与贞观路十字口时，突然听见一名女子高呼：“救命啦，快来人啊！”循声望去，他看见一名灰色上衣男子正持刀捅刺另一名黑衣男子。他不顾自身安危，立即冲上前去大声喝止灰衣男子行凶。当灰衣男子持刀再次捅刺对方时，他扑上去用双手牢牢抓住灰衣男子持刀的手，顺势将其摁倒在地，迅速将行凶刀具夺下，在群众的帮助下制伏凶徒。随后，他及时稳定伤者情绪，指导周围群众帮助伤者止血，并协助赶到现场的公安民警将犯罪嫌疑人翟某抓捕至派出所。

李瑞霖见义勇为先进事迹先后被 20 多家媒体集中报道，“今日头条”点击量超过 200 万次，在社会各界引起了强烈反响。

（陕西省文明办供稿）

张发祥

忠诚的北大荒老兵 默默为老首长扫墓 48 年

「诚实守信」

人物故事

张发祥，男，1944 年生，黑龙江省双鸭山市饶河农场退休工人。48 年来，每逢重要节日，张发祥都要到老首长的墓前送去亲人的安慰和寄托。

张发祥的父母都是普通的农民，他在家排行老大，为了减轻家庭负担，他 16 岁参加了中国人民解放军。1971 年，张发祥响应国家号召，来到北大荒，在 22 团见到了原部队的老首长孙振民。1972 年春节前，孙振民因事故去世。张发祥得知老首长的亲人都不在北大荒，就下定决心，要像家人一样看好老首长的墓。

1975 年，张发祥调到距农场场部 30 多公里外的饶河县关门村驻点巡线，每到年节他仍然会和老伴一起，为老首长扫墓。2009 年 6 月 15 日，孙振民的儿子孙建军来寻宗，看到父亲整洁的墓碑时，他面对张发祥老人长跪不起，并拿出一笔数目不小的现金，作为陪伴老父亲的报答，但被张发祥谢绝了。2010 年 8 月，孙建军接张发祥去广东生活也被他婉拒了。张发祥老人说，他守墓为的是战友情，只要老张家在这一天就不会让墓荒了。

（黑龙江省文明办供稿）

孙正海

耄耋老人守信还债
五退低保“诚”动乡邻

「诚实守信」

人物故事

孙正海，男，1936年生，江苏省宿迁市泗洪县人。

孙正海自己、老伴、大儿子和大儿媳相继罹患癌症，多人治病花光了家里全部积蓄，还欠了不少外债。村委会了解情况后主动为他办理低保，帮助他们一家渡过难关。孙正海承诺村委会，一定还清债务，尽早退出低保。

从此，孙正海过上了精打细算、省吃俭用的生活。他把生活费积攒下来，加上两个孙女外出打工寄回来的钱，一笔一笔偿还债务。2017年，他终于还清了外债。

2017年11月，孙正海第一次向村委会提交退出低保书面申请。他说，现在生活好转了，每月可以领到养老金、尊老金、离任村干部生活补助金、土地租金等共计725元，已经超过了农村最低生活保障标准，要把低保名额让给真正需要的人。村委会综合考虑孙正海家庭困难情况，5次为他召开了表决会议，最后同意了孙正海退保的申请。孙正海五退低保的事迹受到了四野乡邻的交口称赞。

（江苏省文明办供稿）

王丙祥

主动为担保企业偿还
800万元贷款的企业家

「诚实守信」

人物故事

王丙祥，男，1954年生，江苏久祥汽车电器集团有限公司董事长。

2011年，王丙祥投资兴建了庆安镇祥和产业园。2017年，他为招引的江苏金海电子科技有限公司担保贷款。后来，因为资金链断裂，该企业老板不打招呼逃跑了。眼看贷款即将到期，王丙祥主动偿还银行贷款债务800万元，保住了诚信的“金字招牌”。

为了解除职工的后顾之忧，王丙祥率先为职工统一办理了养老保险，修建了职工餐厅、娱乐室、活动室，还定期为困难职工家庭送温暖。企业内部职工子女只要考取中专以上学校，都给予3000元至2万元的奖励和资助。

多年来，王丙祥先后捐助近百万元，发放各类社会福利近30万元，每年缴纳税金300余万元，安排周边剩余劳动力就业500人左右。目前，公司拥有国家发明专利近30项、省市级高新技术产品5项，拥有国家级博士后科研工作站、江苏省企业院士工作站、江苏省工程技术研究中心，公司同时被誉为国家级高新技术企业、全国高科技示范企业、江苏省中小企业创新能力建设示范企业等。

（江苏省文明办供稿）

刘光森

返乡创业17年诚信铸就物流领军企业

「诚实守信」

人物故事

刘光森，男，1976年生，江西万佶物流运输有限公司总经理、党支部书记。2016年被授予“全国物流行业劳动模范”，2018年被评为“最美道路运输人”。

2002年，刘光森返乡创业，创办了物流信息部。通过近20年的奋斗，刘光森将物流信息部，做成了全省物流电子商务的领军企业。

2008年年关，因冰冻灾害，物流价格每天都在上涨。一新客户与万佶签订了从广州运送5000吨饲料到吉安的运输合同，如果按事先约定运送，万佶物流至少面临40万元损失，但如果违约只需支付2万元。刘光森在了解情况后，按照合同约定，全力为客户调配车队。经过几天几夜的奋战，最终确保货物准时准点到达。事后，客户亲自登门致谢，连连夸赞刘光森重合同、守诚信，并成为日后万佶物流最亲密的合作伙伴。2015年，刘光森转变公司经营模式和盈利模式，将公司原来的为“物”服务升级为“人”服务，使6万家企业和20多万名司机受益，被国家发改委列入国家物流业“补短板”项目。

（江西省文明办供稿）

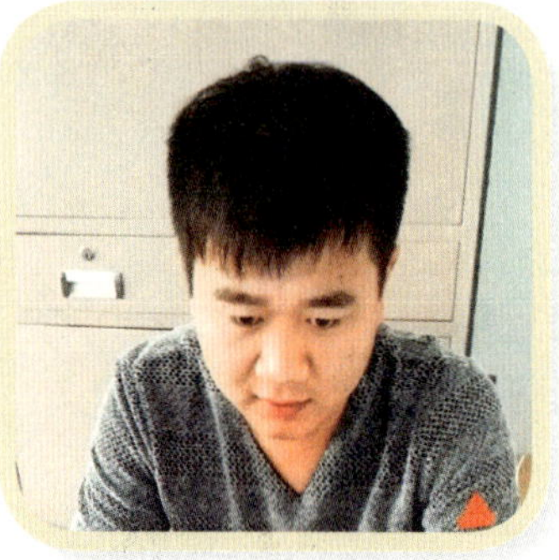

张　坤

“90后”青年多次拾金不昧善举传递正能量

「诚实守信」

人物故事

张坤，男，1991年生，山东省枣庄市峄城区中国邮政集团分公司柜员。

2017年3月21日，张坤在打扫卫生时发现一个手提包，包里有2万元现金和一张江苏的邮政储蓄卡，通过系统查询，发现卡的户名是一位徐先生，地址登记的是枣庄市峄城区榴园镇。为了尽快找到这位客户，张坤发动全体同事向各村村书记及街道商户打听，终于在晚上9点多钟打听到具体地址，拿到失而复得的现金及银行卡，客户向张坤竖起了大拇指。

2017年5月18日，张坤在清理柜台卫生的时候，发现一个黑色塑料袋，打开一看，里面装有1000元钱。他急忙调阅监控并查询客户信息住址。原来这个钱是客户的低保金，张坤上门把钱给客户送过去时客户感动得热泪盈眶。2016年7月5日，一位年迈的老婆婆拄着拐杖来到张坤的柜台，要求取出之前在银行办理的保险，张坤经过3天的不懈努力，终于查询到客户的保险信息。在张坤的全程陪同下，大娘顺利办理了退保业务。

（山东省文明办供稿）

罗玉莲

只为一句承诺 村民义务扫街 35 年

「诚实守信」

人物故事

罗玉莲，女，1956 年生，湖南省怀化市麻阳苗族自治县文昌阁乡新寨坪村村民。

20 世纪 70 年代末，文昌阁乡建立了集镇市场。当年，罗玉莲的阿公已 70 岁高龄，身体还算硬朗，就开始主动在赶集后打扫集镇市场街道的卫生。阿公坚持了 4 年，因年事已高，不能继续打扫下去了，在他看来，自己的儿媳罗玉莲是接替自己的最佳人选。罗玉莲没有多做考虑，便答应了。

那年，罗玉莲 28 岁，她正式接过了阿公的扫把，开始了她的义务环卫之路，始终坚持 5 天一大扫，一天一小扫，随时见随时扫，时刻保持街道的清洁卫生。30 岁那年，她就是挺着大肚子，也依然坚守在清扫的岗位上。生下小孩后，家庭的负担越来越重，经济十分困难，可就是在这样窘迫的情况下，她一天都未曾脱离那个环卫岗位，也从未想过放弃那份责任，放弃那个承诺。这 35 年里，罗玉莲不知道用坏了多少扫把、箦箕、小型垃圾车。

（湖南省文明办供稿）

罗首章

七旬老人义务守护烈士墓二十载

「诚实守信」

人物故事

罗首章，男，1942 年生，湖南省株洲市天元区马家河街道高塘社区居民。

罗哲，是株洲市著名的革命烈士，土地革命时期，因被叛徒出卖，于 1928 年 10 月 23 日在长沙英勇就义。罗首章是罗哲的侄孙，在罗哲牺牲 14 年后才在高塘社区出生。1998 年，已经在城市里生活数十年、取得城市户口的罗首章回到高塘社区，承担起了罗哲墓守墓人的职责，一直到现在。

平时只要有空，罗首章就会爬几十米的阶梯来到这里扫墓，打扫掉落的树叶、清理杂草、擦洗墓上的泥巴。多年坚持下来，罗首章还学会做一些修复工作，比如给墓碑上的文字描红，修复工作难度较大，花费的时间也更长。在罗首章的悉心看护下，除了市区的流芳园，罗哲墓目前是保存得最好的烈士墓。如今，罗哲烈士墓已经成为株洲有名的爱国主义教育基地，时常有不少人慕名前来。每当此时，罗首章偶尔也会客串下免费导游，一遍又一遍地讲述着罗哲烈士的故事。

（湖南省文明办供稿）

李开明

重信守诺真君子 不忘初心得始终

「诚实守信」

人物故事

李开明，男，1955年生，四川内江凤凰企业（集团）公司董事长兼总经理。先后荣获全国五一劳动奖章、全国煤炭工业十佳矿长、四川省“党建之星”、四川省劳动模范。

1992年，内江市凤凰山煤矿企业严重亏损。同年年底，李开明被组织上任命为“凤凰”的领头人。仅用一年时间，他便令“凤凰”涅槃重生，实现年盈利400余万元。

他极为重视产品的质量，公司产品荣获“四川省名牌产品”称号，企业也被评为内江市“重合同守信用”企业和“诚信纳税先进企业”。

在任董事长的20余年间，李开明坚持诚信立企，奉行君子之交，凭借公司良好的口碑、信用和个人品格赢得客户、经销商的信任；他兑现承诺，真心体恤关怀职工，不仅从未拖欠过工资，还设立困难职工补助基金帮助职工成长；他热心公益事业，带领职工捐款达百万元，树立了良好的企业社会形象。

（四川省文明办供稿）

杨存娲

七旬老翁省吃俭用替子还贷 信义价值千金

「诚实守信」

人物故事

杨存娲，男，1941年生，陕西省汉中市洋县金水镇金水村12组农民。

2010年，杨存娲的儿子杨涛托人担保，在信用社贷款10万元，向亲戚借8万元经营轮胎生意。因缺乏经验，债台高筑的杨涛负气出走，一去杳无音讯。为了替欠债离家出走的儿子还清信用社的10万元贷款，年过七旬的杨存娲与老伴起早贪黑耕田种地之外，还上山收集树皮、挖红刺根、割龙须草，将所有的收入加上老夫妻俩的养老保险、大爷的退役补贴和高龄补贴、大娘的残疾人生活补助全部用于还债，如果还不够，就再卖几只鸡和粮食凑数。即使在他为筹钱摔伤卧床不起的情况下，心心念念想的还是还债，到了清息日，在残疾妻子搀扶下一瘸一拐去信用社还款。

随着媒体的报道，杨存娲先后收到社会各界捐款4万多元，杨涛在微信上看到父亲替自己还贷的报道后，也回到了家。2011年4月在亲戚朋友的鼓励下他到浙江打工，用5年的时间还清借亲友的钱，同时每月给父亲寄钱，还信用社贷款。最终在一家人的努力下于2019年11月还清了所有债务。

（陕西省文明办供稿）

何　军

硕士返回家乡创业 依靠诚信建功团场

「诚实守信」

人物故事

何军，男，1984年生，新疆生产建设兵团第一师阿拉尔市红福天枣业有限公司董事长。2017年获“第九届中国青年创业奖”。

2009年，何军获得西北大学经济学硕士学位。在外闯荡几年后，他决定返乡创业。2013年，他回到一师阿拉尔市十三团创办红福天枣业有限公司。从创业的第一天起，他就下定决心要诚信经营赢取市场。2017年公司扩大生产规模，大量资金用于购买设备，现金周转困难。有人劝他暂缓发放员工工资，何军说：“再困难，也不能拖欠员工工资。”他言出必行，想尽办法筹措资金，为员工发放工资近100万元。致富后的何军牵头组建合作社。在合作社经营中，何军在收购、销售红枣时从不缺斤短两，在十里八乡打出了名声，靠诚信赢取了枣农和收购商的信赖。截至2019年12月，加入合作社的枣农有182户，合作社为社员代加工、代销红枣1000多吨。2016年，他投资80余万元，在十三团建成1000平方米的红枣精选厂房，帮助30多名少数民族贫困农民在家门口就业。

（新疆生产建设兵团文明办供稿）

李　菲

以医者之心慰患者疾苦 以仁者之心赢真诚信赖

「敬业奉献」

人物故事

李菲，女，1970年生，北京市西城区展览路社区卫生服务中心医生。

李菲于2008年开始从事社区卫生服务工作。她的患者有许多是90岁以上的老人，表达能力和听力给诊疗带来一定困难，她总是耐心诊治、讲解各种疑问。患者齐林清因肺部感染由上级医院转入社区输液治疗，李菲及时发现了她的心梗症状，并采取抢救措施挽救了她的生命。患者刘淑华因头晕前来就诊，CT检查结果出来时李菲已外出开会。刘淑华的老伴儿看到门诊大厅公示的电话联系到李菲，她耐心地讲解病情，并在当晚通过短信再次细致解答，并约定会议结束后赶回医院为刘淑华诊治。

凭着精湛的医术和敬业的服务态度，李菲与辖区居民结下深厚情谊，建立了良好的医患关系。她带领的家庭医生团队为2400名居民提供签约服务，团队成员如同居民的贴心朋友，通过门诊、双向转诊、慢病随访、老年人体检和健康教育，为辖区居民提供基本医疗服务和基本公共卫生服务，深受居民好评。

（北京市文明办供稿）

刘秋红

以温情架起病患纽带 用双肩担起生命桥梁

「敬业奉献」

人物故事

刘秋红，女，1966年生，天津市北辰医院社区科主任、主管护师。2016年其家庭被评为天津市“最美家庭”。

刘秋红1986年参加工作，先后在医院内科、急诊科担任护理工作，2010年调入行政科室（社区科）负责双向转诊。

2016年，北辰区卫计委积极搭建区域“医联体”，更好地实现“小病在社区，大病在医院”的诊疗格局。作为社区科主任的刘秋红可谓重任在肩。仅2016当年，她就接待了8962名门诊转诊病人、766名住院转诊病人。同时，还对13个镇街社区卫生服务中心进行调研宣传。为了不漏掉一个病人、不漏接一个电话，她常年备着电池和充电宝，全年手机不关机；为了保障病患问题第一时间得到处理，她常常顾不上吃饭；为了方便随时深入社区进行走访调研，她常年用跑步与死神抢时间。

在2011年至2019年的8年多时间里，刘秋红共接待转诊病人8万余人次，以“热心、爱心、耐心”为患者搭建“生命的桥梁”。

（天津市文明办供稿）

杨保新

棉田里的“育种魔术师”

「敬业奉献」

人物故事

杨保新，男，1968年生，河北省邯郸市农科院生物技术中心主任。荣获2018年度全国五一劳动奖章。

2000年，河北省棉花黄萎病灾害严重。杨保新决心培育出高抗黄萎病的新品种。3年间，他的足迹遍布8个省份的黄河流域棉区，2003年综合性病圃终于建成。2006年，杨保新培育出耐黄萎病的邯郸885。随后从邯棉646、邯棉6402再到邯棉6101，他培育的棉种抗病性逐步提高。

为了加快育种进程，他们在海南开辟了一块试验基地。经过8年的南繁北育，大桃转基因抗虫棉邯郸109终于育成！产量连年位居第一，还将亩产量提高20%左右，在省内外棉区推广面积合计达2000多万亩。

23年的潜心钻研，杨保新育成邯郸109、邯棉802、邯218等9个国、省审品种，其中，邯郸284是我国第一个国产国审的抗虫棉新品种，填补了河北省Ⅱ型优质棉品种的空白；邯郸109产量超过杂交棉品种……棉花品种累计推广4500多万亩，为社会增收50多亿元。

（河北省文明办供稿）

孙晨华

让卫星通信实现“中国创造”的巾帼英雄

「敬业奉献」

人物故事

孙晨华，女，1964年生，中国电子科技集团首席专家，中国电子科技集团第五十四研究所副总工程师、卫星专业部副主任。先后获得全国三八红旗手、五一劳动奖章、国家级有突出贡献中青年专家等荣誉。

孙晨华从2002年开始研制我国自主的TDMA（多频时分多址）卫星通信系统。2007年，TDMA卫星通信系统完成正样测试，眼看就要走向市场时，却发现系统可靠性出了问题，孙晨华坚持先解决问题。经过近10年攻关，她研制出我国首个多频时分多址及频分多址的融合系统，打破国外30多年技术垄断，实现了“中国创造”。

孙晨华一直在卫星通信领域研发探索，她提出的多种波束、大跨度速率范围的组网解决方案，突破几十项关键技术，开发高新技术产品百余种。产品已成功应用到军民贸各领域，近5年创造效益70亿元，带动了河北10余家高新技术企业发展。

孙晨华还担任“天通一号”运控系统总工程师，创建了我国首个卫星移动通信运控体系，确保系统面向30万用户运营级服务，近3年创造效益5亿元。

（河北省文明办供稿）

芦树山

镌刻在警徽上的“忠诚”

「敬业奉献」

人物故事

芦树山，男，1968年生，吉林省长春市公安局治安支队副支队长。

参加公安工作以来，芦树山始终扎根在基层，先后被评为“全市政法系统楷模”“全市政法系统人民满意政法干警”，荣立个人三等功13次，荣获省级以上先进个人5次。

多年的从警生涯，芦树山始终牢记全心全意为人民服务的宗旨，在他的带领下，治安大队完成“长春国际马拉松赛”“CBA篮球赛”等大型活动47次，完成全国两会、省市两会、中央巡视组驻地警卫、扫黑除恶督导巡视组等安保工作55次；完成一级警卫5次，二级警卫36次，三级警卫61次，完成“十九大安保”“国庆70周年大庆安保”等维稳工作12次，治安大队连续5年勇夺市局治安系统绩效考核排名第一。

芦树山先后组织并参与了“扫黑除恶”“缉枪治爆”“禁毒战役”“清网追逃”“打盗骗、保民安”“打四黑、除四害”等多次专项行动70余次，抓获并打击处理各类违法犯罪人员1200余名，累计参与破获各类刑事案件4000余起。

（吉林省文明办供稿）

陈　奔

执法里程近 10 万公里 用青春献身环保事业

「敬业奉献」

人物故事

陈奔，男，1988年生，浙江省温岭市人。2013年1月进入温岭市环境保护局从事环境监察工作。曾获评2017年全国环境执法大练兵先进个人、“浙江好人”等荣誉。

2017年12月，作为一名基层环境监察“执法尖兵”，他被抽调并奔赴山东省滨州市开展督查。为期2周的强化督查期间，他参与检查企业（村庄）545家，现场发现并及时移交环境违法问题15起，表现出色。

2015年3月，陈奔被任命为温岭市环境监察大队副大队长兼大溪中队中队长。大溪中队管辖横峰街道和大溪镇2个镇（街道），仅工业企业就有1万多家，涉及铸造、水泵、鞋业、电容制造等行业。在他的带领下，大溪环境监察中队成绩显著，多次被评为市局先进集体。

工作5年，近10万公里执法里程，2000多次的环境执法行动，查处环境违法案件近200起，调处环境信访1505件，移送公安行政拘留、刑事拘留涉案人数达78人，这是陈奔交出的“人生答卷”。

（浙江省文明办供稿）

丁秋美

千里陪伴帮落户 老百姓的贴心人

「敬业奉献」

人物故事

丁秋美，女，1985年生，浙江省平湖市人。

2018年9月初，林埭派出所民警在村民老范家走访时，得知谢小英来平湖28年了一直是“黑户”。林埭派出所决定帮谢小英找回户口。

根据数据碰撞、人像比对，终于找到了她的父母和住址，她的真名其实是“谢健连”。户籍民警丁秋美前后与广西当地警方打了10多个电话沟通，最终商量出了一个方案：谢健连提供与父母的亲子鉴定和平湖未落户证明即可在广西原籍落户。

2018年11月11日，谢健连与家人在丁秋美的陪同下踏上了开往广西梧州的高铁。司法鉴定机构提供上门采血服务，在72小时内赶出了鉴定报告；所有材料齐全，派出所又在24小时内办妥了落户手续……在丁秋美的全程帮助下，谢健连没有多打一个证明，仅用6天时间就完成了原来需要1个月时间的落户手续。11月19日凌晨，谢健连在丁秋美的帮助下顺利回到平湖。

（浙江省文明办供稿）

钟 鑫

花甲老人自办红色博物馆免费开放获显著社会效益

「敬业奉献」

人物故事

钟鑫，男，1950年生，安徽省红色收藏研究会副会长，淮北市党史办特聘党史专家人才库专家，淮北市濉溪县韩村镇小李家红色博物馆、渠沟镇钟楼知青馆、钟源阁红色文化博物馆、钟源阁民俗文化博物馆馆长。

对红色文化，钟鑫有着特殊的情结。他对革命历史文化藏品的收集、保护、整理、研究几乎是倾其所有，用30年的时间，收藏了几乎能概括中国共产党淮北发展历史的藏品达10万余件。

2013年，他聘请艺术家历时3年时间、投资600万元，创作了淮北市重大历史题材油画，收藏于博物馆内，供民众参观。近10多年来，钟鑫踏遍了淮北地区所有革命遗址，抢救性挖掘出革命历史文物上千件，整理出一整套的中国共产党淮北发展史和重要历史事件文字图片等资料。

截至2019年，钟鑫创办的博物馆已接待游客25万余人次，其中党员2万余人次，大专院校、中小学师生约10万人次，取得了显著的社会效益，产生了积极的社会影响。

（安徽省文明办供稿）

张雪松

基层民警尽职尽责直至生命最后一刻

「敬业奉献」

人物故事

张雪松，男，1974年生，生前系安徽省合肥市公安局民警。

1995年，21岁的张雪松从安徽省人民警察学校毕业后，被分配到合肥市公安局东市分局（今瑶海分局）工作，成为一名冲在一线打击犯罪的刑警，抓捕、审讯犯罪嫌疑人成了他的日常工作。责任在肩、使命在心，每次遇到急难险重任务时，张雪松总是抢着上。从警23年，张雪松先后侦办各类案件2500余件，抓捕各类违法犯罪嫌疑人300余名。

2018年10月23日18时许，张雪松和同事在合肥市区清溪路琥珀山庄附近路段，对一名网上在逃犯王某进行抓捕。嫌疑人手握尖刀疯狂逃窜，张雪松一个箭步冲上去，将王某死死抱住。王某手持尖刀凶残地刺向张雪松，尖刀贯穿肺部，张雪松仍不松手，不让其逃脱。直到战友赶来，王某被制服，拼尽最后一丝力气的张雪松再也支撑不住，瘫倒在地上……虽然及时送医救治，但因伤势过重抢救无效，英勇牺牲，年仅44岁的生命定格在这次抓捕中。

（安徽省文明办供稿）

张世友

自动化工程师技术精湛 创新多项成果填补国内空白

「敬业奉献」

人物故事

张世友，男，1974 年生，飞马智科信息技术股份有限公司自动化事业部系统一室部门经理。

2002 年，张世友中标“江阴兴澄特钢 1# 加热炉”技术改造项目，并带领团队成功完成冶金行业第一套 S7-400H 冗余控制系统建设，确保公司持续拿下后续加热炉合同。2007 年，他带领团队筛选出多维运动控制器，在国内率先实现了全液压“重载机械手”自动控制系统的研发。2012 年，张世友提出物料跟踪模型，使板带控制精度、成材率和产品质量，均达到国际先进水平。同时彻底解决 3# 镀锌线炉内“失张”、1# 重卷线数据丢失等大型板带控制难题。2018 年，张世友团队成功申报发明专利“智能机械手动作自由定制的一种方法”。2018 年以来，他领军团队先后完成了《西门子传动装置参数自动化配置软件研发》《从站型工业触屏的研发》两项科研项目。

张世友先后填补国内自动控制领域技术空白 3 项，获得国家发明专利 3 项，国家级软件著作权 11 项、全国冶金科技进步二等奖 1 项。

（安徽省文明办供稿）

韩玉梅

残疾女企业家自主创业 带动贫困家庭脱贫致富

「敬业奉献」

人物故事

韩玉梅，女，1968 年生，安徽省阜阳市临泉县邢塘街道人，安徽省姜尚工艺品股份有限公司董事长。2017 年被评为“安徽省首届星耀江淮杰出创业女性”。

韩玉梅，年幼时身患小儿麻痹症，造成右腿残疾。2008 年，韩玉梅创办了蜥蜴养殖基地，走上了创业之路。一个偶然的机会，韩玉梅接触到了葫芦工艺品。抱着试试看的心态，韩玉梅和几个残疾朋友做了一些葫芦工艺品，拿到国外市场展销，没想到大受欢迎。2013 年，公司对外贸易额达 100 多万美元，2014 年达到 300 万美元，随后，对外贸易额连年上升，成为全县乃至全市的外贸大户。2017 年以来，尼日利亚、爱尔兰、印度尼西亚等国的订单纷纷越洋而来。

公司拥有职工 77 人，其中残疾人、贫困人员 33 人，占公司职工人数比例接近 50%。身为残疾人，韩玉梅关心关爱着公司里的每一位残疾员工，她带着残疾职工外出参加展销会，帮助他们积累经验、开阔视野，为残疾职工购买保险，鼓励他们对生活充满信心和希望。公司还和 2000 余户贫困户签订种植合同，带动贫困家庭共同脱贫致富。

（安徽省文明办供稿）

陈先国

农艺师扎根农村三十载 田野深处写初心

「敬业奉献」

人物故事

陈先国，男，1965年生，安徽省无为市襄安镇农业服务中心主任、高级农艺师。

2016年7月无为市遭遇严重洪灾，种粮大户沙开龙，家中水稻绝收面积达200多亩。陈先国一方面冒着高温天气，泡在田里，对补植的200多亩水稻进行一对一指导管理；另一方面用自己的工资担保，帮他快速申请了贷款，解决了部分资金问题，挽回损失20多万元。精准扶贫工作开展以来，陈先国对他帮扶的3户贫困户做到“保姆式”服务，2016年户人均收入达2万元，当年脱贫。

在陈先国的带领和主持下，襄安镇先后创建了水稻千亩高产、部级水稻绿色增产模式万亩、小麦千亩高产等示范片，并实施了土壤有机质提升行动示范。通过示范带动提升了全镇水稻、小麦等农作物产量和品质，仅3万亩水稻一项，17年共计增产2.2万吨，增效0.44亿元左右。他又引导全镇积极实施绿色增效、品牌建设、科技推广、主体培育、改革创新“五大示范行动”，努力打造一批高标准、高起点、高水平的现代生态农业产业化示范主体、示范园区和“一村一品”示范村。

（安徽省文明办供稿）

吴险峰

躬耕农业科研 潜心水稻育种

「敬业奉献」

人物故事

吴险峰，男，1969年生，安徽省宣城市广德市农科所副所长，高级农艺师。先后获“全国南繁先进个人”“全国先进工作者”等荣誉。

从20世纪80年代中期开始，吴险峰从事南繁北育。每到秋季，他和同事背着亲本种子，登上南下的火车，来到距三亚20多公里的部队农场进行加代育种，一直干到第二年4月，再带着育成的种子赶回广德播种。万家团圆的春节，吴险峰在天涯海角的试验田里忙着水稻的田间栽插、性状观察记载和杂交授粉。

33年艰辛努力，吴险峰的科研项目获安徽省星火奖一等奖1项；参与省农科院课题攻关，获省科学技术奖一等奖2项、省科学技术奖二等奖1项，并获得宣城市科学技奖2项等。主持承担省科技厅和省农委科技成果转化项目，吴险峰获新品种授权1项，申请国家发明专利3项。先后在《中国农学通报》《中国科技成果》《杂交水稻》等国家和省市杂志发表论文20多篇。

（安徽省文明办供稿）

彭锡萍

重症新生儿的“代理妈妈”

「敬业奉献」

人物故事

彭锡萍，女，1988年生，江西省萍乡市人民医院新生儿科护士。获评“中国网事·感动2018年度人物”。

彭锡萍是新生儿重症监护室的一位护士，她已记不清楚自己到底护理了多少婴儿，有多少病理儿经她护理转危为安。

“‘小精灵’是一个戴着翅膀的小仙子，愿你早日康复！回到家人身边，茁壮成长。”一本《代理妈妈日记》在网络上热传。娟秀的字体，饱含深情的文字和卡通画，让看过的人无一不为之动容。这本满满36页的《代理妈妈日记》，来自彭锡萍，她用爱记录了与患病新生儿“小精灵”共度51个日夜的点点滴滴。51天里，“小精灵”从1.7公斤长到了2.675公斤，虽然反反复复出现贫血、甲状腺功能异常、黄疸偏高等病症，但在彭锡萍等“代理妈妈”的精心照顾下，“小精灵”战胜了一个又一个困难。

在“代理妈妈”们精心的照顾下，一个个宝宝健康出院。

（江西省文明办供稿）

刘治峰

用热血守护平安
从门外汉到警界“全能王”

「敬业奉献」

人物故事

刘治峰，男，1974年生，山东省日照市莒县公安局经侦大队三中队中队长。2015年获“全省优秀人民警察”称号，2018年被公安部记个人一等功。

从警16年，他先后在派出所、刑侦、特警、交警、经侦等多个岗位工作过，办理治安案件210余起，刑事案件520余起，查处交通违法行为1300余起。

2005年冬，为破获山羊被盗案，时任山区民警的刘治峰在滴水成冰的天气在刘某家附近连续蹲守7个晚上，最终摸排到刘某正是山羊盗窃团伙的主犯。

2009年深秋，在刘官庄镇一起恶性抢劫杀人案件中，面对血案现场，在线索少、任务重的情况下，时任刑警的刘治峰连续15天昼夜奋战，摸排人数上万人，确认3人有重大作案嫌疑，在审讯中连带侦破盗窃案件30余起，将杀人、盗窃、销赃团伙一网打尽，23名嫌犯全部落网。

在特警大队工作期间，他参与处置的13起群体性事件均得到圆满解决。

（山东省文明办供稿）

孔凡胜

致富不忘乡村 好支书带领群众脱贫致富

「敬业奉献」

人物故事

孔凡胜，男，1976年生，河南省卫辉市安都乡大双村党支部书记。

1997年年底，孔凡胜光荣退伍，回到了养育他的大双村。2000年，他和妻子在本村开了一家百货商店，先后让村里最困难的徐小宝、孔凡梅、甘良梅等8人来超市务工，每月按时为他们开工资。2007年，孔凡胜自筹资金10多万元，筹建了红白喜事餐饮服务部，很快便在十里八乡打开了局面，为70余人提供了工作，走上了致富路。

2015年，孔凡胜被群众选举为村党支部书记。他首先以村容村貌整治为抓手，争取了20多万元专项修路资金，带领两委班子成员自找设备、自买建材、自己施工，拓宽硬化了1000米主街道。筹资近4万元，亮化美化了村容村貌。2016年春节前，他个人出资7000元为那些无劳动能力的老人发放食用油等物品。2017年春节个人出资1.1万元为本村70岁以上的老人发放食用油等年货。大双村在一年半的时间里，从全乡乃至全卫辉市的落后村一跃变成了先进村。

（河南省文明办供稿）

宋　聪

挂职干部扎根一线助推脱贫攻坚

「敬业奉献」

人物故事

宋聪，男，1979年生，河南许昌市林业局造林绿化管理科科长。

2016年，宋聪到禹州市无梁镇开始为期两年的基层挂职。他在做好脱贫攻坚的同时发挥自身优势，打造生态无梁镇，让无梁镇的造林绿化工作有了质的变化，林木覆盖面积、村庄绿化覆盖率、林木覆盖率等各项指标显著提升。他引进了“春谷＋油菜”种植模式，形成春看菜花、夏榨菜油、秋收谷子、冬碾小米四季轮回的产业链条，被当地百姓亲切地称为“花米经济”。宋聪从许昌林业科学研究所请来了多位专家，对辖区内宜林荒山的土壤采样，采集气候、降雨等数据进行综合分析。同时，他还主导制定《关于推进苗圃基地建设和荒山承包的实施意见》，激发了社会力量投身林业生态建设的积极性。

截至目前，无梁镇林木覆盖面积达3000公顷，80%以上的村庄绿化覆盖率达39%，林木覆盖率达62%以上，镇财政累计投入林业生态建设资金1600余万元。2017年12月，无梁镇获得“河南省国土绿化模范乡镇”的荣誉称号。

（河南省文明办供稿）

闵洪艳

村支书放弃个人“发财”带着全村人共同致富

「敬业奉献」

人物故事

闵洪艳，男，1962年生，湖北省襄阳市谷城县五山镇堰河村党委书记、村委会主任，堰河生态旅游经济合作社理事长。曾获全国脱贫攻坚奖“奋进奖”，被评为省市优秀共产党员、全省十佳党支部书记、全省中青年拔尖人才，享受省政府特殊津贴。

1992年，29岁的闵洪艳扛起了带领村民致富的重任。开发茶园，使村集体年收入从不到3000元增加到近10万元。

随后，闵洪艳号召村民开发生态旅游。很快，一座集观光、会务、游乐、食宿于一体的旅游接待中心建起来了，打造道乡寻踪游、茶色生香游、田园风光游三大特色旅游品牌，生态发展见到了实效。

如今，堰河村全村有32家农户从事旅游接待服务，可同时接待300人入住、5000人餐饮，成为全省唯一一家整村发展乡村旅游的村庄和中国乡村旅游模范村，村集体资产上亿元。堰河村先后被授予“全国文明村”“中国最美休闲乡村”“全国生态文化村”等称号。

（湖北省文明办供稿）

柯调喜

坚守环卫一线 为城市亮丽发挥光与热

「敬业奉献」

人物故事

柯调喜，女，1965年生，湖北省黄石市西塞山区环卫处工人。2017年获全国“优秀一线工作者”荣誉称号。

1986年12月，21岁的柯调喜来到西塞山区环卫处工作。1991年，单位推选她当班长。

2016年是黄石创建国家卫生城市攻坚年，工作繁重令常人难以想象。她负责的颐阳路段由21小时保洁改为24小时保洁工作。她更是每天凌晨3点就起来跟踪普扫工作，晚上11点还在路上检查保洁工作。10月4日下午，她在英才路转弯处捡拾垃圾时，为了避让迎面而来的出租车不慎摔倒，直至晚上9点回家才发现手已肿得不能动，去医院检查确诊为骨裂，但她没有一句怨言，继续坚守岗位。在她的带领下，颐阳路段顺利通过了验收，成为西塞山区的“市容美好示范路”。

2017年黄石市获评国家卫生城市，柯调喜也光荣退休。退休后她毅然接受环卫处的返聘，继续从事清扫保洁工作，她还把“90后”的儿媳妇带入环卫工作，婆媳两代接力续写“马路情缘”，为城市亮丽发挥光与热。

（湖北省文明办供稿）

李德威

大地之子迸发生命的无限炽热

「敬业奉献」

人物故事

李德威，男，1962年生，构造地质学家，生前系中国地质大学（武汉）教授、博士生导师。2018年，教育部追授李德威“全国优秀教师”荣誉称号，其生前使用过的地质锤、罗盘、放大镜等11件科考实物被国家博物馆收藏。

2010年玉树地震发生后第二天，李德威自费奔赴现场。经过几年的研究，他提出了陆内地震的热流体撞击成因假说、地震及关联灾害监测、预测思想与方法。2018年9月10日，他在重症监护室用最后的力气在纸条上写下“开发固热能，中国能崛起”10个字，成为留给这个世界最后的告白。

李德威年复一年跋涉在高寒缺氧的“无人区”，研究青藏高原近25年，行程超8万公里。他相继提出“层流构造假说”、取热减灾减排、地热能综合分类、干热岩地热能成因等新思路，并将创新理论应用于海南干热岩勘查实践，成功打出中国东部第一口干热岩钻井。李德威40年潜心地质学研究，发表论文100多篇。李德威一生都在探索中寻找真理之光。

（湖北省文明办供稿）

林冬芳

“金牌班主任”带领“东方班”屡创佳绩

「敬业奉献」

人物故事

林冬芳，女，1967年生，广东省梅州市平远县田家炳中学英语高级教师。

林冬芳投身教育、扎根一线，三十四载执教杏坛传道解惑，是田家炳中学的精神风骨，教师楷模。她理念先进，大胆创新，以“东方特色”贯穿日常教学和管理，探索出了一整套特色鲜明的教学和班级管理的成功经验，并编写成校本研究课程《东方特色课堂》和《东方班特色管理》，此项研究成果在省、市、县相继推广，取得了骄人的成绩，为平远县田家炳中学教育史描画了浓墨重彩的一笔。她身在病床，心在教室，虽经历两次大手术，仍坚持在康复期间重返课堂，奋战在教育第一线。

“一支粉笔写芳华，三尺讲台守初心”，正是她最真实的写照。

（广东省文明办供稿）

李少萍

坚守苗村小学19年 她是孩子们的“老师妈妈”

「敬业奉献」

人物故事

李少萍，女，1984年生，海南省琼海市会山镇加略小学校长，代课老师。

2000年，成绩优异的李少萍放弃高考，回到村子成为一名代课教师。加略村是苗族村寨，地处偏远，没有编制、工资极少、教学条件简陋。19年里，无数代课老师来了又走，但李少萍咬牙守住了自己的初心。

李少萍经过努力学习，分别于2014年、2019年拿到了专科、本科函授毕业证书。

2015年，爱心人士为孩子们申请了“免费午餐”。由于每人每餐标准只有4元钱，没有菜农愿意跑那么远给学校送菜。为了让孩子们吃好饭，李少萍担起了课前买菜的义务活。她需要每天早上6点起床，驾驶摩托车在蜿蜒崎岖的环山公路上行驶，在20公里外的东太农场集市进行采购。她就这样默默地坚持了4年，用自己单薄的身躯为孩子们撑起了一片天，孩子们亲切地用苗语喊她“老师妈妈”。

2017年，老校长因病去世，临终前将校长这一重任和加略小学37名学生全部交到了李少萍手上。从此，她肩负起加略小学负责人的重担。

（海南省文明办供稿）

张黑弟

独守大坝四十载　风里雨里护平安

「敬业奉献」

人物故事

张黑弟，男，1955年生，海南省海口市三江农场三江湾大坝守坝员。

张黑弟的名字，已经深深地印在三江湾大坝的历史中。1975年，他从桂林洋农场来到三江农场，参与了那场声势浩大的围海造田活动。1978年，被派往生产队当干部。

渔民出身的张黑弟，卷起铺盖登上大坝，一守就是40年。从此，他的人生与大坝连在一起，他在这里成家，和爱人一起住在坝上，相继迎来了两个女儿。

每天早晨，张黑弟从奔腾咆哮的水声中醒来，总是习惯性地朝前后两扇窗外看看，比对上下游的水位。

2014年7月18日，台风“威马逊”席卷海南，多地水位告急。张黑弟坚守岗位，及时开闸放水，在这场风雨考验中，400多名群众无一人伤亡。2015年，张黑弟退休，被返聘为管理员。

几年前，为了防止老坝溃堤，相关单位修建了三江湾新坝。如今，新来的大坝管理员们大都在新坝工作，只有张黑弟常年住在老坝。张黑弟说，能守一天是一天，守到守不了的那天。

（海南省文明办供稿）

王　华

扎根大山深处 30 年为群众找水源

「敬业奉献」

人物故事

王华，男，1968 年生，生前系重庆市城口县水务局坪坝片区所高级工，明通镇金六村脱贫攻坚驻村工作队队员。

自 1988 年 9 月参加工作以来，王华 30 多年默默扎根大山深处，为贫困群众寻找水源。2018 年年初，王华步行到深度贫困村沿河乡北坡村寻找水源。走了 3 个多小时，才找到一处稳定的水源。2012 年夏，坪坝场镇及周边的贫困村因天气干旱严重缺水。王华紧急上山寻找水源，跋涉一个多小时后，他一脚踩滑掉下了山崖。醒来后，他第一句话却是："这一跤摔得真值，终于找到了新水源……"

2018 年 8 月，王华不顾自己的高血压，毅然投身到脱贫攻坚第一线，用了 20 多天时间，走访了金六村的每一家贫困户，9 月中旬，当地连续暴雨，王华连续数日奋战在排险救灾第一线，每天睡眠不足 4 小时。

9 月 20 日，王华在查看暴雨灾情时，突发脑出血不幸离世，50 岁的生命定格在脱贫攻坚第一线。

（重庆市文明办供稿）

胡　晓

开展心理健康教育 12 年护航青春

「敬业奉献」

人物故事

胡晓，女，1983 年生，西南政法大学教师。获全国大学生心理健康教育优秀工作者、重庆市安全稳定先进个人等荣誉称号。

12 年来，胡晓接待来访学生上千人次，累计咨询时长超过 2000 小时（包括电话、短信、QQ、E-mail、微博等），帮助过 1000 余名有心理问题的学生走出心理阴霾，重塑健康人生。

胡晓整合全校资源，打造结构科学合理的"12345"工作模式，即"1 项基础""2 维发展""3 股力量""4 种结合""5 级体系"，促使心理健康教育更有实效。

她还开通了"西政心理健康教育与咨询中心"微博、微信，在学校官微开设"胡说非道"心理专栏，着力打造西政学子的"心理树洞"。

胡晓还积极打造心理文化品牌，组建了一支 42 人的心理健康志愿者队伍，开展新生心理团体辅导、五月心理健康教育活动月、校园心理剧大赛、三级心理之家建设成果比赛等活动，为学生心理健康教育作出了有益探索。

（重庆市文明办供稿）

熊猫志愿者团队

立足志愿服务　全心守护国宝

「敬业奉献」

人物故事

四川省都江堰市“熊猫志愿者团队”由在校教师、高校学生、公职人员、自然保护组织等组成，熊猫讲师、熊猫志愿者两个团队，总人数157人，建立了12个志愿者服务基地。

熊猫志愿者团队将生态保护同志愿服务有机结合，多渠道地开展志愿服务，不仅加强了“大熊猫文化”的传播，还传递了志愿服务精神，也为“生态文明建设”提供了生动的地方实践。

团队的服务成果5次被中央电视台播放，在第四届中国青年志愿者服务项目大赛中，熊猫志愿者组织的“熊猫，微微一笑很倾城　熊猫课堂志愿者服务项目”还获得了四川省银奖。同时，基于熊猫志愿者在科普教育、自然教育等方面的工作成效，保护区获得了全国林业科普教育基地称号。

（四川省文明办供稿）

马金涛

忠诚铸警魂　热血护平安

「敬业奉献」

人物故事

马金涛，男，1988年生，生前系贵州省贵阳市公安局花溪分局贵筑派出所民警，二级警司警衔。2018年获“贵州省五一劳动奖章”“贵州省五四青年奖章”荣誉，2019年获“全国人民满意的公务员”“全国公安系统一级英雄模范”荣誉。

2018年12月20日，在扫黑除恶专项斗争——涉黄赌毒线索排查整治的行动中，贵阳市公安局花溪分局贵筑派出所得到一条涉毒案件线索。这一天，马金涛并不当班，在得知这一消息后，他主动请缨，要求参战。在抓捕涉毒犯罪嫌疑人时，他不幸被嫌疑人用利器刺伤，经医院抢救无效，于当日18时20分壮烈牺牲，年仅30岁。

马金涛从警仅仅短暂的5年，却是非凡的5年。他肯学肯干，善于钻研，得到各级领导、同事的一致好评。每当有急难险重的任务，他总是积极踊跃地抢着干。每次抓捕嫌犯时，他总是第一个冲上前，把战友挡在身后。工作以来，他参与办理各类案件100余起，打击各类违法犯罪人员80余人，调处各类矛盾纠纷400余起。

（贵州省文明办供稿）

胡志伟

廿载警路　无悔选择

「敬业奉献」

人物故事

胡志伟，男，1973 年生，陕西省子长市公安局党委委员。获“全国优秀人民警察”等荣誉称号。

从警 20 余年来，胡志伟在子长市公安法制建设、基层所队管理、打击违法犯罪等方面作出了大胆的探索，提供了宝贵的经验。在玉家湾派出所推出了“户籍便民服务八项措施”，自主研发了“农村警务责任区管理系统”，倡议成立了“人民警察爱心助学奖学金”。2010 年玉家湾派出所被公安部破格晋升为“全国一级派出所”。在巡特警大队推出了巡特警队伍“九化”管理模式，负责建立了夜间网格化巡逻机制，城区发案率逐年大幅下降；在打击犯罪中，他身先士卒，冲锋在前，特别是 2017 年带队累计行程上万里，经过 22 天的斗智斗勇，一举破获了子长县自新中国成立以来最大的贩毒案件，缴获海洛因 1.9 公斤。近年来，他带领民警抓获各类违法犯罪嫌疑人 400 余人，破获跨省、跨市特大贩毒案件 21 起，摧毁犯罪团伙 15 个，成功处置群体性突发事件 80 余起，参与抢险救援 50 余次，成功解救受伤、被困群众 34 人。

（陕西省文明办供稿）

焦小龙

环卫工 17 年如一日 奉献自己扮靓城市

「敬业奉献」

人物故事

焦小龙，男，1969 年生，陕西省永寿县环卫大队环卫工。

1997 年年初，一场突发的车祸导致焦小龙脑部受损，二级伤残。2008 年，妻子突发心脏病，撒手人寰。从此，他与儿子和年迈的父母相依为命。

2001 年 4 月，在地方政府及社会各界的帮助下，焦小龙成为一名环卫工人，无论是刮风下雨，还是寒冬酷暑，焦小龙都坚持在工作岗位上。除了做好日常清扫保洁外，还经常遇到突击性的工作，他从不讲条件，埋头苦干。平日里别人按时上下班，焦小龙却习惯于没事整天泡在路上，针对他人的不解，他总是笑呵呵地说：“反正回到家里也没有什么事，把街扫干净些心里更踏实。”久而久之，他扫的路段都是免检路段。

近 20 年来，焦小龙只请过三回病假。日复一日，焦小龙用自己的双脚，丈量着城市的一条条街巷；用粗糙的双手，默默书写着无怨无悔的马路情缘。无论是污秽满地，还是积雪难行，哪里有垃圾，哪里就有他奋战的身影。

（陕西省文明办供稿）

张卫东

好干部防汛巡查中不幸因公殉职

「敬业奉献」

人物故事

张卫东，男，1963 年生，生前系甘肃省兰州市榆中县三电工程水利管理处党委书记。

2018 年 4 月进入汛期以来，兰州市多次出现极端连续降雨天气，面对复杂严峻的抗洪防汛形势，张卫东同志坚持深入一线、靠前指挥，亲自排查风险点，现场解决防汛工作中出现的各种问题，先后组织召开了 3 次党委会、4 次防汛专题会，对抗洪防汛工作进行专门研究部署，制定完善了防汛预案，健全完善 24 小时防汛值班和领导带班制度，组织相关人员开展了 5 次防汛应急演练，统筹各方资源做到了车辆、物资、预案、人员、措施 5 个到位，全力保障渠系沿线群众的生命财产安全。

2018 年 7 月 12 日凌晨 3 时许，张卫东在三电总干一泵站施工现场察看汛情时，不幸坠入黄河殉职，年仅 54 岁。2018 年 7 月 22 日遗体告别仪式上，闻讯前来的数千名干部群众为他送行，泪洒榆中大地。

（甘肃省文明办供稿）

唐和顺

翻山越岭 12 年　乡村步班邮递员用双脚走出一条爱心邮路

「敬业奉献」

人物故事

唐和顺，男，1966 年生，甘肃省兰州市邮政局西固区金沟乡步班邮递员。

金沟乡山大沟深，村庄分散，部分地区车辆无法到达，唐和顺便用双脚在平均海拔 2100 余米的大山间走出了一条“步班邮路”。唐和顺往山顶送件，有时走一整天，不见一个人影，这样的路，他走了 12 年，逾 22 万里。

送件路上，唐和顺遇到过恶劣的雨雪天气，遇到过塌方、滑坡等事故，还遇到过突然蹿出的毒蛇……12 年间，唐和顺磨破了逾百双鞋，穿烂了几千双袜子，为地处偏远山区的 4 个行政村、25 个社的人们送去信件、报刊和包裹。同时，他还见证了中国西北乡村快递 10 多年变化。

他用脚步丈量人生价值，让脚印蹚出了一条条坚实的“邮路”，无悔坚守“步邮路”，薪火传递“真善美”。

（甘肃省文明办供稿）

李有琴

好教师耕耘讲台 23 年 甘为人梯哺育学子

「敬业奉献」

人物故事

李有琴，女，1974 年生，青海省西宁市虎台中学教师。

1996 年，22 岁的李有琴怀揣梦想成为一名教师。2002 年生完孩子不到半年，李有琴就接了班主任工作。2013 年，李有琴感觉身体不适，但是一直强忍着，生怕耽误孩子们的学业。2014 年，自觉身体难以支撑的她到医院检查后急需手术治疗。手术后，还没等出院她就组织召开了毕业班家长会，分析学生学习状况，为家长助力、给孩子学习开出良方。出院后，她仍然带病工作在中考第一线，感动了学生和家长。父亲罹患癌症，她没有请一天假陪伴自己年迈的父亲，没有耽误一节课，而是坚守在三尺讲台上执着地履行着自己的职责。

“不放弃任何一个学生”，是李有琴铭记的教学信条。对班里学习成绩不理想的学生，她耐心鼓励和辅导，帮助他们提升成绩；对父母患病无人照顾的学生，她带回家负责饮食并辅导学习整整一学期……20 多年如一日，李有琴用行动践行着初心，用担当诠释着责任。

（青海省文明办供稿）

刘文斌

通信技术创新路上的“急先锋”

「敬业奉献」

人物故事

刘文斌，男，1976 年生，中国移动通信集团宁夏有限公司业务支撑系统部经营分析室经理。宁夏回族自治区五一劳动奖章获得者。

自 1999 年参加工作以来，刘文斌先后负责完成了 40 多个 IT 项目，尤其是近年来独立开发完成的 20 余个项目，不仅为企业增收节支近 4000 万元，而且为宁夏移动互联网化客户关系管理系统、计费账务系统云化改造、第三代业务支撑系统等一系列核心 IT 支撑系统的规划、实施及上线工作，实现了宁夏移动核心业务支撑系统由传统架构向互联网云化架构的飞跃。

特别是，经他 200 多次深入调研，组织完成的针对客户自助缴费机业务的 64 项优化工作，极大提高了客户自助缴费机业务的运营水平，自主开发的 IT 营业系统——自助终端运维管理系统，为企业节约 670 万元。同时，为提升客户上网流量使用感知，近两个月的时间，他率领团队加班加点，完成 17 次工程割接，涉及业务 70 余项，客户流量使用类业务处理效率提升 4 倍，客户使用移动流量业务的满意度提升 40%。

（宁夏回族自治区文明办供稿）

张志旺

卖房救母诠释“大孝” 为长嫂养老送终彰显“大义”

「孝老爱亲」

人物故事

张志旺，男，1972年生，河北省冀州区士心职业培训学校校长。获河北省第六届道德模范提名奖。

1995年，张志旺父亲病逝，留下了体弱多病的母亲一人在家乡独自生活，张志旺毅然退伍返乡照顾母亲。

2016年9月10日，张志旺母亲哮喘病复发，住进了冀州的医院。这次哮喘发作更加厉害，老人一度心脏骤停，医生建议住进重症监护室，但费用惊人，张志旺没有丝毫犹豫，把母亲抱了进去，一住就是半个多月。每天小一万的费用，粗算下来，为给母亲看病已经花费近20万元。为了能筹钱给老人治病，他做了一个大胆的决定——卖房救母！毅然决然地把自己住的楼房卖掉了。

如果说张志旺尽心尽力照顾母亲是“大孝”，那么他伺候患病的嫂子，并且为嫂子养老送终，就算是“大义”了。他还成立了一家农民职业技能培训学校，遇到家庭困难又想学习一技之长的农民，他就减免学费，甚至全额资助他们。这些年接受过张志旺资助的学员不下1000人。

（河北省文明办供稿）

许　江

婶娘10余年抚养照顾两个孤儿成长

「孝老爱亲」

人物故事

许江，女，1973年生，山西省运城市绛县古绛镇西乔村人，绛县康复医院副院长。

2000年8月，许江丈夫的哥哥及妻子在上山采药途中莫名被杀害。扔下两个不大不小的孩子，一个12岁，一个10岁。许江对公婆说：“我就是拉棍子讨饭，也要把两个娃娃拉扯成人，有我吃的一口，就不会让娃挨饿！”

日月如梭，转眼间侄女、侄儿都已长大成人，到了谈婚论嫁的年龄。作为婶娘的许江找熟人，托亲戚，想法为其牵线谈朋友、处对象。

可是房漏偏逢连阴雨，在侄儿的孩子出生3个月后，发现孩子患有耳蜗发育不良的重症。要想把这个病治好，需要植入人工耳蜗，许江把丈夫的直系亲属召集在一起商议，她首先把自己计划买房子的几万元拿出来，又四处呼吁亲友借钱，先后筹措50万元，为孩子完成了单侧耳蜗植入术，让他的听力恢复了正常。

（山西省文明办供稿）

马水先

悉心照料老人 用心谱写敬老爱老赞歌

「孝老爱亲」

人物故事

马水先，女，1964年生，内蒙古自治区鄂尔多斯市准格尔旗迎泽街道巴汉图村村民。

1987年，马水先和郭虎在结为夫妻。32年来，马水先先后照顾过5位老人：丈夫的二爹、五爹，马水先的父母及婆婆。丈夫的二爹和五爹一直未娶，看着他们生活孤独，无人照料，马水先和丈夫商量，让两位老人与他们一起生活。从此，吃饭时，她总是把最可口的菜往两位老人的碗里夹；天气变化时，她早早为老人准备好换季的衣服……生活中的每一个细节，她都考虑得很周到。24年如一日，马水先悉心照顾二位爹爹的饮食起居直至他们去世。

马水先的弟弟常年在外包工程，马水先主动承担起照顾父母的责任，尽心尽力伺候患病母亲6年，陪母亲走完人生最后一程。母亲去世后，除了照顾父亲，马水先把更多的心思放在了照顾多病的婆婆身上。马水先的言传身教，深深影响着儿女的成长。孩子们在工作或学习之余，也会经常回来和父母一起照顾老人们。

（内蒙古自治区文明办供稿）

黄文岩

带着公婆改嫁　撑起五姓之家

「孝老爱亲」

人物故事

黄文岩，女，1972年生，辽宁省朝阳市北票市泉巨永乡涌泉村村民。

1994年，22岁的黄文岩嫁给同村梁树军。2005年腊月，梁树军骑摩托车出了车祸，抢救8天还是没醒来，留下正读小学的儿子和两位年近古稀的老人，还有盖房和住院时欠的外债。黄文岩一边照顾老人孩子，一边四处打工挣钱，还利用早晚时间打理家里几亩耕地，养鸡卖蛋。婆婆劝她趁年轻早点改嫁，她流着泪说："我早就把你当成了亲妈。树军扔下咱们走了，我不能再扔下你们。"

2008年，黄文岩认识了李德富。谈婚论嫁时，她的条件是"带着公婆改嫁"，李德富答应了。2010年，他们的女儿出生。2013年，丈夫感觉身体不适，辗转多家医院，被确诊为白血病。几个月后，丈夫去世，留下一个债台高筑的家。黄文岩擦干眼泪，告诉自己不能倒下……如今，80多岁的公婆身体很好，儿子大学毕业即将工作，女儿上小学，家里欠款基本还清，五口之家生活幸福。

（辽宁省文明办供稿）

陈才宣　陆彩英

革命伉俪相濡以沫五十余载
“8斤情书”书写模范夫妻华章

「孝老爱亲」

人物故事

陈才宣，男，1929年生，曾任上海市安亭师范党总支书记，退休后发起成立“安亭镇百姓宣讲团”。其妻子陆彩英1938年生。夫妇二人均为上海市嘉定区人。

1963年，33岁的陈才宣在热心战友的介绍下，认识了在部队野战医院当护士的陆彩英。两人恋爱一年多，一个在涟水，一个在淮阴，鱼雁传书。结婚后，他们两地分居，仍然用通信来沟通，互述衷肠。在长达15年的时间里，妻子寄给丈夫339封信件，丈夫寄给妻子632封，共计971封。平均每封信1000字，两人共写了97万字，重量达8斤。

2001年陈才宣与几个老同志共同发起成立安亭镇百姓宣讲团，并担任第一任团长，带领10多位老同志，围绕政府工作重点和老百姓关注的焦点、热点问题，在全镇范围内开展600多场高质量的宣讲，受到社会各界热烈欢迎。陆彩英一直是社区党员志愿者，常年为小区老人提供医疗指导和健康咨询。在安亭这片热土上，他们谱写了他们的爱情与奉献之歌。

（上海市文明办供稿）

杜甫秀

默默照料亲人40年
用柔肩撑起命运多舛的家

「孝老爱亲」

人物故事

杜甫秀，女，1958年生，江苏省盐城市滨海县人。

1979年，杜甫秀不顾条件艰苦嫁给了丈夫戴中明，那时公公婆婆均已患病卧床，她没有丝毫抱怨，精心护理瘫痪老人。3年后公公去世，小叔子罹患肝癌，因丈夫工作繁忙，杜甫秀便承担起照顾小叔子的重担。8年后小叔子去世，他的妻子改嫁，不满6岁的侄子无人照料，杜甫秀便将侄儿带回家中。那时候她在村卫生室上班，工作比较忙，偏瘫的婆婆、年幼的孩子都需要她照顾，她每天早上天没亮就得起床做饭干农活，白天给村民们看病，晚上回来洗衣做饭，忙活到凌晨才休息。

她将侄儿视如己出，坚持让侄儿读完大学，侄儿大学毕业后，杜甫秀又拿出自己的积蓄帮他娶了媳妇成了家。2010年，丈夫不幸患上食道癌，杜甫秀花光积蓄，带着丈夫四处求医问药，孩子们也自发筹钱让杜甫秀带丈夫去北京治疗，可丈夫最终还是去世了。即使经历一连串的家庭变故，自己也罹患子宫癌，但她自始至终都没有向命运屈服，用柔弱的肩膀为破碎的家庭撑起了一片蓝天。

（江苏省文明办供稿）

潘爱青

10余年如一日照顾瘫痪婆婆和生病的小叔

「孝老爱亲」

人物故事

潘爱青，女，1963年生，浙江省宁波宁海县强蛟镇胜龙村村民。

2006年10月的一天，潘爱青年近80岁的婆婆不慎摔了一跤，从此卧床不起。更加雪上加霜的是，小叔子的病情亦开始加重，生活不能自理。由于丈夫要出门打工养家，照顾家人的重担全部落在潘爱青身上。每天一早起床做饭、服侍老人穿衣洗漱，送孩子上学，安抚情绪暴躁的小叔子，这些都成了潘爱青的日常。

只要婆婆身体条件允许，她都会扶着她到院子里晒晒太阳。不管春夏秋冬，潘爱青每天都会给婆婆擦身子、换衣服，卧床十几年的婆婆没有得过一次褥疮。

小叔子的一日三餐，都是她亲自下厨，这些年下来，小叔子的身体养得棒棒的。

在她的精心照顾下，如今老人渐渐能扶墙慢走，小叔子的情况也有所好转。

（浙江省文明办供稿）

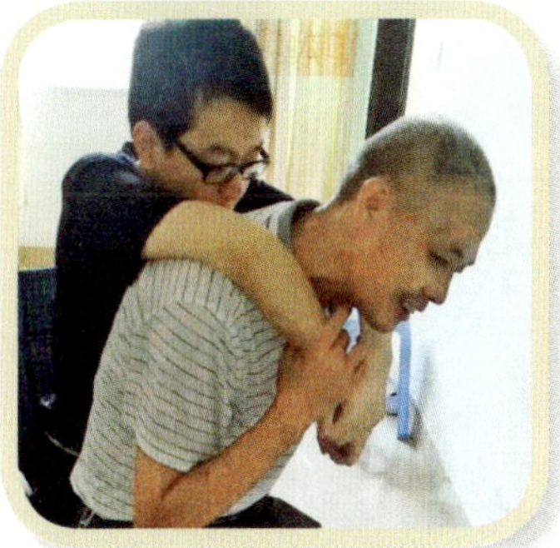

邹耿木

庄稼汉几十年如一日照顾聋哑兄弟和患病侄子

「孝老爱亲」

人物故事

邹耿木，男，1968年生，福建省漳州市华安县高安镇高安村支委。

邹耿木有6兄弟4姐妹，是一个名副其实的大家庭。邹耿木的父母过世较早，兄弟姐妹中，有一个聋哑哥哥，一个聋哑弟弟。邹耿木夫妻俩团结其他兄弟姐妹，有钱出钱，有力出力，共同克服种种困难，帮助两个聋哑兄弟成家立业，聋哑弟弟的孩子由邹耿木和二哥家轮流抚养照顾。邹耿木的侄子邹黄强一岁时就查出患有血友病，家人对他百般呵护，长期悉心照料。邹耿木夫妇也帮忙轮流照顾，四处求医，垫付医药费。邹耿木经常从二楼背他下楼，推着轮椅陪他散步聊天。在全家人的悉心照料下，邹黄强积极对抗病魔，乐观面对生活。

邹耿木用相互扶持、言传身教演绎了小家庭最温馨的幸福。

（福建省文明办供稿）

任纪兰

带着患病母亲上学的“90后”女孩

「孝老爱亲」

人物故事

任纪兰，女，1992年生，山东省淄博市沂源县东里镇福禄坪小学教师。

任纪兰出生在一个农村家庭，家里以种地为生。母亲年轻时患了精神疾病，常年吃药，父亲身体也不好，重体力劳动干不了，家里经济上一直很拮据。2013年，品学兼优的任纪兰考取了曲阜师范大学，在李振华老师和众多好心人的资助下，她顺利进入大学就读。然而不久传来噩耗，她的父亲被检查出胃癌晚期，不久后离开了人世。

父亲离开后，谁来照顾患有精神疾病的母亲成为摆在任纪兰面前的一大难题。经过反复思虑，任纪兰决定带着母亲上大学。任纪兰在大学旁边的村子里租下了两间小屋，每天早早起来给母亲做饭、喂饭，再匆匆赶去学校上课。课余时间还要去兼职打工赚钱养活母亲和自己。

大学毕业，任纪兰毅然选择回老家沂源，成为一名人民教师，践行自己当年的诺言。

（山东省文明办供稿）

王　霞

女白领放弃高薪回家尽孝

「孝老爱亲」

人物故事

王霞，女，1987年生，河南省新蔡县练村镇甘湾村村民。

2010年，大学毕业后的王霞与新蔡县练村镇甘湾村小伙马飞相恋，并一起在北京打拼。知道婆家经济条件差，结婚时，王霞不要房子、不要车、不办酒席、不要彩礼，成为当地一段佳话。婚后她和丈夫马飞一起承担了照顾家庭的重担。家中老人病重，为方便照顾家人，丈夫要回乡创业，王霞立刻辞去了外企培训师的工作跟随返乡，照顾家中4个老人的饮食起居。为减轻了家中老人的病痛，她查看医书自学刮痧、按摩等技术，并拿自己练习梅花针灸，每日给姥爷烤艾灸，给婆婆按摩刮痧。多年来一直是亲朋邻里口中的好媳妇。

王霞在照顾家人的同时，与丈夫创办了村里第一个养殖合作社，她一边照顾家庭，一边把自己的事业干得风风火火。同时，她还积极为村民传授养殖经验，帮助村民销售土特产。

（河南省文明办供稿）

陈俊丽

好媳妇 20 年如一日 用爱撑起一个家

「孝老爱亲」

人物故事

陈俊丽，女，1970 年生，河南省开封市尉氏县中医院麻醉科主任。

1995 年，陈俊丽的孩子呱呱坠地，但婆婆突然得了脑血栓，生活不能自理，从那时起，她既要照顾孩子，又要照顾婆婆。2008 年，陈俊丽的公公又因突发急性坏死性胰腺炎住院。此外，她婆家的两个叔叔也上了年纪，大叔身患哮喘疾病，二叔先天性残疾，身边也没亲人，陈俊丽又将两人接到身边照顾，从此开始照顾 4 位老人的生活。

2010 年，她的公公患上阿尔茨海默病，稍微一个疏忽就会走丢，病情逐日加重，动不动就打人。同年，大叔患脑出血，生活不能自理。2012 年，婆婆脑血栓复发，并且摔伤了腿，这都需要陈俊丽来照顾。2018 年，公公又得了脑梗，生活不能自理，一日三餐都需要有人喂，再加上之前做过切除胰腺手术，肠蠕动差，上厕所自己不会用劲，陈俊丽便隔两天给公公灌一次肠，有时候还要用手给公公抠大便。日复一日，年复一年，陈俊丽用她柔弱的肩膀扛起了这个沉重的家，这一扛就是 20 余年。

（河南省文明办供稿）

邓爱嫦

五保老人的“好女儿” 3000 个日夜执着坚守

「孝老爱亲」

人物故事

邓爱嫦，女，1954 年生，湖南省郴州市桂阳县雷坪镇敬老院院长兼炊事员、护理工、清洁工。

2008 年 10 月，邓爱嫦放弃轻松安逸的晚年生活，挑起了照顾敬老院几十位老人生活起居的重担。一次，院里的刘城源老人犯了心肺病，卧床不起，老伴嫌脏不愿服侍，邓爱嫦为他翻身、擦洗、扎针、吊水。在邓爱嫦的精心照料下，3 个月后，刘城源身体基本康复。刘城楚老人眼睛看不见，每顿饭邓爱嫦都会告诉他吃的是什么菜，问他爱吃哪个。把“大部队”招呼好后，邓爱嫦还不能一起吃饭，院里的邓长良老人腿脚不好，每天到了饭点，她都得打一份饭菜送到老人房间。52 岁的邓名全在外面流浪了 20 多年，精神有些失常，自理能力很差，邓爱嫦得像照顾小孩一样，给他洗澡洗衣……

敬老院的活又脏又累，工资又少，与邓爱嫦同来的几个工作人员相继辞职，邓爱嫦成了“光杆司令”，她用“40 多年的党员要树榜样”的激将法，将丈夫拉入自己的队伍。2012 年 6 月，夫妻二人正式成为敬老院的“掌门人”。

（湖南省文明办供稿）

付沛贞

好媳妇不离不弃照顾4位病亲21年

「孝老爱亲」

人物故事

付沛贞，女，1969年生，广东省阳江市江城区城西街道阮西村村民。2018年其家庭被评为“全国最美家庭”。

1998年，付沛贞结婚，当时婆婆疾病缠身，需要人照顾，丈夫的大哥和二哥都患有先天性聋哑，一家五口人的生计全靠她和丈夫承担。新婚的她跟着丈夫起早摸黑地干活。虽然辛苦，她也觉得很幸福。

2007年付沛贞的丈夫突然发病，瘫痪在床；同年，丈夫二哥也瘫痪了。一家六口，4个病人，一个小孩，付沛贞成了家里的唯一依靠。洗漱、喂饭、端屎端尿等都只有付沛贞一个人承担，为了养活这一家人，付沛贞不仅种了两亩地，还要到工厂打工。每天起早贪黑，忙完了家里忙地里，忙完小孩忙大人，但无论多忙，付沛贞也没让家人吃过一口冷饭。就这样，日复一日地，付沛贞以超乎常人的能力扛起这个家，侍奉婆婆、丈夫和丈夫二哥直至去世。

如今，生病的大伯仍需照顾，付沛贞的女儿学业有成并已工作，成了家里的接力人。

（广东省文明办供稿）

许前政

大山般伟岸的男人

「孝老爱亲」

人物故事

许前政，男，1966年生，四川省广安华蓥市华龙街道东方村村民。2019年获评“第六届四川省道德模范”。

2003年，许前政妻子遭遇车祸；2006年，女儿刚接到大学录取通知书，晒稻谷时不慎从楼顶摔下导致高位截瘫。因为车祸，许前政的妻子智力受损，生活不能自理，家里只能靠他开摩托车挣点儿钱维持生活。而女儿出事之后，家里还要支付昂贵的治疗费用。除了在家乡打一些零工外，他把精力全部扑在了家里，悉心照顾女儿和妻子。

为了实现女儿的大学梦，许前政坚决不放弃，他一边为女儿鼓劲加油，一边多方奔走，在内江师范学院和当地政府的大力支持下，许前政将女儿送进了大学校门。他用大山般的爱与执着，为一级伤残的女儿和二级伤残的妻子撑起了一片晴朗的天空。

（四川省文明办供稿）

封正文

他一副肩膀担起两个家庭

「孝老爱亲」

人物故事

封正文，男，1974年生，云南省玉溪市新平县戛洒卫生院工会主席。

2001年11月的一天，封正文朋友赵晓东因一场车祸去世，赵晓东母亲刀美英悲痛欲绝，从此患病，药不离身，老伴赵永安也深受打击，一家人笼罩在悲伤中……这一切被封正文看在眼里，看着已故朋友的父母那疲惫焦虑的面容，封正文主动站了出来。他担下了照顾朋友父母的责任，隔三岔五上门看望，像对待亲生父母一样；两个老人收入微薄，来卫生所看病封正文坚持自己掏钱；老人不喜欢吃腥味食物，封正文和妻子买菜时就会牢记这些禁忌，买老人爱吃的。

2015年，刀美英的老伴赵永安被查出肝癌晚期，不久便离开人世，这让她再次陷入了悲痛。之后不久，刀美英也被查出患上了乳腺癌。封正文将刀美英送到医院治疗，加倍关心老人。为了让刀美英早日走出阴影，此后每年除夕，封正文都要带着妻儿在刀美英家过，让老人过上团圆年。

（云南省文明办供稿）

王友珍

孝心儿媳唤醒植物人婆婆

「孝老爱亲」

人物故事

王友珍，女，1989年生，陕西省安康市平利县八仙镇乌药山村村民。

2015年11月25日，王友珍婆婆郝礼菊突发急性脑出血被送进医院紧急救治，医生说要立即动手术。王友珍斩钉截铁地说：“有妈在，就有家在，不商量了！立即给妈做手术！”她这一句普通得再也不能普通的话，把所有在场的亲人感动得热泪盈眶。手术总算是成功了，但和医生当初预料的一样，婆婆成了“植物人”，脆弱的生命只能靠几根管子维系。为了给婆婆治病，王友珍已经背上了一大笔的债务，可术后护理还需要源源不断的费用，她一咬牙将婆婆接回了家。

术后，为让老人早日康复，她几乎24小时寸步不离，守护在老人床前，喂饭、按摩、接大小便、坚持每两小时翻一次身、擦洗一次……累了、困了，就以轮椅为床，眯一会儿，打个盹儿。最终，功夫不负有心人，术后半年，婆婆能勉强坐会儿轮椅，现在婆婆虽不能自理但能用简单的语言和手势与家人交流。

（陕西省文明办供稿）

库丽盘·斯德克别克

跨越血缘的亲情　用真情诠释孝道

「孝老爱亲」

人物故事

库丽盘·斯德克别克，女，1984年生，新疆维吾尔自治区塔城地区托里县多拉特乡阿克赛村村民。

托海·乌拉宏是库丽盘的婆婆，虽是丈夫的继母，但婆媳关系很好。婆婆早年中风瘫痪，卧病在床18年。为了让老人住得方便，库丽盘把自己住的东边向阳的房间给了婆婆，并扩大门窗，以更好的采光、通风。老人胃口不好，库丽盘一日三餐都给婆婆单独做饭，把食物煮得很烂，耐心喂给婆婆。她和家人都很孝顺老人，亲戚们有空儿就过来帮忙，帮忙给老人洗个澡，陪着说说话、聊聊天，老人的精神一天比一天好，一家人就这样过着虽不富裕却又幸福和睦的生活。

老人生命走到最后，生活完全不能自理。库丽盘不分昼夜，守护在老人床前，喂水、喂饭、喂药，洗脸、洗脚、擦洗身体，从没半点怨言。老人临终时拉着库丽盘的手对她说：“孩子，谢谢你了，我这后半辈子，全靠你在照顾，辛苦你了。”库丽盘觉得一切的付出都值了。

（新疆维吾尔自治区文明办供稿）

三
MARCH
月

张志国

投身爱国拥军事业 安置200余名复转军人就业

「助人为乐」

人物故事

张志国，男，1968年生，河北省涿州市明城恒盛集团董事长。

张志国累计为社会捐款捐物1300余万元，投入400余万元用于拥军事业。先后接纳安置238名退役军人到企业就业，其中27人担任高层和中层领导，占全部管理人员的40%，上至师级下至连级的50余名军转干部在企业的各个重要岗位任职。

他成立了“涿州市退役士兵职业技能培训基地”，为退伍军人及军属进行驾驶技能培训。截至目前，已培训现役和退役士兵、家属学员3000多名。同时，为退伍兵培训新兴产业知识、搭建创业平台。2015年，明城恒盛集团在村级电商服务站站长选拔中，张志国优先选择退役士兵和军属门店27家。

2014年年底，张志国成立了“明城恒盛帮战友就业创业服务中心”，已为近千名退役士兵搭建应聘平台，并通过公司普惠金融业务直接帮助130余名退役士兵成功创业。

张志国获得“中国双拥”年度人物、河北省劳动模范、河北省爱国拥军模范、河北省捐资助学先进个人、河北省“最美双拥人物”。

（河北省文明办供稿）

段　非　许利娜

受助夫妻反哺社会 将9万余元结婚礼金捐资助学

「助人为乐」

人物故事

段非，男，1980年生，河北省石家庄市报恩社会工作服务中心主任；许利娜，女，1981年生，石家庄市报恩社会工作服务中心理事长。段非曾获“河北首届网络公益达人”“十大助残之星”“河北省标杆志愿者”等荣誉；许利娜曾获“中国青年志愿者优秀个人奖”等荣誉。

段非和许利娜2006年创办了报恩网公益慈善网站，结婚时许利娜没要一分钱彩礼，还举办了慈善婚礼，97311元礼金全部用于帮助孤儿上学。

报恩网成立13年来，筹集善款500余万元，帮助5000多人，拯救了17名先心病患儿的生命，带动4000多名志愿者参与。2006年，段非和许利娜为邯郸魏县的贫困女孩邓圆筹集了助学款。邓圆说毕业后有能力了，也要帮助需要帮助的人。2008年四川南充的“反心人”杨淋杰向报恩网求助，段非和许利娜和河北医大一院取得联系，接杨淋杰来河北治疗。杨淋杰病好后，在南充注册公益组织，已经从事公益事业7年。

（河北省文明办供稿）

王文才

生前热心肠　身后留大爱

「助人为乐」

人物故事

王文才，男，1967 年生，生前系山西省长治市长子县南漳镇西北呈村村民。

王文才勤劳能干又热心助人，乐观开朗且思想开放。村内不管谁家大事小事，他都尽己所能去帮忙。当他从新闻得知有人捐献器官这一消息后，就有了捐献器官帮助他人的想法。最关键的是，还得到了善良懂事儿女们的大力支持。

2018 年 9 月 6 日，王文才因突发脑出血抢救无效离世。“如果我不在人世，我希望可以用我的器官帮助别人，挽救不幸的家庭。”这是王文才在茶余饭后对儿女们经常提到的一句话，也是他生前最后的愿望。

悲痛之余，他的儿女想到了父亲生前捐献器官、帮助他人的善念，于是家人作出了一个重大决定——捐献器官，实现他的心愿，延续他的爱心。随后，家人含泪完成了中国人体器官捐献登记表的签署，将王文才的肝脏和一对肾脏捐献给急需器官移植的人。不久，器官捐赠就让 3 位病人和他们的家庭重新燃起生命的火花。

（山西省文明办供稿）

韩　颖

失明老师致力于“无障碍电影”让盲者在社区“看”电影

「助人为乐」

人物故事

韩颖，女，1980 年生，上海光影之声无障碍影视文化发展中心主任。

失明之初，韩颖经历了一段艰难的心路历程，但在社会各界的帮助下，她一步步走出人生的低谷，刻苦学习，取得了中文、英语双学士学位，创造了多项盲人接受终身教育的第一名，被授予“全国自强模范”“全国最美志愿者”“上海市三八红旗手”等称号。

学成后的韩颖重拾电影梦，要让盲人也能“看”电影！在上海市残联的扶持下，韩颖于 2016 年创立了公益机构“上海光影之声无障碍影视文化发展中心”，携手志愿者，为看不见或看不清银幕的视障观众制作无障碍电影。

5 年间，韩颖每天或是借助读屏软件审稿审片，或是带着导盲犬在录音棚后期监制。到 2020 年年底，韩颖带领团队累计创作解说词超过 265 万字，制作无障碍电影 260 部，通过数字渠道传送到上海全市 250 余个“阳光院线”社区放映点，把文化服务送到残疾人、老人家门口。

同时，韩颖还带领了一批残疾伙伴共同参与到公益活动中来。

（上海市文明办供稿）

苏南英
捐助千万元帮助困难群众的爱心企业家

「助人为乐」

人物故事

苏南英，女，1955年生，江苏省宜兴市阳生化工有限公司董事长。获“全国劳动英模”“公安部三等功”“江苏省三八红旗手”等荣誉。

作为企业当家人，苏南英为全体职工办理社保，连年大幅提高职工收入，对职工的困难更是牵挂在心。公司一名老职工的妻子遭遇车祸后，苏南英赶去并送上5000元慰问金，并让职工休息在家照顾妻子，工资奖金照发；困难职工的女儿考取大学，苏南英及时送去3000元。

苏南英特别关注青少年的发展，从与南门村的几名贫困儿童结对助学，扩大到全镇内多名贫困学子，解决他们的经济困难。她连续多年资助红十字会开展青少年夏令营活动，为外来民工子弟和少数民族子女送上慈母般的关怀。苏南英成立矽肺康复救助基金，为90余名矽肺病患者的康复治疗提供资金保障；出资120多万元为本村浇筑2条4公里长的村道；先后结对27名困难家庭的孩子上学；苏南英家庭用在慈善公益事业上的资金已达1000多万元，帮助困难群众达900多人次。

（江苏省文明办供稿）

包　斌　陆一军
捐赠百万元设立助学基金的离休教师夫妇

「助人为乐」

人物故事

包斌，男，1926年生，江苏省盐城商校（现盐城师范学院商学院）离休教师；陆一军，女，1931年生，江苏省盐城纺织厂职工子弟学校离休教师。

1949年3月，正读大学的包斌来到盐城参加革命工作，加入渡江战役工作组，并被编入苏南军区文工团，结识了陆一军。包斌、陆一军夫妇将爱党报国作为一生的追求。1969年他们转业再次来到盐城，都走上了人民教师的岗位。在物质贫乏的年代，他们对家庭经济困难的学生格外关心，经常给予衣物、书籍等方面的帮助。包斌在诗中写道：“常愿寒门多学士，更忧华夏少良骖。”

1987年离休后，夫妇二人依然保持着简朴的生活方式。他们对自己很“抠”，对困难家庭和学生却“出手大方”。他们资助了10多位濒临辍学的贫困学生，累计为“希望工程”捐款10多万元；汶川大地震、阜宁“6·23”特大龙卷风冰雹灾害后，他们积极交纳特殊党费。随着年事渐高，他们决定将积蓄尽数捐出设立助学金。2018年3月他们终于攒齐了100万元，于5月30日全部捐给了盐城师范学院，用于资助贫困学生完成学业。

（江苏省文明办供稿）

萧山区红十字传林志愿服务车队

抱团做公益　长期帮扶困难群众

「助人为乐」

人物故事

浙江省杭州市萧山区红十字传林志愿服务车队成立于2009年，由30名热心公益、奉献爱心的“的哥”“的姐”自发组成。

萧山区红十字传林志愿服务车队是一支普通的车队，它穿梭于萧山的大街小巷，是一支充满爱心和正能量的车队。车队成立以来，坚持以“三无、三心、三免”的服务准则为宗旨，长期结对残疾学生、抗战老兵、困难学生，保障G20峰会、参与无偿献血、帮扶残疾人、接送血透病人等，每年义工公益总时长达2000多小时。多年来，车队共安排接送残疾学生上学800余车次，接送血透病人1700余车次，参加各类爱心公益活动300余次，安排车辆2000余车次，无偿献血100余次，献血量达3万多毫升。向贵州贫困山区学生、地震灾区群众、同行困难家庭等捐款捐物累计达10万余元。

（浙江省文明办供稿）

高利萍

单亲妈妈屡遭磨难不言弃
自主创业带领乡亲脱贫致富

「助人为乐」

人物故事

高利萍，女，1979年生，安徽省界首市“圆梦家庭农场”负责人。2018年获评全国优秀“魔豆妈妈”。

两度离婚后，高利萍带着3个孩子和看病所借的20多万元债务回到娘家。2016年，她开始筹办“圆梦家庭农场”，当年盈利2万元。次年，家庭农场净盈利27万元。

脱贫后，高利萍以托管的形式免费为村里的五保老人和高龄贫困户购买、代养牛犊。动员村里的其他贫困户养牛，免费为他们提供场地、技术等支持。截至2019年，家庭农场已吸纳57户贫困户就业，户均年增收5000元。为提振贫困户脱贫信心，高利萍积极参与“我的脱贫故事”宣讲近100场次。她还聘请专家对周边500余名妇女进行技能培训，提高受训人员增收能力。高利萍还成立了爱心慈善基金，建立“留守儿童之家”，定向帮扶42名留守儿童。

（安徽省文明办供稿）

洪云子

坚持献血二十载 成立志愿服务组织帮扶困难群众

「助人为乐」

人物故事

洪云子，女，1977年生，安徽省合肥市庐阳区红心志愿者之家党支部书记兼理事长。2020年获全国无偿献血志愿服务终身荣誉奖。

洪云子出生于湖北长阳土家族一个贫穷山寨里，因无偿献血活动认识了自己的爱人，2004年9月21日，夫妻俩用无偿献血的方式来庆祝婚礼，成为当时新闻报道的“无偿献血最美新娘”。从1999年开始，她每年都参与无偿献血活动，累计达2.6万毫升。2008年洪云子担任合肥市中心血站无偿献血志愿者协会会长助理。

2009年，她与12名志愿者成立合肥志愿者之家，于2012年12月16日正式挂靠庐阳区四里河街道，成为合肥市首家官民合作的草根公益组织。2015年3月8日成立独立的巾帼志愿服务队，共有200多名女性志愿者主动加入其中。目前，来自全国各地注册志愿者达到4000余人，累计开展志愿活动达上千次，团队服务工时累计超过10万小时，为留守儿童贫困家庭残障人士募集救助款300万元左右，帮扶的贫困学生遍布安徽省、湖北省各个地区共计1200名左右。

（安徽省文明办供稿）

叶　华

日行一善扬正气　扶危济困做公益

「助人为乐」

人物故事

叶华，男，1980年生，福建省龙岩市第二医院麻醉科主任医师。

2018年3月15日，叶华乘坐火车到达龙岩，下车时他看到站台上有患者需要抢救，叶华立即投入抢救工作。因为救人心切，他顾不得患者满口的呕吐物，口对口进行人工呼吸。最终患者因呼吸心跳停止时间过长，没能挽回生命。救人后叶华未留名就走了。

医者慈悲，在这个世界，不是所有人都能轻松地活着。叶华深知贫困者的艰难，多年来，他个人捐资助学、扶贫济困已超过23万元。

（福建省文明办供稿）

郑小惠

热心公益的“热茶大叔”

「助人为乐」

人物故事

郑小惠，男，1956年生，江西省南昌市东湖区文化旅游新闻出版局退休党支部书记。2017年荣获全国学雷锋志愿服务“最美志愿者”称号。

几年前，一场暴雨使南昌市东湖区社会福利院院内形成了内涝。郑小惠第一时间冲进雨帘，和工作人员一道将老人逐一背上车。有一位老人突发癫痫病，郑小惠将老人背上自己的车送往医院，为老人支付了所有的医疗费用。

2004年，郑小惠与文教路社区涂绪国、汤国香特困家庭，结下了不解之缘。每个月，他都提着大米、食用油等生活用品去涂绪国家里探望，每逢年节给孩子送上压岁红包。每学期开学他为孩子交学费……16年他已累计为涂绪国一家资助了现金10万余元。

郑小惠得知低保户万绍伟的女儿万金至被上海一所大学录取，担忧学费没有着落，第一时间拿出省吃俭用结余的8000元钱送到万绍伟家中。

（江西省文明办供稿）

伍学花　陈言人

老夫妻心系贫困学子 捐资助学温暖人心

「助人为乐」

人物故事

伍学花，女，1955年生，江西省工业品总公司退休职工；陈言人，男，1949年生，南昌市青山湖区教研室退休教师。他们家庭先后获得“全国最美家庭”、江西省“最美家庭”等荣誉称号。

从1975年开始，伍学花、陈言人的助学义举就一直没有停止过。截至2019年年底，他们已经资助了44名学子，其中17人已大学毕业。每年7月，他们都会在南昌市西湖区南浦街道举办的“金秋助学”活动中捐款。此外，他们还经常通过媒体寻找需要帮助的孤寡老人，向他们伸出援助之手。2017年9月3日起，已经退休多年的伍学花、陈言人又重新“上岗”了。为了帮助贫困学生提高学习成绩，他们在南浦街道党群服务中心办起一个学习班，不仅不收学费，还免费提供学习资料。每个周日，伍学花结合亲身经历讲励志故事，陈言人则发挥余热，教授数学和物理。

（江西省文明办供稿）

仲 燕

不忘初心践誓言　乐于助人铸警魂

「助人为乐」

人物故事

仲燕，女，1970年生，山东省济南市公安局食品药品与环境犯罪侦查支队综合科一级警长。2015年被山东省公安厅评为“全省优秀人民警察”，2019年入选“山东好人”。

2018年5月，仲燕送孩子返济途中，在邹平高速公路服务区厕所内捡到一个手提包，内有2张身份证、1个手机和3万多元现金。后与失主取得联系，赶到章丘刁镇，将钱物当场交还失主。

仲燕2015年10月退伍转业至济南市公安局，多年以来工作扎实肯干，2008年在爱人确诊为强直性脊柱炎后，坚持按时上下班，请钟点工照顾在医院住院的爱人，下班后去医院陪护，早上从医院直接到单位上班，没有因为此事耽误工作。在平时的工作生活中，做好事助人为乐成了一种常态，2014年3月，对加班劳累过度突然倒地昏迷的同事进行急救；2016年全年，坚持每个月为青海玉树地区的支教老师捐款；2018年6月，高速路上救助因腹泻不能坚持开车的司机。

（山东省文明办供稿）

马全忠

爱在志愿服务中闪光
青春在奉献中绽放

「助人为乐」

人物故事

马全忠，男，1972年生，山东省潍坊市爱心义工公益服务中心管委会副主席、助学部部长，潍坊中鼎保安服务有限公司总经理。马全忠先后获中华骨髓库五星级志愿者、“山东好人”、山东省红十字会支援四川抗震救灾优秀志愿者等荣誉称号。

马全忠2006年就加入了潍坊义工（潍坊爱心义工前身）。13年来，工作之余全身心投入公益事业，与团队一起帮助831名特困生完成学业，其中107名考进大学，目前正在资助的学生328名，个人捐款捐物折合人民币10多万元。

马全忠连续13年每年志愿服务工时700多小时，全市44个乡镇、230个村庄留下了他助学走访的足迹，为300名困境学生在家中设立“爱心书橱”，帮助33个山区学校建成“爱心图书室”，捐赠图书10万多册，他个人常年资助2名儿童，并带动了一大批身边人加入志愿者行列。

（山东省文明办供稿）

郭丽丹

青年志愿者开办“爱心粥屋”温暖困难群体

「助人为乐」

人物故事

郭丽丹，女，1985 年生，河南省漯河市临颍阳光公益志愿者协会负责人。

从 2011 年开始，郭丽丹就参加了同学们自发组织的志愿服务队。2013 年，郭丽丹拿出多年的积蓄，找来几位爱心人士，利用自己做生意租赁的一间房子，免费爱心粥屋就这样在临颍县城区开张了。从那时起，郭丽丹带领着不同职业和年龄的志愿者，常年坚持每天早上 4 点半到爱心粥屋照顾环卫工人和孤寡老人们就餐。郭丽丹坚持早餐从周一到周日基本不重样儿。端午节、腊八节、冬至等节日她还专门为大家改善生活。开办爱心粥屋 6 年多来，参与志愿服务的志愿者达 2.5 万人次，就餐人员达 14 万人次。

同时，郭丽丹还积极组织志愿者参加其他公益活动，先后组织国学经典诵读免费培训班 30 多期，培训人数累计 1000 多人（次），走访慰问临颍县 15 个乡镇的 150 余名贫困户和贫困大学生 70 多人（次），送去现金以及米面油等生活用品和物资共计 5 万余元。

（河南省文明办供稿）

刘庆军

捐献生命种子　挽救他人生命

「助人为乐」

人物故事

刘庆军，男，1974 年生，河南省安阳市游园管理站党支部书记、副主任。

2004 年 3 月，刘庆军参加了安阳市北关区红十字会组织的捐献造血干细胞采集活动，光荣地成为一名造血干细胞捐献志愿者。2017 年 5 月，在得知自己的血样与武汉一名 28 岁白血病患者初配成功后，刘庆军主动说服家人支持他捐献“生命种子”救人。7 月，刘庆军抽取高分辨血样进一步配比成功。经过一系列严格体检后，9 月 10 日上午，刘庆军在郑州成功捐献了造血干细胞，挽救了一名白血病患者的生命，成为安阳市第 16 例、河南省第 637 例、全国第 6737 例非血缘关系造血干细胞捐献者。

（河南省文明办供稿）

郑先耀

退役军人用修脚刀刻画爱心人生

「助人为乐」

人物故事

郑先耀，男，1978年生，湖北省潜江市新派修脚服务有限公司总经理，新派修脚志愿服务队队长。2019年获“全国模范退役军人”“中国青年志愿者优秀个人”等荣誉称号。

2004年年底，郑先耀退役转业，背起行囊赴上海求职，进入修脚护理行业。

2015年，他回乡创业，先后开了两家“新派修脚店”。他将每月28日定为固定公益日，为环卫工人、一线执勤交警和市级以上劳动模范免费修脚。劳动节免费为工厂一线工人修脚，教师节免费为中小学教师修脚，建军节免费为现役及退役军人修脚。

2016年8月，郑先耀成立新派修脚志愿服务队，并发起义务修脚公益项目，每周带着家人、同事、朋友等，走进潜江市区和各乡镇福利院做公益活动。截至2019年年底，累计开展志愿服务173次，义务修脚2万余人次，技能培训扶持1000余人，公益捐款40余万元，开展了5个志愿服务项目，志愿服务队由最初的6人发展到60余人。

（湖北省文明办供稿）

谢晓钢

热心公益的文艺工作者 26年捐资千万元献爱心

「助人为乐」

人物故事

谢晓钢，男，1967年生，湖南省长沙市芙蓉区中国国画院南方分院工作人员，中国国画院常务副院长。2017年被评为“共和国人民艺术家”。

2017年11月，谢晓钢坐车从西安至北京，车上一位老人突然发病，他立刻跟司机提议，马上把老人送医院急救。到医院后，谢晓钢自掏腰包为老人交清了费用，办好了住院手续，跟医生确认老人病情稳定后，他在老人枕下留下5000元现金便离开了。老人康复后，他在武警边防工作的独子通过多方打听，才找到谢晓钢。

谢晓钢坚持艺术与公益相结合的人生，他的书画作品清新明快，栩栩如生，格调高雅，意境深沉庄重，多次荣获国家级大奖，多幅作品收藏于国内外知名美术馆。同时，他热心公益，多年来，谢晓钢通过书画拍卖、个人捐款等方式，帮助孤寡老人、残疾儿童和白血病患者等百余人走出困境、重获新生，为公益事业捐助资金1000余万元。

（湖南省文明办供稿）

刘方舒

基层公务员四十余载助人为乐

「助人为乐」

人物故事

刘方舒，男，1960生，广东省梅州市大埔县水务局退休干部。

1974年，年仅14岁的刘方舒救起了一名落水的同学。刘方舒曾因不慎跌倒导致左腿严重骨折，被鉴定为三级残疾，但他身残志坚，在助人为乐的路上走过了四十余载。他曾救助落水学生和遇险群众42人，帮助寻找失踪儿童和老人12位。近年来他参与救死扶伤行动22次，累计救助26人。他的摩托车后备厢里也随时都备有救急小药箱。

他热心公益事业，帮助多个村筹集资金650多万元用于铺筑水泥路、自来水、农田灌溉设施建设等，在曾生活的小区里14年如一日地甘当义务清洁工。他关心贫困学子上学问题，40多年来捐款32万元，筹集资金682万元，累计帮助490名寒门学子完成学业。他还协助组建了大埔县万川爱心协会、聚缘轩爱心协会，为公益事业持续奉献自己的力量。

（广东省文明办供稿）

覃国际

“公益达人”献出全身10倍血液
月均公益服务40小时

「助人为乐」

人物故事

覃国际，男，1976年生，广西壮族自治区柳州市阳光志愿者联合会会长。获2014—2015年度全国无偿献血志愿服务奖终身荣誉奖。

2006年12月28日，外出游玩的覃国际被一辆无偿献血车吸引。从2007年起，覃国际开始了自己的无偿献血生涯。为了能在短时间内多献血多救人，覃国际开始献成分血，并加入了中华骨髓库捐献造血干细胞。2009年年底，覃国际加入柳州市红十字会无偿献血志愿者服务队，成为一名无偿献血志愿工作者。13年间，覃国际献血证已记满了整整47本。

自2006年12月第一次参加无偿献血至今，13年间，覃国际无偿献血已达150多次，献血总量累计近6.49万毫升，7年参与公益服务累计达4000个小时……截至目前，覃国际已无偿献出超过全身血液量10倍的血液，还月均投入40多个小时开展公益服务。

2013年，覃国际发起成立了柳州市阳光志愿者联合会，团结了柳州多所高校近千名大学生参与无偿献血宣传，许多市民也参与到他的团队中。

（广西壮族自治区文明办供稿）

张德英

10 年献血 1.42 万毫升 带动全家齐献血

「助人为乐」

人物故事

张德英，女，1975 年生，重庆市南川区南平镇兴湖村人。2018 年荣获全国无偿献血奉献奖金奖。

张德英自 2010 年起参与不间断无偿献血，截至 2019 年 12 月，累计献血 54 次 1.42 万毫升。10 年来，张德英不但本人坚持献血，还主动向身边人开展无偿献血知识宣传和普及工作，带动和鼓励 100 余人参与无偿献血。

2010 年，张德英首次献血，此后 5 年每年两次捐献全血，从未间断，也让她与无偿献血这项公益事业结下了不解之缘。

2015 年 12 月，张德英了解到，捐献单采成分血的间隔期仅需半个月，一年可以捐献更多血液时，她毅然决定尝试。

2017 年，她参加了造血干细胞捐献者登记，希望给更多人带去生命的希望。

2019 年，在张德英的带动下，她的丈夫、儿子、女儿一起来到南川中心血站献血，成了名副其实的“献血之家”。

（重庆市文明办供稿）

刘红斌

他的青春年华在志愿服务中一页页翻过

「助人为乐」

人物故事

刘红斌，男，1970 年生，四川省攀钢冷轧厂职工。2017 年获“第五届四川省道德模范”。

2003 年，刘红斌与朋友一起，在攀枝花筹备组建了东区志愿者协会。从此，每个工休日、节假日，他都奉献给了志愿服务事业。至今，他累计志愿服务达 5000 多个小时。

在他的影响下，东区志愿者协会从最初的几个人发展到了如今的 1.1 万多人。他带领志愿者协会组织成立了东区“快乐学校”志愿服务队、外来务工青年服务中心，主动融入全市党政中心工作，积极对接国际志愿项目，不断拓展志愿服务范围和内容，规范志愿服务项目和流程。

从初期的发展难、项目少，到现在与 10 余个国际国内公益项目对接，刘红斌带领志愿者成为东区志愿服务队伍中一道亮丽的风景。

（四川省文明办供稿）

程祖民

村民心中的“好心老人”

「助人为乐」

三月

人物故事

程祖民，男，1939年生，贵州省铜仁市印江县缠溪镇周家坳村村民。2019年获“贵州好人”荣誉称号。

2015年3月，在周家坳村召开的村民代表大会上，程祖民提出用他的1万元作为启动资金，请镇村两级分别筹资，共同修建双龙路。村民们被程祖民的举动所感动，纷纷表示愿意筹钱修建双龙至杉木坳路段公路。几天后，周家坳、周家湾、柳塘和双龙4个村迅速集资8000元，缠溪镇政府出资1万元，搁置了5年的双龙至杉木坳路段的道路修缮正式开工。程祖民主动请缨当起了工程监督员。为了早日修好路，他每天早上到修路现场监工，顶着30多摄氏度的高温与大家一起搬石运沙、填坑补路、挖沟修堡坎等忙个不停。来来回回20多天，从未间断。现在，村民赶场、孩子上学都走上了平坦的水泥路，以前陡峭、崎岖的山道已成历史。

程祖民平日里也是一个“爱管闲事”的人。每年青黄不接的时候，他总会借粮食给困难的乡亲；发现谁家的稻田冲水了，他会放下手里的事情及时处理；发现路上有水坑，他就把路填平。

（贵州省文明办供稿）

彭　枫

十年公益铸就“中国好人”

「助人为乐」

人物故事

彭枫，女，1980年生，贵州省遵义市桐梓县“娄山关·红帽子”志愿者协会副会长。2018年获全国“四个100”最美志愿者荣誉，2019年获“贵州好人”荣誉称号。

2010年，彭枫发动身边的爱心人士成立“志愿者联盟”，开展助孤、助老和城市的创文创卫活动。彭枫共发动社会爱心人士和基金会一对一帮扶困境儿童人员4000余名，每年资助困境儿童生活费1800余万元。

2015年，彭枫加入桐梓“娄山关·红帽子”志愿者协会。春节，组织志愿者到汽车站、火车站开展“欢迎回家”活动；清明节，组织志愿者祭扫烈士陵园，给革命烈士敬献花圈花篮；节假日，组织志愿者到敬老院，给老人们包饺子、洗衣服，陪他们过节……近10年来，她策划组织并参与公益活动达2000余次，志愿服务时间8000小时以上。

2016年，彭枫加入“抗癌公社”，了解到“抗癌公社”既花钱不多，又能解决患重大疾病给家庭带来的负担问题，便向身边的人推广。目前，全国“抗癌公社”社员已达170余万人。

（贵州省文明办供稿）

刘文虎

基层干部热心应急救援志愿服务达10万小时

「助人为乐」

人物故事

刘文虎，男，1965年生，陕西省兴平市水利局干部，陕西省兴平市志愿者城市救援队队长。

刘文虎1994年至今志愿服务时长累计达10万多小时。2011年，他牵头成立兴平市志愿者城市应急救援队，先后参与汶川、玉树、雅安、鲁甸地震等户外救援150余起。

2015年年底，他被确诊为强直性脊柱炎，面临瘫痪的危险。他一边配合医生治疗，一边继续扑在公益事业上。2016年他指挥兴平救援队积极参与榆林水灾救援，2017年亲自参与九寨沟地震救援、云南彝良洪灾救援、贵州纳雍山体滑坡救援，2018年年初为云南边境难民营筹措善款物资并送到灾区。

抢险救援之余，他积极参与助老帮残和关爱留守儿童活动数百起，带领兴平救援队与兴平华茂学校、咸阳市儿童智障学校1200名留守儿童建立了一对一帮扶关系，在敬老院定期开展敬老关爱活动500多次，个人为灾区儿童和困难群众募捐物资达10余万元。

（陕西省文明办供稿）

彭献勤

爱的暖流在车轮间流淌

「助人为乐」

人物故事

彭献勤，男，1973年生，甘肃省白银市靖远县众诚出租汽车运输公司驾驶员。

2010年5月的一天，一位乘客下车时将手机遗失在车内，彭献勤及时将手机上交公司，最终将手机“完璧归赵”。2011年8月初，彭献勤从靖远县中医院接送一名出院产妇返回靖远县石门乡，途中遇见一辆出现故障的车辆，搭载着老大妈和孙子二人，待把产妇安全送回家后立即返回，彭献勤主动将老大妈祖孙二人免费送到石门村家中。2015年9月的一天晚上，他突然接到邻居电话说孙子在县医院住院，大夫要求尽快转到兰大二院治疗，需要用车。他二话不说，分文不取，拉上邻居就上了兰州，到医院后，帮着邻居跑前跑后地办手续，等一切办妥，才拖着疲惫的身躯驱车返回。2017年3月，突然有一小伙拦路挡车，说自己父亲上坟时晕倒在半山腰。彭献勤载上客人迅速赶往事发地，他一边安抚小伙子，一边拨打120电话，直到急救中心人员赶到现场将老人抬上救护车，他才悄然离开。

（甘肃省文明办供稿）

李士元

危急时刻挺身而出 两次冒着生命危险救人

「见义勇为」

人物故事

李士元，男，1964 年生，天津市宝坻区牛家牌镇翟家庄村村民。2017 年当选“天津好人”，2019 年获“第六届天津市道德模范”荣誉称号。

2014 年 12 月，杜俊庆不慎栽进附近未结冰的水里，李士元快速赶过去进行救助。在尝试下水救人未果后，急中生智找来一艘小船，用尽全力，把杜俊庆拉到船上。

2017 年 4 月的一天，同村村民李士柱的爱人开着电动三轮车拉着 4 岁的儿子在河堤上往鱼塘走，不小心连人带车一起翻到了河里。李士元看到后赶紧一个猛子扎进水里，好不容易将人推到岸边但又滑了下来。李士元再次潜入水中，把落水者推到岸边。这时，李士柱赶到了，接过了爱人怀里的孩子。李士元刚想松一口气，李士柱爱人再次滑进水里。李士元第三次将李士柱爱人推到岸边，在其他救援人员的协助下，将落水者救起。

（天津市文明办供稿）

苗志刚

16 年怒海争锋 让更多生命因为救援而重生

「见义勇为」

人物故事

苗志刚，男，1968 年生，河北省唐山市近海救援志愿者协会会长。荣获 2019“感动河北人物”。

从 2003 年起，苗志刚和他的船队已累计在惊涛骇浪中救起 200 多位遇险者。

2018 年年初，苗志刚联合唐山市属海域曹妃甸、丰南、滦南、乐亭、唐山国际旅游岛、唐山海港开发区等地以及唐山市的 7 名热心人士发起成立唐山市近海救援志愿者协会。2018 年 6 月，唐山市民政局同意协会成立登记；2019 年 1 月，唐山市近海救援志愿者协会筹备会议顺利召开；2019 年 3 月，唐山市行政审批局下达了《关于准予唐山市近海救援志愿者协会成立登记的行政许可决定书》，协会第一次全体会员大会顺利召开。目前，协会会员已迅速发展至 100 余人，救援范围涵盖唐山市市属所有近海海域。

（河北省文明办供稿）

王建经
五天连救两名落水者 悄然离去不留名姓

「见义勇为」

人物故事

王建经，男，1964年生，山西省长治市沁县市政园林管理中心园林管护队员工。

王建经因小儿麻痹症导致身体落下残疾，行走不便，但熟悉水性。2018年5月29日中午，一名女游客在沁县西湖边游玩自拍，不小心掉入湖中。路人发现后大呼“救人”。此时，王建经刚回到位于湖边的家中，听到呼叫声，转身跑向大坝中央，只见落水者高举两手在水中挣扎，他迅速脱掉外套和鞋子，一个纵身跳了下去，用力游到落水女孩身边，一把抓住她的衣领，转身向岸边游动。同时，在场群众拨打了120，救护车及时赶到。看到落水者转危为安，王建经从地上拿起自己的衣服悄然离开了现场。

时隔4天后的6月2日中午，4名小学生在湖边玩耍，其中一人跨出栏杆捡东西，不慎滑入水中。王建经跑到湖边，来不及脱衣服便跳入水中，入水后的王建经也被呛了水，他及时调整后继续推着落水孩子往岸边游。最终在警察、医护人员一起努力下，孩子成功获救。

（山西省文明办供稿）

“3·2”丹东火车站救人群体
生死2分42秒 他们用爱为生命接力

「见义勇为」

人物故事

以铁路丹东站员工闫红、高俊、车东倩、程万里，丹东凤城诊所医生朱勇为代表的“3·2”丹东火车站救人群体，携手挽救一条年轻的生命。

2019年3月2日晚8时许，丹东火车站二楼候车室内，一位男性乘客突发疾病，不到一分钟便抽搐倒地、不省人事。当班铁路工作人员闫红第一时间发现并立即上前查看，同班组工作人员高俊、程万里、车东倩带着急救箱及时赶到冷静处置，并迅速拨打了110和120急救电话。

危急时刻，正在候车的丹东凤城医生朱勇挺身而出，果断地通过心肺复苏和穴位针灸进行科学施救。在朱勇的镇定指挥下，铁路工作人员和爱心乘客有的用手掰开病人嘴巴、有的拿毛巾垫在病人牙齿中间、有的用面巾纸擦拭病人脸颊……

经过2分42秒的生死抢救，发病乘客终于苏醒过来，朱勇、高俊以及主动留下的同车乘客陈女士共同将他送上列车。在该乘客顺利抵达沈阳后，陈女士又将他安全送上地铁，为这场生命接力画上了圆满句号。

（辽宁省文明办供稿）

董 晶

惊心 7 分钟 女护士冒死拽回跳楼男

「见义勇为」

人物故事

董晶，女，1986 年生，辽宁省健康产业集团阜新矿总医院神经内二科护士。荣获“辽宁省道德模范”“辽宁省三八红旗手”“辽宁省见义勇为英雄模范”等称号。

2018 年 12 月 30 日，阜新矿总医院神经内二科内，一名刚入院不久的男性患者因家庭琐事想要轻生，他砸坏病区走廊尽头的窗户准备从 13 楼一跃而下。千钧一发之际，护士董晶一个箭步冲上前，一把拽住男子的一只胳膊。当时，男子全身悬于窗外，距离地面 50 余米高，董晶深知危险，她左手死死地压住轻生男子的左手，右手紧紧拽住对方的左肩膀。

由于窗口宽度仅有 60 厘米，其他同事只好将身体压在董晶身上，为她助力。董晶持续拉拽男子长达 7 分钟，大半个身子已经伸出窗外。其间她一直劝说该男子，希望他放弃轻生念头。最后，在同事和其他患者帮助下，男子成功获救，董晶累倒在地。第二天，董晶血压升高，右胳膊水肿、没有知觉，经诊断为右胳膊臂丛神经受损。

（辽宁省文明办供稿）

姜程威

比知识更重要的是美德

「见义勇为」

人物故事

姜程威，男，1999 年生，黑龙江省哈尔滨市人。

2017 年 4 月 4 日清明节，有两名学生在哈尔滨市道里区防洪纪念塔附近江边冰面上玩，有人告诉他俩冰面很薄，没想到二人还往前走，然后就掉进去了。被困的少年全身坠入江内，两人脖子与冰面持平。冰窟距离岸边六七米。危急时，姜程威从岸边冲到被困少年面前，坐在冰面上奋力地拽出被困少年。几秒后，另外一名拿着用衣服结成绳子的男子和两名男子来到冰面上参与营救，最终顺利救出两名被困少年。上岸后，落水者被警察接走，姜程威却消失在人群里，没有留下自己的名字。

姜程威同学以他舍己救人的高尚行为诠释了阳光少年的深刻内涵！

（黑龙江省文明办供稿）

沈大伟

不惧水火无情 勇当正义之士

「见义勇为」

人物故事

沈大伟，男，1972年生，江苏省南京市高淳区人。

2016年3月，砖墙镇永成村沈名纯家意外发生火灾，当时沈名纯与妻子均不在家中。刺鼻的烟味和刺耳的燃烧声使沈大伟警惕起来，他出门一看，立刻拿起家中水桶前往救火。同时，他的呼喊声也惊动了附近的村民，大家自发组织起来，赶来灭火。过程中，有村民发现厨房中还有一罐液化气。千钧一发之际，沈大伟冲进厨房，徒手将液化气罐扛了出来。在大家不懈的努力下，大火最终被扑灭。由于沈大伟及时抢出液化气瓶，避免了更大的灾难和损失。

2017年7月，沈大伟像往常一样在蟹塘内忙碌。突然，他听到附近有人呼救，沈大伟立即放下手中的工作循声找去，只见附近蟹塘的沈良顺正在水中挣扎，其父沈大寿因年迈无法施救，正在岸边呼喊。见状，沈大伟和同样循声而来的沈土根立即跳入水中，沈大寿在岸边协助，三人合力救起沈良顺，并迅速拨打120急救电话。

（江苏省文明办供稿）

陈克庆

退伍军人旅行途中勇救一家三口 负伤后默默离开

「见义勇为」

人物故事

陈克庆，男，1981年生，安徽省铜陵市义安区顺安镇城山村村民。

陈克庆19岁入伍，2001年考入中国人民解放军北京机械士官学校，2011年转业到安徽省铜陵市安全生产执法监察支队。从事矿山救援保障工作至今，他参与100多起矿难救援行动，挽救了70多名遇险矿工生命。

2018年7月15日，陈克庆带女儿到安徽省宁国夏霖漂流景区游玩。景区内的河道弯弯曲曲，水流时急时缓。在漂流的过程中，陈克庆突然发现身后一家三口乘坐的皮筏艇发生侧翻，三人全部被皮筏艇扣在水下。来不及多想，他一个猛子扎进水中，迅速向倒扣的皮筏艇游去。此时，落水者已在河道里挣扎，陈克庆先游向落水母女，死死抓住她们的救生衣，并奋力向侧翻的皮筏艇游去。他将皮筏艇翻转，将母女先托上去，又转身去救被河水冲走的男子。最终，陈克庆将三人成功救起，并护送上岸。他在确保一家三口无碍后，默默离开。

（安徽省文明办供稿）

李左辉

退伍军人火海勇救 2 人 不幸被严重烧伤

「见义勇为」

人物故事

李左辉，男，1985 年生，退伍军人，江西省吉安市遂川县大坑乡黄坑村村民。2019 年获评江西省道德模范。

2018 年 12 月 18 日凌晨 1 时许，李左辉突然听到呼喊声：“救命！救命啊！”他跑出家门，发现一股股浓浓的黑烟从邻家榨油厂不断涌出，厂房内火势很大，被困人员使劲地敲打卷闸门，拼命地呼救。凭着在部队积累的消防救援经验，他迅速找来一根铁棍，试图撬开卷闸门，但只撬开了一道 10 多厘米的缝隙，厂房内突然发出巨大的爆炸声，李左辉整个人被气浪掀到 4 米外，身上的睡衣也被烧掉了。他用被烫满血泡的双手支撑着爬向卷闸门，与其他村民一道吃力地撑起卷闸门，将被困的 2 名工人救了出来。李左辉却因伤情较重，很快被送到医院重症监护室，身上烧伤面积达 12%，并伴有呼吸道吸入性损伤。

（江西省文明办供稿）

王跃熙

危急时刻伸援手　井下救人显担当

「见义勇为」

人物故事

王跃熙，男，1997 年生，青岛科技大学 2015 级本科生。

2018 年 11 月 12 日上午，工人武师傅在青岛市辽阳东路一热力井下作业时突然昏迷，王跃熙奋不顾身下井救人。他不顾手腕上的旧伤，在王跃熙和 110 民警的共同努力下，武师傅顺利获救，而王跃熙则默默离开了。后来，经民警根据执法记录仪相关资料查找才得知王跃熙并非武师傅的工友，而是素不相识的路人。

救人之后王跃熙像往常一样回到宿舍换下弄脏的衣服，并没有把救人的事情告诉任何人。直至被救者家属的感谢电话打来，舍友才知道事情的来龙去脉。随着媒体广泛报道，王跃熙见义勇为的事迹也在校园内外传开。

王跃熙对自己见义勇为、舍己救人这件事看得很淡，受到表彰后，他随即捐出奖金救助他人。

（山东省文明办供稿）

刘洪燕

有为村支书车祸现场抢救3条人命

「见义勇为」

人物故事

刘洪燕，男，1973年生，山东省东营市广饶县大王镇刘集后村党支部书记。

2018年10月2日上午，赶往村里值班的刘洪燕目睹了一起严重的车祸——一辆轿车与一辆面包车相撞，轿车内传出了几个孩子的哭声。刘洪燕立即停车上前查看情况，发现车内3个孩子头上鲜血淋淋，车辆已严重变形。他用力掰开车门抱出了3个孩子，并拖出了车主。在联系到孩子的家人后，等不及120急救车到来，刘洪燕立即开车送孩子们到医院就医。赶到医院后，他跑上跑下为孩子们办理就诊手续、带着孩子们拍片、进行包扎，直到孩子们包扎完成，他才松了一口气，悄悄离开医院回到了村委办公室。

刘洪燕自2017年担任刘集后村党支部书记以来，带领村庄不断发展，先后获“全国先进基层党组织”“全国文明村镇”“山东省‘干事创业好班子’”“山东省乡村振兴‘十百千’工程示范村”等荣誉称号。

（山东省文明办供稿）

肖新生

精神病人一路持刀伤人 退休民警夺刀受伤

「见义勇为」

人物故事

肖新生，男，1955年生，湖南省郴州市桂阳县交警大队退休民警。

2016年12月18日9时许，郴州市桂阳县蔡伦井附近出现惊险一幕：一名30多岁的青年男子凶神恶煞地挥舞着菜刀向一名花甲老人砍去，老人迅即一跃，转到持刀男子背后，一手卡住他的脖子，一手死死抓住他的刀，然后一个扫堂腿，把青年男子掀倒在地，压在身下。群众拨打110后，公安民警赶到，行凶男子被带到鹿峰派出所。这名夺刀老人就是肖新生，行凶者谭某是一名精神病患者，暴力倾向十分严重。在与谭某搏斗过程中，肖新生右手手臂、左小腿等多处受伤。

遇到不平之事，肖新生都会挺身而出。有一次，他和家人在路边看到一个男子殴打一名女子，他毫不犹豫上前制止，男子恐吓他不要多管闲事，但他毫不理会男子的恐吓，出手制服男子。还有一次，他看到一个男子故意用摩托车撞击一名女子，他立刻上前制止，单手把肇事摩托车拖了数米之远，因为此事，他的右臂疼了大半年。

（湖南省文明办供稿）

李志青

退役军人勇救2名落水者不留名

『见义勇为』

人物故事

李志青，男，1974年生，广东省河源市城区食品药品监督管理局党组副书记、副局长。

李志青是一名退伍军人，2019年2月8日下午4时50分左右，他在河源东江湾公园河边跑步时，突然听到岸边有群众大喊“有人跳河了”。李志青回头一看，一名女子正在河里挣扎。他来不及多想就转身跑过去，纵身跳进河里向落水女子游去。当游到女子附近时，女子已沉入水中，他马上潜入水中寻找。水中视线不好，只能靠双手在水中摸寻。第一次寻找失败后，他浮出水面，换了一口气再次潜入水中，最后在水中抓到该女子，并迅速将其拉出水面。

这时，溺水女子的朋友见她被拉出水面后，马上也跳入河中试图过来帮忙，但由于水性不熟，随即溺水。在这紧急关头，李志青临危不乱，立即拉着女子向其朋友游去。就这样，李志青左右手分别托着两名溺水者游向岸边，并在群众的帮助下将两人拉上了岸。待警察、120救护车抵达现场后，他转身悄悄地离开了。

（广东省文明办供稿）

覃　磊

汽修工人助女警勇斗持刀歹徒

『见义勇为』

人物故事

覃磊，男，1987年生，重庆市渝北区龙塔街道紫荆路汽修门市汽修工人。

2018年11月22日10时，覃磊途经渝北区公安分局黄泥塝派出所院坝，遇到歹徒狄某将一名女民警按在地上，女民警虽奋力反抗，却因体格瘦弱被拖到院坝角落。

“住手！”就在这危急时刻，覃磊大声呵斥，并向歹徒冲了过去。

冲上前去的覃磊不顾个人安危，一把抓住狄某持刀的手臂与之英勇搏斗，并成功救下女民警。其间，一名民警、两名辅警也闻声赶来，最终一起制服了狄某，并当场缴获其作案刀具。经检查，女民警仅有右手背和小手指被划伤，无生命危险。

覃磊不仅见义勇为，还是一个热心肠的人，遇到需要帮助的人和事，他都会挺身而出。

（重庆市文明办供稿）

张刚要　张丙忠

姐弟俩不慎跌入冰窟窿命悬一线 幸遇好乡邻奋力相救

「见义勇为」

人物故事

张刚要，男，1976年生；张丙忠，男，1964年生。二人均为陕西省西咸新区秦汉新城双照街道张安村村民。

2018年1月20日下午3点，张安村9岁女童瑶瑶带着7岁的弟弟凡凡在邻村污水池边玩耍，数九寒天，池面结冰，两个孩子追鹅滑冰时，冰面突然破裂，先后落入冰窟窿中。

张刚要路过见两个孩子挣扎呼救越陷越深，他来不及脱掉外套便纵身跳进冰冷刺骨的池水中，边向孩子靠近，边用手砸开冰面，一把拉住离得最近的凡凡，用尽力气拖向岸边。

此时，张丙忠也闻声赶到，他从对面冰面上爬向瑶瑶，刚够着孩子时冰面却突然破裂，超过2米深的冰冷污水瞬间将他们淹没，他用力将瑶瑶向张刚要身边推过去。此刻，张刚要已将凡凡救上岸，又再次下水去救瑶瑶。赶来救助的乡亲们协力将两人拉上岸，张刚要坚持着把已经昏迷的凡凡背上，与另一村民将两个孩子送回家安顿好后才悄然离开。

（陕西省文明办供稿）

杨成林　任建华

破冰救人　为孩子砸开生命线

「见义勇为」

人物故事

杨成林，男，1994年生；任建华，男，1998年生。二人均为新疆维吾尔自治区喀什地区消防救援支队喀什市大队特勤站消防员。

2019年2月12日15时50分，喀什市消防大队城东中队接到群众报警称两名小孩在冰面玩耍时不慎掉入湖中。城东中队迅速赶赴现场，了解到两名落水小孩位于湖心，已在冰水中待了20分钟，距岸边30多米。任建华、杨成林主动请缨，进行增援，他俩趴在冰上向小孩落水区域匍匐前进。在行进中，冰面破裂他俩先后掉进冰冷刺骨的湖水中，两人继续向前，并在战友的配合下将两名小孩托出水面。在返回时，任建华用胳膊肘全力破冰前行，希望能用最快的速度为孩子打通一条生命线。随着他俩有节奏的“拉、拉、拉”呐喊声，大家一起拉起了安全绳，共同努力成功救出两名被困小孩。

（新疆维吾尔自治区文明办供稿）

金桂花

以德兴业　情暖人心

「诚实守信」

人物故事

金桂花，女，1953年生，吉林省延吉市延边贵友实业有限公司董事长。先后创立了延边新亚电子城和延边贵友实业有限公司。

2000年，金桂花创立了延边第一家综合家电厨具超市，注册资本500万元，员工128人。她一改传统的商业模式，走一条现代化营销新路。她奉行“质量至上、诚信为本、服务为先”的经营理念，为企业塑造了良好的社会形象。

她在把企业做大做强的同时不忘社会责任，每次抗灾救灾，她总是第一时间献出爱心。关心教育事业，向学校捐献桌椅和学习用品等。帮扶贫困户，为他们捐款捐物。

多年的诚信经营，企业先后赢得了“全国AAA级信用企业”“吉林省社会信用体系建设促进会副会长单位”等荣誉称号。她的家庭和个人也先后获得“全国最美家庭”“全国五好家庭”“吉林省道德模范暨吉林省好人标兵”“州工商联诚信标兵”等荣誉。

（吉林省文明办供稿）

吴建新

诚信十八载为乡亲开启“幸福阀门”的优秀企业家

「诚实守信」

人物故事

吴建新，男，1965年生，江苏神通阀门股份有限公司董事长。先后获得“全国优秀科技工作者”“江苏省劳动模范”“江苏省诚信之星”“江苏省有突出贡献的中青年专家”等荣誉称号。

2001年1月以来，吴建新将一个乡间小厂发展为中国工业阀门制造三巨头之一，实现了销售收入从不足3000万元到10亿元、总资产从不足300万元到30亿元，并于2010年在深圳中小板上市。

自公司创立，吴建新坚守诺言，绝不在产品质量上打折扣；绝不在缴纳税款上打主意，坚决分文不少上缴税务部门，仅2019年神通阀门就向国家缴纳税金6400余万元。

“让用户满意、员工满意、政府满意、社会满意、投资者满意、合作者满意”是吴建新一以贯之的原则，纵然企业遇上再大的困难，吴建新都坚持做到按月足额给员工发放工资，从未发生过任何劳资纠纷，职工健康体检一年不落。2004年开始，他为困难职工设立了“爱心救助基金”，惠及50多个职工家庭。从2007年开始，吴建新先后捐资1600万元用于慈善、公益事业。

（江苏省文明办供稿）

吴少敏

面对横财不为所动 物归原主

「诚实守信」

人物故事

吴少敏，女，1973年生，浙江省温州市人。

吴少敏在瓯海区新桥街道旸岙菜市场经营蔬菜生意近10年。2018年10月25日下午4时许，她在摊位上张罗生意，来了一名穿黑衣服的陌生男子，塞给她一个沉甸甸的黑色塑料袋，告诉她袋子里有10万元现金，然后就走了。吴大姐被这突如其来的“横财”吓傻了，赶紧报了警。

民警判断这些钱可能是刚从银行取出的，马上调取菜场周边的监控，经过吴大姐的仔细辨认，将目标锁定在一名从附近一家农商银行出来的黑衣男子身上。通过银行查询取款人信息，民警确定了该男子的身份。经调查，这名男子姓陈，患有轻微间歇性精神分裂症，已有10多年病史。最后经吴大姐确认，送钱给她的正是这名男子陈某。面对这笔巨款“失而复得”，陈某的家属对吴大姐和民警感激万分。

（浙江省文明办供稿）

郭学婢

诚信行天下　商海竞风流

「诚实守信」

人物故事

郭学婢，男，1969年生，福建华宇集团有限公司董事长。

2005年，由于竹制品原材料突然短缺，造成了竹地板行业内产品的大幅提价。但郭学婢坚持按预订合同的价格出货，虽没赚到钱，但得到客户更大信任，订单如雪片飞来。

2013年，华宇公司与其他两家担保公司联合担保，贷下一笔数额不菲的贷款。2014年，由于其中一家公司破产“跑路”，欠下银行巨额贷款。郭学婢主动承当担保责任，东挪西借帮助这家企业还上全部贷款。

因诚信，华宇集团先后与60多家客户建立了合作关系，与全球最大的石晶地板采购商美国SHAW公司、Homelegend居奇公司等国际建材销售巨头建立了战略合作关系。

（福建省文明办供稿）

吴明月　李春生

移山开路“愚公”践约还债十四载

「诚实守信」

人物故事

吴明月，男，1945 年生；李春生，男，1958 年生。二人均是江西省上饶市鄱阳县响水滩乡鸡峰村村民。

鸡峰村是响水滩乡的边远村落，因龙凤岭阻隔，村民外出需要 2 个多小时翻山越岭。2002 年，村里决定用 400 亩山林的 15 年经营权公开置换修路资金，吴明月和李春生决定试一试。当年 5 月工程正式动工，吴明月、李春生从此日夜忙在工地上。龙凤岭高耸陡峭，岭底宽度不够，山面又太斜，施工导致岭上的石块不停掉落、塌方不断，工程进展缓慢。仅炸山头就花去了 38 万元，已经超出预算 4 倍。2004 年年初，在专业人员的指导下，吴明月、李春生又借了 16 万元，更改方案，经过一年的努力道路终于完工，彻底结束了该村世世代代路难行的历史。

修路 3 年，吴明月、李春生欠下了 44 万元巨款，两人商定债务一人一半。不幸的是，2005 年年底，李春生因病去世。吴明月毅然承担起债务，10 多年来，这个年过花甲的老人四处奔波，每天节衣缩食，过着清贫的日子。

（江西省文明办供稿）

付启明　陈小平

下岗职工 16 年诚信经营践行信义受赞誉

「诚实守信」

人物故事

付启明，男，1951 年生；陈小平，男，1953 年生。二人均是江西省樟树市吴城乡信义农资店店主。

2002 年，付启明、陈小平、付瑞华和邹茶平 4 人贷款 80 万元，在集镇上开起了“信义”农资店。

2006 年春，一个农资供应商找上门来，说可以比市供销社每吨优惠 100 元的价格批发给他们 50 吨进口复合肥及尿素，可以节约成本 2 万多元。4 人碰头一商议，决定宁可高价进市供销社的货，也不进无保证的货。十几年来，他们的农资店卖出各类化肥上千吨、农药 8 万多箱、良种 5 万多公斤，从没有人说买到假的农资，成为乡里乡亲信得过的农资经销商。

天有不测风云。2015 年 7 月，付瑞华在自家二楼晒谷子时失足跌落，不幸成了植物人。2017 年 1 月，邹茶平也不幸脑梗死引发肺部感染。如今，付瑞华、邹茶平先后不幸离世，而付启明、陈小平坚持不减他们的股份，每年的分红始终不少一分，受到合伙人家属的感激。

（江西省文明办供稿）

邓福刚

家装经理用诚信装饰美好生活

「诚实守信」

人物故事

邓福刚，男，1964年生，山东省荣成市万祥装饰公司总经理。2000年，邓福刚下海创业，踏入装修行业；2007年，邓福刚成立了家祥装饰公司（2014年更名为万祥装饰公司）。

邓福刚认为，成功的关键在于质量。在装修材料质量方面，要从源头保证装修材料的质量和环保标准。在施工质量方面，他亲自全程跟踪督导，严把施工质量关。在质量为本的前提下，邓福刚还本着“让利于民，服务于民”的宗旨进行装修。得知部分客户无力支付装修费用，邓福刚很爽快地给他们进行了优惠，有的甚至分文不收。这些年累计少收入20多万元。正是由于技术过硬、价格优惠、服务到位，万祥装饰公司声名远播，装修订单应接不暇。作为一个白手起家的创业者，邓福刚深知诚信的重要性。员工的冷暖、劳动报酬他始终挂在心头，2016年年底，公司资金周转出现暂时困难，为了让员工开心返乡过春节，邓福刚毫不犹豫地贷款给员工发工资。

（山东省文明办供稿）

张四玲

巾帼企业家诚信创业 宁愿亏钱绝不亏良心

「诚实守信」

人物故事

张四玲，女，1964年生，湖南省永州市江永特色农副产品开发有限公司董事长。

1995年，32岁的张四玲从饮食服务公司下岗。从1996年由一家小酒楼起家，到2002年创办了江永特色农副产品开发有限公司，张四玲始终牢记着诚信。2016年，江永豆角的市场价格跌到每斤0.4元—0.6元，而公司年初与种植农民签订的合同价是每斤1元。但张四玲仍坚持按合同价格收购，当年差价损失达130多万元，却收获了信誉，订单种植户连年增多。有一次，公司与深圳道一食品贸易公司签订了“千家峒食品”深圳代理合同。不料一次维修电线造成了公司二次停电，导致原料没能及时加工，影响了产品的鲜香度，公司将这批新产品进行内部处理，不允许流向市场。张四玲说：“宁愿亏钱，绝不能亏良心！”

如今，张四玲的公司员工有160多名，公司已与1000多户农户签订了农产品购销合同，帮扶建档立卡贫困户730户2800余人。

（湖南省文明办供稿）

苏　娅

苗家妹子制作“良心”豆腐建立诚信品牌

「诚实守信」

人物故事

苏娅，女，1965 年生，湖南省株洲市苗妹子食品有限公司总经理。

20 年前，25 岁的苏娅，怀着梦想，来到株洲，踏上了豆腐生产之路。继承了老家的传统风味，她又挑战创新口味。从国内到国外，苏娅四处取经，并将各类豆制品的优点一一汲取、整合。为了增加产品多样性，她东入江苏学制绿豆香干，北上湖北学做千张，南下攸县学攸县香干。为了老百姓入口的豆腐更干净，她在生产车间创造性地贴瓷砖，在所有同行中第一个办理了卫生许可证。2004 年，她注册了“苗妹子”商标，并办理了食品流通许可证，成为株洲同行两证齐全第一家。苏娅创立的生态工厂，坚持绿色发展理念，主动设立污水处理线；坚持用良心做食品，积极为市政府“菜篮子”工程添砖加瓦。

十几年来，苏娅和她的“苗妹子”不仅提供了不少就业岗位，还坚持依法按章纳税，从不拖欠税费、员工工资、合作方货款，“苗妹子”因此先后两次获得株洲市“守合同重信用企业”殊荣。

（湖南省文明办供稿）

彭　军

诚信经营　帮扶贫困户共走富裕路

「诚实守信」

人物故事

彭军，男，1976 年生，广西壮族自治区南宁市马山县工商业联合会第十届执行委员会委员、马山总商会副会长、海尔集团家电系列马山总代理。

凭着 17 年坚持诚信经营，彭军用“真诚 + 质量 + 服务”，在全县各乡镇建立了 20 多个海尔家电销售网点，成为马山县海尔家电销售大王。在建立网点的过程中，彭军专门吸收那些诚实守信的贫困户，扶持他们发展业务。彭军还成立“海尔俱乐部”，不定期开展活动，所有的花费都由彭军自己出。

2008 年汶川地震，彭军第二天清早就踊跃捐款，积极义卖，将数万元善款送到灾民手中。他还长期捐助需要帮扶的优秀贫困生，让他们安心完成学业。为了给孩子们创造一个良好的学习环境，彭军向马山县部分中小学捐钱捐物合计 20 万余元。2017 年 5 月，彭军还给自己的老家湖南省双峰县杏子铺镇新安村捐款 13 万元修建村级公路。

（广西壮族自治区文明办供稿）

杨　凤

扎根丹巴的巾帼致富带头人

「诚实守信」

人物故事

杨凤，女，1969 年生，四川省丹巴县梅龙生态农业有限公司总经理，四川省巾帼养殖协会理事、丹巴县养鸡技术协会会长。先后被中华全国妇女联合会评为“巾帼建功标兵”，被四川省科委评为“农村科普带头人”。

2008 年，重庆妹子杨凤在四川省甘孜藏族自治州丹巴县半扇门乡关州村创办了立体生态种植、养殖场。

自创业以来，杨凤坚持守法经营，同时积极助力丹巴县精准扶贫工作。在省、州、县科技、财政部门的关心支持下，她为全县 21 户建档立卡贫困户免费户均提供 1.6 万元鸡苗、围网，搭建圈舍、配送养殖饲料槽、饮水器、饲料、药品，提供培训养殖技术等服务。此外，为一些无条件饲养大量土鸡的非结对贫困户捐赠了罗曼蛋鸡 500 余羽、雪毛土鸡 500 羽，价值 6 万余元，通过输血的方式带动他们脱贫致富。并吸纳 112 户贫困户成为养鸡协会会员，带动农户一起致富。

（四川省文明办供稿）

曹发进

好“的哥”拾金不昧婉拒答谢

「诚实守信」

人物故事

曹发进，男，1977 年生，贵州省毕节市赫章县广电致远出租汽车有限公司驾驶员。2019 年获“贵州好人”荣誉称号。

2018 年 12 月 29 日上午，曹发进在送走一位乘客后，看到后排座位上有一个黑色手提包，惊讶地发现里面装有大量现金、证件和贵重物品。考虑到失主一定很着急，他随即拨打了车队队长的电话，向他详细汇报情况，并立即赶往公司，以最快的速度将手提包交到公司。公司工作人员马上打电话请赫章县客管局帮忙寻找失主。恰逢其时，手提包失主宋女士正火急火燎地打听失物下落。得知驾驶员曹发进早已将捡到的手提包交到公司，宋女士喜出望外，随即在警察的陪同下来到出租车公司认领。

经宋女士清点，包里 3.8 万元现金及证件和物品完整。从发现失物到归还失主，曹发进用短短的 24 分钟诠释了诚实守信的高尚品德。

（贵州省文明办供稿）

刘红军

“万能维修师傅”诚信经营 热心服务赢得乡亲赞誉

「诚实守信」

人物故事

刘红军，男，1976 年生，陕西省宝鸡市金台区人。

有一次，刘红军去一个小药厂安装空调，厂里人提到新买的一台价值 2000 多元的粉碎机用了没几天就坏了。同去的工友说刘师傅在维修方面有一手，车间负责人二话不说就让他把机器带回去有空看看能不能修。刘红军深感厂里对他的信任，连夜将机器拆开，仔仔细细排查，终于发现故障点，十来块钱就解决了问题，为企业节约了不少成本。

对农民来说，三夏是龙口夺粮的关键时节，可隔壁韩会生家的联合收割机却趴了窝。听闻此事的刘红军立刻放下手边的活计，一起想办法帮忙抢修，一伙人忙到凌晨终于修好，没耽误第二天的收割。

刘红军的诚实守信深入了村民的心。不论是装裱画的老韩烙铁坏了，还是邻居网上买了电视不会装，大家都第一时间想到“刘师”；不管家里需要什么电器，都要去“刘师”店里看看。“万能维修师傅”也凭着一手精湛的技艺和诚信热心将铺子经营得红红火火，有声有色。

（陕西省文明办供稿）

杨永军

30 余年如一日 守护绿水青山

「敬业奉献」

人物故事

杨永军，男，1962 年生，北京市平谷区镇罗营镇林业站站长。2019 年荣获全国绿化奖章、首都精神文明建设奖。

凭借多年的探索，杨永军总结出了在镇罗营镇行之有效的森林防火方法，在全镇力推森林防火问责制，在村级力推森林防火两委干部区域负责制，推行“三清三查”“三不放行”的管理制度，把 337 名管护员分为固定哨和流动哨，他带领 5 人防火巡查队和 28 人森林消防中队，不畏严寒长期奔波在防火一线。在每年长达 7 个月的森林防火期中，他每天巡山护林，使镇罗营镇取得了 15 年无森林火灾的好成绩，森林覆盖率从 90 年代的 60% 增加到现在的 83%。在他的主持下，完成荒山造林 1.7 万亩，森林健康经营 3 万亩，封山育林 2.2 万亩，低效林改造 5000 亩，9 个村被评为北京市绿色村庄。

（北京市文明办供稿）

李迎宾

危急时刻只身上前 勇夺歹徒手中锯齿砍刀

「敬业奉献」

人物故事

李迎宾，男，1973年生，北京市公安局海淀分局田村派出所所长。

2018年10月23日零时，李迎宾正在所里处理寻衅滋事警情，突然听到警用电台中呼叫有人在阜石路持刀伤人。他率队赶到现场时，两名伤者躺在路边，一男子在挥舞着一把40厘米长的锯齿砍刀向民警示威。

李迎宾组织民警向持刀男子逼近。此时，男子调转刀锋对着喉咙，高喊“再过来我就自杀”，李迎宾只身上前安抚劝阻，在持刀男子眼神瞥向手机的一刹那，猛扑上前夺下嫌疑人手中的砍刀。

歹徒被制服后，李迎宾才发现自己左腿受伤站不起来，他一边安慰焦急的战友，一边用电台向指挥处报告嫌疑人已抓获。经医院确诊，李迎宾的伤口长达19厘米，深2厘米，两根肌腱断裂，造成永久性损伤、部分功能受限。

（北京市文明办供稿）

龚树生

世卫防聋首席专家 资助百余儿童感知爱的旋律

「敬业奉献」

人物故事

龚树生，男，1962年生，首都医科大学附属北京友谊医院耳鼻咽喉头颈外科主任。2016年获评“北京市卫生计生系统优秀共产党员”。

龚树生长期从事耳科学临床和基础研究，承担多项课题，发表论文100余篇，其中SCI论文20余篇。他擅长耳科学、耳显微外科学，尤其是在中耳疾病的外科治疗与听力重建、人工耳蜗植入术等疾病的显微外科治疗方面颇有建树。

同时，龚树生通过多种媒体渠道进行爱耳科普宣传，为患者及家属网络解惑答疑，向大众普及爱耳知识，倡导更多人关心听觉障碍患者，尽己所能帮助他们打开有声世界。

从医30多年，经他手救治的听障患者不计其数。他主刀人工耳蜗手术2000多例，是国内实施该手术例数最多的个人。龚树生提议并创立了“友谊爱耳基金”。自2015年7月13日正式启动至今，基金已资助12岁以下听障患儿百余人，资助金额120万元。

（北京市文明办供稿）

张丽英

居民的贴心人

「敬业奉献」

人物故事

张丽英，女，1963年生，天津市和平区劝业场街兆丰路社区党委书记、居委会主任。2017年当选天津市三八红旗手，2018年当选“天津好人”。

2019年5月13日，社区双残家庭尹力根家煤气跑漏失火，接报后，她第一时间赶到现场处理问题。2016年7月20日，一场大暴雨席卷津城，社区大面积断电，当得知电力抢修遇到困难，恢复时间会延长时，张丽英立即向居民说明情况，稳定群众情绪。在挨家挨户走访的过程中，她发现兴义里38号半地下室人手不够，就用脸盆帮居民排除积水，并嘱咐家中进水的居民立刻切断电源。经过抢修恢复供电后，张丽英依然在水深及膝的污水中继续巡视，直到晚上9点水位回落才回到家中。

每年的5月10日她为残疾人举办集体生日会，让残疾朋友感受社区大家庭的温暖；每年的母亲节期间，她都走访、慰问辖区内的单亲困难母亲。她用实际行动让居民在社区找到了家庭的温暖和对社区的归属感。

（天津市文明办供稿）

王岗伟

在路上　青春永无悔

「敬业奉献」

人物故事

王岗伟，男，1983年生，生前系河北省馆陶县馆陶镇副镇长。

村民厂子遭受火灾，他拿出自己买房的5万元送了过去；帮助贫困户张怀涛开小鞋城；为了更好地帮助群众就业，王岗伟多方联系，将孙庄村民孙振国的塑料加工厂设立为“扶贫微工厂”，为10余名贫困群众提供了工作岗位。王岗伟2014年负责扶贫工作以来，走访过所有贫困户家，有的甚至一个月几次走访。

通过多年努力，全镇贫困人口下降到76户246人，贫困发生率低至0.7%。

2018年11月5日下午5时15分，王岗伟走出办公室，准备驾车与同事走访贫困户。发动汽车前，王岗伟发了一条微信。5分钟后，劳累过度诱发脑干出血的王岗伟趴在方向盘上失去了知觉。经过两个多月抢救治疗，2019年1月11日，王岗伟离开了他热爱的工作、亲人、同事和时刻记挂的贫困户。

（河北省文明办供稿）

曹 文

建强基层组织推动脱贫攻坚

「敬业奉献」

人物故事

曹文，男，1972年生，吉林省图们市石岘镇上龙城村第一书记。

曹文驻村工作以来，上龙城村公共基础设施建设有了极大的改善。一是完成了村主干道两侧文化围墙建设、村1000平方米文化广场建设和200平方米村民活动中心建设；二是完成了更换高压绝缘线路2000米及配套设施，新装动力电表20个，农田改造项目配套泵房低压配电柜一套；三是修建村内巷路2.5公里，已经投入使用；四是为每个贫困户集资500元，用于购买土鸡鸡雏、饲料和做好防疫工作等，包底销售禽肉和禽蛋，为每户贫困户增收1500元左右；五是对上龙城村村部进行了改造和修缮；六是以“学校+合作社+农户”形式，为上龙城村农产品开展订单种植，拓宽农产品销售渠道，为整村经济发展提供条件；七是发挥村书记种植黑木耳、村主任种植稻米的带头作用，将上龙城村黑木耳、优质稻米销往全省。

（吉林省文明办供稿）

严林妹

二十年奋战在农村公路建设第一线
乡村干部心中的“活地图”

「敬业奉献」

人物故事

严林妹，女，1969年生，时任上海市崇明区公路管理所副所长。

在严林妹的努力下，崇明农村公路从最初仅有的200多公里发展至现在的2700多公里。严林妹带领崇明在上海地区率先推进了农村公路养护体制改革，形成交委、公路所、管理站、养护公司、一线养护工的管理模式，使崇明2700多公里农村公路走上了“有路必养、养必优良；有路必管，管必到位”的发展轨道。

从2003年开始，在严林妹的带领和努力下，崇明区建立了农村公路的路面平整度、桥梁状况等信息采集和录入数据库，养护人员能根据这些信息确定“怎么修”，甚至能做到“预养护”，还形成了“一路一卡”“一桥一卡”的农村公路信息管理模式，为形成崇明区完整的农村公路档案管理体系打下了坚实的基础。

严林妹先后获得了“全国农村公路建设质量年活动先进个人”“上海市先进工作者”“上海市三八红旗手”等荣誉称号，还被选为党的十八大代表。

（上海市文明办供稿）

刘　杨
“创业英雄”永做“守护侠” 8年发明专利15项

「敬业奉献」

人物故事

刘杨，男，1978年生，苏州涟漪信息科技有限公司CEO。

2004年从中国科学院硕士毕业之后，刘杨来到美国攻读电子工程博士学位，并先后在美国创办过两家公司并担任CEO。

回国后刘杨选择到苏州创业。他发现独居老人的安全问题，正日益成为老龄化社会不可回避的痛点。就这样，“守护侠”的灵感产生了它，可以主动感知潜在风险，比如外人闯入、老人摔倒等。同时，辨别监控区域非常规行为、远程发送异常信号，遇断电摔砸性能保持不变等15项实用新型和发明专利，也让这款产品成了国内家庭安防领域的明星产品。

2017年，苏州市姑苏区一位独居老人，被“守护侠”捕捉到起夜异常，“守护侠”将这一非常规行为反馈到老人子女手机上。当子女早上6点赶到老人家中时，老人已轻度中风，所幸送医及时才避免了悲剧发生。

（江苏省文明办供稿）

汤亚平
扎根基层30年的“全科社工”

「敬业奉献」

人物故事

汤亚平，女，1974年生，江苏省常州市天宁区雕庄街道优胜村党总支书记、村委会主任，获“全国三八红旗手”“全国最美城乡社区工作者”“全国计划生育协会优秀会员”等荣誉称号。

汤亚平自1989年从事基层工作以来，多年如一日察民情知民意、解民忧帮民困，是社区群众的“贴心人”。她扶持青年党员创业，带领党员组团服务基层群众，“党员爱心文印站”“党员好管家”等党建品牌获得广泛认可；她创办“巧手绘”工作室，带动妇女创就业，让社区有了家的感觉；她是春晖小家孩子们眼中的“常州妈妈”，聚焦精准扶贫，组织开展“餐桌上的微公益”活动，让两地家庭结对互动；她是居民眼中随叫随到的“家庭医生”，电话那头连着众多曾经服务过的宝妈和病人，义务给他们提供健康咨询和服务；她是居民眼里的“管家婆”，在质疑误解面前迎难而上，用一年1万多条微信、3000多个回复解决民生实事，打造共建共治共享的基层治理新格局。

（江苏省文明办供稿）

侍东亮

暖心护学走红网络的“奔跑哥”

「敬业奉献」

人物故事

侍东亮，男，1982年生，江苏省连云港市灌云县公安局伊山派出所交警中队辅警。

自1999年从事辅警工作以来，侍东亮始终尽职尽责，值好每一班岗。自2013年负责灌云县实验小学护学岗工作以来，更是时刻把学生安全牢牢放在心上，每天坚持提前到岗，从清晨到黄昏，不管是严寒还是酷暑，刮风还是下雨，真诚关心爱护每一名学生，多年如一日保障学生上放学安全。2019年侍东亮因工作表现突出，被连云港市公安局记大功一次。他的默默付出得到了老师和家长们的交口称赞。共收到群众自发赠送的锦旗6面，感谢信3封，其中2封感谢信共有近200位家长联合署名。2019年1月，多条侍东亮护学的短视频在抖音上广泛传播，短短几天内播放量超过1亿，点赞数近600万。侍东亮被网民亲切地称为“奔跑哥”，他的背影被赞为“最美的背影”。

（江苏省文明办供稿）

刘　磊

“90后”消防员勇救落水女子 用生命书写责任担当

「敬业奉献」

人物故事

刘磊，男，1996年生，生前系江苏省消防救援总队苏州市支队吴江区大队盛泽中队副班长，四级消防战士消防救援衔。2019年被共青团江苏省委追授为“江苏省优秀共青团员”。

2019年3月19日9时32分，在接到吴江盛泽新东大桥有女子欲跳河轻生的警情后，刘磊和战友6人紧急赶赴现场处置。9时39分，中队到达现场，刘磊作为安抚组组长对女子进行劝导。安抚过程中，轻生女子情绪突然失控跳入河中，救生组组长叶勇胜和1名派出所警辅人员迅速下河救援。轻生女子剧烈反抗，加之水流湍急，给救援造成了极大困难，危急时刻刘磊出于本能跳入河中救人，并呼喊战友张浩“快把救生圈扔下来”。刘磊接住救生圈后，不顾个人安危奋力将救生圈套在轻生女子身上。9时49分，轻生女子被成功营救上岸，刘磊却不幸没入水中。13时16分，刘磊被参与搜救的潜水员发现，送医抢救无效壮烈牺牲，年仅22岁。

（江苏省文明办供稿）

何华海

金牌调解员　撑起一片和谐天空

「敬业奉献」

人物故事

何华海，男，1968年生，浙江省宁波市奉化区溪口镇人民调解委员会华海工作室负责人。

近年来，宁波市奉化区溪口镇快速发展，调解工作变得更加复杂多样，但何华海耐心接待来访群众，从不推辞。2013年8月，因调解工作业绩突出，宁波市奉化区溪口镇人民政府成立以何华海同志名字命名的“华海工作室”。

何华海坚持以一张笑脸相迎、一腔热情接待、一片诚心服务、一句好话送行，耐心倾听。他坚持公正、公平、合理的办事原则，对待双方一视同仁，不偏不倚，力求合情合理的调解结果。

作为维护社会稳定中“第一道防线”，化解社会矛盾，消除不安定隐患，是何华海肩上的责任，更是他的一份执着。14年来，何华海共参与调处矛盾纠纷2450例，调处成功2421例，成功率98.8%，于2018年5月被司法部评为全国调解工作先进个人。

（浙江省文明办供稿）

洪清江

乡村医生扎根大山三十六载　成为雷峰乡里的“活档案”

「敬业奉献」

人物故事

洪清江，男，1955年生，浙江省台州市天台县人。1972年入伍，当了10年卫生兵，于1974年在部队入党的洪清江牢记一句话——“党员就要带头干！”从此，他的白大褂就永远映衬在光荣的背景色——军绿色之中。转业之后，他用36个春秋、10余万里的“医疗征程”，深深地诠释了这句话！

他是雷峰乡1.6万人口的“活档案”，对每一户家庭的健康信息如数家珍。他将救死扶伤的医生天职看得高于一切，在雷峰乡一干就是将近40年。他在行医期间，总是一副听诊器，两袖清风，一个医药箱，悬壶济世。

他扎根山区，卫生院里保存的数十本账本和值班记录本，都记录着他点点滴滴的感恩之心。老百姓还不上的账，他自掏腰包；双休日的值班表上，无一例外都是洪清江。

（浙江省文明办供稿）

徐德华

退休干部致力“幸福人灯”倾情恢复弘扬传统文化

「敬业奉献」

徐德华，男，1946 年生，安徽省宣城市郎溪县幸福乡原党委副书记、乡长。

2012 年春节期间，已经退休的徐德华受飞鲤镇镇党委书记、镇长委托重新发掘和组织表演消失多年的“幸福人灯”。徐德华找到了当年曾经参加过表演的两位老艺人，主动学习。

2013 年春节，消失了 20 多年的“幸福人灯”表演重现在村民们面前，徐德华也变成了组织演出的行家。2017 年飞鲤镇政府再次找到徐德华，请他组织一次演出，徐德华不顾年事已高，找老艺人指导、寻找场地、购买道具，短短几天就拉起了一支演出队伍，并顺利在当年的“美丽郎川行”文艺巡演中精彩亮相。

发掘了本地的“幸福人灯”之后，徐德华对传统文化的传承保护着了迷。他老家北梗头村的村民看了“幸福人灯”的表演后，也找上了门来，希望徐德华可以帮忙恢复当地的北梗头小马灯。经过徐德华等人努力，2018 年 10 月 4 日小马灯成功进行了彩排演出。

（安徽省文明办供稿）

赵　飞

一线交警致力农村道路交通管理近二十载

「敬业奉献」

赵飞，男，1974 年生，安徽省亳州市交警支队一大队副大队长。

赵飞在交警岗位上工作 20 余年。他首创把交通法规编成教材，免费送进课堂，多年来先后开展大型普法宣传活动近 1000 场次，受益群众 60 多万人次，被誉为“编外教师”。他结合农村交通管理工作实际，组建了亳州市第一个道路交通安全幼儿教育基地，并依托基地开展辐射性的宣传教育，借助乡村大舞台开展巡回演讲，使 15 万多名农村群众受到交通安全知识教育。在赵飞的影响和带动下，2014 年 5 月，谯城区教育局下发通知，要求各级各类学校将道路交通安全课程纳入日常教学，从体制上改变了交警单兵宣传交通安全的传统模式。2015 年，赵飞荣获安徽省公安机关十大“爱民模范”称号，安徽省公安厅授予其个人一等功。

2017 年，赵飞踏上“互联网 +”的列车，开了自己的“微直播”，从不同类型、不同层面对交通安全知识及公安形象进行诠释。

（安徽省文明办供稿）

潘绍新

眼科医生两度援藏 情系高原甘当“光明使者”

「敬业奉献」

人物故事

潘绍新，男，1977年生，安徽省淮北市人民医院眼科副主任医师。

作为安徽省2018年短期援藏医疗队的一员，潘绍新远赴西藏山南市人民医院。2018年3月20日，潘绍新抵达山南。发现科室状况是人手少、技术差，有仪器却无法开展白内障超声乳化手术。潘绍新自掏腰包买来配套设备，成功安装调试好仪器。4月4日，潘绍新成功为一名藏族老年女性白内障患者实施了手术。此后，潘绍新又陆续做了20多台手术，均收到良好效果。

2018年7月，作为第四批安徽省组团式援藏医疗队的一员，潘绍新再赴山南市人民医院。很多藏族患者早已慕名等候他的到来。潘绍新在山南每周要做10多台手术，他说：“每次手术，在揭开纱布的那一刻，患者双手合一，道一声扎西德勒，他能看见了，这就是我们最幸福的时刻。”

自进藏第一天起，潘绍新就暗自下定决心，一定要打造一支带不走、能创造光明的技术团队。很快，两名徒弟已能独立开展白内障超声乳化术。

（安徽省文明办供稿）

汤玉和

扎根办案一线二十余载 罹患重症仍坚守岗位

「敬业奉献」

人物故事

汤玉和，男，1970年生，安徽省马鞍山市含山县人民检察院员额检察官。先后获得“安徽省优秀侦查监督员”“安徽省检察机关优秀共产党员”“安徽省优秀政法干警”等荣誉称号，2014年和2018年先后两次被最高人民检察院授予个人一等功。

汤玉和从检23年来，承办审查批捕等类案件700多件，立案监督案件50余件，追捕漏犯近20人，无超期羁押办案、无一起错案，违纪违法投诉为零。

多年来，汤玉和积劳成疾，身患严重的肾病，依然抱病工作。2011年夏天，汤玉和病情恶化，被查出尿毒症后每天要做腹膜透析4次，但他依然坚持工作，顽强地与病魔作斗争。2013年，汤玉和开始主持案管办工作，他抱着重病之躯，认真研究案管业务，指导全室干警出色地完成了各类案管业务，2015年案管工作在全市检察机关年终考评中荣获第一。

（安徽省文明办供稿）

李小英
巧妙应对突发事件 避免恶性安全事故

「敬业奉献」

人物故事

李小英，女，1973 年生，江西省新余市交通运输局 103 线路公交车驾驶员。

7 年来，她认真履行公交“服务第一、乘客至上”的宗旨，安全行驶从未发生有责交通事故，为广大市民提供了安全、准点、舒适、便捷、温馨的乘车环境。由于业绩突出，多次被公司评为“年度先进个人”“年度工会积极分子”。

2018 年 11 月 2 日 11 时 25 分，李小英驾驶 103 路公交车行驶至白竹路天工颐园小区附近时，因白竹路正在修路车辆需要逆行。乘客邓某发现坐过站后，要求在没有设置公交站台的地方下车，李小英耐心与邓某解释，该处不能停车下客。但邓某并不理解，看到李小英还是没有停车，情绪非常激动，随即起身多次伸手抢夺方向盘。在这危急时刻，李小英意识到事态的严重性，果断采取紧急措施，并第一时间报警，保障了全车乘客的生命财产安全，避免了惨痛事故的发生。

（江西省文明办供稿）

张磊落
23 年义务普法宣讲 500 余场次

「敬业奉献」

人物故事

张磊落，男，1973 年生，河南省周口市太康县公安局宣传科科长。

随着外出务工的出现，农村留守的孩子增多。为教学生扣好人生第一粒扣子，从 1997 年开始，张磊落利用自身优势，23 年来，一有空就去中小学做普法宣传。为此，还有人给他编了一段顺口溜：“没有节假日，就知做宣传；说你是傻子，你说是奉献。”但张磊落却不以为意。为了做好普法宣传，张磊落还给自己定了一个规矩：不吃别人饭、不要别人钱、不用人家车、不给人家添麻烦。

脱贫攻坚战打响以来，张磊落更是将普法宣传的课堂延伸到贫困村，防诈骗、防盗抢。他每天忙得不亦乐乎！至 2020 年 10 月底，张磊落已到学校、街道、乡镇、农村等地开展义务普法宣传 700 余场次，制作发放普法宣传资料 3 万多份，受益群众达 10 余万人。

（河南省文明办供稿）

宋启明

蔬菜专家扎根基层30年 被菜农亲切赞誉为“宋财神”

「敬业奉献」

人物故事

宋启明，男，1965年生，河南省驻马店市汝南县科工信局技术人员、汝南县罗店镇邢桥村驻村第一书记。2018年荣登“河南好人榜”。

30多年来，宋启明带领科技人员先后完成了“河南省绿色蔬菜（茄果类）标准化栽培技术集成标准”“猪—沼—菜”一体化生态型无公害蔬菜生产技术模式、河南省“四优四化”蔬菜标准化技术集成等先进适用技术11项，繁育推广优良品种36个，优良品种种植面积60万亩次。他培养科技示范户1936户，培养技术骨干3789人，全县优质蔬菜面积达到5.5万亩，年产值16.5亿元。

2017年12月，宋启明到罗店镇邢桥村担任驻村第一书记。他积极争取省、市科研项目，免费为村民提供优质蔬菜种子、菜苗，推广蔬菜种植技术，带动村民发展优质果蔬菜400多亩，还帮助沿街农户在家门口建起了特色小菜园。邢桥村也成了汝南县脱贫攻坚、基层党建、人居环境、产业发展的“标兵村”，全驻马店市的明星村。

（河南省文明办供稿）

张彦光　董嘉荟

“夫妻警务室”爱心铸就平安和谐社区

「敬业奉献」

人物故事

张彦光，男，1979年生，河南省鹤壁市山城区公安分局彦光警务室社区民警；董嘉荟，女，1979年生，鹤壁市公安局山城区分局彦光警务室文职。

张彦光和妻子董嘉荟采用“一天二联三爱”工作法，赢得了社会的广泛赞誉。“一天”，指夫妻俩以警务室为“家”，坚持“人常在、门常开、随时来、随时办”，一天24小时服务群众；“二联”，指在日常工作中，警务室与一格一警联勤联动，与政府其他行政部门联合行动；“三爱”，指夫妻俩开展的“爱心护学”“爱心调解”“爱心马扎”等爱心活动。

截至2019年，张彦光夫妻俩执勤护学1100余次、上法治课108次、利用校讯通发布安全提示130条、“代理妈妈”照顾小学生180余次、成功调解各类矛盾纠纷116起、协助破获刑事案件25起、抓获各类逃犯7人，辖区无命案、重大火灾、群体性信访案事件发生，赢得了广大群众特别是老年朋友的一致称赞。

（河南省文明办供稿）

王跃忠

贴心警察坚守信访一线9年 为民排忧解难

「敬业奉献」

人物故事

王跃忠，女，1980年生，河南省开封市兰考县公安局控告申诉科指导员。

2010年7月调任兰考县公安局控告申诉科以后，9年来，她共接待信访群众上万人次，化解信访积案200多起，纠正执法瑕疵类案件30多起，参与协调基层单位化解各类矛盾纠纷1000多起。

2015年，她为兰考县兰阳街道办因老伴出交通事故导致生活困难的贺大娘争取救助资金6万元；2016年，面对穷凶极恶的缠访闹访人员崔某威胁，她丝毫不畏惧，将违法人员绳之以法；2017年，她接到叶某对其儿女因交通事故死亡交警部门下达的事故责任认定书不服的诉求后，提出多个疑点并组织相关部门研究后，重新下达事故认定书，还信访人以公道。她还通过接访，发现命案隐案线索1起，突破命案3起。

从事信访工作以来，王跃忠先后收到群众表扬信50多封、锦旗9面，连续3年被河南省公安厅评为信访工作先进个人，她所在的兰考县公安局控申科被评为“全国公安信访窗口示范单位”。

（河南省文明办供稿）

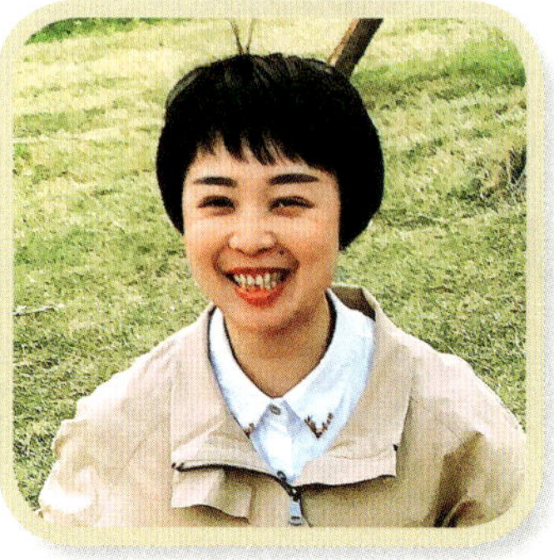

陈美霖

扎根殡葬事业　奉献无悔青春

「敬业奉献」

人物故事

陈美霖，女，1985年生，河南省许昌市玉皇岭墓园殡仪服务中心副主任。

2006年，陈美霖从长沙民政学院毕业，应聘到许昌市玉皇岭墓园工作。生性倔强的她勇敢地接受了这份平凡而特殊的职业，一干就是13年。

2010年，陈美霖被任命为中心业务科科长。担任科长的第一年，禹州发生一起特大矿难，多人遇难，接到命令后，她立即带队奔赴矿难现场将遗体拉回。为了让矿工遗属们安心，陈美霖向遗属们保证一定做好遗体的化妆整容工作。遇难矿工的遗体几乎都血肉模糊，作为科长的陈美霖就亲自给遗体理容，脸部不能用毛巾，她就用吸水纸巾擦拭，一针一线缝合。她还特意用特殊材料把伤口抚平，然后逐个化妆，直到遗属们满意。2016年陈美霖代表河南参加第六届全国民政行业职业技能竞赛暨全国第二届殡仪服务员职业技能竞赛，荣获团体奖项的优秀组织奖和职工组个人奖项的二等奖。

（河南省文明办供稿）

徐宗元

大校义工与他的“穷亲戚”

「敬业奉献」

三月

人物故事

徐宗元，男，1944年生，湖北省武汉市军队离休退休干部青年路休养所军休干部。曾获全国社会扶贫先进个人、全国离退休干部先进个人。

退休前，市委分工徐宗元挂点革命老区——新洲区凤凰镇扶贫工作，自此他与老区人民结下深厚的感情。退休后，他把满腔的热情倾注到凤凰镇的扶贫开发工作中，帮助改善农村生产生活环境，带领农民脱贫致富，老区面貌发生了翻天覆地的变化。

2005年前，凤凰镇关圣寨村温家凹的村民必须翻山才能走出村庄。徐宗元多次实地踏勘，撰写报告，最终，该村获得有关部门道路改造资金40万元。他争取相关部门的支持，使全镇19个村、397公里的道路全部硬化。

徐宗元退休收入不算低，可他从不为自己多花一块钱，把节省下来的钱拿去资助困难家庭。逢年过节，他买来礼物，去看望慰问烈军属家庭，帮扶困难家庭，给读书困难的学生捐款等。20年来，他多次获得省、市表彰先进个人的奖励，都悉数捐献给老区，累计捐款达到7万元之多。

（湖北省文明办供稿）

谭　斌

三峡“文化纤夫”让屈原文化走向世界

「敬业奉献」

人物故事

谭斌，男，1970年生，湖北省宜昌市秭归县文新广旅局党组成员、副局长，兼任屈原艺术团团长。2019年荣获全国“人民满意的公务员”称号。

2002年，32岁的谭斌担任屈原艺术团团长。2013年，为打造大型歌舞剧《青滩姐儿泄滩妹》，谭斌押上自己和母亲的房产，解决了350万元的投资难题，连续公演100场次，观众达8万人次。

谭斌探索实施“一馆三中心”的秭归大文化发展格局，秭归县文化馆被原文化部命名为国家一级馆，秭归县非物质文化遗产保护中心成功申报人类非物质文化遗产代表作名录1项，拥有的项目和传承人级别及数量均位居宜昌市第一。谭斌编创的多件作品荣获全国群星奖、楚天群星奖等国家和省市级奖项，2005年打造的《礼魂》共演出6115场次，接待游客约500万人次，创造旅游综合收入2.5亿元，创下全省单一剧目演出场次最高纪录。2014年10月，原创民俗歌舞《大端午》荣获“宜昌文华奖大奖”，表演唱《敲起琴鼓劲逮逮》荣获第十七届全国群星奖。

（湖北省文明办供稿）

桂世澄

95 岁老专家坚持坐诊诠释医者仁心

「敬业奉献」

人物故事

桂世澄，男，1925 年生，湖北省十堰市太和医院原儿科主任，1985 年退休。2019 年 6 月当选“中国好医生”月度人物。

桂世澄 1950 年毕业于上海同济大学。1965 年再次领命赴鄂西北山区十堰。初到十堰，太和医院儿科就他一个医生，他主持的科研课题“蝉素栓治疗新生儿破伤风的疗效观察”，经鉴定达到国内先进水平。他重视传帮带，太和医院儿科连续四届以第一名的成绩被授予湖北省省级重点专科。

桂世澄教授现已 95 岁高龄，仍坚持每周出 4 次门诊，早上 7 点半准时出门，早 8 点医院放号，半小时后他的专家号就排满了。他看病仔细，每天上午只接诊 20 多个病人，一小时看 6 个号。他深受病人爱戴，很多人祖孙三代都找他看过病。他体贴关心病人，根据病情，尽量开便宜药。他说药不分贵贱，治好病就行。从医 60 多年来，太和医院就有 30 多名教授师承于他。在他的言传身教下，他的儿子桂卫星也选择了医生这一职业，现在也是太和医院儿科学科带头人。

（湖北省文明办供稿）

谌贻照

践行“四力” 谱写基层新篇章

「敬业奉献」

人物故事

谌贻照，男，1966 年生，广西日报社柳州站站长。2018 年荣获第二十八届中国新闻奖一等奖。

多年来，谌贻照一直潜心在一线从事采写新闻工作，积极践行“脚力、眼力、脑力、笔力”。

2017 年 8 月中旬，谌贻照在大苗山深处的洪灾灾区“失联”数十小时后发回灾区最新画面。以此为核心素材推出的融媒体报道《柳州融水突围记》，获得中国新闻奖一等奖。他是一个真正称得上“四力”的记者，而其《柳州融水突围记》一稿，成为广西新闻工作者历练“四力”的一次生动实践！2019 年 1 月 19 日，谌贻照顶风冒雪驱车数百公里，来到融水苗族自治县大苗山深处，在杆洞乡高培村大寨屯采访贫困户，首篇走基层稿件《贫困户韦庆好的开心事》及相关图片、短视频报道一炮打响。2019 年 2 月 5 日（正月初一），谌贻照又与通讯员合作，采写三江侗族自治县偏远的老堡乡老巴村脱贫户王福财脱贫后过的第一个春节，次日在《广西日报》见报的《脱贫户过上幸福年》呈现了脱贫攻坚战带给百姓的福祉和喜悦，得到了读者的好评。

（广西壮族自治区文明办供稿）

阮文凭

乡村教师用拐杖撑起瑶寨希望

「敬业奉献」

人物故事

阮文凭，男，1977年生，广西壮族自治区百色市凌云县下甲乡河洲村弄怀念恩小学老师。

阮文凭自小多灾多难，刚出生不久，就患上了小儿麻痹症，只能靠拐杖行走。1985年，父亲因一场大病导致双目失明。1989年，母亲上山劳动不慎跌下山崖去世。初中毕业后，他考上了一所中专，然而家里实在太困难了，最终阮文凭选择了放弃学业，当上了代课老师。阮文凭一直坚持站着讲课，左手撑在桌子上，承担全身的重量和重心，右手翻课本、写板书，用坚强的意志保持着教师的尊严。

弄怀教学点位于大山深处的瑶寨，是凌云县海拔最高的瑶族教学点，因为山高、路远、生活贫困，前前后后走马灯似的换了十几位老师，家长们也不太懂得文化的重要。而阮文凭就是守护这个阵地的爱心使者，15年的守候，不仅是阮文凭作为教师的忠诚和职责，也因为自己作为贫困家庭成长起来的孩子内心深处，对知识无尽的渴望。

（广西壮族自治区文明办供稿）

黄江山

第一书记逢山开路　为扶贫奉献青春

「敬业奉献」

人物故事

黄江山，男，1986年生，广西壮族自治区河池市巴马瑶族自治县人，河池市人民防空指挥信息保障中心副主任。

2014年4月受组织选派，黄江山担任河池市罗城县四把镇集环村驻村第一书记。他推动开山修路，发展产业，把一个依靠“肩挑马驮”的仫佬村寨，变成屯屯通水泥路、产业初现的新天地。2017年，他荣获广西“五一劳动奖章”。

2014年以来，黄江山和村“两委”干部一道，先后为集环村争取项目资金近1500万元，建设完成了总长17公里通屯道路，完成该村所有自然屯（13个）的屯内巷道硬化和两个自然屯（40户163人）整体搬迁，修建了32个家庭水柜和1条长2.7公里可灌溉农田200亩的水渠，建成了1个200多平方米村综合文化服务中心、3个村级篮球场等一大批惠民项目。

2016年4月黄江山第一次任职期满。为了集环村前期的扶贫工作和扶贫项目不被中断，他舍弃了小家，毅然选择继续留任集环村第一书记。

（广西壮族自治区文明办供稿）

张渠伟

宁愿双目失明　誓要群众脱贫

「敬业奉献」

人物故事

张渠伟，男，1966年生，四川省达州市渠县扶贫和移民工作局局长、渠县人民政府办公室副主任。2018年获“全国脱贫攻坚奖贡献奖”，2019年获“第六届四川省道德模范”“2018年感动中国十大年度人物”。

2017年，张渠伟两只眼的视力下降到分别只有0.04和0.2。11月4日，他住院检查出患有双眼开角性青光眼和耳石症。医生告诉他，必须马上动手术，否则可能会完全失明。

张渠伟在扶贫道路上一走就是几年。渠县4年减贫13.661万人，贫困发生率从12.1%降到0.6%。

因为扶贫，张渠伟还多了3个“孩子”。他们来自一个极其贫困的家庭，爸爸外出打工，妈妈患有精神病，全家就靠70多岁的奶奶一人操持。房子是石头垒的，风来透风，雨来漏雨。张渠伟还帮助这户人家申请了易地搬迁，他们高高兴兴地住进了新房。

（四川省文明办供稿）

朱晓霞

励精图治谋发展　助贫困村美丽变身

「敬业奉献」

人物故事

朱晓霞，女，1977年生，贵州省安顺市经开区宋旗镇平寨村扶贫主任。

2015年年底，朱晓霞就任平寨村扶贫主任后，她积极奔走，争取资金，深入基层摸底调研，宣传党的路线方针政策，激发村民抢抓发展机遇的内生动力。

她的努力没有白费，村民积极配合开展征地拆迁，投工投劳对房屋外观进行改造，仅4个月的时间，相月廊桥、污水收集处理系统及河道整治等基础设施全部建成。2018年9月，平寨村脱贫出列，从国家一类贫困村蜕变为农文旅融合发展的“美丽乡村”示范点，获评“全省文明村”“全省第一批少数民族特色村寨”“贵州美丽乡村推荐旅游目的地”等荣誉。如今的三合苗寨破茧成蝶，一大批基础设施从无到有，实现了筑巢引凤。儿童乐园、三合生态园养老等项目纷纷落地，村民实现了就近就业，人均纯收入也从2010年的1956元提升到2019年的11942元。

（贵州省文明办供稿）

李志华

40 年深山坚守 只为点亮孩子们的希望

「敬业奉献」

人物故事

李志华，男，布朗族，1962 年生，云南省临沧市双江自治县邦丙乡邦歪完小教师。

1980 年，李志华高中毕业回家乡任教。当时，县乡不通公路，得沿着山脊上的羊肠小道，把学生的课本从县城用扁担挑进大山。3 年后，县乡公路通了，往返乡教办至村小的路程缩短为 40 公里，挑书需要走 60 公里。就这样，一根扁担，一个宽厚的肩膀，一挑就是 10 年。

校舍简陋，窗破瓦漏，李志华就和校长一起，发动村民修缮；缺少课桌椅，他就自己动手做。许多年来，他从自己本就不宽裕的工资中为孩子们垫付各种费用。他还带着孩子们采茶、搬砖，勤工俭学。在他和当地政府的努力下，邦歪村适龄儿童入学率连续多年达到 100%。

这 40 年来，他资助过 100 多名学生。他说："我的坚守，是为了让山里孩子看到希望。"

（云南省文明办供稿）

格桑德青

我们还城市洁净你为我们护航

「敬业奉献」

人物故事

格桑德青，女，1972 年生，西藏自治区那曲市人，那曲市市政市容委环卫队负责人。

2004 年，32 岁的格桑德青走上环卫岗位。2014 年，一名环卫工人车祸去世，她竭尽所能为工人家属争取工伤保险赔偿金 49 万元。从此，她把安全生产作为重中之重，要求环卫工人必须穿戴环卫反光服上岗，并把此项列入环卫考核内容。同时，加强环卫工人各项保险审核。2014 年 10 月底，她病倒在床，为了保证环卫工人的各项利益，她坚持在病床上完成了 315 名环卫人员的养老、失业、工伤保险核定工作，解除了环卫工人的后顾之忧。环卫工人大多数来自偏远地区或为外来务工人员，许多一线环卫工人基本借住在亲戚朋友家或是在外租房。2017 年 12 月开始，她挨家挨户走访开展环卫工人住房情况调研工作，积极协调住建部门，为 116 名环卫工人申请了公租房，切实解决了环卫工人的后顾之忧。

（西藏自治区文明办供稿）

刘 建

与死神赛跑的人

「敬业奉献」

人物故事

刘建，男，1975年生，陕西省延安市延长县安全生产应急救援服务中心主任。

2013年延长县郑庄镇遭受了百年不遇的特大暴雨，7月25日凌晨5时20分许，大雨不停地下着，河水暴涨，冲进了街道。此时，街道两旁几百名群众还在睡梦中，随时都有被洪水冲走的危险。刘建进入街道后，他一边跑，一边连声疾呼：“洪水进入街道，所有人员迅速撤离”，一边拍打街道居民的房门。为了保证不遗漏一个群众，刘建又一次逐家逐户地排查，直到确认全部撤离为止。洪水退后，刘建顾不得休息，立即到街道逐户安慰受灾群众，逐项登记受灾情况，并积极动员群众开展自救，恢复正常生活。一个多月中，刘建每天都在郑庄镇的街道和村子里来回奔跑，哪里有困难哪里就有他出现，哪里有危险哪里就能见到他。

（陕西省文明办供稿）

杜学朔

好职工全身心坚守物资管理岗位

「敬业奉献」

人物故事

杜学朔，男，1975年生，国家粮食和物资储备局青海局二五一处油泵工，先后荣获“青海省优秀共产党员”、“青海省劳动模范”、原国家物资储备局“先进个人”。

杜学朔所在的泵装组不仅工作任务重，而且人员紧张。他加班加点，早早赶到现场开展作业，设备完成率达到100%，发挥了共产党员的模范带头作用。近年来，单位输储油设备设施老化严重，杜学朔一方面坚持每天排查隐患并及时排除，另一方面与科室同志刻苦钻研业务，提高设备保养技能。他先后参与检修故障设备千余次，故障排除率在90%以上，为单位节约维修经费近10万元。

物资管理是储备仓库的中心工作。在日常工作中，杜学朔做到了物资接收前有准备、有方案、有规程，保管期间有措施、有维护、有检查，出库时有凭证、有落实、有复核。凭着精湛的业务技能和精细的工作经验，杜学朔成为单位领导的好助手，一线职工的主心骨。

（青海省文明办供稿）

三月

李　平

好税官 30 年坚守一线岗位为民服务

「敬业奉献」

人物故事

李平，女，1968 年生，宁夏回族自治区银川市兴庆区税务局二分局副主任科员。曾获“中国好税官”、宁夏“全区民族团结进步模范个人”等荣誉。

6 年前，李平被确诊脑底脊索瘤。白天，她像正常人一样去上班。晚上，病痛难熬，有时候还伴有心悸，她就赶紧吃几颗速效救心丸。

在组织的关心、亲人的爱护和医生的精心治疗下，李平的病情得到了控制。在随后的几年里，李平依然坚持每天第一个来，最后一个走；坚持精神饱满地站到工作岗位上，热情洋溢地为纳税人排忧解难。

2018 年 11 月 20 日，宁夏亲水建设有限公司找到李平，要求增加 10 万元版的发票 33 份，而且十万火急。原来，年底该公司要给农民发工资 500 多万元，施工单位要求当天凭票转款。李平知道，农民工的工资是他们的血汗钱，如果处理不当，不仅影响到近百名农民工的收入，还极易引发社会问题。弄清来由后，她迅速争取开辟绿色通道，并第一时间赶往企业实地核查，在下午 1 点让企业拿到了发票。

（宁夏回族自治区文明办供稿）

王秀荣

春雨无声孝心浓 四十载精心照料公婆

「孝老爱亲」

人物故事

王秀荣，女，1952 年生，河北省廊坊市固安县南关村村民。

1975 年，王秀荣与李世坤结婚。家里大事小情几乎都落在了王秀荣身上。

王秀荣无论农活多忙多累，照顾老人从不马虎，一日三餐顿顿为老人盛好饭，让公婆吃饱吃好。家里每次买了肉，买了稀罕东西，她和丈夫都舍不得吃，让老人多吃点。

1986 年，80 岁高龄的公公出去遛弯把腿摔断了，照顾公公的重担落到了王秀荣身上。后来，公公中风，身体越来越差，一躺就是 6 年。王秀荣就一口一口给老人喂饭，从没嫌过脏、喊过累。因为常年卧床，公公得了褥疮，王秀荣和丈夫每天都要小心翼翼为他翻身、抹药。

婆婆身体不好，为了让婆婆减少病痛，王秀荣夫妻俩四处求医问药。听说拔罐对治疗腰腿疼效果好，王秀荣就特意托人买；听说保定的膏药灵，就专门跑了几百里路买来了治腰腿疼的膏药。每天早晨，王秀荣给婆婆梳头、洗脸，像照顾孩子那样精心。

（河北省文明办供稿）

费存侠

残疾老人29年辛苦养育5名弃婴长大

「孝老爱亲」

人物故事

费存侠，女，1951年生，江苏省宿迁市宿城区人。

1989年5月，右腿残疾的费存侠收养了一名脑瘫弃儿，取名罗永前。费存侠用口对口喂食的方式将他抚养长大。罗永前大小便无法自理，身下铺着油布，每天要换尿不湿。费存侠还要经常给他按摩，防止肌肉萎缩。费存侠与老伴的日子并不宽裕。自从有了罗永前，他们家的生活变得更加困难。

1991年初春，她又捡回一名患有心脏病的弃婴，取名罗敏。罗敏抵抗力差，有时生病住院一住就是半个月，费存侠为了方便照顾孩子吃住都在医院，当看到她一瘸一拐地跑上跑下，同病房人感动不已，罗敏长到6岁，经过手术治愈了心脏病，一直压在费存侠心头的石头也落了地。

此后几年，她又陆续收养3名弃婴。费存侠不仅给孩子母亲般的温暖，还一直认为，一定要好好念书，将来才能改变命运。除了儿子罗永前瘫痪在床，无法求学，后来收养的4个女儿中，现在已经培养出3个大学生。

（江苏省文明办供稿）

易春梅

好嫂子20年悉心照料智障小叔子

「孝老爱亲」

人物故事

易春梅，女，1974年生，江西省萍乡市上栗县赤山镇黄花村村民。

1998年，易春梅与廖光萍结为伉俪。2006年，在外从事煤矿工作的公公在一场瓦斯爆炸中不幸去世。婆婆听闻噩耗后，悲痛欲绝，患上了阿尔茨海默症。易春梅毅然担起了照顾婆婆和小叔子的责任。在易春梅悉心照料下，婆婆安享晚年。

小叔子的病需要常年吃药，这让本就贫困的家庭变得愈发困难。易春梅的丈夫平时要外出务工，家里的事全部由易春梅打理，照顾年幼的孩子，照顾智力残疾小叔子，打理家务，下地劳作。务农时，易春梅会将小叔子带到田间地头，既能方便看着小叔子，也能手把手教他些简单的劳作；需要在外务工时，易春梅会温好饭菜，请邻居代为照顾小叔子。

在她的照顾和教导下，小叔子的衣着干干净净，听话、不闹事，病情也渐渐好转，生活基本能够自理了。

（江西省文明办供稿）

王作亮

3000多个日夜　守护瘫痪妻子

「孝老爱亲」

人物故事

王作亮，男，1957年生，山东省枣庄市峄城区吴林街道肖桥居居民。

2011年，王作亮的妻子得了脑梗死后偏瘫，完全失去生活自理能力。他90多岁老母亲，患有高血压，也需要人来照顾。而王作亮多年前因意外导致脊椎粉碎性骨折，每天都会腰疼。他没有因此推卸责任，反而尽自己最大的能力给予妻子和母亲最好的陪伴。

多年来，妻子生活不能自理，他洗衣、做饭，喂吃、喂喝，擦屎、端尿，从不抱怨。每天凌晨5点，王作亮起床穿衣、洗漱、生火、做饭。收拾停当后他先叫醒老母亲，给老人盛好饭，再叫醒生活无法自理的老伴，给她穿好衣服，然后帮她洗漱，喂饭。等到妻子吃饱了，他接着洗衣服、洗尿布。忙完王作亮赶紧吃口饭就出门下地干活儿，一个多小时就得回去看看母亲和老伴。晚上也没有睡过安稳觉，半夜还要帮老伴翻身三四次。即便这样，他也从来没有过怨言。

（山东省文明办供稿）

姚海军

割肝救妻永不言弃　患难与共见证爱情

「孝老爱亲」

人物故事

姚海军，男，1965年生，河南南阳市卧龙区车站街道新西社区居民。

2014年年底，姚海军的妻子不幸患严重肝病，需要肝移植。经医院检查，全家人只有姚海军自己符合条件，他二话没说，立即签了协议书，决定捐赠自己65%的肝给妻子。当时，为筹钱给妻子做手术，姚海军瞒着妻子四处求人，大家都被姚海军割肝救妻的大爱所感动，纷纷伸出援手。在所有工作准备就绪后，2015年3月26日，北京友谊医院肝移植科为姚海军、李燕夫妇进行了肝移植手术，姚海军将近65%的肝脏移植到妻子体内。

“2018年，我又连着做了两次手术，在床上整整一个月没下床，他精心护理我，让我终生难忘。”李燕说。目前，她的身体恢复得不错，但身体免疫力、抵抗力较差，平时主要在家休养，家庭生活的重担全压在姚海军肩上。“我做的这一切，都是应该的，也是必需的。因为有爱社会才和谐，因为有爱家庭才和睦，生活才更幸福。”姚海军说。

（河南省文明办供稿）

黄东生

和衣伴榻　孝子三十九载护瘫母

「孝老爱亲」

人物故事

黄东生，男，1965年生，湖北省老河口市小东门社区居民。

黄东生15岁时，母亲张淑华在医院被查出腰椎结核伴脊柱脓肿，造成截瘫，从此卧床不起。13年后，父亲撒手而去。作为长子的黄东生，挑起了养母的担子。

从此，黄东生四处为母亲寻医问药。他还发明了一套按摩手法，每天帮母亲按摩15分钟，促进血液循环。

每天早晨6点，黄东生都会准时起床做饭，然后为母亲梳洗、穿衣。按摩推拿15分钟后，又开始喂饭。等一切料理完毕，他才去上班。下班后，他要做饭、帮母亲擦洗身体。他每天要帮母亲翻身几十次，母亲躺了39年，从来没有生过褥疮。

母亲现已91岁，会不时呓语、神志不清，严重时会破口大骂，黄东生依然尽心呵护。只要天晴，黄东生都会推着轮椅带母亲在附近散心。

2015年12月31日，黄东生突发急性心梗，被送往襄阳市中心医院救治。大病初愈后，他又回到母亲身边，和衣相伴，照料依然。

（湖北省文明办供稿）

乐　琴

乐观向上勤守望　孝老爱亲美名扬

「孝老爱亲」

人物故事

乐琴，女，1979年生，湖北省黄石市阳新县三溪镇高桥村李仕垅组人。2019年获“荆楚楷模”等荣誉称号。

2002年至2012年，乐琴先后有4名亲人遭受重大病痛。她的丈夫于2002年6月查出患了早期舌癌，手术后，需要不断化疗，也不能做重活，家里的收入便也断了。2012年年初，丈夫的二哥不幸发生工伤事故，她和婆婆在医院悉心照顾了一年多。2012年9月，在上海务工的大哥突发脑梗死，住院十几天，花费几万元，虽然保住了性命，但大哥却成了植物人。屋漏又遇连夜雨，年迈的婆婆患上了阿尔茨海默症，乐琴便成了家里的主心骨、顶梁柱。

乐琴在悉心照料病残亲人的同时，积极想办法脱贫致富。2017年，在村“两委”的指导支持下，她依托自然湾资源优势，带动附近的贫困户、残疾人，合伙成立了喜悦合作社。该合作社主要从事河豚养殖、果树种植工作，在高桥村脱贫攻坚产业发展中，发挥了率先脱贫的典型示范作用。乐琴在家门口实现了就业创业，并于2017年年底脱贫。

（湖北省文明办供稿）

周桂荣

村里人的“好媳妇”把困难村邻当亲人照顾

「孝老爱亲」

人物故事

周桂荣，女，1976年生，湖南省怀化市沅陵县北溶乡竹垭村民。

周桂荣与残疾人谢全家两口子为邻，两家相距不到30米，做饭遇上没菜、没油，谢全家爱人就上门做手势请求帮忙，周桂荣把自家买的鱼肉、小菜分给她。以前，谢全家两口子喝水要从溪里提，周桂荣引来山泉水，遇到缺水季节，周桂荣首先满足谢全家供水。

村里外出打工人多，家家都有留守老人，买米、买油极不方便，周桂荣主动担当“生活保姆”，定期将自家小超市的物资送到老人家，有些人家儿女无法按时寄生活费，让父母在周桂荣店里先拿货，再结账。村民李永红的父亲、张幺英两家住得较远，骑摩托车翻山下坡，来回近1个小时，每当他们的子女打电话过来，周桂荣不分白天黑夜，随喊随送，从不另收一分钱车费。村民谢满妹今年快90岁了，老人脚板底长癣疮很多年，结痂成泡，既疼痛，又不方便走路，每次不舒服，就来修脚，周桂荣毫不嫌弃，把老人双脚抱在怀里，用刀片小心翼翼削去老痂，一修就是6年多。

（湖南省文明办供稿）

陈远珍

好儿媳用温暖和坚强照顾九口之家

「孝老爱亲」

人物故事

陈远珍，女，1964年生，广东省阳江市阳东区新洲镇中六村党总支部委员、村委会副主任、妇联主席。2016年被评为“广东好人”。

陈远珍原本有一个圆满的家，有两个可爱的儿子，丈夫勤劳善良，然而不幸却接连降临，先是次子患后天聋哑症，后是1989年丈夫因突发心脏病去世。她毅然独自承担起照顾公婆以及两个年幼儿子的重任。1992年，在公婆的再三劝导下，经好心人介绍，陈远珍与一个带着两个孩子的男人重新组建家庭，她依然待前公婆如父母，待再婚丈夫的孩子如亲生孩子。但不幸再次降临陈远珍头上，2004年丈夫遭遇车祸去世。

陈远珍的两任家婆和前家公在世的最后几年，基本都是瘫痪在床上，她对公婆无微不至地照顾，让4位老人安度晚年。对待后夫的儿女，她视如己出，筹集学费供两个孩子继续读书。在陈远珍的坚持下，家里的日子虽然过得清贫，却很温馨。

（广东省文明办供稿）

措　拉

她用柔弱的肩膀扛起一个大家

「孝老爱亲」

人物故事

措拉，女，藏族，1968年生，四川省阿坝州金川县观音桥镇石旁村农民。2019年获第六届“四川省道德模范”。

措拉的家是一个有点儿特别的组合，一家有10口人——103岁的外婆，患有白内障的64岁的妈妈，患有腿疾的67岁的爸爸，两个智力残疾近70岁的舅舅，三级残疾的姨母，读大学的女儿、读小学的儿子，上门的丈夫。

措拉从小学习成绩很好，16岁那年以优异成绩考上了高中，但拿到通知书她却含泪悄悄将通知书藏起。回到家里，默默地承担起家里的重任。她在夜里哭过，擦干泪水，天没亮又起来开始新的一天：先到地里劳作、然后回家做饭、照顾几个老人吃喝拉撒、陪老人聊天解闷……就这样，日复一日，年复一年。33年来，在措拉的精心照护下，6位老人总是穿得干干净净、发行整洁，尤其是外婆身体健康，精神饱满，红光满面。

（四川省文明办供稿）

李发美

50年照顾瘫痪女儿不离不弃

「孝老爱亲」

人物故事

李发美，女，1933年生，云南省临沧市临翔区凤凰盛世小区居民。

1969年，女儿胡宇清因病全身瘫痪。为了让女儿过得更舒服点，李发美给女儿做了一把特制的椅子，让她坐着不吃力；在床上垫了三床棉絮，每天睡觉前检查床铺，让女儿睡得更舒服；家具每天擦拭两遍，女儿住的房间更是擦洗得一尘不染，不让细菌有滋生的机会；每天给女儿清洁身体，穿上干净衣服，系上防护围裙……悉心的照顾，让女儿的病情维持稳定，虽然瘫痪，但50年来女儿没生过一次褥疮，吃喝拉撒挤在一个不足10平方米的小房间，但却没有任何异味。

2017年，女儿胡宇清又被查出患恶性肿瘤，李发美带着女儿住了两次院，医生说女儿的病已经没有好转的可能，但她仍在拼尽全力照顾着胡宇清。

（云南省文明办供稿）

刘雅林

坚强撑起多难家庭 带领村民共同致富

人物故事

刘雅林，女，1977 年生，陕西省榆林市府谷县黄甫镇黄甫村村民。

1996 年，刘雅林和张军经人介绍认识。1997 年 12 月，张军在运输途中发生严重车祸，全身多处骨折，落下终身残疾。刘雅林不顾父母的反对，与张军步入婚姻殿堂。

1998 年，他们的儿子出生，她开始了艰苦的创业之路，筹借 1 万元在自家门前经营了一家小卖部。丈夫病情逐渐好转，与丈夫商量后，决定在黄甫镇学校旁边租一间 40 平方米的房子，开办一家饭店，日子开始慢慢好起来。

2011 年，随着当地工业经济的发展，刘雅林抓住这次机会，通过银行借贷和亲友帮助，举债 60 万元建起 500 平方米的酒店，借着工业区经济快速发展的东风，酒店的生意非常红火，刘雅林一时成为远近闻名的致富女强人。

2018 年，刘雅林当选黄甫镇黄甫村党支部书记。无论是人居环境整治还是推动项目建设，她都带着村“两委”班子，带领全村上下齐心协力，积极参与，扮靓了整个村子。

（陕西省文明办供稿）

中国

ZHONGGUO HAOREN ZHUAN

好人传

四

APRIL

月

韩俊明

热情献爱心　善行践初心

「助人为乐」

人物故事

韩俊明，男，1981年生，山西省晋中市榆次区人，晋中市义工协会秘书长、山西晋中高校新区志愿者联盟理事长。

2008年北京奥运会，韩俊明被会场志愿者奉献精神感动，便利用业余时间去福利机构照看孤寡老人和残疾儿童。从2013年开始，他策划并组织实施志愿项目。组织实施的“幸福夕阳”关爱孤寡老人项目，获2016年度全国学雷锋“四个100”最佳志愿服务项目；“春暖社区”青年进社区项目，获2018年度全国青年志愿服务项目大赛银奖，并在全国进行推广。

2014年，韩俊明创建了“山西晋中高校新区志愿者联盟”，现有联盟成员157个，志愿服务团体177个，志愿者4.7万余名。还组织参与了“志美乡村”助力攻坚脱贫建设美丽乡村等20余个志愿服务项目。12年来，累计参加志愿服务活动1万余次，时长4万余小时。

他重视志愿活动的后勤保障，发起了“志愿服务折扣模式”激励志愿者项目，目前有56家单位参与。

（山西省文明办供稿）

张光付

“光付之光”带着上千人学雷锋

「助人为乐」

人物故事

张光付，男，1987年生，武警辽宁总队抚顺支队五中队副中队长。2018年荣获“全国向上向善崇义友善好青年”。

2009年在医院遇到申家福老人后，老两口的困难就成了他自己的，干农活、买粮食、收拾院落。去中和村次数多了，他列出了帮扶计划本：张明辉，患有软骨病，卧病在床；特困户霍树林，患脑血栓，儿子先天性脑瘫……

作为一个普通农家孩子，张光付待人慷慨大方，对自己却是省了又省：一身便装，他从入伍穿到提干；读军校时每月600元钱的伙食费，别人不够花，他却能省下一半用来捐资助学。2013年，张光付在外学习期间看到云南丽江云旅希望小学孩子们用小兜子提着课本去上学，第二天他就给全校290个孩子每人买了一个新书包。后来他又与学校14名特困生结成帮扶对子，每人每月资助100元，直至孩子们毕业找到工作。

他累计资助贫困学生、困难群众1600余人，捐款30多万元。2013年3月5日，张光付和战友们发起成立了“光付之光”爱心团队，现在已发展到千余人。

（辽宁省文明办供稿）

刘晓娟

热心公益事业的民营企业家

「助人为乐」

人物故事

刘晓娟，女，1962年生，吉林省长春市宽城区晓娟皮肤管理医院院长，长春市民族医院名誉院长，九三学社宽城区主委，长春市台联副会长。2017年被九三学社中央委员会评为全国先进个人。

刘晓娟在吉林省医美行业达到了专业顶峰，成为医美界资深教授，以高尚的医德和精湛的技艺，成为吉林省医美界的领军人物。但她有着更高的追求和梦想——投身公益，在长达20多年的社会公益事业的活动中，个人公益性捐款和资助累计达200余万元；连续7年捐助宽城区泽葵幼儿园，极大地改善了幼儿们的受教育环境；关注弱势群体，温暖送到社区；积极发挥自身特长，连续20年到社区开展义诊活动，连续15年慰问九三老社员、台胞、台属及抗战老兵。引领九三学社高级知识分子和科技界企业家精英，为弱势群体送温暖，爱心服务，诠释着生命的意义，呈现着人类最本真的真善美。

（吉林省文明办供稿）

马　旭

木兰山下忆木兰　空降女兵助家乡

「助人为乐」

人物故事

马旭，女，1933年生，祖籍黑龙江省哈尔滨市木兰县，空军正师级离休干部，现居湖北省军区武汉第七离职干部休养所。曾获解放勋章、保卫和平纪念勋章、“感动中国”2018年度人物、第七届全国道德模范等荣誉。

1947年，马旭加入中国人民解放军，参加过辽沈战役和抗美援朝战争。从15岁参军离开故乡起，70多年间，马旭没回过家乡，如今，家乡已没有亲人，留在脑海里的只剩儿时的记忆。尽管如此，她回报家乡的愿望却越来越强烈。2018年和2019年，马旭分两次把她和老伴积攒了几十年的1000万元无私地捐献给家乡黑龙江省木兰县，用于家乡的教育和公益事业。

如今，马旭和老伴居住在部队驻地的一个普通院落，生活十分简朴，穿的是部队配发的军装，吃的是家常便饭，用的家具十分陈旧。但是她说，习惯了这样生活，并不觉得苦，生活很幸福。

（湖北省文明办、黑龙江省文明办供稿）

赵晓勇

一位“无冕之王”的“环保+公益”跨界追求

「助人为乐」

人物故事

赵晓勇，男，1979年生，新华日报社泰州市记者站主任记者，“水滴公益”赤子之心环境文化交流中心副主任、先锋公益副会长。先后获得“中国青年丰田环保资助行动先进个人”、江苏省“岗位学雷锋标兵”等荣誉称号。

2001年，赵晓勇成为一名媒体人。从业17年来，先后在国内重点报刊上发表新闻作品2000多篇（幅），作品获省级以上奖项30多篇（次），出版专著3部，在新闻核心期刊发表论文26篇，主持、参与省市哲学社科等课题3项。

2007年，赵晓勇加入赤子之心环保社团，先后参与环保宣传实践志愿服务近百次。2011年，他加入先锋单车俱乐部，边骑行边做公益，参与策划、组织“环保+公益”活动近百场，参与人数近万人次。2018年9月，赵晓勇参与策划、报道的“丝路信使”万里骑行牵手公益活动，获得江苏省志愿服务展示交流会金奖项目，志愿者骑手在沿途开展100个“微心愿圆梦”活动，为沿途中小学教学点捐赠图书、衣物、文具、玩具等物品，惠及3250名中小学生。

（江苏省文明办供稿）

何建金

10余年西部助学 圆千名少年读书梦

「助人为乐」

人物故事

何建金，男，1972年生，江苏省苏州市吴中区财政局光福分局局长。2017年获评“江苏省优秀志愿者”。

2007年，何建金了解到青海玉树的学生需要资助，便认捐了两名学生，从此开启了他的助学西部之旅。为了帮助更多的贫困学生，他加入了格桑花西部助学志愿团队。2010年，青海玉树发生7.0级大地震，何建金参与了赈灾工作。2012年，何建金筹集了5.8万元，让第一批西部孩子踏上了来苏州的火车，他为这次活动起名叫作“行走的格桑花”。

2013年，他发起了“穹窿山行走的格桑花”公益徒步活动。发动城市爱心人士通过徒步的方式，为西部孩子筹集拓展营所需的旅费。截至2019年年底，公益徒步活动已经成功举办了8届，参与公益徒步的人数达2.1万多人次，为585名西部孩子筹集了外出游学的费用，参与志愿服务活动的志愿者达1500多人次。2015年1月，他正式注册成立了吴中区玖玖公益联合会志愿团队，截至2019年年底，他的团队共结对资助西部学生4652人次，累计资助款项达620.35万元。

（江苏省文明办供稿）

“蜜蜂行动”志愿服务队

“飞入”千万百姓家 志愿服务送光明

「助人为乐」

人物故事

2012 年，“蜜蜂行动”志愿服务队成立。“蜜蜂行动”志愿服务队由最初的 10 多人，扩展到现在 1 个总队、18 个分队，共计 400 余人的完善组织。曾获“中国志愿服务项目大赛十大典型案例”。

服务队始终把“让蜜蜂行动起来，架起党联系群众的连心桥”作为行动宗旨，结对挂钩联系 700 多户孤寡老人，关心关爱高龄、空巢、残障、失能等重点人群。开展“电亮平安”活动，为困难家庭改造用电线路、完善电器设施，营造安全用电环境。开展“电亮暖心”活动，建立“老龄化群体用电模型”，通过用电量监测等专业化手段跟踪独居老人生活动态，让受助者得到更多关怀。开展“电亮亲情”活动，志愿者定期上门为空巢老人、独居老人提供精神慰藉和物质帮助，让他们远离孤独。开展“电暖流点亮黑楼道”志愿行动，对老城区存在的“楼道黑洞”“楼道亮化返黑”等问题进行攻坚。组织电力志愿者对 34 个老小区、8140 余个楼道的照明设施进行集中改造维修，实现全市老小区楼道 100% 亮化。

（江苏省文明办供稿）

刘　峰　李淑兰

夫妇同签器官遗体捐献书 诠释人间大爱

「助人为乐」

人物故事

刘峰，男，1968 年生；李淑兰，女，1969 年生。夫妇俩是安徽省亳州市蒙城县篱笆镇刘庙村人。

2016 年，刘峰被确诊为吉兰—巴雷综合征，长期卧床会出现失用性肌肉萎缩。刘峰年轻时在绒布厂工作，很早就出现过染料中毒症状，落下了严重的皮肤病。虽经多地辗转治疗，皮肤病基本治愈，免疫力却下降了。多年来，家庭生活的重担全靠李淑兰。而李淑兰身患宫颈癌，巨大的医疗开支，花光了家里的积蓄。村“两委”得知情况后，帮他们申请办理为贫困户。

疾病久治不愈，刘峰便产生了遗体捐献的想法：“我经常在电视上看到人们捐献器官。受此启发，也想着为国家作一点贡献。”刘峰的想法得到了妻儿的支持，2018 年 7 月 3 日，刘峰向蒙城县红十字会提交了申请。7 月 4 日，正式完成相关捐献手续。谈起身后事，刘峰总是笑着对李淑兰说，一定要响应政府的移风易俗号召，坚决不办丧事。9 月 11 日，刘峰去世。蒙城县红十字会、合肥爱尔眼科医院、蚌埠医学院三方到刘峰家中取眼角膜，送往蚌埠医学院作医学研究。

（安徽省文明办供稿）

张黎明

乡镇医生坚持献血 30 年 志愿公益爱心带动身边人

「助人为乐」

人物故事

张黎明，男，1962 年生，安徽省巢湖柘皋镇中心卫生院针灸推拿主治医师。曾获全国无偿献血奉献奖金奖、全国无偿献血特别促进奖等。

1989 年，张黎明第一次献血，至今已坚持 30 年，献血总量 3 万多毫升，捐献血小板 30 余次。2003 年 3 月，他与安徽医科大学解剖试验室签订协议，无偿捐献自己的遗体及眼角膜，用于临床科学研究及治疗。

2015 年，张黎明组建一支由 12 人组成的志愿服务队，带领大家献血。志愿服务队无偿献血最少的有 2 次，献血最多、年龄最大的是下岗工人詹荣政，献血共 4500 毫升，捐献血小板共 35 次。张黎明志愿服务队还是广大患者健康的“守门人”，针对农村留守老人和儿童情况，他们经常为 60 岁以上老人免费量血压、测血糖，推拿治疗颈腰疾患；假期时常到农村河塘旁做一些儿童安全警示标志，做留守儿童的“守护神”。在张黎明的影响下，学医的女儿张倩女也走上了无偿献血的道路，成为合肥市中心血站巢湖分站的应急队员。

（安徽省文明办供稿）

程得集

企业家 14 年义务磨刀 帮扶家乡 300 人就业致富

「助人为乐」

人物故事

程得集，男，1977 年生，安徽省黄山市祁门县历口镇人，安徽省祁门县驻杭州党支部书记，杭州目乐医疗科技股份有限公司董事长、总经理。

2005 年年初，29 岁的程得集怀揣着从信用社贷来的 8000 元和创业梦想来到杭州。虽四处碰壁，但在机缘巧合之下，程得集找到了安徽省祁门县驻杭州党支部，让他倍感温暖。当被问及能为居民提供什么服务时，程得集说道：“我们来杭州之前都是村里种地的庄稼汉子，还真没拿得出手的活，就想起来这磨刀的手艺了。”他坚持每月到采荷街道文体中心广场和吴山广场等地为市民义务磨刀。至今，已义务帮助市民磨刀 1.7 万把，他所在的党支部帮助家乡 300 多人在杭州找到了工作。2009 年 3 月，程得集成立了杭州目乐医疗科技股份有限公司。

2013 年，祁门驻杭州党支部换届选举，程得集成为了新一届党支部书记。如今，这个党支部的磨刀服务历经了 14 个年头，程得集坚持了 14 年，每月 20 日定点，每次 3 小时，每次 100 把。

（安徽省文明办供稿）

王　凤

下岗女工致富不忘桑梓情 9年捐款近50万元

「助人为乐」

人物故事

王凤，女，1981年生，安徽省阜阳市颍上县半岗镇人，颍上县郑氏米业总经理、颍上县公益志愿者协会副会长。2015年荣获安徽省五一劳动奖章，2017年当选安徽省人大代表。

2000年，王凤成为一名下岗职工，几经周折，于2007年创办郑氏米业。王凤多年来苦心经营的“鑫福顺”系列大米产品，已经成为安徽省著名品牌。致富后她没有忘记帮助自己渡过难关的乡里乡亲。了解到和她一起下岗分流的王主亮和朱文勇二人下岗后一直没有再就业，王凤第一时间为他们提供就业岗位，帮助2人年增收10余万元。邻居周游戒毒管制期满，回到家里没有生活的门路，王凤安排他在厂里帮忙。

2010年，王凤开始投身公益事业，2015年，加入了颍上县公益志愿者协会。9年来，王凤帮困济贫，累计捐款近50万元，用于助学、助残、修桥、铺路、关爱留守儿童、慰问孤寡老人，带动数百名乡亲就业，在颍淮大地上演绎了一曲乐于助人的颂歌。

（安徽省文明办供稿）

高春宝

爱绿护绿　志愿情长

「助人为乐」

人物故事

高春宝，男，1985年生，福建省福州市儿童公园管理处支部书记、主任。

2011年，高春宝任职福州市园林执法支队期间，牵头组建“榕城护花使者”志愿服务队。短短数年，该服务队从最初的十几人发展到1900人，开展近百场爱绿护绿主题宣传活动，参与人数逾2万人次，发放宣传册和倡议书7万余份。

2017年，高春宝到福州市儿童公园任职。他发动党员志愿者500余人次联合开展尊老爱幼、绿化环保等主题志愿活动32场，发动参与人员近万人次，相关媒体刊发报道100余条，儿童公园党员志愿者品牌初步形成。

同时，高春宝以个人志愿者身份参与“有爱就有光明”等各类公益活动。他还长期参与“橄榄树助盲志愿服务队”活动，帮助盲人朋友解决出行困难。

（福建省文明办供稿）

蔡定造

自费创办公益书屋 陪伴留守儿童快乐成长

「助人为乐」

人物故事

蔡定造，男，1960年生，江西省南昌市新建区大塘坪乡光明村人。

为了让社区孩子们有免费的书看，2015年6月，蔡定造将自家的一间十几平方的储藏间腾出来作为场地，自费创办公益书屋，独自维护管理书屋。每到下午放学、周末时间，吸引了很多孩子来看书或写作业。

孩子们来到书屋后，蔡定造会先免费辅导他们把作业写完，然后再引导他们翻阅有益的读物。看着孩子们求知若渴地从书中汲取知识，蔡定造心里无比满足。除了每日正常开放，书屋还不定期开展苗苗阅读活动、绘本故事、趣味作文、写作能力、趣味英语、亲子教育等各种公益课堂50多场，开办以来看书人次达到5000人，为留守儿童营造健康、快乐、平等、和谐的成长环境，使他们感受到家庭般的温暖。

蔡定造的善举也感染了前来看书的孩子们，不少附近的学生争相来书屋做志愿者，与他一道整理书屋。

（江西省文明办供稿）

于殿作

七旬老人3年骑行万里 送烈士"回家"

「助人为乐」

人物故事

于殿作，男，1946年生，山东省烟台市莱阳市化工机械厂退休职工。

于殿作3个月大的时候，父亲就去参军了。一年后，传来了父亲牺牲的消息。

寻找父亲，成为他一直以来的心愿。退休后，于殿作将寻找父亲的想法化作了实际行动。2015年夏天，于殿作踏上了寻找父亲的旅程。他骑着摩托车，从莱阳出发，靠着纸质地图走了山东、江苏、安徽、河南4个省份，找遍了十几个烈士陵园，历时一个多月，终于在河南陈官庄烈士陵园找到了父亲的墓碑。

寻找父亲的过程中，于殿作每到一个烈士陵园，都会在陵园的墓碑上寻找胶东地区烈士的信息，并用相机拍下来，一共收集了100多位胶东烈士信息。烈士的家乡分散在胶东各地，而且有的烈士亲人搬了家、有的烈士入伍时改了名字，送信息时非常困难。为了让烈士与亲人团聚，于殿作每天早上5点多出发，晚上再返回莱阳。经常一天就要行驶几百公里，风餐露宿、无功而返是常有的事。3年多来，于殿作行驶了1万多公里，莱阳、海阳等地的烈士信息均已送回了烈士故乡。

（山东省文明办供稿）

邢卫环

千里捐献“熊猫血”传递爱心筑大爱

「助人为乐」

人物故事

邢卫环，男，1972 年生，河南省安阳市幸福渠管理处党支部宣传委员。

20 年前，邢卫环意外获知自己的血型是 RH 阴性血型，为能献血救人，他主动将个人信息登记到安阳市血站稀有血型档案。虽然血站不允许稀有血型献血者随便献血，但他随时待命，只要血站一个电话，便立即前去献血。多年来，他累计献血 2000 毫升，被大家亲切地称为“熊猫卫士”。

2018 年 7 月 31 日，驰途信息网上发布的一篇《爱心传递：豫北全城急找“熊猫血”》的文章，原来，安阳籍石女士是 RHAB 阴性血，正在北京解放军总医院住院，患癌症需动手术，因自备 2000 毫升“熊猫血”不足，手术日期一再推后。得知消息后，邢卫环第一时间在“安阳稀有血型之家微信群”“RH-AB 中国稀有血型联盟”寻找同血型的献血志愿者，短短 4 天，他先后两次带领其他 4 名献血志愿者赴京献血，确保石女士手术顺利进行。

（河南省文明办供稿）

丹新雪

省吃俭用倾心救助困难学生

「助人为乐」

人物故事

丹新雪，女，1976 年生，河南省南阳电视台《魅力南阳行》栏目主编。

2008 年的一天，丹新雪接到热线电话，说有一个叫小欣的学生急需救助，爸爸过世，妈妈是植物人，外婆年过六旬，家境十分艰难。丹新雪呼吁爱心企业参与帮扶。在她的努力协调下，小欣妈妈经过一家医院的免费医治苏醒了过来，虽然失忆了，但她却认得非亲非故的丹新雪。4 年后，小欣妈妈又突发脑出血，临终前，丹新雪握着她的手说：“大姐，你放心走吧，小欣有我呢，我会把他当亲儿子的。”2016 年，小欣考上大学，进了军营，丹新雪专程开车送行，并给小欣掏了生活费。

11 年来，丹新雪资助 6 名孩子上学读书，累计向贫困家庭捐赠款物 10 万余元，她还以大型公益栏目《魅力南阳行》制片人的身份，积极联系、协调、宣传、呼吁、组织全市公益爱心力量合力奉献爱心，开展“金秋助学”“同心助力脱贫攻坚”等慈善活动 100 余场次，累计捐助款物 200 余万元，受惠困难家庭近千家，帮助困难学生、群众近万人。

（河南省文明办供稿）

陈家济　陈家水　陈家勇

三兄弟创办公益团队
捐资助学关爱老人援建贫困村

「助人为乐」

人物故事

陈家济，男，1967年生，河南省太康县万城实业有限公司董事长；陈家水，男，1969年生，河南省太康县万城实业有限公司总经理；陈家勇，男，1977年生，河南省太康县万祥商业管理有限公司总经理。

2016年，陈家济三兄弟成立“太康壹家人”公益团。4年来，三兄弟带领公益团累计开展各类公益活动300余次，资助孤寡老人、贫困儿童600多人，累计为社会捐赠资金达250多万元。

2017年1月，陈家勇三兄弟结识了80多岁的贫困户孙老汉。为改善老人的生活条件，三兄弟出资为老人整修了房子，还定期为老人送食品、衣服等生活物品。太康县独塘乡宋楼小学曾因教学条件差，一度整个学校只有8名学生。在陈家勇三兄弟的帮助下，学校建起围墙，铺设水泥路面，整修教室，更换新桌椅，如今，学生已增加到200多名。太康县王集乡新店铺小学是一所留守儿童学校。由于资金短缺，学生没有统一的校服，三兄弟知道后，立即安排人员为学校制作了106套价值2万余元的新校服。

（河南省文明办供稿）

赵世莉

从提灯女神到“小莉开讲”
城市健康的守望者

「助人为乐」

人物故事

赵世莉，女，1976年生，湖北省荆州市中心医院医务社工部专职社工、特色公益品牌项目——“小莉开讲”负责人。其家庭被授予“全国最美家庭”荣誉称号。

2014年年底，她创建了为糖尿病患者服务的“甜蜜家园”微信群，使成千上万的患者及家属从中受益。2017年8月，在荆州市中心医院党委的大力支持下，赵世莉创立了以其个人名字命名的“小莉开讲”公益活动品牌，团结和带领医院医护志愿者们深入群众身边，开展健康科普和义诊咨询活动达177场，发放宣传资料2万份，被市民亲切地称为“最美健康教育师”。

2019年3月，医院将她由临床一线调入行政部门从事医务社会工作，作为一名医务社工，2019年，她帮助812名贫困患者募集治疗善款1353万元，解决患者经济压力的同时缓解了他们的焦虑情绪。她动员医护力量、整合社会资源、激活社会网络组织策划43场爱心帮扶、文明劝导、健康科普、送医下乡等公益活动。

（湖北省文明办供稿）

张　锐

眼盲心明志不移　助残济困爱不变

「助人为乐」

人物故事

张锐，男，1973年生，湖北省潜江市残疾人联合会盲人协会主席，潜江市蓝天职业技能培训学校校长，潜江盲康保健服务有限公司董事长。

1988年秋，张锐患上“视网膜色素变性”，2004年双眼失明。他掌握过硬的推拿按摩和电脑操作技术后开店经营，并以此为基础，吸纳残疾人朋友就业，免费培训残疾人学习按摩、推拿、电脑等技能，帮助他们实现就业创业。

2011年张锐当选为潜江市残疾人联合会盲人协会主席，他积极推动参与社会公益活动，将助人为乐当作自己最快乐的事，将大爱无私传递给身边的每一个人。

2013年，张锐建议市残联举办了首届盲人电脑培训班，无偿培训盲人50名。为了帮助更多的残疾人以及健全人士掌握一技之长，实现就业创业，他多方奔走，于2015年6月创立蓝天职业技能培训学校和实训基地。截至2019年，培训600多人，其中残疾人300多人。他扶持盲人开办按摩店近30家，帮助盲人组成20对美满幸福的家庭，让不少残疾人逐渐摆脱贫困。

（湖北省文明办供稿）

巫金星

乐善好施捐资公益 关爱老人热心助学

「助人为乐」

人物故事

巫金星，男，1948年生，广东省客属海外联谊会常务副会长兼联络交际委员会主任，广东省侨界仁爱基金会副会长。2018年被评为“中国当代十大公益先锋人物”。

作为丰顺县助学基金会永远名誉会长，巫金星连续20多年如一日地支持家乡教育事业，每次到访中小学都会带去大量的学习用品、校服赠送给同学们，并为学校慷慨解囊。平时每隔一两个月捐款一次给基金会助学，资助贫困的中学生和大学生完成学业。每年农历春节，巫金星都会对家乡的百岁老人及丰顺县福利院、汤坑镇敬老院、汤坑镇文化站、汤坑镇金湖村600多位60周岁以上的老人进行慰问，并送上春节慰问金和慰问品。每月的9日，巫金星捐款给博爱慈善会，也已成为惯例。

从1993年起至今，巫金星在修桥铺路、捐资助学、抗震救灾、抗洪抢险、扶贫敬老等社会公益事业上捐资金额超过1000多万元。

（广东省文明办供稿）

刘汉平

发挥岗位技能服务社区居民

「助人为乐」

人物故事

刘汉平，男，1971 年生，中国铁路南宁局柳州机车车辆有限公司坐垫车间维修电工。

刘汉平 2002 年进入公司工作时，就加入了“雷锋街市”活动，为社区居民免费修理电器。每年 3 月的一天，在公司宿舍区，一条两三百米的街市都会如期出现。该街市上摆摊的人免费为市民服务。“雷锋街市”已经连续“开市”54 年。

刘汉平的妻子也是个聋哑人，车间了解到这一情况后，将她安排到厂里工作，夫妻两人有了稳定的工作，生活也稳定了，儿子以优异的成绩考上了大学。没有了后顾之忧，刘汉平的工作积极性和帮助他人的热情更高了，积极参加单位每年 3 月组织的学雷锋活动，并报名参加了公司“学雷锋活动室”，成为一名长期的志愿者。据不完全统计，17 年来，刘汉平义务帮助别人修理小家电 1300 余件。2014 年 12 月，刘汉平获柳州市“首届公益之星”荣誉称号。

（广西壮族自治区文明办供稿）

赵公山守护队

10 余年守护游客安全

「助人为乐」

人物故事

赵公山守护队，四川省都江堰市玉堂镇龙凤社区群众自发成立的志愿服务组织。

都江堰市玉堂镇龙凤村，坐落在海拔 2000 多米的赵公山腰。2017 年暮秋的一个傍晚，玉堂镇派出所打来紧急电话：有游客遇到危险，被困于赵公山原始森林中。

欧永贵，是龙凤社区支部书记，也是这支守护队的队长，执行过许多次救援任务。此时，守护队副队长王林和另外十几个队员带着绳索和弯刀等工具也赶到了，他们扑进了茫茫原始森林。

欧永贵和队员们一边在电话里给被困人员壮胆、安慰，一边仔细询问周边的地形。很快就确定了位置。终于在一个茂密树林间的大石头之下，看到了被困人员。王林在就近的一棵大树上绑好绳索，抓住绳索攀岩而下。经过两小时的奋战，欧永贵等人带着被困人员终于到达龙凤村停车场。

10 多年来，赵公山守护队就是这样默默地守护着八百里青城。他们的梦，是希望竭尽所能，撑起赵公山这一方的平安。

（四川省文明办供稿）

廖家仕

好老师资助百名贫困学生完成学业

「助人为乐」

人物故事

廖家仕，男，1961年生，贵州省安顺市关岭布依族苗族自治县永宁中学教师。

廖家仕出生于一个农民家庭，父母都很善良，尽己所能帮助左邻右舍。正是父母的一件件善举影响着廖家仕，让他立志长大以后也要像他们一样帮助有困难的人。

1984年，廖家仕开始了自己的教师职业生涯。他扎根基层，教书育人三十余载，先后从自己微薄的工资收入中拿出10多万元，资助100多名贫困的优秀学生完成学业，尽力温暖和帮助贫困的孩子。自2001年起，他出资2.6万元先后在家乡修建了3个公厕，并做好后续的管理和维护工作。2011年，他出资2.4万元在永宁镇修建“路人一口水”工程，将山上优质洁净的山泉水引到村口，让远道而来赶集的老百姓都能喝到甘甜、纯净的泉水。从2016年开始，他利用假期的时间，在母亲留下的7亩地里先后栽种了近3000棵杉树苗，并像爱护学生一样精心照管，如今杉树长势良好、蔚然成林。

（贵州省文明办供稿）

杨再娥

古稀老人义务清扫山路十二载

「助人为乐」

人物故事

杨再娥，女，1943年生，贵州省铜仁市玉屏侗族自治县皂角坪街道紫气山社区居民。

从2008年年初至今，每天凌晨5点，杨再娥都会拿上手电筒，背上水瓶，听着收音机里的广播，趁着微亮的天色赶在众多登山锻炼人的前面，将玉屏县城南门坡森林公园山脚到山顶，1.6公里山路清扫干净。日复一日，年复一年，一扫就是数个春秋。正是杨再娥的默默奉献，为无数登山人提供了一个干净安全的锻炼环境。在南门坡半山腰上，杨再娥自己动手搭了个小棚，里面放着大大小小用树枝扎成的扫把，这里是她的休息所。每天从里面挑选扫把后，她便会沿着山路边走边扫。10多年来，杨再娥风雨无阻，哪怕身体带着病痛也坚持着。据杨再娥回忆，她开始清扫落叶以来，尽管已经白发苍苍，但依然耳聪目明、步履稳健，手腕抬举很有力量，在林中清扫山路，颇有民间大侠的风范。南门坡一年四季都在变化，而不变的是杨再娥老人扫地的身影。有人曾算过，南门坡一个来回是3.2公里，杨再娥打扫了10多年，约走了1.1万公里。

（贵州省文明办供稿）

郝　倩

“80后”最美阳光女孩 孩子们心中的“爱心妈妈”

「助人为乐」

人物故事

郝倩，女，1985年生，国家税务总局铜川市税务局机关服务中心副主任。

时至今日，郝倩还记得第一次参加志愿活动的情景。大家驱车一个多小时来到坐落于山坳里的关庄敬老院。这里的十几位老人有盲有聋，全都孤苦伶仃，无依无靠。见到这样情景，郝倩心里像打翻了五味瓶，说不出的滋味。她立即挽起了袖子，给老人们洗衣梳头，清理房间，拉着老人的手聊天拉话，嘘寒问暖。

郝倩长期资助山区贫困学生，其中有一名患有唇腭裂的儿童，2017年郝倩自筹资金带孩子去北京做了唇腭裂手术。11岁的贫困生贺心怡患有眼角膜皮样瘤，不及时手术就会失明。郝倩得知情况积极联系陕西省第一眼科医院并筹集资金2万余元，为孩子更换眼角膜。她带动周围朋友先后资助了10多名贫困学生，为贫困学校联系钢琴、电脑、图书等物资。近年来她和朋友们捐助的衣物多达千件，捐款数万元，把无私关怀送到了铜川的各个角落。郝倩先后荣获“陕西省最美志愿者”“陕西省巾帼建功标兵”等称号。

（陕西省文明办供稿）

段俊民

雷锋一直在身边

「助人为乐」

人物故事

段俊民，男，1954年生，甘肃省兰州铁路工务段退休职工。

从2015年1月加入志愿服务以来，段俊民用实际行动践行志愿者服务精神。

他经常利用休息时间义务给小区进行环境美化；每周一、三、五，他免费为小区居民理发、每天平均接待理发人数两三人，最多的时候一天达到7人；免费为小区居民修自行车，迄今为止已免费帮居民修理自行车30多辆；免费为小区居民进行物件维修和维护等。无论何时他都是随叫随到、有求必应，且分文不取。小区里有一家住户生活拮据，经济困难，段俊民得知后就把自己家里的米、面、油和肉送给他们，以后家里只要有用不完的或闲置的东西都会给他们送一些，尽自己所能给予帮助。

（甘肃省文明办供稿）

李洪占

耄耋老人坚持义务植树60余年

「助人为乐」

人物故事

李洪占，男，1933年生，青海省海东市互助县蔡家堡乡后湾村村民。

青海省互助县蔡家堡乡后湾村，常年干旱少雨，树木成活率低。从1956年至今，李洪占义务植树8万余株，成了远近闻名的“种树老人”。

1980年，从护林员岗位上退下来的李洪占养成了一个“毛病”：见不得荒地。每年开春，他便开始忙碌起来，每天都是6点钟起床，吃点馍馍喝点开水后，就扛起树苗拿起铁锹，带点干粮出门，直到日落才归。老人将其戏称为“上班”，这个班一上就是60多年，并且他从未打算过“退休”。就算是平常干农活的时候，他的背斗里也装着几棵小树苗，走在路上，看到空地或者死了的小树苗，就顺手从背斗里找棵小树苗补种进去。

2018年年底，李洪占所在的后湾村搬迁到了条件优越的塘川镇，原本家人以为老人可以歇歇了，可没想到老人已经规划出了自己回村种树的路线。老人的二儿子李珍业从小受父亲的影响，对种树也有着浓厚的兴趣。如今他和妻子两人也跟着老人种树，将父亲光荣的种树事业延续下去。

（青海省文明办供稿）

于双进

七旬老人不顾安危勇救落水儿童

「见义勇为」

人物故事

于双进，男，1949年生，河北省保定高碑店市东马营镇政府退休职工。

2018年6月2日下午5时左右，高碑店市东马营镇田宜屯小学的学生寇新凯、张俊两人相约来到田宜屯东村河边玩耍，一不留神，寇新凯一脚滑进了河里，由于不会游泳，他拼命拍打水面，一旁的张俊见状马上伸手去拉同伴，不料被寇新凯拽进了水里。正在东营镇田宜屯东村河边拉网打鱼的于双进，听到旁边有人呼救，他闻声迅速抬眼一望，离自己不远的河里有两个小孩儿在水中扑腾。69岁高龄的他来不及多想，毫不犹豫纵身扎进了一人深的水中，游过去抓捞落水的孩子。很快他就抓住了离河岸较近的一个小孩的手，他用力把孩子托起，送回河岸，顾不得歇一下，又扎进水里去救另一个孩子。由于老于年岁太大，体力透支严重，他托举孩子的手几乎没了知觉，他用尽全身力气将第二个孩子托上了岸。两名孩子都得救了，年近七十的老于却累得说不上来话。

（河北省文明办供稿）

郑立永

行侠仗义 好“的哥”协助警方抓捕嫌犯10余人

「见义勇为」

人物故事

郑立永，男，48岁，吉林省吉林市富祥公司驾驶员，吉林市志愿者车队志愿者。在志愿者车队成立的15年中，他多次随队长慰问吉林市敬老院、孤儿院，每年高考季免费义务接送考生。

2013年6月5日，郑立永正在开车，突然都市110台传出一条信息，一名持刀男子在朝阳街行凶后，抢劫了一辆黑色捷达车正向雾凇大路方向逃窜。郑立永得知消息后马上放弃营运，参与围堵。在紫光苑附近的一个胡同里把歹徒堵停后，经过激战彻底将歹徒制服。

18年出租车司机生涯，郑立永参与围堵肇事车辆50余次，抓捕犯罪嫌疑人10余人，在吉林市公安局治安防控网络体系建设中作出了突出贡献。先后被评为吉林省见义勇为积极分子、吉林省第七届道德模范、全国交通运输系统劳动模范。

（吉林省文明办供稿）

项华彪

10分钟勇救回7条人命

「见义勇为」

人物故事

项华彪，男，1978年生，浙江省临海市人，浙临渔21879船船长。

2018年12月30日深夜，东海渔山灯塔附近海域传来呼救声，浙临渔21879船老大项华彪从睡梦中惊醒。他立刻起身，看到离自己船只不到100米处有一艘渔船触礁搁浅了。项华彪连忙打响船上电铃，5分钟后，12名船员全部准备就绪，起锚行船，向遇险渔船驶近。

当项华彪等人到达事发现场后，他们立马分工救援。由于渔船与救生筏之间存在较大的高度差异以及海面波动不稳，系着空瓶的救援绳始终无法准确抛至救生筏上。项华彪和船员们迎着风雨反复抛掷救援绳。凌晨0点10分左右，7名遇险船员顺着抛出的救援绳最终成功获救，而这仅用了10分钟。

项华彪不顾自己早已冻麻的手脚和湿透的衣衫，转身就给遇险船员拿换洗衣服、下厨做面，还不忘和他们拉家常，让7名遇险船员感到暖身又暖心。

（浙江省文明办供稿）

余以海

人民教师路遇抢劫勇斗歹徒

「见义勇为」

人物故事

余以海，男，1962年生，湖南省岳阳市岳阳楼区枫桥湖学校原党支部书记兼数学教师，现已退休。

2018年3月19日20时许，余以海在巴陵大桥散步，忽然听到有人喊“抢劫啊”，他毫不迟疑追了上去，与小偷搏斗起来。缠斗中，眼镜被小偷撞飞，视线模糊，脚下踏空，余以海摔倒。小偷重重压在他身上，但他仍死死箍住小偷。等周围市民赶来帮助制服小偷后，余以海从地上爬起来，感觉自己的手臂像针扎一样痛，他赶紧前往医院就诊。医生为余以海接上脱节的骨头，肩胛部位植入钢板固定，先后做了3次全麻手术。伤口愈合后，疤痕仍盘踞在肩上，像树根扎在那里。后来，余以海的右手被鉴定为八级伤残。

其实，这并非余以海第一次见义勇为。1995年和2002年，余以海两次遇到小偷行窃，他都是第一时间站出来制止。余以海还经常用他的“百宝囊”修缮学校的设施。课桌椅高低不平、楼梯扶手缺口子、班级铭牌松动……经过余以海一阵敲打，很快恢复如常。

（湖南省文明办供稿）

张丽娜

居民楼起火　军嫂火场挺身救人

「见义勇为」

人物故事

张丽娜，女，1988年生，广西壮族自治区南宁市西乡塘区交通运输局道路运输管理所管理员，随军家属。

2018年12月21日凌晨，南宁市西乡塘区相思湖北路相思湖畔小区内1栋居民楼23层一住户阳台突发大火，由于起火地点靠近燃气管道线路，火势一旦蔓延，后果不堪设想。听到邻居们的呼喊声后，张丽娜和爱人第一时间拨打火警电话并迅速赶至现场，猛拍房门叫醒了熟睡中的邻居何先生，然后夫妇俩奋不顾身冲入满是火光和烟雾的室内救火。待火势稍小他们得知仍有一名9岁的儿童在卧室熟睡后，张丽娜赶紧找来了一块湿毛巾递给爱人，夫妻两人一起再次冲入浓烟弥漫的室内实施搜救，一番搜寻后终于成功救出被困儿童。接到报警赶来的消防队员经过扑救，明火基本被扑灭。由于扑救及时，火灾未造成人员伤亡。而救火后的张丽娜夫妇悄悄离去，回到单位后对此事闭口不提。

（广西壮族自治区文明办供稿）

尹德洪

“的哥”英雄用生命铸就时代榜样

「见义勇为」

人物故事

尹德洪，男，1974年生，四川省射洪县金家镇独柏树村人，生前系射洪县宏达出租车有限公司驾驶员。2019年获“第六届四川省道德模范”。

2019年2月15日凌晨，尹德洪刚载上一名乘客吴先生。忽然吴先生听到喊叫，回头一看，一个女子从桥上跳进了河里。尹德洪立即靠边停车。尹德洪一边叫吴先生拨打110报警一边忙着在车上找救援工具。随后，尹德洪飞快地脱掉外套和鞋子，把随身物品交给了吴先生帮他拿着，纵身跳下河向落水女子游去。尹德洪游到了落水女子身边，并抓住了她往回游。

接到报警的射洪公安、县消防队立即赶到现场救援，一个多小时后已无生命迹象的跳水女子被打捞上岸。15日早上，射洪公安消防队等救援力量展开拉网式救援，最后在下午3时左右，经多方共同努力，将尹德洪遗体打捞上岸。当被打捞起来时，他还保持着双手弯曲的托举的姿态，费了很大力气都掰不回来……

（四川省文明办供稿）

颜　亮　李俊龙　滕济阳

寒冬夜辅警3人合力救起轻生男子

「见义勇为」

人物故事

颜亮，男，1990年生；李俊龙，男，1996年生；滕济阳，男，1993年生。三人系贵州省铜仁市江口县公安局特巡警大队辅警。2019年，3人获评“贵州好人”荣誉称号。

2018年12月16日22点10分左右，当他们巡逻至双江街道龙井阁大桥时，隐约听到有人在喊救命，他们立即靠边停车，向人群快步跑去，只见一个人悬吊在桥护栏的外侧，站在内侧的一名男子紧紧地拽住他。巡警们见状，立刻准备进行营救，但由于待救男子体力不支，没等到他们救援就滑落坠入水中。颜亮、李俊龙、滕济阳立即从桥上跑至岸边，一边跑一边脱掉厚重的外衣，毫不犹豫地一头扎进河水里。

7分钟后，他们游到了落水者身边，由于河水太凉，四人的手脚都被冻得有点麻木了，朝岸边游的速度也越来越慢。正在周围群众都为他们着急担忧的时候，支援小组赶到现场。最终，在大家的共同努力下，成功将落水男子救上岸，经医生检查确认落水男子没有生命危险后，他们才离开现场，回家换上干衣服后，立即回归岗位继续巡逻。

（贵州省文明办供稿）

刘浪浪

洪水来临时的“吹哨人”

「见义勇为」

人物故事

刘浪浪，男，1991年生，陕西省延安市安塞区高桥镇魏塔行政村龚圪堵村村民。2018年入选“陕西好人榜”。

2018年8月8日，由于上游砖窑湾镇山王河流域遭遇强降雨，导致山洪暴发。此时，刘浪浪和朋友正在去往延安的路上，在经过老沟岔桥时，不远处传来响声，过了桥他发现汹涌的洪水已经顺着河道冲了过来。因为他经常走这段路，所以他清楚地知道，从这里到下游，河岸边有好几处工地，工人会在河道施工得比较晚，更让他担心的是晚间河道边常有周边群众散步。

在半个多小时的时间里，他在夜色中驱车奔走呼喊，“洪水来了，赶快撤离！”他一路而下，一见到亮灯的工地和河道边的群众，他就扯开嗓子大喊，让在河道中的施工人员和群众赶紧撤离。由于他的奔走相告，将山洪来袭的汛情及时告知了正在延河边施工的单位和周边群众，及时保全挽救了人民群众的生命和财产安全。

（陕西省文明办供稿）

邹晶虹

自主创业投身互联网 诚信服务坚守18年

「诚实守信」

人物故事

邹晶虹，女，1972年生，黑龙江省大庆市卓创多媒体制作有限公司董事长。被商务部中国国际电子商务中心和中国农村电子商务大会组委会评为“2018中国农村电商致富带头人”。

2002年，求学归来的邹晶虹选择自主创业，创办了大庆市卓创多媒体制作有限公司，始终践行“厚于德、诚于信、敏于行”的理念。

邹晶虹坚决不作虚假承诺，卓创公司的每一份网络服务合同期限都至少一年，所以每增加一个客户，邹晶虹都想不管再难，也要坚持把服务做完，企业不能倒。2007年，卓创与某房地产合作开通网上定时选号业务，汇集了十几万人的数据资源，有人透露出想要与邹晶虹交易客户数据的想法。邹晶虹很清楚，售卖这些数据的收益要远远高出公司正常业务的收入，可即便如此，她丝毫未曾动摇。

邹晶虹正是靠这种以诚待人、操守为重、履约践诺、言行一致的诚信服务，带领公司坚守了18年，打造了良好的社会信誉和企业形象。

（黑龙江省文明办供稿）

金　浩

诚信坚守民营实体书业 转型发展助力“书香中国”

「诚实守信」

人物故事

金浩，男，1961 年生，上海钟书实业有限公司董事长、总经理，钟书阁创始人。

自 1995 年 5 月自筹资金创办上海钟书实业有限公司以来，金浩先后在金山、青浦、奉贤等区开设了 13 家书店。在电子商务的冲击下，金浩带领“钟书”逆流而上、不断创新，创造了一个又一个奇迹。

早先，金浩开设的位于松江泰晤士小镇内的首家极具特色的实体书店——钟书阁，被广大读者誉为“最美书店”。自 2013 年起短短 5 年内，他又在全国开设了钟书阁泰晤士店、钟书阁闵行店等 7 家钟书阁连锁门店，深受广大读者喜爱。钟书阁泰晤士店荣获“2017 年全国工人先锋号”。

金浩说：“我的一生属于图书事业，我要用毕生精力为振兴实体书店和图书事业奋斗，真正为阅读、为读书人服务。”金浩同志还真情关心关怀员工工作和成长，热心奉献公益事业，长期坚持捐资助学。

他先后荣获第三届中国出版政府奖“优秀出版人物奖”，2017 年上海市五一劳动奖章。在他的带领下，2017 年上海钟书实业有限公司又荣获“第四届中国出版政府奖”。

（上海市文明办供稿）

潘德江

古稀老人辛勤劳作 10 年 还清 20 多万元借款

「诚实守信」

人物故事

潘德江，男，1943 年生，江苏省盐城市射阳县人。

20 世纪 80 年代，时任村主任的潘德江带领全村人创业，把一个经济落后村发展成闻名苏北的长毛兔养殖特色村，很多农民走上致富之路。2009 年，潘德江的二儿子罹患肝癌，他花光家里所有积蓄，并四处借钱为儿子治疗。村民们得知消息后，纷纷筹钱主动上门送给他，连借条都不让潘德江打。潘德江自己私下建了个小账本，将村民借给他的钱一笔一笔记下来。

2009 年，儿子最终因病情恶化病逝，潘德江归拢了一下替儿治疗欠下的外债，合计 21.5 万元。面对巨额的外债，他在悲痛之余毅然挑起还债重担。为能尽快偿还乡邻及亲戚的借款，潘德江一边种好家中的责任田；一边挤出一切可利用的时间，进城打工，重活脏活抢着干，最大可能地挣钱。2011 年老伴因患脑出血瘫倒，于是他在家养鸡、养猪赚钱。乡邻亲戚从没提过还钱的事，可潘德江只要手上稍有积余，就会及时将钱送还，即使有人多次拒收，他也坚持将钱还上。2018 年，潘德江终于还清了为儿子治病欠下的所有债务。

（江苏省文明办供稿）

王根花

一句承诺　13 年的坚守

「诚实守信」

人物故事

王根花，女，1953 年生，浙江省宁波市宁海县人。

2007 年元旦，朱娜的父亲找到了王根花，说女儿的精神状态不好，妻子又得了肺癌，家人没有精力再照看女儿，希望王根花能帮助她。王根花看着可怜的小朱娜，心一动就答应了。朱娜刚到她家的那段时间，每次发病都会采用暴力的方式砸窗砸门，王根花只能报警，并拿出 1 万多元，和民警葛鹏飞一起将朱娜送去宁波医院治疗。为了帮朱娜尽可能争取福利保障，王根花在民政、残联、慈善等部门来回跑了不知多少趟。

随着年龄的增长，朱娜发病的间隔时间越来越短。2009 年朱娜母亲去世，2013 年年底其父亲拒绝她回家过年，导致朱娜多次发病，但是王根花还是没有放弃她，反而更加细心地照料着。给朱娜洗澡、喂饭、穿衣，无微不至。在朱娜的眼里，王根花早已代替了母亲的角色。

（浙江省文明办供稿）

袁　伟

巾帼展现担当　诚信铸就“大爱”

「诚实守信」

人物故事

袁伟，女，1982 年生，山东省济南市长清区双泉镇大爱服装厂厂长。

袁伟 2006 年选择自主创业，经营一家服装店。为了带领全村的妇女共同致富，她放弃了服装店的生意，开始筹备服装厂，东奔西走借款、租赁厂房，2011 年，大爱服装加工厂注册成立。服装厂成立初期，技术缺乏、收入较少，她出资 20 余万元邀请专家为员工进行了长达 8 个月的带薪技术培训，不仅提高了员工专业技术，还确保员工培训期间的工资收入；合作公司拖欠货款，她不断与企业老板交涉，昼夜奔走至春节前最后一天，自己补贴了 10 万余元，按时发放了员工工资和节日福利，偿还了借款。2014 年，大爱服装厂与博惠纺织有限公司展开了合作，由于服饰色差出现小问题被合作方退回，她带领员工加班加点全部重新赶制，虽然损失了近万元，但她依旧定期交付，赢得了合作伙伴的信任。

8 年来，她用实际行动践行着初心，履行着承诺。

（山东省文明办供稿）

刘全新

靠信誉赢得市场　用热心助弱扶困

「诚实守信」

人物故事

刘全新，男，1969年生，河南省开封市兰考县一言九鼎木业有限公司董事长。2017年荣登“河南好人榜”。

2012年10月，乌鲁木齐的客户在刘全新的公司购买了价值11万元的建筑模板，货车行至兰州市附近发生车祸，产品损失严重。刘全新得知情况后，第一时间补发所有货物，进行调货处理，既没耽误客户使用，也没让对方承担一分钱损失。2014年11月，一场大雪把刘全新经营的兰考一言九鼎门厂厂房压塌，大量的成品、半成品、原材料被砸坏，近30家客户供货成了难题。为了坚守对客户的承诺，他及时跟客户沟通，安排工人四处找人为客户筹集货物，最终把货物凑齐交到了客户手中。

同时，在助力脱贫攻坚中，刘全新帮助一大批困难群众脱贫。2015—2019年，刘全新安排农民工就业860余人次，投入帮扶资金68万元，开设脱贫课堂24课时，带动123户贫困户脱贫致富，其中2人成为公司管理层，3人成为个体老板，2人成为公司股东，为兰考县脱贫攻坚贡献出了企业家应有的力量。

（河南省文明办供稿）

罗翠美

女企业家坚守诚信经营
带动贫困农户脱贫致富

「诚实守信」

人物故事

罗翠美，女，1980年生，广西壮族自治区罗城仫佬族自治县东门镇章罗村大罗屯人，广西中欧鲜农电子商务有限责任公司董事长。

2008年，罗翠美与人合伙开办超市，通过推行“农超对接”经营模式，收购当地一些农特产品在超市里销售。2015年，她创办了罗城祥泰绿色生态种养农民合作社，吸纳当地农民加入合作社，为入社社员提供种子、化肥、农药，并给予技术指导，所生产的产品收购到超市里销售，走上了“合作社＋农户”的经济发展模式。她坚持从“一产”做起，以“农”为本，将过去零散的农产品种植进行标准化、规模化经营，着力解决农产品“进城难”的问题，带动一方百姓走上了共同富裕的道路。

2016年，罗翠美注册成立了广西中欧鲜农电子商务有限责任公司，用3个月时间在67个贫困村成立了67个电商服务站。2017年以来，共销售罗城农特产品8000多万元，直接带动贫困户6000多户2万多人，人均增收3000多元。

（广西壮族自治区文明办供稿）

孙世科

餐馆老板捡到钱款 多方寻找失主归还

「诚实守信」

人物故事

孙世科，男，1976年生，重庆市万盛经开区村味干锅餐馆老板。

2019年2月12日19时许，上海市民金先生和亲友到梦幻奥陶纪景区游玩后，在村味干锅餐馆就餐。返程中发现手提包丢了，里面有4万元人民币，还有银行卡、港澳通行证、身份证和一张20万元的借条。

在返回万盛途中，金先生接到民警电话："您好，请问是金先生吗？我是万盛经开区公安分局东林派出所的民警，您是否在万盛遗失了什么东西？"金先生立即表示自己手提包丢了。"餐馆的老板将手提包交给我们了，您赶快来取吧。"

原来，金先生一行离开后，村味干锅餐馆有人发现椅子上有一个黑色手提包，孙世科便将手提包收好等待失主来认领，又联系了万盛电台帮忙寻找失主，又拨打了110联系民警帮助寻找失主。

经过多方努力，2月13日凌晨，金先生到达东林派出所，领回了自己的全部财物。

这些年来，孙世科共捡到钱包5个、手机3部、现金2次，均如数归还失主。

（重庆市文明办供稿）

强　巴

民营企业家诚信经营 为家乡发展贡献力量

「诚实守信」

人物故事

强巴，男，1970年生，西藏自治区山南市人，山南市贡嘎县杰德秀镇斯麦社区民营企业家。2019年被授予"第六届西藏自治区道德模范"荣誉称号。

强巴说："办企业必须要做到诚信，不能发不义之财。"从2009年公司成立到2018年，强巴的公司合同履约率100%，项目工程质量满意率100%。也正是这两个百分百，充分表明了强巴诚实守信的经营风格。

在保障员工权益上，强巴也从未失信。在本地农民工、贫困户到公司工作第一天，强巴就和他们签订合同，给他们讲清楚享有哪些权利，要履行哪些义务。到目前为止，公司承接的工程上千个，他从未拖欠农民工一分钱工资。

强巴连续多年为贫困学生捐款捐物，积极解决家乡贫困、残疾人就业的问题，为当地25名农民工提供就业岗位；他运用公司的设备和技术为乡亲们免费维修水渠、路、打井。哪家有了困难，只要他知道了就一定会伸出援助之手。

（西藏自治区文明办供稿）

朱刚飞

建筑老总7年替父还债 从不拖欠农民工工资

「诚实守信」

人物故事

朱刚飞，男，1980年生，陕西盛和源实业有限公司的总经理，国家一级建造师、高级工程师。

1998年，朱刚飞的父亲因经营不善生意亏损负债50多万元，当时17岁的朱刚飞用稚嫩的肩膀毅然担负起为父还债的担子。在接下来的7年间，他起早贪黑，风餐露宿，不怕累不怕苦，哪里有活干就往哪里钻，把每一分血汗钱攒起来，除了维持家庭基本生活费外，其他全部用于还债。从17岁到24岁，朱刚飞以满含酸辛苦辣的人生过往，用一个北方汉子的执着和担当兑现了自己当年的诺言。

之后，他凭着诚信经营，勤劳奋进，又闯出了一片新天地。担任陕西盛和源实业有限公司的总经理期间，他坚持质量第一、精益求精，诚信经营、守法经营，决不拖欠农民工工资。每年收麦和过年前，他都会将工资现场发放到农民工手中。朱刚飞还积极推进公益事业，他每年都会资助10名大学生共计10余万元，并向各办事处捐赠垃圾箱等基础设施。

（陕西省文明办供稿）

王瑞先

挽救数例脑栓塞患者 用大爱托起生命的绿叶

「敬业奉献」

人物故事

王瑞先，女，1971年生，天津市北辰中医医院脑病科主任。2018年当选“天津好人”。

2016年10月，王瑞先经人才引进到北辰中医医院。医院成立了以王瑞先为骨干的专业溶栓小组，开通急诊溶栓通道，建立随访门诊，同时对院内急诊、导诊及门诊进行急性卒中鉴别，形成了一套全新的脑卒中救治规范流程。

经过一系列的优化提升，脑栓塞病人从进入医院到静脉溶栓的时间一再缩短，屡屡创下新纪录，最短时间缩短到29分钟，而国内平均水平为56分钟。2017年1月至12月，王瑞先带领溶栓小组成功救治急性脑梗死398例。

2018年5月，北辰中医医院登上了国家级的领奖台，被国家卫健委脑卒中防治委员会授予首批“全国示范卒中防治中心”，也是被授予的全国12家医院中唯一一家中医医院。

（天津市文明办供稿）

许玉静

“金牌调解员”30多年调解纠纷2000余起

「敬业奉献」

人物故事

许玉静，男，1943年生，河北省廊坊市安次区落垡镇许东庄村人民调解员。许玉静先后被评为“全国模范人民调解员”“全省十大热心肠人物”，2018年被司法部授予“新时代最美法律服务人”荣誉称号。

1982年，许玉静当起了村里的调解员，到处化纠纷解矛盾，成了十里八乡的“杂事总管”，一干就是30多年，为群众成功化解各类纠纷2000余起，大家都亲切地称他为“金牌调解员”。

在调解矛盾过程中，许玉静宣传相关法律法规，不断阅读法律书籍，并通过看电视、听广播学习有关法律法规和调解技巧。他的学习笔记多达30本，用坏了20多部收音机。

他是乡亲们口中的“聊警”，是远近闻名的“帮大哥”。

在调解工作中，许玉静维护群众的利益和法律的尊严，赢得了乡亲们的赞誉。经他调解，多名老人得到了很好的赡养、不和的夫妻破镜重圆、悲观厌世的人鼓起了生活勇气。

（河北省文明办供稿）

封　娟

崇德向善乐奉献　母爱如溪润童心

「敬业奉献」

人物故事

封娟，女，1976年生，河北省石家庄市行唐县儿童福利院护理员。获“河北省最美护理员”“全国民政系统劳动模范”等荣誉称号。

5岁孤儿王书琪胆小怕黑，经常哭闹，封娟就整夜陪着她睡，不值班时就把小书琪带回家，让她和女儿同吃同玩同睡。

党铛是个脑瘫儿，大夫告诉封娟，这种重度脑瘫儿站立走路的概率几乎为零。封娟翻阅书籍，请教医生，学习脑瘫儿康复训练方法，给党铛进行肌肉按摩，扶着他练习肢体平衡。经过一年多的坚持，党铛的手能抓握了，也能站起来扶着栏杆挪步了。2013年9月8日，封娟突然发现党铛放开栏杆，挪动了三四步。

李一笑父母双亡，因为缺少管教，整天惹是生非。来到福利院后，封娟整天追着小一笑跑，一有机会就陪着小一笑，给他讲道理，为他操碎了心，小一笑慢慢变成了一个既懂事又听话的好孩子。

在2010年4月走上护理员岗位至今的3000多个日日夜夜里，封娟先后照顾50多名孤残儿童。

（河北省文明办供稿）

王　瑜

练就“火眼金睛”用心守护百姓的“菜篮子”“药罐子”

「敬业奉献」

人物故事

王瑜，男，1981年生，河北省邢台市公安局桥东分局食药大队副大队长。2018年荣获“最美河北人”。

2014年成为一名食药警察，他用心守护老百姓的“菜篮子”“药罐子”，练就辨别问题食品和假药劣药的“火眼金睛”，能够快速辨别问题食品和药品真伪。先后侦破“面制品铝超标系列案”“亚硝酸盐超标系列案”“神医秘方假药系列案”等传统行业犯罪。王瑜运用“互联网+侦查”模式，先后侦破“邢台张某等销售假冒美容针剂案”和“胡某某等人网络销售假药案”等重特大网络食药类案件。破获食品药品案件180余起，端掉食品、药品非法生产窝点50个，抓获犯罪嫌疑人60人，为人民群众挽回经济损失2000余万元。

他撰写的《打击网络销售假药犯罪办案指引》在全省推广，他还主持研究《网络生产销售假药案件的侦查与对策》等多项课题，多次受邀在河北省公安机关和雄安新区食药安保培训会上授课。

（河北省文明办供稿）

郭应林

村支书为民办实事 带领群众走上致富路

「敬业奉献」

人物故事

郭应林，男，1958年生，山西省晋中市左权县龙泉乡连壁村党支部书记。2018年获“山西省脱贫攻坚奋进奖”，2019年获“山西省劳动模范”。

郭应林，1990—2007年任左权县龙泉乡连壁村村委主任，2008年至今，任连壁村党支部书记。30年如一日，带领村民艰苦奋斗，把一个贫困村建设成了乡村新示范。

2003年，郭应林积极申报公路建设项目，多方筹措建设资金，修建了11.4公里的水泥路。2015年，完成投资1800万元的9公里村道路项目；2016年，完成150万元的4.5公里核桃园砂石路面专用道路，解决了群众出行难、农用物资运输难、农产品交易难等问题。

2012—2015年，投资1000万元建成了3000亩核桃间作杂粮药材产业基地，种植核桃树8万多株，创造了农村集体经济破零新模式。连壁村充分利用荒坡沟坎实施“两园”建设，开发核桃园3000亩、中药材园2000亩，2018年，带动本村村民及10多个村的50余户贫困户、100余村民务工增收，人均增收3000元以上。

（山西省文明办供稿）

王　英

扎根教育三十六载
甘当船娃守护神和孩子们的“妈妈”

「敬业奉献」

人物故事

王英，女，1963年生，江苏省灌云县益海助学中心主任。先后获“全国教育系统道德建设标兵”“江苏省五一劳动模范”“江苏省三八红旗手”等荣誉称号。

王英1983—1994年在灌云县伊芦乡罘山小学任教，1994—2010年坚守在“水上木船小学”扶轮村小工作。2010年至今任灌云县益海助学中心主任。

扶轮村小只有一条流动的木船，一口船舱就是教室，学生90%是船民子弟，留守儿童。刮风下雨她家经常有10多个学生吃饭，一张大床上经常挤七八个学生睡觉。16年间，她每年都要从自己微薄的工资里拿出一些钱为学生买衣服、买奖品；她已经记不清自己资助了多少名孩子完成学业，但她清楚地记得其中已有30多人考上了大学。

灌云县益海助学中心是江苏省首家孤儿集中供养学校，是一个特殊的大家庭。王英每天和孩子们一起吃住，一起游戏，一起温习功课，一起走进课堂上课。如今，孩子们已经把益海学校当成是自己的家，把王英当成了自己的亲生母亲。

（江苏省文明办供稿）

肖　峰

创新管教方法
恪守岗位18年的看守所所长

「敬业奉献」

人物故事

肖峰，男，1968年生，江苏省海安市看守所所长。

2001年9月，肖峰调任看守所所长后，探索成立“在押人员民主监督委员会”，创建在押人员家属、律师微信群，在监室内公开“权利告知”“投诉规定”等18项内容。家属或律师要想了解在押人员的改造表现和生活情况，只需点开微信群，就可随时查看。

“人权保障、人格尊重、人性重塑、人文关怀”，是肖峰在工作中总结出的全新理念。他以人性化的关怀对待每一名在押人员，帮助他们迷途知返，重新做人。例如，在押人员刘某先后多次被打击处理，再次入所后索性破罐子破摔。肖峰鼓励他重新振作。刑满释放后，刘某找准努力方向，勤奋守法，很快收获了成功的事业和美满的家庭。2017年8月，刘某专程从老家赶到看守所，向肖峰送上一面“法制卫士、人生导师”的锦旗。2001年以来，肖峰已成为8000余名在押人员的“灵魂摆渡人”，创造了“出所人员重犯重大恶性案件数为零”、连续17年获评“一级看守所”、连续32年安全无事故的好成绩。

（江苏省文明办供稿）

丁良浩

蹈火而行一路歌消防卫士为人民

「敬业奉献」

人物故事

丁良浩，男，1982年生，江苏省消防救援总队南京支队鼓楼区大队方家营站站长助理，三级消防长。先后荣立个人一等功2次，二等功1次，三等功8次。多次获“公安现役部队优秀共产党员”“公安现役部队优秀人才一等奖”等荣誉称号。

自2000年加入消防救援队伍以来，丁良浩参加了3000余起灭火救援战斗。2008年汶川大地震，丁良浩主动请缨赶赴灾区救援，在蓥华镇营中化工厂废墟搜救被困人员过程中，他冒着二次坍塌的危险进入洞口，徒手将碎石、混凝土一块一块搬出，为成功营救被困人员打开了生命通道。2016年，江苏靖江德桥仓储有限公司发生爆炸起火事故，在85种危化品、139座化工储罐随时可能被引爆的危急关头，丁良浩和3名突击队员两次深入火海，用手在半人高的沸水和泡沫液下成功关闭阀门，夺取了灭火救援战斗的最终胜利。2019年3月21日，江苏响水天嘉宜化工厂发生爆炸，在浓烟烈焰升腾、化学废液横流的险境中，丁良浩所在的攻坚班组成功阻止了火势蔓延，搜救出多名遇险群众，圆满完成了任务。

（江苏省文明办供稿）

金湖电力飞虎队

17年在“解电忧”中锻造服务“三农”的尖兵队

「敬业奉献」

人物故事

金湖电力飞虎队，又称国网江苏电力（金湖飞虎）共产党员服务队，2002年成立，致力于全县范围内的电力服务。该队获得全国能化工行业“工人先锋号”“国家电网公司优秀共产党员服务队”等荣誉称号。

金湖电力飞虎队17年如一日扎根农村，累计受理服务求助电话27.145万余次，现场服务20.44万余次，创造了17年“零”投诉的纪录，成为电力服务社会的一面鲜亮旗帜。

2018年7月6日傍晚，龙卷风突袭了金湖县前锋镇丰泰圩，导致所有的高低压线路全部瘫痪，4000多亩精养鱼塘告急。如果不及时通电增氧，塘口的水产品会缺氧死亡，108家养殖户可能血本无归。接到灾情消息后，前锋支队15名队员第一时间赶到受灾现场，与增援的丘陵、东南两个支队联合抢修，连续奋战13个小时完成了一条3000米长的高低压同杆架设线路。

金湖电力飞虎队在完成应急抢修任务的同时，积极开展扶贫捐款和救助弱势群体活动，17年来累计献血超过33万毫升，捐款金额60.66万元。

（江苏省文明办供稿）

左祝华

血站站长 23 年献血 4000 毫升 积劳成疾不幸离世

「敬业奉献」

人物故事

左祝华，男，1967 年生，生前系安徽省铜陵市中心血站书记兼站长。

左祝华将“互联网 +”的思维引入无偿献血招募宣传工作，牵头成立单采血小板、稀有血型微信群，加强与应急献血者、机采成分捐献者、Rh 阴性献血者联系；开展“血站开放日”活动，通过工作人员的介绍和与参观者的互动，直观形象地向参观人员介绍血站的采供血运作。实现血站血液年采血量增长 30%，增长量居全省第一的好成绩，有效保障了全市临床用血需要。

2018 年 5 月 31 日，左祝华在血站一楼采血休息室布置工作，正在听取工作人员汇报时，突发心脏衰竭，倒在工作岗位上。事后，大家才知道，左祝华在离世的 4 天前，刚进行了胸腔积液抽取手术，但因为放心不下手头工作，他没有请假休息，没有告诉单位任何一个人，依旧把工作日程排得满满的。作为血站书记，左祝华不仅工作认真负责，同时也是一位献血“达人”，累计献血超过 4000 毫升。

（安徽省文明办供稿）

朱恒银

地质勘探员 44 年扎根一线 创新多项技术填补国内空白

「敬业奉献」

人物故事

朱恒银，男，1955 年生，安徽省地矿局 313 地质队高级工程师，享受国务院政府特殊津贴。他先后获得第七届全国道德模范、“大国工匠”、全国劳动模范、全国地矿系统“十佳科技工作者”、全国优秀科技工作者、全国地质勘查行业“十佳最美地质队员”、李四光地质科学奖等荣誉，2019 年获“庆祝中华人民共和国成立 70 周年”纪念章。

他从事野外一线工作 44 年，先后主持和参加国家、省部级科研项目 10 余项，领衔开展的“深部矿体勘探钻探技术方法及设备研究”，建立了入地 3000 米深部岩心钻探技术体系，将我国地质找矿深度从 1000 米以浅推进至 3000 米以深的国际先进水平。

他的 9 项地质钻探技术填补了国内空白，创造新的“中国深度”，在业内被誉为“安徽地质神兵”。他亲手设计施工近千个钻孔，完成地下钻探工作量约 50 万米，创造了没有报废一个钻孔的奇迹。朱恒银还在国内率先编写并出版百万字的深部钻探技术书籍，并精心培养出一大批行业精英。

（安徽省文明办供稿）

赵玉莲

扎根基层三十载 汗洒社区谱新篇

「敬业奉献」

人物故事

赵玉莲，女，1970年生，安徽省宣城市宣州区鳌峰街道宝城社区党委书记、居委会主任。先后获全国模范人民调解员、全国敬老爱老模范、全国三八红旗手等荣誉。

赵玉莲30多年来，恪守“为群众办好事、让群众好办事”准则，带领社区干部、“五彩红”志愿服务队，在文明创建、棚户区改造等“主战场”，矢志奉献，用汗水筑就美好和谐新社区。

对社区中的高龄、残障、特困老人她实施“1+1”结对服务，将3名重残、重困老人列为自己帮扶对象，实现社区老人关爱工作全覆盖。她创立“莲姐调解室”，化解一件件家庭纠纷，平息一桩桩群体事件。她积极探索“社区 + 社会”服务模式，组建“五彩红”志愿服务队。志愿服务队成立6年来，开展了贴近民生服务活动1300多次，有效解决了小区空巢老人家务难、单亲病人就医难、残疾人取钱难、弱势群体官司难种种涉及居民切身利益的问题，切实解决了小区中的脏乱差、下水道、化粪池、路灯、健身场地等问题，实现了受益人群全覆盖。

（安徽省文明办供稿）

张　俊

从警12年冲锋前线 扎根基层守一方平安

「敬业奉献」

人物故事

张俊，男，1982年生，安徽省马鞍山市公安局雨山分局巡警大队副大队长。

张俊参加公安工作12年以来一直扎根公安基层一线。仅2017年，张俊就带着队员先后打掉4个犯罪团伙，抓获各类违法犯罪人员53人，抓获逃犯18名；捣毁大型赌博窝点3处，抓获参赌人员100余名，缴获赌资100余万元；捣毁涉黄窝点5处，抓获涉黄人员40余人，极大地净化了社会环境。他立足巡防本职，钻研提炼一套追逃工作法，为快速锁定在逃人员行踪轨迹和落地查控抓捕发挥了积极促进作用。

2014年，张俊创新了辅警队伍管理，按照“1+4”模式组建打击犯罪“尖刀队”。该“尖刀队”自成立以来，先后40余次完成各项交办任务，抓获各类违法犯罪人员200余人。2018年，张俊抓获各类逃犯18名，其中历年逃犯5名，他所在的巡警大队连续4年追逃成绩始终名列全市前茅。2018年，张俊被评为全省公安机关“杰出人民警察”，荣立个人二等功。

（安徽省文明办供稿）

刘小清

特教老师 20 余年如一日呵护折翼天使

「敬业奉献」

人物故事

刘小清，女，1972 年生，江西省萍乡市芦溪县特殊教育学校校长。先后获“全国优秀教师”“全国优秀班主任”“江西省优秀共产党员”“江西省三八红旗手”等荣誉。

“孩子们，跟我说，坐、立、走。”在芦溪县特殊教育学校的一间教室里，刘小清一边打着手语，一边大声把每一个字的读音喊出来。对于这些有重度听力、语言障碍或智力障碍的孩子来说，这 3 个字，从认、读到完全理解含义，至少要花费 3 天时间。1997 年以来，刘小清一直坚守在特殊教育这个岗位上，让残疾学生能有一技之长走向社会，她先后开办过理发班、编织班、刺绣班，学生的刺绣作品多次在全国、省市各级比赛中获奖。

在生活上，刘小清就像一个无微不至的“保姆”。学校共有 137 名学生，哪个孩子家庭特殊，哪个孩子住哪里，她了如指掌。她事无巨细亲力亲为，碰到下雨天，她会把学生一个一个送回宿舍；每天晚上都要等到住宿生不吵不闹，安心入睡了，她才能休息；对于突发疾病的学生，她又要迅速进行紧急救治并送医。

（江西省文明办供稿）

周友才

扶贫干部用生命之光温暖贫困群众

「敬业奉献」

人物故事

周友才，男，1982 年生，生前系江西省上饶市余干县东塘乡副乡长。

2019 年 2 月 26 日 20 时 14 分，余干县东塘乡东风村 2 楼会议室里正在开会。忽然，参会的乡党委委员、副乡长周友才昏倒在会议现场。乡村医生立刻对其进行心脏复苏，急救车呼啸而至……当晚 10 时，因为突发心源性心脏病，36 岁的周友才走了。

2001 年，周友才从上饶市农校毕业后，18 年来一直在乡镇基层工作。他的足迹遍布余干县东塘乡的每一个角落。东塘乡富裕村是余干远近闻名的贫困村，村里产业薄弱，为改变这一现状，周友才多次下村走访调研，最终确定了以黄鳝、莲藕种养为主的脱贫思路。随后，他多次与村民耐心沟通，流转田地 80 亩，成立专业养殖合作社；碰到养殖难题，他请来技术人员攻关突破；合作社进出没有大道，他与相关部门协调，获准修了一条水泥路……如今，合作社已经吸纳 78 户贫困户，去年每户增收 3000 元。

（江西省文明办供稿）

周桂花

“放牛娃”怀念周总理 一生致力传承红色精神

「敬业奉献」

人物故事

周桂花，女，1948年生，江西省庐山市白鹿镇敬老院退休职工，全国人大代表。

1961年，周恩来总理走访庐山观音桥时偶遇当时才13岁的周桂花，和蔼可亲的周总理与她拍摄了两张合影，改变了这个农村女娃的人生轨迹。1991年，组织上安排周桂花到乡敬老院担任副院长，从此，她把敬老院当作自己的家，把院里的老人们当作自己的父母精心照顾。老人生病了，她跑卫生所请医生；老人想吃什么，她动手给做；老人需要什么，她立马去商店帮忙买。她还热心村里公共事务，多次为筹建周总理陈列馆、村小组公路修建等事奔走出力。2004年，周桂花自费亲赴天津，将100只画有周恩来和邓颖超肖像，印有“纪念邓颖超诞辰100周年、周恩来诞辰106周年”字样的瓷碗，赠送给天津周恩来邓颖超纪念馆。

退休后，她多次到机关、新时代文明实践所（站）、学校、企业等宣讲，用自己的亲身经历向世人讲述周恩来总理的高尚人格与亲民情怀，共计200余场次、听众2万余人。

（江西省文明办供稿）

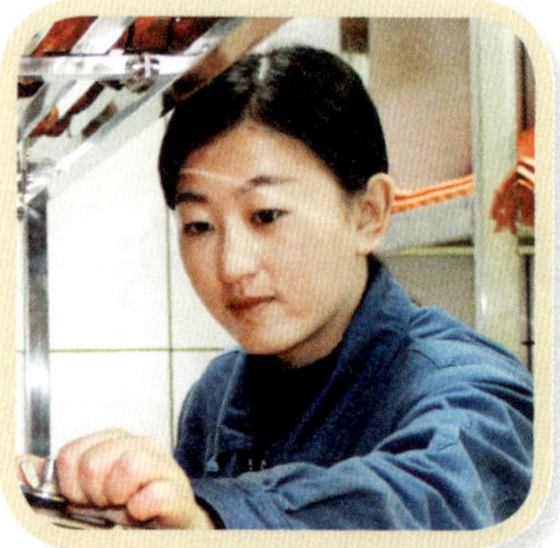

宋海霞

电网“女战士”扎根带电作业一线 书写无悔青春

「敬业奉献」

人物故事

宋海霞，女，1988年生，国网威海供电公司带电作业二班班长。2019年获“全国向上向善好青年”“国网山东省电力公司十大劳动模范”等称号。

宋海霞，2014年研究生毕业后，成为威海市首位取得配电带电作业资质的女员工。4年多来，她经历过在寒风刺骨的冬天用三四个小时完成复杂的三类作业，也经历过在摄像机都罢工的酷暑天气中开展标准化作业。恶劣环境下，她能扛着沉重的设备翻山越岭；半夜抢修时，她总能在半小时内赶到现场。

参加工作以来，宋海霞共顺利操作完成现场812次带电工作，减少停电55245时户，多送电量310万千瓦时。针对绝缘防护用具试验击穿后无明显外伤而导致无法及时发现、更换的问题，她研制出了8套绝缘工器具电气试验平台，全面消除了常用装备的安全隐患。她还通过创新改进，将带电更换横担及绝缘子等作业效率提高了50%，帮助企业年均减少经济损失40万元。

（山东省文明办供稿）

陈来胜

好支书带领社区脱贫攻坚 带出社区文明新风尚

「敬业奉献」

人物故事

陈来胜，男，1956年生，河南省新乡县东大阳堤村党支部书记兼村委会主任。

2008年，陈来胜被选举为东大阳堤村党支部书记。他从党建工作抓起，规范组织生活，并以身作则坚持每周开展党员义工活动，进一步强化了村“两委”班子和全村党员队伍的凝聚力和战斗力。同时，他把社区特有的村情民态与村民代表提案制相结合，倡导成立了“社区居民政治协商小组”。

陈来胜一手抓制度建设，一手抓村集体经济建设。他积极带领村民发展集体经济，引进机械厂、振动厂、锁厂等大小企业13家，村集体收入由原来的不足4万元，增加到现在的200余万元。为了解决村民的就业问题，他积极与周边企业合作，并与它们结成“合作共享单位”，这些企业优先招用村内劳动力，增加农民收入300多万元，现在村民人均年收入达到2.6万元。近年来，陈来胜积极筹集资金在社区建设花园3个、文化广场2个，全社区绿化面积50%以上，清洁能源普及率100%。

（河南省文明办供稿）

徐　光

退休干部扎根脱贫一线摘穷帽

「敬业奉献」

人物故事

徐光，男，1953年生，河南省鹤壁市淇县灵山办事处大石岩村第一书记。曾获“河南好人”、河南省脱贫攻坚先进个人、河南省第八届优秀复转军人等荣誉。

徐光是一位副师级军队干部，2013年退休后，定居在郑州。2016年10月，他响应淇县县委“头雁回归”的号召，回到了老家太行山区大石岩村担任第一书记。

徐光第一件事就是抓思想建设，先拔掉村民思想上的穷根。徐光将村里的老党员、老军人、老干部、老模范、老教师、老家长、老骨干召集起来，成立了“七老”活动小组。这些老人有党性、讲原则、威信高、号召力强，汇聚成一股强大的正能量。山村吃水难一直困扰着乡亲们。徐光请来水利部门专家，勘察、施工，20天后，终于在杨家湾自然村打出一眼水量丰沛的深井，这让村民们看到了徐光的决心，也打出了大石岩村民的信心。他的一言一行感染、带动着大石岩村的每一个人。大石岩村多少年做不到的事变成了现实：第一个景区建成了，一条条道路修通了，一家家宾馆营业了。

（河南省文明办供稿）

何丽莉

女教师热心公益十载传递社会大爱

「敬业奉献」

人物故事

何丽莉，女，1978年生，湖北省襄阳市樊城区长征路小学语文教师。2018年被评为湖北省“岗位学雷锋标兵”。

10年间，何丽莉利用寒暑假参与“爱之翼”山区助教，先后开展山区助教50余次，为2000多名山区留守儿童插上“希望之翼”。她先后组织、策划、参与了“品位襄阳”古城文化宣传推广项目、“益成长”城市流动儿童关爱项目、“爱之翼”山区助教活动、“周末爸妈”孤残儿童关爱活动等公益项目。其中4个项目获得全国青年志愿服务项目大赛3个金奖、1个银奖，1个项目获得全国志愿服务示范奖提名奖。

何丽莉将公益善行引进学生德育教育中，提出“欲成才先有德”，她带领班级通过坚持“日行一小善”教育活动，“善行日记”益成长活动，并借助草草义工协会志愿服务活动的平台，引导开展传统文化进校园，使“以公益，促德育”在学校蔚然成风，形成品牌效应，并作为创新经验向全区进行推广。

（湖北省文明办供稿）

金　梅

扶贫女干部扎根深山贴心为民服务

「敬业奉献」

人物故事

金梅，女，1966年生，湖北省汉江师范学院副教授。

2014年8月，金梅来到离家300多公里外的竹山县柳林乡公祖村开展扶贫工作，一干就是6年。

公祖村是十堰地处最偏远、海拔最高的村落之一。金梅凭着一股韧劲和热情，走遍了周边的大小山头。最多的时候，她一天步行28公里。39岁村民陶卫红因视网膜脱落导致左眼视力急剧衰退，金梅多方争取为他找到合适的眼角膜，使陶卫红重见光明并成为脱贫典型；贫困户熊正万的儿子因病萌生休学念头，金梅帮助他治好病，一边给他做思想工作，使其顺利考取汉江师范学院；村里种烟能手王正田意外摔伤头骨，金梅为他重新制订脱贫计划，助他重燃希望。

6年来，金梅和其他驻村干部群策群力，帮助村民解决了许多困难。公祖村的烟叶种植规模越来越大，全村93户烟叶种植户中就有45户贫困户。新成立了两个农民专业合作社带动60多户贫困户投入农业生产劳动……从驻村到现在，工作队的成员换了一批又一批，金梅始终坚守在扶贫一线。

（湖北省文明办供稿）

李莉娥

"铁娘子"筑梦无痛世界 让中国药走向世界

「敬业奉献」

人物故事

李莉娥，女，1965年生，人福医药集团、宜昌人福药业副总裁、总工程师，湖北省有突出贡献的中青年专家，享受国务院政府特殊津贴。先后获得"全国五一劳动奖章""全国优秀科技工作者"等荣誉称号。

在李莉娥的推动下，公司相继在中国、美国、欧洲等地建立五大研发基地，吸纳多名高端人才加盟科研队伍，建立了一支以海外制药专家、国内制药博士、硕士为核心的科研团队。李莉娥"内联精英、外引智囊"，通过与国内、国际一流科研院所开展紧密合作，不断推出一代代新产品，让公司成为国内麻醉镇痛领域领导者。

李莉娥17年来始终坚守在医药研发一线，长年累月加班加点。她将毕生所学倾注于麻醉镇痛药品的研究开发，用科学家精神践行着为人类"打造无痛世界"的不懈追求。由她主持的药品开发项目共计150余项，个人获专利发明56项，产品填补多项国内空白，并成为国内麻醉医师手术的首选用药，不仅为千万患者带来福祉，而且大大提升了中国在国际麻联体的地位。

（湖北省文明办供稿）

易满成

当好基层人民调解员 "和谐使者"再出发

「敬业奉献」

人物故事

易满成，男，1958年生，湖北省恩施土家族苗族自治州鹤峰县燕子镇司法所退休干部。

2006年的一个傍晚，易满成冒着零下7摄氏度的严寒，徒步20多公里到车家村调处一起人身损害赔偿纠纷。整整一天一夜，他在两户之间来回奔波13次，最终将双方调和。

2014年2月，组织将他提拔为司法局副局长。在县机关一年多，易满成工作得心应手，但另一种感觉越来越强烈，"环境是好了，但跟群众面对面的机会少了，不习惯，不踏实"。2015年4月，经多次申请，他回到了燕子镇司法所。

参加工作以来，易满成共接待来信来访咨询1.7万余人次，调处各类矛盾纠纷7000余件，主持处理非正常死亡案件41件，被誉为"和谐使者"。他所总结、倡导的"司法接待日""庭审式""听证式"工作法使基层各类矛盾纠纷得到妥善化解。

易满成退休后，被返聘到"易满成工作室"工作，始终坚持在一线，几十年如一日投身基层维稳工作。

（湖北省文明办供稿）

罗衡龙

老民警36年不忘初心 智抓盗贼感化“浪子”

「敬业奉献」

人物故事

罗衡龙，男，1959年生，湖南省衡阳市衡东县人，原株洲市公安局荷塘分局茨菇塘派出所新月塘社区民警。36年来，他先后荣立个人嘉奖4次、三等功3次。

2008年5月，罗衡龙了解到租户袁某昼伏夜出，行为异常，经侦查发现，袁某多次夜间潜入株洲钻石模具公司盗取合金辊、合金条，该案的破获为模具公司挽损数万元。罗衡龙管辖的新月塘社区紧邻株洲火车站、长途汽车站，治安管理工作任务繁重。对此，他摸索出了一套行之有效的“罗氏工作法”。

罗衡龙经常携带一个扩音器和一些宣传资料，在辖区进行防火、防盗、防诈骗、防恐怖等安全防范知识宣传。2017年，他所管辖的新月塘社区刑事发案继续呈下降趋势，发案同比下降36%，没有发生一起影响重大的治安、刑事案件和事故。走进新月塘社区警务室，墙上挂着“精心调解、执法公道”“执法文明、一身正气”“铁肩担道义、正气铸警魂”满墙的锦旗，这些都是罗衡龙为民服务的真实写照。

（湖南省文明办供稿）

韦金香

“城市美容师”清扫十六载 扮靓东莞风景线

「敬业奉献」

人物故事

韦金香，女，1964年生，广东省东莞市家宝园林绿化有限公司员工。2014年荣获“全国五一劳动奖章”。

2003年，韦金香和丈夫从广西老家来到东莞，成为一名环卫工人，一干就是16年。经粗略统计，16年来她累计清扫路面面积超过2000万平方米，清除垃圾超过2000吨，是名副其实的“城市美容师”。

2017年3月前，韦金香所负责的区域为东莞市南城莞太路鸿福路口至建设路，该路段是东莞市中心繁华地带，高楼林立、商铺众多、人流密集，路面容易脏乱，具有较大的环卫管理难度，往往早上扫干净了，下午又堆满了垃圾，忙完一天工作下来，经常累得满头大汗、腰酸脚痛。

为提高工作效率和道路清扫保洁质量，韦金香还积极向老同事请教清扫保洁作业技巧，多年的磨炼让她练就了一身清扫作业又快又好的基本功。

2015年，她受邀到北京天安门广场参加了纪念中国人民抗日战争暨世界反法西斯战争胜利70周年大会活动。

（广东省文明办供稿）

符才主

奋战垃圾填埋场一线 10 年 一人脏苦换来城市整洁

「敬业奉献」

人物故事

符才主，男，1979 年生，海南省三亚市垃圾处理场焊膜工。

自 2009 年，符才主到三亚市垃圾处理场从事焊膜工的工作以来，他常年奋战在三亚市生活垃圾填埋场的生产第一线。

刚接手焊膜工作时，为了能尽快熟悉业务，理解焊膜机的操作原理，符才主虚心向队长请教，将覆盖在垃圾堆体上的膜焊接技术做到尽善尽美。

10 年来，符才主日复一日地干着自己的焊膜工作。在多少个风雨交加的雨季里，他与队友们一起坚守岗位，在占地 200 多公顷的垃圾填埋区内来回巡视。哪里的膜被风吹起，哪里有积水，哪里出现险情，他就出现在哪里。铺膜、焊膜、排积水，身体成为"烘干机"。衣服干了又湿、湿了又干，但都顾不上，仍奋力抢险救灾，及时排除险情。多少个节假日，他放弃与家人团聚，默默地坚守在自己的工作岗位上，用努力和付出诠释着敬业奉献精神，也向人们阐述着"最美农民工"让城市建设拥有更加多彩多姿的故事。

（海南省文明办供稿）

秦庆伟

扎实推进科技研发 勇于冲破技术垄断

「敬业奉献」

人物故事

秦庆伟，男，1970 年生，四川维尼纶厂党委委员、副总经理。2005 年获重庆市"劳动模范"，2007 年获重庆市"国企贡献奖"先进个人，2011 年起享受国务院政府特殊津贴。

1998 年，秦庆伟带领他的团队反复实验，最终找到聚合度（黏度）—甲醇配比—引发剂用量—聚合率三维关系，在国内首次实现 PVA03、04、30、35 等系列产品的工业化生产。"川维牌" PVA 也从当初的 10 个品种，发展到如今 70 多个品种，连续 8 年出口量占国内出口量的 60%。

从 1999 年开始，秦庆伟带领他的团队耗时 9 年，研发低温水溶纤维，经历多次失败，最终研发成功。2007 年，川维厂建成年产千吨级的工业化试验装置。此后又相继开发出 20 摄氏度、40 摄氏度、60 摄氏度系列产品，一举打破日本企业的垄断局面。

2013 年 3 月，川维厂生产的聚乙烯醇（PVA）产品通过美国食品和药物管理局（FDA）检验认证。同年 9 月 29 日，川维厂顺利生产出 PVA099-92 新产品，开创国内超高黏度 PVA 生产先河，达到世界领先水平。

（重庆市文明办供稿）

程肇伟

用心用情守护城市之美

「敬业奉献」

人物故事

程肇伟，男，1976年生，重庆市沙坪坝区城市管理综合行政执法支队二大队大队长。2017年被评为重庆市劳动模范和先进个人。

在从事城管工作的18年里，程肇伟一共步行了14.6万公里，相当于绕赤道3圈半。

程肇伟通过举办“执法体验日”活动，让辖区的被管理服务对象成为城管工作的体验者，让他们零距离感受保持城市清洁的艰辛和不易。

通过体验活动市容环境卫生变好了，形成的良好环境吸引更多游客前来，生意更红火了。

程肇伟还建立了“门前三包”商户联络微信群，看到群里反映的问题，立即派人整改，实现“小问题不过夜，大问题有回音”。

他带人对每家商户执行情况进行评分，每周在街道显眼的“红黑榜”公示栏中公示，做得好的列入“红榜”，对于进入“黑榜”的商户则联合其他相关部门进行执法。

在程肇伟的带领下，二大队的执法模式实现了由“单一执法管理型”向“商户市民共建型”转变，使商铺和市民由“要我做”变成“我要做”。

（重庆市文明办供稿）

凉山州木里县救火集体

救火英雄山河永记

「敬业奉献」

人物故事

四川省凉山彝族自治州木里县救火集体，2019年获“第六届四川省道德模范”。

2019年3月30日18时许，大凉山深处——凉山州木里县雅砻江镇立尔村发生森林火灾。数百名民兵、消防人员、当地打火队队员等扑向火海，与火魔展开殊死搏斗。着火点位于海拔3800米左右，火场平均海拔达4000米，多个火点位于悬崖峭壁上。3月31日下午，扑火人员在转场途中，受瞬间风力风向突变影响，突遇山火爆燃，西昌森林消防大队赵万昆等27名消防人员，木里县林业和草原局局长杨达瓦等3名地方工作人员在扑救中不幸牺牲。

4月2日凌晨，在西昌市区往殡仪馆路上，群众手持菊花守候在街道两旁，路面上也铺着菊花，写着挽言：“灭火英雄一路走好。”

（四川省文明办供稿）

杨大林

豁出性命蹚出彝乡脱贫路

「敬业奉献」

人物故事

杨大林，男，1978年生，生前系云南省丽江市宁蒗彝族自治县西川乡沙力村党总支书记。2019年中共云南省委追授优秀共产党员，同年5月被评为第七届云南省道德模范。

沙力村地处高寒山区，平均海拔近3000米，曾是国家级贫困县里最贫困的村委会之一，16个村民小组中有8个小组未通电，没有一条像样的硬化道路，人畜饮水都难以保证。杨大林从当选村主任第一天起，就不遗余力地解决通路、通电、通水问题。在他带领下，干部群众13年不懈奋斗，沙力村各小组终于实现了通路、通电、通水。

2010年，他注册了隆欣黑绵羊养殖公司，并成立合作社，吸纳全村建档立卡贫困户散养黑绵羊。在他和村里党员带动下，村民还发展起烤烟、中药材、花椒等多种经济作物。

2017年12月8日晚，在脱贫攻坚战场上连续奋战7个多月的杨大林拖着疲惫的脚步，去隔壁值班室休息。第二天大家才发现，他再也无法醒来。

（云南省文明办供稿）

陈伟星

驻村扶贫20年托起山村希望

「敬业奉献」

人物故事

陈伟星，男，1968年生，西北大学扶贫办正科级秘书、驻陕西省商洛市黄山村扶贫工作队队长。先后9次荣获省级扶贫工作先进个人。

1999年，31岁的陈伟星受学校派遣，开始驻村扶贫。20年里，他先后在渭南市皇甫庄村和商洛市看山寺村、兴隆村、黄山村扶贫。从皇甫庄村的苹果种植园到看山寺村的中药材基地，从兴隆村的小学教学楼建设工地到黄山村的大樱桃种植园，从关中农村的田间地头到陕南乡亲们的家中，都留下了他坚毅的脚印和身影。

2012年，陈伟星来到秦岭腹地高寒边远的黄山村，全村284户936人，贫困发生率47%以上。他居于陋室，食于简灶，逐户制订脱贫计划，组织村民建设基础设施、发展种养产业、学习先进技术、投入子女教育，誓将黄山村“旧貌换新颜”。经过2000多个日夜的坚守和战斗，成功实现黄山村整体脱贫。今天的黄山村有了230多亩菊芋、400多亩的经济作物，有了年存栏万只鸡、百余头猪、数十头牛的畜牧产量，走出了50多名大学生，也有优秀青年返乡创业。

（陕西省文明办供稿）

郭晨琛

28岁的第一书记 将生命永远定格在扶贫路上

「敬业奉献」

人物故事

郭晨琛，男，1990年生，陕西省榆林市吴堡县下山畔村第一书记。

2018年9月2日，与往常一样，派驻郭家沟镇下山畔村的第一书记郭晨琛早早就起床开始忙活起了自己的扶贫工作……也是这一天，郭晨琛在扶贫路上发生车祸，将28岁的年轻生命永远定格在脱贫攻坚路上。

2018年5月，郭晨琛担任驻村第一书记。短短几天时间，郭晨琛走访贫困户，他的笔记本上密密麻麻地记录着贫困户的信息，经过和村“四支队伍”研究讨论，他找出下山畔村贫困的四大病因。针对“病因”，他制定脱贫退出方案，及时与帮扶单位中交二公司对接，签订300只黑山羊的销售订单。此外创办了下山畔村扶贫车间，先后争取到“爱心大礼包”60吨杂粮加工订单和4吨农产品销售订单。

在驻村帮扶的96天里，他坚守工作岗位，一心为民，争分夺秒，用年轻生命诠释为人民服务的初心。

（陕西省文明办供稿）

杨　咪　李紫薇

与死神赛跑的白衣天使

「敬业奉献」

人物故事

杨咪，女，1995年生；李紫薇，女，1997年生。二人均为陕西省宝鸡市人民医院急诊科护士。

2017年11月7日10时40分左右，在护送一名无陪护车祸患者进行CT检查时，杨咪和李紫薇发现患者突然躁动抽搐，二人来不及犹豫，在检查室医生的帮助下，使出浑身力气，一把将体重70多公斤的病人平移到推车上。李紫薇推着平车向急救室迅速奔跑，杨咪直接跳上推车，俯在病人身上，紧急实施胸外按压。在转运到电梯里后，李紫薇接力实施急救，她来不及拿呼吸气囊、氧气筒这些专业仪器，就直接徒手开放气道，口对口进行人工呼吸。整个3分多钟的转运过程中，两名年轻护士一刻未停，始终保持高质量的抢救不间断。患者转至抢救室后，经过20多分钟的努力，心跳恢复，生命体征平稳后转至重症监护室。

她们的故事不仅登上了央视新闻，还先后被陕西电视台、深圳卫视、澎湃新闻、宝鸡电视台、《三秦都市报》、《华商报》、《宝鸡日报》等媒体报道，受到社会各界人士的广泛赞扬。

（陕西省文明办供稿）

勉力义

严打违法犯罪　宽严相济显关怀

「敬业奉献」

人物故事

勉力义，男，1980年生，宁夏回族自治区吴忠市同心县公安局禁毒大队大队长。获宁夏青年五四奖章、第五届自治区道德模范等荣誉。

勉力义在全区率先成立禁毒情报研判工作室、全力推动涉毒违法犯罪高危地区“天眼”布控和“电子围栏”建设、积极研发禁毒基础信息采集App终端，全面夯实禁毒基础工作。勉力义带领全队民警深挖各种信息资源，不断扩大战果。三下云南辗转上万公里，历时8个月成功侦破宁夏禁毒史上第二大案——“7·04”贩毒案，缴获毒品海洛因31公斤。

任禁毒大队长以来，勉力义积极协调综治、乡镇等部门开展踏查禁铲工作。在他的坚持不懈的努力下，全县毒品原作物实现连续多年“零种植”的工作目标。

勉力义团结带领全队民警严打毒品违法犯罪，实现新增吸毒、贩毒、外流贩毒人员连年“三下降”。其中，外流贩毒连续10年大幅下降，涉毒引发的刑事案件连续3年下降，毒品原植物连续3年“零种植”。

（宁夏回族自治区文明办供稿）

徐长贵

七旬老党员坚守乡村50年
甘当村民“120”医生

「敬业奉献」

人物故事

徐长贵，男，1946年生，甘肃省武威市人。1967年参加医疗卫生工作，现任新疆维吾尔自治区博乐市小营盘镇卫生院中西医主治医师。

徐长贵从“赤脚医生”到“乡村村医”，又从“乡村医生”到卫生院主治医师，几十年来，扎根基层，在医疗卫生工作岗位上默默奉献，守护着群众的健康。

到镇卫生院工作以后，徐长贵仍然心系乡村百姓，坚持利用节假日休息时间到周边村队义务出诊。

如今年到花甲，他仍舍不得离开这个小镇，舍不得离开需要他的父老乡亲，问他坚守的原因，他只淡淡地说了一句：“医生一旦少了一点无私，那么病人就多了一分危险。”

（新疆维吾尔自治区文明办供稿）

霍淑凤

尽心诠释多重角色 维持家庭幸福和睦

「孝老爱亲」

人物故事

霍淑凤，女，1957年生，北京市西城区白纸坊街道菜园街社区居民。其家庭荣获2015年“首都最美家庭”称号、2015—2017年度“首都文明家庭”称号。

1993年，霍淑凤公公腿部肌肉开始萎缩，她经常蹬着三轮车拉着公公到医院看病、按摩。2004年，公公被诊断患有贲门癌，在治疗的10个月里，大部分时间都是霍淑凤在陪护。婆婆患有高血压、冠心病、糖尿病等疾病，后来得了脑出血，瘫痪在床。为方便照顾老人，她在客厅的沙发上睡了3年多，直到2001年婆婆去世。

大伯哥是重度智力残疾人，智力只相当于几岁的孩童。每到儿童节，她都带大伯哥去公园过六一；每年春节，他们一家会带着大伯哥逛庙会。大伯哥喜欢音乐，霍淑凤带他参加“智力残疾人音乐训练班”，还经常带他去国家大剧院听音乐会。在她与丈夫的努力下，大伯哥可以进行简单沟通，还学会了剪纸、写毛笔字等。她身先垂范的同时也教育、带动了女儿孝敬长辈，一家人其乐融融，每年他们家都被评为“三好家庭”。

（北京市文明办供稿）

李素娥

病魔无情　婆婆有爱

「孝老爱亲」

人物故事

李素娥，女，1954年生，河北省滦南县胡各庄镇肖家河村村民。

李素娥原本有一个祥和、温馨的家，一家老小和睦相处、其乐融融。世事难料，2016年7月，38岁的儿媳妇吴海莲突发疾病，被诊断为渐冻人症，医学上称为肌萎缩侧索硬化症，是世界五大疑难杂症之一。为了给儿媳治病，李素娥老两口拿出了全部积蓄，借遍了亲戚和乡邻。即便这样，儿媳的病情仍在不断加重，李素娥的儿子打工补贴家用，李素娥承担起伺候儿媳的吃喝拉撒。在照顾儿媳的同时，她还要照看两个孙女。

日复一日，李素娥操劳着，忙碌着，无怨无悔地关怀照料着儿媳和全家。她要尽自己所能，帮助身患重症的儿媳继续勇敢地生活下去，快乐地过好每一天。

（河北省文明办供稿）

王春仙

30多年默默付出 平凡弱女子拉扯侄子长大

「孝老爱亲」

人物故事

王春仙，女，1955年生，山西省晋中市太谷区侯城乡惠安村村民。

1982年，王春仙家中发生变故，短短3个月，哥哥去世，嫂嫂变疯，留下3个孩子无人照看。看着幼小的孩子，27岁的王春仙毅然承担起了抚育他们的重担。当时生产队分红少，粮食不够吃，靠邻里和亲戚接济。衣服鞋袜也总是缝缝补补。为了补贴家用，王春仙养了猪和羊，不仅要下地劳作，还要每天抽空挑猪菜、割羊草，供3个孩子陆续初中毕业。

一个未婚女子抚养3个孩子，其中的酸甜苦辣，只有她自己知道。她用父亲般宽厚的肩膀担起全家生活的重担，又用母亲般柔细的爱精心呵护着3棵幼苗。土地承包后，孩子们分下了口粮地，吃饭问题解决了。两个侄儿又先后出去打工，家里的收入增加了。这时，王春仙就把心思放在给侄儿娶媳妇上。她省吃俭用，精打细算，盖起了新房，张罗着为孩子们成了家。现在，两个侄儿，一个做个体工商户，一个在榆次务工；侄女也随丈夫在北京务工。

（山西省文明办供稿）

萨仁格日乐

不辞辛劳照顾先天性智力缺陷老人

「孝老爱亲」

人物故事

萨仁格日乐，女，1971年生，内蒙古自治区鄂尔多斯市鄂托克旗苏米图苏木小额尔和图嘎查牧民。

1991年，萨仁格日乐与丈夫结婚时，家里就有3位先天性智力缺陷老人需要照顾。面对生活不能自理的婆婆、姨妈和舅舅，刚过门儿的新媳妇儿萨仁格日乐并没有埋怨和嫌弃，而是把他们当成自己的至亲用心去照顾。由于先天性智力缺陷，3位老人的衣食住行都需要像对待孩子一样细心呵护。2006年婆婆失明，萨仁格日乐便成了婆婆的眼睛，悉心照顾着婆婆的一切，直至陪老人在2012年走完人生最后一程。

2010年前后，姨妈得了眼疾。为了能治好姨妈的眼睛，萨仁格日乐跑遍了大大小小的医院。2013年，舅舅被查出患有脑梗。2014年，因为错过治疗最佳时机，姨妈眼睛彻底失明。面对眼前的困难，萨仁格日乐并没有被打倒，她想方设法讨老人们欢心，做老人们喜欢吃的饭菜，讲有趣的故事，放好听的音乐。在萨仁格日乐的悉心照顾下，老人们的生活起居一切都被安排得妥妥当当，精神也一天比一天好。

（内蒙古自治区文明办供稿）

刘灼丽

孝顺女儿几十年如一日照顾病重父母

「孝老爱亲」

人物故事

刘灼丽，女，1973年生，福建省宁德市蕉城附中语文教师。

刘灼丽的母亲患帕金森症中晚期，脑萎缩多年，手脚抖动严重。为便于治疗，2013年3月，刘灼丽把父母接到宁德，安顿在医院附近。在刘灼丽的悉心照料下，母亲手脚抖动问题缓和了很多。

2016年2月，刘灼丽的父亲突发脑出血导致偏瘫。她耐心安慰沮丧的父亲，细心为他解释病情，慢慢消除了父亲的疑虑和悲观情绪，同时积极帮助父亲开展康复训练，在刘灼丽的鼓励下，父亲走路有了很大进步，渐渐地可以推着轮椅外出。

由于父母长期服药，失眠、便秘、突然失忆等副作用困扰二老。刘灼丽看了西医求中医，听说按推原始点的疗法能缓解这些问题，她就开始认真学习，定时给父母按推。

（福建省文明办供稿）

曾佛英

照顾瘫痪养母，用真情诠释孝道

「孝老爱亲」

人物故事

曾佛英，女，1996年生，江西省抚州市乐安县职业中学高三（1）班学生。

她从小被亲生父母遗弃，是一位年已花甲的孤寡老人收养了她。她跟随养母辗转几个寺庙寄住，以帮人看守寺庙为生。

她心怀感恩，从小就会帮养母做些力所能及的事。养母住敬老院后，她只要一放假就去敬老院看望，用自己省下来的孤儿救济金为养母购买食品和药品，陪老人家聊天解闷。2017年，80多岁的养母因摔跤引发重度中风住院，正在南昌市卫生学校读书的她得知消息后，特意请了一个多月假回家照顾，一日三餐、擦洗身子、按摩、脏衣服换洗，每天她都要先照顾好养母，才能安心去做自己的事。为方便照顾养母，2018年秋，她含泪放弃中专学业，转学到本县读高中，她希望高中三年能通过自己的努力再次考上护理学院。

在孝敬自己养母的同时，她一直热爱公益，一有时间，她就积极参加乐安县爱心协会公益活动，敬老爱老、扶危济困、清洁环境。

（江西省文明办供稿）

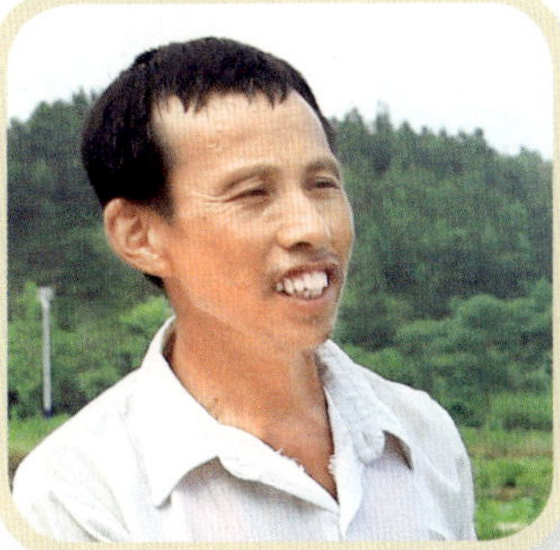

黄燕明

28年如一日照料瘫妻 勤劳致富拔穷根

「孝老爱亲」

人物故事

黄燕明，男，1962年生，江西省赣州市宁都县湛田乡李村村坨下小组人。

1990年，黄燕明与罗连秀结为连理。夫妻恩爱，举案齐眉，第二年生下女儿。同年冬天的一个夜晚，罗连秀突然下肢剧痛不已，不能站立。半年多后被医院确诊为格林巴氏综合征。腰部以下失去知觉，双下肢完全瘫痪，余生只能与轮椅相伴。

为了更好照顾妻子，黄燕明学会了按摩，经常推着妻子出门散心，依着妻子饮食起居的规律，细心照料，这个朴实的汉子一做就是28年。面对困难，黄燕明没有等靠要，他养过鱼、摆过摊、做过工，虽然多种产业均告失败，但是他不因厄运而一蹶不振，从未停止过奋斗。2015年，他选择了几项稳定产业，养殖黄牛6头、种植白莲5亩、种植优质稻13亩。2016年年底，黄燕明一家成功脱贫。

（江西省文明办供稿）

张良顺　万玉秀

你养我长大我陪你变老

「孝老爱亲」

人物故事

张良顺，男，1960年生，江西省南昌市南昌县向塘镇退休教师；万玉秀，女，1955年生，张良顺的妻子。

59年前，张良顺与万玉秀先后被村里无儿无女的张姓夫妇收养，那时的生活清贫、艰苦，但张姓夫妇俩却始终将两个孩子视同己出。1978年，张良顺在养父母的培养下成为一名人民教师，同时，他也与青梅竹马的玉秀结为伉俪。

1994年，72岁的养母因全身关节疼痛数日卧床不起，张良顺向邻居借来一辆板车，和妻子一起将老人推到医院治疗。经过几个月的治疗和观察，养母的病情却始终未见好转。夫妻二人四处筹钱，托人打听良医良药，还经常带着老人辗转于省、市、县各大医院，咨询乡间的中医土方，但凡听说有效的医治方案，夫妻二人从未落下。他们不忘对父母的关心照顾，坚持平日里亲自料理老人的生活起居，还经常带着母亲外出游玩，逢年过节或重要节庆日，还会精心为老人准备一些小惊喜。

（江西省文明办供稿）

顾希荣

撑起不幸家庭的好儿媳

「孝老爱亲」

人物故事

顾希荣，女，1963年生，山东省滨州市阳信县信城街道办事处付王村村民。其家庭获评“全国五好家庭”“山东省最美家庭”，其个人获“山东好人之星”荣誉称号。

顾希荣31岁那年因一场意外失去了丈夫，当时上有年迈的奶奶，公公有病不能劳动，下有年幼的儿女。有人劝她趁年轻改嫁，重新开始新的生活。但是顾希荣深知丈夫是独生子，自己一旦改嫁这个家就散了，她暗下决心要守住这个家。

家里只剩她一个劳动力，单靠种地根本无法生活。20多年来，顾希荣养过鸡、卖过菜、做过衣服，不管多苦多累都悉心照顾着这个家，视公公婆婆如自己的亲生父母。自己省吃俭用，给老人买东西、看病她从不心疼钱。奶奶和公公去世后，她和婆婆相依为命。一次婆婆不慎被广告牌砸伤，在医院诊治了半个月，顾希荣一直守在身边，直到婆婆痊愈出院，她却因血压高输液一周。

（山东省文明办供稿）

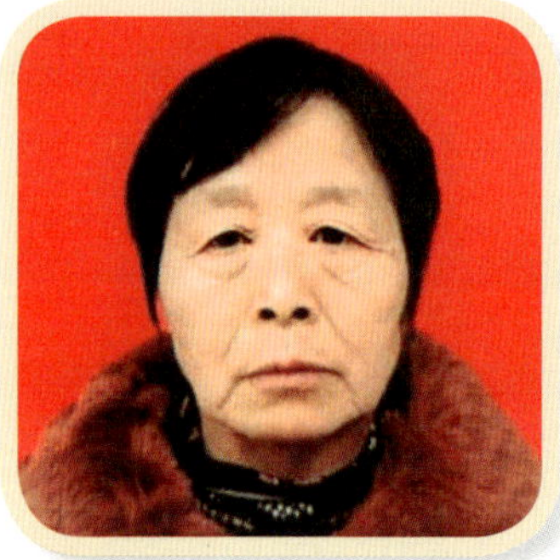

刘爱莲

伺候多病婆婆30多年 精心照料聋哑二伯哥

「孝老爱亲」

人物故事

刘爱莲，女，1959年生，河南省驻马店市遂平县和兴镇大刘庄村村民。

1981年，刘爱莲与韩得坤结婚，韩家有兄弟4人，丈夫韩得坤，排行老四，二伯哥韩二坤自小聋哑，生活无着落，刘爱莲的公公去世早，婆婆年老多病，刘爱莲在悉心照料婆婆的同时，还要照顾聋哑憨呆的二伯哥。2016年，二伯哥韩二坤不慎摔伤了双腿，在医院治疗期间刘爱莲一日三餐，端茶端饭悉心照料。

然而，一波未平一波又起。2018年11月，刘爱莲的大儿子韩新会突发心梗离开人世，儿媳妇哭得死去活来，刘爱莲就一直守候在儿媳的身边，晚上同儿媳同铺睡觉，白天同桌吃饭，一有空便极力安慰，慢慢地感动了儿媳。儿媳在附近找到一份工作，刘爱莲放心不下她的安全，每天上下班她都亲自接送，不论刮风下雨，她都从不间断。

多年来，刘爱莲赡养多病的婆婆，照顾聋哑肢残的二伯哥，抚养年幼的孙儿，她以顽强的毅力和无上的大爱撑起了家里的一片天。

（河南省文明办供稿）

胡中奇

好丈夫无怨无悔照顾卧床妻子 15 年

「孝老爱亲」

人物故事

胡中奇，男，1954 年生，河南省郑州市二七区人和路街道王胡砦社区居民。

1981 年，经人介绍，27 岁的胡中奇和 25 岁的贾琴妞相识并结婚。一年后，两人的儿子出生了，加上胡中奇年迈的父母，一家 5 口人三世同堂、其乐融融。谁料想，1986 年夏季，贾琴妞患上了类风湿性关节炎，医生说这种病属于免疫系统的病，无法根治，只能通过服药控制病情。从那时起，为了给妻子看病，胡中奇骑着借来的三轮车带着妻子，往返于郑州各个医院，中医、西医，还有从别人那听来的各种偏方都尝试过，可疗效都不好。

自从贾琴妞病倒，胡中奇就承担起了家里所有家务，帮妻子吃饭、喂水、上厕所、打扫卫生。由于长期吃药，贾琴妞需要不停喝水，不停上厕所。每天要上 10 多趟厕所，夜里都要起来五六次，一年 365 天，15 年，共 8 万多次，每一次都需要胡中奇抱着去。15 年来，胡中奇没睡过一个囫囵觉。胡中奇说只要妻子活着，我就会一直照顾她，陪她一起到老。

（河南省文明办供稿）

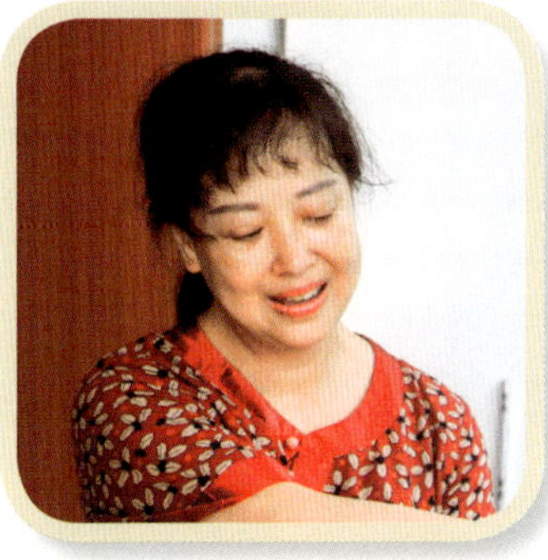

赵　群

基层社区干部精心护理瘫痪母亲二十七载

「孝老爱亲」

人物故事

赵群，女，1969 年生，湖南省怀化市新晃侗族自治县晃州镇桥南社区退休干部。

1992 年，刚从集体单位退休的母亲突发脑出血，落下了半身瘫痪，生活无法自理。2014 年 10 月，哥哥赵云患上了肝癌，母亲的病情也在加剧，几个月里反反复复地发病四次。母亲发病后口吐白沫，脸色惨白，全身冒汗，不省人事，得立即送往县人民医院 ICU 重症室去抢救，每次住院就是 20 来天，她不辞辛苦、悉心照料。赵群认为，只要母亲有生还的一线希望，她绝不放弃，都要坚持下去。为了让母亲能跟上营养，每天早上 5 点，赵群便会起床，将鸡蛋、杂粮等打碎打稀，混成流食送到母亲床边。

尽管赵群的家事很多很杂，但是，她从未影响社区的民政工作，600 多个低保户、108 个残疾人、23 名精神病人、30 多户空巢老人她都熟记于心，每天在社区都能看见她忙碌的身影，哪个低保户家有困难、哪个精神病人又患病需要住院、哪个空巢老人需要帮助，她都上门关心，并联系相关部门给予救助。

（湖南省文明办供稿）

尹荷英

好妻子不离不弃照顾病重丈夫 15 年

「孝老爱亲」

人物故事

尹荷英，女，1975 年生，国家二级心理咨询师，湖南省郴州市桂阳生命树文化传播发展有限公司董事长，万象板材建材超市董事长，桂阳建材大市场工商联分会副会长。

2004 年，尹荷英的丈夫卢海波被确诊为尿毒症。坚强的她独自撑起这个家，成了家里家外的一把手。尹荷英每天帮丈夫穿衣、洗漱、做饭、喂药、按摩，带他出去锻炼、晒太阳。她每天都把药分好，叮嘱丈夫按时服药。忙完丈夫的事，她就开始打扫卫生，把家里收拾得干干净净，给丈夫营造一个好的生活环境。2009 年的一天夜里，丈夫突然发病，尹荷英赶紧拨打急救电话只身将丈夫背往楼下，当时只穿着单衣的她守在急救室门口，直到丈夫转危为安才松了一口气。

在倾心照顾家庭的同时，尹荷英把剩下的所有时间放在了公益事业上。2014 年创办了“生命树”家庭教育俱乐部，举办家庭教育公益讲座 300 多场，受众人数达到 3 万多人；2015 年 12 月，组织“爱心志愿者”参与山区支教；2016 年 1 月，举办“春暖童心，相伴过年”关爱留守儿童活动。

（湖南省文明办供稿）

李　锾　李　蔚

好姐妹照顾病重母亲与小叔一家 20 余年

「孝老爱亲」

人物故事

李锾，女，1967 年生，广东省湛江市第十二中学教师；李蔚，女，1970 年生，李锾的妹妹，广东省湛江市公共交通集团有限公司职员。2019 年李锾、李蔚被评为“广东好人”。

李锾、李蔚两姐妹，母亲在她们年幼时患上严重的强迫症和产后抑郁症，失去了工作能力和生活自理能力。父亲含辛茹苦将两姐妹培养成人，却又因积劳成疾于 1993 年患病去世。

姐妹俩有一个亲叔叔，从小困苦无依，20 来岁起就跟随她们一家生活，后于 50 多岁时娶妻生子。儿子 2 岁时，妻子因家里太穷而离去。此时姐妹俩又承担起照顾小叔一家的重担，并把堂弟培养成才。不幸的是小叔患有股骨头坏死症，又于 2013 年患上中风。而堂弟此时正在求学，姐妹俩二话不说又承担起了照顾小叔的重担。

20 多年来，不管是照顾母亲还是小叔，姐妹俩都尽心尽力，任劳任怨，不嫌累，不怕脏，喂饭喂水，端屎倒尿，擦背抹身……尤其是在小叔病情加重、生活无法自理时，主动将小叔接到身边照顾，彰显了作为侄女的大爱和孝心。

（广东省文明办供稿）

梁伟芹

好儿媳悉心照料瘫痪公公

「孝老爱亲」

人物故事

梁伟芹，女，1975年生，广西壮族自治区岑溪市公安局政工室副主任。2017年其家庭被授予“全国最美家庭”称号，2019年其个人获评“第五届自治区道德模范”。

梁伟芹婚后不久，公公中风瘫痪，生活不能自理。梁伟芹将公公从老家接出来，腾出家里向阳的房间给公公住。婆婆多种疾病缠身20多年，为了让她减轻病痛，过得舒心一点，梁伟芹到处寻医问药，做婆婆喜欢吃的菜，陪她做喜欢做的事情，哄她开心逗她笑。2015年，梁伟芹大嫂患上了乳腺癌，住院、手术、治疗的费用基本都是由梁伟芹夫妻先行垫付。

近几年，梁伟芹的父母也疾病缠身，她父亲患有支气管炎与心脑血管疾病，母亲患有类风湿，在原本已经很忙碌的下班时间里，梁伟芹还不得不抽身去照顾自己父母。

梁伟芹不仅是一位业务精湛、勤奋努力的好民警，还用心浇灌“家庭之花”，诠释了爱事业、爱家庭的人生真谛。

（广西壮族自治区文明办供稿）

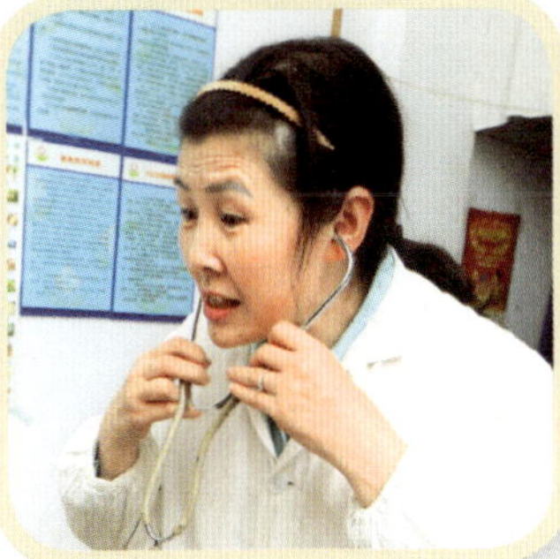

龙万志

数十年视如亲生父母赡养3位老人

「孝老爱亲」

人物故事

龙万志，女，1956年生，重庆市北碚区蔡家岗街道石井村医务室医生。

龙万志幼年失去母亲，和弟妹3人同父亲相依为命。1973年，龙万志15岁时，父亲娶了继母潘先珍。1997年，龙万志的父亲病逝。

继母潘先珍与陈绍文老人结婚，龙万志把没有血缘关系的继父陈绍文接到家中一起生活。龙万志还有一个幺爸，由于年岁已大没有子女，加之是个盲人，生活极为不便，她也一并接到自己家中照顾。

一次，在给一位独居老人看病时，发现这位老人在家无人照顾。龙万志了解到他懂一点医术后，提出让老人到自己诊所帮忙，以后生老病死全由她负责，并且每月还给他500元工资，吃穿住就在龙万志的家里。这位老人在龙万志家里生活了十几年。

龙万志还非常热心公益事业，几十年来，她为老年人义务就诊1000余人次，孤寡老人上门就诊拿药，她更是特别优惠。

（重庆市文明办供稿）

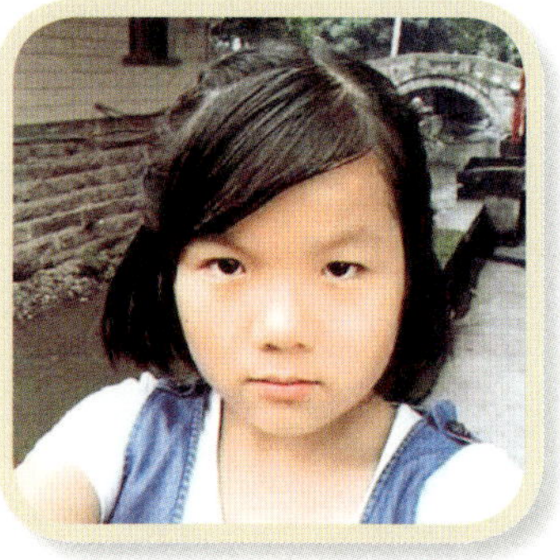

郭佳佳
义无反顾火场救父

「孝老爱亲」

人物故事

郭佳佳，女，2002年生，重庆市青木关中学学生。2019年荣获全国道德模范提名奖。

2010年，郭佳佳的父亲郭洪勇因车祸双腿残疾，奶奶重病缠身，妈妈赖荣清在电子厂打工。郭佳佳6岁就主动分担家务。

2016年12月3日凌晨3点左右，郭家一家被一阵燃烧爆裂的闷响吵醒，客厅里浓烟四起。

郭妈妈发现后，叫醒家人，飞奔去拉电闸、关燃气。紧随其后的郭佳佳凭借在学校学到的火灾逃生技巧，逃出楼道口的安全地带。可她环顾四周，却未发现爸爸和奶奶的身影。

郭佳佳毫不犹豫冲回屋内，但时年14岁的郭佳佳，最终在离门口不到3米的位置被浓烟呛倒在地。

被救出的郭佳佳醒来第一句话是："爸爸呢？奶奶呢？出来没？"

实际上，当时郭佳佳全身烧伤面积达79%，其中三度烧伤达45%。

郭佳佳在政府和社会各界的关心关爱下，已经在陆军军医大学做了手术，术后恢复良好。

（重庆市文明办供稿）

张　巧
花开敬老院

「孝老爱亲」

人物故事

张巧，女，1988年生，四川省绵阳市江油市义新敬老院院长。2019年获"第六届四川省道德模范"，其所在敬老院荣获"省敬老文明号"和"省二级敬老院"。

张巧放弃繁华的城市回到镇上从事孝老敬老事业，努力营造老人安享晚年的温馨家园，创立"院民自治"，将敬老院变成老人的乐园。

张巧和工作人员一道，一边鼓励老人生活自立自主，发挥老人的主观能动性；一边帮助老人做些他们做不了的脏活、累活、苦活和力气活。为打消老人疑虑，张巧根据院内工作特点，挂帅成立了护理小组，专门照顾生活困难的老人，清晨打扫卫生，送去洗脸水，傍晚为老人洗头、梳头、剪指甲。

两年多以来，敬老院内亲情四溢，充满了无限的青春与活力。"美女院长"的雅号也很快传遍了整个义新镇。

（四川省文明办供稿）

刘俊莲

义务照顾八旬邻居 14 年 不是亲人胜似亲人

「孝老爱亲」

人物故事

刘俊莲，女，1955 年生，贵州省贵阳市息烽县永阳街道北门居委会居民。2019 年获“贵州好人”荣誉。

2005 年，刘俊莲的老伴和儿子相继去世，她靠着农村低保救济金维持生活，日子虽然过得很清贫，但却心地善良、乐善好施。在刘俊莲居住的小楼里，80 多岁的老人刘志秀常年独自一人生活。得知这个消息后，刘俊莲义无反顾地承担起照顾刘志秀老人的重担。平时上下楼，刘俊莲都要从刘志秀老人家门前经过，义务帮助老人打扫卫生、购买生活必需品，与老人聊聊家常。

2017 年 9 月的一天，刘俊莲像往常一样外出买菜，回来时发现刘志秀老人的家门紧闭，打开房门才发现老人生病了。此后，刘俊莲细心照料老人几个月，过程中没有告诉老人的儿女，也未向老人儿女索取任何回报，每天照常为刘志秀老人打理家务，照顾老人的衣食起居，直至老人渐渐康复。看上去瘦弱单薄的刘俊莲，14 年来，把一位 80 多岁的邻居老人照顾得无微不至。她们不是亲人但胜似亲人，她的事迹感染着更多的人在生活中行善立德，弘扬社会正能量。

（贵州省文明办供稿）

邢玉龙

仁义映山魂　孝心暖寒门

「孝老爱亲」

人物故事

邢玉龙，男，1960 年生，陕西省宝鸡市陇县第二高级中学英语老师。2018 年荣获陕西省第五届道德模范，2019 年被录入《陕西人物词典》现代人物栏目。

邢玉龙出生在陇山深处一个贫困的农民家庭，他乐观向上，宽厚仁爱，是师生心目中优秀教师和知心朋友，十里八乡公认“重仁义、明孝道”的大好人。

1982 年，他二十出头刚刚参加工作，父亲却因胸膜炎气管炎去世。家里生活都难以维系，还要偿还给父亲看病时欠下的巨额债务。邢玉龙既要赡养年老多病的母亲和自小聋哑未成家的二叔，又要照顾幼小的弟弟。他起早贪黑，加班加点拼命工作。他供弟弟上完中学并给其成了家。后来，他同母异父的哥哥患上了精神病又离了婚。他照顾其生活起居至今。在母亲、二叔、弟弟和弟媳相继去世后，他又收养尚未成年的侄子和侄女。虽然生活如此不幸，但这位男子汉没有被打垮。他任劳任怨，想方设法，把家庭经营打理得井井有条；他精心照顾，让家人减少病痛的折磨，一家人其乐融融，温暖和睦。

（陕西省文明办供稿）

中国

ZHONGGUO HAOREN ZHUAN

好人传

五 MAY 月

王　玲

义务照顾困难邻居一家二十载

「助人为乐」

人物故事

王玲，女，1967 年生，河北省沧州市肃宁县理发店店主。

20 年前，王玲来到肃宁经营一家理发店，偶然认识了张国英一家人。张国英身患残疾，靠拐杖行走，妻子胡凤鸾患有先天性心脏病，患有脑血栓后遗症伴随心衰，仅一只胳膊能动；儿子张艳春智力残疾，仅为 2 岁孩子的水平，不能说话、行走，生活不能自理。

王玲决心帮助这一家人。之后，每月上门理发、买米面油、换煤气。2013 年张国英瘫痪后，又患上脑癌，在生命的最后几个月，王玲做饭喂饭像亲人一样照顾着这家人。张国英病逝后，王玲把理发店搬迁到离她家不足 500 米的地方，承担起照顾母子起居的任务，一天要花上 6 个小时，每个月要搭上一两千元才能维持这个家庭的生计。有一次，胡凤鸾突发心脏病，王玲背着她打车送医。出院后，又要输氧输液，王玲就每天背着她到理发店，一边理发，一边照看着。从理发店到张国英家的那条路直线不足 500 米，王玲一天要走三四个来回，风雨无阻。

（河北省文明办供稿）

李巧珍

最美妈妈为 5 名孤儿撑起一片晴空

「助人为乐」

人物故事

李巧珍，女，1965 年生，山西省忻州市五寨县砚城镇七队农民。2018 年被评为“山西好人”。

2009 年，李巧珍收养了第一个孩子脑瘫患儿王静，当时有人把孩子丢到了县民政局，时任民政局局长李瑞民托人寻找一位看护孩子的阿姨，有熟人找到了李巧珍。李巧珍毅然把孩子抱回家抚养，此后，她又陆续收养了马来来，男孩，脑瘫患儿，血小板低，每两个月得输血一次；马明辉，男孩，巨结肠患儿，3 岁时做过一次手术；马明敏，男孩，先天性左手缺失 5 个手指头；马明凯，男孩，也是一个脑瘫儿童。

十几年的光阴匆匆走过，只有太阳和月亮能数清李巧珍妈妈的汗水。年复一年，李巧珍妈妈每天 5 点多就得起床照顾孩子们的吃喝拉撒，洗衣、喂饭、擦洗是她生活的常态。孩子们先天残疾，体质都不好，通常一个孩子感冒了，其他孩子也都会被传染，打针输液李妈妈常常一下带两个，其余孩子的接送照顾只好全家总动员。不论有多苦多难，他们都默默地坚持，从无怨言，正是这样一个朴实团结的家庭，为这些可怜的孩子撑起了一片晴空。

（山西省文明办供稿）

刘铁军

企业家组建公益团队 20多年持续扶危助困

「助人为乐」

人物故事

刘铁军，男，1981年生，吉林省和安智能消防工程有限公司董事长。

多年来，热心公益的刘铁军在抗震救灾、贫困助学、关爱老人等各种公益活动和慈善事业中，或慷慨解囊，或亲自组织参与各种公益活动。

刘铁军长期资助长春市贫困优秀学生上学，敬老院的老人们得到了他的资助，自闭症儿童得到了他的帮助，身患重病的儿童和患者得到了他的帮助，地震灾区人民得到了他的捐助，环卫工人得到了他的帮助，贫困户得到了他的资助。在“2018温暖行动　为老党员义诊送温暖”4次活动中，他积极带头捐款捐物，奉献爱心。2018年4月，组织开展了志愿者到南溪湿地公园义务劳动。

20多年来，他和他的爱心兄弟连为200多户困难家庭、上百名贫困学生开展了救助，奉献爱心，累计捐款捐物达320多万元，本人的志愿服务时长达2万多小时。

（吉林省文明办供稿）

王志勇

“卖菜哥”热心公益 投身志愿服务11年

「助人为乐」

人物故事

王志勇，男，1973年生，江苏省张家港市大新镇普通蔬菜销售户。

2011年，张家港少年小轩检查出患有白血病，高额的医药费使本就贫寒的家庭陷入困境。王志勇得知情况后，立刻组织志愿者多次举行线上线下的义卖义捐活动，累计募集医药费10余万元，解了小轩家的燃眉之急，小轩成功得到救治。

2012年，王志勇牵头策划“牵手成长·港城寒门学子艺术类培训”志愿服务项目，并找到爱心企业赞助，让24名品学兼优的寒门学子得到免费艺术培训。截至2019年年底，项目累计获得了爱心企业资助款23.5万元，为113位寒门学子圆了艺术梦想。

2014年，王志勇和伙伴们成立“贴心小棉袄”志愿服务项目，为29位老人带去关爱，包括给老人过生日，去老人家里做顿饭，等等。在他们无微不至的关怀下，老人们深深体会到了家庭的温暖。

王志勇用微小的力量带动更多社会人士关注身边的弱势群体。在这份正能量的感染下，社会上越来越多的好心人捐款捐物，奉献爱心。

（江苏省文明办供稿）

张卫东

麻风病区义务修电 温暖 2000 余人次

「助人为乐」

人物故事

张卫东，男，1961 年生，江苏省泰州市姜堰区溱潼供电所电工。

1978 年，张卫东正式成为渔业社的村电工，从上班第一天起，他就经常利用休息时间走进麻风病医院，帮忙更换灯泡、整理线路、打扫房间，还经常自掏腰包为麻风病人购买生活用品，与麻风病人结下不解之缘。

1991 年夏天，大雨倾盆、洪水肆虐，张卫东放心不下麻风病区，每晚都前往院区帮忙。有一天院区忽然停电，抽水泵无法工作，眼看洪水猛涨，随时可能淹没院区，张卫东冒险爬上电杆，搭起临时线路，恢复临时供电，确保了院区不受淹。2015 年的一个雷雨天，雷电打断了院区 10 千伏变压器的熔断丝，正在感冒挂水的张卫东接到院长的求助电话，二话没说，拔掉针头就骑着摩托车赶到医院，用“跨接地”法保证了院区供电。

41 年来，张卫东无数次走进溱湖麻风病医院这个特殊的“禁区”，坚持义务修电，累计服务麻风病患者 2000 多人次，成为患者心中最温暖的一盏灯。麻风病人们一直以为张卫东是病区的专职电工，可他始终没有说出“义务服务”的秘密。

（江苏省文明办供稿）

季洪球

恪守 21 年无偿助老的“买菜叔”

「助人为乐」

人物故事

季洪球，男，1968 年生，江苏省盐城市阜宁县人。

1998 年年初，季洪球到苏州打工，在西善长巷 55 号小区做门卫。他所在的小区是一座老式小区，其中居住着不少年迈的老人。小区里的孤寡老人张奶奶家中无菜烧饭，便在值班室为她做好了午饭。从那以后，代张奶奶买菜就成为季洪球的一项日常事务，这是季洪球第一次当“代购”。这事经过口口相传，请他买菜的老人逐渐多了起来，几乎日日不间断。每天早上 9 点左右是季洪球“接单”的时间，老人们把菜单写好了送过来，或者提前在电话里告知由季洪球记录，菜买回来后再给老人们一一送上门。就这样，季洪球风雨无阻帮老人们义务“代购”了 21 年，“小季”变成了“老季”，30 多岁的“买菜哥”变成了 50 多岁的“买菜叔”，买菜的单子攒起来足有两万多张。

除了日常代购物品，热心又手巧的季洪球还是小区老人们的义务维修工。周边社区的居民寻求帮助，他也有求必应。有的老人想要支付一些费用，他都一概拒绝。

（江苏省文明办供稿）

方　浙

“巅峰战士”的担当和责任

「助人为乐」

人物故事

方浙，男，1964 年生，浙江省仙居县人。

2011 年，方浙成为仙居当地第一个成功登顶天柱岩的勇士，在他的号召下成立仙居山地救援队；后来，队伍逐步发展壮大成为浙江省红十字（仙居）应急搜救队、中国红十字搜救救援队的重要组成部分。

10 年来，方浙先后带领救援队参与了丽水里东灾害救援、遂昌山体滑坡灾害救援、防疫防灾等志愿行动 800 多次，成功解救被困人员 600 余人，累计服务时间超过 12 万小时。搜救队先后荣获全国学雷锋先进典型、全国山地救援交流赛横渡救援第一名、国际山地救援交流赛团体第三名等 60 多项荣誉，多次受到国家级领导人的亲切接见，队伍也被尊称为“巅峰战士”。

方浙和搜救队的事迹经常被各大主流媒体专访报道，并被拍成数字电影《巅峰战士》。由方浙编著出版发行的《队长日记》，成为全国第一部山地救援案例专著。

（浙江省文明办供稿）

许惠春

八旬老人匿名捐款三十五载 默默无闻书写大爱

「助人为乐」

人物故事

许惠春，男，1932 年生，生前系中国石化安庆石化公司退休职工。

1991 年 7 月 31 日，安庆石化总厂党委收到安徽颍上县政府的一封感谢信，信中感谢安庆石化一位化名为“李记”的同志，邮汇捐款 300 元，支援他们抗洪救灾。在安庆石化“讲奉献 10 件好事”的评选中，“李记”多次当选，但从未有人前往领奖。

2019 年 3 月 20 日，原安庆石化退休职工许惠春老人在医院去世，享年 88 岁。老人没有给 3 个儿子留下一分钱。家人整理老人遗物时，在一只小木箱里发现一个泛黄的纸包，里面有几沓厚厚的汇款单。这些汇款单署名均为“李记”。匿名捐款几十年的“李记”终于找到了。只是让人没想到的是，找到“李记”的时候，却已与他永别。

人们发现，1984 年 1 月 17 日，“李记”汇了第一笔款——20 元。在这之后，几乎年年捐款，青海玉树地震捐款 3000 元，向甘肃舟曲县红十字会捐款 3000 元，向中国红十字总会捐款 5000 元……能找到的汇款单数额加起来，总共有 10 万元左右。

（安徽省文明办供稿）

娄开胜

盲人按摩师自强不息带队创业 热心公益回报社会

「助人为乐」

人物故事

娄开胜，男，1985年生，安徽省马鞍山市博望区丹阳镇胜芸盲人推拿按摩店店主。

娄开胜盲校毕业后，2007年在马鞍山市残联的帮助下，他去马鞍山市中医院进行按摩学习，在那儿他结交了一群残疾朋友，对生活有了新的认识，看到了生活的希望。从2008年起，他取得了按摩师资格证书。2013年，28岁的他和妻子开了一家自己的按摩中心。6年来，手把手免费培训了慕名而来的30多位盲人，其中有十几位还开了自己的按摩中心，走上了自食其力的创业之路。

他对所有来他这里按摩的病人一律低价收费，对家庭困难的病人象征性收一点甚至不收费；他宁愿自己的收入少一点，也要支付店里上班的7位员工每月3000元的工资；从2015年起，他每年在5月至11月，每天购买好矿泉水，免费提供给镇上的环卫工人；逢年过节，他和员工们买好牛奶等物品去慰问镇敬老院里的孤寡老人们；2016年，当地遭遇了洪涝灾害，他购买了帐篷、衣服等送到抗洪抢险一线，还每天买来盒饭、矿泉水等送到灾民安置点。

（安徽省文明办供稿）

丁　伟　刘荣萍

夫妻19年献血4.3万毫升 签署器官捐献志愿书

「助人为乐」

人物故事

丁伟，男，1970年生，自由职业者；刘荣萍，女，1972年生，安徽省亳州市谯城区社区干部。丁伟、刘荣萍3次荣获“全国无偿献血奉献奖”金奖。

2000年春节假期的一天，丁伟和刘荣萍夫妇俩逛街时，看到献血车上贴了一则告示：“急需B型血，请伸出您的援助之手！”虽然当时对献血很陌生，但刘荣萍想着自己正巧是B型血，遂登上献血车，了解到急需用血的是一位大出血产妇。刘荣萍二话不说撸起了袖子，抽血、化验后，她的血符合标准，工作人员立即抽了200毫升。想到带有自己温度的鲜血救助了产妇的生命，丁伟、刘荣萍由此切身感受到无偿献血的特殊意义。

从那以后，夫妻二人便成了献血车上的常客。为了让身体保持最佳献血状态，丁伟夫妻俩积极锻炼，养成健康的生活方式，保证每次献血都达到标准。2008年11月11日，刘荣萍在合肥红十字会中国造血干细胞捐献者资料库管理中心留下血小样，成为捐献造血干细胞志愿者。2019年4月4日，丁伟、刘荣萍一起又签署了器官捐献志愿书。

（安徽省文明办供稿）

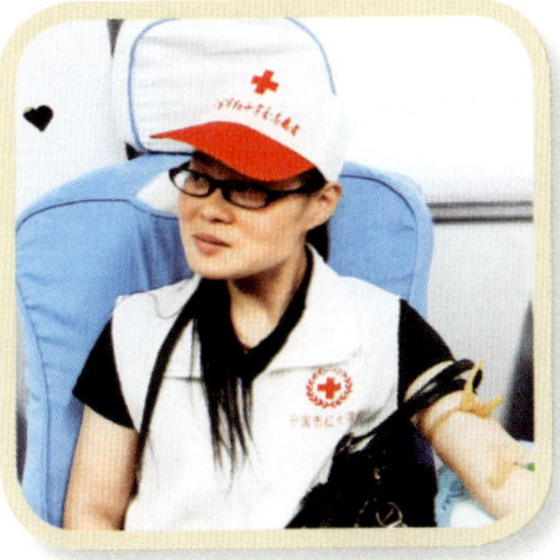

殷美明

“80后”农妇投身公益二十载 成立志愿组织坚持助学济困

「助人为乐」

人物故事

殷美明，女，1982年生，安徽省德特威勒密封技术有限公司工人。2016年获“全国最美志愿者”荣誉。

生活中的大部分时间几乎都花在公益事业上，这些年来，她的公益足迹遍及云南、四川、贵州、甘肃、青海、宁夏等10多个省区。为贫困地区的同胞们募集爱心衣物成了她生活中不可缺少的一部分，冒着严寒酷暑收集衣物、省下每天的午饭钱交物流费，她发往贫困地区的衣物已经不能论件数，而是要以吨来计算。

殷美明成为红十字志愿者后，瘦弱的她为了能献血而努力“增肥”，当体重达标时，她快乐得像个孩子；当采样成功成为造血干细胞捐献志愿者时她笑得一脸阳光；当了解到很多疾病需要器官移植才能活下去，而因为器官稀缺，很多病人得不到及时的治疗，被病魔夺走生命时，她又毅然申请成为遗体（器官）和眼角膜捐献志愿者。她说，当有一天走到生命的尽头，她要把自己所有的一切奉献给社会，完成最后的公益梦。

（安徽省文明办供稿）

程彩玲

热心大姐义卖“百万”助乡邻 大爱之情美名扬

「助人为乐」

人物故事

程彩玲，女，1972年生，安徽省黄山市休宁县榆村乡岭脚村人。其个人获评“安徽省巾帼建功标兵”，其家庭获评“全国五好家庭”。

2012年，程彩玲瞅准乡村自助游发展商机，创建岭脚客栈。她坚持以诚信经营赢取客户信任和支持，客源逐步从小乡村发展到大江南北。

闲暇之余，程彩玲搭建“直通桥”，帮助贫困户代销农产品。2016年，她在一楼展厅设置了“贫困户农产品代卖点”，设置两大排展示柜，摆着山芋粉丝、干蕨菜、干笋、火腿等当地土特产，还有老南瓜、春笋、农家辣椒等时令蔬菜。她不收一分钱差价，义务为附近贫困户代卖，甚至还自掏腰包，对部分农产品实行包装、半熟品代加工等手续，截至2019年10月，累计销售额突破120万元！

除此之外，程彩玲热心公益事业，主动带头支持村里公益事业开展，每年参加黄山“微公益”团队，累计捐款捐物超20万元；与村邻和睦相处，帮助劝解婆媳相处、邻里相处等矛盾危机，成为村民眼中的“和事佬”。

（安徽省文明办供稿）

陈文川

牵挂助学事　回乡结对子

「助人为乐」

人物故事

陈文川，男，1957年生，福建省莆田川盛轮胎有限公司董事长。

陈文川自2014年与爱心老人曾德梅“相识”后，连续6年结对贫困生143名，资助金额达近70万元，捐资用于助教助困的其他公益事业爱心款也超过1000万元。

陈文川18岁外出打工，25岁学做生意。经过30多年的商海拼搏，目前在河北、河南、辽宁等地拥有涉及轮胎、钢铁、矿山、建筑等多个行业的公司。难能可贵的是，陈文川致富之后不忘本，生活十分简朴，富有善心和爱心，十分重视尊师重教，只要家乡教育事业、公益事业及贫困家庭遇到困难，他都慷慨解囊。

在陈文川的带动下，如今村里在外经商的乡亲致富后不忘回报家乡，不摆阔不攀比，争着比爱心做公益，同时也纷纷参与结对助学活动，移风易俗的风气日益浓厚。

（福建省文明办供稿）

罗　迎

点亮生命之灯　绽放助人光彩

「助人为乐」

人物故事

罗迎，女，1980年生，江西省南昌市公安局经济技术开发区分局警务督察大队教导员。先后荣立个人三等功两次，获全省“巾帼建功”先进个人、全省“红十字”优秀志愿者荣誉称号。

2010年，一名河南籍白血病患者需要进行骨髓移植。罗迎在得知与她的分型初步配对成功后，主动配合南昌市红十字会进行了高分辨的分型配对。2010年9月，她远赴北京空军总医院参加造血干细胞采集手术，挽救了一条年轻的生命。

在担任南昌市公安局高新技术开发区分局出入境管理大队大队长时，罗迎先后建立了外管警务室、警企定期联系机制等便民利企新举措，创新推出了计划事项“预约”、急难事项“特办”等8项服务，优化了涉外经济发展环境。

在爱民实践活动中，罗迎组织分局12名“爱心妈妈”与辖区贫困儿童开展结对帮扶。她经常到孩子们的家中走访，赠送衣物、书籍，节假日还带孩子们一同到瑶湖郊野公园游玩。

（江西省文明办供稿）

何升银

供电职工14年如一日 照顾10余位孤寡老人

「助人为乐」

人物故事

何升银，男，1963年生，国网江西省电力有限公司九江市柴桑区供电分公司城安供电所党支部书记。

2005年，何升银在一次单位组织的志愿服务活动中，偶然遇见了马回岭镇红星村的孤寡老人吴从莲，她疾病缠身，生活不能自理，身边却无人赡养。老人的情况令何升银心生恻隐，他毫不犹豫地将照顾老人的责任扛到肩上，时常给她送些油米衣物，但凡老人有所需求，他一定随叫随到，11年如一日，风雨无阻，直至老人病逝。

吴从莲并非唯一受到何升银帮助的孤寡老人，从2005年起，他陆续把10余位处于类似境地的孤寡老人纳入自己的帮扶范围之中，无怨无悔地悉心照料他们。尽管自己家庭并不富裕，但何升银心头却念着这些孤寡老人的家庭困难，常常自掏腰包为他们垫付电费，14年间，累计为老人们垫付了2万余元电费。

（江西省文明办供稿）

潘述荣

大爱无私，带动一群人 给予他人“重生”

「助人为乐」

人物故事

潘述荣，男，1942年生，生前系山东省青岛市即墨区蓝村镇五里村村民。

几年前一次偶然的机会，潘述荣从报纸上得知青岛眼科医院红十字眼库库存很低，许多符合眼角膜移植条件的患者都在等待合适的供体。从那时起，潘述荣就有了去世之后捐献眼角膜帮助他人重见光明的想法。

2018年6月15日，潘述荣在儿子的陪同下到青岛市即墨区红十字会登记填写了遗体捐献申请登记表，成为青岛眼科医院红十字眼库的第468位捐献者。11月18日，潘述荣在家中去世，在老人陷入昏迷前，他再三叮嘱儿子潘明灿：“一定要把我的眼角膜捐献出去。”遵照潘述荣遗愿，青岛眼科医院医生为他做了眼角膜摘除手术。11月21日、22日，两位角膜病患者在手术后重见光明。

在潘述荣的影响下，子女们都养成助人为乐的好习惯，在其长子潘明灿与妻子共同成为捐献遗体的志愿者后，受其影响，村里另外7位村民也加入了志愿者的队伍。

（山东省文明办供稿）

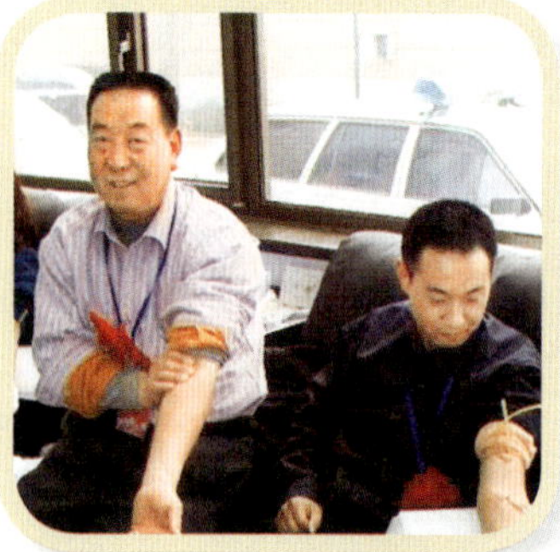

李艮桥　李　峰

"熊猫侠"父子无偿献血 10 余年

「助人为乐」

人物故事

李艮桥，男，1961 年生；李峰，李艮桥之子，1982 年生。二人均为河南省洛阳市龙门石窟管委会龙门村居民。

李峰和父亲李艮桥的血型是被称作"熊猫血"的 Rh 阴性 A 型。不同于常规血型的日常储备，稀有血型随需随献，因此每一次需求都非常紧急，突然的一条信息，后面可能就是一条正处于危险中的生命。李峰是一名外卖骑手，为了不错过"稀有血型微信群"的每一条求助信息，他给这个群设置了"置顶聊天"，确保在求助信息发出后"秒回"。2008 年，洛阳市中心血站组织洛阳 41 位 Rh 阴性献血者赴北京为奥运会储备 Rh 阴性血液，李峰和李艮桥父子双双参加。2008 年，李峰在街头流动献血屋献血时，发现自己是"熊猫血"，他把自己献血的情况告诉了父亲，而此时，他才知道同为"熊猫血"的父亲，已默默献血 10 多年。

2008 年至今，李峰先后紧急献血 8 次，献血量超过 2000 毫升，父亲李艮桥先后献血 11 次，献血量超过 4000 毫升，他俩被血站工作人员亲切地称作父子"熊猫侠"。

（河南省文明办供稿）

李阳光

捐赠 1500 多万元铺就十年慈善路

「助人为乐」

人物故事

李阳光，男，1974 年生，河南通泰纺织有限公司董事长、太康县银鑫棉业有限责任公司董事长。

李阳光自幼家境贫困，卖过菜、开过小卖铺、卖过煤球，组建过货车队。2015 年，李阳光成立拥有 30 万纱锭智能化精梳紧密纺生产线的太康县银鑫棉业有限责任公司，年销售收入 10 多亿元。无论是遭遇挫折还是风光，李阳光从未忘记自己的穷苦出身，"刚开始卖菜时一无所有，我赚的每一分钱都是家乡人的，如果不想着回报家乡，就对不起自己的良心"。

截至 2019 年年底，李阳光前后捐出 1500 多万元善款，帮助近千名贫困老人、儿童和大学生渡过难关。李阳光致富不忘乡邻，关注社会弱势群体，捐资助学，尽心尽力为群众办实事好事，引起社会各界的关注，大河网、龙都网等媒体多次对其先进事迹进行报道转载。面对群众和社会各界的赞誉，李阳光却平静地说："能为家乡父老做点力所能及的小事，我感到非常高兴。"

（湖北省文明办供稿）

王德祥

热心公益人未老　桑榆为霞别样红

「助人为乐」

人物故事

王德祥，男，1948 年生，武钢大冶铁矿退休职工。获“荆楚楷模”等荣誉称号。

2016 年 3 月，刚做完结肠癌肿瘤手术的王德祥看到黄石市消费者委员会在招募维权志愿者，便主动报名。

2016 年，他牵头成立了以他自己命名的黄石市“王德祥消费服务站”，吸纳 8 名志愿者，组织开展维权讲座、公益演出 20 余场次，听众人数达 2500 余人次。为了提高老年人的分辨能力和防骗意识，他还将保健品行销套路自编成讲义、快板书，提醒老年消费者对“义诊”“免费讲座”提高警惕。

2018 年 7 月 24 日，上海某科技公司以免费送鸡蛋、面条为由，引诱老年人购买保健品，预计近千人会聚集到酒店参加会销。掌握到这一线索，王德祥带领志愿者一大早赶到会场。他装成普通群众认真听讲，并收集了不法商贩张贴海报、派发宣传品以及播放视频录音等关键证据，助力原铁山工商分局一举铲除了这一非法经营团伙，为老年消费者挽回了经济损失近百万元。

（湖北省文明办供稿）

刘　萍

国学社工导师专注公益之路 以文化人颇具成效

「助人为乐」

人物故事

刘萍，女，1985 年生，湖北省荆州市清源书院创始人。其家庭获评“首届全国文明家庭”，其个人获评“荆楚楷模”等荣誉称号。

2014 年，刘萍返创办了荆州市清源书院，创新提出“国学社工”。“社区读书会”受邀连续承办崇文街道 2015 年、2016 年、2017 年“世界读书日、经典晨读周”大型公益活动，受益居民 4000 人次。“妈妈文化站”由滨湖社区全职太太参与孵化而成，每周开设工笔、读书课堂，打造书香社区、学习型家庭。

清源书院之外，刘萍以社工志愿者身份往返奔波于沙市区各乡镇街道，服务社区治理 165 场次、组织公益夜校 80 场、周末课堂 400 余场、家风夏令营 12 期、社区读书会 89 期、国学月沙龙 27 次、社矫帮教 140 人次，覆盖了不同层次、不同需求的 30 万群体。2018 年经过刘萍公益培训的沙市区、荆州区城乡社区干部考取社工师初级中级共计 120 人。

刘萍还深入农村，2015 年、2016 年、2017 年连续 3 年举办贫困雏鹰公益成长夏令营。2018 年 8 月，虚拟的道德文化扶贫车间在市政协支持下正式挂牌。

（湖北省文明办供稿）

谢向前

成立助残机构 为残障人士提供就业机会

「助人为乐」

人物故事

谢向前，男，1970年生，湖南省长沙市岳麓区坪塘街道莲花山村人。

2013年，由于一场事故，谢向前全身60%重度烧伤，被评定为三级肢体残障。

谢向前于2014年7月向长沙市民政局申报成立了长沙市上善助残服务中心；8月，上善成为“湖南省支持性就业试点单位”。2015年6月，成为“湖南省残障人士就近就便就业试点单位”。

2016年，谢向前创办长沙市岳麓区高觉田园残疾人托养服务中心，为残障人士提供日间照料、康复训练、心理辅导等。同时，开发了“农村残友家庭团结经济互助计划”项目，为农村残障人士及家庭多增加3000元的经济来源。2018年，他结合农村当地特色，开设莲藕种植、荷花鱼养殖、走地鸡饲养体验及乡村亲子体验为主的“同心农场”项目，为残障人士提供更多的就业机会。长沙市上善助残服务中心累计为学校、企业、政府部门开展教育实践活动400余场，还开展了一系列助残、济困等社会融合活动，参与人数多达1万人次。

（湖南文明办供稿）

何志龙

志愿者无偿献血15年 带动全家加入献血队伍

「助人为乐」

人物故事

何志龙，男，1968年生，湖南省郴州市北湖区七里洞村村民。曾两获全国无偿献血奉献奖金奖，获2014—2015年度全国无偿献血志愿服务奖五星奖。

自2004年起，何志龙每年都定期参加献血，至今共捐献全血8次，机采成分血82次，总量累计达10.28万毫升，并担任了郴州市无偿献血紧急献血队队长一职。2008年，郴州市无偿献血志愿服务队正式成立，何志龙主动加入其中。他勇担起志愿服务先行者，栉风沐雨，倾情投身献血宣传，引导献血者填表、初筛、献血，身体力行开展无偿献血宣传工作，消除了很多市民对无偿献血的误会。

在他的感召下，姐姐何志俐捐献全血7次，成分血59次；哥哥何志清献全血2次，成分血72次；妻子冯品兰捐献全血8次，成分血24次；其他表亲10多人，总共累计献血28.56万毫升，相当于71人全身血液总量，可挽救300多人生命。如今，何志龙一家已在献血点志愿服务近2017小时，姐弟三人一齐获得2014—2015年度全国无偿献血志愿服务奖五星级的荣誉。

（湖南省文明办供稿）

黄厚瑜

离休教师 35 年资助上百名孩子圆上学梦

「助人为乐」

人物故事

黄厚瑜，女，1926 年生，离休援疆教师。1984 年易地安置在湖南省衡阳市雁峰区。先后被评为“全国劳模”“全国优秀教师”“全国社区志愿者先进个人”“全国离退休干部先进个人”。

黄厚瑜是 1951 年“八千湘女上天山”队伍中的一名援疆教师。1982 年，黄厚瑜离休。1984 年，作为“援疆第一代母亲”的她回到了衡阳。离休不离岗，平时见着谁家孩子成绩好的、上学有困难的，她就主动买上教辅课本、文具送去作为奖励或是帮助。黄厚瑜一辈子专注教育事业，膝下无儿无女。在她居住的小小一方公寓里，墙上的相框里是黄厚瑜与受资助学生的照片，书桌里也满是学生们给老人寄来的信件。

35 年间，她为社区的残疾学生自编教材，让他们能够融入社会生活；为偏远学校捐书捐钱，义务给孩子们上课；通过雁峰区民政局慈善会，向素不相识的贫困学子一次性捐赠爱心助学金 5000 元……得到老人助学金帮助的孩子达百余名。2012 年，老人还在红十字会登记，决定将遗体捐予医学解剖科学实验，为国家奉献自己的最后一点力量。

（湖南省文明办供稿）

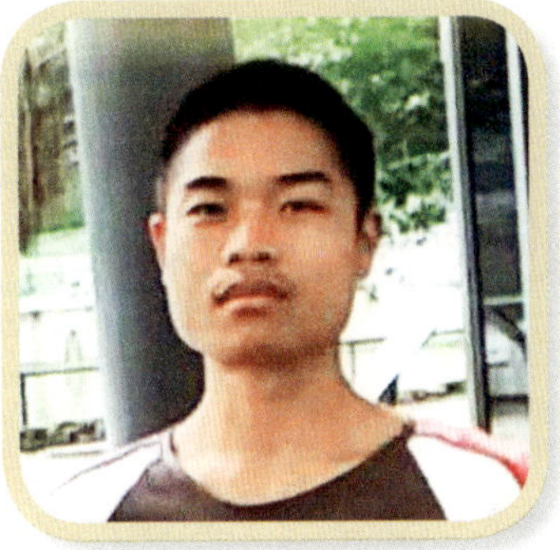

郭伟健

大爱家庭捐献儿子器官延续 6 人生命

「助人为乐」

人物故事

郭伟健，男，1998 年生，生前系佛山科学技术学院学生。2019 年被评为“广东好人”。

2019 年 3 月 21 日，郭伟健一如往常在就读的佛山科学技术学院操场跑步锻炼，跑步途中，他突然摔倒，呼吸和心跳骤然停止。尽管送医及时，经历心肺复苏、转院治疗后，情况仍不容乐观。3 月 23 日，医生对伟健进行的第二次评估结果依旧是“脑死亡”，这意味着这位年仅 20 岁的阳光大男孩几乎没有醒来的可能。这个结果让伟健的父母伤心欲绝，他们不得不面对儿子再也回不来的事实。

想到孩子平时乐于助人，伟健父母决定捐出伟健的器官，为更多人带去延续生命的希望。家人捐出了伟健的肝脏、心脏、双肾和眼角膜，让 4 人获得新生，2 人重见了光明。父亲郭细强说：“捐献器官，不仅让我感觉到他还在人间，而且也是伟健最后一次为社会做贡献，我相信倘若孩子知道了，一定会很欣慰。”

郭伟健生前热心公益，去世前已累计无偿献血 1300 毫升，还曾去医院当志愿者。

（广东省文明办供稿）

五月

张新尊

公益达人全身心济困扶弱带出团队

「助人为乐」

人物故事

张新尊，男，1973年生，广东省茂名市信宜市池洞镇排田村村民。2018年被评为“广东好人”。

张新尊现任广东省天柱文化慈善促进会信宜善行服务队队长，是一名全职公益人。2010年以来，他积极投身公益慈善事业，带领队友走遍信宜所有的乡镇。

2013年的一天，张新尊看到捡垃圾吃的流浪汉，于是他开始关注流浪汉，连续7年为上百名流浪汉送去爱心餐和衣服、药物，累计价值超过38万元，并成功帮助17个流浪汉回到亲人身边。

他关注特困家庭、孤寡老人、孤儿等，坚持每月一次为他们进行剪头发、义诊、搞卫生、文艺表演等服务，为这些群体送去的物资价值超过26万元。他搭建桥梁，让有能力的爱心人士对贫困学子进行对口助学，已累计资助过60多个学生。2017年3月，他发起“弯腰一秒　拾起文明”美化家园大型户外拾垃圾并分类的活动，累计处理垃圾7吨。2019年春节期间，他每天组织20多个志愿者走上街头帮忙疏导交通……在张新尊的感染下，他所在的天柱善行服务队已有志愿者560多人。

（广东省文明办供稿）

陈光权

六旬老人30年徒手建造船舶避风港

「助人为乐」

人物故事

陈光权，男，1953年生，广西壮族自治区北海市涠洲岛居民。

1986年，涠洲岛遇台风，东面100多艘渔船来不及赶到避风港，便被滔天巨浪掀翻，损失惨重。从那时候开始，陈光权便有了建立港湾的想法。在涠洲岛东部海边有一条小沟岔，是建造海港的首选，但是这个地方正对着风暴方向，风急浪高，施工存在困难。但陈光权却没有打退堂鼓，迎难而上，说干就干。1989年，好不容易建好的部分堤坝，在一次台风中被海浪全部冲垮，石料被海水冲走，连带着之前的努力一并消失。可即便如此，陈光权也从未想过要放弃。堤坝倒了，就重新来过。30年如一日，每天超负荷地劳作，几千斤的石料来来回回拖运，牛都累死了20多头，他把一生中最美好的时光，奉献给了“马拉港”。经过坚持不懈的努力，“马拉港”顺利完工并投入使用，它让百艘渔船可以放心出海，就近回家。

（广西壮族自治区文明办供稿）

罗泽南

抗美援朝老兵为民磨刀暖人心

「助人为乐」

人物故事

罗泽南，男，1933 年生，重庆市江津区工业局退休职工。2019 年获评“重庆好人”。

他 1951 年入伍参加抗美援朝战争，1956 年加入中国共产党，1958 年复员，曾在原重庆市江津县德感铁厂、重庆市江津县工业局工作，1980 年因身体原因办理病退。

2010 年，纪念抗美援朝 60 周年之际，罗泽南作为参加过抗美援朝的老兵获得了 800 元慰问金。他决定用这笔慰问金的一半购买一套磨刀工具，免费为群众磨刀剪。

9 年来，罗泽南累计磨刀 1.7 万多把，指甲盖都凹凸不平了，却仍然坚持着他的磨刀“事业”，并用记事本记录着每天磨刀的数量。

（重庆市文明办供稿）

张　黎

我为人人　人人为我

「助人为乐」

人物故事

张黎，男，1969 年生，四川省南充市高坪区图书馆馆长兼任南充市高坪区图书馆文化志愿者服务基地负责人、四川省山地救援队南充支队常务副队长。2019 年获评“四川好人”。

张黎从 1999 年开始从事志愿服务工作。20 年来，无偿为社会、为他人服务达 1.853 万个小时以上，自掏腰包为灾区、困难群体、留守儿童、残疾老人等捐出 15 万多元，以无私奉献的志愿精神和吃苦耐劳的坚强意志，全身心投入志愿服务事业。2014 年，牵头成立南充市高坪区图书馆文化志愿者服务基地，拥有在册志愿者 587 人；2017 年，成立南充市高坪区户外运动（公益）协会，志愿者达 863 人。在其带领和影响下，高坪区的志愿服务事业正快速发展，无私奉献、服务社会的风气日益浓郁。

（四川省文明办供稿）

罗　次

牧人身残志坚 带领众乡亲致富奔小康

「助人为乐」

人物故事

罗次，男，1963年生，西藏自治区那曲市安多县强玛镇村民，三级残疾人。

1993年至1999年，罗次以裁缝店为起点走出牧区慢慢地步入县城市场。2000年至2007年，罗次带着村里的20余名年轻牧民学技术、包工程……

自己富裕了，罗次没有忘记村里的穷乡亲。2010年开始，罗次带着村小组里的贫困牧民开茶馆、商店，卖畜产品，大部分牧户都致富了。多年来他一直坚持给贫困户、扶贫合作社捐款捐物，救助身边的贫困群众、老弱病残。2017年为止捐出绵山羊共510只，价值46万余元，现金帮扶近5万元。2017年当妇女合作社周转遇到困难时，他拿出20万元无偿垫资周转。每当有贫困户还不起贷款的时候，他都会义无反顾地去帮助他们。多年来无偿借钱渡过难关的贫困户达37户，累计50余万元。如今在他的带领下在全村乃至全镇形成了牧民党员站出来、比贡献的良好氛围。

（西藏自治区文明办供稿）

唐　兆

用心、用情、热心志愿服务的好干部

「助人为乐」

人物故事

唐兆，男，1978年生，国家税务总局太白县税务局第二税务分局干部。2013年获陕西省劳动竞赛标兵。

1997年踏入军队的唐兆，第一次走进了献血站，在之后的20多年里，他每年献血一两次，累计献血量达9000毫升，在他的感染和带动下，他的父亲、妻子、朋友自2004年开始，也坚持无偿献血，累计献血量超过2万毫升。2012年11月，他看到一篇求助捐献血小板的帖子，他用两周时间调整饮食，使验血结果和身体状况等各项指标都符合捐献要求，12月5日，向患者捐献血小板。2015年唐兆向素昧平生的朋友许诺，照顾“空巢老人”，逢年过节，他会带着礼物、水果为老人送去问候和祝福；农忙时节，组织朋友去帮忙种地收菜从未间断过。

2008年汶川大地震，他主动请缨前往受灾最严重的鹦鸽镇瓦窑坡村和靖口镇散军塬村。在灾区一线连续工作20多个日夜，每天只休息五六个小时，帮助受灾群众收割小麦和菜籽300余亩、拆除危房90多户、修建新舍80多间。

（陕西省文明办供稿）

刘玉林　牛　庆　潘泓宇　于馨志　赵泽宇

居民楼失火　五少年浓烟中抱出小女孩

「见义勇为」

人物故事

刘玉林、牛庆、潘泓宇、于馨志和赵泽宇，5人系辽宁省东港市职业教育中心学生，年龄最大的刚满17周岁。

2019年3月23日13时40分左右，东港市银丰小区一户居民家里突发火情。正值周末，很多居民在家中休息。“当时我们看见小区楼里有烟冒出来，就赶紧跑了过去。”潘泓宇回忆。

于馨志第一时间拨通了报警电话，按照在校习得的消防知识，他们在确保自身安全的前提下，冲进了楼洞内。于馨志守在门口，确保出口畅通。而其他4名同学则跑进楼内，通知居民赶紧离开。

走到五楼的时候，牛庆和潘泓宇看到一户家中有一对母女。小女孩的母亲动作缓慢，牛庆在征得小女孩母亲同意后，抱起小女孩就向楼下冲去。“等我们冲下楼时，整个楼洞已经浓烟滚滚，什么也看不清了。”牛庆说。

他们挨家敲门通知，有的居民面对浓烟慌不择路，他们提供指引，带领大家冲出楼口。

消防车也及时赶到，等到火情得到控制，他们悄悄离开了现场。

（辽宁省文明办供稿）

郭洪伟

饭店老板不顾自身安危舍身救火保护群众安全

「见义勇为」

人物故事

郭洪伟，男，1974年生，租住黑龙江省哈尔滨市道外区民强街道滨河社区，与妻子经营一家小饭店。

郭洪伟自从搬到滨河社区居住后，主动承担了小区义务巡逻的工作，2019年6月的一天晚上，郭洪伟巡逻到8号楼，忽然看到四单元的二楼楼道窗户往外冒黑烟，他跑到单元门，却被浓烟挡住了去路，他意识到了问题的严重，一边呼喊“着火了！着火了！”叫醒熟睡的居民们，一边拿起手机拨打了火警电话，郭洪伟打完报警电话后，立即带领一名小伙子跑回到自己饭店取出灭火器直奔火场，凭借平时参加安全讲座学到的灭火的相关知识，他们顺利使用干粉灭火器扑灭了大火，从单元门出来后，他接过社区工作人员递上来的毛巾和矿泉水，发现自己额前有一小绺头发已被烧焦了，社区人员和居民们都纷纷上来询问他们是否受伤，郭洪伟脸上带着疲惫的笑，摆摆手说：“没受伤，没有事。”

（黑龙江省文明办供稿）

王子昊

婴儿5米高扶梯滚落 兵哥哥飞身救人

「见义勇为」

人物故事

王子昊，男，1997年生，73091部队第三十四旅合成一营士兵。

2019年1月18日11点30分左右，无锡市锡山区东港镇的一家商场里发生了惊险的一幕：商场三楼的电动扶梯正在运行，一个9个月大的婴儿坐在学步车里向电动扶梯处滑去。当学步车刚一接触到电动扶梯，随着惯性，婴儿连人带学步车一起在距离地面五六米高的电动扶梯上翻倒滚落。在这惊险时刻，一名路过的现役士官，仿佛“神兵天降”，从电梯下行方向快速“转身”，箭步跨到上行方向阶梯上，及时伸手扶住了学步车，并把孩子安全地送回了上行方向的电梯口。事后，他没有留下联系方式，就默默地离开了。

经过多方寻找，大家终于得知救人的小伙子是东港本地人，名叫王子昊，是一名军人，正好探亲休假回家。短短两天时间，王子昊的事迹刷爆了朋友圈，新华社、人民日报、光明网纷纷点赞，他却淡然地说：“我是一名军人，救人是应该的！”

（江苏省文明办供稿）

潘　超　潘木林

父子二人守护南湖二十一载 勇救15名落水者

「见义勇为」

人物故事

潘超，男，1987年生，安徽省滁州市琅琊区清流街道办事处来安路社区居民；潘木林，男，1963年生，潘超父亲，安徽省滁州市渔厂工人。

2004年潘超毕业后子承父业，主动选择跟父亲一道守护南湖。南湖平均水深2米至3米，最深处4米多，一旦落水就很危险，潘家父子每天都要沿着100亩左右的湖面巡视。2015年5月，父子二人巡逻时遇到两口子闹矛盾，双双落入湖中。潘木林急忙划船从水面上冲过去，而潘超则从岸上向两人冲过去。在父子二人的努力下，落水2人成功获救。2018年1月19日早上，一名女子不慎落入冰冷的南湖中，生命岌岌可危。千钧一发之际，潘超不顾个人安危，他一边跑一边扯下身上厚厚的棉袄，跳入冰冷的湖水中，奋力将女子托起，最终女子安全获救。

21年来，潘木林父子在南湖救下至少15名落水者，是名副其实的“南湖守护者”。

（安徽省文明办供稿）

李育冲　吴年平　吴兆福

接力成功救起溺水孩子

「见义勇为」

人物故事

李育冲，男，1967年生，江西省赣州市大余县新城镇白田埠村民；吴年平，男，1977年生，江西省赣州市大余县新城镇莲塘村村民；吴兆福，男，1975年生，江西省赣州市大余县南安镇村民。

2019年4月13日5时左右，在大余县龙王庙村务工的李育冲路过村里的一处池塘时，发现塘里有动静。他上前一看，发现池塘的北边竟有一个溺水的孩子。危急关头，他没有多想，立即下水进行救助。这时，另外两位路过的好心人吴年平和吴兆福也赶来帮忙，两人在池塘边把孩子接上来，合力把孩子救到了岸上。

当孩子被救上来时，已经脸色发白并失去了意识。曾经当过兵的吴兆福利用自己在部队学到的急救措施对小孩进行抢救，孩子及时吐出了积水，逐渐恢复了意识，并被送至医院，经过医护人员精心治疗后脱离危险。

因为掌握了正确的救援方式，李育冲、吴年平和吴兆福配合施救，成功挽回一名儿童的生命。

（江西省文明办供稿）

邵长虎

热心农民冰河救人

「见义勇为」

人物故事

邵长虎，男，1973年生，山东省菏泽市单县徐寨镇邢庄行政村邢庄人。2019年荣获“山东好人之星”称号。

2019年2月13日上午9点多，邵长虎和好友崔新所骑着电三轮走亲戚，发现一辆电动三轮车即将在水中沉没，一位妇女在将要沉没的电动车旁边，拼命地用双手扒拉着水面，发出含糊不清的呼救声……邵长虎反应过来后，一边脱掉棉外套，一边对崔新所大声喊道：“我去救人，你快给村里人打电话！”说着，他就下到了河里。河岸陡峭，河深足足有2米多，邵长虎在冰冷刺骨的河水中，听到车篷里传来微弱的呼叫声。他一把扯破浸泡在水中的车篷布，看到一个老太太双目昏迷，双唇紧闭，手里举着一个3岁左右的小男孩。邵长虎赶忙一把抱过孩子，游到岸边，把孩子放到浅水区的草丛里。接着，他再次游到车篷旁，使出浑身力气，一手拖着将要昏迷的老太太，一手拖着在河水中挣扎的妇女，把她们也送到了岸边的杂草丛中。

（山东省文明办供稿）

靳利勇

最美“接锅侠”徒手端油锅保护群众财产安全

「见义勇为」

人物故事

靳利勇，男，1980年生，河南省安阳市龙安区马投涧镇中心小学教师。2018年获“河南省文明教师”“河南好人”等荣誉。

2018年8月21日上午10点左右，靳利勇给妻子买完药在自由路上一家餐馆吃饭。突然该餐馆的后厨闪起了很亮的火光，同时，传来了老板娘惊慌失措的呼救声。靳利勇赶紧跑进了后厨，原来是燃气灶上放置的一口油锅着火了，蹿起来的火焰有一米多高，已经烧到了排烟管上。见情况危急，他立刻拿起锅盖去盖锅，想把火扑灭，但是试了几次都不行。老板娘早已经吓得不知所措了。情急之下，靳利勇拿起一条毛巾垫到油锅两耳上，端起热锅一路小跑冲到了店外。这时，老板娘才想起店里有灭火器，她赶紧将灭火器拿了出来，对着油锅一阵狂喷，才把火焰扑灭。

把火扑灭后，靳利勇才发现手和脚上都起了大大小小的水泡。虽然被烫伤，但他说，自己一点也不后悔。

（河南省文明办供稿）

文勇强

退伍青年奋勇当先抢救伤者

「见义勇为」

人物故事

文勇强，男，1987年生，湖南省湘潭市韶山乡政府工作人员。

2018年8月14日上午，文勇强在途经韶山乡韶润村铁皮桥润泽东方出口时发现一片骚动，人群包围中，一辆女士机动摩托车侧翻在地，一名年长妇女扶抱着一名女孩坐在地上痛哭流涕，一截拳头大的空心金属护栏刺入了女孩的大腿，女孩大腿上的肉也被剜出了手掌大的伤口，鲜血淌了一地。

见到此情此景，文勇强二话不说火速冲上前去，因女孩卡在金属护栏中间，为避免女孩身体因剧烈疼痛晃动而让金属护栏刺入得更深，文勇强便跪在栏杆另一侧的血泊中托住女孩摇摇欲坠的身体，并一边安慰受到惊吓的女孩母亲彭女士。围观的群众不断增多，在文勇强大声的呼喊和带动下，周围路过的市民上前搭以援手。艰难而无比漫长的10多分钟在众人的齐心协力和冷静应对下过去了，救护车赶到后立即将女孩送往医院抢救，因抢救及时，女孩经过5个小时的手术得以保命。

（湖南文明办供稿）

杨海林

银行职工生死时刻 挺身而出挽救伤患

「见义勇为」

人物故事

杨海林，男，1966年生，广西壮族自治区贵港市中支宣传群工部主任科员。

2001年8月，杨海林陪同一批老干部到桂平市金田镇开展爱国主义教育，在金田水库拐弯处，他看到两辆车发生了严重车祸，一名男子腿都断了，另一名女子伤口血流不止，场面惨不忍睹。杨海林二话没说，迅速下车抢救，并自己掏钱拦截一辆农用车，火速送伤员到医院抢救。

2018年7月17日下午，在贵港市新世纪广场西南角，一名50多岁的妇女在绿化带旁不停地呻吟，嘴里直喊“救命”。正好办事路过的杨海林发现这名妇女四肢抽搐，大汗淋漓，不时有口水流出，生命危在旦夕。危急时刻，杨海林没有半点犹豫，他利用自己掌握的急救知识，迅速对患病妇女进行现场施救，同时拨打了110、120，为病人救治赢得了宝贵时间。

（广西壮族自治区文明办供稿）

施文龙

勇救落水儿童　凸显最正能量

「见义勇为」

人物故事

施文龙，男，1982年生，陕西延长石油（集团）管道运输公司第四分公司管道巡护工。

2014年9月1日，施文龙巡线回来，走到延安市川口乡牛田寺村，突然听到有人大喊：“娃娃落水了！”施文龙几个箭步蹿过去，在一个鱼塘里，一个两岁左右的孩子斜斜地漂浮着，情况万分危急。看到这一情景，施文龙“扑通”一下跳进了鱼塘。立秋的水又冰又凉，漫到了脖子，脚下的淤泥也已经快到膝盖。但是施文龙眼睛死死盯着3米开外的小孩，使尽浑身力气，向小孩扑去。几分钟后，施文龙终于抓住了孩子。已经累得精疲力竭的他再一次从齐脖深的水中，举着孩子从深到膝盖的淤泥中向回走。到岸边时，村民们七手八脚把孩子接住，把施文龙拉上了岸。上岸后，施文龙顾不了自己，急忙对孩子施救。经过抢救，孩子转危为安。看到孩子平安，浑身湿透的施文龙直打哆嗦。他不由得一阵后怕：自己不会游泳，3米深的水，加上淤泥，对于自己来说，同样也遭遇了人生中的一次险境。

（陕西省文明办供稿）

赵小虎

以诚信立业 为5万多个家庭解决后顾之忧

「诚实守信」

人物故事

赵小虎，男，1979年生，阳光北亚家政服务有限公司创始人。2018年获“北京市就业创业先进个人”称号。

2006年赵小虎开办了阳光北亚家政服务有限公司。在创业初期他就定下了以诚实守信为立业根本，以介绍一个人温暖两家人为服务宗旨的信条。2008年他专程去甘肃，给公司优秀家政服务员的家里送去慰问品。2017年一位老人在和公司签订合同后，在服务员将要上岗的那天，老人突然表示女儿已在别处找好了家政服务员，要求全额退款。赵小虎不仅将全款退回，并表示如有需要，依然会做好服务。

十几年来，赵小虎不忘初心，坚持诚信经营，积极参与解决农村留守妇女和城市下岗女职工的再就业需求。公司累计提供就业岗位5万多个，还组织成立公益服务队伍，在北京市东城区30多个社区开展公益服务活动，为特殊家庭送去了3500余小时的保洁服务，并且捐款捐物，用真诚和努力回报社会。

（北京市文明办供稿）

朱 信

拾荒老人垃圾箱捡15万现金归还

「诚实守信」

人物故事

朱信，男，1951年生，辽宁省朝阳市龙山街道机场社区居民。

2019年2月11日，正月初七，工地还没有开工，朱信在自家单元门口翻垃圾箱，发现了一个鼓鼓的白色塑料袋。外面白色，里面黑色，两层塑料袋打开，里面是一捆捆的百元钞票！开始他以为袋子里是假钱，本要转身离开，忍不住又看看，才发现是真钱，朱信决定留在原地等等。可是等了好一会儿，朱信也没等来失主，于是拎着装巨款的塑料袋回家。怎么找到失主，又让老两口陷入难题。

就在这时，传来急促敲门声，一开门，满头大汗的林阳问，在小区捡废品有没有捡到钱，话语中带着颤音。朱信坦言自己捡到了钱。但他怕钱被冒领，要求先报警，值班民警很快上门。细节全部都对，朱信从里屋取出钱袋交给林阳。

朱信的老伴膝盖患病严重已经3个月没有出屋，手术治疗大概需要15万元。一边是沉重的生活和疾病压力，一边是从天而降的巨款，但老人心中那杆诚信的天平，始终不曾倾斜半分。朱信说：“别人的钱，那始终是别人的，跟我没关系。”

（辽宁省文明办供稿）

张　申

以信为本展宏图　至诚创业为百姓

「诚实守信」

人物故事

张申，男，1970年生，黑龙江省大庆一口猪食品有限公司董事长兼总经理。2019年获得“龙江好人”等荣誉称号。

1995年，张申下海经商。2010年，建成大庆丰收饲料有限公司。2013年，收购当地生猪屠宰企业，并正式更名为大庆市一口猪食品有限公司，年可屠宰生猪100万头。

张申带领的大庆一口猪食品有限公司始终秉承“诚信、专注、卓越、致远”的经营理念，以满足百姓安全健康饮食需求为己任，牢固树立“打绿色牌、卖良心肉、做老实人”的宗旨，在全省叫响“一口猪”品牌。与此同时，企业在饲料生产、生猪养殖、生猪屠宰及产品销售上，严把每一道关卡，保证卖出的每一份产品都经得起检验、对得起良心。

（黑龙江省文明办供稿）

邵　良

奋斗19年　宁亏千万也要兑现“用气”承诺

「诚实守信」

人物故事

邵良，男，1962年生，安顺集团有限公司党总支书记、董事长。2018年获评第四届江苏省“诚信之星”。

2017年冬季，北方“煤改气”新增需求集中释放，一场严重的“气荒”正在全国蔓延，溧阳市陆续出现气压不足的现象，部分小区中午供气不足，遭遇“断气”或“气压不足”，严重影响居民正常生活。

邵良得知情况后，一方面积极与工商用户进行沟通交流，采取停工业、压商业、保民用的原则，合理编排市区用气计划，并积极向上游提报气量计划，协调保证上游气源供应，最大限度地保障居民的生活燃气供应。另一方面，邵良不计成本在外部气源市场广泛组织气源，高价采购LNG（液化天然气）释放补充到城市管网，确保稳定供气。

因全国范围内气源不足，LNG不仅购买难度大且价格不断攀升，邵良要求全市天然气仍然按照正常价格出售，不允许上浮用气价格，面对高买低卖短短数十天亏损千万的情况，邵良则表示保障居民的正常供气才是第一位的。

（江苏省文明办供稿）

崔世宽

朴实村民信守承诺报恩情
献血9年成器官捐献志愿者

「诚实守信」

人物故事

崔世宽，男，1966年生，安徽省阜阳市临泉县陈集镇联建村村民。2018年，获评安徽省“十佳志愿者”、“全国最美志愿者”。

2010年，崔世宽在沈阳读大学的儿子确诊患有恶性淋巴瘤，随后社会各界纷纷捐款、献血、捐献造血干细胞等，帮助崔世宽一家挺过了那段难熬的日子。从那时起，崔世宽便开始了无偿献血。儿子去世后，崔世宽继续留在了沈阳。无论工作再忙，只要血站打来电话，崔世宽一定在最短时间内赶到。截至2016年年底，崔世宽已捐献血小板60余次和101个治疗单位“成分血”，相当于捐献全血8万毫升。2017年4月，崔世宽完成了捐献全血量10万毫升的承诺，但他没有停下无偿献血的脚步。2018年春节期间，崔世宽来到阜阳市临泉红十字会，填写了器官捐献协议。

每一位帮助过儿子的好心人，崔世宽都不曾忘记。每逢新春佳节，崔世宽都会给曾经为儿子捐献造血干细胞的李磊寄些农产品，给曾经陪伴过儿子的同学、老师、好心人送去新春祝福。

（安徽省文明办供稿）

孙玉龙

感人战友情
九旬老兵用一生践行誓言

「诚实守信」

人物故事

孙玉龙，男，1930年生，江西省上饶市横峰县青板乡离休干部。

1948年，孙玉龙参军。18岁的他被分到辽吉一分区十五团一营三连二排，遇到了比他大6岁的老乡排长李忠林。1949年10月初，孙玉龙和李忠林驻防广丰，参加剿匪战斗。1950年3月16日，追击逃往浙江江山的匪首纪老呆，当晚，驻扎在广丰县东阳乡后阳村的一所民宅中。21时许，院子外有人突然朝着屋里连开了六七枪，睡在床外边的李忠林迅速翻身抱紧了身旁熟睡的孙玉龙，自己却不幸牺牲。

1960年12月，孙玉龙从横峰县武装部转业到地方工作，每年清明，孙玉龙都坚持到广丰为李忠林扫墓，这一扫就是59年。这期间，孙玉龙一直没有放弃寻访李忠林烈士的亲人，直到2016年底，李忠林烈士的侄子李怀民与孙玉龙老人取得了联系。2017年4月15日，李怀民率家人从辽宁铁岭老家与孙玉龙老人相约，隆重地祭拜了伯父李忠林烈士，圆了父祖两代人的寻亲之梦。

（江西省文明办供稿）

赵凤玲

20 年诚信经营店铺赢口碑

「诚实守信」

人物故事

赵凤玲，女，1968 年生，山东省枣庄市峄城区峨山镇居民。

1992 年 3 月，赵凤玲在峨山镇驻地开了一家卖洗化及小商品的店铺。2017 年中秋节前夕，店里来了一位送月饼的老板，说月饼生产手续齐全，并承诺自己的月饼比其他进货渠道便宜很多，赵凤玲看完月饼，打开电脑查看其手续，然而什么也查不到，赵凤玲通知了工商所，工商人员到达后，经检测月饼属于不合格食品。她的超市还负责收缴呼庄、峨山、赵庄等周边村的电费。2018 年 7 月，由于缴费的客户很多，一位客户一时疏忽将 300 多元的现金遗失在了柜台上。赵凤玲发现后，通过盘点当天的现金和单据，对当时缴费情况进行仔细的调查核实后，找到了遗失现金的客户，并通知了那位客户领回遗失的现金。

生意做大了，赵凤玲没有忘记奉献社会。她吸纳了 3 名农村妇女进店工作。每年的春节、中秋、重阳等节日，她都会到镇敬老院看望慰问老人，为老人送去吃的、穿的、用的等生活用品。这些年，赵凤玲资助过很多贫困学生、孤寡老人和困难群众。

（山东省文明办供稿）

陶凤英

一诺千金　乡村教师扎根大山三十五载教书育人

「诚实守信」

人物故事

陶凤英，女，1965 年生，广西壮族自治区来宾市金秀瑶族自治县忠良乡山界屯小学教师。

从教 35 年来，因为出色的教育工作表现，陶凤英曾有多次机会可以调到山外学校工作，但她始终没有动摇，选择留下来。结婚之前，陶凤英就和爱人约定："我爱学校和学生，你是教师的丈夫，你要和我一起爱学校和学生。"从此，修缮校舍的任务落在了爱人身上。2012 年，学校由于地质原因要易地重建，需要另外征地。征地这个苦差不好做，陶凤英同爱人一起，积极配合村干部，几次召集瑶胞开会商讨。榜样的力量是无穷的，当地百姓积极响应，捐工捐物，学校整修一新。这使得陶凤英老师和她的学生们乐开怀，师生们终于有了一个好的学习环境。

35 年来，数不清有多少个孩子长大走出大瑶山，走进更广阔的世界，但她依旧默默坚守在大山深处，信守着最初的承诺，坚守对教育事业的那片初心。

（广西壮族自治区文明办供稿）

钟　波

追求极致　“极米锤”砸出中国新创造

「诚实守信」

人物故事

钟波，男，1980年生，成都极米科技有限公司董事长。获“改革开放40年四川百名杰出民营企业家”“四川好人”等荣誉。

2013年，钟波在成都市高新区创立了极米科技，公司以无屏电视为主要产品。在钟波的带领下，极米发展迅猛，公司2018年营业收入已经突破20亿元。

在领导极米的过程中，钟波把创新刻在了极米的基因当中。极米始终坚持技术创新，建立四川省企业技术中心、四川省工业设计中心两大研发设计中心，拥有各项专利400余件，为产品研发提供了坚实的基础；产品先后15次获得CES最佳创新奖、iF设计奖、红点设计奖等国际知名奖项；始终坚持工匠精神，成立5年来，砸毁近50台不满意的样机。正是钟波和全体极米人对产品的这种极致追求，才使得极米能够取得如此优异的成绩。

（四川省文明办供稿）

吴应邦

无怨无悔的守墓人　忠诚可敬的爱国心

「诚实守信」

人物故事

吴应邦，男，水族，1931年生，云南省富源县古敢水族乡补掌村委会东格村村民。

吴应邦是个88岁的老党员，18年来无怨无悔守护着富源县古敢水族乡补掌村委会东格村的3座烈士墓。1949年，他和大哥吴庆邦参加革命，同年，大哥在执行任务时牺牲，年仅22岁。

当时和大哥一起牺牲的还有贵州籍的杨国安和冯元云，因离家远，牺牲后被就地埋葬。2000年，在富源县民政局的支持下，吴应邦组织家人把烈士杨国安和冯元云的遗骨迁回，和大哥吴庆邦安葬在一起。他和家人商量，一定要把3位大哥的墓管理好。大年初二扫墓拜年、正月十四供水果、清明节上坟，每到这些节点，吴应邦都会带着儿孙给3座烈士墓祭扫。每年的清明节前后，吴应邦总会给当地学校的学生们讲3个烈士英雄事迹，教育他们珍惜现在的幸福生活，勤奋学习，报效祖国。

（云南省文明办供稿）

解领权

企业家“诚做实在人、精制放心饼”以信用创佳绩

「诚实守信」

人物故事

解领权，男，1970年生，陕西心特软食品有限责任公司董事长。

从事食品生产工作30多年来，解领权始终秉承“诚做实在人、精制放心饼”的经营理念，赢得了广大消费者的高度认可。

他凭“良心”做事，诚信经营，价格公道、童叟无欺。他严把产品质量关，不合格的原材料不进厂门，不合格的产品不进入下道工序，不合格的包装物坚决不用，为消费者、为社会提供放心产品。他亲自深入市场聆听经销商和消费者的意见，定期对消费者进行产品质量满意度调查，以最真诚的态度，对待每位经销商和消费者，凡是消费者提出的质量问题，第一时间最快速度给消费者以满意的结果，多年来未出现过重大质量投诉事件。

公司在自身不断的发展过程中，积极履行社会责任，为振兴礼泉教育事业，特设立“爱心奖学基金”，每年拿出20万元奖励成绩优异的中高考学生。积极响应国家精准扶贫号召，2017年让礼泉县药王洞社区300户贫困户入股心特软，并颁发股权证书。

（陕西省文明办供稿）

刘一泉

纪检新兵　出色完成全国首例留置案件

「敬业奉献」

人物故事

刘一泉，男，1992年生，北京市通州区纪委区监委第三审查调查室干部。

2017年，通州区纪委区监委率先探索使用留置措施。在查办北京市第一起留置案件过程中，刘一泉既是纪检新兵，也是案件的主要承办人，他白天在外围调查取证、开展谈话，晚上研判案情、撰写材料。在使用留置措施时，他和同事在留置场所轮流值守，累计达100余人次。他们从开始使用留置措施起就坚持录音录像，全程留痕，出色完成了全国首例审结的留置案件。

第一起留置案刚刚结束，他就转身投入到了第二起留置案中，其间询问证人70余人次，讯问被调查人40余次，形成案件卷宗材料80余本，最终移送司法机关的涉案金额达2400余万元。

刘一泉先后承办及参与查办了40余起党员干部违纪违法案件。2018年5月1日，北京市通州区监察委员会被授予全市纪检系统第一个“首都劳动奖状”。

（北京市文明办供稿）

孙国亮

全心全意为扶贫　倾其所有为百姓

「敬业奉献」

人物故事

孙国亮，男，1969年生，河北公安警察职业学院驻张家口市阳原县辛堡乡四十亩滩村第一书记。2019年获“燕赵楷模·时代新人”称号。

2016年驻村以来，为了四十亩滩村能拔掉“穷根”，孙国亮先后借款近百万元建起65个蔬菜大棚，集体经营管理，实现了村民土地流转得租金、大棚打工挣薪金、产业盈利分红金的“三金”梦想。蔬菜种植和其他项目让63户贫困户人均收入实现了从2016的674元，到2017年的1373元、2018年的1800元、2019年的3691元的持续攀升。

他上跑下联，争取资金，完成了村里大街小巷道路硬化、污水管道铺设、危房改造、电暖气安装、太阳能路灯设置等一系列基础设施建设。他倡导成立了孝善基金，又将自己2万元的荣誉奖金拿出，奖励村里孝老爱亲的典范。逢年过节，他把特困老人请到住处吃饭，自掏腰包给孤寡老人送上慰问金；阴雨天，他惦记村民安危，逐户查看，排除隐患；他不仅带着爱人扶贫，还支持儿子用打工挣的生活费资助贫困生。

（河北省文明办供稿）

阎　会

心怀愚公移山志　终使荒山变林海

「敬业奉献」

人物故事

阎会，男，1968年生，河北省张家口市万全区洗马林镇黄土梁村党支部书记。2018年当选“感动河北”十大年度人物，2019年入选“河北好人”。

1998年，阎会把老阎家的林业梦延续下来，成为第三代种树人。从那时开始，在黄土梁的荒山沟里，他默默重复着整地、挖坑、栽种、浇灌相同的工作，经过20年的坚守，让1200多亩荒山沟披上绿装。子承父志，代代相传，阎会祖孙三代经过50多年的不懈努力，让黄土梁村3000多亩荒沟终变“绿海”。

“三分植树七分管。”树木成林，管护是重中之重。为了防止火灾、盗伐，阎会经常带着相关人员驻守黄花洼林场，尤其是每年春秋季森林火灾的高发季节，他频繁进入林场，排查火灾隐患，确保林场安全，从家到林场有50多公里，进林场的路坑洼不平，一般要一个小时车程，他却20多年如一日，绿了荒山白了头。

（河北省文明办供稿）

黄文忠

扶贫干部打造特色产业 带领群众脱贫致富

「敬业奉献」

人物故事

黄文忠，男，1972年生，河北省能源局驻阜平县骆驼湾村工作队队员。

2018年3月9日驻村，截至同年除夕驻村坚守292天，他徒步走遍骆驼湾9个自然村和所有沟沟岔岔，走访上百户农家，写下近10万字的扶贫日志。

2018年5月，“阜平县骆驼湾实业发展有限公司”在工商局注册营业执照。这是阜平县成立的第一家农村集体企业。他以市场为导向，打造了多个致富项目。先是旅游开发，给城里人一个“大氧吧”。黄文忠决定由公司租赁已经改造好的12户新民居和已投用的大酒店。如今，每家每户参与公司经营，实现打工收入和农产品销售的双收入。黄文忠还将骆驼湾黑猪和食用菌推广到市场。通过公司收购、转让黑仔猪和食用菌大棚，由个人养殖实现规模化、专业化统一经营和销售，既降低了劳动成本，又提高农民收入。

黄文忠和驻村工作队还协调帮扶资金，购买两棵光伏树。每棵树能为村集体带来万元收入。而后，村民又自发投资，15棵光伏树即将落地。

（河北省文明办供稿）

赵建平

村书记带领乡亲建家乡 振兴发展建“农村都市”

「敬业奉献」

人物故事

赵建平，男，1961年生，河北省定州市高蓬镇钮店村党支部书记兼村委会主任。

赵建平从2010年上任，始终把发展农村经济、促进农民增收作为建设社会主义新农村的根本出发点和落脚点。从加大资金投入、完善基础设施、发展农村文化入手，不断改善村民居住环境，丰富群众业余文化娱乐生活。自2005年以来，先后投资250余万元，硬化20余条大小街道，面积近20万平方米；按照“一街一景、一街一品”的原则，投资190万元对村内绿化进行整体升级改造，绿化面积15万平方米；投资350万元，建成定州市第一座农村公园；投资46万元在村内安装监控摄像头62个。同时坚持发展集体经济和劳务经济。通过积极争取，多方联系，促成总投资上亿元，占地600亩、存栏10万头生猪的国香养殖项目落户该村，村里剩余劳动力有100多人进入了公司工作，成功引进河北首农项目，形成了以钮店村为中心，辐射全高蓬镇的现代循环农业示范园区。

（河北省文明办供稿）

刘　琦

心中有一片灯火

「敬业奉献」

人物故事

刘琦，男，1976年生，生前系国网大城县供电公司经理。

2000年，刘琦从一线班组加入工程管理的行列，经他之手，90%的城乡配电网接线图从纸质跃升为电子绘图。

4年后，刘琦成了尖塔供电所的所长。尖塔供电所地处城乡接合部，18个村街大多电网老化，私拉乱接严重。刘琦从定规范、建流程、搞培训开始，带领队伍夜查昼改，治理了私拉乱接，创新性地划分了服务台区。

2018年10月，刘琦到大城县供电公司任经理。当得知其辖区内多家公司电力需求迫切，而规划中的增容工程却努力数年不能落地，刘琦决定立马行动，组建了增容工程突击队，又向上级公司争取到追加投资。一边协调攻破属地问题，一边调整优化增容方案，突击队日夜奋战，4个月后，工程竣工。

2019年4月15日20时，带着对电业工作的无限牵挂，罹患肝癌晚期的刘琦在医院病逝，年仅43岁。

（河北省文明办供稿）

张尚富

老兵退伍不褪色 驻村扶贫十五载

「敬业奉献」

人物故事

张尚富，男，1961年生，1994年转业到山西省忻州市住房公积金管理中心工作。2018年被评为“山西好人”。

下乡扶贫以来，张尚富一年有320天住在帮扶村，扑下身子与村民同吃同劳动，日子久了，就和当地百姓打成一片。他不但赢得了群众的信任，也为以后工作的开展打下了坚实的基础。

他常年驻村，与家人聚少离多，一年间跟妻子、女儿也见不上面，妻子又心疼又埋怨；在忻州开现场会，只有他的电话不时地响，他不好意思地说：“我不能关机，要不然村民有事，还以为我不管了呢。”2016年，他年过八旬的父母同时住院，父亲胸膜炎，母亲脑梗，当时，是春耕农忙时节，他一时脱不开身。第二天，他去偏关医院放下钱，匆匆看了一眼父母，就又回到村里继续种土豆。

15年来，张尚富想方设法、倾其所能，为帮扶村及贫困户解决的实际困难不计其数。工作中，动真情、动真格，真扶贫、扶真贫；生活中，艰苦朴素，吃苦耐劳，每到一处，都深得当地百姓的喜爱和称赞。

（山西省文明办供稿）

郑桂杰

专注继电保护研究
历练终成顶级工匠

「敬业奉献」

人物故事

郑桂杰，女，1970年生，内蒙古自治区鄂尔多斯市达拉特旗北方联合电力有限责任公司达拉特发电厂电气二次专工。

1994年，郑桂杰大学毕业，走上继电保护工作岗位。郑桂杰不仅技术过硬，而且甘于吃苦，她参与加班、夜间抢修的次数在班里一直都是数一数二。即使怀孕7个月，她仍然钻进配电柜里检查线路，10万多字的学习笔记见证着她的付出。

从1995年投产，郑桂杰负责的继电保护系统没有发生过一次误动、拒动。由她负责完成的技术改造项目不胜枚举，从安全措施及技术方案制定，到图纸设计、现场施工、调试投运等，随处可见她忙碌的身影。她用瘦削的双肩挑起重任，牵头完成90余项继电保护专业技术改造及事故分析处理工作，发现并消除现场20多起重大设备隐患，解决150多项大小技术难题，成功处理突发事件上百起，为发电机组和电网的安全稳定运行提供了保障，有效促进了检修标准化管理水平的提升。2016年，郑桂杰荣获“中华技能大奖”，成为全国30位顶级工匠中唯一的女性，登上全国技术人才的最高殿堂。

（内蒙古自治区文明办供稿）

孙长龙

医者仁心援疆大爱
群众的好医生

「敬业奉献」

人物故事

孙长龙，男，1959年生，生前系吉林省集安市医院副院长、工会主席。2016年获得“吉林好人”“吉林好人标兵”荣誉称号，2017年获得“吉林省道德模范”。

2015年12月27日早9点左右，驾车回乡途中的孙长龙院长为了救助翻车的司机，被一辆疾驶而过的车撞倒在皑皑白雪中，再也没有起来。

2010年5月，孙长龙主动请缨到新疆布尔津县人民医院进行一年半的医疗援疆任务，出征时，父亲刚做完前列腺癌切除手术，母亲胯骨骨折还在恢复期，他毅然决然地为了“大家”舍弃“小家”。援疆期间共接诊患者1360余人次，参与3次突发事件救治，参加危重、疑难疾病抢救110人次，院内会诊150余次，参与巡回医疗及义诊19次，接诊病人707人次，为内科医护人员讲课102个专题，参加新疆维吾尔自治区学术活动14次。成功开展6例急性心肌梗死静脉内溶栓治疗。

援疆期间孙长龙收治并捐赠一位15岁的哈萨克族学生阿依巴拉，直到援疆工作结束，他仍每个月给她家寄钱。

（吉林省文明办供稿）

王曙群

航天强国梦的执着追梦人

「敬业奉献」

人物故事

王曙群，男，1970年生，上海航天设备制造总厂有限公司班组长。

在对接机构研制攻关16年里，王曙群凭借不服输的劲头攻克了多项关键技术瓶颈，逐渐成长为载人航天工程总装战线上的领军人物。2011年，神舟八号和天宫一号载着由王曙群团队装调的对接机构，在太空上演了一场完美的“太空之吻”。

从神舟八号到神舟十一号，再到天宫、天舟，王曙群和他的团队总装的对接机构经历了7次飞行试验，圆满完成了13次交会对接任务。

2012年，王曙群被人力资源和社会保障部授予有“技能院士”美誉的中华技能大奖称号，并成立了国家级王曙群技能大师工作室。

王曙群是全国五一劳动奖章获得者，从2007年到2018年共计获得了全国、省部级荣誉和表彰20余项。他被命名为上海市技术能手、全国技术能手、上海市十大工人发明家；获得国家科技进步二等奖、中华技能大奖、中国载人航天突出贡献者等荣誉。

（上海市文明办供稿）

刘洁江

34年坚守精神科护理岗位的“白衣天使”

「敬业奉献」

人物故事

刘洁江，女，1965年生，江苏省灌云县精神病防治院二病区护士长。

刘洁江所负责的精神科病区，全托患者有50多人，精神科护理人员却只有十几名。患者有的狂躁不安，有的郁郁寡欢，这是一个令人难以想象的场面，而且他们大多躯体健康，行动自由，也正因为如此，每一位病人都是一枚“定时炸弹”，随时可能“自爆”！连他们的家人都唯恐避之不及，而作为护士长的她却要时刻关注他们，了解他们的精神状态。分发零食、派发药物、帮病人清洁身体、喂病人喝水，给病人剪指甲、清洗床单……这是她30多年来每天的日常工作状态，也是精神科护士的真实工作写照。

虽然，工作中存在种种令人难以预料的尴尬和危险，不过，每当看到患者从入院时的精神异常，到出院时面貌的焕然一新，刘洁江就觉得所有付出都值了。因为1万多个日夜的坚守和奉献，成就了她“白衣天使”的光荣。

（江苏省文明办供稿）

包崇来

茄子育种专家带领农民走上致富路

「敬业奉献」

人物故事

包崇来，男，1973 年生，浙江省宁海县人，浙江省农业科学院副研究员。

2005 年，包崇来到浙江青田县章村乡担任科技特派员，帮助该乡发展茄子种植产业。

为了打消农户的顾虑，包崇来一边学习当地方言，一边做科技示范点。他找来两个村民，为他们提供新品种的种子，从播种、育苗、施肥、开展病虫害的防治到农田采收后的维护，不放过任何一个环节，当年最终核算收入时，这两个示范点每亩平均收入就达到 3000 多元，远远超过了以前种植水稻时的收益。

包崇来和他的示范点一炮而红，越来越多的农户开始信任眼前这位年轻人。每年的 6 月到 8 月是茄子种植的时间，包崇来每天 4 点起床，赶往培育基地研发蔬菜，上午 8 点左右赶往乡下，在田间手把手帮助农户。他支援的青田县章村乡，全乡的茄子种植面积从 200 多亩迅速发展到 800 多亩，一跃成为全乡的一大特色农业主导产业，并成功实现脱贫。

（浙江省文明办供稿）

黄贤深

带伤坚守一线的好警察

「敬业奉献」

人物故事

黄贤深，男，1978 年生，浙江省温州市人。

2016 年 12 月 20 日下午，接群众举报，黄贤深带着队员赶赴犯罪现场，不料抓捕时，黄贤深从 4 米多高的二楼重重摔下。因为伤势严重，他每天需 24 小时卧床休养，生活不能自理。但当他病情稍微稳定了，他就在病床上当起了“空中指挥员”，通过手机“遥控”指挥着各类事务。

仅仅休息了 4 个月之后，黄贤深的身影又出现在了派出所。所领导考虑到他的特殊情况，不安排他参加值班与备勤，但他坚决不同意。

2017 年国庆前夕，黄贤深去杭州做了伤残等级鉴定，医师建议还要继续康复治疗。可党的十九大安保工作正如火如荼进行着，他深感自己责任重大，真是容不得半点疏忽和麻痹大意。他又火速归队，样样工作依然冲锋在前，强势推进消防隐患大排查、大整治、大打击活动，平安护航十九大。

黄贤深荣立个人三等功，获浙江省“千名好民警”等荣誉。

（浙江省文明办供稿）

姚崇全

耄耋老人自主创业二十六载 多次破除国外技术垄断

「敬业奉献」

人物故事

姚崇全，男，1941年生，安徽省合肥皖化电机技术开发有限责任公司董事长。

姚崇全带领团队经过20多年的不懈努力，让公司成为国内首家、国际上第三家拥有自主知识产权设计制造炉水泵的专业公司，填补了国内空白，并获得专利60多项。

2016年，在国家能源局第一批光热发电示范项目中发电系统的关键设备——光热发电蒸发器循环泵项目上，合肥皖化同国际厂商“打擂台”，成功中标。2019年，设备正式投入使用，在青海共和、新疆哈密和甘肃敦煌光热发电项目上运行良好，又一次填补国内空白。

早在2010年，姚崇全就瞄准了受制于人的能源项目关键设备——煤化工煤制油循环泵。为攻克这一难关，姚崇全自筹资金，耗费10年精力寻找合适材料，攻坚克难。2019年，已成功研发产品样机，得到国内相关专家和用户认可，并与用户签订供货合同，再次填补国内空白。

（安徽省文明办供稿）

宗友银

为圆山区孩子读书梦 残疾教师坚守讲台40年

「敬业奉献」

人物故事

宗友银，男，1960年生，江西省南昌市安义县乡村老师。

1979年，19岁的宗友银被村里推荐到安义县青湖乡山家小学任民办老师，山家小学坐落于大山腹地，交通十分偏僻，距离镇上10余里路，一瘸一拐的宗友银要走上好几个小时。

但艰苦的环境从来没有动摇宗友银教书育人的决心，为提高自己教书育人的水平，让乡村孩子接受更好的教育，宗友银在教书之余，不断提高自己。1997年，他考取了南昌师范学校，并进入了正式教师队伍。2004年，为让山村小学三年级的学生跟其他学校的学生一样能学习英语，44岁的宗友银又拾起英语书籍，听着录音机开始学习外语，他教出的学生英语成绩在全镇期末统考中名列第一。2006年，宗友银又开始学习电脑，并积极投身教研活动，他结合教学实践撰写的论文先后获得全市二等级、全县一等奖。

（江西省文明办供稿）

郭　瑜

做学生人生拐角处的一束光

「敬业奉献」

人物故事

郭瑜，女，1973 年生，山东省日照市新营中学团支部书记。

郭瑜从教 28 年，20 多年担任班主任，并常年带两个毕业班的数学课。丈夫常年在外，她一肩担起学生的升学希望，一肩挑起家庭重担。

第一次见到留级学生小伟时，他正和父亲茫然地站在楼道走廊里。她二话不说拉过孩子进了自己班的教室，一点点纠正他的学习习惯，一点点培养他的自信，直至他完全融入班级，顺利考入高中。

一个冬天的夜晚，学生小郭的父母找到她，说孩子放学后一直没有回家。她硬着心肠把女儿反锁在宿舍，蹬上自行车一家一家网吧寻人。当终于找到这个网瘾少年，将他送回家再匆匆赶回宿舍时，哭累了的女儿正抽抽搭搭地光脚趴在门边。

2016 年，母亲被查出身患重疾。带着毕业班的她，只好努力寻找平衡点，白天在学校，晚上再去照顾病痛中的母亲。2018 年中考结束，郭瑜终于有时间陪母亲了。然而，40 天后，母亲便溘然长逝，她再也没了床前尽孝的机会。

（山东省文明办供稿）

朱耀环小学教师集体

接力坚守 37 年只为农村留守娃的幸福

「敬业奉献」

人物故事

朱耀环小学位于舞阳县西南部，从 1982 年开始，老师们接力坚守三尺讲台 37 年，共同为 2100 多名孩子撑起了希望的蓝天。

2000 年，学校的老旧校舍被拆除，村民捐资在原址三里河的河堤旁建了教学楼。老师们没有因为学校规模小、条件艰苦等客观原因而降低工作标准和对自己的要求。他们用白灰水围绕校园浇出四道白线，带孩子们在线内开展各种育人活动。暑假期间，全体教师冒着 40 摄氏度的高温硬化学校路面，晒得身上起了一层又一层皮。

随着在校生的增加，2010 年在县教育局的支持下，学校拉起了围墙、建起了大门。为了让 200 多名留守儿童学有所长，2018 年 5 月，校长王艳霞到北京请来专家，无偿地教孩子们学习乐器。寒暑假，为了解除家长的后顾之忧，全体教师自发地把留守儿童组织起来上特长课，没有任何报酬，全是凭着一颗爱心在无私奉献。

（河南省文明办供稿）

五月

李景全

好医生20多年坚守疾控一线

「敬业奉献」

人物故事

李景全，男，1972年生，河南省濮阳市南乐县疾控中心副主任。

李景全在阻击“非典”、禽流感、手足口病等重大传染病疫情时，始终坚守在防控工作第一线。“5·12”四川汶川大地震发生后，他奔赴千里之外的四川省江油市，完成各项抗震救灾任务。

2017年9月，他开始了为期一年的援疆生活。2017—2018年的冬春季节，新疆伊吾县境内部分中小学校及幼儿园先后发生了散在性的流行性腮腺炎及水痘疫情。李景全带领传染病防治科工作人员深入全县7所中小学校及14所幼儿园进行调查，及时制订方案，迅速遏制了疫情传播。

为了有效提升伊吾县基本公卫人员的业务能力，他先后开展了4次业务知识培训，培训相关专业人员合计150余人次。援疆一年，他走遍伊吾县7个乡镇32个行政村开展现场督查指导工作，使伊吾县全人群的死因报告粗死亡率由2017年的3.2‰上升至5‰以上，高血压、Ⅱ型糖尿病的管理率分别保持在40%、35%以上，均达到了自治区规定的管理标准。

（河南省文明办供稿）

牛秀丽

司法所长10年调解显身手 做群众最贴心的“和事佬”

「敬业奉献」

人物故事

牛秀丽，女，1975年生，河南省卫辉市唐庄司法所所长、唐庄镇调解委员会主任。

1997年，牛秀丽从学校毕业，毅然选择回到家乡工作，决心用自己所学，为村民做点事。2009年，为了加强基层法律服务，她被组织选派到孙杏村司法所当所长，2012年，她兼任唐庄司法所所长。2017年，她调任唐庄司法所、汲水司法所所长，并兼任唐庄、汲水两镇调解委员会主任。基层工作在一线和人民群众面对面，必须全时待机、全天候服务，她工作随身走，几乎分不出上下班，一本本的工作备忘录上密密麻麻全是老百姓的事儿。不论何时何地，对于随时打电话咨询的群众，都是有问必答。有次处理突发事件，她硬是连续工作10小时，组织多轮调解协商，最终在第二日凌晨2点，双方达成和解。

近年来，牛秀丽先后主导、参与调解涉及信访群体、征地拆迁、山林土地等各类大小纠纷2100余件，调解率100%，履行率100%。人民群众亲切地称为奔走在乡间的“和事佬”、人民的“牛调解”。“有难事找牛所长”成了辖区人民群众的口头禅。

（河南省文明办供稿）

张富清

老英雄深藏功名 60 余年 坚守初心一辈子

「敬业奉献」

人物故事

张富清，男，1924 年生，陕西省洋县人，中国建设银行来凤支行原副行长。获得“共和国勋章”“时代楷模”“全国优秀共产党员”“全国模范退役军人”“全国敬业奉献模范”等荣誉。

在解放战争的枪林弹雨中，张富清舍生忘死、九死一生，被西北野战军记“特等功”，两次获得“战斗英雄”荣誉称号。

1955 年，张富清复员转业，听说湖北西部恩施条件艰苦，急缺干部，他二话不说“我可以去”，听说来凤县最偏远、最困难，他一口答应“那我就去来凤”。20 世纪 60 年代初，国家精简人员，张富清先将妻子孙玉兰动员下岗。他干一行爱一行，勇挑最重的担子，敢啃最硬的骨头，带领群众肩挑背扛，住山洞、探水源，修通挂壁公路，建成水渠电站，哪里最贫困他往哪里跑得最勤，哪家最困难他为哪家想得最多。

从复员转业的那天起，张富清就“封存”所有战功记忆，包括对子女也只字不提。直到 2018 年年底，在退役军人信息采集中，张富清的事迹被发现，这段英雄往事才重现在人们面前。

（湖北省文明办供稿）

李　均

17 年无惧风雨守护 大山深处的“亲人”

「敬业奉献」

人物故事

李均，男，1972 年生，湖北省宜都市三新供电服务有限公司红花服务班台区管理员。

从 2002 年开始，李均在大溪库区一干就是 17 年。

2007 年 8 月 2 日傍晚，一场强暴雨致使 10 千伏大溪线中断供电，他冒着滂沱大雨，蹚着过膝的溪水排查 158 根电线杆，仅用一夜时间，保障了大溪全线恢复供电。有一次，村民家里办丧事时突然跳闸停电，他深夜 11 点从热被窝里跳出来，骑了 3 公里摩托车，步行 2 个多小时赶到村民家中排除故障。

大溪村在未通公路前，出行极不方便。李均义务为乡亲们采购生活用品，不仅送货上门还包安装，仅物品清单就写满了 3 本笔记。现在公路通了，李均的“采购”工作又换成了“快递”包裹。

为保障山上 80 多户村民顺利搬迁到山下的 5 个安置点，只要接到线路建设任务，他每次都是突击完成。2017 年他顶着 40 多摄氏度的高温，仅用 1 个月时间，完成了最大安置点 30 多户的户表工程，为大溪村实现贫困村出列争取了宝贵时间。

（湖北省文明办供稿）

游　刚

六载赴疆终不悔　公检能手显担当

「敬业奉献」

人物故事

游刚，男，1968年生，湖北省纤维检验局潜江分局办公室主任。

游刚连续6年赴新疆参加棉花公证检验，主要负责信息处理工作，处理数据400多万条，累计完成检验量120多万吨。

新疆的冬天冷得刺骨，气温下降到-20摄氏度，还经常刮起大风沙，有时还会遇到地震，在这样恶劣的工作环境下，他却必须把双手伸进经过400吨压力打包后像石头一般坚硬的棉包中，从很小的切口用力掏出样品。繁重的工作任务、恶劣的环境导致他的双手红肿、指甲皲裂脱落，痛得钻心，第二天他在手指上缠上胶布继续工作，从不叫一声苦。

在新疆公检期间，他白天安排好检验流程，夜晚审核处理数据，每天熬夜加班至次日凌晨是他工作的常态。长期熬夜和在电脑前工作导致他的视力严重下降，但他仍然坚守岗位一丝不苟。

他心无旁骛、潜心工作。多年来，家人生病、孩子上学他都无法照顾。他用自己的行动诠释了纤检人"特别能吃苦、特别能战斗、特别能奉献、特别能协作"的纤检精神。

（湖北省文明办供稿）

胡　丹

女法医为逝者代言　替生者维权

「敬业奉献」

人物故事

胡丹，女，1986年生，湖北省襄阳市公安局刑侦支队技术大队副大队长。2019年获湖北省"荆楚楷模"、公安部"最美基层民警"等荣誉称号。

她是全省唯一在勘查一线工作的女法医，无论是血腥的案发现场，还是腐臭的尸体检验，只要一投入工作，她就忘却了女子的娇弱与胆怯，心里就只有鉴定这一件事，注意力全部用在案件上。因为，她深知，法医的天职就是执正义之剑，让证据"说话"，为死者代言，为伤者解惑。

从警10多年来，凭借高度的责任心、执着的钻研精神，胡丹累计参与交通事故、伤害现场活检800余起，先后参与命案、非正常死亡案件现场勘查及尸体检验300余次，为案件侦破提供了重要证据支撑。

2018年夏天，一名十几岁的在校女生被人殴打诱骗，并被逼迫拍了裸照。看着茫然的女孩，胡丹没有直来直去开展检验，而是把孩子带到房间里，轻言慢语温柔安慰，孩子最终哭诉原因，配合胡丹提取了证据，严惩了犯罪嫌疑人。

（湖北省文明办供稿）

韦加志

禁毒尖兵冲锋陷阵 用忠诚守护一方净土

「敬业奉献」

人物故事

韦加志，男，1980年生，广西壮族自治区河池市公安局宜州分局禁毒大队大队长。

2002年3月，韦加志获悉一名“恶霸级”吸贩毒人员潜回家中，他毅然决定抓捕，抓捕过程中他被该名吸贩毒人员砍了3刀，但他依然忍着剧痛与民警将其当场抓获归案。

2014年9月22日，韦加志在得知毒贩宁某购得毒品并运往宜州贩卖的消息后，立即前往拦截，但宁某拒不下车接受检查还自称有艾滋病，谁敢上前就咬死谁。韦加志毫不犹豫地猛冲上前将其牢牢地控制住，当场查获海洛因349克。

2014年11月初，宜州禁毒大队接到举报称，来宾市2名毒贩购买一批制毒原料并运往宜州某乡镇制造毒品，韦加志多次只身前往该乡镇附近几个村屯进行蹲点观察，最终成功抓获犯罪嫌疑人。

2017年5月初，宜州禁毒大队获悉有一名外号叫“凤姐”的贩毒嫌疑人，韦加志多次走访制定周密抓捕计划，不久后将嫌犯成功抓获。

韦加志荣获全国禁毒先进个人、“第五届自治区敬业奉献模范”等荣誉称号。

（广西壮族自治区文明办供稿）

五月

聂世明

22年清掏疏浚6500余次

「敬业奉献」

人物故事

聂世明，男，1970年生，重庆市渝中区城市管理局环卫三所业务股管道疏浚班组长。2010年获重庆市“十佳农民工”荣誉称号、重庆市五一劳动奖章。

1997年，聂世明开始从事管道疏浚工作，累计完成6500余次清掏疏浚和应急抢险任务，日均工作时间达10小时以上。

现代城市管网复杂，聂世明勤学、勤问、勤走、勤查。21年间他走遍渝中区大街小巷，对方圆23平方公里范围内的公厕化粪池、弃管化粪池、社会单位化粪池位置及其运行情况了如指掌，大家都称他是渝中区化粪池管网的“活地图”。

他在工作中随时都冲在排危抢险第一线，经常第一个下粪池、下窨井。2018年，渝中区健康路76号二单元化粪池下水道突发险情，他带领抢险队员赶到事发现场，当时正值大雨，如不及时排危，一旁的堡坎随时有垮塌危险。聂世明穿戴好保护装置，一头扎进了下水道排污口。因为作业空间狭小，只能用手挖、用手刨，他硬是用1个小时刨通了管道。

（重庆市文明办供稿）

吴　梅

扶贫路上的“猪老倌”

「敬业奉献」

人物故事

吴梅，女，1970 年生，四川省达州市通川区农业农村局兽医兽药饲料股股长。2019 年获“四川好人”荣誉称号。

多年来，吴梅一直奋战在农业第一线，在脱贫攻坚大决战中，她凭借长期的基层工作经验和过硬的专业技能，为碑庙镇石笋村整体脱贫“摘帽”作出了突出贡献。通过“点对点”的技术指导和集中培训，使碑庙镇石笋村的小庭院、小养殖、小作坊及家庭农场等产业得到了大力发展，并实现了当家产业全覆盖。

吴梅利用业余时间组织畜牧女干部为“盛家溪家庭农场”“亚平蜜蜂养殖专业合作社”等提供无偿的技术支持和帮助，深受广大养殖户和干群的好评。

我国发生首次非洲猪瘟疫情以来，吴梅作为区农业局非洲猪瘟防控工作领导小组办公室主任，夙夜奋战，拟定防控应急预案以及综合防控措施，做到“六个到位”，确保通川区非洲猪瘟防控工作取得了阶段性成效。

（四川省文明办供稿）

张　华　张　建　张　忠

三胞胎兄弟 38 年守护一片绿

「敬业奉献」

人物故事

张华、张建、张忠，男，1966 年生，三人系孪生三兄弟，贵州省毕节市七星关区拱拢坪国有林场护林员。2019 年获“贵州好人”荣誉称号。

1981 年，16 岁的张建、张忠、张华三兄弟初中毕业便进入林场工作，投身育林、护林事业。兄弟三人巡山、护林、造林，一干就是 38 年。

38 年的时间里冬去春来，寒来暑往，三胞胎兄弟每天早出晚归，穿梭于林间，巡视看护着国有林场。累了，靠着大树打个盹；饿了，吃些干粮或野果；渴了，喝点山泉解渴。一身迷彩、一把锄头或砍刀、干粮加水壶，是他们的“标配”。夏天晒爆皮，冬天冷风吹，38 年如一日，踏破的鞋在家里堆成小山，换来的是一片绿涛林海。38 年，5.3 万亩的拱拢坪国有林场在三胞胎兄弟和同事的守护下，越发青葱翠绿。38 年，“出门是林，进门是家”，已经成为三胞胎兄弟的工作常态，他们的生活早已和林场融为一体。38 年，无论是大年除夕，还是元宵佳节，三胞胎兄弟都在林场坚守着，用汗水浇灌着林场的一草一木。在他们的精心呵护下，拱拢坪林场从未发生过火灾事故。

（贵州省文明办供稿）

董永山

无私奉献铸楷模 竭诚为民敢担当

「敬业奉献」

人物故事

董永山，男，1974年生，河北省保定市涞水县人，云南省消防救援总队曲靖支队特勤中队一级消防长。董永山荣立过一等功，2017年被云南省委宣传部表彰为“云岭楷模”，获第三届全国“十大杰出消防卫士”称号。

董永山先后参加灭火救援战斗5000余次，抢救遇险群众600余人。成功研制消防车辆器材装备革新成果近100项，其中30多项革新器材在全国、全省消防救援队伍中推广应用。

董永山曾经从火场里救出年迈的老人，也曾经从熊熊烈火中抢出即将爆炸的煤气罐；他曾经独胆涉险深入50米天坑溶洞勇救被困群众，也曾经为民跋山涉水抗旱送水；他曾经顽强拼搏完成东盟地区论坛第四次救灾演习任务，让中国消防的绚丽橙色闪耀在国际演习现场；在满目疮痍、余震不断的鲁甸灾区一线抗震救灾……他以队为家，视帮带青年官兵和传承管理经验为己任，全身心投入自己热爱的消防事业。

（云南省文明办供稿）

刘志强

税务干部钻研业务 攻坚克难彰显税务典范

「敬业奉献」

人物故事

刘志强，男，1974年生，国家税务总局陕西省靖边县税务局张家畔税务分局干部。

1996年，刘志强复员回到靖边县税务局工作。2005年，他担任稽查局副局长，他严格要求自己，做到“四勤”。查处案件时，他始终坚持党性原则，时刻紧绷廉政这根弦。2016年“营改增”时期，刘志强临危受命担任“营改增”办公室负责人，他身先士卒，加班加点处理纳税人征管基础信息修改和补录工作，最终顺利完成“营改增”的各项工作。

国、地税征管体制改革后，刘志强服从组织安排调任到国家税务总局靖边县税务局张家畔税务分局，负责行政事业单位的社保费征收管理工作。他又一次从头开始，热情服务群众，为社保费征收实现顺利划转作出了应有的贡献。同时刘志强还兼县税务局工会副主席，一方面认真学习工会法及相关的政策法规、工作原则，另一方面积极主动与老领导及市工会的领导干部请教学习，调动工会会员积极参与工会组织开展的各项活动，充分发挥机关工会组织的作用。

（陕西省文明办供稿）

毛兴会

城管中队长以理服人以情动人群众夸

「敬业奉献」

人物故事

毛兴会，男，1974年生，陕西省西安市雁塔区城市管理局小寨路执法中队中队长、党支部书记。

他是一名转业军人，在基层城管的岗位上坚守了12个年头。工作中，他既坚持工作制度，又灵活工作方法，面对弱势群体摊贩，他晓之以理、动之以情，帮助他们了解和学习合法合规经营制度，引导商贩理解和服从城市管理。面对拒不服从管理的违章摊贩，他坚持文明执法，以情动人，将矛盾有效化解，避免冲突事件的发生。在处理占道经营的过程中，面对情绪激动的摊贩与城管队员发生争执或争辩的时候，他总会先稳定队员情绪，再心平气和地给违章摊贩讲道理、讲政策，并向围观群众澄清误会，化解纷争，赢得了管理对象和周边群众的称赞。他还经常与队员们谈心，帮助队员克服懈怠情绪和畏难情绪，他常说：“作为基层执法队员，要时时刻刻规范我们的言行，做到文明用语、文明执法。遇到问题时不要怕，只要我们秉公执法，为人民群众营造一个干净整洁的生活环境，我们受再多的苦、再多的累都是值得的。”

（陕西省文明办供稿）

吕　杰

走在逐梦路上

「敬业奉献」

人物故事

吕杰，女，1972年生，甘肃钢铁职业技术学院教师，“国家技能人才培育突出贡献奖”获得者。

2009年吕杰放弃了收入丰厚的工作岗位，走上三尺讲台，希望将自己的技术传承，实现技能兴国的梦想。在职教岗位，她积极开展实训教学课题研究，推广焊接新技术，为企业培养大批焊接技术技能型人才。2014年获批成立国家级“吕杰技能大师工作室”，2019年获批国家级“高等职业院校焊接应用技术协同创新中心”。她指导的学生在国家级技能大赛获奖6人次，省级以上大赛获奖34人次，发表论文20余篇，申报课题10余项，建设省级精品课2门，开发课程标准12门，申报专利7项。

她运用自己掌握的精湛焊接技能，解决了企业一系列焊接技术难题，填补了酒钢集团公司焊接领域的空白，为企业解决焊接难题节约设备成本近千万元。

（甘肃省文明办供稿）

乔国胜

好法官28年如一日为牧区群众守护公平正义

「敬业奉献」

人物故事

乔国胜，男，1969年生，青海省黄南州尖扎县人民法院副院长。2019年被最高人民法院授予“全国法院办案标兵”。

乔国胜工作在藏、回、撒拉等少数民族聚居区。在尖扎县坎布拉人民法庭工作期间，他每年审结的民商事案件占全院受理案件的45%以上，无一件上访申诉案件，无错案和超审限的案件。而每一案件平均办案时间21天、结案率100%的成绩，让他成为有目共睹的“办案标兵”。

为便利藏族当事人进行诉讼，乔国胜所在的法庭在全州法院率先将诉讼风险、权利、义务和举证须知等告知材料翻译成藏文。在立案和送达时，向当事人发放便民服务卡，开展电话立案和上门立案。他还倡议设立便民服务站，提供诉讼资料、报刊书籍、书写材料，并设置诉讼休息场所，为当事人提供饮用水和免费复印服务等。

为了方便居住偏远的群众，他大力推行巡回办案方式，经常与审判人员到各村巡回审理；为了化解矛盾纠纷，他瞅准乡镇召开会议的机会，向调解委员会成员分享调解解决纠纷的方式、方法和技巧；为了提高办案效率，他每年几乎都是全勤。

（青海省文明办供稿）

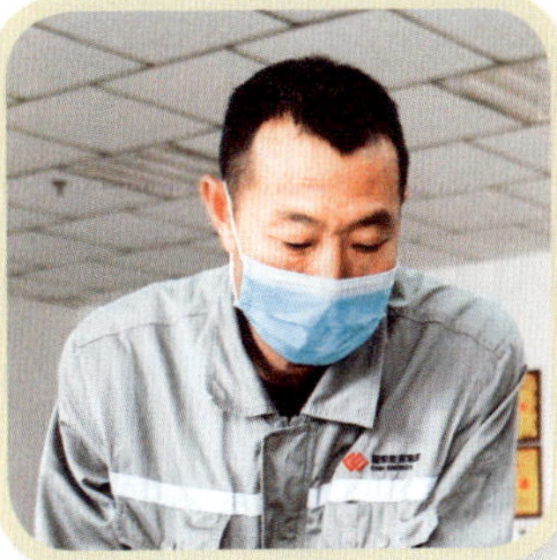

张玉川

金牌“焊工”勇挑大梁

「敬业奉献」

人物故事

张玉川，男，1968年生，国家能源集团宁夏石嘴山发电有限责任公司锅炉设备管理部焊接班技术员。获“全国技术能手”、宁夏“五一劳动奖章”等荣誉。

28年来，班里所有的脏活累活苦活，张玉川都冲在前面抢着干。每一次急难险重的任务，他都勇挑大梁。

自从被聘为“首席师”，张玉川身上的担子重了。他深知焊接是个技术活儿，只凭一个人的力量肯定不够，必须把技术传下去才行。为了多培养几个徒弟，张玉川为班组的5名职工“量身打造”培训计划，并挑起公司“兼职焊工培训”的“大梁”。

在50厘米的炉洞口，张玉川28年如一日爬进爬出，他用过的焊条大约有15万余根。由他承担的各种急难险重危等工作，高压焊口合格率都达99.9%以上。他多次解决和攻克生产中的技术难题，发明的“可伸缩焊钳修复狭长联箱内部隔板焊接技术”，在公司系统和宁夏其他企业中广泛推广。他独立完成了电泵缺损结合面、给水泵出口涵体缺损截面的焊补，两项焊接工作直接为公司节约检修费用达60万元以上。

（宁夏回族自治区文明办供稿）

刘铭庭

红柳老人　防治荒漠

「敬业奉献」

人物故事

刘铭庭，男，1933年生，中国科学院新疆生态与地理研究所研究员。

刘铭庭获联合国、国家及省部级等科研奖项27项，获全国及省部级荣誉称号24项，出版专著3部，发表研究论文及报告60余篇。

刘铭庭在条件艰苦的南疆地区从事荒漠化防治工作。他发动广大群众，在流沙地、重盐碱地推广柽柳荒漠人工林面积达400余万亩。对我国干旱、半干旱荒漠地区的荒漠化防治事业，起到了有力的推动和科学指导作用。

刘铭庭1997年在最贫困的和田地区于田县流沙区，创建了全国第一座500亩人工红柳大芸示范样板基地。在昌吉地区、克拉玛依等地推广“红柳大芸人工种植技术”，面积已达到50万亩。2005年至今，刘铭庭还在内蒙古的沙漠地区推广梭梭大芸40万亩。在甘肃河西走廊及酒泉地区推广梭梭大芸10万亩。大芸人工种植技术的推广，给荒漠化防治带来了强大的可持续发展力。

（新疆维吾尔自治区文明办供稿）

付永强

夫妻护边员坚守边疆植树造林

「敬业奉献」

人物故事

付永强，男，1974年生，新疆生产建设兵团第十师北屯市一八六团北沙窝哨所所长。2016年付永强家庭被评为全国“最美家庭”，2018年其个人获全国“五一劳动奖章”、“第六届兵团道德模范”等荣誉。

2004年，付永强和妻子刘桂芝从河南开封来到兵团第十师。2012年，他主动申请并通过考察，和妻子一起来到北沙窝哨所，成为护边员，守护中哈边境61号界碑至66号界碑长达11公里的边防线。北沙窝哨所接近萨拉尔库木沙漠边缘，远离居民区，夏天风沙漫天，付永强夫妇早晨起来第一件事就是清理窗户和门外厚厚的沙尘；冬季更是难熬，风大雪大，巡逻回来人和马都挂满了白霜。有人问付永强为什么要主动留守在条件这么艰苦的地方。付永强回答：“老一辈军垦人的生活条件比现在艰苦多了，我们没资格叫苦喊累。”戍边的同时，付永强忠实履行生态卫士职责。夫妇俩在沙漠中植树种草，精心养护着300余亩2万余棵树木，使哨所周边生态环境得到巨大改变。

（新疆生产建设兵团文明办供稿）

白忠珍

苦难压不垮　用残年余力托起儿子后半生

「孝老爱亲」

人物故事

白忠珍，女，1943年生，北京市通州区台湖镇玉甫上营村村民。

1996年12月22日，白忠珍的小儿子于井全遭遇车祸，导致腰部以下失去了知觉。面对突如其来的变故，白忠珍老人默默咽下满心痛楚，劝走了伤心欲绝的儿媳，主动承担起照顾儿子和抚养小孙女的重任。

从此，白忠珍每天抱儿子起床、躺下，为他擦洗身体、端屎端尿、洗晒尿布、按摩。因伤后身体素质直线下降，于井全患贫血、褥疮感染几次住院治疗，一次高烧时注射庆大霉素，严重的副作用致使耳朵失去了听力，白忠珍老人与儿子交流，完全靠自创的哑语。白忠珍和老伴儿、儿女尽力弥补小孙女缺失的母爱，抚养孩子健康快乐地长大。令人欣慰的是，孩子特别懂事，12岁就知道扶爸爸起床。20多年过去了，如今76岁的白忠珍老人干起活儿来不如从前利索了，可她照顾儿子还是那么妥帖周到，不漏下每一个细节，只要儿子过得好，她就满足了。

（北京市文明办供稿）

蔺健君

一个“闺女”三个妈　关爱老人传佳话

「孝老爱亲」

人物故事

蔺健君，女，1965年生，天津市红桥区少年宫教师。2019年获“第六届天津市道德模范”荣誉称号。

1998年，蔺健君爱人因病去世，留下年幼的女儿和经济拮据的公婆。

2007年，蔺健君再婚，婆婆成了她的第三个妈妈。每周她都会安排好时间，去前婆婆、婆婆和母亲家尽心竭力照顾3个妈妈，3位老人虽已过耄耋之年，但起居饮食得益于女儿照顾，至今安享天伦之乐。

邻居张妈妈没有养老金儿子又下岗，一次突发急症因经济拮据推延治疗险些出事，蔺健君及时发现并出钱垫付治疗费才使老人转危为安。2018年张妈妈的儿子又因病去世，张妈妈悲痛绝望一病不起，蔺健君百般劝解安慰，帮助老人重建生活的信心，老人看病需用钱，蔺健君陆续垫付了8000余元。多年来，她用孝心、爱心和责任心，奏响了一个个孝老爱亲的感人乐章。

（天津市文明办供稿）

李远来

七旬老人13年精心照料 用爱唤醒植物人老伴

「孝老爱亲」

人物故事

李远来，男，1945年生，江苏省纪律检查委员会退休干部。

2006年10月2日，老伴张腊娣突发脑梗，虽经抢救保住了性命，却失去了意识成为植物人。李远来知道，要让老伴恢复到以前是不可能的事，但他的要求并不高，只要张腊娣有一天能开口说话，每天和他说上一两句，哪怕是拌嘴，他也心满意足。由于缺少照料经验，有一次长期卧床的张腊娣还是得了严重的褥疮。张腊娣出门就医不便，李远来就拍了伤口的照片，揣着相机四处求医问药。执着的老李，出门就一家家地医院咨询，到家便一次次地照料敷药，几个月下来，偌大的褥疮竟在他的护理下奇迹般地开始恢复。经过9个月的漫长护理，褥疮完全康复了。从那以后，李远来更是每隔2小时就给老伴翻一次身，深夜和凌晨也不间断，褥疮再未复发。

13年来，李远来没睡过一个安稳觉，克服了日常护理中的种种困难，自己也成了半个“护理专家”。在爱的呼唤下，在老李的坚守下，沉睡的老伴在慢慢苏醒。

（江苏省文明办供稿）

张泽荣

24年不离不弃悉心照顾瘫痪小叔子

「孝老爱亲」

人物故事

张泽荣，女，1953年生，江苏省宿迁市宿豫区人。

1976年，张泽荣经人介绍与邻村小伙子晁祥发喜结连理，婚后的日子虽说不是很富裕，但也是平平安安。

1995年初冬的一天，晁祥发的弟弟晁祥振摔了一跤被紧急送往医院，经医院诊断，由于损伤了中枢神经导致全身瘫痪，从此，20多岁的他就只能在轮椅上度过余生。面对这种情况，张泽荣主动提出放弃外出务工，留下来照顾小叔子的生活起居。从此，张泽荣每天一面操持家务、干农活，一面担当起照顾瘫痪在床的小叔子的重任，还经常和丈夫四处投医问药给小叔子治病。

张泽荣家里的经济负担很重，是村里的低收入农户。她凭着一股子不服输的干劲，白天照顾病人、干农活，晚上干手工活，增加家庭收入。“乌云密布”的家中因为她的勤劳务实露出了“阳光”，公公婆婆的脸上露出了久违的笑容。

（江苏省文明办供稿）

陈　祺

守护重病父亲　用实际行动诠释"孝子"真谛

「孝老爱亲」

人物故事

陈祺，男，1982年生，福建省厦门市公安局海沧分局交警大队事故预防处理中队中队长。

2004年，陈祺父亲确诊多灶性运动神经元病，行动能力快速衰退。从那时起，陈祺总会在每天上班前先为父亲做好护理，协助其大小便。工作之余，定时为父亲洗澡、按摩，按月帮他理发、来往医院开药。陈祺用实际行动，10余年如一日地诠释了"孝子"的真谛，他父亲脸上的笑容也比以往更多了。

2016年，原本身体硬朗的爷爷也病倒了。除了照常工作，半年多的时间里，陈祺每天都会抽出时间陪伴在爷爷身旁，像照顾父亲一样，为爷爷做好个人护理。

长年照顾患病长辈，陈祺并没有耽误工作，工作业绩获各级机关和群众肯定和赞誉，工作成绩也让家人引以为傲。

（福建省文明办供稿）

朱连生

照顾病母二十二载　他背着母亲去打工

「孝老爱亲」

人物故事

朱连生，男，1973年生，江西省吉安市峡江县罗田镇峡里村委东源朱家组村民。

16岁那年，父亲不幸离世，朱连生跌入人生低谷。不幸接踵而至，1997年，母亲突然中风，他带着母亲四处求医，花光了家里所有的积蓄，还欠下了大笔的外债。

2007年，母亲全身瘫痪，他只得放弃工作回家照顾。后来他决定背着母亲去广东打工！峡江到广东千里之遥，一路上，他总是胸前挂着行李袋、背上背着母亲。由于长时间佝偻着行走，被扭伤过的腰显得很吃力，但他毫无怨言、咬牙坚持。进厂后，他在工厂旁边租了一间小房子，每天早上早起做饭洗衣、喂母吃饭、匆匆上班；中午趁午休时间送饭、喂饭；晚上下班做饭、喂饭、给母亲擦拭身体、按摩手脚，日复一日从不放弃。

2011年，朱连生又一路背着母亲辗转回到峡江。这些年来，他当过保洁员、做过流水线工人、工地收费员、巡防队员，每到一处都带着母亲，只为给母亲最好的照顾和陪伴。

（江西省文明办供稿）

徐明光

大爱无垠倾尽所有抚育脑瘫养子 20 年

「孝老爱亲」

人物故事

徐明光，男，1954 年生，江西省萍乡市芦溪县芦溪镇高楼村村民。

1999 年春天，在高安市做小本生意的徐明光与妻子捡到一个被遗弃的两岁孩子。在为孩子寻亲无果后，徐明光决定收养这个弃儿，并给孩子取名高游。但在不久后的一次体检中发现，高游患有先天聋哑、脑萎缩和阻塞性脑积水等多种疾病。听医生说孩子要在 8 岁后才能动手术，徐明光便下定决心把孩子带大、治好。终于等到了高游 8 岁，徐明光满怀希望地带着他远赴上海求医。然而，医生告诉他高游的病情被耽误太久，即使做手术希望也不大。这句话犹如一盆冷水泼在徐明光心头，但他不甘心就这样放弃，开启了带养子四处求医的艰难道路。近 20 年，徐明光带着高游远赴北京、广州、湖南等地求治，几乎花光了家里的所有积蓄，其间还接受了红十字会及社会各界的爱心捐助，全部用于治疗孩子，但依旧收效甚微。

近 20 年，他倾尽全力照顾养子，再苦再难也没想过要抛弃他。

（江西省文明办供稿）

陈永静　罗序红

夫妇携手反哺父母诠孝道

「孝老爱亲」

人物故事

陈永静，男，1972 年生，江西省宜春市靖安县城建局执法大队队员；罗序红，女，1978 年生，靖安县合力照明员工。

陈永静、罗序红夫妇于 1998 年结婚。2006 年，罗序红的哥哥因见义勇为救助一名溺水大学生时不幸遇难。2008 年，母亲舒敏英患上脑血栓、心肌梗死等多种疾病，导致半身不遂。2014 年，父亲罗嗣选突发脑出血，从此瘫痪在床，生活完全无法自理。

面对父母接二连三的变故，陈永静、罗序红夫妇毅然挑起了家庭的重担。

每一天，陈永静都是早早地起床，为父亲更换尿不湿、擦身、洗漱，再帮助母亲洗漱，为他们做早餐，一边照料母亲吃饭，一边喂瘫痪在床的父亲吃饭，然后自己草草把饭吃了，匆匆收拾碗筷赶去上班。上午一下班，他就直奔菜市场，买好菜回家为父母烹制，收拾碗筷后急匆匆去上班。下午下班，煮饭、热菜，照顾一家人吃饭，收拾碗筷，为父亲更换尿不湿、按摩，陪父母聊聊天。

（江西省文明办供稿）

周忠平

15 年如一日精心照顾植物人丈夫

「孝老爱亲」

人物故事

周忠平，女，1956 年生，山东省聊城市茌平区杜郎口镇何屯村村民。2019 年入选“山东好人之星”。

2004 年秋天的一个上午，开拖拉机去买化肥的丈夫高金水在 309 省道拐弯时与急速行驶的一辆大货车正面相撞，丈夫变成了植物人。为了给丈夫看病，周忠平耗尽了家中所有的积蓄，生活的重担也一下子全部压在了周忠平瘦弱的双肩上。15 年来，她每天擦屎端尿，每隔两个小时就为丈夫翻身一次，帮助高金水进行康复训练成了她睁眼必做的“功课”。由于长时间的站立，她患上了静脉曲张，但是为了丈夫，她却将静脉曲张的手术拖延了好几年，最后在孩子们的坚持下，才到医院做了手术，术后自己还未痊愈，她就匆匆回家照顾久卧病床的丈夫。多年来，她细致入微地照顾着丈夫，丝毫没有怨言。功夫不负有心人。现在的高金水在吃饭时嘴角偶尔会露出一丝微笑，眼球也会随之动一下，这让周忠平看到了希望。

（山东省文明办供稿）

王亦博

为老人圆梦　小伙用 4 年时间帮 90 岁姥姥出自传

「孝老爱亲」

人物故事

王亦博，男，1978 年生，中国人寿保险股份有限公司河南省分公司高级主管。

王亦博 19 岁时，父亲因过度劳累去世，33 岁时母亲又患癌症去世，母亲临终前含泪嘱托要替她照顾好姥爷姥姥。王亦博谨遵母亲嘱托，悉心照顾姥爷姥姥，事无巨细。2012 年，86 岁的姥爷去世，对于王亦博来说，这个世界上最亲的人，除了妻儿，就只有姥姥了。

姥姥离休后，一直有一个未了的心愿，想把自己参加革命工作的经历记录下来，写一本自传。为了不让姥姥有遗憾，王亦博决定帮姥姥圆梦。经过 4 年多的不懈努力，姥姥的自传《金融年华》一书最终在姥姥 90 岁的时候出版发行。只要没有出差，王亦博总会抽出时间去陪伴姥姥，带上姥姥喜欢吃的蒸饺、包子、豆粥、冰糖葫芦，逗她开心。有一次姥姥想喝记忆中的豆粥，为满足她的心愿，王亦博冒着大雨骑电动车往返 16 公里，把买来的豆粥送到姥姥的嘴边。

（河南省文明办供稿）

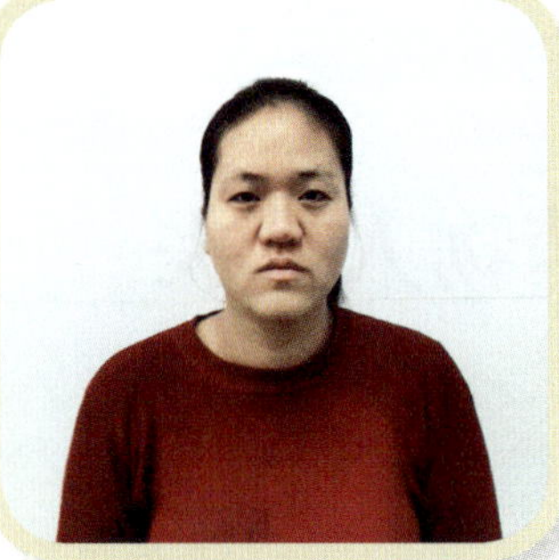

马　丽

用爱撑起一个家的“超级玛丽”

「孝老爱亲」

人物故事

马丽，女，1988年生，河南省长葛市后河镇闫楼村村民。

2008年，21岁的城市姑娘马丽嫁给了长葛市后河镇闫楼村村民闫玉龙。结婚那年，婆婆检查出得了冠心病，公公腰不好不能干重活儿，小姑子患有强直性脊柱炎，大伯有家族性遗传病一辈子没结婚，跟着马丽一家生活。丈夫闫玉龙常年在外打工，马丽在附近找了份零工贴补家用，担起了照顾这一大家子人的重担。不管工作多忙，身体多累，马丽都为老人精心准备饭菜，亲自喂老人服药。几年下来，马丽有了自己的时间表，老人们几点吃药，几点测血压，她都记在了心里。

2009年，马丽的大女儿刚刚出生却检查出患有先天性心脏病，医生说活不过5岁，需要手术治疗。而此时小姑子的脊柱炎也加重了，急需做手术。马丽考虑小姑子是急病，便拿出自己结婚时攒下的3万多元，到北京给小姑子做了手术。直到2012年，马丽才又四处筹钱为女儿做了手术。一家7口人，5口人常年有病，一家子的日常起居被马丽照顾得体贴周到。

（河南省文明办供稿）

龙剑军

好丈夫11年不离不弃精心照顾病妻

「孝老爱亲」

人物故事

龙剑军，男，1977年生，湖南省怀化市芷江侗族自治县县委办干部。

2008年10月，龙剑军的妻子王莉玲被诊断为尿毒症晚期。2009年6月15日，龙剑军把当时已经极度贫血的妻子送到怀化市第一人民医院住院治疗，一进院医生就下达了病危通知书。经过简短治疗后，医生再次下达了病危通知书，并于6月19日强行要求出院转上级医院治疗，医生说在怀化住院最多活不过一个星期，否则就只能是为妻子准备后事了。龙剑军没有放弃，他带上自己全部的积蓄，叫上岳母，把妻子送到了中南大学湘雅三医院。在他的悉心照顾下，王莉玲手术治疗1个月后终于出院了。为了给妻子治病，龙剑军花光了所有积蓄，把芷江县城的房子也廉价出卖了，还欠下巨额债务。

从妻子吃喝拉撒到家里针头线脑，龙剑军大事小事事事操心。为了让妻子能安心睡上几个小时，龙剑军在她临睡前为她按摩，以缓解她因生病引起的肌肉、骨节疼痛和酸麻。同时，龙剑军把在医院里学到的护理知识整理出来，记到两个厚厚的本子上，按照上面的点点滴滴精心照顾妻子。

（湖南省文明办供稿）

张凤娥

女教师 24 年不离不弃照料患癌丈夫

「孝老爱亲」

人物故事

张凤娥，女，1954 年生，湖南省永州市零陵区黄田铺镇学校退休教师。

1995 年 7 月，张凤娥的丈夫秦建平不幸患上了鼻咽癌，喉咙全部肿胀、肌肉脱落，吃不下饭，只有靠水维持生命。张凤娥没有被困难所压垮，每天除细心照料外，还安慰丈夫，鼓励他与疾病作斗争。秦建平抗癌意志也很强，病情稳定了 20 年。2015 年，秦建平又患上了舌癌，这次手术风险大，费用高达 43 万元。

由于 20 年的病情折磨，秦建平体质变得很弱，在湖南省肿瘤医院化疗时，出现了休克，并且肺部严重感染，持续七天高烧不退，医生几次发出了病危通知，让张凤娥做好后事准备。张凤娥每天守候在重症室门外，跪求医生不论花费多少钱，都要不惜一切代价挽救丈夫。经过 13 天的艰辛抢救，终于把他从死亡线上拉了回来。住院 40 多天后，在张凤娥的精心护理下，爱人病情趋于稳定。现在 4 年过去了，靠胃管进食进水的秦建平身体恢复得比想象中的要好，说话虽吐不清字，但手能写、脚能走，再加上他坚持天天行走锻炼，身体状况基本稳定了下来。

（湖南省文明办供稿）

钟文珠

小伙放弃城市工作回乡照顾患病养母

「孝老爱亲」

人物故事

钟文珠，男，1982 年生，广东省阳江市阳东区那龙镇两安村村民。2018 年被评为“广东好人”。

钟文珠出生未满月就因体弱多病遭到亲生父母遗弃，是养父母收养了他。为了给他治病，养父母自己省吃俭用。2003 年，钟文珠凭借所学技术，进入广州五羊本田公司工作。

2005 年，养父突患重病。为了给养父治病，钟文珠两地跑，带着养父到处寻医问药，可最终还是没能挽救养父的生命。养父的离去，对养母的打击甚大，肺炎、中风、脱肛、帕金森等多种疾病接踵而来。为了给养母治病，钟文珠经常要从广州赶回来，带养母看病、取药，再匆忙赶回上班。为了更好地照顾养母，2011 年钟文珠放弃了广州的工作。

后来养母卧床不起，钟文珠便开了个小卖部，守在养母身边。每天天还没亮，喂完养母吃早餐，打点好家务，钟文珠便外出钓鱼，拿到市场去卖；回到家又开始煮饭，照顾养母；有时半夜了，养母身体疼痛或大小便失禁，钟文珠便给养母清洗脏物、按摩、陪她聊天。在钟文珠的照料下，养母于 2018 年安详离世。

（广东省文明办供稿）

韩丽萍

“好女儿”35 年义务照顾同村 8 位孤寡老人

「孝老爱亲」

人物故事

韩丽萍，女，1945 年生，海南省文昌市冯坡镇白茅村村民。

2017 年年初，韩丽萍的小儿子被诊断为脑瘤，瘫痪在床。没过多久，丈夫也因中风卧床不起。家里的两个男人倒下了，韩丽萍知道，这时她必须坚强，虽年逾古稀，也要挑起生活的重担。那段时间是她一生中最难熬的日子，小儿子动了两次手术，病情仍没有好转迹象；丈夫在家生活不能自理，一日三餐都需要她照顾。她每天从家里到医院来回奔波，有一次因为过度劳累，晕倒在厨房。在与病魔搏斗数月之后，韩丽萍的小儿子病情加重，经抢救无效去世。韩丽萍拭干眼泪，送走前来探望的亲友，第二天清晨雷打不动地到集市买菜，回来做饭，给丈夫喂饭、按摩、擦洗……日子一天天过去，丈夫的身体渐渐恢复，能自己下床走路了。

35 年来，韩丽萍坚持义务照顾村里的 8 位孤寡老人，时间最长的一位，她照顾了整整 8 年。其中一位老人 2014 年双目失明，基本丧失生活自理能力。韩丽萍每天给老人穿衣、做饭、端屎、倒尿，从不嫌烦嫌脏，即使在儿子住院期间也从未间断。

（海南省文明办供稿）

王　熹

26 年如一日照顾瘫痪父母

「孝老爱亲」

人物故事

王熹，女，1979 年生，贵州省安顺市普定县定南街道南华社区居民。2019 年获“贵州好人”荣誉称号。

1993 年秋天，王熹的母亲感觉浑身无力，到医院检查确诊为积水空洞症，由于当时医疗条件落后，为了给母亲治病，14 岁的王熹离开了学校，跟随背上母亲的父亲走南闯北、寻医问药。她那幼小的肩膀成了母亲可以移动的“脚”，成为家庭的“脊梁”。几年过去，母亲的病没有得到治愈，最终留下了高位截瘫的后遗症，生活不能自理。她开始做临时工弥补家用，当起了母亲的护工。

2012 年，王熹的父亲不幸患上脑梗，久治不愈，患上偏瘫。面对高位截瘫的母亲和因脑梗半边瘫痪的父亲，她不仅心态乐观，不言放弃，还 26 年如一日照顾双亲。每天除了接送孩子、料理家务，还要给父亲按摩、帮母亲擦背，陪老人聊天。母亲由于胸部以下长期处于瘫痪状态，身体痉挛，双腿无法伸直，大小便不能自理。王熹每天帮助母亲排便，日复一日，年复一年，从来都不曾有过怨言。

（贵州省文明办供稿）

朱恒芳

36年如一日照料残疾儿子

「孝老爱亲」

人物故事

朱恒芳，女，1948年生，贵州省水矿集团公司退休职工。

1983年，朱恒芳3岁的儿子王琛不慎从二楼摔下，经诊断为小脑受损，并伴有外伤癫痫等后遗症，丧失语言能力和行走能力，生活无法自理。朱恒芳每天早起做饭、喂饭、穿衣、穿鞋、带儿子出门锻炼、聊天……转眼就是36年。朱恒芳说，为了儿子，洗澡、理发、刮胡子都得学。2008年老伴去世后，留下朱恒芳和两个孩子，女儿也有了自己的家庭，协助母亲照顾弟弟的精力和时间都有限。面对现状，朱恒芳选择坚强和坚持。朱恒芳独自承受着时间、体力、经济上的压力，用坚强的毅力照顾着患病的儿子。因记忆力不好，朱恒芳亲手做了一张时间表，记录着给孩子喂药的次数，以防忘记喂药导致儿子癫痫发作。

在生活中，朱恒芳勤劳简朴，她省吃俭用，不乱花一分钱。她以一位坚强母亲的情怀，照顾一级智力残疾的儿子，36年如一日，克服了常人难以克服的困难，用实际行动诠释了人世间最伟大的母爱。

（贵州省文明办供稿）

余晓惠

身板瘦小　顶天立地

「孝老爱亲」

人物故事

余晓惠，女，1961年生，贵州省贵阳市云岩区盐务街道盐吉居委会居民。

2002年，余晓惠30多岁的妹妹突然性格大变，经常动手打人，还在上小学的侄儿也十分调皮，经常欺负同学。余晓惠慢慢发现，妹妹和侄儿确实不太正常。于是，她带着两人到医院就诊，两人均被确诊患有精神疾病。为了治好两位亲人，余晓惠带着他们四处求医，只要有一丝希望，她都会竭尽全力去寻求。为此，平日生活本就拮据的余晓惠不仅花光了所有的积蓄，还欠下了很多债务。

2013年，余晓惠的母亲因病瘫痪在床，她从此不仅要照顾妹妹和侄儿，还要操心老母亲的身体状况和饮食起居。她每天在照料好妹妹和侄儿后，就赶到母亲病榻前照顾。为了让母亲的身体得到舒展，她找来一些按摩书籍，自学了按摩手法，为母亲按摩放松。在余晓惠精心的照顾下，卧病在床的母亲身上从未长过褥疮、没有一点异味。2018年7月，老母亲去世。

（贵州省文明办供稿）

王亮亮

善良儿媳用实际行动践行孝道美德

「孝老爱亲」

人物故事

王亮亮，女，1976年生，陕西省铜川市印台区城关街道北街社区居民。

2008年，她年迈的公公高烧三天，看遍了附近的大小医院但无起色，最后送到了市医院。通过医治，高烧退了但从此落下了后遗症，半身不遂，说话口吃、手脚僵硬，生活不能自理。自此以后，她就担负起照顾年幼的孩子和生病的公公的重任。每天，她都起得很早，把做好的饭菜送到公公手上，然后出去做会儿事，晚上，要收拾家务到很晚才休息。公公大小便不方便，她在墙角放了一个便桶；公公洗澡前，她要备好换洗的衣物；为让公公过得舒心，她买了一台电视机放在公公床头，替他解闷。为了一家人的生活，丈夫长期一直跑出租，有时情绪不好和老人顶嘴，这时她就劝说丈夫，家有一老，就是宝。

公公在她的精心照料下，晚年过得很开心。虽然病后半身不遂，口齿不清，但精神很好，身上干干净净。

王亮亮孝顺公公，敬重公公的举动，也深深感染了周边居民。王亮亮却说："公公，就是我的亲爸。我照顾他，只是做了一个女儿应该做的。"

（陕西省文明办供稿）

六
JUNE
月

张义标

眼里有爱心中有光 快递小哥温暖孤寡老人

「助人为乐」

人物故事

张义标，男，1987年生，北京顺丰速运有限公司仓管员。2019年荣获全国五一劳动奖章。

2015年3月，张义标进入北京顺丰速运有限公司工作。他勤学上进，仅用了一个月的时间，便熟悉了各项终端、电脑设备操作和业务推广的技能，很快从普通快递员晋升为网点的仓管员。

快递行业高峰期的时候，大家都忙得顾不上吃饭，张义标便利用工作的间隙，给同事做好热乎的饭菜。只要同事家庭困难，张义标就会帮大家向工会提出申请，帮助他们渡过难关。

2016年10月，张义标派件时发现孤寡老人吴弘靠辅助器才能勉强挪动，生活无人照料。见此情形，他开始默默地照顾老人。他经常利用派单间隙，帮助老人洗澡洗衣、打扫卫生、做饭，陪老人聊天。直到后来，老人打电话到公司客服表示感谢，他的善举才为同事们所知晓。

（北京市文明办供稿）

刘鹏飞

无怨无悔扎根社区 全心全意为民服务

「助人为乐」

人物故事

刘鹏飞，男，1957年生，天津市河东区大王庄街德元里社区志愿者。2019年当选“天津好人”。

2013年8月，刘鹏飞到河东区德元里社区开展对口帮扶，其间参与旧楼改造、卫生清整、社区巡逻、走访慰问、矛盾调解等多项工作。退休后，他以崭新的姿态发挥着余热，做到退休不褪色，主动承担了到社区讲党课的任务。每月25日社区党员活动日，他都坚持到德元里社区为广大党员讲党课。

在社区宣讲之余，他积极投身公益活动，2014年12月被区残联聘请为“素质教育宣讲团”成员；2017年10月被河东区图书馆聘为志愿者。作为河东区十佳理论宣讲员，他坚持认真讲、约定讲、为民讲，用实际行动为社区群众进行服务，先后到河东区12个街道多个社区讲课300余场次。刘鹏飞的宣讲“足迹”已遍布河东，成为社区最受欢迎的宣讲老师。

（天津市文明办供稿）

王福国

不忘初心回报桑梓

「助人为乐」

人物故事

王福国，男，1967 年生，河北省丰宁顺达矿业集团有限公司董事长。2019 年获“河北省优秀民营企业家”“河北省道德模范”荣誉称号。

王福国自幼家境贫寒，14 岁就辍学担起了家庭生活重担。他放过牛、养过猪、种过菜、跑过运输、开过石子场，把一个年产 2 万吨铁粉的小铁矿，发展成为一个多元化的企业集团。

2006 年春节，王福国到丰宁胡麻营镇后营子村和姜营子村慰问困难职工，看到的一切让他一阵阵心酸，他立志要让乡亲们过上好日子。他累计捐款 3 亿多元改善村民们生活条件、修路筑桥、发展产业，帮助 1.6 万群众解决了生活、出行、上学、就医等方面的困难；他积极承担社会责任，奉献爱心，致力于慈善事业，出资 300 多万元慰问全县五保户和敬老院的老人；他先后出资 30 万元，资助 16 名考上大学的贫困学子完成学业；他在全县脱贫攻坚中勇挑重担，帮扶周边村庄改变落后面貌、带领百姓致富。

（河北省文明办供稿）

吴玉良

14 年 2500 次志愿服务活动诠释志愿精神

「助人为乐」

人物故事

吴玉良，男，1981 年生，国网黄骅市供电公司电网规划及前期专责。2018 年被评为河北省劳动模范。

吴玉良 2006 年创建渤海魂志愿服务协会。14 年间，成员发展至 500 余人，公益行动涉及扶贫帮困、应急救援、爱心车队、暖心早餐、植树、巡河、义诊、社区建设、无偿献血等领域。

2015 年，他创建“暖心早餐”公益品牌，5 年多来坚持每天凌晨 5 点为环卫工免费做早饭，解决了全市 900 余名环卫工吃早饭难的问题，现已惠及环卫工 57 万余人次。

14 年来，他带领团队开展志愿活动 2500 余次，帮扶困难人员 700 余人次，为数百名孩子助学。他联合乡镇开展精准扶贫，为近 200 个贫困、孤老送去采暖设备、被罩及生活用品等；他开办慈善超市，每年为贫困人员或孤寡老人发放米面油等万余元慰问物资；他创建红十字会无偿献血管理服务分队，200 余人参与无偿献血，近 100 人成为造血干细胞捐献者。

（河北省文明办供稿）

王东升

带领队伍公益救援 60多万群众受益

「助人为乐」

人物故事

王东升，男，1967年生，国网冀北电力有限公司输电运检室员工。

2008年，他参与了汶川地震救援，在那支离破碎的灾难现场，武警官兵和无数救灾志愿者舍身抢救。那时，王东升下定决心，要用自己的力量为那些危难之中的人，撑起一片蓝天。2009年，他利用业余时间组建了张家口蓝天救援队。把爱心人士团结起来，从事各种灾难救援任务。9年来，在蓝天救援这条路上，他忙队伍建设、忙队员发展、忙应急救援、忙技能培训。

一路走来，张家口蓝天救援队已经成了张垣大地家喻户晓的一个名字。问他曾经完成过多少场救援，参加过多少次安保，宣讲过多少节安全课，还是登上过多高级别的领奖台，他已经记不清楚了。只要有“呼救信号”，他就会二话不说地背上救援背囊，第一时间赶赴现场。“只要废墟下有一息尚存的生命，我们就始终坚持不抛弃、不放弃！”

（河北省文明办供稿）

王　锋

助人为乐一辈子

「助人为乐」

人物故事

王锋，男，1979年生，辽宁省大连金州热电有限公司普通工人，大连金普新区慈善总会金州义工队副队长。获评大连市慈善总会“五星级义工”“慈善义工终身成就金星奖”，2018年当选“辽宁好人”。

从2007年开始，王锋累计为社会服务超过1万小时，资助和帮助过生活有困难的人达80人之多，个人累计捐款10万余元，募集善款60多万元。

“我是一个普通的工薪阶层。很多人可能不相信，12年来，我几乎没有往家里拿过钱，我的工资都被我拿去帮助别人。”王锋爱心助学，长年资助困难家庭的子女上学，成功组织金州义工队六届“爱心助学”活动，累计帮助贫困学生300余人次，金额20多万元；募集善款，帮助困难居民渡过难关，2010年9月，为患有慢性粒细胞性白血病的患者于瑶筹集医药费，仅仅4个多月，通过金普新区慈善总会募集善款近20万元。2015年开展“爱心购”慈善活动，共计帮扶销售80多万元，帮数十名困难居民解了燃眉之急；关爱孤老、扶残助残等。

王锋说：如果说助人为乐是作秀，那就让他秀一辈子吧。

（辽宁省文明办供稿）

夏金龙

烹饪教授创办“厨师爱心基金”乐助人

「助人为乐」

人物故事

夏金龙，男，1977年生，吉林工商学院旅游学院烹饪教授。曾获吉林省五一劳动奖章、吉林省首届技术能手等荣誉，享受国务院政府特殊津贴。

2008年夏金龙带领身边同样有爱心和奉献精神的厨师发起并成立了“吉林省慈善总会厨师爱心基金”，为灾区人民捐献了1.134万元人民币，100套新棉被，并带领志愿者长期照看汶川地震后来到长春的孤儿。2009年，吉林省慈善总会授予夏金龙“吉林省厨师爱心慈善大使”。2014年，夏金龙参与组建吉林省饮食文化研究会，并担任秘书长。研究会通过开展系列的烹饪技能培训、技术指导等活动，为吉林省餐饮行业培养出大量的烹饪技能人才，解决就业人数达230余人，并为吉林省几十家餐饮企业义务解决烹饪技术难题。2018年1月，夏金龙带领吉林省饮食文化研究会、长春市饭店餐饮烹饪协会爱心企业家代表发起了“童在蓝天下”关爱困境儿童慈善救助活动，在吉林省慈善总会设立专项基金，将企业捐赠善款每月定期存入基金账户，用于帮助困境儿童。

（吉林省文明办供稿）

陆　鸿

吴江阿甘撑起21个残疾人家庭的幸福人生

「助人为乐」

人物故事

陆鸿，男，1979年生，江苏省苏州缘跃纸制品有限公司创办人。

陆鸿幼时因为菌痢引起的中毒性脑炎，落下了终身残疾。因为身体残疾，从小到大他要比常人付出更多的艰辛和心血。经历了无数底层职业的摸爬滚打，他靠着自强拼搏，将生意从开照相馆、做电子相册加工，逐渐拓展到纸质影集生产。又从6人的家庭小作坊，发展到目前拥有35位员工的实体相册加工厂。

他不但用自己残疾的身躯挑起了养家的重担，还为21位残疾人提供了就业岗位。在他的工厂里，这些残疾的朋友相互鼓励、互相支撑，像一家人一样共同面对生活的困厄。还有不少残疾人慕名前来拜师学艺，陆鸿都毫无保留地将技术教给他们。他希望自己能够帮更多的残疾人兄弟姐妹树立生活的信心，过上自食其力的生活。

（江苏省文明办供稿）

袁金华

自费 110 万元建设道德法治教育园的退休教师

「助人为乐」

人物故事

袁金华，男，1949 年生，江苏省南通市如东县丰利中学原党支部书记、副校长。

从 2004 年开始，袁金华利用自家庭院，自费 110 万元建设道德法治教育园，取名“悟园”。他每天花费十几个小时雕刻园内碑石内容，磨坏刻刀 10 余把，磨头 1000 多只，13 年如一日，花光所有积蓄，最终建成由 168 块碑石、22 块匾额对联组成的 200 多米文化长廊。

2018 年 5 月的一个上午，袁金华在搬运建园石头时，不慎砸伤了右腿，股四头肌腱全部砸断，以致手术切开的刀口有 20 多厘米长。为了不影响《丰利文化丛书》的编写工作，术后第二天他就在病床上开始整理《悟园古丰》和《翰墨古丰》的书稿，术后 45 天就拄着拐杖陆续接待了北京来的参观者和县内几所学校的师生。

袁金华说，取名“悟园”希望能够引导和警示年轻人“悟以往、悟当下、悟未来”。“悟园”建成后免费对外开放，袁金华作为义务讲解员已接待学生和社会人士 4 万多人次。

（江苏省文明办供稿）

国网江苏电力开山岛共产党员服务队

24 年温暖相助 光明使者点亮拥军路

「助人为乐」

人物故事

国网江苏电力开山岛共产党员服务队成立于 1995 年，其前身是“连心电”志愿服务队和国网灌云县供电公司“袁立雨”共产党员服务队，2019 年 1 月，正式更名为国网江苏电力开山岛共产党员服务队。该服务队现有核心成员 16 人。

1995 年，国网灌云县供电公司在与地方政府的一次扶贫攻坚中，来到了当时经济条件非常落后的南岗乡东徐村，也自此拉开了长达 24 年接力拥军路的序幕。自 2017 年 4 月开始，开山岛党员服务队定期到县烈士陵园祭奠张浩烈士。服务队开展“电暖流”光伏帮扶，捐助 5.4 千瓦装机容量光伏发电设备一套，将 26 块光伏板安装在烈士家中屋顶，在解决他们用电的同时，为他们带来一定收益。

2012 年，当开山岛守岛英雄王继才先进事迹被社会各大媒体报道后，灌云县供电公司党员服务队在获知岛上存在用电难题，立即会同市供电公司人员上岛考察。随后又多次组织技术人员、供应商们登岛实地查勘。2015 年 6 月，经过多次艰难运输、安装调试，绿电上岛示范项目投入使用。

（江苏省文明办供稿）

孙茂顺

古稀老人45年情系军营 传授酱菜手艺开办拥军驿站

「助人为乐」

人物故事

孙茂顺，男，1944年生，江苏省淮安市涟水县人。

孙茂顺年轻时在豆制品厂学得一手腌制酱菜的绝活，从1974年开始，他行程30万公里，辗转各大部队，走遍200多个团，义务为士兵传授做酱菜的手艺，解决了战士们的早晚小菜问题。他还自费40万元成立拥军技术培训中心，为炊事班战士免费培训酱菜方法。在海南，他带领子弟兵砸穿水泥地，将酱菜缸挪到地下30厘米的地方，以防温度过高腌菜变质；在内蒙古，他带领战士研究新技术，将当地盛产的土豆加入酱菜配方；在新疆，他带领战士根据北方特殊的天气，研究腌制酱菜新方法。

年纪渐长后，孙茂顺不再天南海北地跑。1998年年底，他将自己的两层小楼改造为拥军招待所，南来北往的军人到了这里就像到了家，管吃管住，分文不取，而他和老伴就住在一个15平方米的标间里。他的拥军之路得到了家人的支持，他的老伴、4个女儿和女婿、1个儿子全都成了他的得力助手。

（江苏省文明办供稿）

汤德珍

痴心朗诵艺术传播 向暖而行奉献光热

「助人为乐」

人物故事

汤德珍，女，1967年生，南京沃尔德防伪安全技术有限公司董事长，“金陵之声·诗向远方”朗诵艺术团团长。

多年来，汤德珍几乎把全部业余时间都投入诗歌朗诵艺术传播。她组建了朗诵艺术团、社区亲子诵读社，在中小学校、街道社区建立了10多个朗诵社团辅导站点，以诗歌朗诵传承中华文化，弘扬传统美德。她辅导的学生近千名，有的从“问题”学生变成了“三好”生，有的获得了全省中小学生朗读大赛一等奖。

这些年，汤德珍坚持每周至少3次辅导学生诗歌朗诵，拿出60多万元聘请专家授课、举办讲座论坛、搭建朗诵舞台。2016年，在乡村举办朗诵会时得知有3名学生家境困难，随时面临失学可能，她当即拿出3000元转交给学生，并一直资助至今。2017年，她向100位南京大屠杀幸存者送去10万元慰问金。2017年世界诗歌日，她购买了面粉、鲜肉和蔬菜等，带领朗诵团员到养老公寓包饺子，并表演诗歌朗诵。2018年国庆节，她带32名学生和家长，到开山岛为英雄家属和在场的群众朗诵了《纪念烈士王继才》等10多首诗歌。

（江苏省文明办供稿）

林春华

退而不休作奉献　关心关爱下一代

「助人为乐」

人物故事

林春华，男，1931年生，浙江省温州市人。

林春华离休当年就加入了市教育局关工委，参加老干部宣讲团，为学校、社区义务上党课，每年去各大、中、小学校和多个村（社区）做宣讲20多次。

林春华通过捐助助学金、结对子、校内外授课辅导等实际行动关心青少年教育事业。

他每年坚持为社区困难群众捐款至少2000元，汶川地震为灾区捐款4000元，自己掏钱为抗癌俱乐部成员置办年夜饭，累计资助10余名贫困学生。他到底做过多少好事，帮助过多少人，估计连他自己都说不清楚。

每年的春节，林春华都会到老同事遗孀家里走一圈，给她们送上年货，对特别困难的送上一个红包，对她们的生活嘘寒问暖。

2018年10月，林春华去世，遵照他生前叮嘱要求，死后捐赠遗体，丧事一切从简。

（浙江省文明办供稿）

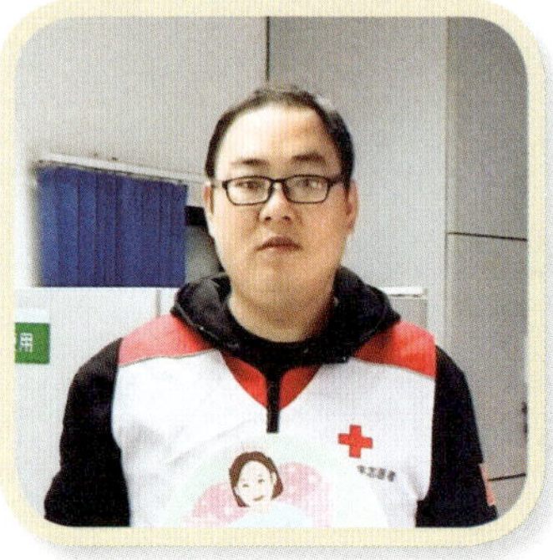

刘海歌

致力“三献”事业十三载 带动家庭成员签订捐献书

「助人为乐」

人物故事

刘海歌，男，1985年生，安徽省宿州市埇桥区人，宿州市红十字志愿者。

在一次参加公益活动中，刘海歌从宿州市红十字会了解到，遗体器官（角膜）捐献对于医学教育、疾病研究、移风易俗等方面都有积极的意义，为此，他义无反顾地加入市红十字“三献”工作宣传大队，积极推广“三献”知识。在他的影响下，父亲首先签下遗体捐献同意书，并在逝世时兑现了遗体捐献的心愿。父亲逝世后，刘海歌自己也签署了遗体（角膜）捐献志愿书。受其影响，母亲和姐姐也先后签署了遗体（角膜）捐献志愿书。

对于刘海歌来说，志愿服务活动已成为他生活中的一部分，平时，只要工作不忙，他都会参加各种志愿服务活动，无论是在机关、学校、社区，还是在企事业单位，经常能看到他往来奔波参与志愿服务活动的身影。

自2005年3月至今，他已累计无偿献血1.5万毫升，单采血小板44个治疗量，并加入中华骨髓库。先后获评“无偿献血公益之星”“全国无偿献血奉献铜奖”“全国无偿献血奉献金奖”。

（安徽省文明办供稿）

郁蓬山

百岁老人收养孤苦残疾人近二十载 成为器官捐献志愿者

「助人为乐」

人物故事

郁蓬山，女，1919年生，安徽省蚌埠市第三玻璃厂退休职工。

百岁老人郁蓬山，一生充满传奇色彩。新中国成立前，郁蓬山曾是一名老师，抗日战争时期坚持办学，为当时的学生学习创造了有利的条件。退休后，郁蓬山老人来到安徽省蚌埠市淮上区八大集农场。她乐于助人、乐观向上的生活态度，影响着身边每一个人。她乐善好施，收养孤儿，为残疾人送终。

20世纪90年代，郁蓬山回蒙城老家时收养了弃儿小秀，才4岁，老人将她抚养大。2003年，小秀到蚌埠市福利院，并在那里考上了大学。为了帮助小秀找到亲生父母，2010年前后，郁蓬山带着小秀多次回到蒙城老家，经过多方打听，终于找到了小秀的亲生父母。

郁蓬山老人希望辞世后也能为医学事业奉献自己最后的价值，40年前，她就萌发死后捐赠遗体的想法，终于在2018年4月4日，由其女儿代填志愿捐献遗体（角膜）登记表，老人最后签名，完成了遗体捐献登记程序，如愿成为蚌埠市第649位遗体捐赠志愿者。

（安徽省文明办供稿）

周亿生　邹启秀

十几年如一日守护浮桥的“摆渡人”

「助人为乐」

人物故事

周亿生，男，1948年生；邹启秀，女，1957年生，周亿生的妻子。二人均为江西省高安市交通局浮桥管理所聘请职工。

自2003年起，周亿生、邹启秀夫妇管桥护桥已整整17年。他们经受住了无数次洪水和台风的考验，管理浮桥从未出过一次差错；管桥护桥的同时他们总是及时伸出援手，营救过许多落水者和轻生者，挽救了几十条鲜活的生命。

2019年1月10日，一名年轻人一时疏忽，从浮桥上失足掉入河中。听到呼救后，在船上准备吃饭的周亿生和妻子邹启秀毫不犹豫地跳入冰冷的河水中，在众人帮助下将年轻人救起。

2017年的一个夏夜，一名广西女子凌晨独自在浮桥边哭。邹启秀老人听到声音后就坐到身边和她聊天，得知是家庭矛盾想要轻生。邹启秀老人好言劝慰了一个多小时，女子才打消了轻生念头。

2018年，一名怀孕女子因丈夫沉迷赌博，导致家中债台高筑日子没法过想跳河轻生，邹启秀老人一直陪伴左右倾听女子哭诉，最后成功解开了她的心结。

（江西省文明办供稿）

周海萍

暖心雷锋姐和她的111个“海萍希望书屋”

「助人为乐」

人物故事

周海萍，女，1976年生，国网南昌供电公司职员。先后获“全国劳动模范”、“女职工建功立业标兵”、“三八红旗手”、“五一巾帼标兵”、江西省“雷锋哥（姐）”、“优秀青年志愿者”等荣誉称号。

在南昌，有太多与“海萍”相关的词语，“海萍青年志愿者服务队”“海萍姐”“海萍希望书屋”等。

工作中，她服务一线电力客户，帮助工作中遇到的弱势群体。做好本职工作的同时，她成立了国网海萍青年志愿服务队，爱心助学、募捐、义卖等。

2012年，在周海萍的发起推动下，采购书籍、收集捐赠书籍，首家“国家电网江西电力海萍希望书屋”落户南昌市扬子洲八一嘉实希望小学。两年时间，在海萍服务队志愿者们的共同努力下，111家希望书屋相继在江西省各县区落成。

（江西省文明办供稿）

宁　波

志愿服务40年坚持公益爱无疆

「助人为乐」

人物故事

宁波，男，1956年生，山东省济南市历下区甸柳街道吉祥苑社区居民。2017年被评为“山东最美志愿者”，2018年被评为山东省“四个100”先进典型。

1972年宁波参加工作后，就利用业余时间钻研理发技术兼学木工。老书记孙学良看到他用手动推子为职工理发，手指上磨起了血泡，非常心疼，送给他一把电动理发推子，一用就是40年。这把推子给上万名普通老百姓理过发，也传承着供销社一心为民的“扁担精神”。

2016年10月，宁波退休后在社区的支持下开创了“匠心筑梦”志愿服务工作站，成为服务站的站长。工作站汇集了能工巧匠14人，年龄最大的68岁，最小的47岁。他带领着“匠人们”为居民们义务理发、制作维修家具、打磨刀具、维修电器、钩编剪纸等，上门的居民从辖区扩展至市区，甚至到周边城市。在宁波的带领下，“匠人们”干劲十足，所有志愿服务分文不取。截至目前，“匠心筑梦”志愿服务工作站已累计为居民服务4000余人次，5000余小时。

（山东省文明办供稿）

贺一平

带领万名姐妹奔小康 “巾帼”标兵助人显大爱

「助人为乐」

人物故事

贺一平，女，1985年生，河南省汝南县雪绒花家政服务公司总经理。

2003年，贺一平辞掉工作与丈夫一起下海经商，他们在汝南县三桥镇上办起了超市，经过不懈努力，超市生意越做越好。在销售母婴产品时，她了解到很多母亲因为没有掌握正确的母乳喂养方法，导致孩子没有母乳吃。经过大量的市场调查，她产生了办家政公司的想法，并得到家人的支持。2016年1月，贺一平的汝南县雪绒花家政服务有限公司正式挂牌成立，主要针对城乡下岗职工提供培训、就业机会。截至2019年年底，雪绒花已在全县开办培训班108期，培训学员2万余人，帮助1万余名贫困人员实现了就业脱贫。

在帮助姐妹们就业脱贫的同时，贺一平还始终不忘履行社会责任，她带领员工几乎跑遍了汝南县21个乡镇的敬老院，为老人们爱心义演，陪老人聊天唠家常，为他们送去面粉、棉衣等。同时，她还为残疾留守妇女捐款捐物3万元，为环卫工人捐款捐物1万多元，资助20名贫困学生圆了大学梦。

（河南省文明办供稿）

薛华杰

坚持献爱心12年 累计捐款100多万

「助人为乐」

人物故事

薛华杰，女，1970年生，河南省太康县鑫源鞋业有限公司董事长。

薛华杰出生在距太康县城30多公里的一个偏远农村。一家8口，全靠父亲一点微薄的工资维持生计。因为家庭条件不好，薛华杰16岁就随父亲在县城一家制药厂做临时工。1993年12月工厂转型，薛华杰下岗。1996年，薛华杰开始涉猎鞋类销售。2004年元月，薛华杰在太康商业中心区——德银商城大门口，建成面积80平方米的太康第一家自选鞋业超市；2005年成立太康县鑫源鞋业有限公司并将经营面积扩大为200平方米；2012年又将营业面积扩大至1000多平方米。

事业有成后，她每年夏冬两季，为环卫工人送米面油、夏凉被、T恤衫、鞋子、棉衣、手套等，先后累计出资100多万元，用于改善家乡敬老院孤寡老人的生活、捐资助学等；2018年，她先后为全县特困群众捐赠价值2万余元的鞋子（1000余双）、现金1万元。

（河南省文明办供稿）

张志勇

慈善企业家 助危扶困爱心撒社会

「助人为乐」

人物故事

张志勇，男，1967年生，河南省长葛市老城钢材物流园董事长。

在张志勇的生意经里，信用永远是第一位。市场行情起伏变化大，落价时他没跟卖家少打一毛钱，涨价的时候也没让买方作过难。凭借这一点，他得到了买卖双方的认可，供货方不见钱也敢大批量地给他发货。正是靠着信用，张志勇把生意做大了，也做长久了。

2013年，看到老家的发展滞后，张志勇做了一个大胆的决定，投资近3000万元，在老城镇岗张村建起了钢材物流园，优先招用附近的乡邻，增加他们的生活收入。同时，他还对家乡每年考上大学、研究生的孩子们进行支持，截至目前，他已经资助了19名大学生。2015年，在“美丽乡村”建设中，张志勇捐赠近百万元建设“美丽岗张”，给村支部大院硬化地面，建文化广场、修路、建校……提起张志勇为村里办的大大小小的事，村民纷纷竖起大拇指。2020年，张志勇又分包岗张村8户贫困户，每月每户发放300元扶助资金，直到脱贫为止。

（河南省文明办供稿）

陈宝霞

9年资助孤残 为6名孩子撑起“完整的家”

「助人为乐」

人物故事

陈宝霞，女，1971年生，国家税务总局河南省博爱县税务局干部。

2010年初春，陈宝霞随单位到博爱县寨豁乡司窑村开展帮扶工作时，走访了一个贫困家庭，这个家里只剩一个小男孩司龙龙跟着残疾的奶奶生活。陈宝霞暗下决心一定要帮助这一家人，直到把孩子抚养成人。在帮助司龙龙的那段时间里，她又了解到同是司窑村的司云云、司聪聪、司梦娇以及南田院洛河村的王苗、王磊5名孤儿，家里十分贫困，陈宝霞又承担起帮扶这5名孩子的重任，而这一帮就是9年。2013年，陈宝霞又开始带领志愿者对特殊学校的孩子进行帮扶，截至2019年，她累计为孩子们捐款捐物2万余元。

2015年，博爱县寨豁村的范玉芬开三轮车收玉米时发生车祸，她因伤重去世，她的丈夫和女儿全身多处骨折，家里也因此欠下大量的治疗费。陈宝霞了解情况后，随即组织志愿者举办慈善义演，并将募集到的6万元送给范玉芬家，并帮他们找到了更专业的治疗医院和康复医院。

（河南省文明办供稿）

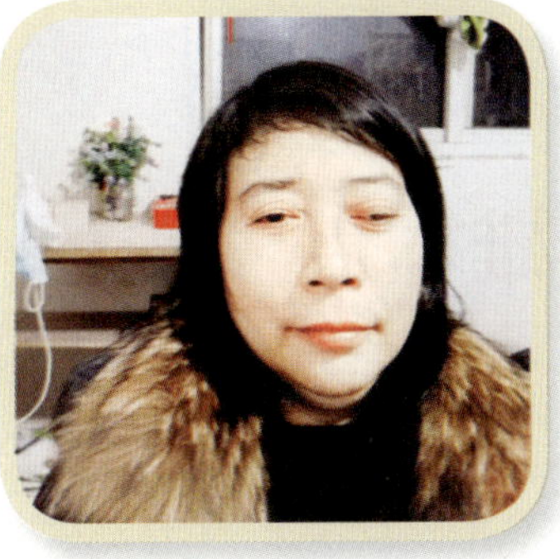

袁金芝

一生辛劳酿芳名　善行大爱留人间

「助人为乐」

人物故事

袁金芝，女，1956年生，生前系湖北省恩施州建始县茅田乡梦花岭村村民。

2019年4月27日，袁金芝在江苏南通不幸遭遇车祸，被送往江苏南通大学附属医院抢救。在医院抢救了60余个小时后，医生告诉袁金芝的家人，袁金芝伤情太重，目前已经脑死亡，没有救回的希望了。于是，袁金芝的家人在医院的走廊上召开了一场家庭会议，想起袁金芝生前的朴素善良、乐于助人，其家人根据她“要做一辈子好人”的遗愿一致同意捐出她的器官。

“这么多年了，我懂她的心思，她也会同意的。”袁金芝的丈夫余传元说。她的家人和医生沟通后，将她的一个肝脏、两个肾脏和一双眼角膜捐给患者，挽救了3个人的生命，让1人重见光明。

袁金芝走了，留下的不仅仅是捐出的鲜活的器官，还有她和她的家人善行大爱的精神。她的事迹经媒体报道后，在社会上引起强烈反响，大家尊称她为“最美袁大妈”。

（湖北省文明办供稿）

马　列

退役不褪色　勇闯火海救邻里

「助人为乐」

人物故事

马列，男，1990年生，湖北省十堰市妇幼保健院团委副书记、天使青年志愿者服务队队长。2019年获得“第七届湖北省道德模范”称号。

2010年，马列退伍后应聘到十堰市妇幼保健院工作。2014年4月7日，十堰城区一公寓22楼一房间突然发生爆炸。危急关头，马列保持着一名消防战士的冷静和睿智，首先拨打了120急救电话，随后冒着随时可能发生二次爆炸的危险和有毒烟雾冲进火海，先后安全疏散了21楼邻居家的老人和22楼的受伤女子，并及时叫来物业管理人员关闭电梯和整栋大楼的天然气阀门，切断电源，避免逃生的群众坐电梯遇水触电。做完这些，马列又配合消防部门，投入到灭火行动中。

马列和同事们每年坚持到偏远山区农村开展义诊活动。每逢儿童节、重阳节等特殊的节日，也会前去福利院、敬老院等处提供医疗服务。据不完全统计，6年来，马列和志愿者服务队的同事们先后开展学雷锋志愿者义诊活动、公民道德日宣传活动等百余场，为市民免费诊断治疗数千人次，发放各种疾病防治宣传资料近万份。

（湖北省文明办供稿）

刘广俊

四跳冰水救人　彰显英雄本色

「助人为乐」

人物故事

刘广俊，男，1975年生，湖北省钟祥市人。

2019年2月8日，刘广俊偕妻女从亲戚家开车回家。将近下午3点，当他们走到钟祥市长滩镇青龙鞍村三组附近时，一辆正在他们前方行驶的越野车突然冲出路面，一头栽进冰冷的水塘中。

刘广俊急忙下车。他边脱外套边冲向出事车辆，并让妻女报警。他奋力跳入水中，经过几次努力，终于打开了后车门，并顺利救出了4位女乘客。得知车辆前排还有两名被困人员，刘广俊再次跳入漫过腰深的冰水中，因车辆泡水，前车门锁死了，他一人无法打开。刘广俊爬上岸，让妻子给村里的书记打电话，让他们过来帮忙。他再一次跳入水中施救，可他怎么使劲，也打不开泡在水底的车门。

10分钟后，青龙鞍村党支部刘书记和儿子赶来了。刘广俊上岸将水下的情况作了简单说明后，第四次下到水中。他们三人奋力将车辆翻过来，正在用木棒砸玻璃时，公安和消防专业救援人员赶到了现场。他们用专业的工具打开了车门，可惜司机和另外一位乘客早已失去了生命。

（湖北省文明办供稿）

罗湘玲

“慈母”用13年的坚持 温暖被拐少年回家路

「助人为乐」

人物故事

罗湘玲，女，1968年生，湖南省永州市蓝山县文明办主任。

1993年11月，蓝山县楠市镇环连村的骆秋兴从人贩子手中买回一个小男孩，取名骆勇文。2000年年初，骆勇文养母因病去世；3年后，养父患直肠癌去世，家里只剩下骆勇文一个人。2004年4月，同村骆秀珍带着12岁的骆勇文来到了蓝山县妇联寻求社会援助，时任蓝山县妇联纪检组组长罗湘玲主动承担了照顾骆勇文的责任，帮他整理物品、交学费等，每当星期天和节假日，都把骆勇文接回家，对他爱护有加。“要帮孩子走出困境，最关键就是要找到他的亲生父母。”罗湘玲多方走访知情人，收集、整理骆勇文的资料和照片，通过媒体多方寻亲，引起社会广泛关注。

罗湘玲带着骆勇文先后与6个寻亲的家庭见面，都是失望而归。在坎坷的寻亲路上，骆勇文一天天长大了。2018年9月11日，罗湘玲接到了重庆市忠县雷德周的电话，后通过亲子鉴定，被拐25年的骆勇文，终于找到了亲生父母，罗湘玲把离家25年的他送回了重庆忠县，一家五口终于团圆。

（湖南省文明办供稿）

董德文

耄耋老人坚持志愿服务广送关爱

「助人为乐」

人物故事

董德文，女，1932年生，广东省茂名市高州市第一小学退休教师。2019年被评为“广东好人”，2020年被评为“全国学雷锋志愿服务最美志愿者”。

2014年，82岁高龄的董德文加入高州市青少年快乐成长促进会，做志愿当顾问，每到周六上午，她就带上送给孩子们的书、笔和课本等物品，蹬着三轮车到青促会辅导外来务工子女和留守儿童学习。每个周末和寒暑假，她都会参加青促会“引领阅读、快乐童行”公益帮扶活动，把贴有“让旧书变活宝”标签的书籍送给孩子们，还帮孩子们制定读书制度，引导养成“爱读书、读好书、善读书”的好习惯。自2013年以来，她共参加周末帮扶公益活动162期，受惠对象3500多人次，实际志愿服务时数超2000小时。她还坚持用微薄的退休金资助小邓等8位孤儿上学，直至他们初中毕业。此外，她还积极响应“一方有难，八方支援”的社会号召，从汶川大地震、南方雨雪冰冻灾害到高州“9·21”特大水灾，她总是第一时间带领同乐会会员捐资捐物，累计达5.6万元。

（广东省文明办供稿）

王启荣

坚守烈士陵园三十八载守英魂

「助人为乐」

人物故事

王启荣，男，1957年生，广西壮族自治区那坡县烈士陵园原园长。2018年获全国“最美退役军人”称号。

1979年2月，一场对越自卫反击战在祖国南疆打响，王启荣以民兵身份参加了那场战斗。1980年10月，王启荣因伤退役了，但战友牺牲的一幕让他始终难以忘怀。“战士们为了保卫祖国，保卫边疆，献出了宝贵的生命，战友间许下的承诺，让我心甘情愿为他们守陵。”怀着对战友的眷眷之情，王启荣不顾家人反对主动担负起管护烈士陵园的重担。38年来，王启荣先后帮助9名烈士找到了亲人，结束了那坡烈士陵园部分烈士家属“失联”的历史。

“与战友出生入死的那些日子，是我一生中最难忘的时光。”面对漫山的苍松翠柏，王启荣表示，三十几年来，他没有离开过陵园，守护陵园已经成为他生活的一部分，虽然现在已经退休，但他仍将以战友的身份继续守护烈士英灵，向前来祭拜的人们讲述烈士们为国捐躯、舍生忘死的英雄事迹。

（广西壮族自治区文明办供稿）

渠吉堂

革命老兵捐出 20 万元资助公益

「助人为乐」

人物故事

渠吉堂，男，1921 年生，1937 年投身革命，1983 年退休，2020 年 5 月逝世于重庆市垫江县。

1937 年，渠吉堂到山西加入抗日队伍，走上了革命道路。1938 年光荣加入中国共产党。

渠吉堂先后参加平型关大捷、百团大战、淮海战役、渡江战役等战役战斗，1949 年随二野十一军九五团进军西南。

1946 年的甄城战役中，渠吉堂率领连队在山东陈坡阻击敌人，受到敌机狂轰滥炸击中肺部，虽侥幸与死神擦肩而过，但弹片却留在他身体里。

这块残片导致他 12 年里经常吐血，直到 1958 年才将残存在身体里的弹片取出。

退休后的渠吉堂投身公益，积极为灾区、希望工程捐款捐物 20 余万元，交纳特殊党费 2.3 万元。

2015 年，他拿出 1 万元资助垫江县杠家镇杠家村一名叫谢宜志的大学生，并在他大二到大四期间，每学期资助 6000 元，帮助他完成学业。

（重庆市文明办供稿）

万学刚

艰苦创业　用爱心助力公益之路

「助人为乐」

人物故事

万学刚，男，1968 年生，四川省成都市新津荣津电器厂厂长，新津区盲协主席、县政协委员。

1991 年，万学刚因为一次军事演习而不幸受伤，造成左眼视力四级残疾而提前退役。退役后，万学刚自强自立、艰苦创业。创业致富后，万学刚积极投身公益事业，担任起了新津县盲协主席。他热心为残疾人服务，经常参加扶残助残志愿工作，想方设法为残疾人及其家庭排忧解难。

2018 年 4 月，万学刚带领团队伙伴在太平场社区开展社区调研过程中，听说了黄怀安（已故四川好人、成都市第五届道德模范）义务照顾培训留守儿童的事迹，深受感动，于是接过黄怀安老师的爱心接力棒，组织各方优势资源将“寸草心家园”继续办下去。

（四川省文明办供稿）

孔德全　赵福丽

爱心早餐情暖环卫工人

「助人为乐」

人物故事

孔德全，男，1976年生；赵福丽，女，1975年生。二人为夫妻关系，共同经营贵州省铜仁市碧江区孔记遵义虾子羊肉粉馆。2019年二人获“贵州好人”荣誉称号。

2015年，夫妇俩来铜仁市碧江区打拼，开了第一家孔记虾子羊肉粉馆。他们每天6点钟起床到店，看到粉馆周边被扫得干干净净，深受感动的夫妻俩便商量给环卫工人提供一点便利。由于粉馆在27日开业，他们就决定每月27日为环卫工人免费就餐日，在粉馆门前醒目地写着“环卫工人每月27日早餐免费、平时吃早餐每碗5元”的温馨提示。此后，每天都有近20名环卫工人到店里用餐。

经口口相传，现在每天都有环卫工人到店里来用餐。据不完全统计，自开业以来，夫妻二人共为辖区周边的环卫工人免费提供爱心早餐和半价早餐7000余人次。孔德全还希望自己的徒弟能将爱心传递下去，于是立下规矩：凡在店里学成的徒弟，自立门户后，每月开业当天作为环卫工人免费就餐日，传承下去；平日里，店里也要为环卫工人提供半价优惠服务。

（贵州省文明办供稿）

蔡鸿康

付出无数心血只为宝贝回家

「助人为乐」

人物故事

蔡鸿康，男，1986年生，云南省昆明市人，昆明市殡仪馆职工，“宝贝回家”志愿者团队的一名志愿者。

2016年2月，《感动中国》2015年度人物颁奖盛典在中央电视台播出，“宝贝回家”创始人张宝艳、秦艳友夫妇入选年度人物。电视机前的蔡鸿康被深深触动，随即加入“宝贝回家”志愿者团队。2017年他通过培训考核进入民政救助工作组，是“宝贝回家”云南群第一个进入全国民政救助工作组的志愿者。

蔡鸿康所在的工作组，每天都会收到大量与云南相关的寻亲线索，他们需要对这些信息进行分析、比对。志愿者们没有报酬，没有休假。寻亲过程中产生的费用，全部由志愿者AA制解决。当一则儿童丢失的新闻出现在网络、电视和各种媒体平台上的时候，对志愿者来说就意味着责任。在蔡鸿康加入“宝贝回家”的这几年中，他经手过数百个案例，成功帮助13个失散家庭重聚。

（云南省文明办供稿）

李西亚

救援任务奋勇争先 社会公益爱暖人间

「助人为乐」

人物故事

李西亚，女，1972 年生，陕西省西安市蓝田县蓝关街道卫生院党支部书记、主治医生。荣获“陕西曙光救援队优秀队员”“陕西好人”等称号。

2013 年 5 月 26 日，咸阳 4 名驴友在蓝田赛峪穿越时失踪，她立即随队参加搜救。2015 年 8 月 3 日，强降雨致 101 省道蓝田九间房段发生多处山体滑坡，她第一时间赶赴现场加入救援，并深入铜鹅沟一、二组疏散村民。2017 年 5 月，灞河 3 号坝水域一名女学生失踪，她紧急组织施救。2019 年 9 月 8 日，蓝关古道有一名驴友脚踝扭伤，她和队友与受伤驴友会合后，就地取材固定伤脚，使驴友得到及时救助。

她心存大爱，对收养的龙凤胎精心照料哺育。她热心公益，作为陕西慈善会爱心微公益蓝田分支的负责人，常年坚持在县城内四处寻找需要社会帮助的留守贫困儿童，为他们登记信息，建立关爱帮扶档案。经她牵线联系，陕西慈善协会爱心微公益服务队先后救助了 17 名贫困留守学生，6 年来累计发放助学金 18 万多元。

（陕西省文明办供稿）

赵　军

第一书记秦岭深处“种”初心

「助人为乐」

人物故事

赵军，男，1977 年生，中国移动通信集团陕西有限公司渭南分公司市区公司副总经理。

2017 年，赵军被派驻到渭南市华州区金堆镇东西坪村任驻村第一书记。赵军动员村里的致富能人张勇种植五味子，流转土地 30 亩，带动贫困户 50 户。带动贫困户 60 户种植黄花菜，仅此一项，2018 年就支付给村民劳务费 15 万元。2018 年赵军和村“两委”干部为壮大村集体经济，流转土地 60 亩，种上了高山大樱桃。2019 年把原来种植的 30 亩普罗旺斯西红柿扩大到了 60 亩。

村上的两个贫困户王欢喜、黄军红都因女儿上大学的学费愁眉不展，赵军多方筹措善款 2.76 万元为孩子们解决学费问题。

2017 年 5 月，赵军向公司争取了 47.2 万元扶贫资金，联合镇上的董建民，合作开设电商平台进行土特产销售。2018 年 4 月，金绿源商贸有限公司成立，公司拥有线下实体店金堆山珍和渭南移动营业厅，以及线上“中国移动寻秦集”App 等销售渠道。公司与农户签订了收购协议，解决了村民农产品销售难题，村民不用外出，在家门口就能务工。

（陕西省文明办供稿）

宽卓太

藏族老人将全部财产捐给故乡小学

「助人为乐」

人物故事

宽卓太，男，1930年生，生前系青海省刚察县泉吉乡防疫站退休干部。2019年9月中共青海省委追授宽卓太“全省优秀共产党员”荣誉称号。

1958年，宽卓太被分到刚察县泉吉乡工作。为了提高羊群免疫力，免受疾病侵扰，防治寄生虫病发生，要经常开展牲畜药浴工作。1962年，在一次药浴时，因池中羊过多而导致拥挤踩踏，为了不让集体财产受损，宽卓太跳入药浴池去扶踩倒的羊。而这一跳，带给他的却是终生的伤害，经常出现头晕、无力，并伴有咽喉充血，呼吸困难等症状。1964年，因肺部病情逐渐加重，无法继续工作的情况下组织决定让他去青海省驻西安市第一干休所治病疗养。

2015年，85岁的宽卓太自知时间不多了。“要在头脑清醒时留下遗嘱”，这是他写遗嘱时对委托人的话。一份手写的遗嘱，语句不怎么流畅、字迹也有些歪歪扭扭，但是对于宽卓太来说，这就是他离世前的最后心愿，将自己全部的财产511799.05元捐赠给母校——刚察县泉吉乡民族寄宿制完全小学。

（青海省文明办供稿）

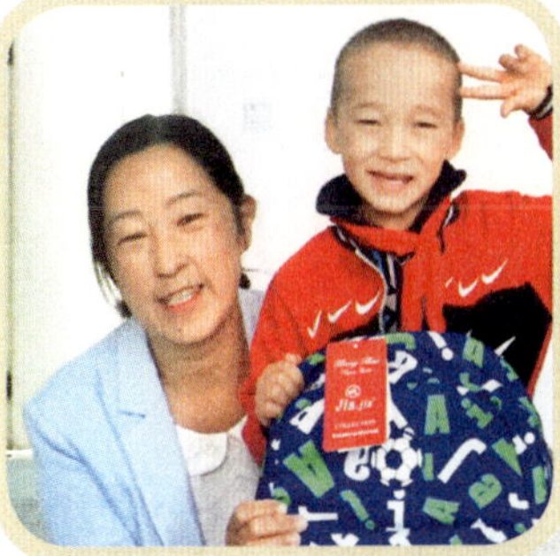

郭静英

“郭妈妈”用爱为特殊孩子撑起一片蓝天

「助人为乐」

人物故事

郭静英，女，1976年生，新疆维吾尔自治区库车市特殊教育学校校长。2017年获新疆维吾尔自治区“最美新疆人”荣誉称号。

2013年9月郭静英就任特殊教育学校校长，当时整个学校只有5名老师和8名特殊学生。如今学校教育教学设施日趋完善，管理逐步规范，学生已发展至目前的117人，周边县（市）的一些家长也慕名将自己的孩子送到这里来。郭静英把学校的特殊学生当作自己的孩子，把对他们的关爱全部默默熔铸于自己的三尺讲台。除了教学，孩子们的衣食住行、吃喝拉撒她都悉心照顾，孩子们都亲切地叫她“郭妈妈”。作为学校校长，她也把年轻教师当作自己的“大孩子”，受郭校长的影响，学校没有一个老师因为环境艰苦和教学困难而离开。

不少志愿者和爱心人士听说郭静英的事迹后，主动到特殊教育学校开展送温暖、献爱心活动，大家都说“关爱特殊孩子，不能光是特殊教育工作者的事”。

（新疆维吾尔自治区文明办供稿）

常胜利

挽救生命　危急关头和时间赛跑

「见义勇为」

人物故事

常胜利，男，1953 年生，北京市石景山区鲁谷街道重兴园社区居民。2018 年获北京市“见义勇为”荣誉证书、“见义勇为”荣誉奖牌。

2018 年 4 月 7 日中午 1 点左右，常胜利在路边远远看见一辆白色轿车由南向北行驶，突然一下子撞到马路中央的隔离带上，翻滚几圈后底朝天停在了马路中央。目睹了这一切的常胜利心里先是“咯噔”一下，随即迅速冲向了事故现场。被撞倒的隔离带和碎了一地的挡风玻璃，更是让他的心揪成一团。他满脑子想的是：司机怎么样了？

当时司机的胸口顶在方向盘上，脑袋上已经鼓起了一个大大的包，常胜利没顾上多想：“先把人拉出来再说！”费了很大的劲，他才将司机拖出来，所幸司机神志还算清醒，常胜利长舒了一口气。随后，常胜利再次钻到车里，从碎玻璃碴中找到司机的手机和眼镜，然后协助司机报了警。

（北京市文明办供稿）

刘树军

救死救急行善举　医德高尚暖人心

「见义勇为」

人物故事

刘树军，男，1980 年生，黑龙江省海伦市二轻医院消化内科医生。

2018 年 8 月 21 日晚 10 点左右，在海伦市十字街路口，一辆路虎车与一辆出租车发生相撞事故，导致出租车司机严重受伤，情况十分危急。此时，刚好下班途中经过的一位市民看到这一幕后，来不及犹豫和思考，立即下车检查伤者情况，紧接着协助报警并拨打 120 求救，由于急救车到现场需要一定时间和路程，伤员头部流血不止，情况不容乐观，这位好心的市民及时为伤员做了紧急心肺复苏，正值初秋，天还下着雨，但这位好心市民一直冒着雨等到急救车到达现场才悄无声息地离开。伤者家属几经辗转、四处寻找这位见义勇为的好心人，在寻找一周后，有人告知这位好心人是海伦市二轻医院的刘树军医生。伤者家属专程将绣有“救死救急暖人心、医术精湛献爱心”的锦旗送到好心人所在医院，并当面表示感谢。

（黑龙江省文明办供稿）

吴邮邮

以身顶住三轮车救下 1 名老人和 3 名儿童的“顶车姐”

「见义勇为」

人物故事

吴邮邮，女，1990 年生，江苏省宿迁市泗洪县人。

2019 年 3 月 15 日下午 5 点左右，一辆电动三轮车在桥面上坡过程中因动力不足，发生倒滑，就在快要滑入河道的紧急关头，正好路过的吴邮邮奋不顾身、冲上前去，用肩膀扛住三轮车，但由于惯性太大，她被三轮车带倒在地，车从她身上碾压过去，她死死抓住车子边缘直到它缓慢停下，救下了车上 4 人（3 名未成年的儿童和 1 名老人）。附近的村民和接送孩子的家长看到这一幕，都赶紧跑过来，将车上惊魂未定的 3 个孩子从车上接下来。大伙又一齐用力，将三轮车抬开，救出了被压在车下的吴邮邮，把她抬到了路边，并拨打了 120 急救电话。吴邮邮被送到医院后，被诊断为左胫腓骨中下段粉碎性骨折。

吴邮邮的行为被路口的监控记录下来，在网上一经传播，迅速引起新华网、人民日报微信公众号、共青团中央官方微博、江苏新时空等媒体关注报道，吴邮邮也被网友亲切地称为“顶车姐”，受到宿迁市见义勇为基金会嘉奖。

（江苏省文明办供稿）

朱恺杰

武警战士不顾自身安危奋勇救战友

「见义勇为」

人物故事

朱恺杰，男，1991 年生，生前系浙江边防总队宁波支队一市边防派出所，武警中尉警衔。

公安部授予他烈士称号，浙江公安边防总队为其追记个人二等功。

2018 年 8 月 1 日 11 时，杭州湾新区气垫船码头到底外面滩涂发现一具尸体。朱恺杰和战友冯锋等人迅速赶到现场。当时天气非常热，40 多摄氏度的地表温度已使得滩涂湿地变得干涸、硬化，头顶太阳炙烤、脚下水汽蒸腾，朱恺杰等人很快出现了体力下降、脱水等状况，但为了保护证据，他们仍然坚持将尸体抬上岸。原先可以顺利通过的一道宽约 20 米的干涸海沟，因涨潮已经积满了海水，必须靠游泳才能通过。

朱恺杰让水性较弱的冯锋先游过去，自己跟在后面，他发现冯锋游到一半左右身体开始往下沉，朱恺杰见状立即游了上去，不顾自身安危，抓住冯峰的后背，用尽全力把他往前面推，推向安全方向……最终，朱恺杰未能脱离险境，因体力不支陷入了滩涂，被海沟里无情的潮水吞没，壮烈牺牲。

（浙江省文明办供稿）

林国辉

“凡人英雄”勇救落水少年 彰显人间真善美

「见义勇为」

人物故事

林国辉，男，1979年生，福建省莆田市仙游县度尾镇后埔村村民。

2018年8月30日下午，受暴雨天气影响，仙游县度尾镇石牌兜街上的排洪沟排水不畅，9岁男孩小明不慎掉入小巷旁边的泄洪洞水渠里，瞬时就被急流冲走，直冲进前方1米多远的泄洪洞。小明的哥哥惊恐地站在路中求救，情况十分危急。刚好开车路过的林国辉目睹这惊险一幕，立即停车救人。因多日暴雨，河水暴涨，水流湍急，林国辉刚游到河中间，就看到男孩被洪水从暗渠中冲出泄洪口，他眼疾手快，拦腰截住男孩，一边抱着孩子，一边游向岸边。此时，获救的落水男孩已失去意识，脸色苍白，嘴唇发紫，腹部隆起，林国辉立即给孩子做急救措施，不一会儿，男孩终于张口并吐出几口水，慢慢苏醒过来。

（福建省文明办供稿）

贺海德

“90后”教师湖中勇救落水女童 用行动诠释师者之道

「见义勇为」

人物故事

贺海德，男，1990年生，江西省萍乡市莲花县坪里中心小学教师。

2019年3月10日，坪里中心小学部分教师相约到六市海潭村郊游。当天中午，莲花县百姓大舞台的一位女工作人员带着几个孩子正在湖边拍照玩耍，因一时疏忽，一个4岁的小女孩不慎失足落入湖中，而大人却忙于拍照并未察觉。在湖边休憩的贺海德同事周老师看到湖中有一个白色物体，仔细一看竟然是个孩子，赶紧大声呼救。由于旁边没有可用的施救器具，无法判断湖水的深度，孩子已面朝湖底，一动不动，情况十分危急。听到呼救声的贺海德赶紧冲向事发地点，顾不上多想，他把手机一抛，只脱下一件外套便纵身跳进冰冷的湖水中，找到孩子并双手托举起来。在同事的协助下，贺海德奋力把孩子推上了岸。孩子上岸后，贺海德顾不得把湿衣服脱下，又对孩子进行了急救。经过紧张的施救，孩子最终脱离了危险。

（江西省文明办供稿）

李守发

六旬老汉三度入水 勇救4名落水者

「见义勇为」

人物故事

李守发，男，1953年生，河南省信阳市平桥区平昌关镇灌塘村灌塘东队村民。

2018年7月3日晚7时许，吃过晚饭的李守发路过村头的水塘时，突然听到妇女和小孩的呼救声，他到了出事地点一看，两名大人和两名孩子正在水中挣扎。李守发赶忙脱掉衣服，跳入水里。他先游到距离自己最近的一名孩子旁，将他送到岸边。随后，李守发又游到落水的中年妇女身边，与闻讯而来的乡亲们合力将她救起。水塘里还有1名孩子和1名大人，乡亲们又大都是老人，不会游泳。李守发便在体力不支的情况下第三次入水，使出浑身的力气，将另外一名孩子救出。最后在乡亲们的帮助下，他又将落水老人救上岸，可惜由于落水时间太长，老人不幸溺亡。

由于在水里时间较长，晚上池塘的水温也比较低，李守发回家后，就患上了重感冒，休养1个多月才渐渐康复。李守发救人的事迹先后被新华网、搜狐网、腾讯网、大河网等媒体宣传报道，获近800万网友关注和点赞。

（河南省文明办供稿）

苏金标

消防员回家路上勇救溺水群众 10年奔赴火场1400多次

「见义勇为」

人物故事

苏金标，男，1986年生，广东省广州市黄埔区永和消防救援站消防队员。2018年被评为“广东好人”。

2018年5月14日19时左右，苏金标驾车回家，路过黄埔区一处钓鱼场鱼塘时，突然听见了一声巨响，敏感的他立即觉察出这是落水声，当即停车往鱼塘跑去。他一边跑一边脱衣服，随即跳进水里往车的方向游过去。

苏金标首先协助后排座位上的3人和副驾驶上的1名乘客顺利逃生，但驾驶员因安全带无法解开难以脱身，而车辆已完全被水淹没。紧急时刻，苏金标大声呼喊被救的4名乘客和岸边群众帮忙，指挥他们调整车辆位置争取救援时间，在找来剪刀后，他再次潜入水中剪断安全带将司机拖上岸。这时司机已没有呼吸和心跳，苏金标迅速对其进行心肺复苏，最终成功挽救了司机的生命。

自2008年成为消防员，苏金标共参与社会消防培训1200余次，参加灭火救援1400余次，抢救被困人员260余人，疏散被困人员780余人，抢救财产价值约6000万元，他用实际行动践行了“人民消防为人民”的铮铮誓言。

（广东省文明办供稿）

黄广林

锲而不舍搜救迷失幼儿 与时间赛跑创造生命奇迹

「见义勇为」

人物故事

黄广林，男，1962年生，广西壮族自治区玉林市容县电力有限公司石剑电站渠道管水员。

2018年8月28日下午，玉林市容县石头镇水口村村民陈某某向镇上派出所报警，称自己18个月大的小女儿在8月27日下午在家附近的山里失踪了。民警、乡镇村委干部及闻讯后同自发赶来的群众一道展开地毯式搜寻。8月28日晚，黄广林获悉后也加入搜救队伍。当地公安机关增派了无人机、网络设备和警犬，但依然没有找到小女孩的一丝线索。8月30日，小女孩失踪将近3天了，搜救72小时黄金时间马上就要过去。牵挂着小女孩的安危，黄广林不顾前天搜寻到深夜的劳累。8月31日，黄广林起得比前一天更早，穿上雨靴，腰里别上柴刀就出门了。一路上，他专心搜寻，突然听到荒草中传来“吱吱”声，他脑海里只有一个念头，希望这是生命的奇迹，他一边顺着声音搜寻，一边打电话叫村民帮忙。终于，他们发现了奄奄一息的小女孩！小女孩被送往石头镇中心卫生院急救后立即送往县人民医院抢救，终于得以脱险。

（广西壮族自治区文明办供稿）

张宗洪

路见危难伸援手　血性担当显大义

「见义勇为」

人物故事

张宗洪，男，1973年生，四川省德阳市旌阳区孝泉镇高桥村支部委员。

在熟悉张宗洪的人眼中，他是个热心肠的人，总能救人于危难、施人以援手。2017年6月13日21时左右，犯罪嫌疑人王举在德阳市人民医院急诊科门口撬盗电瓶车锁行窃，被市民马军发现并举报，王举恼羞成怒，冲进市医院急诊科对面大排档厨房抓起一把菜刀，气势汹汹高举着菜刀冲进急诊科，声称要砍死马军。此时，张宗洪正在急诊科陪老岳父就诊，看见犯罪嫌疑人王举手提菜刀从他身边经过，张宗洪临危不乱，趁嫌疑人擦身而过之机，一拳将王举手中的菜刀打掉，并把王举摁倒在地，市医院保安随后与张宗洪一起将犯罪嫌疑人王举制伏，制止了一起恶性事件的发生。

（四川省文明办供稿）

陆远全

警务助理路遇车祸 出手相救见真情

「见义勇为」

人物故事

陆远全，男，1975 年生，贵州省贵阳市息烽县养龙司镇高坡村警务助理。2019 年获“贵州好人”荣誉称号。

2018 年 7 月 28 日凌晨 1 点左右，陆远全在夜巡回家途中，发现一辆轿车四轮朝天，仰翻在村民的菜地里。他凑近一看，车窗玻璃碎得满地都是，驾驶员双腿卡在变形的方向盘下，脸色苍白，呼吸困难，胸前血迹斑斑。

陆远全冲着驾驶员喊了几声，在确认驾驶员还有意识后，他试图将其从车内救出来，但尝试多次都没有成功。营救无果，他又将着力点转移到肩上，用力顶住车身，让驾驶员可以畅通呼吸。同时，他掏出手机拨通村民电话请求救援，并拨打了 120 急救电话。在全力顶着车身等待救援过程中，他用敲击的方式了解驾驶员的意识状况，时刻确认得到伤者的回应。听着受伤的驾驶员有微弱动静，他没有一丝松懈，拼命抬高车辆，鼓励驾驶员保持清醒，安抚情绪。1 点半左右，10 多个村民陆续赶到现场，在大家的共同努力下，成功将压在车下的驾驶员救出，并及时送往医院抢救。

（贵州省文明办供稿）

吕庆才

六旬老汉冒着严寒勇救落水者

「见义勇为」

人物故事

吕庆才，男，1958 年生，云南省宣威市热水镇述迤村农民。

2019 年 1 月 19 日下午，吕庆才和家人在家门前的公路边售卖猪肉。突然传来疾厉的呼救声：“快来救命啊！有辆车掉落水里了！”

吕庆才扔掉手中的刀具，朝着塘坝飞奔过去。塘坝里，一辆车子正缓缓下沉，这个塘坝有数米深，塘底布满淤泥。吕庆才扔掉外衣，跳入水中救人。冰水刺骨，他本能地快速挥动双臂，朝着小女孩奋力游去。经过艰难的搜救，他终于揪住小女孩浮出水面，挣扎着朝塘坝埂边游。通过众人相助，把落水女孩救上了岸。

紧接着吕庆才把绳索往身上一拴，转身朝塘坝中央落水妇女游去。在众人帮助下，落水妇女也很快被拖上岸，中年男子最终也从塘底捞上岸，却已经没了呼吸。全身冻紫冻僵的吕文才慢慢缓过神来后，嘴里念叨：“没有把 3 条生命都救活，不完整啊。”

（云南省文明办供稿）

郭全营

煤矿矿长车祸现场伸援手 谱写向善大爱之歌

「见义勇为」

人物故事

郭全营，男，1965 年生，陕西陕煤铜川矿业公司副总经理。

2017 年 10 月 15 日，郭全营由铜川返矿上班，驾车行至周陵至红土镇的一个大下坡急弯路段时，路遇 4 名发生车祸的青年，其中一名女孩双手双腿全是玻璃碴和血，情况十分危急。看到这种情况，郭全营立刻让伤势较重的 3 名青年上了自己的车，并嘱咐伤势较轻的青年迅速拨打报警电话，将急转弯处的事故车辆拖走，避免主干道上来往不息的车辆再次发生车祸。随即，将伤者送至铜川矿务局医院。在前往医院途中等红绿灯的间隙，他积极联系医院，为伤者争取治疗时间。一路上，郭全营害怕受伤女孩昏迷，担心她内脏受损，不时叮嘱她身边的朋友，要和女孩说话，不能让她睡着，经过矿务局中心医院的紧急手术处理后，郭全营询问医生得知女孩伤情已经稳定，便悄然离去。

（陕西省文明办供稿）

靳春旺

好路人不顾个人安危 起火车中救出一家三口

「见义勇为」

人物故事

靳春旺，男，1983 年生，甘肃蓝新华工科技有限公司经理。荣获“第六届甘肃省道德模范”称号。

2017 年 8 月 7 日晚上 7 时，张先生因父亲急病，高速公路上行至静宁县城西时车辆突然撞上护栏，飞起落下，瞬间着火，车内一家四口危在旦夕。恰在此时，靳春旺目睹了事故发生的全过程。他迅速靠边停车，打开双闪，下车朝着事故车辆飞奔过去。冲到侧翻车旁后，靳春旺发现车上火势正猛，什么都看不清，主驾驶一侧根本无法靠近，他一把拉开副驾驶车门，连拖带拽将被惊得不知所措的司机救出。来不及多思考，靳春旺用力拉扯后门，最终将车门拉开了 40 多厘米，救出了车主妻子和一个 3 岁多的孩子。车主妻子说 7 岁的大儿子还在车上，可大火已经将车辆吞噬，车内孩子无法救出。

整个救人过程前后只有 1 分多钟，靳春旺救人的同时，他的妻子靳艳艳赶忙拨通了 120 急救电话。随后，几辆路过车辆司机也伸出了援助之手。

（甘肃省文明办供稿）

杨洪彦

自手起家铸就创业梦想

「诚实守信」

人物故事

杨洪彦，女，1989年生，黑龙江省齐齐哈尔市富裕县富路镇居民。2019年入选“龙江好人榜”。

2007年，活泼开朗的杨洪彦嫁给忠厚老实的杨文海。婚后小两口筹钱外出经营，常常遇到资金周转不开的情况，夫妻俩宁可自己喝凉水啃馒头，也从不拖欠农民的钱款。几年下来，杨洪彦的诚实守信获得了周边村民的认可，在哈尔滨生活的妹妹向洪彦介绍了一个商机：做微商。就这样，他们又开始了新的事业。

洪彦在学中干、干中学，业务越来越熟练，客户们也为她的诚信所打动。4年下来，她的创业平台从最初的几十人到如今的几百人，夫妻俩小有积蓄，日子也越来越红火了。在积累人脉、增加收入的同时，她还带动了村里的年轻人和她一起创业，用互联网搭起了一条脱贫路。

（黑龙江省文明办供稿）

赵春阳

要做就做世界品牌的瓷器大王

「诚实守信」

人物故事

赵春阳，男，1968年生，上海市玛戈隆特骨瓷（上海）有限公司董事长。

多年前，赵春阳是一家瓷器经销企业的仓库搬运工，后来，这个搬运工从送货员、销售员，做到销售副总经理。世纪之交，他有了自己的公司。

2001年上海APEC峰会前，赵春阳参加了一次瓷器展会，获得了竞标APEC会议瓷器供应商的机会。镶铂金边、内扣一圈绿色细线的极简尊贵设计“泰富铂金”随后顺利亮相上海APEC，获得了有关领导人“有品质、有设计、有创意”的赞誉。

此后，“玛戈隆特”又先后成为2006年上合组织峰会、2008年北京奥运会、2010年上海世博会等重要国事专用餐具供应商。2014年“玛戈隆特”承办了上海亚信峰会、南京青奥会、北京APEC三大国宴餐瓷的设计制作。

国宴专用的标签，让赵春阳开始了新一轮思考。在G20杭州峰会“西湖盛宴”和进博会“玉兰花开·石库门”两大系列精彩呈现的同时，赵春阳领悟到，国宴级别的瓷器正是“人民群众对美好生活的向往”之体现。

（上海市文明办供稿）

林金仁

一句承诺　一份责任　一生坚守

「诚实守信」

人物故事

林金仁，男，1956年生，浙江省绍兴市新昌县镜岭镇外婆坑村党支部书记。

1990年，林金仁被村民推选为外婆坑村委主任。1991年，林金仁提议修一条环山公路。1992年8月18日，外婆坑这条创业致富路全线竣工，自此，村民告别了“肩扛手提爬山越岭”的时代。

路修好后，林金仁确立发展名优茶生产的思路。他发动村民两个月内开辟荒山200亩，从外地引进10万株名优茶，免费送给村民种。2003年5月，村里成立新昌县首家外婆坑有机茶合作社。全村茶叶面积由1991年的96亩增加到目前的1500亩（其中白茶200亩），人均收入由先前的96元增加到目前的3.56万元，茶叶总产值由原来的4万元增加到目前的565万元。

路通了，口袋里钱有了，林书记又利用外婆坑村得天独厚的优势，做起了乡村旅游。2010年5月正式迎接游客，截至2019年年底，累计接待游客90万人次，仅2019年就接待游客19万人次，营业收入1350万，极大带动了村民致富。

（浙江省文明办供稿）

钟振华

一诚入瓷　唯信立人

「诚实守信」

人物故事

钟振华，男，1978年生，江西省景德镇市青少年校外活动中心副主任。

2003年，一客户预订了钟振华50件陶瓷作品，双方说好分两年拿清。在取走30件后，对方再无音讯。到2014年，对方突然联系钟振华，钟振华在其作品已上涨6倍的情况下，依然将20件作品补齐。

2013年，一位张姓陶瓷爱好者看中钟振华一件半成品，并付了一半订金。这件作品后来获全国金奖，现场被一位收藏家看中，愿意以高出几倍的价格收藏。钟振华得到张先生同意后卖掉，重画了一件给张先生，并在扣除余款后将多出的销售款转给张先生。

2018年，钟振华组织20余位青年陶艺家赴新马泰开展陶瓷文化推广活动。在当地和某企业商量，各承担一半费用资助10名马来西亚学生来中国参加为期7天的文化研学之旅。但活动前该企业因资金问题临时退出，钟振华想到那10位优中选优的学生对中国研学之行的期盼，决定个人承担此次研学之旅的所有费用，并将原先预定7天延长至11天。

（江西省文明办供稿）

唐绍龙

儿子患病拾金不昧 奏响父爱最强音

「诚实守信」

人物故事

唐绍龙，男，1979 年生，山东省济宁市泗水县泉林镇临湖村村民。

唐绍龙与妻子是再婚重组家庭，儿子唐一轩的诞生让一家人的生活更加温馨甜蜜。2018 年夏天儿子唐一轩被确诊为一种罕见的血液病——嗜血细胞综合征。经过多个疗程的化疗，医生最终制定了挽救性方案——骨髓移植。经过配型检查，父子俩有 6 个点的相合度。只要进行移植手术，儿子的病就能得到救治。得知消息的唐绍龙既激动又难过，他攒下的 1 万多元早已用尽，几个月来孩子化疗的 20 余万元费用也已借遍亲友，如今若想让儿子进舱移植，还至少需要 50 万元。

2019 年 3 月 22 日中午，唐绍龙途经一停车场时，发现地上有一个黑色手包，检查后发现包内有约 2 万元现金、数张银行卡、网银盾及驾驶证等各种证件。面对儿子的巨额骨髓移植费用和眼前这个装有现金的手包，唐绍龙没有丝毫的犹豫，通过包内的名片联系上了失主丁翊龙，将手包完整归还。

（山东省文明办供稿）

陈金华

30 年诚信经营珠宝店 连续数年零投诉

「诚实守信」

人物故事

陈金华，男，1973 年生，湖南省长沙市望城金店负责人。2016 年获“全国先进个体工商户”。

17 岁时，陈金华前往俄罗斯西伯利亚闯荡。两年后，陈金华回国，只身一人来到望城求职，凭借自己坚韧、勤勉和不怕吃苦的精神，成功在望城人民银行金店担任珠宝设计师和锻造师，热忱的服务、精巧的手艺让他在当地的珠宝行业小有名气。在生意场上，陈金华敢想敢做，运筹帷幄。多年来他一直秉承着质量求生存、信誉求发展、创新无止境的经营理念。为了保证金货的成色与款式，公司长期与有信誉的国际品牌合作；在进货渠道上，确保件件饰品都货真价实，跟得上潮流；在销售服务上，他要求员工始终把诚信记在心上，诚恳待客。

本着这样的经营之道，望城金店生意蒸蒸日上，陈金华把一个名不见经传的小金店发展成如今望城区规模最大、信誉最好的珠宝首饰购物商场，营业面积渐渐扩展到 400 平方米，迅速成长为望城黄金珠宝行业的领头羊，连续 10 多年零投诉的佳绩，解决了上百人的就业问题。

（湖南省文明办供稿）

耿兴利

以诚信立品牌　用爱心回报社会

「诚实守信」

人物故事

耿兴利，男，1949年生，陕西省永寿县绿宇农业农民专业合作社社长。

2013年，耿兴利在永寿县涉农部门和渠子镇党委、政府的支持下，联合9家合作社，组建了渠子镇新农业综合产业园，以种植开发黑小麦、香谷米等为主，大力发展特色农业。

目前，他在中国互联网上有“永寿四宝”等10多个产品销售，产业园被授予陕西省“诚信质量品牌推荐单位”。在产业园取得了一定经济效益的同时，他没有忘记履行自己的社会责任，积极帮扶渠子镇车村27户贫困户每户年增收5000至3万元，被乡亲们亲切地称为“能人”“新农民”。信立天下，诚铸未来。虽然年过古稀，但谈及未来，耿兴利充满信心，只要以诚待人，以信交友，为消费者做良心产品，就没有办不好的合作社，干不好的事业。他的事迹被省市多家媒体宣传报道，先后被授予“全国科普惠农兴村带头人”“陕西农村百杰优秀人才”“陕西果业生产一线专家”“咸阳市优秀拔尖人才”等称号。

（陕西省文明办供稿）

赵　伟

36项电力创新成果铸就“金牌工人”

「敬业奉献」

人物故事

赵伟，女，1965年生，国网石家庄供电公司大客户经理班长。先后获得“全国五一劳动奖章”、河北省“金牌工人”、国网公司“劳动模范”等荣誉。

赵伟带领团队自主研发了“掌上业扩工作室”，让业扩报装流程减少了5个环节，供电方案答复时限缩短了5天，工作效率提高了28%，此项创新成果获得了全国电力技术创新一等奖和国网公司青创赛金奖。2014年，成立擘达劳模创新工作室，截至目前，工作室已研究开发居民小区负荷计算标准化等创新成果36项，均已推广应用。

最初，业扩报装工作信息化水平相对落后，赵伟和同事们长年累月地泡在各个施工现场，全市28个城中村改造，每个改造项目的用电情况，赵伟都记在脑子里。

在赵伟身上，看到的永远是正能量。1993年至今，班组先后有20余名一线员工走上了管理及专业技术岗位，班组先后被评为全国五一巾帼标兵岗、国网河北省电力有限公司一流班组、国网河北省电力公司营销工作先进集体等多项荣誉称号。

（河北省文明办供稿）

刘建平

困境中谋发展　荒山里创大业

「敬业奉献」

人物故事

刘建平，男，1974年生，山西省平定县岔口乡甘泉井村党支部书记、村委会主任。先后获得“全国劳模”“全国农村青年创业致富带头人”“山西省优秀共产党员”等荣誉称号。

多年来，刘建平组织村民自愿捐款修建了通村硬化路，解决了行路难的问题。他带头发展特色农业，种植了500亩核桃、建设了日光温室大棚200亩，建起了50亩樱桃采摘园，发展了西红柿深加工工厂和年存栏16万只全自动蛋鸡养鸡场，实现了集体产业链延伸融合。

刘建平下大力气整治村容村貌，拆建改造破旧房屋，对村内巷道、村庄四周进行绿化、硬化、亮化、气化、净化、美化改造。他组织干部群众义务植树60余万株，植树造林面积累计超过6000亩，村庄绿化率达到80%。新建5000平方米的新时代文明实践广场和村级活动场所，设立农民书屋和老年日间照料中心，组建文艺队，全村免费安装数字电视，办理局域网。村干部和党员们代理办理村民们的养老保险、合作医疗手续等，真正惠及方便人民群众。

（山西省文明办供稿）

白雄宇

流动的岗哨　不变的初心

「敬业奉献」

人物故事

白雄宇，男，1990年生，内蒙古自治区呼和浩特交管支队新城区大队一中队交警。2017年获内蒙古自治区成立70周年大庆“安保先进工作者”荣誉称号，2018年入选“内蒙古自治区好人榜”。

这些年来，白雄宇先后救助遇险车辆1900多台次、救助危难群众1000余人、查处交通违章5000余起，处理交通事故纠纷2000余起，累计查获酒驾500余人，毒驾10余起，处理突发火灾、路面紧急意外80余起。

2014年1月，白雄宇正在辖区查岗，突然听到一位妇女歇斯底里的求助声。循声望去，一名年轻男子正慌忙逃窜，白雄宇迅速驱车追赶。慌忙中歹徒跑进死胡同，掏出了凶器。白雄宇赤手空拳与歹徒殊死搏斗近20分钟，随后同事收到险情通报及时赶来，大家共同将歹徒制伏。2015年4月，白雄宇接到报警，有一名女士爬上鼓楼立交桥欲跳桥轻生。他迅速赶到现场，镇定地走向该轻生女子与其对话，并借助雨势慢慢靠近该女子，就在千钧一发之际，他不顾个人安危，瞬间拉住女子手臂成功挽回其生命。

（内蒙古自治区文明办供稿）

刘春宝
“四搭书记”富而思报助身边人

「敬业奉献」

人物故事

刘春宝，男，1964年生，吉林省工商联装饰材料行业商会会长兼党总支书记。

为了商会的运营，他搭时间、搭精力、搭金钱、搭房子，被大家亲切地称为“四搭书记”。他被评为“吉林好人”“吉林省劳动模范”“吉林省最佳经营管理者”“商业服务业标兵”等。

2014年，刘春宝发起成立了吉林省工商联装饰材料行业商会，引领行业企业信息共享，共同发展，他把长春远达大街红星国际广场600多平方米私房，无条件提供商会作为办事机构和活动场所。

刘春宝为近千名会员办理了工会会员优惠服务卡；每年为员工提供一次免费体检；带领员工开展思想政治教育；开展丰富多彩的文体活动。

2008年5月汶川大地震，他主动捐款1万元。平时，他带头为贫困户、贫困学生、留守儿童、孤寡老人等弱势群体捐款捐物，被大家亲切地称为“爱心大使”。

（吉林省文明办供稿）

马家乐
坚守在保护建筑修缮第一线的“老洋房美容师”

「敬业奉献」

人物故事

马家乐，男，1961年生，上海市川北物业有限公司“马师傅便民服务队”队长。

马家乐进入房管行业从事木工维修已经40年，肩负着虹口区四川北路街道辖区内20多万平方米的历史保护建筑的修缮工作，居民都亲切地称呼老马为“老洋房美容师”，也习惯叫他“马师傅”。

2015年，川北物业在辖区弄堂内安装了“马师傅便民服务箱”，建立了“马师傅便民服务队”，马师傅主动在服务箱上留下了自己的手机号。服务队坚持每天开箱，有求必应。

川北物业公司管辖范围内历史保护建筑约21万平方米，多年来服务队坚持守护在保护建筑修缮的第一线。由于保护建筑的修缮模板保存得少之又少，马师傅就通过对比同一整体中损坏部分和剩余完好部分，反复构建修缮模板，寻求修缮最佳的房屋美容方法。通过在日常工作中的日积月累，他已经掌握了不同建筑的修缮模板，面对不同风格的老房子，都能很快拿出最合适的维修方案，让居民们赞不绝口。

（上海市文明办供稿）

汤恒跃　吴　玲

与爱同行　教坛伉俪援藏支教

「敬业奉献」

人物故事

汤恒跃，男，1981年生，江苏省兴化市戴南高级中学教师；吴玲，女，1982年生，江苏省兴化市戴泽初级中学教师。二人系夫妻关系。

2014年秋天，汤恒跃远赴西藏拉萨江苏实验中学任教。在援藏任教期间，他克服恶劣的自然环境以及头痛等生理方面的影响，全身心地投入到教学中。经过一年的努力，汤恒跃所教的两个高一班数学单科成绩在全年级名列前茅，他个人也获得了拉萨市委、市人民政府联合颁发的“优秀援藏教师”称号。

第一个援藏期满后，他选择继续在西藏留任，同时说服妻子吴玲一起援藏支教。支教期间，夫妇俩结合藏区的教学特点，将江苏先进的教学方法嫁接过来，在教学实践中开花结果。吴玲老师执教半学期后，她所带的两个班级在全年级14个班级中，每次考试都稳居第一名和第二名。汤恒跃带领学校教师编制、试用和修改了一套适合藏区使用的人教A版高中数学导学案，他所带的2017届两个班升学率达到98.6%，其中本科率达72.9%，刷新了受援学校的高考纪录。

（江苏省文明办供稿）

周国平

30年村书记“零”薪酬谱写致富经

「敬业奉献」

人物故事

周国平，男，1961年生，江苏省常州市金坛区尧塘街道谢桥村党总支书记、村委会主任。先后被授予“全国劳动模范”“江苏省吴仁宝式优秀村书记”“全省优秀共产党员”等荣誉称号。

1990年以来，周国平带着群众制定谢桥村三个“十年规划”，使谢桥村摘掉了穷帽子，相继获得全国文明村、江苏省级生态村、江苏省水美乡村等称号。截至2018年，谢桥村花木种植面积从100亩扩大到5000多亩，辐射面积4万多亩，农民人均纯收入3.2万元。

为把谢桥村打造成“园艺特色村”，周国平鼓励花木经纪人投资家乡，江苏森农生态科技园、半里休闲观光园、扬州盆景奇石古树基地、新城大树示范基地、兴隆园艺观光园、皇塘庄农民休闲观光园、江苏润泽园艺研发基地等生态园艺项目正加快建设。

当了30年书记，没拿村里一分报酬，周国平的工资至今仍保留在村账面上，获得的各类考核奖励他也分文未取。

（江苏省文明办供稿）

郑青岳

教坛“常青树”40年扎根基层

「敬业奉献」

人物故事

郑青岳，男，1956年生，浙江省玉环市人。获“全国劳动模范”“全国优秀教师”等光荣称号，享受国务院政府特殊津贴。

郑青岳一心扑在教育工作上，他几乎每天晚上都要工作到11点左右，有时甚至清晨四五点钟就起床工作。每逢寒暑假，他就只做两件事，一是远出巡回讲课；二是闭门静心写书。

郑青岳治学严谨，作为一名教研员，培养教师是基本职责，他所带的高中物理教师团队中，被评上省特级教师的就有4位。40年来，他已在各类刊物上发表论文近300篇，出版和即将出版个人专著12本，主编、参编教学辅导书57本，是名副其实的教师的“教师”。

多年来，为了自己钟爱的教育事业，他放弃了很多。28岁那年，他放弃了教育局副局长一职。后来，又先后辞去台州市和玉环市两级的教研室主任一职，婉拒了省教研室和省城高校的邀请。说起原因，他说：“不为别的，就是因为自己喜欢扎根教研一线。”

（浙江省文明办供稿）

于新辰

“90后”工程师坚守深山8年参与保障60多颗卫星发射

「敬业奉献」

人物故事

于新辰，男，1991年生，安徽省亳州市涡阳县人，西昌卫星发射中心工程师、西昌发射场低温动力系统指挥员。2018年获评安徽青年五四奖章。

2011年，于新辰毕业于清华大学航天航空专业，毅然前往大凉山深处的西昌发射场工作，在山沟里一待就是8年。不到4年的时间，他就成为领导和同事口中的“最年轻分系统指挥员”“百科全书”“排障大拿”。

说他是“排障大拿”，是因为他有着“听声检漏”的本领。一方面，为练好气密性检查的基本功，于新辰经常对照图纸反复核对每一个接头状态，以至于后来闭着眼睛都能说出接头的位置和细节，被同事们称为“活图纸”；另一方面，为了能快速发现可能存在的漏点，他在气检过程中常常仔细辨听火箭贮箱和气瓶系统的声音，凭着“听声检漏”的本领，多次排除了故障。

8年来，于新辰参加并圆满完成了包括“嫦娥三号”“嫦娥五号再入返回飞行试验”“风云四号”“北斗三号”等重大任务在内的共计50次、60多颗卫星的航天发射任务。

（安徽省文明办供稿）

曹　杰

专注模具研发二十余载
打破国外技术垄断

「敬业奉献」

人物故事

曹杰，男，1973年生，安徽省铜陵市三佳山田公司技术部经理。先后获全国五一劳动奖章、全国劳动模范、全国示范性劳模和工匠人才创新工作室等荣誉。

曹杰先后主持了多个重大科技专项项目，并主持参与了多项国家行业标准制定工作。其中，在2009年负责的国家重大科技专项“极大规模集成电路制造装备及成套工艺”的子项目——自动塑封压机模具的开发及产业化项目中，他带领团队历时两年，开发出了适合极大规模集成电路产品的自动化封装设备。该项目被业内专家评价为：“对推动我国集成电路产业经济尽快走上创新驱动的发展轨道，提高整体产业技术水平，提升我国电子制造业和装备制造业的创新能力和竞争力具有重要意义。”

在从事集成电路封装模具及设备研发工作的28年间，曹杰带领技术团队顺利完成6项国家、省级科技项目及标准的制定，为打破国外对高端集成电路制造装备与工艺的技术垄断、带动我国相关产业的技术提升和结构调整作出了突出贡献。

（安徽省文明办供稿）

曹　伟

基层民警以生命赴使命
积劳成疾因公殉职

「敬业奉献」

人物故事

曹伟，男，1985年生，生前系安徽省淮南市公安局治安管理支队六大队副大队长。安徽省委追授“安徽省优秀共产党员”称号，安徽省总工会追授安徽省五一劳动奖章，共青团安徽省委追授青年五四奖章，2019年11月追授全国公安系统二级英雄模范。

从警11年来，曹伟参与侦办各类刑事案件500余起，抓获犯罪嫌疑人近千人，先后两次荣立个人三等功，多次受到嘉奖。曹伟不仅承担着案件的办理，同时还肩负着内勤工作以及多个专项行动的联络员，处理大量的信息上报、材料整理等工作。

2019年4月10日晚，曹伟在与市公安局治安管理支队研究涉恶案件案情时感觉身体不适，在大家的劝说下，20时许曹伟回家休息，刚回到家他就昏迷倒地，经抢救无效不幸因公殉职，生命永远定格在33岁。事后，曹伟的战友在其办公桌内发现一份2018年的体检报告和一份未拆封的2017年体检报告，经战友查阅后发现，曹伟在2017年时已经检查出高血压和脑血管功能受损，他顾不上自己的身体，仍然忙于繁重的工作中。

（安徽省文明办供稿）

孟鸣之

“95后”消防员火场冲锋陷阵 突发事故英勇牺牲

「敬业奉献」

人物故事

孟鸣之，男，1996年生，生前任安徽省合肥市肥东消防救援中队四级消防士。先后被应急管理部追授为烈士，消防救援局追记个人一等功，团省委追认安徽省五四青年奖章，省消防救援总队追认他为中国共产党党员，2019年当选“安徽好人”。

2015年9月，孟鸣之从地方入伍。入伍4年，参加灭火救援战斗1500余次。

2019年1月18日2时27分，肥东县一粮油贸易公司谷物烘干机发生火灾，接到报警之后，肥东中队14名指战员立即赶赴火场。3时30分许，烘干机外部明火被扑灭，内部火势也得到有效控制，但仍在阴燃。正值凌晨时分，由于缺乏人手，公司内部存储的18吨谷物无法及时转移。只能在烘干机顶部架设水枪阵地，从观察口向内射水，加快灭火速度。孟鸣之主动请缨，利用水枪向内部灌水。突然，孟鸣之听到空气呼吸器传来报警声，他的空呼没气了。但他仍抱紧水枪，小心地移动身体，在最佳位置继续打击火点，但不幸从烘干机顶部滑落下来，掉入烘干机内部……年轻的生命永远定格在22岁。

（安徽省文明办供稿）

洪晓春

林场职工请缨奔赴偏远工区 28年携妻护千亩山林

「敬业奉献」

人物故事

洪晓春，男，1969年生，安徽省歙县林业局（桂林国有林场）职工。

1991年，洪晓春从许村林场调到水竹坑林场，新婚才6个月的他作出了让人意想不到的决定：去瓦上管护站。为此，他主动跑到县林业局，当场在办公室写下保证书。

瓦上管护站地形复杂，植被茂密，森林防火压力很大。7000多亩的山场一个来回就是十几公里。饿了，洪晓春就靠在树荫下吃点干粮，渴了，就捧起山泉水。瓦上管护站平均海拔有900米，冬天来得比较早，粮食、日用品都需要提前准备，寒冬有时大雪封山个把月，连吃上干菜、榨菜也很难。组织上根据他的工作表现，曾两次征求他的意见，打算将洪晓春调到场部。可他当场就谢绝了组织的照顾，并且动员妻子黄淑萍也从场部工区调到瓦上管护站，共同在这条件最差的工区坚守护林岗位。

28年来，近万个日日夜夜，在洪晓春夫妇的精心守护下，瓦上管护站从未发生过一起森林火灾，他还与同事一道精心培育了近万株珍稀树种——马褂木（鹅掌楸）、200多亩山核桃、30多亩黄山毛峰茶园，保护了石鸡、杜鹃花等珍稀动植物。

（安徽省文明办供稿）

刘友生

耄耋老党员不忘初心 义务开展青少年革命传统教育

「敬业奉献」

人物故事

刘友生，男，1931年生，江西省吉安市安福县委党校已故离休老干部。

刘友生1949年入伍，1953年加入中国共产党，在地方工作30年。入党60多年，无论是在工作岗位还是离休之后，他始终以一个共产党员的标准严格要求自己。

1987年离休后，刘友生主动参与“五老”报告团，常被邀请去单位和学校上党课和爱国主义教育。离休近32年，他全身心扑在了党的理论宣讲和关心下一代上，70岁的高龄还常常备课至凌晨，撰写近20万字的宣讲稿，参与宣讲1500场次，受益人群达20万人次，资助学生10余人，先后14次受到省、市、县表扬表彰。

弥留之际，88岁的他两次修改遗嘱，从再交10万元党费改成了交15万元，为了支持家乡发展，还特意拿出3万元给农村老家。

（江西省文明办供稿）

张　舜

执着创新的“马达工匠”

「敬业奉献」

人物故事

张舜，男，1981年生，江西省赣州市全南超亚科技有限公司工程师。

他从事微电机（俗称马达）制作10余年，取得了120余项实用新型专利的授权。

2014年，全南超亚科技有限公司新上一个叫“400产品”的项目，这款电机在行业中很少制作，生产过程中一直没法解决该产品空载电流大的问题，不能满足客户要求。在危急关头，张舜主动请缨，他带领团队采取了最笨的方法，去维修不良品，边维修、边思考、边验证。为尽快攻破难关，张舜通宵达旦上网查询相关资料，不厌其烦地在显微镜下对产品反复确认、对比、测试，研究了几种产品改良方案，对这款产品的颈部包括它的厚度重新作了调整，功夫不负有心人，经过200多次的试验，终于攻克了产品组装上的难关。用了三天三夜的时间，解决了在别人看来至少需要几个月才能解决的问题。改进后的U型硅钢片和超薄的硅钢片，比他们之前的产品更节能，它的电流也完全满足了欧美市场的需求。

（江西省文明办供稿）

方白皮

敬老院“女当家”无微不至照顾老人 17 年

「敬业奉献」

人物故事

方白皮，女，1947 年生，江西省德兴市香屯街道杨家湾湖田村退休村支书。

2003 年，香屯敬老院建成投入使用，香屯街道党委政府召开专题会议研究由谁到敬老院“总负责”，最后选定了曾任湖田村党支部书记的方白皮。

2003 年至 2011 年，院里有 11 位孤寡老人，工作人员只有她一人。每天天不亮就起床，打扫卫生、生火做饭、护理老人，忙里忙外。为照顾好这些“老小孩”，春去秋来，方白皮在香屯敬老院已走过 16 年时光，脸上的皱纹越来越深，头上的白发也越来越多。

如今敬老院内生猪满圈，蔬菜满园；院内树木成行，鸟语花香；孤寡老人的宿舍整洁、舒适，并都添置了衣柜、电风扇、取暖器等日常生活用具。敬老院真正成了孤寡老人的“安乐窝”“幸福窝”。

（江西省文明办供稿）

黄莉萍

26 年坚守妇产科岗位 医者仁心守护母婴健康

「敬业奉献」

人物故事

黄莉萍，女，1972 年生，江西省抚州市东乡区人民医院妇产科主任。2018 年获“全国三八红旗手”荣誉称号。

1993 年工作以来，黄莉萍迎来 3000 多个新生儿，实施 1000 多台妇科手术，医疗事故始终保持零纪录。她把自己在实践中摸索出来的经验写成论文，在国家级和省级刊物发表 10 余篇。

2004 年冬天，寒风凛冽，凌晨两点左右，睡梦中的黄莉萍被电话铃声惊醒。她接到王桥镇倪家村产妇求助，二话不说，立即带上出诊箱，冒着倾盆大雨，坐着救护车颠簸了两个小时把产妇接到医院。经检查确诊产妇怀的是三胞胎。黄莉萍当机立断为产妇确定分娩方式，指导产妇屏气用力。虽然一夜无眠，可当看到三胞胎母子免于剖宫产，成功平安顺产，她觉得再苦再累也值得了。

她曾赴北京进修，学习改良经阴道子宫全切术，学成归来后立即开始研究该技术。仅用 1 年就凭借此项目获得抚州市科学技术奖二等奖。

（江西省文明办供稿）

马成东

二十五年坚守　守护乡村教育情怀

「敬业奉献」

人物故事

马成东，男，1970年生，山东省肥城经济开发区过村中学教师。获得“全国优秀教师”“山东省教书育人楷模”“山东好人”等荣誉称号。

2007年，马成东患上左下肢静脉血栓与强直性脊柱炎，两次手术治疗，依然留下了后遗症。2007年第一次手术后，刀口还没拆线，他就要求出院，第二天便义无反顾走上讲台。对待工作，他反复打磨备课到深夜是家常便饭，200多份试卷批阅从不过夜。对待学生，他耐心细致，利用周末时间做家访、补课，帮助厌学的孩子心理疏导。为了不让孩子辍学，他往返学生家20余次，圆了他的升学梦。2009年3月，菏泽老家来电话，称父亲病重，此时正值中考，马成东既挂念父亲又放心不下孩子的学习，只请了3天假回家探望。返校后在批阅试卷时，传来父亲病逝的消息，马成东没有见到父亲最后一面，这成为他一辈子的遗憾。

马成东自1994年毕业便分配到过村中学，从此扎根农村，在乡村教育的路上一走就是25年。

（山东省文明办供稿）

郑结明

好校长8年努力将学校打造成明星学校

「敬业奉献」

人物故事

郑结明，男，1976年生，河南省濮阳县渠村乡第一中学校长。2013年被评为全国基础教育创新型校长，2014年被评为全国优秀教师。

2011年2月，郑结明出任濮阳县渠村乡第一中学校长。任校长8年多来，他一直坚持与学生同吃同住，并利用课余时间带领老师为学校建起了286米的文化墙、600多平方米的学生厕所和400多平方米的学生澡堂，还修建了学校大门、国旗台、篮球场、学生大舞台、学校生态园及劳动实践基地等基础设施。

为了让学生更好地学习知识，他编写了13本、共计70多万字的自我教育校本教材，免费发放给学生使用。他还坚持每天带领全校师生，一起读经典，写日记，反思言行，总结得失。他每年组织200多名学生去北京参加由全国总工会举办、中国职工国际旅行社总社承办的为期一周的“感恩祖国拥抱北京”夏令营活动，从来没有收过学生一分钱。同时，他还帮扶贫困学生高世宇，在他的帮助下，2019年，高世宇顺利考入了清华大学。

（河南省文明供稿）

赵茂红

好老师身患癌症仍坚守三尺讲台

「敬业奉献」

人物故事

赵茂红，男，1962年生，河南省临颍县第二高级中学教师。

2000年年初，赵茂红感到腹部严重不适，不得已入院诊断，诊断结果为结肠癌。躺在病床上，学生是他最大的牵挂。他忍受着手术、化疗带来的折磨，每天坚持用电话与学生们谈心沟通、指导鼓励他们好好学习。一个月后出院时，他的体重由70多公斤降到40多公斤，医生反复叮嘱他至少要休息一年。可他在家只待了一个月，在炎热的8月，又投入到紧张的高三教学中。2013年12月，赵茂红胃部不适的情况越来越严重，最终被确诊为胃癌。经过手术、化疗，赵茂红又一次顽强地战胜了病魔。手术做完不到两个月，赵茂红又投入到教学中，即使在化疗期间，他也从没耽误过一节课。

为了提高学生的学习兴趣，赵茂红潜心研究各种教改方法，精心编制学案、教案，即使是重病期间也从不间断。在历年高考中，赵茂红所带班级一本上线率30%以上，本科上线率80%以上，创造了当地普通高中班级成绩的辉煌。

（河南省文明办供稿）

琚宪庆

“操心支书”10年把“问题村”变成全国文明村镇

「敬业奉献」

人物故事

琚宪庆，男，1970年生，河南省辉县市孟庄镇范屯村党支部书记。

琚宪庆所在的辉县市孟庄镇范屯村，因为村务问题内斗不止，一度成为新乡市有名的“上访村”“问题村”。2008年年底，琚宪庆被村民选举为范屯村村委会主任。2009年，琚宪庆当选范屯村党支部书记。上任伊始，琚宪庆着手解决老百姓关心的问题：修路、更换变压器、架线安装路灯、栽种果树、建游园、安装健身器材。

为了发展经济，琚宪庆带领范屯村“两委”班子和村民们积极整合土地，抓经济、兴三产。2011年，通过招商引资先后投资9000万元兴建顺发创业园区，提供就业岗位500多个，进一步增加了群众收入。为了美化环境，他先后投资10余万元建成文化墙，用图画的形式将国家方针政策、民风民俗、科普知识等展现出来，形成一道亮丽风景线。同时广泛开展形式多样、健康向上的文娱节目和体育活动，丰富群众的精神文化生活。功夫不负有心人，在琚宪庆的带领下，2017年范屯村被评选为第五届全国文明村镇。

（河南省文明办供稿）

谢爱娥

用医者仁心撑起“生命之舟”

「敬业奉献」

人物故事

谢爱娥，女，1970年生，湖北省洪湖市滨湖办事处船头嘴卫生室村医。其个人先后获评全国“最美乡村医生”“全国三八红旗手”“全国劳动模范”等荣誉称号，其家庭获评“全国最美家庭”。

从1992年开始，谢爱娥和丈夫一直坚守在洪湖中心一条不足20平方米的小船上给渔民看病。湖上物资匮乏，生活必需品都要摇桨驾船，走几十里水路从岸上买来。湖上的冬天异常寒冷，夜里不管盖几层被褥，都难以捂出一丝热气，冷得让人无法入睡。在如此恶劣的环境下，夫妻二人相互依靠着熬过了9000多个漫漫长夜。小小的医务室最多的时候一天能接待50多位病人，有些时候还需要划船上门给渔民看病。

25年来，他们接诊病人达3万多人次，出诊3000余次。随着洪湖湿地生态环境保护措施的一一出台，2017年1月起，洪湖禁止任何形式的渔业围网养殖行为。在渔民上岸之后，她依然选择在安置点的卫生所为上岸后的渔民们继续服务。

（湖北省文明办供稿）

史文祥

29年的坚守一线 专注守护群众舌尖上的安全

「敬业奉献」

人物故事

史文祥，男，1970年生，湖北省当阳市市场监督管理局玉泉监管所负责人。2016年获得央广网“食品药品安全守望者”代表人物。

史文祥1991年参加工作，他负责的辖区内连续多年食品药品安全零差错、零发生，被誉为基层人民群众食药安全“守护者”。

2014年，史文祥来到当阳坝陵食品药品监管所。他给自己安排了一份全新的时间表，每日巡查由正常上班时间改为从凌晨3点开始。就这样，患有心脏病的他在每一个消费者看不到、经营者“天天见”的凌晨，独自“加班”，时长已达近3000个小时。

2015年年底，在检查一个小酒坊时他察觉到异样，便果断封存了作坊生产的酒送去检验，并在公安部门的配合下，将该作坊的1000多公斤含有非法添加剂的白酒销毁。

史文祥还是个有名的“黑包公”，碰到想要减轻处罚、说请塞红包的商户，他全部一口回绝。执法虽严，但史文祥更懂得以理服人、以情动人。

（湖北省文明办供稿）

朱文达

献身农业科技事业的老科学家

「敬业奉献」

人物故事

朱文达，男，1938年生，湖北省原农业科学院植保土肥所农药室主任，研究员，享受国务院政府特殊津贴。

朱文达20世纪60年代初从华中农学院毕业后进入湖北省农科院。50多年来，始终奋战在农业科研、生产的第一线，从事棉花、小麦和油菜杂草防治技术研究，大面积进行防控技术试验示范推广，组织技术培训发放技术资料约3236.9万份，发表论文百余篇，出版书籍5本；技术入户率达81.4%，累计推广棉花、小麦、油菜和水稻田化学除草面积1.4亿亩左右，节省人工约2.8亿个，除草效果90%以上，累计新增产值140.91亿元，投入产出比为1∶7.92，增产效果和社会经济效益显著。

2010年夏天，为掌握第一手资料他坚持自己亲自喷洒雾状药剂，尽管采取了防护措施，但还是中毒、中暑昏倒在试验地；2014年10月，朱老亲自带着实习生前往四川彝族高海拔山区进行试验调查和数据采集；他敬业的精神，赢得了行内人士的尊敬，许多试验任务都指名要求他来承担，也得到了原农业部农药检定所的充分肯定。

（湖北省文明办供稿）

张琼琼

特岗教师用篮球托起留守儿童的梦想

「敬业奉献」

人物故事

张琼琼，男，1987年生，湖南省怀化市鹤城区凉亭坳小学篮球教练、特岗教师。

2013年，应聘到鹤城区最边远的一所学校——凉亭坳小学担任体育老师。报到那天，张琼琼看到学校有两个篮球场，但晒满了谷子，没有一个学生打球，他暗暗发誓：要用篮球为孩子们插上一双飞翔的翅膀，让他们绽放光芒、收获理想。但是建立校篮球队需要装备，也要给老师发补贴，而农村学校经费紧张，向学生家长收费又不允许……张琼琼下定决心，不要学校一分钱，也不打学生的主意，资金靠“化缘”解决。为了不给家长增加负担，张琼琼还自掏腰包3000余元，为队员购买球衣、球鞋、小篮球。8名运动员每天训练后洗澡的热水，也全部由张琼琼准备。训练结束后，他还要为队员热饭热菜，以前不曾留意过的琐事，成了他训练过程中很重要的一部分。

2015年7月，他组织的球队就在各级比赛中崭露头角，并在全国比赛中进入八强。他用篮球为山里娃打开了一片新天地，也改变了队员们的人生轨迹。

（湖南省文明办供稿）

唐世国
“最美摆渡叔”35年从江中救起22人

「敬业奉献」

人物故事

唐世国，男，1958年生，湖南省衡阳市祁东县归阳镇下埠头湘江渡口渡工、安全监督签单员。

唐世国26岁开始在渡口摆渡，从事水上生产、摆渡35年，他凭着自己良好的水性和侠肝义胆，从江中救出落水者22人。

1984年7月15日，在下埠头湘江渡口附近洗菜的一名中年妇女不小心滑入了深水区，正在附近水域作业的唐世国纵身跳入滚滚洪流之中……几分钟后，唐世国把妇女救上岸来并立即对她实施人工呼吸，待落水妇女意识渐渐恢复后又火速将其送往医院。这是唐世国第一次水中救人。

1988年正月初三，永州祁阳县黄泥塘镇石兰村湘江渡口发生了翻船事故，40余名乘客落入水中，情况万分危急。正在岳父家拜年的唐世国闻讯赶来，立即加入救援队伍。在寒水中泡了两个多小时的他，共救上7人。

每一次舍己救人后，唐世国总是默不作声，不愿向人提及。直到有一天，一位被救者的家属把他救人的全过程拍了视频，在网上发了出来，他舍己救人的英雄事迹才被人知道。

（湖南省文明办供稿）

李仲均
妇产科男医生从业18年迎接上万小生命

「敬业奉献」

人物故事

李仲均，男，1976年生，广东省东莞市人民医院产科副主任。2016年被评为“广东好人”。

2001年，李仲均成为东莞市人民医院乃至全东莞第一个应届毕业的妇产科男医生，并一下子成为医院的“名人”。他第一次出诊时，一位女患者看到他转身就跑。但对李仲均来说，产科是一个诞生生命、创造奇迹的地方。自走上工作岗位，他就用赤诚之心对待每一位患者。每天工作12个小时是常态，只要一接到急诊电话，他都义无反顾地回到医院。他还建了一个微信群，为患者答疑解惑。现在，他已经成为妇产科里最受欢迎的“明星医生”，有的妈妈怀上二胎后，还特意回来找他接生。

18年来，李仲均迎接了上万个小生命。2016年，一位高龄产妇不仅有合并胎盘植入、子宫不完全破裂、盆腔粘连等多个问题，而且还是一位艾滋病患者。手术不但复杂、难度大，而且风险高。当时接到值班医生的电话后，李仲均晚饭都顾不上吃就赶到手术室，亲自上台做这个手术。最终，用了比平时多一倍的时间，顺利完成手术，婴儿健康出生。

（广东省文明办供稿）

杨天勇

刑侦队长 10 年破案 600 多起

「敬业奉献」

人物故事

杨天勇，男，1983 年生，广西壮族自治区河池市公安局刑事侦查支队副支队长。

2005 年 7 月参加工作以来，杨天勇一直奋战在公安战线上。2019 年 4 月，杨天勇被评为“百年五四 · 广西青年榜样”“全国向上向善好青年”。

杨天勇一直把“群众利益无小事”作为工作的准则，把维护群众的利益作为一切工作的出发点和落脚点，把人民满意作为衡量工作的最高标准，竭尽全力侦破危害群众切身利益的案件，为人民群众的生命财产安全保驾护航。2016 年年关将至时，大化县城区频频发生摩托车、电动车被盗案件，给人民群众带来了极大损失。时任刑侦大队长的杨天勇立即组织大队开展缜密侦查，结合视频导侦等手段，历经 3 个多月的追踪侦查，成功打掉一个流窜于南宁市上林县和河池市巴马、大化、马山、东兰、凤山等地疯狂作案的盗窃摩托车犯罪团伙，为受害群众挽回了经济损失，受到群众的广泛赞誉。

尽管办案经验丰富，但杨天勇从不故步自封，他立足传统的侦查手段，结合运用各种信息化、科技化手段侦破了一起起大要案件。

（广西壮族自治区文明办供稿）

郭友文

执着追求　无私奉献

「敬业奉献」

人物故事

郭友文，男，1963 年生，四川省攀枝花市米易县仙山村党支部书记。2019 年获“四川好人”荣誉称号。

2009 年，郭友文主动垫资 150 万元，动员党员群众筹资 20 万元、投工投劳 2000 余人次，硬化通村道路 11.2 公里。

2014 年，郭友文又组织养殖户成立了米易县盛云养殖专业合作社，主动邀请贫困户加入，按照 10% 的年利率保底分红。2016 年，合作社养殖牛 120 余头，羊 400 余只。郭友文以新村建设为契机，带动 28 户村民（其中贫困户 12 户）发展乡村康养旅游农家乐，抱团发展的扶贫模式保证了群众的稳定收入，也发展壮大了整村集体经济。2016 年仙山村人平均收入超过 3500 元，整村集体经济收入人均超过 20 元，使仙山村在 2016 年年底成功摘掉了“省级贫困村”的帽子。

（四川省文明办供稿）

姜　涛

钳焊班长　大国工匠

「敬业奉献」

人物故事

姜涛，男，1966年生，贵州航天天马机电科技有限公司材料成型部特级技师。2016年获全国五一劳动奖章，2019年获“贵州好人”荣誉称号。

1987年，17岁的姜涛进入航天军工企业，在公司里，姜涛主要从事航天产品的焊接工作，需要将几十甚至上百个零件焊接成大部件。31年来，姜涛从一名普通的电焊工成长为国家级的技能大师，克服了数以百计的焊接难题。原本只有初中文凭的他，获评“全国技术能手”“国防工业最美工人”，享受国务院政府特殊津贴。

2015年9月，长征六号点火升空，成功将20颗卫星送上太空，创造了中国航天一箭多星的纪录。但很多人不知道，长征六号的起竖发射系统是贵州制造，而这套系统从零件到主体焊接，正是出自姜涛和他的团队。为了更好地培养焊接团队，姜涛总结了自己30年的工作经验，编写了《手工电弧焊培训教材》，为航天科工系统所有工人进行学习培训。从航天发射一箭20星到国家多个重大型号装备研制，姜涛用手中的焊枪一次次攻破了国内的技术难关，成了一位名副其实的“大国工匠”。

（贵州省文明办供稿）

侯列琴

用责任和挚爱浇灌祖国花朵的最美女教师

「敬业奉献」

人物故事

侯列琴，女，1971年生，陕西省宝鸡市扶风县扶风高中高三政治教师。

侯列琴，27年来一直坚守在教育教学第一线，连续17年担任班主任工作，其中11年担任毕业班班主任。在教育教学中，她爱岗敬业，善于钻研，甘为人梯，以“勤勤恳恳做事，踏踏实实做人”为自己的座右铭。教学方法上勇于创新，两次获得县级赛教一等奖，两次获得“县级教学能手”称号。生活中的她待人诚恳，为人谦和，具有很强的协作精神和团队意识。

从事教育工作以来，她始终坚持公平公正地对待每个学生，用爱架起了和学生沟通的桥梁。有学生半夜意外昏迷，侯老师不顾家人的阻挡第一时间赶到，并及时送往医院，为救治赢得时间；有学生家庭遭遇不幸，几欲放弃学业，侯老师动员亲戚朋友并带头发起募捐活动帮助学生重返校园；有学生因考试受挫离校出走，侯老师彻夜寻找并与她促膝长谈，最终让学生重拾信心圆了大学梦；对于那些成绩不太理想的学生，侯老师放弃休息时间，给他们“开小灶”，帮助他们从基础做起，掌握学习技巧，树立自信和力量，鼓励他们活出自己的精彩人生。

（陕西省文明办供稿）

顾建兵

“气象夫妻”扎根深山 守望观测站14年零差错

「敬业奉献」

人物故事

顾建兵，男，1977年生，宁夏回族自治区石炭井气象站站长。先后获得“全国质量优秀测报员”、第二届“宁夏好人”、宁夏五四青年奖章等荣誉。

2005年，顾建兵和妻子姚淑萍来到石炭井国家气象观测站（国家4类艰苦台站）工作。他们没有因为工作环境差而影响一份电报的拍发，也未曾漏读过一个观测数据。

2008年起，气象站逐步实现了自动化观测。测报员除了日常观测和发报工作，还要维护自动观测系统的正常运转。顾建兵夫妻俩每天的工作时间从7点至21点，务必按时起床，观测数据，晚上也不能离开，如出现数据异常，需紧急排查网络或电脑故障。

2012年7月13日，突如其来的一场大暴雨迅速席卷了整个石炭井，突破了石炭井国家气象观测站建站以来的历史极值。观测场的地沟里的数据传输线路被淹，顾建兵赶紧带着妻子冒雨将发电机抬到屋里先进行发电，上传气象数据，然后一人拿着水盆，一人拿着铁锹冲到观测场地沟处人工排水。最终气象站的业务没有受到任何影响。

（宁夏回族自治区文明办供稿）

杨会芳

带着父母去上学 书写大孝诗篇

「孝老爱亲」

人物故事

杨会芳，女，1994年生，河北省曲周县幼教特教中心教师。2019年荣获中国青年五四奖章。

杨会芳养母先天性痴呆，生活不能自理。2001年，杨会芳只有6岁，父亲杨荣昌突发脑梗死瘫痪在床。从此，她便开始担负起照顾全家的重担。上小学时，经常带个小袋子，在路边捡一些废纸和饮料瓶，卖点钱买作业本和铅笔。为了能让爹娘吃得好一些，一到星期天就给人家打零工，剥花桃、剥玉米、捡废品，挣些买菜的钱。

18岁时，杨会芳考上了邯郸学院曲周分院学前教育专业。

杨会芳决定带着患病父亲和痴呆的娘上学。她在学校附近租了一个破旧的小院，将父母安顿下来，开始了从学校到住处“两点一线”的生活。早晨6点起床做饭，给父母喂饭喂药后去上学；中午赶回家安顿父母吃饭；晚上回家收拾房间，拆洗衣物，给父母擦身子……尽管时间紧张，但杨会芳成绩在班上一直名列前茅。

（河北省文明办供稿）

金　彦

真心爱人不离不弃
17 年坚守为妻圆梦

「孝老爱亲」

人物故事

金彦，男，1970 年生，江苏省江阴市人。

2003 年，妻子周静被查出患上了脑瘤。金彦义无反顾卖掉了市区的一套商品房，花光了所有的积蓄，终于换回了妻子的生命，尽管手术之后的妻子双目失明、半身瘫痪，还失去了自理能力。为了更好地照顾妻子，金彦结束了市区的服装生意，搬回老家并就近找了份工作，他主动向单位提出多安排夜班，只是为了能在白天全身心地照顾妻小和父母。

17 年里，金彦从未外出过，他成了妻子的眼睛和腿，除了上班，他对妻子寸步不离，还把家务打理得井井有条，长期卧床的妻子身上连一个褥疮都没有过。随着女儿大学毕业，金彦把住了多年的安置房稍微装修了一番，看到结婚时的旧照片，他想起了让妻子穿一次婚纱甚至“走”一次红毯的承诺。当地的爱心人士得知此事后，帮助金彦夫妻筹办了一场百人公益婚纱秀，当周静披着白纱被金彦缓缓推入场时，在场的人都为之动容。

（江苏省文明办供稿）

胡晓萍

好妻子照顾瘫痪丈夫十四载
自主创业带领乡亲脱贫致富

「孝老爱亲」

人物故事

胡晓萍，女，1969 年生，安徽省宣城市泾县榔桥镇河西村人。

2006 年 3 月 27 日，丈夫因从摩托车上摔下来，脑干受伤、不省人事。14 年来，她把照顾丈夫当成幸福的事，把苏醒的丈夫当成孩子教，相依相伴，不离不弃。

生活的艰难让胡晓萍没有退路，只有直面困难，创业撑家。2008 年 6 月，她创办了“河西竹业”。功夫不负有心人，凭借着坚韧不拔、吃苦耐劳的精神，她逐渐开拓出市场，产品远销黑龙江、吉林、辽宁、内蒙古、山东、河南等 20 多个省区市，年产值突破了 2000 万。“河西竹业”越做越大，不仅销售了当地的毛竹，而且解决了许多贫困户的就业问题。

胡晓萍经常参加爱心活动，向困难人群伸出援助之手。泾县爱心休闲群帮助贫困家庭活动，她总是冲在前面，慷慨解囊；黄田敬老院、河西敬老院，她逢年过节必去，看望老人成了她的常态；遇上白血病等急需帮助的人，她毫不犹豫及时捐赠；村里困难群众的冷暖，胡晓萍总是放在心上，抽空看望。

（安徽省文明办供稿）

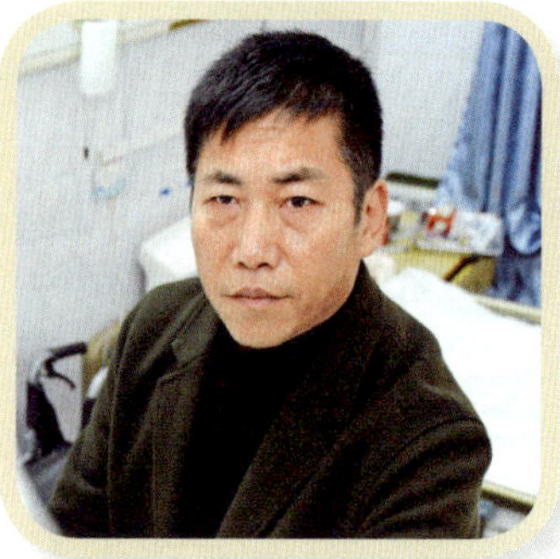

刘小明

孝老无怨无悔　亲情感动你我

「孝老爱亲」

人物故事

刘小明，男，1960年生，福建省福州市于山风景区管理处办公室原主任。

1998年，刘小明的母亲患脑栓塞中风偏瘫，双目失明，他坚持20多年如一日为母亲到医院拿药，再忙再累也从没耽误过。2003年，刘小明的父亲重病在医院抢救，正值福州市申报国家园林城市，刘小明和同事们争分夺秒地做好迎检准备，但不论每天加班到多晚，下班后，他都坚持到医院照顾父亲。

1995年刘小明的妹妹在家中因煤气中毒导致瘫痪，只能通过一根手指发短信与家人交流；2007年年初，哥哥（1999年离异，现已去世）又因患脑梗死截瘫卧床，住在康复医院。家人的病魔、残疾、离婚、下岗、失业、大笔医疗费用给刘小明一家在精神和经济上带来了巨大的打击。

面对家中3个生活不能自理的亲人，刘小明没有过一句抱怨，默默地和妻子扛起了这个家，以博大的爱给予亲人们生活的信心。

（福建省文明办供稿）

杨秀英

平凡生活自有大爱流淌

「孝老爱亲」

人物故事

杨秀英，女，1968年生，山东省寿光市化龙镇北柴东村村民。2019年被评为“山东好人之星”。

杨秀英92岁高龄的婆婆，多年来身体状况一直不好，又因一场大病卧床不起，不仅行动不便，就连大小便也不能自理。杨秀英数十年如一日地陪伴婆婆，像照顾孩子一样，变着样地做老人爱吃的饭菜，照顾老人的生活起居。老人常年卧床，大小便失禁，无论何时老人的衣服被褥全都是干干净净、整整齐齐，没有一丝异味。

十几年前，杨秀英的四弟媳身患癌症，杨秀英每天用三轮车载着弟媳到几十里外的医院去化疗，衣不解带日夜照料，直到弟媳去世。弟媳临终前，将唯一的儿子托付给了杨秀英，十几年间，杨秀英待他如己出。

每当左邻右舍遇到急事，她总是第一个跑去。周围的年轻人上班忙，她知道后经常做好饭给家里的老人送去。慢慢地邻居们也都自发为这些老人送热汤饭、陪老人聊天解闷。

（山东省文明办供稿）

廖　敏

乡村教师 22 年倾其所有照顾三代 7 位亲人

「孝老爱亲」

人物故事

廖敏，女，1972 年生，湖南省郴州市资兴市兴宁镇完小教师。

1991 年廖敏从东江师范毕业后，回到八面山瑶族乡团桥村老家教书。1996 年与乡电站职工李忠平结为夫妻，她的公公婆婆虽有 4 个儿子，但老大早年去世，还有两个在外工作，照顾双亲的重任就落在他们身上。2009 年公公不幸摔伤，髋骨折断，行动很不方便，而丈夫下岗失业后在外打工，婆婆身体又不好，家里买菜做饭、端茶送水、抓药熬药的任务全部落到了她的身上。她无怨无悔，一边工作一边料理家务，无微不至照顾老人生活。2014 年冬，婆婆患上了胰腺癌，不得不住院治疗，她风里来雨里去，买菜做饭奔波在学校与医院之间，给婆婆喂饭喂菜，为她擦身梳头。

廖敏关爱亲人胜过关心自己，面对生活不能自理的伯父、生病患癌的妹妹、幼年失孤的外甥，廖敏出钱出力、倾其所有，每逢节假日大包小包往各家送去衣被和生活费，悉心地照顾着三代亲人。

（湖南省文明办供稿）

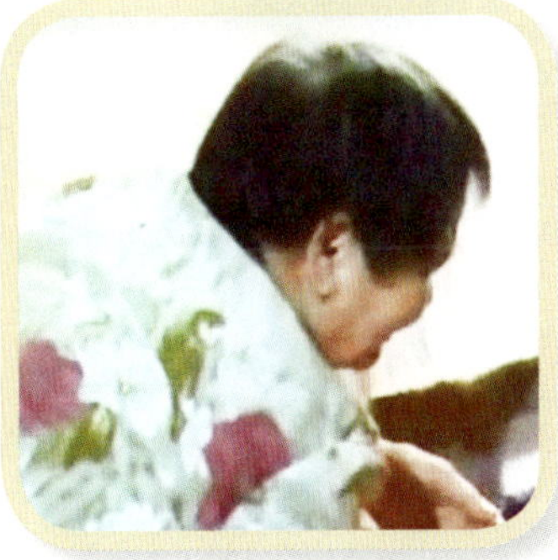

罗秀珍

好妈妈不离不弃悉心照料脑瘫女儿二十五载

「孝老爱亲」

人物故事

罗秀珍，女，1952 年生，广东省肇庆四会市城中街道城南社区居民。2018 年被评为“广东好人”。

1995 年，罗秀珍即将高考的女儿小卢突发了一场高烧，情况十分严重，经过抢救后性命得以保留，但却不幸地患上了脑瘫，从此瘫痪在床上，生活不能自理，这一切给这个原本拮据的家庭带来巨大的打击。

为照顾女儿，罗秀珍辞职了，家里经济陷入了困境，只能依靠丈夫的微薄收入和申请的低保来艰难支撑。那时候，很多邻居都叫她放弃，重新生一个健康的小孩。面对旁人的不理解和冷嘲热讽，罗秀珍不为所动，咬紧牙关，默默坚持着。罗秀珍 20 多年来从未出过一次远门，一直省吃俭用，自己连件像样的衣服都没有。她日复一日给女儿穿衣、洗脸、喂饭，给女儿做全身按摩，还把女儿抱到轮椅上推她到外面转转，防止女儿肌肉萎缩、关节粘连。

从 43 岁到 67 岁，从原本的满头青丝到两鬓斑白，她把母爱诠释得淋漓尽致。

（广东省文明办供稿）

廖爱娟
背负巨债为养女治病

「孝老爱亲」

人物故事

廖爱娟，女，1969年生，广西壮族自治区桂林市秀峰区甲山街道矮山塘村村民。其家庭2017年被评为“广西最美家庭”，2018年荣获“全国最美家庭”称号。

2009年12月12日清晨，廖爱娟路过桂林中心广场时，发现一名弃婴，发现无人认领后，她将孩子抱回了家。廖爱娟与爱人滕林婚后一直没有孩子，两人认真讨论后，决定收养这个女婴，并给孩子取名珊珊。但不幸的是，珊珊被确诊为重度β型地中海贫血患儿。为了照顾女儿，廖爱娟放弃了工作。爱人滕林是矮山塘小学的一名教师，他一人扛起了家庭的经济重担，多次因劳累过度造成胃出血和高血压住进医院，但却始终无怨无悔。为了给孩子治病，廖爱娟夫妇花光了积蓄，抵押了住房，还背上了20万元的债务，廖爱娟的父母、弟弟、弟媳等亲人都加入了这场爱的生命接力中。

如今，廖爱娟夫妇依旧没有放弃治疗的希望，在竭尽所能为珊珊提供完整家庭的同时，廖爱娟夫妇仍在用心寻找着珊珊的亲生父母。“我们希望能找到孩子的亲生父母，找到与珊珊匹配的造血干细胞，让珊珊能摆脱病魔，获得一次新生的机会。”

（广西壮族自治区文明办供稿）

黄　妹
无私黎族姑母　悉心养育侄女

「孝老爱亲」

人物故事

黄妹，女，1978年生，海南省琼中黎族苗族自治县上安乡南流村村民。

黄妹自初中毕业后就到广东打工，经过自己的不懈努力当上了公司部门主管。不幸的是，在2009年其二哥得了一场大病，撒手人寰，几个月后，其嫂子撇下3个侄女（最大的三岁，最小的六个月）改嫁他人。家中70来岁的父亲体弱多病，母亲已过世。权衡之下，黄妹辞去优厚的工作，回到家乡，承担起养育3个小侄女和照顾父亲的责任。

回乡之前，她体重120斤，肤色白嫩。回乡后，她起早贪黑，白天要上山砍柴、种地，晚上不仅要照顾父亲，又要管好小侄女，既当爹又当娘。不到一年体重减到60斤，皮肤黝黑。2012年，年迈的父亲也去世了。

黄妹到了成家的年纪，她对男方的唯一要求是必须把侄女当自己亲闺女一样养育。后来，黄妹找到了另一半，有了自己的女儿，丈夫也信守承诺，一同照顾3个侄女。如今，10年过去了，在黄妹无微不至的照顾下，侄女们慢慢地长大、顺利走进校园。

（海南省文明办供稿）

高美芬

孤寡老人们的“好女儿”

「孝老爱亲」

人物故事

高美芬，女，1972年生，云南省曲靖市会泽县大井镇井田社区砂锅箐下箐小组村民。

1994年1月高美芬到大井镇敬老院工作。高美芬的工作没有节假日，但不管工作怎么忙，她都会抽出时间，陪老人聊天解闷，了解每个老人的生活经历和曾经的家庭情况。

2004年11月6日，患老年痴呆症的李长妹外出，傍晚还没有返回敬老院。高美芬将还在吃奶的5个月大的孩子塞给邻居后就去寻找，找了两个多小时才在山林里找到，原来老人摔伤了腿。她背起老人摸黑赶回院里，买来药膏帮老人擦腿、买来针水给老人消炎，又从家里带来好吃的给老人补身子。在她精心照料下，老人很快康复。

2016年5月，78岁的陈文发老人弥留之际，高美芬昼夜守护在老人身旁。老人去世已是深夜两点，她帮老人擦拭遗体、穿好寿衣，忙到天亮。

（云南省文明办供稿）

郭招宽

好媳妇56年如一日照料丈夫及其残障兄长

「孝老爱亲」

人物故事

郭招宽，女，1945年生，陕西省神木市中鸡镇超害石犁村村民。

1963年，19岁的郭招宽经舅舅介绍和中鸡镇超害石犁村刘元则结了婚。公婆早逝，夫妻二人和其丈夫的两个未成家的哥哥常年住在夏不遮雨、冬不挡风的破旧土房子里，智障的大哥没有生活自理能力，生活起居全靠他们夫妻二人操持。

2009年4月，41岁的大儿子刘光清患淋巴癌去世，儿子的去世给郭招宽造成的心灵创伤还未抚平，同年，79岁的二哥当了35年上门女婿后因干不动农活被送回刘家。于是，郭招宽同时照顾着多病的丈夫和两个年迈的哥哥。2014年5月，丈夫刘元则脑出血猝死，郭招宽看着两个卧病在床的哥哥，强忍着悲痛，更加细心地照料着。

郭招宽的家里没有一件像样的家具，住了20年的老房子经常漏雨，患有胃病和风湿的她，打针吃药的钱全靠大女儿接济。尽管生活如此艰辛，但郭招宽从不叫苦，一直到2017年85岁的大哥去世，2018年83岁的二哥去世。

（陕西省文明办供稿）

中国
ZHONGGUO HAOREN ZHUAN
好人传

七
JULY
月

藏梦琦

组建“爱心小队”捐资助教 用行动传播阳光

「助人为乐」

人物故事

藏梦琦，男，1993年生，北京市大兴区亦庄镇金地格林小镇居民。

2016年7月藏梦琦与几名好友前往河北省涉县支教，给孩子们上体育课、足球课、美术课，条件艰苦但毫无怨言。支教结束后，他同好友共同组建了以“用行动传播阳光”为口号的非营利性民间公益组织“爱心小队”。

2017年6月，“爱心小队”向社会募捐支援山西汾西贫困小学，得到了多位爱心人士的响应，先后帮扶了5所学校，为283个学生捐赠了一个学期的学习用具及文体用品，同时帮助一所小学建成了图书馆，还慰问及帮扶了10户特困家庭。紧接着“爱心小队”又对汾西开展了第二次支教及捐赠活动，帮扶3所学校，为50多名特困生送去生活及学习用品，“爱心小队”还首次开展了针对8名特困学生的“一帮一”援助。连续几次的支教和捐赠活动大大激励了藏梦琦等人，他们又连续组织了几次对山西汾西县、河北涉县的公益活动。

（北京市文明办供稿）

王　萍

公益十五载　温暖向前行

「助人为乐」

人物故事

王萍，女，1971年生，河北省衡水市体育休闲广场管理处工人。

她于2004年同几位志同道合的网友成立了衡水市首家爱心志愿者联盟，2010年投资3万元注册衡水爱心联合会。15年来一直致力于社会公益事业，坚持不懈地发起爱心捐助和各种社会公益活动，从物质上和精神上无偿地帮助贫困学生、孤寡老人、留守儿童。

为帮助更多家庭困难的学生读书，她四处筹集资金，帮助71名大学生圆了大学梦。

投资7万余元建立留守儿童“快乐家园”，让留守儿童得到正常家庭一样的关爱和温暖。

15年来，王萍冒严寒、顶酷暑走访了100多个村庄，600多个家庭，筹集各种善款180多万元，救助贫困儿童260多人，大学生71名，帮扶孤寡老人30余名，失独老人45名，开展各类社会公益活动100多次。

（河北省文明办供稿）

李　畴

八旬老人60多年免费推拿只为传承仁心仁术

「助人为乐」

人物故事

李畴，男，1938年生，山西省沁水县教师进修校退休教师。荣获2018年“山西好人”称号。

李畴一辈子专注于两件事：教书育人、治病救人。10多年前的一个春节，郭保珍6岁的儿子肚子痛得直打滚，还发高烧。情急之下，郭保珍想到了李畴老师，李老二话没说紧跟着郭保珍回到家，经过好长一段时间的重力揉腹，孩子由哭闹渐渐变得安静，直到熟睡，一觉醒来，便能下地玩耍了。

1988年秋，省运驻沁水汽车站一名来自湖南耒阳的汽车修理工黄文轩的一岁半的男孩，上吐下泻10多天，吃药输液都没好转。听说李畴老师会推拿，便慕名前来求诊，李畴跟着黄文轩来到他租住的小屋，耐心细致地为患儿进行了诊疗，诊断患儿是慢惊风并延误了最佳治疗时期。接下来，李畴连续5天上门为患儿诊治推拿，直至患儿痊愈。

60年来，李畴用推拿这种物理疗法治愈病患儿至少3000余人，推拿次数至少1.5万余次。

（山西省文明办供稿）

李　冰

退伍老兵用生命谱写拥军之歌

「助人为乐」

人物故事

李冰，男，1960年生，内蒙古自治区满洲里市工商联爱国拥军协会会长。曾荣获“全国爱国拥军模范”称号。

李冰在部队服役3年，退伍还乡后自主创业开设红磨房蛋糕店。1998年开始做爱国拥军工作，多年来他探索出一套“迎新兵，送老兵，安心服役为强兵”的双拥共建新路子。每当新兵入伍，他组织企业员工深入新兵营，举办欢迎新兵入伍文艺晚会，现场制作立体蛋糕，为全体新战士举办第一个集体生日仪式。每当老兵退伍，他组织拥军团队深入基层部队，为退伍老兵举行欢送仪式，赠送特制的“双拥情”纪念章、“雷锋”纪念币、“双拥情蛋糕”，为退伍老兵举办最后一个集体生日仪式。

22年间，他路途跋涉50多万公里，跨越10个省市地区，共为1万多名官兵送蛋糕过生日，为6000多名退伍老兵举办欢送仪式，为官兵授课1000多次，听课达4万多人，共为双拥工作出资150多万元，被边城人誉为边防线上的“老班长”“雪域草原拥军人”。

（内蒙古自治区文明办供稿）

七月

武汉鼎

初心不改脱贫攻坚60年

「助人为乐」

人物故事

武汉鼎，男，1933年生，内蒙古自治区呼和浩特市清水河县畜牧局退休干部。荣获内蒙古第二届全区道德模范提名奖和"全国脱贫攻坚模范"荣誉。

1958年以来，武汉鼎先后在清水河县城关镇、韭菜庄乡、盆地青乡等乡镇工作，积极带领贫困群众脱贫致富。他在暖水湾等村蹲点期间，深入清水河县5个乡镇30多个偏远的自然村，骑自行车、徒步行程3万多公里，累计出资25万多元，找项目、送技术、开展科技扶贫。他多次邀请内蒙古自治区科研院所、大中专院校和农牧业专家学者以及县里的科技人员给农民讲课，累计培训农民5000多人次。

1992年，武汉鼎从清水河县畜牧局退休后，仍然奔走在贫困山村开展扶贫工作。60多年来，武汉鼎先后受到国家部委、自治区、盟市、旗县的表彰奖励230余次。其中国家级奖杯36座，国家级荣誉证书82项，各级聘书36本，自治区级荣誉证书，盟市奖励26次，县级奖励38次。

（内蒙古自治区文明办供稿）

康克敏　赵启超

老两口守道口16年 这里没再出一起事故

「助人为乐」

人物故事

康克敏，女，1947年生；赵启超，男，1945年生。二人系夫妻关系，均为辽宁省本溪市南芬街道居民，党员志愿者铁路护路队队员。2019年他们家庭被评为"全国最美家庭"。

铁路沈丹线行经本溪市南芬区甩湾地区时部分铁路穿过社区，每天上班、上学上千人需要穿越铁路。但因为地形原因，这里能听到火车响，却看不到火车来，从1998年到2002年，甩湾地区有3人在穿越铁路时被撞身亡。

2003年4月，甩湾社区决定组建党员志愿者铁路护路队，58岁的赵启超报了名。康克敏也加入了护路队，还被大家推举为护路队队长。老两口几乎是全天执勤，每天一起床，其中一人就出门去巡视；吃完饭，一个收拾碗筷，另一个就去巡视。

天气暖和的时候，康克敏和队员们搬着小板凳坐在道口，有人穿越铁路就提醒一声。赶上刮风下雨，人们容易忽视安全，护路队就全体出动。护路队成立16年来，甩湾社区铁路沿线再没发生过交通事故。

（辽宁省文明办供稿）

姜 哲

医学博士心系贫困百姓，公益之路二十载无怨无悔

「助人为乐」

人物故事

姜哲，男，朝鲜族，1981年生，吉林省吉林市医疗志愿者协会发起人、秘书长。

20年来，姜哲带领团队无数次穿梭在乡、镇、村、屯为百姓义诊，宣讲防病知识。累计服务百余万人次，志愿服务时长近百万小时，为社会节约医疗开支近亿元。

2000年，姜哲考上医学院校，参加了校内公益组织“爱心社”，2003年非典期间，组织同学进行抗病防疫的宣讲。2005年“三下乡”期间担任延边大学医学部青年志愿者大队队长，到安图县新合乡新红村进行公益医疗、公益教育、公益走访等活动。2013年发起了医疗志愿者组织吉林市“关心会”。先后发起了关注低收入人群心脑血管健康的“暖心行动”“一猝尔救”“靠谱医生”等项目。2017年成立了“吉林市医疗志愿者协会”。2017年“7·13”永吉洪水和2020年新冠肺炎疫情中，累计输送医疗志愿者7000余人次，累计志愿服务时长超过数万小时。

（吉林省文明办供稿）

毕原鸿 毛 怡

毕生积蓄全捐赠 深沉爱心助学子

「助人为乐」

人物故事

毕原鸿和毛怡夫妻系上海市闵行区梅陇镇居民。

夫妇二人联系了上海市慈善基金会，卖掉了在上海市区的一套住房，将其中40万元援建了陕西省柞水县小岭镇的山区小学。2009年6月学校建成后，当地教育局以老两口儿子的名字，给学校取名为“毕明爱心小学”。

2014年9月，他们又将省吃俭用的20万元，捐赠给上海市慈善基金会闵行区分会，设立“毕明慈善基金”。主动进行遗嘱公证，明确在他们去世后，将捐赠自己在闵行区的房产（价值600万元）、全部存款和家具电器等，变现的慈善资金全部存入“毕明慈善基金”中，用于资助困难家庭中品学兼优的学生。

2018年12月25日，毛怡老人在家中安详离世。刚开完追悼会，毕原鸿老人又把存在爱人名下的100万元全部捐出来，再次存入毕明慈善基金中，用于帮助考上大学本科的贫困学生支付其4年的学费。

（上海市文明办供稿）

吴在刘

退休教师的义务“家庭课堂”

「助人为乐」

人物故事

吴在刘，男，1953年生，江苏省南京市六合区樊集中科希望小学退休教师。

樊集中科希望小学所在的樊集村位于南京六合、安徽天长、扬州仪征三地交集处，较为偏远，经济也相对落后，年轻父母基本都在外打工，留守儿童达30%。儿童教育问题是吴在刘一直关心的问题，为此，他在退休前，已经开始对村里的留守孩子给予课外辅导和照顾，为缓解留守儿童现状尽一分力量。

2012年退休后，吴在刘本可以随子女住到南京六合城中，颐养天年，享受天伦之乐。但为了这些留守的孩子们，他留在了老家樊集。他将自家堂屋改造为孩子的课堂，对这些孩子进行课外辅导，针对性制定辅导方案，并义务帮助村民施行家庭教育。每天下午4点，吴在刘和老伴儿早早将堂屋打扫干净，搬好大大小小的凳子，准备好热水和食物，孩子们放学后就背着小书包蹦蹦跳跳地过来。每晚辅导都在8点多结束，乡村小路没有路灯，吴在刘和其老伴便承担了接送孩子的责任，保证他们的安全。

（江苏省文明办供稿）

陆春銮

27年带着全家一起行善的热心人

「助人为乐」

人物故事

陆春銮，女，1964年生，江苏省盐城市亭湖经济开发区原妇联主席，盐城市亭湖区慈悦托福中心负责人。

在任职亭湖开发区妇联工作期间，陆春銮帮助百余个家庭修补“裂纹”。2010年7月，在得知辖区居民杨应富瘫痪在床后，她几经辗转、自掏腰包找来一位老中医为其治病，经过3个多月的不懈努力，杨应富终于告别12年的瘫痪生涯。此后10年，她对杨家的关爱从未间断，2019年4月，她为杨应富庆祝了50岁生日。

2014年离岗之后，陆春銮加入亭湖区慈悦托福中心，义务为独居、康复、孤残、智障等需要照顾的老人提供爱心服务。每天晚上，陆春銮都会到每一个老人的房间看看，向护工了解当天情况，100多位老人的情况她都了如指掌，几乎把慈悦托福中心当成了自己的家。20多年来，陆春銮带着丈夫、儿子一起帮扶困难群体，先后出资20多万元资助了近50个贫困家庭，关爱帮扶5名孤儿、40名特困生、70名留守儿童。

（江苏省文明办供稿）

潘　伟

农电工投身公益20年 志愿服务985小时

「助人为乐」

人物故事

潘伟，男，1976年生，国网江苏省电力有限公司常州溧阳市供电分公司农电工。

工作中，潘伟了解到一些农村困难家庭、公益学校等线路老化、电器存在安全隐患，便组织成立用电义务服务队，自费购买元器件，利用休息时间义务上门检修维护。为帮助渔民解决鱼塘增氧泵等设备的供电问题，他积极投身鱼塘线路改造项目，连续两个月“泡”在工地，其间妻子怀胎分娩之时也不能陪在身边……

工作之余，潘伟是溧阳市汇众社义工协会的副会长、理事，他与志愿者们创立“爱心馄饨”公益项目，每月组织社会爱心人士赴各镇区敬老院和社区，为空巢老人、孤寡老人们送馄饨；创立“爱心包裹”公益项目，定期向爱心市民募集生活物资，邮寄给西部贫困地区的学校；创立“爱心大篷车”活动，每月组织各行业的技术专长人士，到社区摆摊设点，义务开展家电维修、衣服缝补、老人理发等活动；每年暑期组织大学生，到车站、景区、敬老院等地开展社会公益实践活动。截至2019年12月底，仅是记录在册的志愿服务时长，潘伟已达985个小时。

（江苏省文明办供稿）

陈　晗

17年如一日坚持无偿献血

「助人为乐」

人物故事

陈晗，男，1971年生，浙江省宁波市象山县公共交通有限公司副总经理。

陈晗17年个人累计总献血量达2.8万毫升。他先后荣获全国无偿献血金奖等荣誉，被中宣部命名为全国“岗位学雷锋标兵”。

2002年陈晗提出组建一个无偿志愿服务小队并陆续推出骑行宣献血、义卖宣献血等多种形式的宣讲活动。到2007年，服务小队里，经常性参加活动的志愿者人数已达20余人，大家推举陈晗为队长，统筹各项工作。2008年1月，无偿献血志愿服务队QQ群组建，群员达300余人，线上线下齐动员，有力促进了象山县无偿献血工作。

2009年，陈晗调至象山县公交公司任安全副总。在他的带动下，公交公司成立了公交志愿服务队，到目前共有志愿者142名。服务队成立以来已累计献血23万余毫升，组织捐献血小板15次，参与捐献的志愿者合计576余人次。2019年，8位志愿者获得全国无偿献血奉献奖。2011年，全国首个“无偿献血志愿服务队交通系统分队”在象山县建立。

（浙江省文明办供稿）

邓雪玉

赠人玫瑰手留余香

「助人为乐」

人物故事

邓雪玉，女，1976年生，福建省武平县大禾镇龙坑村村民。

2013年以来，邓雪玉参加义工活动600多场次，她几乎每周都参加义工活动，助人为乐的事迹数不胜数。邓雪玉每个月都要去各乡镇敬老院走一走，并经常自掏腰包为老人们送去衣物、水果、牛奶等物品。每次去敬老院，她都要给老人理发剪发。

邓雪玉先后参加过为地贫儿陈波义卖玫瑰花，走访红斑狼疮患者，看望住院病人兰集良，给重病住院的杨青送饭，替杨青照顾女儿并接送孩子上下学，为万安贤溪贫困户送家具等活动。其家庭曾荣获武平县“最美家庭”，其个人获武平县义工联合会“三星义工”“百优义工”等荣誉称号。

（福建省文明办供稿）

李晓侠

器官移植受益者去世后捐献器官让爱在施与受中生生不息

「助人为乐」

人物故事

李晓侠，女，1975年生，生前系安徽省合肥市长丰县水湖镇卫计办工作人员。

2014年患有尿毒症的李晓侠，接受器官捐献，成功进行肾脏移植，重获新生的她立下誓言：倘若有一天不在了，也要参与器官捐赠，帮助更多需要帮助的人。

2018年6月4日下午，李晓侠因突发“基底节脑出血、脑疝”，于6月7日不幸去世。为完成她的遗愿，李晓侠家人签署了中国人体器官捐献登记表，主动提出捐献器官，帮助其他人。经过比对分配，肝脏受体和角膜受体在中科大附一院接受移植，胰腺也将以最快的速度转运至上海，救治一名终末期胰腺疾病患者，这是安徽省第二例胰腺捐献。

43岁的李晓侠，用大爱传承的方式圆了她生前的遗愿：捐出自己全部有用的器官。作为全国首例器官捐献受益者逝后捐献自己器官，李晓侠的先进事迹在《人民日报》、中央电视台及省、市电视台等多家媒体报道。

（安徽省文明办供稿）

江满凤

井冈山上的“红色百灵”

「助人为乐」

人物故事

江满凤，女，1970年生，江西省吉安市井冈山龙潭景区保洁员。先后获评“江西省劳动模范”“全国旅游风采人物”。

江满凤23年如一日，清扫着井冈山龙潭景区的步道。工作之余，她经常唱红歌给游客听，通过红歌传递井冈山精神，逐渐成了井冈山一道独特的风景，被人们称为“井冈百灵”。

因为一次偶然的机会，江满凤在大井教学点了解到，学生周丽娜家庭困窘，决定要帮助小丽娜，这一帮就是10多年。15年过去了，江满凤为陈京、周莹莹、冯超等82个孩子捐资累计22万余元。

2013年，在朋友的引荐下，江满凤与黄坳敬老院结下了不解之缘。棉被、衣物、电风扇不时被送进来，厨房也得到大力改造，老人们再也不用蜷缩在厨房里吃饭了。至今，江满凤为敬老院捐资累计21万元。

（江西省文明办供稿）

李丙味

“温暖爷爷”义务护学10余年

「助人为乐」

人物故事

李丙味，男，1949年生，江西省萍乡市上栗县彭高镇东山村村民。

20世纪90年代末，李丙味的妻子病逝，独女出嫁后，家中便只剩下他一人生活。考虑到李丙味家庭困难，村里将李丙味纳入了五保户，李丙味非常感激党和政府的关心，积极参与村里的公益事业。

东山小学和村民集中居住地中间横亘着一条319国道，孩子们每天都需要穿过国道去上学。随着车流量的激增，特别是上学、放学和上下班高峰期车辆川流不息，给孩子们的求学路带来了很大的安全隐患。关键时刻，李丙味主动请缨，义务为学生护行。为更加方便护送学生，他还特意搬到了国道附近一间由废弃猪舍改造、仅七八平方米的房屋居住。房间的墙上，记满了家长和学校老师的电话。就这样，李丙味在这个平凡的岗位上一干就是10余年，护送孩子近40万人次。在他的护送下，孩子们没有发生过一起交通安全事故。

（江西省文明办供稿）

蔡师傅工作团队

“50 后”社区志愿队 一张行走的文明“名片”

「助人为乐」

人物故事

蔡师傅工作团队成立于 2011 年，创始人蔡木川老爷子已经 73 岁了，他曾是原南昌钢铁厂的一名高级钳工，在他的带领下起初只有两三人的志愿服务团队到现在已有 7 人。他们分别是：蔡木川、仲济昌、黄发生、黄保园、付荣林、汪少珍、吴筱英，都是南昌钢铁厂退休职工，平均年龄 64 岁。他们发挥余力积极投身志愿服务，用他们的一技之长服务邻里，成为一张行走的文明“名片”。

多年来，无论谁家的电器、门窗或者灯坏了，只要找到蔡师傅工作团队或者仅仅打个电话，他们即刻就来，耐心又细致地帮助居民修复，从不计较个人得失。他们这种敬业爱岗、乐于奉献的精神，不仅感动着身边每一位社区居民，也吸引越来越多的人志愿加入他们，同时让服务范围和对象不断增长。老蔡说，虽然他已 70 多岁，但只要身体允许，他还要为居民义务服务 10 年。

据初步统计，每年蔡师傅工作团队都要为邻居免费提供各类服务多达 2000 多件。

（江西省文明办供稿）

张麦荣

下岗女工 3 年 6 万里一心为公益

「助人为乐」

人物故事

张麦荣，女，1975 年生，山东省东营市广饶县。2019 年当选“山东好人之星”。

2001 年，张麦荣与丈夫双双下岗。此后十几年，他们用双手打拼出了美好的生活。2016 年 1 月，张麦荣正式加入广饶县水滴公益事业发展中心，成为一名志愿者。2016 年 5 月，张麦荣被确定为水滴公益关爱部负责人，主要从事关注空巢老人和残疾人的志愿服务活动，并与全县 11 个家庭结成对子。张麦荣经常组织志愿者们到服务对象家中为他们清洁卫生，并自带食材为他们包水饺。

张麦荣与丈夫常年资助一个生活状况非常差的单亲家庭孩子。除了资金方面的支持，她还经常到受助孩子家中，为他送去学习用品和生活用品，像妈妈一样给予他关爱、陪伴与鼓励。在张麦荣的积极影响下，两个女儿也都对公益有着强烈的兴趣与追求，大女儿高中课业繁忙的情况下志愿服务时长达 372 小时，小女儿志愿服务时长已超 900 小时。3 年来，每次外出做公益，张麦荣都自驾私家车前往，总行程达 6 万多里，累计参加活动 800 余次，志愿服务时长达 3500 余小时。

（山东省文明办供稿）

朱清科

一家三代赡养贵州老人 演绎山东大爱情义

「助人为乐」

人物故事

朱清科，男，1970年生，山东省济宁市明珠中心小学工会主任。2019年被评为山东省道德模范。

朱清科出生在济宁市嘉祥县纸坊镇前吕村，2000年左右，贵州老人杨素珍流落到前吕村，朱家人看到这个老人太可怜，就收留了她。照顾老人的饮食起居，相处得其乐融融。在随后的几年内，朱清科的父辈陆续去世，朱清科责无旁贷地接过爱心接力棒，毅然承担起照顾杨素珍老人的责任，使其安享晚年。

2018年夏天，杨素珍老人想家了，朱清科通过嘉祥县民政局和济宁救助站，联系到了贵州省兴仁市民政局，终于找到了杨素珍的两个儿子和一个女儿。2018年12月24日，朱清科家族四五十人，为杨素珍举行了盛大的欢送宴会，为老人收拾了3大包新衣服，塞给了老人3万块钱，并多次和兴仁县民政局取得联系为老人办理了户籍和低保手续，彻底解决了后顾之忧。

（山东省文明办供稿）

张海燕

300多名孤寡老人的好“儿子”

「助人为乐」

人物故事

张海燕，男，1967年生，河南省泌阳县古城街道办事处新兴居委会居民，泌阳县花园养老康复中心创始人。

张海燕自幼父母双亡，从小到大，是街坊邻居的热心接济帮他挺过次次难关，懂得感恩的他心里早就有回报社会的想法。2013年，张海燕和妻子转让了白手起家的珠宝生意，卖掉了两套新房，筹措资金100多万元，成立了泌阳县花园养老康复中心。养老院的大部分老人入住时间较长，且家庭困难，张海燕不忍心提高收费标准，多出的费用就自己掏腰包垫上。彭先朝一家住在马谷田镇王冲村的大山里，妻子李秀菊身患白血病十几年，家中一贫如洗。张海燕听说后，当即在养老院腾出一间房子，添置了一些必要的生活用品，把彭先朝夫妇接到了养老院生活。

经营6年来虽然赔钱亏损，他还是选择了坚持。泌阳县相关部门得知情况后提供了大力支持，社会上的爱心人士也隔三岔五地送来衣物、米面肉，这些都给了他坚守下去的动力。

（河南省文明办供稿）

张卫华

无偿献血 3 万毫升 热心助人寻亲 708 人

「助人为乐」

人物故事

张卫华，男，1980 年生，中国石化中原油田分公司文卫采油厂治保巡检大队政工员。2018 年获“全国向上向善好青年”“全国无偿献血奉献奖金奖”“全国无偿献血志愿服务奖五星奖”“中国造血干细胞捐献志愿服务五星级志愿者”，2019 年获“第十二届中国青年志愿者优秀个人奖”“第十七届河南省职工职业道德建设标兵个人”“河南省五一劳动奖章”“河南省岗位学雷锋标兵”。

1999 年，张卫华第一次参加无偿献血，从那以后 20 年间，他无偿献血 97 次，总献血量 3.02 万毫升，相当于 7.5 个成年人身体总血量。每逢周末，张卫华还到濮阳市献血站做公益活动，到濮阳市福利院，为老人和儿童提供爱心服务，他的公益服务时长达 7965 个小时。

2017 年，张卫华创建了濮阳市第一个寻亲微信群——风铃志愿者群，共吸纳志愿者 1500 余人。他自学人脸识别技术，带领团队为 841 户家庭提供无偿寻亲服务，帮助 708 人找到亲人，寻亲范围遍及全国 20 余个省市和美国、瑞典、丹麦、荷兰 5 个国家。

（河南省文明办供稿）

陈　旭

帮女郎 16 年坚持开展 关爱山区孩子志愿活动

「助人为乐」

人物故事

陈旭，女，1972 年生，湖南省长沙市红十字志愿服务队队长，雨花区东塘街道金牌帮女郎工作室法人代表。2009 年获得湖南省政府颁发“金牌义工”称号，2014 年荣获全国首批“五星级志愿者”称号。

2005 年，陈旭组建了湖南省红十字博爱快乐行助学社，动员社会人道力量，实施了“快乐校舍计划”，先后筹款在贫困地区捐建学校 8 所；联合平安保险公司湖南分公司开展“绿丝带快乐课桌椅计划”，筹款 37 万元，为山区小学换新课桌椅 6000 多套；开展“快乐厨房计划”，解决了一些山区学生午餐问题；2010 年启动“长沙市红十字学雷锋社区陪伴项目”，6 年来募集资金近 600 万元，累计有 2800 多户困难家庭纳入档案库。发起“心唤醒生命课堂公益项目”，常态开展急救知识培训，自筹资金培训专业救护员 1391 人、美国心脏协会 AHA 国际急救员 268 人，开展生命课堂急救知识普及培训累计 590 余场次，受益人次近 10 万。此外，她还曾组织无偿献血、遗体器官捐献、湖南水灾旱灾的救援募捐等志愿服务活动，参与汶川、玉树、雅安、鲁甸抗震救灾工作。

（湖南省文明办供稿）

唐柱生

老人家中免费教授书法 21年带出学生500名

「助人为乐」

人物故事

唐柱生，男，1950年生，湖南省永州市零陵区书法家协会副主席兼秘书长，零陵区老年书协副主席，零陵区卫生局办公室原主任。

“零陵城南有老唐，义务教书贴午餐。他人讥笑不在意，弘扬国粹热心肠。”这首在零陵坊间流传的打油诗，是唐柱生老人免费教授孩子们学习书法的生动写照。从1998年至今，他诲人不倦，坚持免费教授孩子们书法。

为把书法培训班进行到底，唐柱生与老伴常年省吃俭用。但他对来学书法的学生一视同仁，将他们视为亲人和自己的子女一样嘘寒问暖，交流学习生活中的方方面面，帮助他们克服“叛逆期”的情绪，处理好与他们的家长、老师之间的关系。在寒暑假，来学习书法的学生家长因工作忙，中午不能在家照看孩子，唐柱生就煮好饭菜，将他们留在家里用餐，不收分文，已先后为400多名学者免费贴午餐。同时，唐柱生还连续16年义务为村民书写春联，曾捐款1万元为老家村维修公路。

（湖南省文明办供稿）

蒙晓梅

乡村教师爱心托起山里娃的读书梦

「助人为乐」

人物故事

蒙晓梅，女，壮族，1973年生，广西壮族自治区来宾市忻城县北更乡中心小学教师。

为了不让一个孩子因贫困失学，她把学生装心里，除了上好课，她把所有的时间和精力都放在救助贫困学生的公益事业中。在她的爱心召唤下，500多名贫困孩子得到救助，全乡没有一个孩子因贫困失学。

20多年的坚持不懈，蒙晓梅的努力与付出得到了组织和社会的认可，得到了孩子们回应。蒙晓梅2014年被评为“全国模范教师”；2015年被评为广西壮族自治区首批“岗位学雷锋标兵”；2016年获评“莫振高式八桂好老师”，并获得首届“全国最美教师志愿者”称号；2017年先后被评为“广西三八红旗手”、广西勤廉榜样先进个人，并当选党的十九大代表；2018年先后被评为“全国三八红旗手”“第四批全国岗位学雷锋标兵”，并当选中国妇女十二大代表和全国妇联常务委员；2019年获“第七届全国道德模范”。

（广西壮族自治区文明办供稿）

周小仪

巾帼女子善行乡里 情暖人间

「助人为乐」

人物故事

周小仪，女，1954 年生，四川省泸州市合江县银荔公司党支部书记。

1998 年，周小仪买断工龄离开原公司，带领下岗职工走上了创业之路。经过二十几年的艰辛创业，周小仪的企业已初具集团规模，年产值达到 1200 万元。

周小仪把回报社会、服务群众看成是企业义不容辞的责任。随着企业越来越红火，她积极投身社会公益事业，在合江县抗击非典、抗洪抢险、扑灭山火、抗震救灾等事件中都作出了积极贡献。周小仪长期资助多名品学兼优的贫困学生上学，年年为“栋梁工程”“阳光助学”活动捐款；每年慰问五保户、孤寡老人、残疾人、困难群众；合江县的 10 多个乡镇都留下了她扶贫助困的足迹。近 10 年来，周小仪个人及企业已向社会各类公益事业捐资近 200 万元。

（四川省文明办供稿）

马德静

耄耋老人图书馆义务值班 33 年

「助人为乐」

人物故事

马德静，女，1931 年生，云南省腾冲市腾越镇下绮罗社区居民。被评为 2019 年度学雷锋志愿服务“四个 100”先进典型暨疫情防控最美志愿者。

1931 年，马德静出生于腾冲市腾越街道下绮罗社区一个回族书香门第。其父亲马寿山是腾冲新文化运动的先锋之一，也是当地绮罗图书馆的创建人之一。1987 年马德静从教师岗位退休后，毅然投身于绮罗图书馆义务值班行列。她先后担任三任副馆长兼出纳，承担了图书馆的购书、整理、编号、上架等工作。为加强图书馆规范管理，她专程到县图书馆学习，回来后再传授给其他义务值班人员。她严格按照要求管理图书，经她的手贴的书标整整齐齐，一柜柜书安放得井然有序。她耐心地为读者查找所需图书，细心地做好借阅登记，还根据不同年龄段，为前来借书的人推荐好书。她在读者中积极发现有志愿服务意向又能胜任管理工作的人，已培养 4 人到图书馆开展志愿服务。如今，89 岁高龄的马德静，已经在图书馆当了 33 年的志愿者，却依然坚持按时到图书馆义务值班。

（云南省文明办供稿）

高英杰　陈秀英
陕西耄耋夫妇情系桑梓 二十三载捐书百万回报家乡

「助人为乐」

人物故事

高英杰，男，1932年生，陕西省韩城市金城街道莲池村人，曾任陕西省新闻出版局局长；陈秀英，女，1932年生，曾任陕西省教育厅直属机关党委副书记、纪委书记。高英杰曾被授予“全国关心下一代先进工作者”“全省离退休干部先进个人”称号；陈秀英曾被授予“全省教育系统离退休干部先进个人”称号。

从1996年至今，二老已先后向韩城市6家图书、教育机构捐赠图书25次，总计34109册、价值104万元。

他们在每次搜集购买图书后，在家中都要分类筛选，哪些书适合捐给小学、哪些给中学，然后再一本本整理装箱、联系捐赠。目前，韩城市象山中学、学巷小学、陈家巷小学、老年大学、韩城日报社和司马迁图书馆这6家机构都有他们捐赠的成套的《中国大百科全书》《二十四史》《全唐诗》《全宋诗》等优秀图书。

2018年耄耋之年的高英杰和陈秀英夫妇终于提前3年实现了他们的“百万捐书梦”。

（陕西省文明办供稿）

16名镇村干部群众
危难关头 镇村干部带领群众雨夜奋勇救人

「助人为乐」

人物故事

2017年4月2日晚10时许，一辆从上海市开往四川省通江县的客运班车，途经210国道西乡县堰口镇三合村时，不慎坠入深沟，造成人员伤亡。事故发生后，堰口镇政府干部、三合村村民任大兴、刘泽华、任毅、杨德文、杨德平、任光荣、刘昌兵、胡小刚、刘泽兵、李大家等10余名党员群众闻讯，第一时间拨打120急救电话，自发组织冒雨蹚水迅速赶到现场，冒着事故车辆可能再次侧翻的危险，用石头砸开车窗玻璃，用手电筒开辟了一条生命通道，迅速救人。通过抱、背、抬、扶等方式仅用了20多分钟就把17名伤员从10多米的深沟中全部护送到安全地带，协助随后赶到的镇村干部和消防队员将4名重伤员抬上救护车，为救治伤员赢得了宝贵时间，最大限度地保障了车上人员的生命财产安全。

西乡县堰口镇村干部群众危难时刻联手施救被困乘客的事迹受到省内外媒体广泛关注，在社会上引发强烈反响，对此，村支部书记赵朝兵平静地说，“当时那种情况下，谁见了都会义不容辞施以援手的，我们只是做了我们应该做的！”

（陕西省文明办供稿）

钱俊莉

用爱的阳光温暖一方百姓

「助人为乐」

人物故事

钱俊莉，女，1977年生，新疆维吾尔自治区阜康市幼儿园园长、太阳花爱心公益协会发起人。

2013年年初，作为首批自治区级示范园，阜康市幼儿园和3个牧业乡镇8个教学点，牵手建立了帮扶关系。第一次下乡调研，黑乎乎的教室里坐着十几个孩子，怯怯的但充满期待的眼神，这一幕深深刻印在钱俊莉心里。

2013年5月，钱俊莉发起并成立了“太阳花爱心联盟”，2016年正式注册为太阳花公益协会。协会从一个只有十几人的民间组织，发展成长为8支爱心小分队，有350多位爱心人士加入。

几年来协会通过植树、出售农产品等途径，先后募集各类物资和资金100多万元，志愿者参加各种公益活动8万余人次，受益群众达数万人；扶贫帮困，帮助50户困难家庭，资助困难学生百余人，完成困难学生圆梦千余人次。

（新疆维吾尔自治区文明办供稿）

陈耀平

民族团结花开边疆，一个平凡人的荣耀故事

「助人为乐」

人物故事

陈耀平，男，1969年生，新疆维吾尔自治区阿克苏市拜什吐格曼乡阿热栏干村农民工。获得“全国民族团结进步模范”等荣誉。

2013年5月，陈耀平在阿热栏干村建筑工地务工时结识了下肢残疾的吐尔逊·托乎提。此后，陈耀平克服语言和生活习惯的障碍，坚持帮助吐尔逊一家，只要是“巴扎日”，他干完工地上的活，都会从巴扎带去他们生活所缺的东西。2015年5月，有养兔经验的陈耀平主动承担全部风险和前期投入，与吐尔逊一家同吃同住，手把手地教吐尔逊·托乎提饲养种兔，当年就小有收获。到2019年3月，在陈耀平的帮助下吐尔逊一家人住进了新房，看病和扩大养殖规模欠的外债也全部还完。吐尔逊和陈耀平养兔致富的消息很快在村里传开，很多村民主动要求当学徒、学技术，于是哥俩就盘算起成立合作社的事情，吸纳更多贫困户，帮大家一起增收致富。陈耀平说：“一家富，不算富；只有大家都富了，我们的社会才会更加稳定和谐。”

（新疆维吾尔自治区文明办供稿）

苏云杰　袁致伟

八旬老太命悬一线 花甲"超人"托举施救

「见义勇为」

人物故事

苏云杰，男，1958年生，天津市河西区柳林街珠峰里社区居民；袁致伟，男，1960年生，天津市河西区柳林街珠峰里社区居民。2019年6月，苏云杰、袁致伟当选"天津好人"。

2019年4月26日下午，苏云杰在小区内遛弯，突然听到了阵阵微弱的呼救声，只见13号楼三楼的窗户敞着，88岁的靳奶奶掉在二楼的防护栏上，一只手紧紧抓着隔壁楼的同层防护栏。61岁的他不顾个人安危，手脚并用地艰难爬上二楼的护栏，然后双脚蹬着护栏缝隙，用身体护住老人安全。这时，同在一个小区的袁致伟下班回来，看到这种情况。59岁的他没有丝毫犹豫，快速爬上了护栏，袁致伟顺着敞开的窗口爬进靳奶奶家，开始往上拽人，可处于迷糊状态的靳奶奶又开始不停挣扎，袁致伟只能隔着窗口拉住老人，帮下方的苏云杰卸了一些压力。直到消队员赶到后，借助救援绳索，大家才齐心协力把靳奶奶成功救到房间里。见老人安全后，苏云杰与袁致伟便悄悄离开了现场。

（天津市文明办供稿）

靳杜君

危急关头挺身而出 烈火中冒险施救

「见义勇为」

人物故事

靳杜君，男，1984年生，山西省晋城市陵川公路管理段机械化养护中心职工。

2016年3月25日，靳杜君由于天下大雪，晚上没有回家，在值班室休息。凌晨3时许，突然传来一声巨响，睡梦中的他被惊醒，急忙到窗户边查看，雪地里有一辆车着火了，车辆周围没有人，也没有其他车辆。这里不是停车点，说不定车里还有人！来不及多想，他顺手抄起旁边的灭火器，没穿上衣就冲了出去。此时，又听见一声爆炸，想到车上的人员，他心里万分着急。

等他跑到车前，立即打开灭火器进行灭火，由于火势太大，单凭一人之力根本不能扑灭。就在这时，车内突然传来了一声微弱的咳嗽声，车内果然有人，而且还有生命迹象！

火势越来越大，就在他准备敲碎车窗玻璃救人的时候，车内的人有了反应，勉强打开了车门，一股浓浓的黑烟扑面而来，靳杜君立即上前检查，将车内的人拖至安全地带。

随后，他拨打了119和120，消防车迅速赶到控制了火势。将伤者送上救护车，他紧绷的神经才放松了下来。

（山西省文明办供稿）

兰郡泽

19岁“吊车侠”从火场救出14人

「见义勇为」

人物故事

兰郡泽，男，2000年生，辽宁省抚顺市新宾县南杂木镇南杂木村居民。

2019年5月2日清晨，南杂木镇新城路南侧一幢7层居民楼起火。浓烟很快将居民楼锁住，惊醒的居民慌张地在窗口呼救。

正在附近工地干活的兰郡泽闻讯赶来，发现楼上多户居民被困在家中，便立即把吊车开过来。“我这个吊车大杆能伸出来22米，与这个楼（高度）差不多，而且当天还做外墙保温，在高空作业有个筐。我第一反应就是我这个吊车可以救他们。”

随后赶来的父亲兰金龙帮儿子看着哪个窗户有人，指挥他尽量把吊筐贴在窗户上，保证被救人员的安全。

30多分钟，兰郡泽救下了14人，年纪最小的12岁，最大的79岁。

救完人之后，兰郡泽和父亲回到了工地，继续干活，然后才回家。因为救人心切，用力过猛，兰郡泽的右腿也受了一点轻伤。他说：“和14条生命相比，这点小伤算不得什么。”

（辽宁省文明办供稿）

王立国

农民英雄三入火场勇救遇难人

「见义勇为」

人物故事

王立国，男，1974年生，黑龙江省绥化市兰西县平山镇海兴村村民。2019年被评为“龙江好人”。

2019年2月8日下午，王立国带着妻子和孩子探亲回家的路上，途经安兰路太平屯段突遇交通事故，一辆小轿车被一辆SUV越野车撞到路旁沟里，小轿车前部已冒烟起火，王立国没有犹豫，下车直奔沟里的小轿车，他敲碎副驾驶车窗玻璃，发现一名女子怀抱一个孩子，当时车内浓烟滚滚、仪表盘处已有火苗蹿出，孩子头发被烧焦，女子已经昏迷，王立国抱起孩子就向自家车子跑去，将孩子交给爱人。随即，王立国第二次奔向沟里的小轿车，将副驾驶晕倒的女子，连拖带抱，弄出驾驶室交给妻子。这时候小轿车的前半部已经完全着了，车内明火四窜，很可能发生爆炸。车上还有司机，由于右腿受伤和受到惊吓，人已不能动了。王立国第三次奔向沟里的小轿车，一边拉驾驶员，一边冲他大声喊“车子要爆炸了！”在王立国的帮助下驾驶员奋力挣扎爬到车外。随后120急救车接走了一家三口和越野车的受伤驾驶员，紧急送往医院。

（黑龙江省文明办供稿）

薛松玉

不惧“引火上船” 救回8条人命

「见义勇为」

人物故事

薛松玉，男，1965年生，浙江省玉环市人。

2020年3月28日下午2时许，薛松玉驾驶着自己的渔运船，准备开往闽东渔场240海区收购渔货。突然，他发现前方有一团烟雾正从天际线升起，他凭多年出海经验判断有船只起火了。薛松玉马上让船员们停止卸货，向出事船只驶去。靠近失火渔船，发现“火船”后半部被大火包围，几名船员正挤在船头位置。薛松玉一边用扩音喇叭安抚焦急的船员，一边调整船头向失火船只靠过去。经过不懈努力，8名船员全部转移到了薛松玉的渔船上。

救人后，薛松玉立马想到要救船。在跟着失控的“火船”航行了10多海里后，薛松玉与赶来救援的其他渔船合力将大火扑灭，并拖着烧焦的渔船返回温岭箬山港。

（浙江省文明办供稿）

周　健

聋哑外卖小哥送餐途中勇救落水老人

「见义勇为」

人物故事

周健，男，1996年生，安徽省黄山市歙县新溪口乡仰坦村人，聋哑残障人，徽州区某外卖公司送餐员。

2019年5月7日上午11时左右，周健骑电动车送餐路过徽州区文峰桥时，突然发现一位老人掉入丰乐河深水区，危急之下，周健将车靠边停下，纵身从近5米高的桥头跳到护岸上，顾不得脱衣服，三步并作两步飞身跃入水中央，快速游向落水老人，一手用力拽住老人，一手奋力划水游向岸边。在派出所民警和热心市民的协助下，老人被成功救上岸，见老人转危为安，周健便默默地穿过围观人群离开了现场。

虽然听力和语言有障碍，但生活中的周健十分热心肠，只要别人遇到困难，他都会竭尽全力帮助别人。正是因为他乐于助人的品质，在遇到他人落水时，他义无反顾地伸出了援助之手。

（安徽省文明办供稿）

查显伟

蓝天英雄突遇飞行故障 牺牲自己顾全大局

「见义勇为」

人物故事

查显伟，男，1973年生，安徽省安庆市大观区人，生前系某陆航旅特级飞行员（教员），上校军衔。先后被授予首都阅兵训练标兵、全军优秀指挥军官、优秀梯队长机机长等荣誉称号，荣立二等功2次、三等功3次。

2019年4月26日，查显伟在执行阅兵专项飞行训练任务时，飞机发生机械故障导致尾桨失效，直升机瞬间失去平衡，方向也开始失控，而航线正前方2公里就是河北大学学生公寓。在无法正常控制方向的情况下，查显伟凭借过硬的飞行技能，在30多秒时间内，操控驾驶杆利用主旋翼将直升机方向掉转180度迫降，避开危险区域，最大限度地减少冲击力，为前舱副驾驶逃生争取了宝贵的时间和机会。最终，飞机成功避开危险区域，有效地避免了次生危害，保护了人民群众的生命财产安全。

人们找到查显伟的遗骸后，发现他全身多处严重骨折，但仍然保持着操控飞机的状态，直至生命的最后一刻，他都牢记着军人的使命和职责，诠释了军人甘愿为国为民献出一切的铮铮誓言。

（安徽省文明办供稿）

沈汉元

惊涛骇浪中勇救遇险渔船的好船长

「见义勇为」

人物故事

沈汉元，男，1970年生，福建省漳州市东山县陈城镇宫前村渔民。

2017年12月25日15时，沈汉元驾驶闽东渔64679号在生产作业时，突然听到船载电台传来呼救声，沈汉元马上通过电台应答，并立即调整船头朝遇险渔船方向全速前进。到达后，看到海水已淹没了渔船的前甲板，船尾翘起，整艘渔船除船尾以外都已被海水淹没，当时海面上风力10级左右，浪高近5米。沈汉元不顾自家渔船可能船毁人亡的危险，驾驶着闽东渔64679号顶着风浪冒险靠向遇险渔船船尾，但是风急浪高，渔船又处于“横浪”状态，沈汉元尝试了几次都没有成功。沈汉元马上变换方式，强行与遇险渔船平行靠近，顺着风向朝遇险渔船上的船员抛掷缆绳，终于将遇险渔船上7名渔民全部营救到自家渔船上。30分钟后，遇险渔船就被海水完全吞没。

（福建省文明办供稿）

罗开斌　罗开剑

危急时刻勇担当，22年救起11名溺水者

「见义勇为」

人物故事

罗开斌，男，1983年生；罗开剑，男，1985年生。兄弟俩均为江西省赣州市上犹县东山镇南河村村民。

2019年4月14日，上犹县S548公路南湖段发生一起交通事故，一辆白色汽车冲出路面，坠入南湖。危急时刻，哥哥罗开斌迅速脱掉衣服跃入湖中救人，弟弟罗开剑则打电话“搬救兵”。罗开斌先尝试拉车门，失败后找来石头，使劲砸向车窗仍然无果，只好用脚蹬住车身，双手奋力拉门把手，最终把车门成功打开，并将司机拉出车外，和弟弟一起将其救上岸。

1997年哥哥罗开斌独自救起村民罗开龙、市民张树斌；1998年罗开斌又独自救起市民陈大浪、罗礼佑、蔡涛；1999年兄弟合力救起营前镇一黄姓村民；2006年哥哥罗开斌独自救起村民黄祥辉、胡显新，兄弟合力救起陡水镇一范姓村民；2008年兄弟合力救起南河电厂一赣县籍女工。从哥哥罗开斌14岁救起第一个落水者起，20多年里，兄弟二人成功挽救了11条鲜活的生命。

（江西省文明办供稿）

易行军　易红云

千钧一刻，协力勇救落水女童

「见义勇为」

人物故事

易行军，男，1969年生，江西省宜春市袁州区西村镇南塘村村主任；易红云，男，1975年生，江西省宜春市袁州区西村镇南塘村民兵营长。

2018年5月12日上午10时许，易行军、易红云在返回村部的途中，看见前方约40米远的一口水塘边，一名小女孩独自骑着儿童三轮车，连人带车掉入水塘。易行军赶紧刹车，坐在副驾驶位置上的易红云还没有等车停稳，就飞快地打开车门，三步并作两步跑到水塘位置。两人一把将身上的钱包和手机丢在岸上，跳进水塘，合力先将三轮儿童车从女孩身上搬开，再从水里将小女孩抱上岸。当两人爬上岸后，浑身上下湿透，沾满了绿色的水藻和黑色的泥巴，臭烘烘的。在跳入水塘救人时，由于易红云脱了鞋子，导致右脚脚掌被水塘里的碎石和玻璃划伤了4道口子，其中最长的一个伤口有3厘米长，皮开肉绽，鲜血直流。

（江西省文明办供稿）

纪晓鸣

勇擒抢劫歹徒的“有心人”

「见义勇为」

人物故事

纪晓鸣，男，1981年生，山东省淄博交通运输集团世通国际物流有限公司员工。

2018年5月19日晚，纪晓鸣与8岁儿子外出回家行至家附近巷子时，看到两名戴口罩的男子尾随一名女子，形迹可疑。听到那名女子呼救时，纪晓鸣立马拿出电动车里的U形锁，见两名嫌疑人朝他所在方向飞奔而来，其中一人拐入两座楼之间，另外一人直冲他而来，纪晓鸣猛然抡动U形锁，直击嫌疑人胸部，嫌疑人顿时倒地，纪晓鸣立即上前将他制伏。

纪晓鸣掏出手机让8岁的儿子拨打报警电话，犯罪嫌疑人挣脱控制起身逃窜，纪晓鸣拼命追赶歹徒，他用手里的U形锁猛地扔向歹徒，但没有击中，便大声呼喊“拦住他！别让他跑了！他是抢劫的！”附近居民柴国栋和蔡传瑞听到呼喊声后，一起将歹徒截住，此时纪晓鸣赶到，三人合力将歹徒摁住，纪晓鸣赶紧用U形锁锁住了歹徒的脖子，最终合力擒获歹徒交给到达现场的派出所民警，那名女子也因120及时赶到得到救治。

（山东省文明办供稿）

周大坤

惊魂47秒！外卖小哥冲进车流救起孩子

「见义勇为」

人物故事

周大坤，男，1986年生，河南省睢县人，现在郑州市经营一家便利店，同时兼送外卖。

2019年3月16日12点50分左右，周大坤送餐经过郑州市经五路与黄河路交叉口附近路段时，突遇一辆白色轿车不慎将路边的一名幼童撞倒在地。此时，车流滚滚，由于孩子个子比较矮小，对很多车主而言，可能存在视觉盲区，很有可能造成二次碾压。危急时刻，周大坤赶紧冲到事发现场。孩子当时嘴里流血，几近休克。在简单检查了伤势后，周大坤一把抱起孩子，骑着电动车迅速将其送往附近医院。10多分钟后，交警、肇事司机和孩子家长，才匆忙赶到。把孩子交到家长手里后，周大坤悄然离开。因为抢救及时，孩子转危为安。

周大坤这段被街头监控拍下的时长47秒的救人视频上传到网上后，4月2日的人民日报微信公众号给予头条报道，数十家知名媒体给予转载，发布第一天，网上点击阅读量就达到200万人次。

（河南省文明办供稿）

营救群体

教职工上演“生死时速”93 个孩子一个都没少

「见义勇为」

人物故事

洪水冲倒围墙如猛兽般扑来，水位越来越高、水流越来越急……危急关头，14 位教职工上演“生死时速”，在洪水中勇救 93 名学生。

2019 年 6 月 5 日 13 时至 16 时，十堰市郧阳区境内遭遇强降雨，引发山洪，滔天的洪水瞬间冲进谭家湾镇桂花完全小学，冲毁学生老食堂和围墙，卷走停放在操场的车辆，冲向小学教学楼和旁边的幼儿园。危急关头，学校当天在岗的 14 名教职员工作出了一个共同选择——先转移学生。大家在围墙两边徒手搭起人梯，抱起 27 名在园幼儿，蹚过教学楼楼道的洪水，将幼儿转移到安全地带。同时，安全转移小学教学楼上 66 名小学生，93 名学生一个不少。

在肆虐的洪水面前，桂花完全小学的教师们尽责和勇敢。在危险面前，他们义无反顾，用自己的行动在洪峰浪尖里，铸就了闪光的师魂。让我们记住这 14 个闪闪发光的名字：韩伟、段发云、刘士军、范有林、周吉富、岳永强、王华、刘东平、刘林、刘兴晓、王琴、段太明、陈自平、闵云琴。

（湖北省文明办供稿）

尹文杰

见义必勇为“90 后”退役军人勇斗歹徒

「见义勇为」

人物故事

尹文杰，男，1992 年生，湖北省黄石市阳新县兴国镇彭山村人。2019 年获“荆楚楷模·最美退役军人”等荣誉称号。

2019 年 6 月 20 日凌晨，尹文杰在回阳新湖滨小区时，发现两名形迹可疑的年轻男子，在确认二人存在偷盗嫌疑后，尹文杰果断上前大喝：“站住，干什么的？”两名盗贼听到喊声后，立即转身向小区门口逃跑，尹文杰便上前追赶，在小区门外将其中的一名高个子盗贼制伏。

正在尹文杰准备报警之时，不料，另一名矮个子同伙突然骑着踏板车，手拿匕首刺向尹文杰的背后，始料不及的尹文杰身中两刀。尹文杰放开高个子盗贼，转去擒拿矮个子盗贼，没想到被放开的高个子盗贼也身带匕首，他看到尹文杰在制伏同伙，便立即抽出匕首向其胸部刺去，尹文杰又身中了 3 刀。尹文杰渐渐失去了擒拿的力气，两名盗贼趁势逃逸。

随后，尹文杰被赶来的警察送至医院治疗。医院诊断，尹文杰身中 5 刀，其中最严重的是刺穿了肺部的一刀，距离心脏只差毫米。

（湖北省文明办供稿）

刘德钦　万月明　胡民主

三位“好汉”合力上演生死救援

「见义勇为」

人物故事

刘德钦，男，1964 年生，湖南省株洲渌口区原交通系统下属企业下岗职工；万月明，男，1964 年生，湖南省株洲天元区雷打石镇胜利村村民；胡民主，男，1962 年生，湖南省株洲市公安局交警支队芦淞大队七中队事故民警。

2019 年 1 月 23 日上午，株洲市渌口区菜码头渡口处，2 名女童在湘江边洗手时不慎落水，情况十分危急。刘德钦当天在码头的渡口等船，当船行驶到河中间时，突然传来了呼救声，他循声望去，水面上，两双手臂在晃动。来不及多想，他第一个跳入冰冷的江水中，奋力向两个孩子游去。随后赶来的万月明看到有人落水，连衣服鞋子都来不及脱，也立马跳入冰冷的江水中，奋力向落水孩子们游去。胡民主当天上午正前往雷打石镇进行一起事故调查，听到呼救后，胡民主立即跳进江里朝小孩们游去，等到胡民主游到距离小孩 5 米左右的距离的时候，身体明显下沉，他赶紧在水中将棉衣脱掉，同时向岸上群众请求增援，自己则继续朝着孩子们靠近。通过 3 人倾力救援，两个小孩被成功救助上岸。

（湖南省文明办供稿）

李源青

“80 后”设计师勇救 2 名落水者不幸牺牲

「见义勇为」

人物故事

李源青，男，1980 年生，生前系广东省佛山市淘德丰科技发展有限公司衣柜设计师。

1998 年，李源青来到广东省佛山市读职业学校，毕业后又通过自学，成为一名家具设计师。生活中，他省吃俭用，却把 2/3 的工资都交给了在家乡的家人作为生活费，并资助侄女侄子姐弟 3 人上了高中、大学。

2019 年 6 月 7 日傍晚 6 时 30 分许，佛山市民刘先生带着妻子和两个孩子到禅城区东平河鄱阳南窦水闸附近散步，5 岁的儿子贪玩走到了河边，不慎滑入水中。不谙水性的孩子落水后一浮一沉并大声呼救，刘先生马上冲到河边想把孩子拉上岸来，但是因为河堤湿滑一同落入了水中，并被浪推离了岸边。情况危急，此时在河边钓鱼的李源青挺身而出，抄起鱼竿伸向落水父子。可是父子俩已被水流冲远，超出了鱼竿的长度。不会游泳的李源青不停向水中走去，希望能让落水的父子抓住鱼竿。但由于河堤陡峭，李源青也不慎滑入水中，最终父子被救起，李源青却不幸牺牲。

（广东省文明办供稿）

崔译文

女大学生挺身而出为同学“挡刀”

「见义勇为」

人物故事

崔译文，女，1999年生，浙江省宁波市奉化区人，广西桂林电子科技大学计算机与信息安全学院2018级学生。面对凶徒的尖刀，她为了保护同学，挺身而出，身中8刀，其中3处为贯穿伤。

2019年3月10日，上完晚自习崔译文和一名女同学一起结伴回寝室。两人走到了学校轻工楼附近，同伴突然跟崔译文说后面有人，崔译文回头看到一个男子拿着尖刀向她们冲过来。来不及反应，崔译文一把将同伴推开，刀子捅在了崔译文的身上。看见男子正疯狂地捅女同学，捂着伤口的崔译文冲上去将女同学护在身后，又被凶手连刺数刀，歹徒逃离了现场。此时浑身是血的崔译文，仍然不顾自己的伤痛，第一时间为女同学止血，给辅导员打电话报告情况。警方随后赶到了现场。崔译文被送往医院，经过紧张抢救，终于脱离了生命危险。

崔译文舍身救人的消息披露后，受到社会各界广泛赞誉和关注。

（广西壮族自治区文明办、浙江省文明办供稿）

谭胜勇

大楼突发火灾　民警挨户敲门救人

「见义勇为」

人物故事

谭胜勇，男，土家族，1983年生，贵州省铜仁市公安局碧江分局交警大队交通辅警。2019年获“贵州好人”荣誉。

2019年1月3日16时30分许，谭胜勇在碧江区环东路段进行巡逻保畅工作时，发现环东路线务站小区一居民楼起火，他立即拨打119报警电话后，不顾自身安危，第一时间冲入火灾现场，挨家挨户敲门大声呼喊……当喊到七楼时，谭胜勇发现七楼楼梯口安装了一扇独立大门，他用力敲门也不见有人回应，便又原路返回，当他跑到三楼时，刚好碰见一名住户正准备撤离，他立即上前询问七楼是否有人在家。在得知七楼住户有可能在家时，谭胜勇立即返回七楼，此时浓烟已将整个房间笼罩，烟味十分刺鼻，一名中年妇女抱着一个孩子和3名小学生惊慌失措，谭胜勇立即从中年妇女手中接过孩子，为避免孩子吸入浓烟导致呼吸道受到损伤，他用湿帕子捂着孩子的嘴，并带着学生和中年妇女安全撤离。在谭胜勇的挨家挨户紧急疏散和救援人员的帮助下，20余名群众及时安全撤离，整栋楼（含步梯房7层）无一人伤亡。

（贵州省文明办供稿）

李灵堃　林　义

“90后”青年为消防车救援疏通生命通道

「见义勇为」

人物故事

李灵堃，男，1995年生，贵州省贵阳市息烽县永靖镇西门居委会居民；林义，男，1996年生，贵州省贵阳市息烽县永靖镇硬寨村山脚组村民。

2019年5月8日上午10点半左右，李灵堃、林义两人开车经过贵阳市观山湖区云潭南路万达广场与阅山湖的十字路口时，前方一辆重型水泥大罐车发生侧翻，压在旁边两辆小轿车上，轿车当场变形，车内人员被困，情况十分危急。

两人拨打了120急救电话和119消防电话后，立即上前查看被压小车里面的人员被困情况，在第一时间将后方轿车及罐车的两名司机救出。前方轿车变形严重，他们试图将被困人员救出，但是经过多次尝试之后都失败了，只能等待救援人员到达。由于当时车祸发生在十字路口，车流量很大，导致救援车辆无法接近现场。于是他们兵分两路，为救援车疏通道路，使救援车辆仅用3分钟就通过拥堵路段到达事故现场，为营救被困人员赢得了宝贵的时间。林义和李灵堃协同将伤者送上救护车后，随后离开了车祸现场。

（贵州省文明办供稿）

曹宇芬

外卖小哥路边意外昏迷 最美医生紧急施救

「见义勇为」

人物故事

曹宇芬，女，1976年生，陕西省咸阳市中心医院社区管理科科长。

2018年8月1日晚，曹宇芬在咸阳纺机生活区门口发现一名40岁左右、身穿黄色外卖服的男子，低头跪趴在人行道的隔离墩上，双手下垂，摩托车倒在一边，两袋外卖散落一地。出于职业的本能，她立即上前查看并大声呼叫，但该男子没有任何反应，她立即扔下手中的包，将男子就地平放在人行道上，迅速双腿跪地为患者清理口鼻呕吐分泌物，口对口人工呼吸、胸外按压实施心肺复苏。10分钟后救护车赶到了现场，她又继续协助急救人员抢救患者直至恢复心跳送医接受进一步救治。在抢救路人的过程中，她双膝被磨破皮，长时间的胸外按压让她的胳膊酸痛不已，在场群众纷纷夸赞她“好样的！”她只淡淡说了句“应该的”，就接过好心人主动替她保管的包和手机后，悄然离去。

她救人的事迹被中央、省、市多级媒体广泛宣传报道，得到社会的广泛好评。

（陕西省文明办供稿）

许玉鹏

见义勇为显大爱　舍己救人扬正气

「见义勇为」

人物故事

许玉鹏，男，1985 年生，2012 年退伍转业到甘肃省张掖市高台县黑河湿地国家级自然保护区管理局工作。

2019 年 4 月 7 日下午 6 时许，许玉鹏看见一名妇女站在一处检查井旁，焦急地呼喊救命！他急忙从车上跳下来，飞快跑到现场察看情况。只见一名作业人员晕倒在检查井底，而检查井口及周边弥漫着刺鼻的沼气。许玉鹏没有丝毫犹豫，甚至没有来得及和车上的妻子打声招呼，就踩着检查井扶梯下到了井底去救人。

由于井深度 2 米多，空间狭小、沼气浓度高，救援难度非常大。许玉鹏将井外放下的绳索系在了受伤人员身上。但在升井过程中，由于绳索没有系牢，受伤者又重重地掉到了井底，许玉鹏也随之掉落。他再次系好绳索，奋力将受伤者救出。而他在即将到达井口时，由于体力透支和沼气中毒，晕厥跌落到了井底。随后，赶来的消防战士将许玉鹏从检查井中救了出来，终因长时间缺氧和吸入大量有毒气体，许玉鹏再也没有苏醒过来，献出了年仅 34 岁的宝贵生命。

（甘肃省文明办供稿）

郝三铁

照顾瘫痪继子
一生坚守只为一句承诺

「诚实守信」

人物故事

郝三铁，男，1956 年生，山西省晋城市阳城县蟒河镇寺沟村村民。

妻子的前夫因车祸去世后，留下一儿一女，郝三铁就这样和妻子搭伴过起了日子，日子也过得红红火火，没想到，一场突如其来的横祸将这家人的幸福就此打断。2009 年，儿子郝师国在城里打工时，不幸被木工板砸伤，造成了高位截瘫，从此以后只能卧床度过后半生。

2013 年 9 月 19 日，临终前的妻子紧紧拉着郝三铁的胳膊，虚弱的身子拼尽了一身的力气，不停地询问“管不管”？在郝三铁一声声坚定的“管”的回答中，妻子安心地闭上了眼睛，撒手人寰。

一大家人，只剩下了父子两人。从此以后，每两个小时为继子翻身就成了郝三铁的头等大事。半夜睡得再熟，只要够了两个小时，郝三铁就会条件反射地醒来，为继子翻身。

在很多人看来，郝三铁很傻，傻到为了一个没有任何血缘关系的人搭上了一生。可郝三铁却觉得，没有什么比让孩子有尊严、好好地活下去更重要。

（山西省文明办供稿）

刘 刚

坚持父债子偿　尽显军人风采

「诚实守信」

人物故事

刘刚，男，1995年生，黑龙江省齐齐哈尔市泰来县街基村村民，2012年入伍，2014年退伍在外务工。

2018年7月，刘刚父亲刘桂林突发脑出血意外去世，得知消息后，刘刚从外地匆忙赶回来。在给父亲收拾遗物时，刘刚意外发现一个笔记本，原来是父亲生前欠的外债。刘刚翻着一页页笔记本，上面记录了20多位好心乡亲的名字，欠款从100多元到1万多元不等，总计10万余元。刘刚作了一个决定，他要替父还债，这是唯一能够报答乡亲们的方式，也是对父亲最好的交代。年仅24岁的刘刚这些年省吃俭用存下来几万元钱，他毅然决然地取出了全部积蓄，按照欠债的时间顺序挨家挨户地还。“剩下的钱我一定会还给大家！”靠着这份执着，他背井离乡，起早贪黑地辛苦打工，那段时间他从未回过家，没有为自己添置过一件新衣服，省吃俭用只为减少一笔债，功夫不负有心人，欠账很快都被还清了。

（黑龙江省文明办供稿）

陈 伟

数百万元鱼苗“倒”进长江，只为兑现儿时承诺

「诚实守信」

人物故事

陈伟，男，1970年生，江苏省泰州丰汇农业科技有限公司总经理。2017年被评为江苏省乡土人才“三带”新秀，2019年荣获江苏省“十佳网络公益达人”称号。

陈伟从小在长江边长大，一家人靠捕鱼为生，他在儿时便默默许下誓言：等到自己有能力了，一定要回报“母亲”的养育，为长江做点事。2009年，陈伟决定“洗脚上岸”创办企业，养殖河豚。他坚守产品有价、诚信无价的经营理念，用高成本换来产品的高质量、销售的高增长和顾客的高信赖。

从2012年，陈伟开始放流普通家鱼（青鱼、草鱼、鲢鱼、鳙鱼）鱼苗，截至2017年，累计投入超过5万元。2018年5月4日，陈伟加大投入，一次性购买了7万尾河豚鱼苗放流长江，成为泰州市以个人名义出资增殖放流濒危品种的第一人。2019年5月10日，他再次投入10万元购买10万尾河豚鱼苗放流长江。经初步估算，两批河豚鱼苗长成后至少能卖出几百万元。

（江苏省文明办供稿）

唐黎萍
紫砂匠人以诚待客 铸就"全国先进"

「诚实守信」

人物故事

唐黎萍，女，1966年生，江苏省紫圣陶轩陶瓷经营部负责人，高级工艺美术师。曾获得"全国先进工商个体户""全国诚信经营示范户""中国市场优秀商户""优秀中国特色社会主义事业建设者"等多项光荣称号。

从业20多年来，唐黎萍坚持诚信经营、童叟无欺。2003年，一位河北客户在唐黎萍店内遗忘了4.8万元现金，她发现后立即联系对方，并将现金交还到客户手中。而当发现一位客户不慎以2000元价格误拿了价值300元的茶壶，唐黎萍发现后，随即将原品给客人寄去，同时表示了歉意，并将那只300元的紫砂壶作为赠品送给了客户。

2010年开始，她积极响应政府号召，带头实行紫砂产品亮证挂牌经营和销售台账登记制度，对辖区里的400多个经营户挨户走访，积极宣传，让一些经营户消除了抵触情绪。最终，她所负责片区里的经营户全部一次性顺利通过验收，实现对所有销售紫砂产品的有效追溯。平时，她还经常对身边的经营户们宣传陶瓷城"正版正货"商业城创建的意义，传授诚信经营之道。

（江苏省文明办供稿）

七月

何幼定
"蘑菇大王"在致富路上不断砥砺前行

「诚实守信」

人物故事

何幼定，男，1965年生，浙江省绍兴市上虞区桃花源蘑菇专业合作社理事长。

何幼定11岁时，因为一场意外导致双目失明。2008年年初，身为一级盲人的何幼定一口气向村里承包了58亩土地，创办了桃花源蘑菇专业合作社。10余年来，他一直在曲折的道路上"摸黑"探索，2017年，何幼定又新增贷款30万元，主要用于建造第二个冷库和新建三个蘑菇钢棚，为扩大蘑菇生产规模奠定了扎实基础。2018年，何幼定的蘑菇年产量已可达到12万公斤，除销往本地市场外，还销往杭州、宁波、上海、广州和四川等地。何幼定还承包了粮田面积，由原来120亩增加到216亩，何幼定把合作社打造成了浙江省残疾人扶贫示范基地。

截至2019年年底，何幼定已陆续安排32人就业，其中有11人是残疾人。他还带动周边62户家庭种起了蘑菇。2014年，何幼定出资60万，扶持残疾、贫困家庭61户。此后的几年里，何幼定经常活跃在社会公益一线，累计捐助达10余万元。

（浙江省文明办供稿）

王守文

体育老师扎根教学一线 托起孩子们的举重冠军梦

「诚实守信」

人物故事

王守文，男，1980年生，安徽省铜陵市义安区胥坝中心小学教师。

义安区胥坝乡是远近闻名的“举重之乡”。任职之初，王守文暗暗许下了为圆家乡孩子冠军梦而不懈奋斗的诺言。为普及体育知识，培养体育苗子，他主动向学校请缨，成立校举重队。

为了争取家长们的支持与配合，他一村村、一户户向学生家长宣传练习举重的益处，同时，他承诺所有培训不收一分钱，他的真诚与坚持，让一位位家长打开了家门和心结。2008年2月，“胥坝小小举重队”正式成立，王守文又肩负起教练员的重任。举重队建起来了，但困难又接踵而至。学校经费不足，买不起专业器材，他便跑到二手市场自掏腰包买来钢材，自己动手制作。切割、焊接、打磨，不知道熬了多少个夜晚，也不知手上划了多少道血口子，简易的器材终于可以投入使用。一分耕耘，一分收获。2008年至今，王守文“小小举重队”共向省市举重队输送50多名优秀举重苗子，他所输送和带队参赛的小运动员，共摘得省赛20金11银10铜，全国赛1金2银的好成绩。

（安徽省文明办供稿）

徐勤学

八旬老人30年的守墓情

「诚实守信」

人物故事

徐勤学，男，1938年生，山东省新泰市龙廷镇龙溪庄村村民。2019年被评为“山东好人每周之星”。

徐勤学很小的时候，每逢年节，他的本家叔叔徐志金就会拿着几刀纸和一壶酒，来到龙溪庄遭遇战烈士墓前祭扫。据说，当年战斗中唯一幸存的一名战士，就是被他叔叔所救，从那以后，叔叔便当起了守墓人。徐志金去世后，村里老书记嘱咐徐勤学帮忙照看“烈士林”，他想都没想就答应了。这一守就是30年。烈士陵园虽然不大，但是徐勤学老人却管理得非常尽心。起初，烈士陵园在土坡上，因为年久失修，有些坍塌，徐勤学就从山上的石料厂捡了一些废弃石料，亲手给烈士陵园修了一道防护墙。后来经过政府的整修，烈士陵园更加稳固，周围还修上护栏。每逢清明，附近学校的学生都会来“烈士林”祭扫。徐勤学就成了义务讲解员，向他们讲述当年发生在这个地方的惨烈战斗。

（山东省文明办供稿）

石聚彬

一颗枣儿甜万家 诚信经营康万民

「诚实守信」

人物故事

石聚彬，男，1961年生，河南省新郑市“好想你”健康食品股份有限公司党委书记兼董事长。

1992年，石聚彬创办“奥星”干鲜果食品加工厂，带领大伙一起卖枣。他就抓两点：创新和品质！厂里相继开发出“无核枣”、枣干、枣片、枣粉、枣醋等16个系列，200多种单品，申请了近400项专利。正是靠着大枣的“72变”，石聚彬开始在全国数千家枣类企业中崭露头角。为了保证枣的质量，石聚彬琢磨出了新模式——“公司+基地+农户”。首先，建立起上千亩的无公害生产基地。其次，为了科学种植，石聚彬每年花掉300多万元，定期邀请种植专家为农户做培训。为了确保食品安全，石聚彬还特意成立了一个研制配方肥的部门，“禁用化学农药，只用生物农药”，确保了“好想你”枣产品的质量和信誉。

同时，石聚彬还以个人或者公司名义，积极参与社会公益事业，20多年来向社会各界及个人累计捐赠2200余万元，用实际行动回报社会，真正表现出了一名企业家的责任、担当和爱心。

（河南省文明办供稿）

七月

何文国

19年经营放心种子 镌刻下诚信印记

「诚实守信」

人物故事

何文国，男，1967年生，湖北省襄阳市南漳县“放心种子大厅”总经理。

2000年春，何文国与妻子陈盛芬开了一间种子店。他利用自己的专业知识遴选大江南北的种子营业不到两个月就吸引了全县各地的大批客户。

2002年，何文国扩大经营，正式挂牌“放心种子大厅”，不断引进全国最优良的新品种在全县试验、推广，每年可为全县农民增收亿元以上。

2003年早春，何文国第一批次购进的稻种售罄，第二批次的稻种还在路上。没买到稻种的客户在店里急得直打转，何文国的妻子陈盛芬想起没卖完的价值2万元的陈稻种。就跟一个客人说了陈稻种的事情，愿意半价出售。是夜，得知这件事的何文国辗转难眠，第二天一大早，他就去收回了陈稻种。让农民买到放心的种子，是他开店的初心。为了“放心”二字，何文国愿意亏掉这2万元。

2018年8月，何文国通过多方努力，在国家上市的种子生产厂家为南漳县争取到3万斤国家精准扶贫玉米种子。此项目实施完成后，可为南漳县农民减少农业投资近100万元。

（湖北省文明办供稿）

李笃维

守诚实守信之德 担服务社会之责

「诚实守信」

人物故事

李笃维，男，1973年生，四川省儒龙医药有限公司、四川省巴中怡和药业连锁有限责任公司董事长。

2000年3月，李笃维最先在巴中市提出平价药品连锁经营的概念，并在自己的创业过程中付诸实施，创办了第一家零售药店——“怡和药房”。

李笃维严把质量关，坚持宁缺毋滥，坚持卖良心药，确保让顾客吃上放心药。迄今，在巴中市域内开设“怡和药房”直营连锁门店98家，年销售额近2亿元，把“怡和药房”打造成了巴中市内门店最多、品种最齐的药品连锁企业，极大地方便了群众。

多年来，李笃维给灾区、孤寡老人、残疾人、贫困户等捐款捐物；每年通过资助贫困大学生帮助其完成学业、优先聘用失业人员残疾人帮助就业。荣获“四川好人”“四川省优秀青年科技创新带头人”等荣誉。

（四川省文明办供稿）

郝科科

农村老汉“收”巨款，主动归还显美德

「诚实守信」

人物故事

郝科科，男，1957年生，陕西省西安市鄠邑区涝店镇史家庄村民。

2019年7月31日上午，他在坳河村收完废品回到家都快中午11点了，因身体不太舒服，把收到的废品放下就休息了。直到8月1日下午2点左右，他在整理废品的时候，在一个鞋盒里发现了2万元现金，瞬间惊呆了。这对一个靠收废品为生的人来说是一笔巨款。但他人穷志不穷，信守着“不该得的钱坚决不拿”。经过多方打听，他找到了失主赵团民。当他把钱交还到赵团民手中时，赵团民流着泪说：“2万块钱是我刚领的半年工资，专门放到一个纸盒里，没想到被儿子当废品卖了，都快把人急死了。没承想您就原封不动地送回来了。”失主当场就拿出一部分钱要感谢他，但他执意不收。

一名靠收废品为生的老人，坚守着拾金不昧、诚实守信的人生准则，用自己的实际行动弘扬了真善美，传递了社会正能量。

（陕西省文明办供稿）

通占元

把小蘑菇做成富民大产业 带动 200 余万农民致富

「敬业奉献」

人物故事

通占元，男，1963 年生，河北省农业特色产业技术指导总站站长，享受国务院政府特殊津贴专家。先后荣获“全国农业先进工作者”“河北省脱贫攻坚创新奖”“河北省优秀退役军人”等荣誉称号。

1999 年，通占元转业到省农业环境保护监测站工作。全面调查了全省食用菌病虫害种类和 940 余种野生菌，研发了工厂化制作菌袋基料等先进技术，提出了山坝区错季菇生产、环京津珍稀菇生产、冀中南草腐菌生产规划，带动 200 多万农民实现了增收。

2015 年，通占元到阜平县挂职副县长。他制定了覆盖 4 万贫困户、人均年增收万元以上的食用菌产业发展规划；引进 50 多名技术人员、组建 10 家龙头企业，成立了太行山食用菌研究院，阜平香菇从无到强，发展百亩以上园区 126 个，年栽培 1.6 亿棒，贫困户由年收入两三千元到年户均增收 2 万元。

2018 年，通占元担任省农业厅产业扶贫办主任，谋划产业扶贫项目 7.7 万个、实施 3 万个，建成扶贫产业园 354 个，培育了 1000 个扶贫产业示范村。

（河北省文明办供稿）

唐笑宇

践行工匠精神　智造特钢精品

「敬业奉献」

人物故事

唐笑宇，男，满族，1985 年生，河钢集团邯钢公司邯宝炼钢厂转炉车间三档技术主管。2018 年赢得第 12 届模拟炼钢挑战赛世界总决赛冠军，2019 年荣获河北省敬业奉献道德模范。

在炼钢厂，唐笑宇干的第一个工种是上料工。时值公司瞄准行业先进企业，在品种结构、工艺操作、产品质量等方面全力攻关的关键时期。他一个指标接着一个指标地攻坚，在全年 12 个炼钢小组综合排名不仅拿下了第一名，还创下了连续 10 个月钢水成分不超内控的纪录。

2013 年，河钢邯钢推行“少渣冶炼”方法，为了破解这一技术难题，唐笑宇开始查阅大量资料，并结合自己的炼钢经验，率先在厂里使用了“留渣冶炼”的工艺。他成功总结出了邯宝炼钢厂 260 吨转炉的少渣冶炼方法，成为首个将 260 吨转炉的转炉工序灰耗降到吨钢 15 公斤的炼钢工，并将经验推广到各个班组。

（河北省文明办供稿）

七月

刘保朝

水上鸿雁衔情飞的“绿衣使者”

「敬业奉献」

人物故事

刘保朝，满族，男，1968 年生，河北省宽城满族自治县桲罗台邮政支局投递员。2007 年荣获“河北省邮政系统劳动模范”，2009 年荣获“全国五一劳动奖章”，2015 年荣获“全国劳动模范”。

刘保朝 21 年坚守在库区水路投递工作岗位上，行程 13 万余公里，投递各类邮件 15 万份，为乡亲们购买生活日用品 1 万多份，义务搭载 3500 余人次，打针输液 200 余人次，被乡亲们亲切地称为“库区顽强拼搏的鸿雁”。

他工作途中经常会遇上大雾天气和各种各样的突发事件，他曾 3 次掉进冰窟窿，每次都需拼尽全力自救，2001 年 5 月，遇上两位乡亲在行船时被库区养鱼的大绳子刮翻掉落水中，当时情况十分紧急，刘保朝将船飞速驶近他们，救了两人性命。由于长年与冷风和寒冰打交道，刘保朝的腿关节发生腱鞘滑囊炎病变，很难治愈，刘保朝却任劳任怨。

（河北省文明办供稿）

叶　拽

第一书记脚踩泥土 “铁杆”庄稼里蹚出脱贫路

「敬业奉献」

人物故事

叶拽，男，1987 年生，山西省晋城市阳城县河北镇综合便民服务中心主任。先后获得“山西省农村模范第一书记”“山西好人”称号。

2015 年 8 月，组织派遣叶拽到晋城市阳城县河北村担任第一书记。第一次来到村里，他便暗暗发誓，要让河北村发生彻底改变。

2015 年，他和村“两委”干部积极争取，由阳城县财政投资建设 100 千瓦光伏发电项目。当年村集体获益 8 万多元，实现了集体经济“零”的突破。随后，他又想着为所有贫困户安装 10 千瓦的光伏发电。由于每户需要 8 万多元钱，村民积极性很低。叶拽没有放弃，他白天跑银行办理贷款手续，晚上挨家挨户讲政策，最终由银行全额贷款支持。2017 年 10 月 17 日，河北村举行光伏发电利润分红仪式，当 12 余万元现金发到村民手中时，大家都激动不已。

在叶拽和帮扶单位的共同努力下，3 年时间，河北村集体收入从“零”实现了年稳定收入 20 多万元；112 户贫困户全部脱贫，年人均收入从原来的不足 2000 元突破 7000 元。

（山西省文明办供稿）

汪友斌

老城厢弄堂里的家庭医生

「敬业奉献」

人物故事

汪友斌，男，1979 年生，上海市黄浦区老西门街道社区卫生服务中心全科主治医师。

10 年前，汪医生成为一名奔波在老城厢弄堂里的家庭医生，目前“1+1+1”签约服务对象已有 1037 人。

作为一名家庭医生，汪医生每天都会为居民们测量血压、血糖，进行健康宣传。这一天，乔家栅居委的陆阿婆早早地等在了家门口，隔着约 10 米的距离就拉开了嗓门：“汪医生，侬快点帮我看看这个瑞金医院开的高血压药我能吃吗？”同样的问题陆阿婆每周都要问一遍，邻居开玩笑地说她像得了“强迫症”一样，非得听到汪医生的回答才安心。

随着中心启动新一轮社区卫生服务综合改革，汪医生被委以重任，担任老西门街道社区卫生中心综改办公室主任。面对压力与挑战，汪医生放弃了无数次休息的时间积极投入到综改工作中。

在该中心率先与第九人民医院骨科、内分泌等 6 个科室开展全专联合门诊以来，汪医生积极与九院的骨科专家探讨社区康复模式，力求在改革的东风中，让患者在家门口就能享受到三级医院的同质化服务。

（上海市文明办供稿）

段玉平

三年改则行　一生援藏情

「敬业奉献」

人物故事

段玉平，男，1975 年生，中国移动江苏公司连云港分公司副总经理。

段玉平 2016 年 7 月开始为期 3 年的援藏工作。改则县平均海拔超过 4700 米，生存环境恶劣，是国家深度连片贫困县。经过调研发现，当地新鲜绿叶菜尤为金贵，段玉平积极争取上级支持，投入中国移动援藏资金建成了 9 个蔬菜大棚。2018 年冬天，棚产蔬菜陆续端上了改则群众的餐桌，县里平均菜价下降了 20%，一举解决了当地百姓吃菜难的问题。

作为分管旅游的副县长，段玉平帮助组建改则县旅游公司，对改则县旅游产业、产品进行市场化开发。他还积极打造旅游销售平台，拓宽销售渠道。2017 年 2 月，段玉平发起成立“慈善基金”，募集 19.37 万元，在改则县建设“旅游产品商店”，将当地土特产、旅游产品“引商入柜”，月营业额最高时能达 30 多万元。

段玉平协调内地 150 多位爱心人士，捐资 45 万多元，一对一帮扶贫困学生 348 人次。积极联系爱心企业，筹资近 8 万元，为 5 个未通电乡的学校陆续配备了柴油发电机和柴油，解决了学校用电问题。

（江苏省文明办供稿）

宋　强

线上线下服务群众的“80 后”百姓民警

「敬业奉献」

人物故事

宋强，男，1982 年生，江苏省苏州工业园区公安分局湖东派出所副所长。2017 年获评“江苏省优秀人民警察”“全国优秀人民警察”。

参加工作以来，宋强通过走访小区住户、走访企业、调解纠纷、解决群众求助等，完成人民民警从管理者向服务者的转变。他编纂课件 30 余份，开展各类社区讲座近百场。他扎根基层，多元化打造服务群众的公安阵地，面对人多警力少等困难，他勇于创新。他构建的基层社区“微型派出所”，将派出所业务逐步纳入社区警务室，深入群众之中服务群众所需。他提出“互联网 + 社区警务”的理念，依托异常数据分析，全面精准把控社区情况，坚持严格管理与关心生活相结合，有效提升了基层社区信息化管理工作水平。10 余年的社区工作，他先后开设“网上警务室”“微信服务小店”等便民网络服务平台，解决群众实际问题 1000 余件，实现了信息化条件下的警民良性沟通。

（江苏省文明办供稿）

王　侠

“足球妈妈”汗洒绿茵场 二十五载终圆农村校园足球梦

「敬业奉献」

人物故事

王侠，女，1975 年生，安徽省阜阳市颍泉区行流镇三义学校教师。2018 年获评“全国校园足球感动人物”。

王侠作为学校唯一的体育老师，2014 年，为响应国家“体育强国”的号召，她从阜阳师范学院请来足球教授张宏智。张教授指导学生的时候，她也跟着学习，认真用小本子记下重点内容，不到半年的时间，她就掌握了足球的基本要领。三义学校足球队里大多数都是留守儿童，王侠带他们外出比赛时，给他们洗衣洗袜，鼓励他们自立自强，孩子们亲切地喊她为“足球妈妈”。2015 年，王侠所在学校成为教育部首批全国青少年校园足球特色学校。2016 年，王侠带领学校的 10 名足球队员，在南京参加青少年足球比赛，荣获安徽组冠军、苏皖赛亚军及唯一的“金靴奖”。2017 年，王侠对接帮扶的李集小学、腰庄小学也获批全国青少年校园足球特色学校。一个农村乡镇有三所国字号的特色足球学校，这种情况在安徽省是前所未有的。

（安徽省文明办供稿）

鲍志斌

"独臂民警"从警十八载 守护一方平安

「敬业奉献」

人物故事

鲍志斌，男，1980 年生，安徽省淮南市公安局山南分局曹庵派出所所长。

2012 年 4 月 24 日下午，群众发现有不法分子在曹庵镇供电所附近偷树，遂拨打 110 报警。接警后，鲍志斌与其他 5 名同事迅速赶往现场，制伏了盗窃分子，并收缴了他们的作案工具和车辆。返回途中，鲍志斌所乘车辆被大货车刮到，左臂被砸伤，不得不进行截肢处理，鲍志斌永远失去了左臂。返回工作岗位后，鲍志斌婉言谢绝组织的照顾，主动要求回派出所基层一线工作，成为目前全省伤残等级最高、仍然坚守一线的人民警察。

7 年来，独臂的他在基层派出所共抓获各类逃犯 70 余人，抓获吸毒人员 200 余人，主办各类刑事案件 50 余起，处理治安案件 800 余起，为群众挽回经济损失近 400 万元。2017 年他担任所长以来，辖区侵财类案件发案率下降 70%，严重暴力犯罪案件发案率下降 50%，极大地提升了群众的安全感和对公安工作的满意度。

（安徽省文明办供稿）

罗晓敏

贫困村脱贫攻坚的"领头雁"

「敬业奉献」

人物故事

罗晓敏，女，1968 年生，江西省景德镇市人民检察院检察员，驻村第一书记。

2015 年 7 月，罗晓敏在担任乐港镇张家村第一书记期满后，再次请缨来到省级贫困村龙口村。为尽早帮助贫困户脱贫，罗晓敏带领驻村工作队精准识别出贫困户 16 户 30 人，实施建档立卡，做到不落下一个贫困户。

此外，她积极争取政策资金支持，加强基础设施建设，重建 600 多平方米的党群活动场所、20 多间教室的崭新教学大楼，并配备了书画室、乒乓球室、电子阅览室、音乐室、绿茵操场。实施产业扶贫，争取千万元项目资金，拓宽"检民路"，重修"检民桥"，发展 5.6 兆地面光伏和 300 千瓦的屋顶光伏，村集体增加收入 45 万元。

5 年来，龙口村演绎了一场美丽的蝶变，昔日龙口变成了水泥大道宽阔笔直，林木郁郁葱葱、村庄干净整洁的示范村，2018 年龙口村评上了全省"绿色社区"。

（江西省文明办供稿）

徐东华

挡刀护民，群众的安危才是天

「敬业奉献」

人物故事

徐东华，男，1988年生，江西省瑞金市公安局象湖派出所解放路警务区警长。

2012年，徐东华被分配到瑞金市公安局谢坊派出所做社区民警，走访群众20万余人次，送证上门2600余次，发放宣传资料5.6万余份，为民办实事3200余件。

2017年，徐东华被调至瑞金市公安局象湖派出所办案组，负责全所每年几千起警情的全警情录入工作。2018年夏季，徐东华通过警情数据研判，“零口供”侦破系列盗窃电瓶车电瓶案14起，起获并扣押被盗电动车多辆、被盗电瓶若干，为群众挽回损失2万余元。2017年度，徐东华主办的谢某飞系列盗窃案，被评为赣州市公安机关“十大优质案件”。

2019年3月20日早上7时许，徐东华和同事在处理一起突发警情时，为保护人民群众生命安全，和一持刀男子英勇搏斗，致使徐东华左脸额头、左手手掌等多处被砍伤，左手大拇指直接被砍断。手术做了近7个小时，缝了100余针。

（江西省文明办供稿）

蒋红喜

压不垮的重建意志 洪水中的不屈脊梁

「敬业奉献」

人物故事

蒋红喜，男，1981年生，山东省青州市金潮来食品有限公司总经理。2019年被评为“山东好人之星”。

2018年8月19日，“温比亚”台风过境青州，多日的强降雨引发了山洪。当天下午1点多，蒋红喜接到青州市防汛指挥部的紧急撤离通知后，第一时间断水断电，带领员工紧急撤离，全厂306名员工无一人伤亡。洪水导致蒋红喜的企业经济损失6000余万元。面对被洪水冲垮的厂区，蒋红喜并没有灰心丧气，他组织全体员工不等不靠，积极开展自救，20天后，蒋红喜的公司成为“8·19”洪灾后青州市王坟镇第一家完成灾后重建、恢复生产的企业。

目前蒋红喜已经走出洪灾的阴霾，努力将企业发展成为具备青州特色，集山楂种植加工、电商销售、休闲旅游为一体的健康产业园，树立行业标杆，带动村民增收，也为自己家乡的发展奉献一份力量。

（山东省文明办供稿）

轩志伟

身患重病坚守岗位 22年编稿600多万字

「敬业奉献」

人物故事

轩志伟，男，1970年生，河南省临颍县委党史和地方志研究中心主任科员。

1991年10月，轩志伟考入临颍县人民政府办公室任职。1997年，任信息科长后，轩志伟通过举办政务信息培训班、构建信息网络等有效措施，推动全县政务信息工作跨入省市领先行列。他于1999年身患强直性脊柱炎，但他仍坚守工作岗位。2003年6月，轩志伟带领科室人员创建中国临颍网，网络开通后，他坚持每天审核网上发布的新闻稿，由于长年伏案工作，他的病越来越重，渐渐成了“罗锅腰”。2007年5月，轩志伟调任临颍县史志档案局党组成员、副局长，他放弃外出治病，主动投入《临颍县志（1986—2005）》的编纂工作。同时，他还担任《临颍年鉴（2017）》的主编，2019年2月，《临颍县志（1986—2005）》和《临颍年鉴（2017）》顺利出版发行。

参加工作29年来，轩志伟编写的政务信息、志鉴书稿达600多万字，多次被评为省、市政务信息先进工作者，获得各种荣誉称号30多个。

（河南省文明办供稿）

李栓定

勤不言苦　17年坚守文物保护一线

「敬业奉献」

人物故事

李栓定，男，1965年生，河南省武陟县文化广电和旅游局干部。

20世纪90年代，李栓定从部队转业到地方，担任武陟县化肥厂保卫科长，协助公安部门破获积案20余起。2002年，武陟县文化局成立了妙乐寺文物管理所，李栓定被任命为所长。妙乐寺当时没有围墙，白天他还要到周边村庄做工作，解决妙乐寺塔核心地区的土地使用权问题。经过近3个月的努力，他争取了周边4个村50亩土地使用权，并砌成了700余米的围墙使用至今，为全国重点文物保护单位妙乐寺塔的安全保护奠定了良好的基础。

文物保护工作清苦繁杂，同时，作为文物治安室主任，李栓定多次化解信访矛盾，勘察文物盗掘现场，追缴文物。17年来，李栓定先后调解矛盾纠纷20余起，勘察古墓被盗现场8处，协助公安机关先后调查文物犯罪嫌疑人29人、逮捕12人、判刑8人。

（河南省文明办供稿）

七月

陈显兵

肩挑背扛，悬崖上打造心中“景区”

「敬业奉献」

人物故事

陈显兵，男，1968年生，湖北省恩施州巴东县大支坪镇尚家村村民。

自2017年5月起，陈显兵一个人，一双手，一锤一刀开路，一锄一镐筑景，打通了围绕在悬崖半山腰长约5公里的“路”，用血肉之躯掘土、修路、搭桥，在鄂西深山悬崖峭壁上肩挑背扛开凿出“景观路”，在自家林地里勾勒出一个以“天心眼”为核心的景区雏形，铺就一个人的“景区”梦。

景区入口处原本不能通行，他人工搭建起了木梯，耗去100多个日夜人工挖掘后，洞口变得宽敞起来。他利用现有地形，通过挖洞搭桥、填土修路，在陡崖上挖出少许土路，将分散于悬崖峭壁上的多段险道连接了起来。遇到没有路的地方，他又从自家山林砍运来木材，搭建简易木桥，供人通过。风为伴雨为饮，陈显兵在绝壁上一干就是近3年。

在当地扶贫工作队的努力下，2020年村里已建成了人行索道桥、旅游公路、旅游停车场等基础设施。这使陈显兵打造“景区”的梦想更加坚定了。

（湖北省文明办供稿）

吴又存

一辈子讲好一门课 在学生心间点亮一盏灯

「敬业奉献」

人物故事

吴又存，男，1971年生，湖北省武汉市解放中学思政课教师。曾获“全国模范教师”“全国优秀思政课教师”“湖北省特级教师”“荆楚楷模”等荣誉称号。

吴又存不断创新思政课堂，精心策划每一堂课，为学生全面健康成长点亮一盏引路明灯。他在教学中常吟诵诗词，让历久弥新的诗句点亮课堂；他上课常放唱健康活泼的歌曲，让歌声在课堂上飞扬；“课前时政演讲”积淀了学生的政治素养，实践性“孝心作业”润泽了学生的感恩情怀；他编写教育部统编教材《道德与法治》，出版个人专著；他示范引领，应邀赴全国各地上示范课和做报告300余场；由教育厅授牌成立湖北省第一个初中思政名师工作室，他呕心沥血、不遗余力地培养青年教师专业成长，一大批青年教师脱颖而出。

从教26年来，他贯彻党的教育方针，潜心育人，默默奉献，努力当好学生引领人，为思政课建设和学生健康成长作出了突出贡献。

（湖北省文明办供稿）

杨　梅

倾情小学教育　打造百年名校

「敬业奉献」

人物故事

杨梅，女，1974年生，湖北省潜江市田家炳实验小学书记、校长。

她任校长后，学校先后获得“全国首届文明校园”、“全国冬季长跑示范学校”等荣誉称号。

为了大力培养青年教师，杨梅经常和他们一起同吃同练，手把手以身示教。在她的培养下，学校先后有6位青年教师获得全国教学比武一等奖。

2015年，为了让偏远地区的孩子一样享受优质教育，她毅然在乡村创办实小分校区。筹措建设资金、申报项目、校区扩大增地、教学楼设计、办学模式的定位、教师工作的调配……在她的不懈努力下，一所现代化、高标准、花园式的新校园屹立在潜江南城。2019年，她再次响应市委、市政府集团化办学的号召，在潜江北城区兴办实验小学北区分校，学校实现了集团化办学，给全市人民交了一份满意的答卷。

27年来，杨梅扎根潜江，奉献潜江，用一颗执着的心抒发教育情怀，谱写教育传奇。

（湖北省文明办供稿）

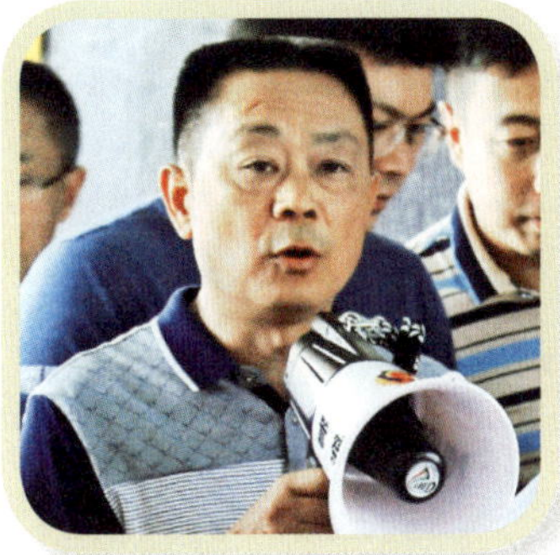

易晓林

病魔击不倒的驻村扶贫“老黄牛”

「敬业奉献」

人物故事

易晓林，男，1963年生，国家税务总局洪江市税务局干部。

2015年5月，易晓林主动请缨成为洪江市沅河镇堰桥村第一书记，易晓林暗下决心，一定要让堰桥村旧貌换新颜。短短29天，易晓林的足迹踏遍全村，掌握了14个村民小组，1520名村民和80户贫困户的基本情况。易晓林按照“一户一档”标准，在全省首创贫困户二维码档案，把扶贫台账装进手机，帮扶工作实现了24小时不下线。

堰桥村贫穷落后面貌一天天在改变。2016年，村民人均年收入从1980元提升至3500元，全村80户贫困户中75户已经实现脱贫，该村也成为洪江市首批脱贫出列村，被评为湖南省“脱贫攻坚示范村”；易晓林却因为过于劳累多次因病住院。“堰桥村一户不脱贫，我就一天不撤岗。”易晓林的话语铿锵有力，他已真正将自己融入堰桥村之中，在脱贫攻坚第一线，俯首甘为堰桥村民的“老黄牛”。

（湖南省文明办供稿）

陆魁友

七旬护林员巡山护林四十余载 只为守住青山绿水

「敬业奉献」

人物故事

陆魁友，男，1947年生，湖南省衡阳市蒸湘区雨母山林场护林员。

每天清早，准备好森林防火的工具和背包，简单吃完早餐之后，陆魁友就踏上护林之路，开始了漫长又枯燥无味的巡山工作。虽已年逾古稀，他的步伐却依旧坚定有力。从1978年开始，陆魁友就在衡阳市雨母山林场从事森林防火、爱林护林工作，40多年来，他每天行走七八公里，奔走在各个山头之间。早些年在景区管理还不规范时，邻近村民偷盗采伐树木的情况比较严重。有一年，几个村民深夜到景区盗树，被陆魁友等人及时发现，双方持械对峙，该伙盗树人非常强势，眼看无法下手旋即返村喊来帮手，十几个人手里拿着锄头、铲子、木棍等工具汹汹而来，陆魁友见势不妙，让队友赶紧抄小道报告上级领导。随后，雨母山乡派出所干警迅速出动，控制事态，对肇事者进行了严肃批评教育。

说起那些年与盗树贼的斗争经历，陆魁友至今心有余悸，但他坚定，只要管着这座山，就一定要对这座山负责。

（湖南省文明办供稿）

周福霖

毕生宏愿为“抗震” 为千万人筑起“不倒屋”

「敬业奉献」

人物故事

周福霖，男，1939年生，广州大学工程抗震研究中心主任、中国工程院院士。曾获国家科技进步二等奖、建设部科技进步一等奖、广东省科技进步一等奖、广东省首届“南粤创新奖”等。

1983年，周福霖从加拿大硕士毕业，放弃了国外优越的条件，毅然回国搞抗震研究。1993年，他在汕头建成我国首栋“橡胶支座多层隔震住宅”，被联合国工发组织评价为“世界隔震技术发展的第三个里程碑”。他还首创我国“多层房屋隔震”新技术，率先提出“结构消能减震”的理论，让隔震技术开始用于我国及世界住宅房屋建筑。

周福霖于1994年倡导创建的华南建设学院西院（2000年合并为广州大学）工程抗震研究中心，成为我国华南地区最大的现代化抗震实验研究基地。

周福霖带领技术团队承担了我国核电站隔震保护技术的研究、港珠澳大桥桥梁隔震设计工程应用型研究项目；在广州塔建设中采用世界首创的混合振动控制新技术；在故宫博物院文物隔震项目中，采用隔震技术对古文物进行保护。

（广东省文明办供稿）

黄福振

二十四载扎根基层派出所 以生命诠释为民情怀

「敬业奉献」

人物故事

黄福振，男，壮族，1973 年生，生前系广西崇左市扶绥县公安局昌平派出所教导员。

从警 24 年来，黄福振扎根公安基层一线，在平凡的岗位上做出了不平凡的成绩。2001 年年初，在一次案件侦破中，他率队追捕，被拒捕的嫌疑人打伤其右手，导致掌骨断裂，治愈后右手掌严重变形。2002 年 4 月，同正大厦发生爆炸，硝烟尚未散尽，他第一个冲进现场。2011 年 11 月，在抓捕一个特大盗窃机动车团伙主犯时，黄福振跳上面包车控制团伙主犯，嫌疑人突然加大油门驾车逃跑，黄福振猝不及防，重重摔倒在地上，3 根椎骨压缩性骨折，造成伤残九级。2015 年 7 月，扶绥县城发生命案，黄福振从被害人的血迹入手，判断凶手所持凶器及行动路线，为破案提供了准确的线索，案件发生 1 小时即告侦破。

黄福振在担任分管技术的副大队长后，积极推动刑事技术建设，刑事科学技术室被广西壮族自治区公安厅评为三级实验室，物证鉴定室通过自治区质量监督局资质认定，可出具法医类、痕检类的鉴定报告。

（广西壮族自治区文明办供稿）

黄文秀

不忘初心，扎根基层 带领群众脱贫致富

「敬业奉献」

人物故事

黄文秀，女，壮族，1989 年生，生前系广西壮族自治区百色市委宣传部理论科副科长、派驻乐业县新化镇百坭村第一书记。

2019 年 6 月 17 日凌晨，黄文秀在突发山洪中不幸遇难，献出了年仅 30 岁的宝贵生命，被追授“全国三八红旗手”“全国脱贫攻坚模范”“时代楷模”“八桂楷模”“广西青年五四奖章”等荣誉称号。

2016 年从北京师范大学研究生毕业后，黄文秀回到百色革命老区工作。2018 年 3 月，她主动请缨到乐业县百坭村任驻村第一书记。驻村后，她迅速进入角色，带领群众摸索到了适合本村发展的产业。在她的辛勤努力下，百坭村贫困发生率从她上任时的 22.88%，下降到 2018 年年底的 2.71%。

在驻村工作期间，黄文秀经常加班加点，从不因为节假日或周末而放松工作要求，把工作高质量地完成好。为了让百坭村早日脱贫，她舍小家为大家，家人患重病住院动手术，她没能时时在身边照顾，村里大小事务却总能找到她坚毅的身影。

（广西壮族自治区文明办供稿）

杨　云
农民工变技术改造能手　培养建筑骨干 250 余人

「敬业奉献」

人物故事

杨云，男，1975 年生，重庆兴达实业（集团）有限公司泥工组长。2019 年荣获“全国道德模范提名奖”。

2011 年年初，杨云经人介绍到工程项目部工作后，先从基层农民工做起，自始至终劳动当先，从不偷懒取巧。干起活来不怕脏不怕累，奋战在一线，勇当“排头兵”。

2011 年以来，累计为涪陵区多个工程项目节约成本上千万元。

除了良好的职业情操和以身作则的敬业精神，杨云热心公益、扶贫济困。近 10 年间先后带领家乡农民工 2000 多人在工地务工，其中贫困户 400 余人。也因此，工友中脱贫致富的人达 250 多人，此外，他还培养出行业砖工能手 100 余人，抹灰能手 150 余人。

另外，杨云还自费近 6 万元支持家乡建设修路 300 米，同时从 2013 年开始累计资助重病患者、孤寡空巢老人、困难家庭等乡亲工友 30 多人。

（重庆市文明办供稿）

周登学
支教助学　奉献扶贫一线

「敬业奉献」

人物故事

周登学，男，1965 年生，四川省乐山市市中区临江学校教师。被教育部、人力资源和社会保障部授予“乡村学校从教 30 年教师”称号。

周登学先后到峨边、马边、凉山支教。30 多年来，奉献在脱贫攻坚和农村教学一线，受到学生、家长、同事、社会的好评。

1985 年 7 月，周登学从乐山师范学校毕业，跨进了乐山市市中区最边远的乡村学校——临江学校的校门。2013 年，随着教育均衡发展，临江学校在硬件设施和教师待遇上都得到了极大的改善，但周登学却主动申请到峨边彝族自治县的边远乡村参加四川省“三区人才计划”的支教工作和乐山市组织的彝区“一村一支教”精准扶贫工作。

为了青年教师的成长，他积极主动承担公开课、示范课和培养指导青年教师，多人已成为教学骨干。为了提升自己的教学业务水平，周登学积极参与教研教改、撰写教学经验文章，多篇论文在区级以上获奖和在刊物上发表。

（四川省文明办供稿）

周正文

大山深处"迷你"校 一个老师六个娃

「敬业奉献」

人物故事

周正文，男，1984年生，贵州省遵义市赤水市长沙镇杨柳小学教师。

周正文曾是遵义市区一初中教学点教师，2014年，他到遵义师范学院办事，偶然了解到赤水有一所学校只有6个学生，条件特别艰苦，面临师资短缺的难题，便决定辞去现有工作，义无反顾地来到了杨柳小学。

杨柳小学是赤水市长沙镇下属的两个教学点之一，距离赤水市中心有100多公里。初到学校，周老师自己出资6000多元用来检修教室屋顶。2015年，他向镇里申请经费，硬化学校操场，还通过对外宣传杨柳小学的困难，筹资更换了课桌，增添了书架及各类书籍。2016年，他争取资金修缮了杨柳小学的道路、操场围栏、蓄水池和厕所化粪池。学校开办食堂时，他从积蓄里拿出2000多元，为学生购买米、油、蔬菜。他还每月花2000多元为学生购买奶粉、饼干、水果等食品，给学生新置生活用品、衣服和鞋帽。5年来，他始终如一地坚守奉献、点燃了自己的青春。

（贵州省文明办供稿）

文伟红

7年帮助5个贫困村出列的驻村干部

「敬业奉献」

人物故事

文伟红，男，土家族，1974年生，生前系贵州省铜仁市沿河县经济开发区企业服务中心干部、中寨镇大坪村驻村第一书记。2019年被贵州省委追授为"全省优秀共产党员"。

2013年以来，文伟红一直奔走在扶贫一线。

2018年3月，组织选派他到中寨镇深度贫困的大坪村担任第一书记。大坪村地处麻阳河国家级自然保护区腹地，距离县城100多公里，平均海拔1000多米，群山连绵起伏，好似锯齿一般，当地人称为"锯齿山"，全村372户，1552人，贫困发生率高达57.15%。文伟红主动克服困难，积极争取项目，修建通组公路17公里，修建饮水池7个，铺设水管20余公里，发展蜂蜜、金刺梨、烤烟等产业，动员全村192户961人实施易地扶贫搬迁，数月便让全村贫困发生率下降到22.20%。2019年7月22日下午6时许，文伟红在村办公室处理完事务后，去大坪村民组查看烤烟产业时，意外触电，牺牲在脱贫攻坚一线，年仅45岁。

（贵州省文明办供稿）

七月

王新华

发扬工匠精神　乐攀技术高峰

「敬业奉献」

人物故事

王新华，男，1972年生，云南省玉溪水松纸厂技术中心创新研发团队核心成员。被评为2017年云南省劳动模范。

1993年7月，王新华来到了玉溪水松纸厂。当时水松纸厂电气自动化维修工人非常少，王新华毅然选择了这个岗位，白天与外国专家一起安装调试设备，夜晚研究设备相关的外文资料、操作说明书和电气原理图。经过半年努力，制造出国内第一张高平滑水松纸、国内第一张名牌水松纸。

2000年3月，厂里成立由王新华领衔的光机电技术研发小组，追踪国际水松纸生产领域的高尖端技术，自主研发水松纸激光打孔机。当时，从国外进口一台设备要1600万元，他们经过一年摸爬滚打，研制出国内第一台水松纸激光打孔机，只花了400万元，各项性能指标符合客户要求，项目荣获“云南省科技进步一等奖”。

（云南省文明办供稿）

杜成祝

法医29年坚守第一现场 为死者言，维生者权

「敬业奉献」

人物故事

杜成祝，男，1963年生，陕西省榆林市公安局法医。荣获省公安厅表彰的三等奖1次、先进个人荣誉称号2次，荣立个人三等功3次，多次受到省级表彰奖励。

从警29年，杜成祝坚持以事实为依据，为死者言，维生者权，及时为侦查工作提供可靠的科学依据。2008年以来，他主持一般案件检验鉴定1000多起，重大、疑难案件检验鉴定300起，出具各类鉴定书1300多份，从未出现差错。

杜成祝熟练掌握常规检验的基本技能方法，同时多渠道与外界联系学习新方法技能。对水洗、陈旧微量物证的检验也有较深的研究。可以通过1%的蛋清薄膜解离试验，测定长仅1—2厘米头发丝的血型。利用DNA技术手段破获多起杀人、强奸、多发性侵财案件。

作为一名法医，杜成祝以独特的视角，精湛的专业技能，利用手中的科技利剑，让死者开口说话，使罪恶现形，让真相大白于天下，为当事人捍卫最后的尊严。

（陕西省文明办供稿）

吴金玉

不惧癌魔绽芳华

「敬业奉献」

人物故事

吴金玉，女，1968年生，甘肃省嘉峪关市实验小学校长。获评“全国素质教育先进个人”。

2005年，吴金玉上任伊始，她察觉到由于教师队伍年龄偏大，教育热情有所削减，萌生了创建“初心教育”校园文化的想法。2009年，当创建进入关键时期，吴金玉患了乳腺癌。病中的她运用QQ、电子邮箱、手机等指导学校教学和管理；坚持完成病前申报的省级重点课题并通过鉴定，主编并出版了《同步练习》等教辅读物8本。

病情好转后，她仍坚持走进课堂，为青年教师“出点子”“压担子”，帮助青年教师快速成长。她还关注学困生的进步，传递教书育人的正能量。

吴金玉致力于学校多元化发展，以围棋教学领跑学校特色课程开发，组建60多个学生社团，走出了一条“在学科中渗透、在活动中升华、在生活中践行”的文明校园创建之路。

（甘肃省文明办供稿）

董吉恩

扎根基层，短暂生命因扶贫而精彩

「敬业奉献」

人物故事

董吉恩，男，土族，1974年生，生前系甘肃省永靖县关山乡党委副书记、乡长，因长期超负荷工作诱发脑出血，于2019年5月13日因公殉职，年仅44岁。

参加工作23年来，他一直奋战在基层一线和扶贫战线，是群众心中的好干部。他注重培育发展特色产业，建立农民专业合作社8家，组建关山特色产业联合社，年产值达到4000多万元，树立了关山黄金百合品牌。针对贫困群众就业难的问题，他跑遍所有熟悉的企业，帮助58名贫困群众在家门口实现就业，安置94名贫困群众到乡村道路维护、森林防火等公益性岗位工作，用热心实诚的工作作风赢得了当地群众的广泛赞誉。

（甘肃省文明办供稿）

聂玉珠

不忘从警初心 矢志不渝打击毒品犯罪

「敬业奉献」

人物故事

聂玉珠，男，回族，1988年4月生，青海省西宁市公安局城西公安分局禁毒大队民警。

自2013年到西宁市城西公安分局禁毒大队工作以来，聂玉珠常年奋战在禁毒第一线。他认真钻研禁毒执法业务，不断探索和总结西宁地区毒品犯罪活动规律和特点，将积累的禁毒斗争经验灵活运用到实际工作中，参与侦破各类重特大毒品刑事案件50余起，共缴获各类毒品合计20余公斤，先后送200余人进行强制戒毒。

2016年，聂玉珠与同事在抓捕一名贩毒嫌疑人时，遭遇拼命反抗，聂玉珠被嫌疑人驾车拖行数十米，手臂等多处划伤。2017年，为侦破一特大毒品案件，他在嫌疑人出没地连续蹲守五天五夜，最终擒获嫌疑人，缴获大量冰毒。2018年，为破获一起涉毒案件，聂玉珠与同事跑遍中国多个省市，连续一个月在监控点对目标进行严密监控，配合公安部统一收网行动，彻底摧毁一特大毒品犯罪团伙。在一次次生死较量中，聂玉珠义无反顾、勇往直前，用实际行动践行了禁毒民警的铮铮誓言。

（青海省文明办供稿）

苏俊鹏

对待电网建设一丝不苟 对待供电服务竭尽全力

「敬业奉献」

人物故事

苏俊鹏，男，1967年生，国网宁夏西吉县供电公司震湖供电所所长。曾被评为国家电网公司优秀共产党员、国网宁夏电力“农电工作先进个人”“最美农电工”。

参加工作32年，31个春节他都坚守在工作岗位上。他对待电网建设一丝不苟。多年供电服务经验使苏俊鹏深知，要想安全可靠供电，建设质量首当其冲，线路走径、施工工艺、施工质量每一道关口都不容马虎。他对施工队伍管理近乎苛刻，整天泡在工地，监督每一个环节。

他对待供电服务竭尽全力。只要客户有需求，他和他的团队就有回应。在老百姓的心中他也是个“官”，他到村部给村民讲解安全用电知识，引导村民保护电力设施，村主任都恭恭敬敬地做笔记，这是当地百姓对他敬重，更是一名共产党员坚守初心赢得的民心。

梅花香自苦寒来。他的辛勤努力得到了丰厚的回报。如今的震湖供电所不仅是固原供电服务的一面旗帜，各项同业对标指标更是在国网宁夏电力系统名列前茅，优质服务实现连续3年无投诉，同业对标进入国网宁夏电力公司A段位，稳居前10名。

（宁夏回族自治区文明办供稿）

程金刚

爱岗敬业树旗帜 柔情"金刚"献真情

「敬业奉献」

人物故事

程金刚，男，1974 年生，新疆生产建设兵团第一师阿拉尔市盛源电厂副总工。2014 年获"兵团劳动模范"称号。

1995 年 2 月，高中毕业的程金刚来到塔里木热电厂成为一名司炉工。2009 年 7 月，程金刚主动申请到地处戈壁荒滩、距离市区 100 多公里的新沪热电厂工作。勤奋好学的程金刚，迅速熟悉新设备、掌握新技能，成为电厂锅炉专业的行家里手。2010 年 7 月，新沪热电厂锅炉省煤器发生泄漏，为了查找漏洞，他在满是煤灰、余温 50 多摄氏度的省煤器中，连续作业 1 个小时，保证了锅炉设备的正常运行。为了疏通堵塞的煤灰仓，程金刚曾带着工友连续 5 天，每天工作十几个小时一袋一袋地背运煤灰。为了降低电厂用电率，程金刚废寝忘食、刻苦钻研，提出火检风机技改以及制粉系统运行时所有设备全停的方案。方案实施后，一天为电厂节约电能 2 万千瓦时。截至 2019 年年底，程金刚共提出合理化建议 100 余条，技术改造 30 余项，为企业节约成本达 500 余万元。

（新疆生产建设兵团文明办供稿）

刘喜成

孝老爱亲三十载 为"爱"撑起一个家

「孝老爱亲」

人物故事

刘喜成，男，1958 年生，山西省晋城市陵川县杨村镇东尧村村民。

在他 5 岁时，父亲因病去世，母亲独自把他们兄妹 6 人抚养长大。然而，母亲却患上了脑梗，生活不能自理。刘喜成的大哥、二哥也相继因病去世。

顶着巨大的悲痛，刘喜成毅然承担起照顾母亲的责任。喂饭、料理大小便、擦身、按摩、刷牙、洗脚……日复一日地重复着，从不喊苦喊累；刘喜成每天给母亲讲故事，开解母亲要乐观。都说"久病床前无孝子"，但刘喜成却真正做到了 30 年如一日地精心照料，直到 2017 年，老人 91 岁高龄去世。

就在刘喜成尽力照顾母亲时，2011 年，妻子王长俊突然患上了重症肌无力。为了给妻子治病，他辗转多个医院，经过多方治疗，妻子才恢复意识。妻子生活不能自理，刘喜成从照顾一个人，变成了照顾两个人。

功夫不负有心人。在刘喜成的精心照顾下，妻子的身体有了明显好转。看着妻子从能自己吃饭到如今可以正常行走、做一些简单的家务，刘喜成觉得轻松多了，脸上露出了憨憨的笑容。

（山西省文明办供稿）

石 芳

大爱无声 人间至孝

「孝老爱亲」

人物故事

石芳，女，1964年生，内蒙古自治区呼和浩特经济技术开发区沙尔沁镇中心校退休教师。

石芳从事教育事业30年，先后担任过羊路中学、小阿哥村小学骨干教师、班主任，多次被评为“优秀教师”“优秀班主任”等。

石芳原本有一个幸福的家庭，但在2007年，她的公公、丈夫相继因病离世，家里留下高龄多病、瘫痪在床的婆婆和面临高考的儿女，还有石芳年迈多病的父亲。婆婆年事已高，患有糖尿病、老年痴呆症等多种疾病，10多年来石芳无怨无悔地担负起照顾婆婆等日常家务。石芳除了给婆婆喂饭、喂药之外，还要为婆婆擦洗身体，更换尿布，她还用心地给老人洗脚、按摩。为了照顾好婆婆，她从来不敢分房睡。石芳日复一日地精心照顾，老人虽然一直躺在炕上不能动，但从来没生过一次褥疮，没长过一个痱子。

2009年石芳主动承担起同村一个有智力障碍学生杨凡的教学任务，在石芳的辛勤教导下，杨凡有了很大进步，能认识七八百汉字，背诵10多首古诗，计算20以内加减法。

（内蒙古自治区文明办供稿）

葛红花

乡村女教师悉心照顾两位养父带父上班近十载

「孝老爱亲」

人物故事

葛红花，女，1988年生，安徽省亳州师专附属小学教师。

葛红花从小被送给了葛保尧、葛保田兄弟收养，两兄弟用自己的全力呵护这个小生命。为了维持生活，兄弟俩一人在家看孩子，一人出门给人装车。葛红花慢慢长大了，一家的重心又开始倾斜到小红花读书的事情上。葛红花深知自己读书的钱来之不易，因此每学期都往家拿奖状，这让老哥俩更有盼头了。2005年夏天，中考最后冲刺阶段，大伯患了脑血栓，卧床不能动，葛红花考虑再三，放弃了中考，在家照顾大伯。直到大伯好转，她才又参加了考试。高中毕业，葛红花上了亳州师专。就在大二下学期，父亲也病倒了，是高血压引起的脑梗死，随时都有生命危险。快期末考试了，她放下课本，一心一意地照顾父亲。

2012年，葛红花成为一名人民教师。她主动申请回村代课，以便每天能够照顾两位老人的衣食住行。2016年，葛红花被调到亳州师专附属小学任教，她便将两位老人接到一起照顾。

（安徽省文明办供稿）

兰家萍

照料血友病养子三十四载 不离不弃演绎超血缘亲情

「孝老爱亲」

人物故事

兰家萍，女，1957 年生，安徽省滁州市南谯区珠龙镇北关村南小庄组村民。2019 年获“第六届安徽省道德模范提名奖”。

1985 年 7 月，兰家萍和丈夫在回家路上发现一个五六个月大的孩子，心善的兰家萍看着孩子可爱，决定先抱回家，夫妇俩给孩子取名张店明。

张店明 3 岁的时候被诊断出患有血友病，需要长期治疗和花费高昂的医疗费用，兰家萍没有放弃给张店明看病，家里花光了所有积蓄，亲戚朋友都被借了个遍。为了减轻家庭重担，兰家萍的两个亲生女儿相继出去打工，挣钱给这个没有血缘关系的弟弟看病。为了实现张店明想要上学的心愿，兰家萍每天背他翻山上学，用自己的肩膀扛起了张店明快乐的青春时光。

34 年来，虽遭遇艰难与不解，但善良的兰家萍从未放弃对张店明的救助与爱护，不离不弃照料血友病养子。

（安徽省文明办供稿）

李　蓉

小学女教师 32 年 精心照顾家里 3 位老人

「孝老爱亲」

人物故事

李蓉，女，1967 年生，河南省新乡市红旗区平原小学副校长。

在李蓉 18 岁时，她的母亲患上了严重的心脏病和胃溃疡，体重只有 80 多斤。为了方便照顾，李蓉就把父母从农村接到了城市，当时她每月工资只有 58 元，每月给母亲看病就要花去 20 多元，还要供弟弟上高中，弟弟每月生活费最低也要 25 元。为了供养全家，李蓉每天下班后，要去做两份兼职，就连节假日她都在打零工赚钱。尽管如此，李蓉的课一点也没被耽误，她当时带的毕业班的语文成绩，在全校总是第一名。

李蓉曾经有一个温馨的小家，有一个疼爱她的丈夫和可爱的儿子。可就在 10 多年前，她爱人在单位值夜班时突发脑出血去世。沉重的家庭负担，一下子落在了她一个女人柔弱的双肩上。爱人不在的这 10 多年里，李蓉独自一人承担着家庭的重任，丈夫走了，她依然做婆婆的好儿媳。就这样，一晃 30 多年过去了，3 位老人现在都是 80 多岁了，可依然精神矍铄、身体健康。

（河南省文明办供稿）

刘文华

与瘫痪婆婆同睡一室　照料19年

「孝老爱亲」

人物故事

刘文华，女，1974年生，河南省周口市太康县龙曲镇丁庄村村民。

1999年7月，刘文华和丈夫袁国柱喜结连理。2000年10月4日早上，婆婆外出买菜时不幸遭遇车祸，颅脑严重受损，经历两次转院、两次大的颅脑手术，昏迷了四个半月，刘文华的婆婆终于苏醒过来。婆婆虽然醒过来了，却瘫痪在床，失去了日常生活能力。为了更好地照顾婆婆，她放弃了乡政府工作，伺候瘫痪在床的婆婆。每天一大早起床，刘文华先清洗婆婆弄脏的衣服和尿片，开始忙活一家人的早饭，给婆婆穿衣、洗漱，再一勺一勺喂她吃饭，然后自己才匆忙扒上几口早已冷凉的饭菜。"婆婆脑干受伤太重了，尽管苏醒过来了，但快20年了一直不认人、不会说话"，刘文华回忆说，"就像个婴儿，日常最简单的事都完全不能自理。"

为方便照顾婆婆，刘文华与婆婆同睡一室，往往和衣而睡。19年来，回娘家的次数屈指可数。刘文华没有豪言壮语，却用自己的行动展示了淳朴善良的挚爱真情。

（河南省文明办供稿）

覃龙虎

钟祥感人义子覃龙虎
赡养同学父母18年

「孝老爱亲」

人物故事

覃龙虎，男，1976年生，湖北省钟祥市自然资源和规划局生态修复股股长。

覃龙虎和周勇是大学同学、最好的兄弟，毕业后同时分配到钟祥市林业系统工作。

周勇是家中独子，2000年8月，不幸溺水身亡。得知这一噩耗，覃龙虎向周勇父母承诺："周勇走了，以后我就是你们的儿子，我来给你们养老送终。"

周勇的父母住在深山里，生活困难。覃龙虎多次找相关部门沟通，让两位老人住进了公房，还拿出5万元积蓄资助两位老人在五峰县城买了安置房，让他们安享晚年。

2017年12月，付本英因胃病复发，覃龙虎把她接到钟祥市中医院，专程从武汉请专家教授为其做胃部部分切除手术，手术非常成功。

2018年4月，义父周义海因脑梗、心梗不幸去世，覃龙虎将义母付本英接到钟祥一起生活。义母眷恋故土，又回到五峰。如今，他和妻子坚持每天与义母通半个小时左右的电话。

（湖北省文明办供稿）

黄常明

退伍老兵含辛茹苦三十二载 侍奉孤老如父母

「孝老爱亲」

人物故事

黄常明，男，1964年生，湖南省郴州市桂东县光荣院炊事员。2004年和2008年两度被评为“全国（中华）孝亲敬老之星”，2009年被评为“全国优秀复员退伍军人”，2015年被评为“全国先进工作者”。

32年来，他每天无微不至地照顾着老人，先后服侍照料了120余位孤寡军烈属、复员老军人，其中年龄最大的101岁，最小的65岁。他把家安在了光荣院，妻子、女儿成了院里的义工，也和他一样成为孤寡老人的亲人。他在购物煮饭、端茶送水、喂猪种菜、敲打修补等琐碎的服务工作岗位上任劳任怨，从青丝到华发，送走了一个个老人，也以赤忱之心换来了百余名老人沉甸甸的爱。

在黄常明的办公桌里收藏着一张手写得发黄的遗嘱，那是患心脏病去世的黄振林老人生前留下的，遗嘱上清晰地写着自己的9000余元存款以及其名下财产继承人为黄常明。一个光荣院老人的遗产并不多，但那位沉甸甸的情谊和信任让黄常明深深感动。

（湖南省文明办供稿）

梁均华

竹箩父亲17年如一日照顾脑瘫女儿

「孝老爱亲」

人物故事

梁均华，男，1952年生，广东省茂名市信宜市怀乡镇云龙村村民。2017年被评为“广东好人”。

2001年，49岁的梁均华结婚后，先后生下两个脑瘫女儿。2005年，精神有障碍的妻子不知所终。

因为年纪大，没有一技之长，梁均华只能靠穿街过巷捡废品为生，供养两个女儿。2014年，两个女儿又先后被诊断为“先天性脆骨症”，小小的磕碰都会造成骨折，每次治疗都要花费1000多元。巨大的经济压力犹如一座大山压在梁均华身上，他唯有在吃穿上一再节省，而对两个女儿的关爱，却是有增无减。去市区看病的道路颠簸崎岖，汽车的一个急转弯，极可能会导致脆弱的女儿摔倒骨折。为了减轻女儿的痛苦，梁均华找来自己平时外出捡废品的竹箩，将竹箩和摩托车的铁管绑得紧紧的，垫上棉被，把女儿装在竹箩里，小心翼翼地将女儿送到40公里外的市区看病。

多年来，面对家里的种种困难，梁均华的心里有过苦痛，但他一想到与自己血脉相连的女儿，他就无怨无悔。

（广东省文明办供稿）

严艳芳

农家孝女无怨无悔照顾 7 名病幼亲人

「孝老爱亲」

人物故事

严艳芳，女，1973 年生，广东省河源市紫金县启智学校教师。2014 年被评为“广东好人”。

2002 年 10 月，严艳芳的奶奶因患高血压中风瘫痪。她毅然辞工回家侍奉奶奶。在严艳芳的悉心照料下，奶奶的身体一天天地好起来。严艳芳的哥哥自幼患有先天性小儿麻痹症，2008 年之后就彻底失去了劳动能力；嫂子患有精神病，生活不能自理，一直都需要人照顾，在这样的情况下，哥哥的两个孩子只能由严艳芳来照顾。她不仅要照顾哥哥和嫂子的生活，还要给两个孩子喂奶、换洗尿布，教他们读书识字，承担起了一个妈妈的责任。2012 年，严艳芳的父亲不幸患上高血压住进医院，她四处求医问药，终于帮助父亲逃离了死神的威胁。2014 年 12 月，继母又因脉动瘤做开颅手术，继母在她的悉心照料下，身体逐渐恢复，医生说简直就是奇迹。

严艳芳有严重的腰椎间盘突出症，但她从来不将自己的病当回事，总是用心去照顾身边的亲人。

（广东省文明办供稿）

于婷婷

孝女带着病重养父上大学

「孝老爱亲」

人物故事

于婷婷，女，1997 年生，重庆财经职业学院会计专业学生。

1998 年，在广州打工的于万全捡到了刚出生就被遗弃的于婷婷。

于婷婷从小就懂事，养父常年在外打工，她就跟着爷爷奶奶，承担了大部分的家务活。

中考过后，养父被查出患有肝硬化及布加氏综合征，只有 17 岁的于婷婷，担起照顾患病父亲的重担。从高中开始，每年的寒暑假，于婷婷都出去打工赚钱补贴家用。2018 年，于婷婷考上了大学，但病重的父亲无人照顾，于婷婷决定带着养父上大学。

她在校外以 100 元每月的租金租下了一个房间，每天奔走在学校、租房、医院之间。

尽管时间紧，但于婷婷从没耽误过一节课。学习成绩一直名列前茅，还成了副班长和辅导员助理，活跃在学院各大活动中。

（重庆市文明办供稿）

冯晓梅

善行传孝道　寸草报春晖

「孝老爱亲」

人物故事

冯晓梅，女，1974 年生，国家税务总局延安市安塞区税务局收入核算股股长。其家庭被评为“三秦最美家庭”“全国最美家庭”。

冯晓梅从 1994 年参加税务工作，20 多年来，兢兢业业，无私奉献。她与丈夫张彬因税而结缘，互敬互爱，携手并进，在面对税务征管体制改革和“金税工程”上线等急难险重任务时，勇挑重担，屡创佳绩，被誉为税务战线“夫妻兵”。

百善孝为先，冯晓梅用爱心和孝心对这句话作了最美的诠释。张彬的父母住在偏远的宜川县寿峰乡贺家河村，那里交通不便，缺医少药，生活十分艰辛。2003 年，冯晓梅主动提出将公婆接到安塞县城家里长期居住，细心照料身体有残疾，患有脑梗、肺心病等多种疾病的公公，这一照顾就是 15 年。他们坚持每天清晨为老人熬制营养粥，晚上回家给老人做饭洗脚铺床，买制氧机让老人减轻痛苦，安装网络电视为老人排遣寂寞。老人每年定时住院诊疗，他们夫妻也总是通宵达旦悉心照顾。她十几年如一日悉心照料公婆的行为在税务系统有很高的声誉，也受到社会各界广泛好评。

（陕西省文明办供稿）

中国

ZHONGGUO HAOREN ZHUAN

好人传

八 AUGUST 月

史光柱

战斗英雄投身公益事业 5年帮扶1.7万余人

「助人为乐」

人物故事

史光柱，男，1963年生，2005年12月从解放军驻滇某部副政委职位退休（大校军衔）。曾先后荣立一等功1次、二等功2次、三等功2次，2009年被评为“感动中国人物”。

2014年，他注册成立了北京助残爱心公益促进会，带领身边的爱心人士助残扶残、帮扶英烈、关爱弱势群体1.7万余人，仅他个人救助过的就达2000余人，促进会线上线下先后参加志愿服务的志愿者多达14万人。

助残爱心公益促进会先后扶持大兴区的智障与精残人员，帮助他们创收增收；向北京怀柔残疾人康复服务中心捐款捐物并定期看望脑瘫儿童，帮助孩子寻找专家进行康复训练。

史光柱身体力行地投入到慈善救助活动中，积极参与慈善救助活动，帮助脑梗患者筹措医疗费，鼓励骨癌小姑娘热爱生命，帮助伤残军人解决难题，用拼搏与努力树立了新中国钢铁战士的光辉形象。

（北京市文明办供稿）

赵文学

助人为乐是我最大的快乐

「助人为乐」

人物故事

赵文学，男，1967年生，河北省邢台市胜利小学董事长，邢台市慈善总会理事、邢台市爱心协会会长、邢台市志愿者联合会副会长。荣获“河北省希望工程实施三十周年突出贡献者奖”。

2006年赵文学创立的胜利小学成为邢台市民办学校的知名品牌。

家乡要修路，他带头捐资40万元；给家乡的孤寡老人捐资捐物……1997年，为母校捐资5万元；2010年，向沙河市西葛泉小学一次性捐赠现金20万元，电脑10台，并向学校图书馆捐赠图书1万册，以及400套书包文具等学习用品。

截至2019年，赵文学累计资助学生近千名，资助总额300余万元；在汶川地震、南方发生冰冻灾害时，捐款近10万元；在北京怡海公益基金慈善会上为公益项目捐赠10万元。在他的带领下，邢台市爱心协会分别在贫困地区小学建立了11个爱心助学点，捐赠图书2万余册，建立了8个爱心图书室。

（河北省文明办供稿）

郭静峰

一腔热血写博爱　无偿献血 15 年

「助人为乐」

人物故事

郭静峰，男，1981 年生，内蒙古自治区呼和浩特市供排水有限责任公司二次供水分公司职员。先后被授予“全国无偿捐献造血干细胞奉献奖”“2014—2015 年度全国无偿捐献造血干细胞奖特别奖”。

郭静峰是一位默默无闻献血并捐献造血干细胞的平民英雄。从 2004 年开始，郭静峰代表单位无偿献血，截至 2019 年他已经连续献血 15 年，累计献血近 3 万毫升，有 30 多本无偿献血证书。郭静峰热心公益事业，2011 年担任呼和浩特市造血干细胞志愿服务队副队长，积极参加捐献造血干细胞的普及和宣传活动，深入呼和浩特市各大院校普及献血献髓知识。

2006 年 5 月，郭静峰参加捐献造血干细胞血样采集，在志愿捐献造血干细胞同意书上留下自己的名字。2008 年他与一位血液病患者血型配型成功。2009 年 7 月，呼和浩特市红十字会陪同郭静峰去北京捐献造血干细胞。整个捐献过程顺利完成，患者获得了新生。郭静峰光荣地成为全国第 1280 位造血干细胞捐献者。

（内蒙古自治区文明办供稿）

王思尧　陈资霖

保守“秘密”的“美德少年”

「助人为乐」

人物故事

王思尧、陈资霖，男，辽宁省盘锦市辽河油田实验中学学生。

2017 年，3 名互不相识的孩子走进了辽河油田实验中学的大门，王思尧、陈资霖、李伟并不在同一个班级，面对身患疾病的李伟，他俩说：“我们就是你的腿。”就这样，3 个孩子结下了纯真的友谊。

每天早上，李伟的父亲把他送到校门口时，陈资霖和王思尧中的一个就准时守候在那里了。大多时候，他们都是小心翼翼地搀扶着李伟一起走，因为这样可以多锻炼腿部肌肉。早晚上下学，午餐时，陈资霖和王思尧或搀扶或背着李伟的场景，成为校园里一道独特的风景线。不论风霜雪雨、严寒酷暑，只要李伟有需要，陈资霖和王思尧就出现在他身边，这一背就是 3 年。

2019 年 6 月 27 日，在毕业典礼上，学校为他们颁发了一份特殊奖项——“美德少年”。

（辽宁省文明办供稿）

魏　健

开展公益教育活动 减免贫困学生学费 500 余万元

「助人为乐」

人物故事

魏健，男，1980 年生，长春师范大学教师。

魏健创办的 2020 教育集团开展了一系列公益性教育活动，举办百余场千人大型公益讲座，免费提供大学生职业生涯规划培训 2 万人次，减免农民工子女、贫困学生的学费和培训费 500 余万元。在吉林省各高校及中小学校设立“2020 教育专项基金”累计 500 余万元。十几年来，他的 2020 教育集团解决了大学生就业 1 万余人次。

经过近 20 年的稳步发展，2020 教育集团旗下 50 余家分校遍布吉林省，先后为吉林省 4 万余名职业农民开展涉农类教育培训，为社会各界输送成千上万的青少年精英。

魏健先后当选“吉林省十大创业先锋”“吉林省十大杰出青年”“教育部大学生创业导师”“团中央大学生创业导师”等荣誉称号，并获得“吉林省十大创业突出贡献奖”“中国创业奖提名奖”等奖励。

（吉林省文明办供稿）

王淑云

义务修路十余载，只为村民好出行

「助人为乐」

人物故事

王淑云，女，1955 年生，黑龙江省绥化市安达市万宝山镇新民村金山屯农民。

王淑云家门口是屯内的主干道，因来往车辆不绝，路面修了坏、坏了修，经常“坑”人“坑”车。王淑云毅然决定，利用农闲时间义务修路。

刚开始修路时，从老伴到村民都不理解她。但她不管别人说什么，每天早晨天刚放亮，就拿起工具去垫道修路，用辛勤的汗水把村内一条条低洼不平的小道修理平整。慢慢地，乡亲们被她的坚持感动了，老伴也默默做起了她的帮手。就这样，夫妻俩一起当上了义务修路员。屯里的路垫好了，他们就向屯外垫，每天都能看到他们忙碌的身影。从 2008 年开始，王淑云和老伴 10 年如一日义务修路。

如今，通往新民村的道路已经换成白色路面，她仍坚持每天巡视道路，发现破损路面第一时间修补。她说，只要还能动，她会一直在路上。

（黑龙江省文明办供稿）

梁文媛

老夫妇设奖学金 约定“百年”后将房子捐给教育事业

「助人为乐」

人物故事

梁文媛，女，1933年生，上海市虹口区北站街道南星小区居民。毕生致力学校教育，设立“郭梁奖学金”，约定“百年”后捐房为教育。

梁文媛的丈夫郭风麟生前担任虹口高级中学的副校长，退休后，坚持每年捐献1万元人民币给学校。为此，学校以他们姓氏命名，成立了“郭梁奖学金”，每年奖励10名德智体美全优生。2010年，郭老临终前与梁文媛商量，将毕生储蓄70多万元捐献给学校，并通过公证将现在居住的近80平方米房屋于梁老师过世后也捐献给学校。这笔财产将全部归入“郭梁奖学金”，用于培养更多的优秀人才。

郭风麟、梁文媛夫妻原本可以过上锦衣玉食的生活，但是他们对自己的生活却十分节省，就是希望能用存下来的钱去资助家境贫困的孩子们，鼓励他们好好念书。

对于现在的生活，梁文媛感到非常满意，“我不愁吃不愁穿，还有居委会的关心。我现在最大的心愿就是积攒下更多的钱帮助孩子们求学”。

（上海市文明办供稿）

汪　根

5年匿名捐款帮助社区困难群众的失独老人

「助人为乐」

人物故事

汪根，男，1953年生，江苏省泰州市海陵区人。2019年其家庭被评为江苏省文明家庭。

2006年，汪根的独子因突发心肌梗死猝然离世，汪根夫妇一时陷入沉痛之中。在社会各界的关怀和鼓励下，夫妇俩逐渐找到精神寄托，慢慢平复了心情。走出阴霾的汪根决定发挥自己的余热。2013年，他正式退休后，主动到社区报名参加志愿活动，成为一名编外社工。他积极参与邻里纠纷调解、文明城市创建、文明礼仪和民防知识宣传等社区公益活动。尤其是对于一些高龄独居老人，汪根夫妇主动扮演起了子女的角色，常常到老人们的家中帮忙料理家务，陪他们聊天。

为了帮助更多的人，2015年1月起，汪根化名“单爱欣”（泰州方言谐音“献爱心”），每月拿出100元工资汇款给泰州市慈善总会，用于帮助困难群体。同时，他还经常捐助身边的困难家庭。

（江苏省文明办供稿）

胡学雷

残疾老兵墙上书画三十载 绘就文明风景线

「助人为乐」

人物故事

胡学雷，男，1949年生，江苏省太仓市人。

1977年，刚退伍的胡学雷因超负荷工作导致神经炎，双腿下肢肌肉萎缩，被评定为肢体残疾三级。残疾了的胡学雷重新拿起了画笔，不甘人后地与正常人一样上班下班，为单位的宣传工作出力流汗。1986年起，他成为志愿者，坚持利用业余时间为各机关单位义务编排黑板报、宣传画，传达中央重要文件精神，宣传便民政策法规，科普健康卫生知识等。

2018年3月，浮桥社区开展辖区内老旧楼道美化亮化工程，已经退休在家、年近七旬的胡学雷听说后，立即拖着行动不便的双腿，主动揽下了为80多个楼道画墙绘画的任务，将“讲文明树新风”“社会主义核心价值观”“雷锋精神”“中国梦”等内容绘制成生动的墙画。看着一幅幅楼道墙绘成了一道道文明风景线，一面面文明墙绘将“文明”深深地印在了每个居民心中，胡学雷觉得很自豪。

（江苏省文明办供稿）

梁玉芹

“灿若夏花” 12年公益路温暖3000余人

「助人为乐」

人物故事

梁玉芹，女，1975年生，国网淮安供电公司淮阴供电营业部计量班检验检测工。先后获得“全国三八红旗手”“全国女性追梦人”等荣誉称号。

2007年，梁玉芹在腾讯QQ上用“灿若夏花”的网名牵头建立起了淮安市第一支“淮安市爱心传递公益群”。12年来，开展各类公益活动近千次，累计募集善款约150万元、各类物资价值220万元，受益人群超过3000人。她带领创立的多个公益品牌在社会上形成广泛影响。

2012年，梁玉芹带领她的团队实施了“希望的田野·梦想之旅”品牌活动。7年来，每年利用节假日，组织1—3批帮扶学生，每批60—130人。梁玉芹从2014年起又实施了“光明使者·点亮小课桌”公益品牌活动，为40个多户困难家庭免费维修整改线路，给每个孩子赠送一盏护眼学习灯。从2006年以来，梁玉芹带领团队始终坚持对困难学生实行“一对一”帮扶，如今已有70多个家庭和130多个孩子得到资助，圆了困难学生的上学梦。

（江苏省文明办供稿）

刘文清

独臂青年谱写公益赞歌 义务宣讲百余场

「助人为乐」

人物故事

刘文清，男，1980 年生，江苏省江阴市勤文科技有限公司总经理。

2002 年刘文清患上了恶性肿瘤骨肉瘤，疾病夺走了他的左臂，也击毁了他的摄影梦想。面对这一切，刘文清并没有颓废，他从向亲戚借钱卖糖葫芦开始，到后来开音像店、修理电脑，再到开办自己的电脑公司，加盟电器连锁店，兴办手工烘焙店，成立生物科技公司。这段艰辛的创业史正是他身残志坚、砥砺不屈的真实写照。

刘文清获得事业初步成功后，作为发起人和项目负责人，组织了 12 名身残志坚的残疾人代表，成立了“生命的力量”宣讲团，在全市各中小学校开展“生命的力量”宣讲志愿服务。截至目前，刘文清共参加过各类宣讲 100 余场，向莘莘学子和社会人士，以自己的奋斗历程，鼓励他们勇敢直面人生中的困难坎坷，勇敢创造属于自己的人生。

（江苏省文明办供稿）

乐华泽

自费创办农家书屋 26 年真情服务一方乡邻

「助人为乐」

人物故事

乐华泽，男，1975 年生，江苏省盐城市盐都区尚庄镇南吉村华泽书社（农家书屋）创办人。先后获得“全国乡村阅读榜样”“江苏好青年”“江苏省优秀农家书屋管理员”“江苏省校外教育辅导站工作先进个人”“江苏省优秀志愿者”等荣誉。

1992 年，乐华泽因病退学回家务农，他利用自己的藏书，办一家书屋，无偿给村民们提供一个阅读学习的场所。1993 年 3 月 24 日，江苏省免费为村民服务的第一家农家书屋正式开张了。当天，便有 10 多人前来借阅图书。不出几天，邻村的人也得到消息，借书的人更多了。

26 年来，他累计投入 100 多万元，依托书社连续举办六届农民读书节，开展未成年人着汉服阅读《三字经》、六一集体生日会、“爸爸回来了”等主题活动和“新时代文明宣讲”“乡村书香润农家”“乡村九点课堂”等系列志愿服务活动近 400 场次，累计服务群众 20 余万人次，他的书社被誉为“办在田野上的农民书社”。目前，书社占地面积 916 平方米，拥有藏书 1 万余册，还设有丁沙沟、古殿村两个分社。

（江苏省文明办供稿）

程兴国

退休职工自费为530余名烈士树碑立传建陵

「助人为乐」

人物故事

程兴国，男，1945年生，江苏省宿迁市泗阳县原电信局退休干部。

2001年，程兴国退休后回到家乡泗阳县三庄乡毕滩村定居，发现1941年“程道口战役”和1944年“林宫渡战斗”中牺牲的530多名烈士墓没有立碑且无人守护。程兴国带头将自家1.6亩责任田上的50多棵长势正旺的大杨树锯掉，并说服动员20多户村民砍树腾地，同时捐出自己全部积蓄，为530余名烈士树碑立传建陵。2013年，在政府有关部门支持下，“程道口烈士陵园”建成。从此，他成了这个烈士陵园的义务守墓人，他还主动担任烈士陵园的义务讲解员，先后为社会各界义务讲解2100余次。

从2010年起，程兴国开始搜寻、整理程道口战役的历史资料。近10年来，他跑遍泗阳、宿迁、涟水、沭阳、灌云等地，走访了200多人，寻访程道口战役烈士线索1500多条，整理出《陈毅军长在我家》《六塘河畔的胡营长墓》《王光夏败走程道口》《艰难的攻坚战》等十几个战斗故事，使烈士的事迹更加丰富了，前来瞻仰先烈、倾听英雄事迹的人也越来越多。

（江苏省文明办供稿）

陈效平

用写作寻找光明，以公益回馈社会

「助人为乐」

人物故事

陈效平，男，1971年生，浙江省宁波市人，宁波市海曙区残联副主席、区盲人协会主席。2019年被国务院残工委评为“第六届全国自强模范”。

1972年，陈效平不幸患上了小儿麻痹症，导致左腿残疾。当他一瘸一拐走到人生的第32个年头时，他因眼底出血导致视网膜脱离，至此双目失明。陈效平勇敢地走出了消沉，借助盲人电脑语音软件，开始阅读电子书。

从2008年发表第一篇散文至今，陈效平已公开出版350多万字的文学作品，获得70多个文学奖项。2013年12月，《挖出来的风波》摘得第11届中国民间文艺“山花奖”。2014年，《地球隧道》入选“中国百年百部故事经典”。此外，陈效平还先后荣获浙江省民间文艺最高奖“映山红奖”、第四届全国善文化微散文大赛一等奖、2017年度中国好故事奖等多个文学奖项。

2014年暑假，陈效平开设了公益课堂，专门为残疾学生和残疾人子女免费提供作文辅导。2018年5月，陈效平发起成立了“闻华盲人读书会”，同时，开办了盲人智能手机培训班。

（浙江省文明办供稿）

周月功

青年企业家情系桑梓 捐资200余万元反哺家乡

「助人为乐」

人物故事

周月功，男，1983年生，安徽省阜阳市颍东区杨楼孜镇前进村人，北京市崇华建筑有限公司一线施工员、安徽省驻京办团工委副书记。2014年荣获“安徽省五四青年奖章”。

20世纪90年代，周月功走上了外出务工之路。一次偶然的机会，周月功进入建筑行业，经过多年打拼，他凭借自己的努力在京城闯出了一片天地。事业小有成就的周月功外出务工后第一年返乡，第一件事就是去看望敬老院的孤寡老人，并从省吃俭用积攒的1万元中捐出5000多元。2009年，受金融危机影响，家乡不少农民工兄弟务工无门，春节返乡的周月功得知后，连夜赶回北京，向公司争取了30多个就业岗位，提供给家乡急需就业的农民工。周月功主动联系村干部和施工方，修通了本村4条道路，还出资30余万元用于杨楼孜镇矿区至颍河的主干道团结路的维修。多年来，他积极为家乡招商引资，资助贫困大学生完成学业，给家乡急需就业的农民工提供工作岗位，帮助家乡完善道路等基础设施，累计捐款200余万元。

（安徽省文明办供稿）

何兴让

八旬老人23年扶困助学百余人 无私奉献弘扬传统美德

「助人为乐」

人物故事

何兴让，男，1944年生，安徽省亳州市蒙城县小辛集乡城西村人，蒙城县工商联退休职工。

1996年夏，何兴让得知坛城镇一名贫困高中生以优异的成绩考入大学，然而高额的学费让这名学生陷入绝望。何兴让募捐了六七千块钱，还包了他大学四年的生活费。2000年退休后，何兴让坚持将每月一半的退休金作为慈善基金回报社会。2012年，何兴让组织成立了蒙城爱心志愿队，带头在圣人殿广场组织“孝亲大会”，让百名子女为母亲洗脚，传播中华孝道；开展“传播优秀文化　建设人文蒙城”为主题的系列地域文化讲座；为参加蒙城县图书馆暑期公益经典诵读的小学生购置学习用品和用具；组织爱心志愿者团队捐助17万元，为县城的700余名环卫工人提供“爱心早餐”。每一项志愿者活动何兴让都坚持亲力亲为。

23年来，何兴让个人累计捐款20多万元，为公益事业筹集资金约50万元，帮助10户贫困家庭、70余名困难群众、20多位学子渡过了难关。

（安徽省文明办供稿）

黄先明　葛惠珍

耄耋夫妇捐资助学35年 用爱心滋润祖国花朵

「助人为乐」

人物故事

黄先明，男，1937年生；葛惠珍，女，1938年生。二人系退休职工。

黄先明、葛惠珍夫妇一辈子都在秉持着“助学圆梦”的理念，1985年至2019年已捐资助学90余万元。

1985年，黄先明生病住院期间，得知隔壁的病友因交不起600多元住校费，孩子面临辍学的窘境，夫妻俩当即表示让孩子住进自己的家里，并承担了所有的衣食住行，最终帮助孩子考上了大学。在宁国生活期间，夫妇俩先后资助了6名贫困生，帮助他们完成了学业。

1999年，夫妇俩退休后从宁国移居至合肥，先后资助无钱上学的刘乐2000元学费，帮助生活困难面临辍学的葛振兴重返校园。2004年，夫妻俩通过商报向8岁的盲人小香君提供了帮助，2015年9月，老夫妻俩得知小香君办音乐会筹学费的消息后，他们再次捐款2000元。

2016年资助贫困大学生邵婉萍；2017年拿出1万元退休金，捐给了安徽省慈善与社会福利协会，为救助全省0—14岁白血病患儿献出了自己的一份爱心。

（安徽省文明办供稿）

刘碧朗

公车司机无私助学二十载 无偿献血万余毫升

「助人为乐」

人物故事

刘碧朗，男，1963年生，安徽省安庆市岳西县公务用车管理服务中心驾驶员。

2017年夏天，刘碧朗出车到黄尾镇平等村，听说竹山组程云丈夫去世，小河组郑宗炎妻子出走，两户家庭非常贫困，4个孩子读书困难，他便主动承担起孩子们的读书费用，其中一个孩子已经资助到了大学。20多年来，刘碧朗累计捐资助学6万余元。

刘碧朗除了无私助学，还是当地献血达人。当两个女儿还在读书时，他就坚持通过无偿献血帮助别人，为了能多献几年血，保证血的质量，他坚持锻炼身体，注意饮食作息，从每年一次到每年两次，从每次200毫升到每次400毫升，已累计献血10900毫升，相当于65公斤的他全身血液换了两遍，远远超过全国无偿献血金奖8000毫升的标准。刘碧朗得知造血干细胞能治病救人，2005年5月，他报名捐献检测血样，成为一名中华骨髓库造血干细胞捐献志愿者。2018年8月，刘碧朗签署了遗体捐献志愿书，把自己的身体作为对社会最后的馈赠。

（安徽省文明办供稿）

陈长红

身残志坚创业脱贫 不忘初心回报乡梓

「助人为乐」

人物故事

陈长红，男，1977年生，安徽省宣城市旌德县俞村镇杨墅村村委会副主任。

陈长红患有视力四级残疾，女儿患有先天性髋关节脱位，家庭生活十分困难。

穷则思变，陈长红下定决心，向亲戚借了钱，养起了鸡和牛。2014年2月，陈长红扩大养殖范围，但因缺乏经验，造成病毒感染，导致500只蛋鸡死亡，直接经济损失近3万元。同年7月，他被评为建档立卡贫困户。

面临打击，努力学习后的陈长红选择了“再出发”。这次他筹集了5万元，购买了5头牛和1000只鸡，每天从天亮忙到天黑。2015年9月，陈长红建设了1000平方米的标准化养殖场房，流转了68亩土地，进一步扩大养殖规模。同年，陈长红成功脱贫。2016年3月，陈长红成立了旌徽牧业有限公司，开始走上了正规化和规模化的养殖道路。他通过“公司+贫困户+残疾人户”的运营模式，辐射带动贫困户、残疾人户11户，养殖肉牛20余头、本地土鸡1万余只、环江香猪30余头，年销售额达400万元。

（安徽省文明办供稿）

肖晓明　王文红

爱心夫妻行善二十三载

「助人为乐」

人物故事

肖晓明，男，1968年生；王文红，女，1968年生。夫妻二人均为江西省吉安市吉水县文峰镇居民。

1994年，肖晓明发生车祸，失去了左腿，在好心人的帮助下，肖晓明从绝望的深渊中走出来，并下决心与妻子从事公益事业，回报好心人。

2000年，在吉水老家贩运生猪时，肖晓明偶然获悉贫困户张礼德没钱给智力障碍小孩看病，先后拿出家里仅有的8000元给了张礼德。此外，肖晓明夫妻还每年坚持送化肥、生活用品等资助张礼德一家，帮助小孩进入吉水特殊学校读书。

2003年，肖晓明在县城开康福乐脚病修治专业店。2005年，首次招收了1名残疾员工。此后，店里又陆续聘用了10名聋哑、高位截瘫或视力不好的残疾员工，占总员工数的80%以上。多年来，免费培训的残疾人学员200多人，帮助16人解决就业问题，扶持21人成功创业。

2016年，由肖晓明任会长，王文红任骨干会员的“吉水扶残助残创业者协会”正式成立，目前共有会员83人，累计帮助残疾人达1300余人次。

（江西省文明办供稿）

李拾香

“三好”李大姐

「助人为乐」

人物故事

李拾香，女，1968年生，江西省南昌市经开区新庐小学党支部副书记。

自1989年参加工作起，她长期利用周末和寒暑假时间从事公益事业，课外免费辅导学生30年，做义工累计达20430小时，服务人数超过8520人次。

在学校，李拾香给予学生无微不至的照顾，患有先天性心脏病和癫痫的杨柳群同学长期缺乏关爱，李拾香便在课间及课后的休息时间为孩子辅导学业，就连孩子平日里的生活起居都尽心陪护。

在校外，敬老院的老人们也把这个“好女儿”记在了心里。从2013年8月至今，李拾香利用周末和寒暑假时间去敬老院做义工，湾里太平镇敬老院、罗亭敬老院、泾口敬老院……都时常能见到她的身影，帮老人剪指甲、洗脚、洗厕所、端尿盆、与老人聊天、给老人弄饭包饺子等。

李拾香几十年来坚持做好事，当有人不慎落水时，她敢下水去救；当楼道里正在充电的电动车起火时，她机智救火。

（江西省文明办供稿）

单政达

坚持做一个对社会有用的好人

「助人为乐」

人物故事

单政达，男，1969年生，山东省高密市党员雷锋团党委书记、团长。其个人获评“全国最美志愿者”荣誉称号，其家庭获评“全国最美家庭”。

单政达为创建“高密市志愿者之家”，把自己用以出租的近千平方米营业房收回，专供志愿者使用；缺少办公设施，他掏出十几万元全部配齐；没有活动专车，他拿出13万元购买了一辆大面包，为开展送文化下乡、扶贫助困等志愿服务活动，单政达又相继购买了数字放映机、摄像机、照相机等配套服务设施，还有各种扶贫助困捐助、办公经费开支，单政达不觉中把自己半生积蓄140多万元花了出去。

做一件好事不难，难的是一辈子做好事。在单政达的影响和带动下，高密市已拥有志愿者9万余人，看望省内外贫困学童1.6万余人，帮助困难、残疾家庭1200余户，组织、参加各类大型志愿服务活动200余场次，帮助243名寒门学子“圆梦大学”。

（山东省文明办供稿）

王锦良　郭健康　马胜利

扎根乡村10余年 太康三乡贤调解纠纷2000起

「助人为乐」

人物故事

王锦良，男，1949年生，河南省太康县畜牧局退休干部；郭健康，男，1957年生，太康县杨庙乡孔楼村村民；马胜利，男，回族，1962年生，太康县杨庙乡西街村村委会主任。

2019年7月12日一大早，太康县杨庙乡幸福调解室的电话便响个不停，该乡的两户村民因土地纠纷发生矛盾，打电话给幸福调解室，希望他们从中调解。10余年，3位乡贤对待群众有事就管、有困就解、有难就帮。成功调解各类矛盾纠纷2000余件，成功率达100%，有效遏制和处理群体性、突发性事件300余件，防止民转刑案件100余起、非正常死亡100余人次，被当地群众称为“好乡贤”。说到幸福调解室几位老人，杨庙乡党委书记聂运亨竖起了大拇指：“他们不仅精通乡情，而且有一颗热爱家乡、崇尚公益的心，在群众中颇具威望。”

“他们几个的性子直爽，胸怀豁达，待人热心赤诚，好心肠，邻里发生纠纷，他们总是把别人的事当成自己的事，千方百计竭尽全力帮助别人解决。”熟悉幸福调解室的乡亲这样评价。

（河南省文明办供稿）

白馥榕

创建“爱心粥屋” 温暖一座城

「助人为乐」

人物故事

白馥榕，女，1966年生，河南省巩义市“爱心粥屋”创办人，北京海马美尔地毯有限公司董事长。

2016年冬天，在京创业的白馥榕决定回到家乡开一家免费爱心粥屋供环卫工人和孺老病残等弱势人群用早餐。经过4个月的筹备，2017年，巩义首家“爱心粥”在白馥榕居住的锦江花园临街门面开门奉粥。200平方米的铺面，年租金7万元，装置费40万元，均由白馥榕个人出资。两年下来，仅爱心粥一项，白馥榕个人就付出70多万元，同时，她还带起了一支近200人的爱心粥志愿服务队。

从开业的那天起，粥屋每天都有环卫工人、流浪人和拾荒者等来就餐，最多的时候有300多人。白馥榕婉拒了政府每名环卫工每餐5元的补助费，几年下来，就是108万元。

白馥榕在北京还办了一所爱心家园，免费收留600多名来京看病人员，其中收留的患儿就有175个。据不完全统计，仅2012年到2015年白馥榕个人及公司用于社会公益的投入就超过了230万元。

（河南省文明办供稿）

李献昌

10年来每年拿出一半的工资资助困难群众

「助人为乐」

人物故事

李献昌，男，1976年生，河南省安阳市安阳县道路运输管理局安全股股长。

从2009年开始，李献昌参加公益活动已经10年了，他每年拿出一半工资先后对45名孤儿、贫困学生、孤寡老人进行资助，累计参加捐款活动116次，捐助资金12万余元。2013年，李献昌被选派到安阳县瓦店乡师良村驻村，驻村期间他帮助村里建设了供水系统，解决了群众吃水难的问题，同时，他还争取危房改造资金4万元，为两户困难户建起了新房，他个人还出资2000余元，为村里安装更新了广播器材。2016年7月19日，安阳县遭遇特大洪涝灾害，李献昌先后3次深入灾区一线帮助转移受灾群众，疏通道路，搬运物资，他因连续多日坚守在一线，劳累过度晕倒在了救灾现场。

2016年在李献昌的倡议下，安阳县60余名政协委员、党员干部和爱心人士，组建了“献昌爱心公益”团队，先后开展了“法律进校园”“健康进校园”“书法名家进校园”“环保进校园”等各类公益活动80余场，走访慰问活动30余次，为困难群众送去了价值5万余元的物资。

（河南省文明办供稿）

王中杰

退役不褪色 肩担慈善扶孤爱孤助残

「助人为乐」

人物故事

王中杰，男，1978年生，河南省驻马店市平舆县发改委物价所职工。

1999年退役后，王中杰常去平舆县孤儿院（平舆希望之家）看望孩子们，给孩子们带去生活物品。他还经常帮助、关心、支持残疾人群，呼吁全社会共同给予关注，先后帮助20多名。

2008年汶川地震，王中杰主动赴灾区当志愿者，寻找遇难者、为灾区孩子们做心理辅导。2012年，王中杰得知王道德和另一位老人因丧失劳动能力，生活相当困苦，他便每月都给他们送米面油等生活必需品。2017年下半年，王中杰个人出资数万元，又为老人建房两间，彻底改善了两位老人的居住条件。2013年雅安地震，王中杰主动捐款捐物。2014年，王中杰主动结对帮扶平舆县双庙乡的两名孤儿，每年每人帮扶2000元，一直到他们大学毕业。2017年，王中杰加入平舆蛟龙救援队，先后打捞出7名溺水者。同年10月，他又与平舆县红十字会签署了遗体捐赠及造血干细胞捐赠协议。

（河南省文明办供稿）

成 江

自强模范 30 年捐款百万元助残帮困

「助人为乐」

人物故事

成江，男，1961 年生，湖北省肢残人协会副主席，十堰铸成工贸有限公司总经理。2016 年被授予全国残疾人先进个人，2019 年被评为“全国自强模范”。

1989 年，成江发起成立十堰市残疾人福利基金会，兴办福利企业。2001 年，他创办了十堰铸成工贸有限公司。

2013 年，他积极向中国肢协争取，在十堰市开展“重塑未来，改变人生”鄂西北公益行项目，筛查矫治手术适应症患者 200 余人，分批次到北京接受手术治疗。2014 年，成江出资 20 万元，实施“12345 萤火虫温暖帮扶”工程，带动 100 名残疾人脱贫致富。2015 年，成江与市太和医院合作，投资近 50 万元，成立脊髓损伤者“希望之家”6 个，举办 8 期“金种子”脊髓损伤者生活重建培训班，培训骨干学员 60 余名，为 300 多名脊髓损伤者搭建了从家庭回归社会的平台。

2018 年，成江与十堰市人民医院建立了“十堰市脊髓损伤者创面修复中心”，全市近 200 名高位截瘫患者接受康复治疗，并掌握了基本的自我护理知识。

（湖北省文明办供稿）

曹毕涛

义工路上的执着行者 用爱心温暖一座城

「助人为乐」

人物故事

曹毕涛，男，1977 年生，京山市义务工作者联合会会长。其家庭荣获“全国最美家庭”称号，其个人荣获“湖北省劳动模范”“荆楚楷模”等称号。

2008 年，他和几名网友联合成立了一个爱心小组。他们拿出自己的收入，穿梭于京山的大街小巷、偏僻乡村，为孤寡老人送去温暖，给重病患者带去救济金，帮助失学儿童重返校园。

2017 年 8 月，曹毕涛带领飞鹰救援队执行一个搜救任务，已是凌晨 4 时了，但是他看到几个环卫工人还在大街上扫地，了解到环卫工人早上啃馒头、喝凉水，曹毕涛遂下决心筹办一个免费爱心粥屋，每天早上为这些环卫工人提供可口饭菜，喝上热粥。经过努力，现在“爱心早餐”已经成为京山“志愿服务实训基地”，已有 1000 多名爱心人士、志愿者、青少年参与到早餐志愿服务活动中来，为 2 万余人次的环卫工人提供了免费早餐服务。

在曹毕涛的感召下，京山义工队伍不断壮大，现有注册志愿者 2000 余人，同时成立了 5 个乡镇分会，15 支团体义工服务队。志愿服务精神在京山深入人心，助人为乐蔚然成风。

（湖北省文明办供稿）

肖剑锋

农民企业家热心公益 扶贫帮困暖人心

「助人为乐」

人物故事

肖剑锋，男，1969年生，广东省东莞市裕锋五金制品有限公司、湖南省新宁县裕锋高科农业发展有限公司法人。其个人曾获评“感动中国之感动湖南人物”，其家庭曾获评“全国最美家庭”“湖南文明家庭”“全国文明家庭”。

20多年前，他与妻子南下广东打工，艰难创业。事业稳定后，他把大量的精力投入到公益上。在广东，一位仅有一面之交的江西电工患了癌症，肖剑锋先后4次去看望并为他家捐资2万元；长沙轮椅女孩龚莹和广西轮椅女孩王丹举办新书发布会，肖剑锋获悉后送了2万元，帮2个特殊女孩圆了梦；永州东安县困难学生周楚亮父亲生病早逝，他主动伸出援助之手，每年捐资4000元，共计1.6万元……

2016年，肖剑锋夫妇回到家乡，承包了近千亩荒山，注册成立新宁县裕锋高科农业发展有限公司以来，肖剑锋共计投入1800多万元，种植油茶林1200余亩、脐橙50亩、玉米30亩，栽植红豆杉、金丝楠木共1万多株，养殖梅花鹿40头，生态农庄初具规模，惠及50余户贫困户。

（湖南省文明办供稿）

关炜楠

企业家10余年投4000万元 拥军济国

「助人为乐」

人物故事

关炜楠，男，1970年生，广东省浪陀钟表（深圳）有限公司董事长，深圳市浪陀拥军基金会理事长。2016年被评为“全国爱国拥军模范”。

自2009年开始，关炜楠每年拿出企业利润的10%用于开展各项拥军优属活动，至2019年，累计走访部队和优抚对象750余次，赠送慰问物资4000余万元，与驻地25个部队签订军民共建协议，开展各类军民共建活动100余场次。2015年，在深圳“12·20”特大滑坡事故救援工作中，关炜楠主动请战，多次奔赴灾区一线，走访了解救援官兵实际困难，有效解决了救援部队的燃眉之急，保障了救援工作的顺利开展。

关炜楠还积极开展扶贫济困、助老爱幼等活动。2017年广东省扶贫济困日活动，他捐款人民币100万元，设立弱势群体专项帮扶基金。每年春节关炜楠都会组织“关爱老人”活动，看望企业周边社区孤寡老人，赠送慰问金和过节物资。他还时常帮扶身患疾病或家庭经济困难的孤寡老人和福利院儿童，累计捐赠爱心善款达60余万元。

（广东省文明办供稿）

田本乾

“助学达人”26 年资助 291 个孩子

「助人为乐」

人物故事

田本乾，男，1970 年生，广西壮族自治区北海市海城区贵州路唐屋村社区居民。2019 年荣获广西壮族自治区道德模范称号。

坚持 26 年爱心助学，一共资助了 291 个孩子，资助金额达到 670 多万元。

起初，田本乾根据自己的实际经济能力，选定了都安弄它屯的两名孩子作为资助对象。那个时候，田本乾是北海市棉纺厂的一名职工，工资只有 130 多元。他每个月为自己留下 40 元的生活费，固定资助每个孩子 30 元，其余的钱都用在了这两名被资助的孩子身上和定期看望他们的车费上。

1995 年，辞去棉纺厂工作的田本乾去了广州学习加工不锈钢门窗等技艺。他的打工收入增加了好多，资助的孩子也多了起来，到 1998 年，已由最初的 2 个增加到 60 个，费用也随之成倍地增加。

2018 年 9 月，田本乾成立了北海市爱心助学协会，他希望能够资助更多需要帮助的孩子，并将这份爱传递下去。

（广西壮族自治区文明办供稿）

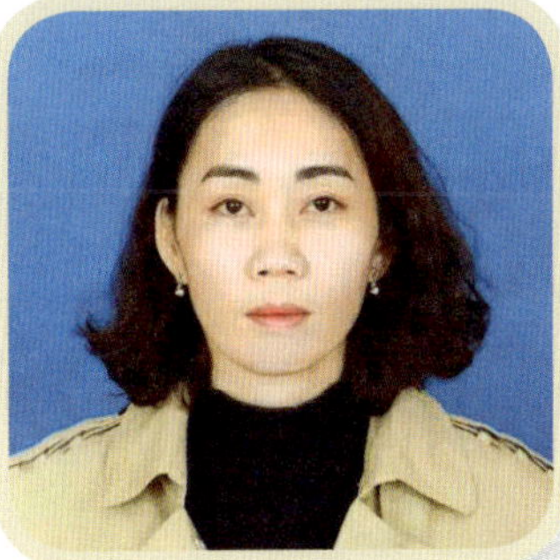

符花够

义工妈妈扶困济贫　传递大爱善举

「助人为乐」

人物故事

符花够，女，1984 年生，海南省东方市尚善义工社理事长。

2016 年以来，符花够带领尚善义工团队从事扶贫济困工作，先后救助孤寡老人、孤儿和特困家庭 30 多名。

地中海贫血儿童王风、王雷家中生活困难。符花够带领团队为他们向有关部门申请特困家庭大病救助 1.2 万元，组织队友给地中海贫血儿童献血，定期看望、关心病情，积极联系就医。邢春华、邢春理、邢春海三姐妹在父亲去世后跟随奶奶和叔公生活，依靠低保救济度日。符花够带领团队每月定期给三姐妹捐助衣物、学习用品和生活物品，帮助她们在八所城区申请免费就学的学校，为她们申请孤儿救助款，等等。此外，符花够带领团队帮扶残疾老人，为孤寡病残老人洗衣做饭，逢年过节组织团队给老人送去慰问品。她还积极组织义务劳动和公益助人活动，带动一些智力残疾、贫困家庭一起到海边捡垃圾，进行保护青山绿水的宣传。在易堵路段或出行高峰期，带领团队参与交通维护。她关爱环卫工人，寒冬给环卫工人煮汤圆，炎炎夏日给环卫工人煮绿豆汤，给他们送去社会的温暖和关怀。

（海南省文明办供稿）

杨伯兵

立功老兵退伍不褪色助人助到底

「助人为乐」

人物故事

杨伯兵，男，1982年生，重庆俊松建筑劳务有限公司高管，退役消防战士，曾在部队荣立三等功。

2004年退伍回乡后，杨伯兵帮助村民义务检修家中的水管、电线、电器，排查火灾隐患，还经常参加所在街道和合川区组织的抢险救援行动。

2012年4月，合川区草街街道龙潭村发生山火火灾，消防兵出身的他主动请战赶赴火灾现场，将车上备有的消防器具拿出，架设水泵，指挥村民灭火，帮助附近村民转移财物，尽快恢复生活。

工作中的杨伯兵，尽己所能帮助他人。公司里一名来自合川区双凤镇的农民工童高登，因急需用钱提出想换挣钱多的工种，杨伯兵帮助他学习管道安装技能，如今的童登高已成为一名熟练技工，不仅家庭摆脱了困难，还能经常接济他人。

来自重庆潼南区的农民工鲁昌华，自己多病，家人身体也都不好，全靠他一人打工维持生活，杨伯兵便安排鲁昌华做灵活的工种，打工挣钱的同时也能照顾家庭。

（重庆市文明办供稿）

阎博英

耄耋老人倾情关爱留守儿童让他们展露笑颜

「助人为乐」

人物故事

阎博英，男，河北省唐山市人，四川九洲电器集团公司退休职工。曾获“全国优秀少先队辅导员”“四川省首届十佳留守学生关爱之星”等荣誉。

从2006年起，阎博英一直坚持担任游仙区游仙镇第二小学少先队校外辅导员，组织了各式各样的少先队活动：做过30余场报告，家访、结对帮扶留守少年儿童近100人，参加过他举办的免费夏令营、各种特长兴趣班的留守儿童超1000人次；他还从自己的收入中拿出一部分资助学生，用于关爱活动的资金近5万元。

同时，为了充分发挥孩子们的特长，他每周都定期到部分学校教孩子们打网球、跳锅庄，每年六一的舞台上，总有他带着孩子们一起跳民族舞的身影。为了开拓视野，他还在各所学校开设革命传统教育讲座，给孩子们讲述革命先烈的故事，培养孩子们热爱祖国的朴素情感。

（四川省文明办供稿）

石正娥

孕妇街头临产　大姐热心相助

『助人为乐』

人物故事

石正娥，女，1969年生，贵州省遵义市余庆县大乌江镇箐口村村民。

2018年7月9日上午，回大乌江镇探亲的孕妇胡宽莲感觉身体有点不适，便乘客车到余庆县人民医院检查身体。中午13点50分，县城客车站下车后，胡宽莲刚迈开步突然感到不适，疼痛难忍，行走困难。阵痛越来越厉害，羊水破裂，突发临产征兆。就在这时，在车站对面一家鞋店上班的石正娥和往常一样在店里经营买卖，突然看到胡宽莲挺着大肚子，一个人提着大包小包，行走吃力、脸色苍白、表情痛苦，很像临产前的征兆。石大姐主动跑过去询问情况，得知胡宽莲羊水已破即将临产，便立即拦到一辆出租车，将其送往县医院。

14点08分，石正娥将胡宽莲送到余庆县人民医院后，找来担架把胡宽莲送到12楼妇产科，同时联系医师和护士给胡宽莲检查、化验、做B超，为其办理住院的相关手续。在医务人员和热心群众的帮助下，14点20分，胡宽莲平安产下一女，母女平安。

（贵州省文明办供稿）

项正文

一名乡村教师的爱心传递

『助人为乐』

人物故事

项正文，男，苗族，1972年生，云南省文山壮族苗族自治州第一中学教师。

项正文读高中时，差点因贫困辍学。村民小组长张金亮、会计李成文两人向他伸出了援助之手。这粒爱的种子在他心里不断发芽成长。考取高等师范院校走上了教育工作岗位后，他开始陆陆续续来关心和帮助他身边的贫困学生。为了能帮助更多的贫困生，他还利用双休日或假期去打工，把挣得的钱全部用于资助班上的贫困生。

受他影响，得到过他资助以及关爱过的部分学生毕业走上工作岗位后，也加入资助贫困学生的行列。

24年来，项正文先后累计资助70多名贫困生合计9.86万余元，通过他拉赞助资助贫困学生累计60多人次合计11.66万余元。他在帮助学生实现梦想的同时，也圆了自己的心愿：用爱心带来温暖，用智慧传递希望。

（云南省文明办供稿）

张永胜　孙桂英

退休夫妻返乡造林　助力乡亲脱贫

「助人为乐」

人物故事

张永胜，男，1953年生，退休前系陕西省榆林市府谷县畜牧局副局长；孙桂英，女，1958年生，退休前系陕西省榆林市府谷县检察院控申科科长。

2013年，张永胜孙桂英夫妇退休后，放弃优越的生活，回到老家哈镇阴尔崖村全家梁自然村植树造林，倡导老年人留下“绿色遗产”。

2014年，在没有资金情况下，张永胜孙桂英夫妇垫资并以退休金抵押60万元，与部分会员签订合同，首先在府谷哈镇阴尔崖、糜茬焉、大阴湾3个行政村进行栽植150亩做试点，经过5年的运作，试点工程很快栽植完成，小树郁郁葱葱，成活率在98%以上。2015年以来，参照此管理模式，争取社会资金植树，陕西省府谷中学和府谷县第三中学师生集资栽植了“教育林”，府谷县妇联出资栽植“府谷巾帼林”，收效良好。

2016年，张永胜、孙桂英夫妇又创办了阴尔崖村幸福院。他们多方筹得资金6万多元，将原来闲置多年的学校打造成集生活、健身、娱乐于一体的老年爱心幸福院，让村里及附近的留守老人过上安心、舒适、健康的生活。

（陕西省文明办供稿）

闫桂珍

肩负爱的责任　托起希望的明天

「助人为乐」

人物故事

闫桂珍，女，满族，1964年生，甘肃省嘉峪关市酒钢三中教师。先后荣获“全国五一劳动奖章”“全国三八红旗手”等60多项荣誉。

2012年闫桂珍捐出“促进教育事业发展特殊贡献奖”的20万元奖金，成立“嘉峪关市闫桂珍公益教育爱心助学基金会”，在全社会支持下，已募集助学资金800余万元，先后资助贫困学生1.53万多名。

2015年12月闫老师为甘肃海拔最高教学点抓喜秀龙乡小学送去电脑，为孩子们建起了电脑教室；2017年8月为天水秦安的100名高考贫困学子捐赠10万元助学金；2018年8月为会宁100名高考贫困学子捐赠10万元助学金；2018年5月为定西岷县四中地震后所建学校募得13万元，为该校1500名学生建起了生物、物理、化学实验室。

闫桂珍和她的爱心志愿者团队还为贫困山区的孩子送去棉服和学习用品等，为甘肃贫困地区和民族地区的孩子撑起了一片希望的蓝天，闫桂珍被学生们亲切地称为“爱心妈妈”。

（甘肃省文明办供稿）

阿依努尔·哈力克

怀揣梦想，爱暖世界——脑瘫儿童的“天使守护者”

「助人为乐」

人物故事

阿依努尔·哈力克，女，维吾尔族，1988年生，新疆维吾尔自治区喀什市“母亲之家”残疾儿童服务中心院长、创办人。其家庭2017年被新疆维吾尔自治区评为“首届文明家庭”，其个人2019年被新疆维吾尔自治区评为“第六届自治区道德模范”。

阿依努尔·哈力克有一个脑瘫妹妹，2012年，她在担任大学生村官期间，目睹了200多个脑瘫孩子的生活状况后，心灵更是受到了震撼。阿依努尔2013年4月在广西南宁安琪之家脑瘫康复中心系统学习两个月后，为了全身心帮助更多脑瘫儿童，她辞去了稳定的大学生村官工作，成立了“母亲之家”残疾儿童服务中心。

这是喀什市首家针对3—14岁脑瘫儿童免费提供康复训练服务的民办机构。截至目前，“母亲之家”已经帮助1028名脑瘫儿童进行康复训练，现有23个残障儿童接受康复训练。越来越多的人知道了阿依努尔和她的“母亲之家”，许多脑瘫儿童家长慕名带着孩子去“母亲之家”康复训练。

（新疆维吾尔自治区文明办供稿）

付　磊　王德龙　张　冲

外卖小哥三度冲进着火饭店灭火

「见义勇为」

人物故事

2019年6月11日晚，辽宁省沈阳市浑南区高深路，一家火锅店内发出闷响，厨房腾起一片火光，店里用餐的客人迅速跑到店外，两名女服务员的丝袜被烤焦、脚腕被烧伤，店老板冲进厨房试图关闭液化气罐，双手、双臂和面部被不同程度烧伤。这时，一名跑到店外的食客并未离开，而是转身跑回店内寻找灭火器。找到灭火器后，他手持灭火器，对厨房内的明火喷洒干粉。大约7分钟后，明火被扑灭，但液化气罐仍在漏气。他又叫上同事冲进卫生间，找到装有凉水的大塑料桶，将水泼在烧得发烫的液化气罐上。同在现场的另一名同事开始疏散附近人群。向液化气罐数次泼水后，他们试图把液化气罐阀门关闭，但徒手拧到一半却怎么也拧不动。此时消防车及时赶到，消防队员很快将阀门关闭。

等人们回过神来，才发现这3名男子早已不见踪影。6月13日，记者通过一位知情女士与他们取得联系，才得知3人都是外卖小哥。事发时手持灭火器扑灭明火的叫付磊，曾经当过5年消防战士，与付磊一起冲进饭店搬出水桶的叫张冲，去疏散围观市民和周围商户的叫王德龙。

（辽宁省文明办供稿）

王日强

冒雨解救被困人员的铲车哥

「见义勇为」

人物故事

王日强，男，1986年生，黑龙江省哈尔滨市阿城区亚沟街全店村一组村民。

2019年7月30日下午1点半左右，暴雨来临，山洪流至阿城区玉泉街，河水暴涨出槽，低洼地带倒灌成灾，特别是粮库家属区（平房），房屋淹没，人员被困。王日强和弟弟在此经营一家机械出租商店，这天王日强巡逻附近水库和重点村屯后返回玉泉街时，发现大街上的水流汹涌且不断上涨，居民们来不及撤离，危在旦夕。王日强马上出动自家铲车前去救援，到达现场后，他跳入齐胸的深水中，冲进屋内将被困老人背出来，放到铲车上，往返数次，用铲车把被困人员送到安全地带。共解救被困人员达100多人。晚上6点左右，被困人员全部解救，王日强看到几所房屋有被冲毁危险，又急忙调动自家钩机和运输车辆，到冀东水泥厂运来大石块打上围堰。直至第二天早上5点多，王日强匆忙吃了一口早餐又投入到清障工作中。

（黑龙江省文明办供稿）

陈治田　曹宝永　肖开杰　仲维虎　岳彩兵

齐心协力扑灭自燃车辆 危难关头保卫人民安全

「见义勇为」

人物故事

陈治田，男，1965年生，安徽省明光市公交公司3路车驾驶员。曹宝永，男，1964年生，明光市城市管理行政执法局综合行政执法大队市容秩序执法二中队中队长。肖开杰，男，1982年生；仲维虎，男，1982年生；岳彩兵，男，1976年生，3人均为明光市城管执法二中队队员。

2018年11月2日7时23分，正值明湖小学学生上学的高峰期，停靠在路边的出租车突然发生自燃。该出租车使用天然气为动力，一旦发生爆炸，将严重威胁数百名学生和家长的生命安全。在这人命关天的紧急时刻，正在附近执勤的曹宝永火速跑到停放在附近的陈治田师傅的3路公交车上拿起了一个车载灭火器，迅速投入灭火中。陈治田也当机立断，取出另一个车载灭火器冲下车。在扑灭火情的战斗中，随同的肖开杰、仲维虎、岳彩兵也积极行动，疏散集聚人群撤离现场，保证了周围学生、家长、市民的生命安全。

这场扑灭出租车火情的战斗只用了3分50秒就结束了，没有发生任何伤亡。

（安徽省文明办供稿）

余思焕

退伍军人甘当养路工
多次不惧安危出手救人

「见义勇为」

人物故事

余思焕，男，1964年生，福建省三明市公路养护中心尤溪分中心管前公路站站长。

自1988年加入公路系统以来，余思焕一直从事公路管养工作。作为一名养路工，30多年来他始终本着敬业乐业、严谨认真、乐于助人的工作态度，时时处处严格要求自己。

关键时刻，他总是不惧个人安危，急公好义先后多次出手救人。1989年，在308省道（原304省道）八字桥后曲路段救助一位炸石头民工；2003年，在308省道（原304省道）西溪口路段，救助卡在驾驶室的司机；2011年，在215省道（原206省道）救助醉酒摩托车车主；2015年，在308省道（原304省道）柳塘水库路段，他冲进燃着大火的事故水泥罐车中救出受伤驾驶员。

（福建省文明办供稿）

曾杰森

女高中生坠湖
交警队长奋不顾身跳水救人

「见义勇为」

人物故事

曾杰森，男，1972年生，江西省吉安市泰和县文田交警中队中队长。

2019年7月5日傍晚，曾杰森带队在泰和公园附近路段执勤，遇到一路人急匆匆跑来求救。原来，在不远处的泰和公园湖边廊桥处，有一名高中女生游玩时不慎落水。曾杰森赶到时，女孩已经被冲出去十几米远，正拼命呼救，随时有沉下去的危险。正值汛期，湖水深不见底，岸上几名群众不会游泳，急得直跺脚。

见此情景，曾杰森一边喊话劝慰女子放松不要动，一边脱掉警服，迅速下水游到女生旁边。他一只手用力托住女生的后背，另一只手奋力划水游向岸边。施救过程中，女生由于受惊吓，紧紧抱住曾杰森，曾杰森不停地安慰女生放轻松，好一会儿才游到了岸边。岸边的群众见状立即把女生拉上了岸，曾杰森又默默回到了执勤的岗位。

（江西省文明办供稿）

朱寅生

危难之时显身手，三入火海救老幼

「见义勇为」

人物故事

朱寅生，男，1981年生，江西省乐平市公安局巡警大队一中队指导员。荣获江西省消防“身边灭火英雄”、“新时代赣鄱先锋”等称号。

2018年5月19日下午，乐平市乐平中学附近一栋老式宿舍楼突然发生煤气爆炸，现场火光冲天，随时都有发生二次爆炸和楼房垮塌的危险。周末休息的朱寅生看到这一幕后来不及多想，第一时间翻越四米高墙赶到现场。居民楼前一片狼藉，到处都是玻璃碎碴和变形的铝合金窗框。在进入楼道后，他迅速进去从一楼到三楼挨个拍门，叫居民赶紧离开，到安全地点去，当听说“可能还有个孩子在里面”时，他顾不上做基本的防护就冲进了火势最猛、疑似爆炸源的二楼居民家里，抱着一个衣服碎裂了的男孩冲了出来。

安顿好小孩后，朱寅生又返回火场搜救，发现浓烟滚滚的楼道里有个老人躺着一动不动，立即和赶来增援的同志将老人抬上救护车，又一次跑回火场进行搜救，直到消防人员将大火彻底扑灭，朱寅生才真正放下心来。

（江西省文明办供稿）

刘慧芳

以身挡车救幼童，身负重伤不言悔

「见义勇为」

人物故事

刘慧芳，女，1976年生，江西省九江市都昌县土塘镇冯梓桥村村民。荣获江西省道德模范。

2018年4月27日晚上7时许左右，刘慧芳端着饭碗坐在家门口，等待丈夫杨育华做完农活回家吃饭。狭窄的村道上，一辆油罐车疾驰而来。突然，邻居杨春河未满两岁的孙子跑到了马路上，正在油罐车前方，刘慧芳端着碗筷一边呼喊，一边冲上了村道，一把拉住孩子，还没来得及抽身离开，刘慧芳和孩子便被撞扑在地。油罐车惯性前行，车辆前轮又从刘慧芳大腿处碾压而过，导致其当场不省人事。万幸的是杨春河的孙子只受了点擦伤。

附近村民围拢过来，杨育华也闻讯赶到了现场。众人随即将刘慧芳送往医院。经过手术和一段时间的治疗，刘慧芳醒了过来，醒来后她第一句话竟是问：“小孩有没有事？”在得知杨春河的孙子安全之后，她放下了心，这才问起了自己的病情。有亲戚心疼地责怪刘慧芳不该鲁莽救人，她却坦言“不后悔救人，哪怕再重来一次，我也还会这样做”。

（江西省文明办供稿）

杜梅英

男孩触电昏迷 护士抢抓“黄金四分钟”

「见义勇为」

人物故事

杜梅英，女，1982 年生，山东省东营市垦利区垦利街道办事处社区卫生服务中心主管护士。

2018 年 7 月 29 日，暴雨倾盆。杜梅英来到培训学校接上儿子，撑起雨伞准备出门。就在这时，杜梅英看见一位男士在水中艰难拖着一名昏迷的小男孩朝门厅走来。男孩煞白的脸让杜梅英感到不妙。得知男孩可能触电了，她告诉家长先将孩子抬到台阶上放平。杜梅英发现孩子手脚冰凉，搏动消失，也无自主呼吸，开始对男孩进行心肺复苏按压，同时让围观人群赶快拨打 120 急救电话。时间过去了两分钟，男孩突然动了一下，做了两个循环后，孩子出现了自主呼吸和心脏搏动，眼睛也微弱地睁开了。直到 120 救护车来到跟前，杜梅英累得瘫坐在地上，但她还是坚持与赶来的医护人员将男孩抬上救护车。

事后男孩的家人多次送来礼品，都被她婉言谢绝。男孩的家人感激地说，救治医生说如果孩子在触电后的“黄金四分钟”内没有得到救助，那么就算是华佗再世，也无力回天。

（山东省文明办供稿）

李革命

“湘江守护者” 两个月救起 4 名落水者

「见义勇为」

人物故事

李革命，男，1968 年生，湖南省株洲市航运公司三类船长、株洲环保志愿者协会志愿者。

几年前李革命加入了守望湘江环保志愿者协会，2018 年 7 月 15 日到 9 月中旬的两个月时间里，他连续救起 4 名落水的人。

2018 年 8 月 16 日下午 7 点，有一男士落水，这次依然是李革命及时出现，将此人救了上来；同月，李革命又一次听到了喊救命的声音，只见一个小竹筏翻倒，一个年轻的姑娘落入水中。李革命赶紧开着小船将该女子救了上来。该女子介绍，她是一个背包客，从外地来株洲旅行，一个人在枫溪大桥桥底下上了一叶扁舟，小舟顺着湘江一路漂，漂到了江心，没想到江上突然起风，把船吹翻了，幸亏得到了李革命的及时帮助，要不然后果不敢想象；2018 年 9 月 16 日下午 5 时 30 分，在南侧堤坝上游玩的会员打来电话称，航道中，一名系着游泳用浮囊的女子在大声呼救。李革命立即登上协会的小筏子，发动引擎，快速将呼救女子救上小筏子。

（湖南省文明办供稿）

李淦伦

退伍军人舍己救人铸热血军魂

「见义勇为」

人物故事

李淦伦，男，1996年生，广东省梅州市梅县区石坑镇龙凤村人。

2019年3月12日15时许，一名女子在梅州市梅县区畲江镇连江村骑行摩托车转弯时不慎落入鱼塘，落水后，同行人员大声呼救："救命啊！有人落水了！"在附近的李淦伦听到呼救声后，迅速跑到事发地点，眼看落水人员逐渐下沉，他毫不犹豫地跳进水里展开施救。因鱼塘水深、淤泥较厚，且地形较为复杂，李淦伦虽用尽全身力气拖行，但落水者的不断挣扎导致其与落水者一同滑落水塘深处。随后，闻讯赶来的镇、村干部和周边群众迅速组织救援，将两人打捞上岸，但经医护人员确认，两人已没有生命体征。

李淦伦作为一名共产党员、退伍军人，面对危难，丝毫没有犹豫，挺身而出，他的英雄壮举，让崇德向善的种子在人们心里生根、开花、结果。

（广东省文明办供稿）

李燕强

法警路遇行凶男子　徒手夺刀制伏

「见义勇为」

人物故事

李燕强，男，1989年生，广西壮族自治区桂平市人民法院金田人民法庭驻庭法警。

2019年6月25日17时30分左右，在桂平市金田镇二桥头居民区外，许多群众在围观两男子各持一把菜刀扭打，现场情况凶险，无人敢上前制止。现场地上有大片血迹，一名小女孩躺在血泊中，一名老人受伤在旁。

刚好路过的李燕强挺身而出，抄起棍子上前制止。他呵斥两男子立即把刀放下，但双方置若罔闻继续对抗。其中一名行凶的男子情绪格外激动，身上沾满了血迹。千钧一发之际，李燕强当机立断，用搏击技能空手夺白刃，将该男子手中菜刀夺下，在围观群众的协助下李燕强将其制伏，随后将围观群众有序疏导至安全范围，并安排群众拨打120急救和110报警电话。随后，李燕强查看伤者情况，发现女孩已不幸身亡，老人左手被刀砍伤但伤势不重。

（广西壮族自治区文明办供稿）

万　涛

万涛，公益人士牢记于心的名字

「见义勇为」

人物故事

万涛，男，1971 年生，生前系贵州省贵阳市观山湖区集善联邦公益技术支持中心主任。

2019 年 8 月 10 日，万涛在参加“行走河流”公益活动过程中，因奋勇救人不幸牺牲，享年 48 岁。

活动当天，参与人员分为 3 个小队。下午 5 时，万涛所在的第一小队率先抵达终点“二郎滩渡口”，在岸边等待其他小队成员。就在这时，传来了第三小队有成员落水的消息。闻听此讯，大家异常焦急。不久，有人发现衣服、裤子、鞋子都还没脱的万涛已经在水中游了过去准备救人。但是，由于河里水情复杂，万涛突然被水流卷走，身体逐渐下沉，水流湍急，很快就消失在河流之中。事后，被水冲走的同行人员成功获救，但万涛却消失在河水中。

2016 年，在他的穿针引线下，由贵阳市观山湖区富民村镇银行出资，在世纪城街道龙盛苑创建了“明珠助老社乐土长者公寓”，每年提供 5 万元作为公寓运转资金，为孤寡、独居老人提供吃住和休闲场所，有效地解决了他们的后顾之忧，让他们安享晚年。

（贵州省文明办供稿）

李小中

好青年江中勇救溺水男孩

「见义勇为」

人物故事

李小中，男，苗族，1988 年生，生前系贵州省黔东南苗族侗族自治州凯里市三棵树镇浪寨村村民。

2019 年 8 月 17 日下午，天气晴朗，李小中、吴大彪陪同亲朋好友在鸭塘街道三江村滨江大道桥脚一家农家乐烧烤。晚上 6 点，一群小孩下河游泳，在嬉戏打闹过程中，不知不觉步入深水区。因不谙水性，其中一名 10 岁的小男孩不幸被水冲走，随同的同伴大喊“救命……救命……”听到呼救声后，李小中第一个狂奔到河边，毫不犹豫跳入河中开展营救，因河水湍急，李小中与小男孩一起被冲进危险的深水区。紧急时刻，李小中在水中竭力试图将小男孩推向岸边，但在河水的猛烈冲击下，几次猛推都没有成功。此时，在对岸休息的吴大彪听到呼喊声后，立即跳入水中，快速游过去将被李小中托举的小男孩营救上河岸。吴大彪回头去救李小中时，却发现他已经消失在水中，岸上会游泳的群众纷纷下水寻找，警方和专业救援人员也闻讯赶到现场，一个小时后，大伙在下游不远处找到了奋勇救人的李小中，遗憾的是，他已经献出了宝贵的生命。

（贵州省文明办供稿）

石卫华

落水男童命悬一线 资深驴友挺身相救

「见义勇为」

人物故事

石卫华，男，1973年生，陕西新华出版传媒集团新华书店分公司大中专教材馆配业务部职工。

他是一名资深“驴友”，酷爱户外旅游，有一定的野外生存和救援经验。2018年4月15日上午7时许，石卫华夫妇和另外一位朋友一大早便来到秦岭，准备探出一条进入黄峪沟更美的线路。8时许，他突然看见不远处有一名男子急匆匆地朝山下走，边走边说有孩子掉进黄峪口水库，看样子是着急去附近村子找乡亲们帮忙。他立即冲上水坝，隔着高高的隔离墙发现水库中心有一个小孩，孩子面朝下趴着浮在水面上，显然已经过了挣扎期。他见状毅然跳入水库奋力向孩子游去，当他拖曳着孩子游向岸边时，附近的村民和水库管理人员也赶到了岸边。在大家的帮助下，成功将落水男童救上岸。上岸后，他运用多次参与户外救援的经验，和大家一起对孩子进行倒提、控水和胸部按压。因抢救及时，处置方法得当，最终化险为夷，挽回了孩子的生命。

（陕西省文明办供稿）

邹　伟

警徽熠熠耀边城

「见义勇为」

人物故事

邹伟，男，1988年生，生前系新疆维吾尔自治区塔城地区额敏县公安局城镇桥南派出所副所长。

2019年4月5日20时10分，额敏县公安局接群众报警，在一物流公司院内，有群众落入井中。桥南派出所副所长邹伟立即带领警力出警，到达现场发现井水已覆盖落水群众头部，情况十分危急，邹伟在明知道有危险的情况下，毫不犹豫地将一同出警的辅警拦在身后，带上防护装备立即下井救助群众，由于井内情况复杂，邹伟落入水中后极力将群众向上推举，但他突然没入水中，后经抢救无效因公牺牲。

从警5年多，邹伟始终战斗在基层一线，先后走访入户1.4万家，化解矛盾纠纷700余次，救助群众100余人次，创下了辖区“两抢”案件全破、无一起群体性事件的历史佳绩。

（新疆维吾尔自治区文明办供稿）

蒋生宝

一诺千金
甘做敬老院老人的“亲”儿子

「诚实守信」

人物故事

蒋生宝，男，1968年生，山西省临汾市安泽县唐城镇敬老院厨工。

2003年以来，蒋生宝在敬老院既当炊事员、服务员，又当护理员，把敬老院的老人当作自己的亲爹娘。

敬老院的老人都是从各村送来的痴呆、聋哑、残疾和智障患者，由于工作环境差、劳动强度高、工资报酬低等原因，敬老院厨工很长一段时间没人干。时任敬老院院长的张银莲，听说蒋生宝独自一人一心伺候瘫痪7年老娘的事，她一下子就认定了这个小伙子。可是一个月200元工资，还是伺候老人的苦差事，他一个年轻力壮的小伙子愿意干吗？抱着试一试的想法张银莲找到了蒋生宝，朴实憨厚、心地善良的蒋生宝毫不犹豫地就走进了敬老院。自此，他默默地挑起了为老人服务这副担子，无怨无悔地奉献着自己的热情和爱心，一干就是17年。

蒋生宝现在已经50多岁了，在敬老院的17年间，他先后为18位老人养老送终。17年来，他把最好的年华奉献给敬老院，自己挣的工资都填补给这里的“爹和娘”。

（山西省文明办供稿）

曹永利

残疾茶商诚信经营20年
奉献爱心助力脱贫攻坚

「诚实守信」

人物故事

曹永利，男，1973年生，安徽省黄山市徽州区杨村乡村民。

1988年，刚满16岁的曹永利因为一场意外交通事故导致高位截瘫。2001年，他在家乡开了一家茶叶作坊。如今，他的小作坊已经成了茶厂，年产值高达1200万元。

杨村乡山口村是典型的贫困村，2600多户人口中有800多户是贫困户，其中残疾人家庭就有10多户。曹永利每年都会拿出一部分资金资助当地的贫困学生上学；并安置了5名残疾人在茶厂就业；只要是残疾人向他销售茶叶鲜叶，一律给他们加价15%收购。

2013年夏季，黄山市突降暴雨，杨村乡发生了特大泥石流。灾情发生后，曹永利主动把自己的家和厂房腾出来作为灾民的避难所和抢救人员的大本营。随后，曹永利把自家的12亩地让出了8亩，政府盖了5栋安置房，解决了64户灾民的居住问题。

2016年，曹永利筹建了一个乡村公益图书室；2017年，曹永利投入40万元建设一座“沐心桥”。此外，他还出资50余万元资助当地20余位贫困学生上学。

（安徽省文明办供稿）

刘 锋

老院长的“特别任务”一干就是43年

「诚实守信」

人物故事

刘锋，男，1947年生，江西省抚州市南城县建昌镇敬老院原院长、现党支部书记。

1976年，不到30岁的刘锋接任建昌镇敬老院院长。老院长熊加龙在与他办交接手续时，额外给他增加了一项特别任务——照顾与敬老院比邻而居的烈士陵园，并为学生及部队官兵讲解烈士事迹。

为了能生动、真实地讲给前来祭扫的学生及部队官兵听，刘锋采访了众多解放南城那场战斗的亲历者、目击者，并到县档案馆查阅了相关资料，做了厚厚几大本的记录，然后用最质朴、最平实的语言串珠成文。从1976年到现在，43年来，刘锋从没缺席过烈士事迹义务宣讲。

后来，烈士陵园迁到了武岗山上，建昌镇敬老院也因旧城改造迁往了他处，烈士陵园与敬老院相隔五六公里，可刘锋丝毫没有觉得自己可以歇一歇。

（江西省文明办供稿）

张志勇

拾金不昧真性情

「诚实守信」

人物故事

张志勇，男，1977年生，山东省青岛市公安局交通警察支队李沧大队车管分所辅警。

普通家庭出身的张志勇，妻子没有工作，两个孩子，老大上初中，老二在幼儿园。3月27日早晨，像往常一样，张志勇提前40分钟来到合川路车管分所上班，走到门口时看到分所牌子底下，有一个包裹和一份早餐，一开始误以为是同事的，发现不是后，便在原地等待寻找失主，找了半小时不见失主后，张志勇和同事们打开包裹，看到里面除了失主证件外，还有10万元现金，张志勇想到失主一定非常心急，于是他立即上报分所领导。分所立即调取监控，最终查找到了失主信息，将遗失的物品财产全部归还。

此事之后，“辅警拾金不昧，火速归还十万车款”的新闻被岛城报纸电视台、齐鲁晚报、齐鲁电视台，以及中国交通频道、大众日报等争相报道，反倒使得十几年如一日默默奉献的张志勇有些不习惯，张志勇觉得这是一个人最基本的操守与道德底线。

（山东省文明办供稿）

张爱华

55 年信守承诺义务守护“红军洞”

「诚实守信」

人物故事

张爱华，女，1941 年生，河南省信阳市新县郭家河乡湾店村村民。2012 年获河南省“优秀文物保护员”。

湾店村潘家湾鸡公寨大花崖，是革命烈士晏春山殉难处，这里有烈士纪念碑，有刘名榜和他的战友住过的营地，有“吊洞”“燕子洞”等红军洞群 20 多处。20 世纪 60 年代，被誉为“坚持大别山革命斗争的一面红旗”的刘名榜回到故乡，望着家乡的山山水水，动情地对张爱华说：“这里是无数革命先烈战斗和牺牲的地方，你们一定要保护好啊。”张爱华牢记嘱托，从那时起，每隔一段时间她就要上山来看看，55 年如一日，从未间断。在保护文物的同时，张爱华还当起了郭家河乡“红色精神”的义务宣讲员。她积极收集郭家河乡刘名榜、叶成焕等革命前辈的资料和故事记录造册，时常到郭家河乡中学、中心校、湾店村小学、八一希望小学等学校，给孩子们作报告、讲革命故事，并鼓励他们要珍惜时间，好好学习，传承郭家河乡“红旗不倒”的红色精神，将来为家乡、为祖国多作贡献。

（河南省文明办供稿）

蔡结容

诚信早餐店
30 年无人收银未差一分钱

「诚实守信」

人物故事

蔡结容，女，1954 年生，广东省佛山市三水区芦苞镇独树岗村村民。

1989 年，蔡结容与丈夫在独树岗村开办“德和茶楼”，这是村里第一家早餐店。因为相信顾客，蔡结容和丈夫开的这家早餐店从不设收银员，顾客自行拿食物，自觉买单，把钱放到收银铁盒里，自助找零。“自助收银”有效减少店面开支，降低餐点价格，让利乡亲；同时，培养经营者与顾客的信任关系，为村民带来便利。

为确保质量，蔡结容每天到市场挑选新鲜食材，当天用不完的食材宁愿倒掉，也不会留着第二天用。“做早餐生意，保证食材新鲜是应有的诚信。”30 年来，这家没人收钱的早餐店，不但没有差过一分钱，反而赢得了一大批的“铁杆顾客”。在蔡结容的带动下，村民形成了珍惜信誉、重视名声的习惯。30 年过去了，早餐店的主理人也从蔡结容变成儿媳妇，但是自助收银的方式一直没有改变。早餐店的铁杆顾客换了一批又一批，早餐店依然每日爆满，店内的收银依然不差一分钱。

（广东省文明办供稿）

胡定远　胡桂江　王家允

为一句承诺祖孙20年 爱心接力照顾邻居

「诚实守信」

人物故事

胡定远，女，1934年生，2019年逝世；胡桂江（胡定远之孙），1979年生；王家允（胡桂江之妻），1977年生。三人均是贵州省毕节市大方县黄泥塘镇化联村村民。2019年获“贵州好人”荣誉。

1999年，陈生高的父亲身患重病，临终前，他希望邻居胡定远可以照顾有智力障碍的儿子陈生高（时年47岁）。看着病危的老人，胡定远作出承诺，一定把陈生高当作自己的亲人，全心全意照顾好。为了能让陈生高正常生活，胡定远带着他四处求医，将辛苦挣来的钱都用于陈生高的看病和吃药。经过多次治疗，陈生高依然没有好转。

胡定远进入耄耋之年，照管陈生高的责任自然落在孙子胡桂江和孙媳妇王家允肩上。为了坚守爷爷曾经许下的诺言，胡桂江每天在外跑车，努力挣钱养家，王家允在家照顾80多岁的爷爷和60多岁的陈生高。2019年6月，胡定远因病过世，胡桂江夫妇接力完成爷爷的遗愿，继续照顾陈生高。

（贵州省文明办供稿）

陈康劳

践行人品就是产品 企业家用“诚心”铸品牌

「诚实守信」

人物故事

陈康劳，男，1972年生，陕西省红星软香酥食品集团有限责任公司董事长。

1998年3月，陈康劳参与创建陕西红星软香酥食品集团有限责任公司。他从车间基层一线员工做起，凭着自己的勤奋和努力做到了集团公司董事长，提出了“先做人品，再做产品”的企业经营理念。

他坚持诚信经营，严把产品质量关口，始终坚持以国家食品安全法为准则，制定了严格的生产工艺流程和操作制度，要求产品质量达到“零”失误、“零”容忍、“零”差错，并提出了质量安全要做到产品合格率100%、质量安全100%、用户满意度100%。要求公司对经销商和客商签订的合同、协议坚守信誉、信守承诺，绝不食言。在企业爱员工、爱岗位；在同行业中，爱同事爱行业；他组织了礼泉县食品协会，担任协会会长，实现信息共享，抱团经营，在他的带领下，礼泉县取得全省“陕西糕点名城”荣誉称号。同时，陈康劳积极参加社会公益事业，为抗震、抗洪救灾、残疾人事业、光彩事业捐款捐物，反响良好。

（陕西省文明办供稿）

李耀梅

用扫帚创造幸福生活

「诚实守信」

人物故事

李耀梅，女，回族，1964年生，宁夏回族自治区吴忠市红寺堡区大河乡龙源村人。获得2019年全国脱贫攻坚奖奋进奖。

一次大病、一次车祸使李耀梅负债累累，经历大灾大难的她没有放弃，选择坚持，3年扎制2.5万余把扫帚，还清30万元外债，当地很多人称她为“攒劲妈妈”。

55岁的李耀梅老家在同心县预旺镇青羊泉村，以前靠家里的几亩旱地，日子过得紧巴巴。2008年，李耀梅离婚后，与年幼的女儿相依为命，生活更加艰辛。2014年，李耀梅搬迁至红寺堡区龙源村时，因胃部肿瘤复发和严重车祸欠下30万元债务。由于患有疾病，李耀梅干不了重活，靠扎制扫帚赚取微薄收入维持生计。2016年，李耀梅的女儿马向媛考上了宁夏理工学院。靠自己的双手，李耀梅一边还债，一边供女儿读书。

2019年4月，李耀梅还清了欠款和贷款，成功脱了贫，并与宁夏康洁为民环卫工程有限公司签下了2万余把扫帚订单，每年可带动20户以上的贫困户就业。

（宁夏回族自治区文明办供稿）

师德光

新疆班孩子们心中当之无愧的“北京爸爸”

「敬业奉献」

人物故事

师德光，男，1973年生，北京市第九中学新疆部主任。

2010年以来，师德光一直从事内地新疆高中班教育教学管理和民族团结教育工作。

多年来他对待繁重的工作身体力行、一丝不苟，亲自接送学生，护送新疆孩子返疆返校，这些年曾30次往返新疆与北京。为了更好地了解新疆学生的实际情况，他要求自己每隔两年必须进行一次深入的家访工作，为此走遍了新疆大部分地区，甚至包括许多远郊县和牧区。第一次家访时，他就走访了喀什地区40多位学生的家。

他每天早上7点前到校，监督学生整理宿舍卫生、用早餐，每天晚上，看学生们用完晚餐后才离校，并随时待命。每当有学生生病，他都会陪伴左右，会在手术室外等待做阑尾炎手术的学生手术成功的消息，会为被确诊为先天性心脏病的孩子四处奔走寻医问药。

（北京市文明办供稿）

于　峰

坚守海外十三载　开拓市场勇担当

『敬业奉献』

于峰，男，1981年生，中国电建市政集团中西非公司党工委副书记兼总经理。2019年当选“天津好人”。

于峰自2006年参加工作以来，13年来一直坚守在海外一线，带领团队接连中标40个项目，合同额达13.4亿美元。

2011年7月，中国电建市政集团承接了刚果（布）凯塔公路工程项目，该项目的成功履约对中国企业在中西非市场发展有着里程碑式的意义。刚果（布）凯塔公路二期项目地处森林深处，环境恶劣、物资匮乏、疟疾横行、通信时常中断。于峰与项目员工一起同甘共苦，经过3年的努力，在森林深处打通了一条绿色走廊。中国电建市政集团也因此获得了刚果（布）内政部颁发的“特别贡献奖”，成为刚果（布）唯一一家获此殊荣的中资企业。如今，这条路已经成为联系中刚两国的友谊丝带，在“一带一路”上闪耀着光芒。

（天津市文明办供稿）

孟丽红

业精于勤　基层气象员勇摘全国业务比赛桂冠

『敬业奉献』

孟丽红，女，1987年生，河北省沧州市南皮县气象局工人。2018年被评为“河北省巾帼建功标兵”，2019年被授予“全国五一劳动奖章”。

孟丽红于2012年成为一名基层气象观测员。气象行业职业技能竞赛为她提供了展示的平台，孟丽红多次在竞赛取得优异成绩：2013年获得沧州市业务技能竞赛全能第四名；2014年华北区个人全能第三名；2015年河北省第一届装备保障技能竞赛全能第五名、沧州市综合业务技能竞赛个人全能第二名；2016年沧州市综合业务技能竞赛个人全能第一名、河北省气象行业技能竞赛个人全能第四名、第十一届全国气象行业职业技能竞赛个人全能一等奖第一名。

2018年，作为河北省气象局备战第十三届全国气象行业职业技能竞赛的教练组成员，孟丽红在集训中严格遵守教练组安排，在团队的共同努力下，河北省气象局蝉联全国气象行业职业技能竞赛团体第一，3名参赛选手分别取得个人全能第一名、第三名和第五名的优异成绩。

（河北省文明办供稿）

王爱英

巾帼勇担当　大爱写春秋

「敬业奉献」

人物故事

王爱英，女，1973年生，河北煜剑节能技术有限公司总工程师。先后获得“全国五一巾帼标兵”“河北省能工巧匠”“河北省巾帼建功标兵”等荣誉称号。

2007年，王爱英在炼钢车间看到由于钢坯切割造成的废渣堆积如山，觉得实在可惜，立志缩小割缝、减少浪费，为此她重金聘请专家，亲自跑上海、天津考察学习，连续数个月做实验，改进割嘴设计，目前这项技术已在邯钢、鞍钢、天铁集团投入使用，为国家节约了数以万计的钢铁资源。王爱英还发明钢坯火焰窄缝切割装置、高炉转炉煤气放散塔直燃式自动点火伴烧系统、无动力内燃喷射式烤包燃烧器等专利技术，每年为用户节约成本5.8亿元，为减少污染排放作出突出贡献。

20多年来，王爱英累计投入上百万元关心军人军属，支持国防建设，走访部队和优抚对象600余次，用行动温暖着子弟兵。

抗洪救灾、捐资助教、扶贫济困，王爱英总是慷慨解囊，无私奉献，累计为社会捐款达80多万元。2016年，涉县发生“7·19”特大洪灾，王爱英带头捐款10余万元。

（河北省文明办供稿）

陈　玉

誉满杏林传国粹　医德双馨育桃李

「敬业奉献」

人物故事

陈玉，女，1970年生，河北省廊坊市人民医院中医科主任。获得河北省医药卫生系统“白求恩式卫生工作者”、2019年“全国五一劳动奖章”等荣誉。

1999年，毕业于河北医科大学的陈玉走上了从医之路。工作之初，陈玉遇到了很多西医解决不了的问题，她逐渐认识到中医的意义，并尝试用中药进行治疗。从刻苦钻研西医到热爱中医，陈玉经历了漫长的探索过程。

2014年起，陈玉开始参与中医重症的治疗。每天，繁重的门诊过后，她都要到各科去参与会诊。在与西医协同治疗中，无数重病患者从中获益，同时也让陈玉看到了中医中药的强大力量。她组织了以“中药的用药安全控制”为主题的省级继教项目，对全市三甲医院及基层中医药从业人员进行中药用药安全培训，使“疗效与安全并重”的理念在全市范围内得到加强。

作为河北医科大学教学医院兼职教授，陈玉承担着多门中医课程的教学任务，多次被评为优秀教师。

（河北省文明办供稿）

李玉梅

做儿童健康的守护神，为每一个生命全力以赴！

「敬业奉献」

人物故事

李玉梅，女，1969年生，吉林大学第一医院小儿ICU科主任。

2009年“甲流”肆虐中国大地，远在美国学习的李玉梅教授临危受命，紧急回国投入儿童“甲流”的救治工作中，同时着手创建了吉林省首个儿童重症医学科。此后，她带领团队积极开展新技术，2012年率先在吉林省内开展儿童血液净化技术；2017年率先开展吉林省内儿童ECMO技术，实现吉林省多项零的突破。

李玉梅教授不仅关注自己团队的建设，还时刻不忘提高全省儿科的整体救治水平。2017年，她建立了吉林省儿童急救联盟，开展院前急救，建立绿色通道，实现“急救一体化”。定期开展儿科危重症培训班，多年来坚持为学员免费培训、免费提供食宿。她常年利用休息时间为基层医院进行义诊、义务讲学，不遗余力地推动着吉林省儿童重症医学的发展。

（吉林省文明办供稿）

李　蔚

“北斗导航”研发领军人 实干助力中国“芯”

「敬业奉献」

人物故事

李蔚，男，1971年生，上海复控华龙微系统技术有限公司董事、总经理。

1996年，李蔚从复旦大学研究生毕业后，选择了留校。

1998年，加入复旦微电子集团，进入最能帮助中国芯片行业发展的地方。1999年，李蔚成功开发出复旦微电子第一个IC卡芯片、主导开发的多条产品线每年销售规模超过10亿颗芯片，到现在还广泛应用在上海的交通卡等智能卡领域。

2008年，中国的北斗导航系统建设进入关键时期之际，李蔚领导华龙团队聚焦于北斗产业，结合片上系统集成电路设计技术，面向卫星导航、无线通信及安全监控等应用领域提供完整解决方案。在发布中国首颗北斗一代RDSS基带芯片后不久，李蔚带领的开发团队又接连发布了北斗二代RNSS基带芯片及北斗专用高精度守时芯片。

2014年，李蔚带领研发团队再次推出北斗双模基带处理芯片，并于2015年年初通过了北斗办组织的北斗专用基带芯片的评测，打破了国际垄断，为国产化芯片作出了巨大贡献。

（上海市文明办供稿）

周　灵

“卖菜书记”带领贵州乡亲脱贫致富

「敬业奉献」

人物故事

周灵，男，1975年生，时任上海市杨浦区商务委员会副主任。

周灵是上海市第二批援黔干部，于2016年7月挂任贵州省遵义市道真仡佬族苗族自治县委副书记。

周灵带着当地干部群众发展商品蔬菜产业，选育品种、提升品质、创建品牌，从田间到超市实行一条龙运营，建立科学种植体系、规范蔬果包装、设计蔬菜品牌，完善产品追溯体系。

在他的带领下，道真发展了14万亩蔬菜田，建成蔬菜产业示范带7条；建立完善了“县统筹、镇对接、村生产”的产业发展模式；培育了“1+14+83”的产业发展主体，并将贫困户全部纳入其中实现增收的目标；牵头上海农科院在道真建立试种基地，并买断了其新品种的种植权；制定了“千百十”人才培训计划，不断细化销售、种植、流通分工，开展人才专业化培养。自2017年5月以来，销售商品蔬菜2600余吨，带动贫困群众增收600余万元。同时，他还积极发动社会力量参与扶贫，牵头爱心组织和个人开展捐资助学等公益活动26次，捐赠资金1600余万元。

（上海市文明办供稿）

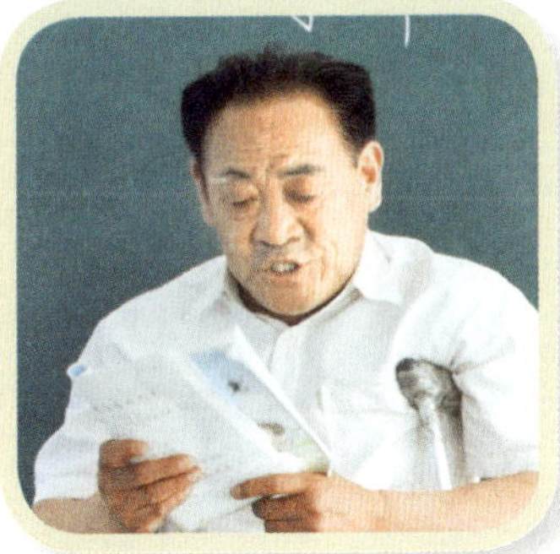

彭志华

“双拐教师”43年磨平12副拐杖培育2000余名学子

「敬业奉献」

人物故事

彭志华，男，1959年生，江苏省连云港市东海县安峰镇安北小学教师。

3岁就患上小儿麻痹症的彭志华从小立志要做一名教书育人的人民教师。1976年，高中毕业的彭志华如愿以偿被母校大放小学聘为民办教师。

1991年暑假，他拿出4年工资攒下的积蓄到县教师进修学校进行普师专业函授教育，凭借超常的毅力，利用2年时间完成了4年的学业。当年，彭志华所带的班级从原来位于全镇30多个班级的中上等上升到前5名。1996年，他凭借着优异的教学成绩，在全县29名转正教师中以积分排名第二的好成绩顺利转为公办教师。43年里，彭志华的左腿已萎缩到只有手腕般粗细，双手虎口和腋窝处也磨出了厚厚的茧；43年间，他没有因残疾迟到过一次，更没有缺失孩子一节课；43年来，他摔断过3次腿，磨平了12副拐杖，用一颗赤诚之心悉心培育了2000余名农村学子。

（江苏省文明办供稿）

陈　堃

把青春奉献给这座城，当好金陵保电卫士

「敬业奉献」

人物故事

陈堃，男，1982年生，国网江苏省电力有限公司南京供电分公司营销部市场及大客户服务室五级职员、大客户经理五班班长。曾获“全国向上向善好青年”“江苏省劳动模范”“江苏省文明职工”等荣誉称号。

为南京的重要活动和重要赛事提供用电保障，是陈堃和他的团队的重要工作。数年如一日坚守在电力保障工作一线，陈堃和他的小伙伴们参加过的重大活动保电数不胜数。为此，他牵头成立了创客联盟团队，带领团队一起研发了“大型电力保障活动可视化指挥平台”，实现了只要有电脑和网络的地方均可实现互动联通，处理复杂疑难问题。他还是创新能手，参与研发的“营配集成数据分析系统”“低压电源首尾匹配校验工具”等项目，获得国家专利，更为守护电网作出科技支撑。他铁骨柔情，心有大爱，被西祠胡同聘为“公益电博士”，进社区、进学校，时常到敬老院陪伴老人，向大山里的孩子捐衣赠物，走街串巷向市民和学生义务讲解电力知识和用电常识，向身边人传递着满满的正能量。他连续15年负责秦淮灯会现场保电，每个正月为保夫子庙流光溢彩日行3万步。

（江苏省文明办供稿）

池幼章

守诚践诺　坚守实业

「敬业奉献」

人物故事

池幼章，男，1936年生，浙江利民实业集团有限公司董事长。

池幼章，改革开放的卓越先行者、民营经济的积极探索者。如今80多岁高龄仍活跃在工作一线。

1979年，池幼章创办了黄岩利民皮鞋厂，在他的带领下，企业从初期仅有几十人的小厂，一跃成为年产上亿、税利上千万的省内同行老大。但到了20世纪90年代末，由于对市场变化不够敏感，企业几乎在一夜之间陷入困顿。2003年，濒临破产的利民鞋厂开始变卖资产清偿外债。面对困境，池幼章决定全面转型，生产汽摩配件，这是一个全新的领域。在这之前，池幼章连注塑机都没摸过。他和工人们一道没日没夜地扎在一线。仅用了一年时间，就完成了从鞋厂到汽摩配件厂的全面转型。如今，利民实业已经成为黄岩区首屈一指的汽摩配件生产商，2018年产值超过8亿元，成为吉利控股集团的核心供应商。

（浙江省文明办供稿）

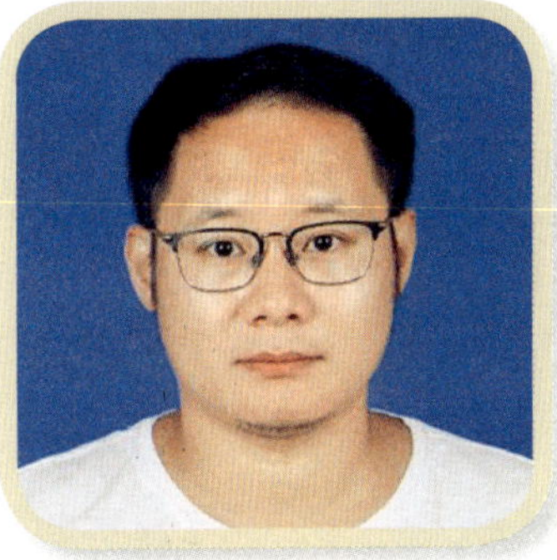

李　夏

乡纪委书记坚守一线抗台风 突遇泥石流因公殉职

「敬业奉献」

人物故事

李夏，男，1986年生，生前系安徽省绩溪县荆州乡党委委员、纪委书记，县监委派出荆州乡监察专员。

2019年8月10日凌晨，最强台风“利奇马”在浙江省温岭市沿海登陆，距离台风登陆中心300公里的安徽省绩溪县出现大到暴雨。其中，荆州乡3小时降雨量达96.5毫米，强降雨导致多处山体塌方、道路中断。15时左右，得知荆州乡敬老院等地发生险情后，李夏立即与荆州乡人大主席王全胜、下胡家村党支部书记胡向明一起赶赴敬老院。在排除险情、做好安抚工作后，三人又深入下胡家村涉险村民家中，组织劝导人员转移。

16时30分左右，三人再次路过下胡家村土地庙塌方地段时，忽然从山顶传来“轰隆隆”的声音。由于此处山高坡陡，泥石流瞬间向下滑落，李夏躲避不及，被泥石流卷走……经过13个半小时的持续搜救，11日6时左右，李夏遗体在下游约2公里的王仙庄村被找到。

年仅33岁的李夏，将他年轻的生命永远定格在了抗台抢险的路上。

（安徽省文明办供稿）

黄希呆

扎根深山　一心为民

「敬业奉献」

人物故事

黄希呆，男，1948年生，福建省厦门市翔安区新圩镇后埔村卫生所组长。

1968年从同安县卫生学校毕业后，黄希呆就担任新圩镇后埔村医生，扎根乡村医疗一线已有52年。

村里山路难行，人多居住分散，黄希呆总是不分昼夜，主动上门服务、跟踪患者病情。黄希呆从不抱怨、以苦为乐，凭着精湛的医术和勤劳的品质在当地赢得良好声誉。子女希望接他到城里共度天伦，他却选择待在偏远的山村继续帮助贫困群众。村里哪些老人有高血压、糖尿病，病情如何，用什么药，黄希呆都如数家珍；他经常开展免费健康讲座等活动，并用闽南语编制通俗易懂的顺口溜，教老人预防和辨识慢性病。

（福建省文明办供稿）

程　风

用青春力量擎起乡村教育旗帜

「敬业奉献」

人物故事

程风，女，1989年生，江西省上饶市鄱阳县莲湖乡四望湖小学校长。曾荣获“全国模范教师”“全国最美教师”等荣誉称号。

2011年程风回到家乡当了一名特岗教师。2015年，程风主动申请到偏僻的北塘小学担任校长。程风来的时候学校生源流失严重，全校只有17名学生，教学质量在全乡垫底。程风通过微博、微信、QQ群，向周围人群介绍北塘小学，发动有意愿的师范专业毕业生来帮教。3名新教师刚来的时候，学校没有通水电，程风就让她们住在自己家，还用自己的工资购置几位同事的家具及生活用品。请不起厨师，程风就掂起勺子，自己上阵当大厨。

2017年程风第36周孕期时，身上长出许多疱疹，医生说是疲劳过度、免疫力下降引起的，不能再上班，否则会感染宝宝。但学生不能没有老师，程风硬是咬紧牙关坚持到分娩。后来她又放弃产假带着襁褓中的婴儿回到讲台。在她的付出下，学校的教学质量节节攀升，跃居全乡前茅，第二年开学时学生增至120人，村里的学生基本没有外流。

（江西省文明办供稿）

梁成锋

15年来敢为人先 铸就医院智慧“管家”

「敬业奉献」

人物故事

梁成锋，男，1978年生，山东省济宁市梁山县人民医院党委委员、总会计师、党政办主任。

为及时抢救病人，他主持建立了危急值报告电子档案制度，县医院先后和7200名病患者签订电子档案协议，有效提高了救治成功率。

他积极探索智能化诊疗服务，多方寻求专家学者与县医院建立远程医疗合作，联系国内各大医院建立互联网医疗合作。在他的努力下，2017年3月，县医院省立医院开通远程医疗会诊。2018年5月，医院上线55台自助设备，接入济宁市智慧医疗平台，简化就诊流程，实现了网上预约挂号和交费，50%门诊患者实现线上支付，大大提高了工作效率，提高了患者满意度。2018年10月，在前期调研基础上，筹集资金1000余万元，新建介入科。2019年3月，投资200万元，开通北京缓和医疗互联网医院系统，目前，在全省互联网医院排名第14位。

（山东省文明办供稿）

王敬东

好交警主动请缨担重任 顽强战斗到生命最后一刻

「敬业奉献」

人物故事

王敬东，男，1969年生，生前系河南省新乡市公安局交通管理支队三大队二级警长。

2017年6月至2019年4月，交管工作任务繁重，加班加点成为工作常态，王敬东在多重家庭压力下，从未向组织提过任何困难，从不言苦喊累，为了照顾患有老年痴呆病的母亲又不影响工作，他在近两年的时间，带着七旬老母亲上岗执勤。2019年5月，王敬东身体出现明显消瘦，头发白了，脸部浮肿，领导和战友一再劝他看病休息，但他却始终坚守在岗位上，每天站岗巡逻、查酒驾，办理案件，忙碌得一刻不停。当他得知大队车辆源头清零任务艰巨棘手后，主动请缨担负起140多辆报废客货车追查销毁工作，通过他和战友连续两个月加班加点，这批隐患车辆销毁得只剩下3辆。2019年7月12日，工作过度劳累的王敬东因病医治无效去世，享年50岁。

（河南省文明办供稿）

曹全岭

好记者20余年深入基层 采写传播好声音

「敬业奉献」

人物故事

曹全岭，男，1973年生，河南省漯河市广播电视台广播网主任。

1997年，曹全岭来到漯河市广播电视台担任记者。20多年来，他坚守记者的初心，用一篇篇真实动人的报道来帮助困难群众。2006年，他在采访中遇到因小儿麻痹导致残疾的张梅是遗弃儿，养父母给她治病花销巨大。为了帮助张梅，曹全岭连续采发多篇报道，并发动爱心人士捐款捐物，使她的家庭生活得到很大改善。2007—2013年，他组办了连续7年的“《春运伴您行》特别报道”，通过全方位报道，服务市民春运出行。2017年，漯河市“爱心粥屋”刚刚起步，他采发了系列报道，在他的宣传下，粥屋由原来的2家发展到了40多家。近年来，他还挖掘报道了乡村医生郑玉海、“罗锅局长”轩志伟等多位先进典型。

2018年，曹全岭患上了面瘫，他依然脸贴膏药深入一线采访。2019年，他又患上腔隙性脑梗死，医生警告他会有偏瘫的危险，但他依然边吃药边工作。生病期间，他的稿件被省级主要新闻网站、客户端采发160多篇，被国家级媒体采发90多篇。

（河南省文明办供稿）

刘训江

村支书带领村民奋斗 20 年 让贫困村变“全国绿化千佳村”

「敬业奉献」

人物故事

刘训江，男，1945 年生，曾任河南省范县毛楼村文书、党支部书记，现任范县郑板桥纪念馆馆长。

毛楼村地处豫鲁交界的黄河滩区，水灾、旱灾、决口等灾害频发。1983 年，刘训江被选为村党支部书记。他带领村民造地 89 亩，缓解了人多地少的矛盾。1986 年春，他带领村民日出劳力 200 人，开挖大小沟渠 3000 米，浇麦 700 亩，当年小麦增产 10 万斤。1987 年春，他组织党员干部在沙滩上植树 8500 棵，使昔日的不毛之地，变成了滩区防护林。1988 年，他筹资 8 万元，架高压线路 3 公里，低压线路 2 公里，把电引入毛楼村。1990—1991 年，他带领群众两年压沙改土 490 亩，使小麦单产由 200 斤猛增到 800 多斤。1993—1998 年，刘训江带领村“两委”班子建成大型“避水连台”，为黄河中下游地区找到了一条抗洪救灾、发展经济的新途径。毛楼连台新村建成以后，刘训江又带领村民走上了生态旅游的路子。刘训江退休以后，在范县郑板桥纪念馆任馆长兼讲解员。18 年来他为机关、学校义务讲解 3000 余次。

（河南省文明办供稿）

程建胜

俯首甘为孺子牛　打赢脱贫攻坚战

「敬业奉献」

人物故事

程建胜，男，1974 年生，湖北省襄阳市扶贫办党组成员、副主任。2018 年被评定为新时代全国党建重大典型之一，2019 年获第九届“全国人民满意公务员”。

1993 年参加工作以来，程建胜一直扎根基层，转战 6 个乡镇。2016 年，他被调到七方镇担任党委书记。

连续 3 个月，他蹲点督办化解 3 个村的土地纠纷；盘活镇办破产企业，解决 500 多万元的复杂债务关系；协调修好了 2 个年久失修的泵站，解决了 800 亩农田供水不足难题；通过镇内企业务工、反租倒包、“合作社 + 基地 + 贫困户”等模式，带领全镇 28 个贫困村因地制宜，探索出了各具特色的产业脱贫模式。

2019 年 3 月，他调往襄阳市扶贫办担任党组成员、副主任。在一线，他严格督导脱贫攻坚“三落实”，把群众的期盼当作自己的责任。至 2019 年，襄阳 346 个贫困村全部出列，3 个贫困县全部摘帽，贫困发生率降至 0.04%。

（湖北省文明办供稿）

唐根根

“90后”羊倌儿 “领头羊”带着村民奔小康

「敬业奉献」

人物故事

唐根根，男，1992年生，湖北省孝感市孝昌县邹岗镇校堂村贫困户，自幼肢体二级残疾。

2016年大学毕业后，找工作屡屡碰壁的唐根根回到家乡，当起了羊倌。通过不断自学，摸索尝试，唐根根积累下不少养殖经验，家里的羊群由最初的百余只逐渐发展到近600只，家庭年收入10万元以上，成为孝昌县自主脱贫的典范。

唐根根不仅扛起全家人的希望，更成为村里脱贫攻坚的“领头羊”。目前，唐根根在扶贫政策的帮扶下，成立了根根种养殖合作社。他为其他贫困户无偿提供养羊技术，向贫困户提供怀孕母羊。唐根根以“赠送＋指导＋回收”方式带动17户贫困户脱贫致富，帮助代销的养殖户多达数十家。

（湖北省文明办供稿）

李少卿

深藏功名扎根基层 耄耋军医坚守初心

「敬业奉献」

人物故事

李少卿，女，1921年生，湖北省武汉市第四医院职工。

1939年，年仅18岁的李少卿参军，1941年入党，将人生美好年华献给人民解放事业。和平年代，她脱下军装，深藏了“三级独立自由勋章”“三级解放勋章”和“抗美援朝纪念章”等多项荣誉，在医院供应室做一名普通的消毒工。一直到2019年武汉市第四医院人事科在登记离退休老职工档案时，发现了离休职工李少卿的感人事迹。

1949年年初，李少卿在湖北省军区宜昌分区医院工作，抢救前线送下来的伤员。身为主治军医，已有7个月身孕的她几乎是整日整夜泡在手术室，饭都在手术室吃。由于长期劳累和吸入太多挥发性麻药，她的胎儿早产夭折。

硝烟散去后，李少卿响应国家号召，回到地方成为一名普通职工，在医院做消毒工作。尽管条件艰苦，李少卿从不抱怨，尽职尽责，李少卿任职期间，全院手术零事故。

（湖北省文明办供稿）

毕家培

16 年坚守在黄柏河上的清漂人

「敬业奉献」

人物故事

毕家培，男，1955 年生，湖北省宜昌市夷陵区黄柏河清漂队队长。

2004 年，毕家培进入黄柏河清漂队。10 多年来他累计清理漂浮物约 3 万余吨，守护着黄柏河汇入长江的“最后一道防线”。

1982 年，27 岁的毕家培取得了轮机长资质，后来，他还考取了电工证。

2004 年，宜昌市夷陵区组建黄柏河清漂队。毕家培是唯一拥有轮机长资质的人。他参与清漂船“夷陵环保 1 号”设计，与专家据理力争。专家分析实用性后，采纳了他的建议。2005 年到 2014 年的 10 年里，毕家培既当队长又当船长，既是清漂员又是维修员。

黄柏河是长江一级支流，承担着宜昌 200 万人饮水和 100 万亩农田灌溉重任。

2006 年，黄柏河曾一度水葫芦泛滥，毕家培带领清漂队吃住都在清漂船上，平均每天打捞 70 余吨垃圾，前后干了 103 天，才完成清理。

经过持续治理，黄柏河水质明显改善。

（湖北省文明办供稿）

李会生

货车司机重视安全 26 年行车 60 万公里零事故

「敬业奉献」

人物故事

李会生，男，1969 年生，湖南省中电物流有限公司长途大件运输货车司机。2019 年获评全国“十大最美货车司机”。

李会生驾驶的车辆被誉为“公路列车”，“超长超重超宽”是主要特点，首尾相连最长达 87 米，重量有时能达到 500 多吨。他从事货车运输行业 26 年、行程超过 60 万公里，始终保持着零安全事故，零交通责任事故；在长途大件运输行业工作的 10 余年里，他东至“欧亚之窗”黑河，西至“世界屋脊”青藏高原，足迹遍布祖国的大江南北，两次创造国内行业纪录。

2008 年 3 月，李会生带领团队承担了衡阳到青海的变压器长途运输任务，青海橡皮山海拔 3800 多米，创下了运行海拔最高的大件运输吉尼斯世界纪录；2010 年，李会生承运新疆电力公司的头号重点工程，车货总重 500 吨，团队仅用 25 天便将设备安全送达变电站，突破了国内大件运输史上公路运输时间最短的纪录。

（湖南省文明办供稿）

董慧轶

锃锵玫瑰绽放公诉一线

「敬业奉献」

人物故事

董慧轶，女，1977 年生，广西壮族自治区贺州市人民检察院公诉科科长、检察员、四级高级检察官。先后荣获“广西优秀公诉人”“广西首届未检业务竞赛能手”“广西三八红旗手”“广西检察业务能手”等荣誉称号，并入选广西公诉人才库及专门型（命案）公诉人才库，荣立个人三等功 5 次。

她爱岗敬业，率先垂范，率领的市检察院公诉科先后荣获第三届全区人民满意的公务员集体、广西三八红旗集体等 6 个自治区级荣誉，创建的四项工作经验获得上级院充分肯定并在全区推广，所办理 400 多件案件无一错案，为建设平安贺州作出了积极贡献。

她身先士卒，坚守法律底线，无偏无私、无惧无欺，自觉拒腐防变，不违反规定与律师、当事人会见，不私下接受律师、当事人宴请，不办人情案、金钱案、关系案，做职业道德、廉洁自律的表率。在她的带领下，市院公诉团队几年来，没有发生一起违法违纪的投诉、举报、控告。

（广西壮族自治区文明办供稿）

王书茂

三代同堂共建南沙守护渔民“祖宗海”

「敬业奉献」

人物故事

王书茂，男，1956 年生，海南省琼海市潭门镇潭门村党支部委员，潭门海上民兵连副连长。

王书茂十分热爱岛礁建设事业。在东门礁施工中，他和 60 多岁的父亲及 18 岁的儿子一同加入施工队伍，“三代同堂建南沙”的事迹一时传为佳话。

王书茂倾注热血来守护南海。在 2012 年 4 月王书茂和他的船队在黄岩岛附近作业时，遭遇外国渔民船只侵扰。王书茂先向他们进行口头警告，在对方不听劝阻，变本加厉地要冲入我国领海时，王书茂毅然下令船队挡在外方渔船前进的方向上，阻拦他们非法越过我国领海线。经过多天的周旋与对峙，外方船只最终撤离。

2014 年 5 月，外方出动大批船只非法强行干扰中方“981”钻井平台作业。王书茂带领海上民兵连日夜兼程地赶往西沙中建岛南部。他带领船队冲向外方船只，迫使外方非法船只远离作业平台，既保护了“981”钻井平台的作业环境，又维护了我国的南海主权不受侵犯。

曾荣获“改革先锋”等称号，荣立三等功 1 次。

（海南省文明办供稿）

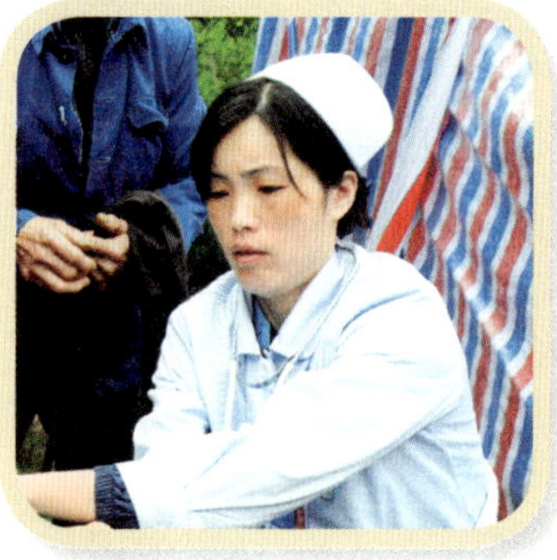

杨　秋

以医者仁心践行“南丁格尔”精神的好护士

「敬业奉献」

人物故事

杨秋，女，1975年生，四川省都江堰市人民医院门诊部护士长。

2008年，杨秋在“5·12”汶川地震中痛失亲人，但她仍然坚守岗位，在抗震救灾中表现优异，2009年6月，被红十字国际委员会授予第42届“南丁格尔奖”。

2009年4月，杨秋从向峨乡卫生院调到了都江堰市人民医院妇产科。她不断提高自己，先后考取了助产士门诊和母乳咨询门诊两个证。在医院的支持下，经过长时间的筹备，市人民医院助产士门诊于2018年11月正式开设。杨秋每周二、周四坐诊全天。为了方便大家咨询交流，杨秋特地建了“助产士门诊”微信群。

在她的感召下，中国南丁格尔志愿护理服务队都江堰市人民医院分队于2016年6月成立，已有近200名护士加入。她和志愿者们利用业余时间和专业技能，走进社区、学校、养老院，为群众和学生送去常见急症、中毒和创伤的急救知识，并为他们义诊。

（四川省文明办供稿）

刘月学

老支书坚守大山31年“刷新”家乡风貌

「敬业奉献」

人物故事

刘月学，男，黎族，1949年生，贵州省安顺市关岭布依族苗族自治县顶云街道办包包村党支部书记。

1988年8月，他回乡看到一间间茅草房和瓦房，村寨间坑洼且泥泞的道路，厌学弃学、衣衫褴褛的孩子，无所事事、聚众酗酒的中年人时，毅然辞去贵阳的工作，一心致力改变家乡面貌。

从满头青丝到华发丛生，31年的坚守，70岁的刘月学老支书不曾离乡，在这个9.8平方公里的小山村里，他走村串户，熟悉情况。全村12个自然村组，655户，3298人，他都熟记于心，无论提到哪组哪户，他的大脑像搜索引擎一样，能准确无误地“导出”资料，这一“特殊功能”让同事们个个都很佩服。在他的带领下，包包村坑洼且泥泞的村组路全部改建成平整的硬化路，全村发展起刺梨产业，过去的人挑马驮变成现在的车辆运输，村民的茅棚瓦房变成现在的独院式小楼，贫困人口从2014年的1423人下降至2020年的318人，贫困发生率从44.4%下降至9.94%。

（贵州省文明办供稿）

吴兴堂

以信仰逐梦想　以生命赴使命

「敬业奉献」

人物故事

吴兴堂，男，侗族，1963 年生，生前系国家税务总局黎平县税务局工作人员。

2019 年年初，吴兴堂主动请缨，到龙额镇贫困面最广、贫困人口最多、工作难度最大、帮扶任务最艰巨的亚罕村开展驻村帮扶工作。短短半个多月就摸清了所有农户的具体情况，为开展精准帮扶奠定了坚实基础。他发现村里的老旧木房较多，一旦发生火灾，后果不堪设想，于是他一边积极协调各方力量，完善村里的消防设施；一边对村民开展安全防火教育，有效减少全村安全消防隐患。亚罕村村民出山比较困难，细心的吴兴堂每到一户村民家里，看到他们家里缺什么，都会默默记下，每到镇上开会或者到县城办事，就会自己出钱帮村民们采购回大包小包的物资。

2019 年 5 月 10 日，吴兴堂感觉自己好像有些感冒，睡觉总是冒虚汗。5 月 11 日，他忍着病痛坚持工作，直到感觉全身乏力，头昏眼花，才放下工作到亚罕村卫生室进行简单的治疗。5 月 12 日傍晚，吴兴堂叫上同事送其前往县医院，后又转院治疗。5 月 21 日，由于急性肺炎加上急性肝衰竭导致病情迅速恶化，吴兴堂永远地离开了我们。

（贵州省文明办供稿）

寇东升

用真心温暖社区 18 年

「敬业奉献」

人物故事

寇东升，男，1964 年生，陕西省渭南市临渭区解放街道新世纪社区党总支书记兼主任。先后获“陕西省最美志愿者”“陕西省第五届道德模范提名奖”等荣誉。

时刻把群众牢记心间，伴随社区服务 18 年，不断创新方法服务居民。坚持十几年提前一小时上班，用“错时服务”方便了上班族居民；开办“小区代办服务”解决了特殊人群办事难的问题；“叫醒服务”使社区里的“空巢”变“暖巢”；“智慧服务”缩短了居民与社区的距离；“网格化服务”使服务更加高效、精准；“四心、七必访”服务法温暖了居民。

特别是他从 2015 年带领社区志愿者，面对辖区空巢老人“出门一把锁、进门一盏灯”的生活窘迫，借鉴 20 世纪七八十年代宾馆的一项“叫醒服务”，把它嫁接到关爱空巢老人的服务上。于是，一场志愿者与辖区空巢老人之间一对一的“叫醒服务”应运而生。4 年来，“早敲门、晚问候”成为他带领 23 名“叫醒”志愿者的每日必行工作。

（陕西省文明办供稿）

邓昌花

扮靓车站服务品牌 铸就温暖归家坦途

「敬业奉献」

人物故事

邓昌花，女，1985 年生，陕西省延安火车站客运值班员兼车站“花儿”亲情服务队队长。曾荣获“陕西省优秀巾帼志愿者”“陕西省青年五四奖章”荣誉。

自参加工作以来，邓昌花苦学业务技能、创新服务方法，总结出“一迎、二问、三送”服务工作法，提出“共建亲情延安，共享延安亲情”的服务理念，并将优质服务定位于“规范 + 细微 + 个性 + 亲情”4 个方面，用实际行动践行着“待旅客如亲人”的服务宗旨。13 年来，她服务过的重点旅客超过 4 万人次，仅 2019 年一年就收到锦旗 40 余面，表扬信 30 余封，12306 客服表扬百余件。

此外，邓昌花还积极参与公益活动，定期带领服务队员进社区、进学校宣传铁路安全知识；连续 3 年策划到八一敬老院慰问演出、邀请老革命体验动车；连续 3 年邀请延安市聋哑学校孩子乘坐动车进行体验式教学，培养他们独立乘坐火车出行的能力。如今，“花儿”服务队已成了圣地延安的服务名片，更是过往旅客首选的“出行攻略”。

（陕西省文明办供稿）

杜　钧

一把焊枪　23 年坚守　初心不改

「敬业奉献」

人物故事

杜钧，男，1975 年生，甘肃省酒泉钢铁集团宏晟电热公司焊接指导、首席技师。享受国务院政府特殊津贴，获评全国劳动模范。

锌铝镁产品生产技术长期被日欧的钢铁巨头封锁，直到 2017 年，酒钢成功生产出锌铝镁钢板，却在焊接技术上“卡了脖子”。杜钧接过难题，成功将盐雾试验提升至 2500 小时以上，168 个样品各项数据全部达标，产品成功得到推广应用。

2019 年，酒钢超临界机组 6 号机主蒸汽管道焊接接头出现严重缺陷，需要返修处理。杜钧对缺陷的诸多技术要点制定具体方案并组织实施，经过 37 个小时的不间断作业，彻底清除了这一重大设备隐患。

参加工作 23 年来，他秉持着“择一事，终一生”职业态度，先后完成了 50 多项技术革新项目、170 多项合理化建议、50 多项技术攻关；先后培养青年焊接骨干 57 名，技师、高级技师 19 人。

（甘肃省文明办供稿）

丁汝玲

残疾教师18年坚守三尺讲台 无私奉献育英才

「敬业奉献」

人物故事

丁汝玲，女，回族，1979年生，一级教师，任教于甘肃省合作市第三小学。

丁汝玲3岁那年，一场持续高烧，使她患上了小儿麻痹症，落下了终身残疾。

2008年7月的一天，她正给学生讲课，忽然感觉肚子一阵剧烈的疼痛，晕倒在课堂上。同事们赶忙将她送到医院，经诊断是子宫内膜异位症及严重缺铁性贫血造成的暂时性休克。手术后还没有完全康复的她又回到讲台上。2015年2月、2016年2月两次旧病复发住进了医院，她还是边巩固治疗边坚持上课。

她关心班上的单亲家庭学生、留守学生，对他们嘘寒问暖、辅导作业，给他们送文具赠书，生病时送到医院看病，学生们都亲切地称呼她为“丁妈妈”。

多年来，在课堂教学上，从备课、写教案到上课等每个环节她都悉心研究、精心设计，创自己之特色，做到每讲一堂课都“胸中有书、目中有人、手中有法、课中含金、课中有乐”，所带班级的数学成绩始终在全校名列前茅。

（甘肃省文明办供稿）

张洪平

电网“老兵”吃苦在前 坚守岗位直至生命尽头

「敬业奉献」

人物故事

张洪平，男，1964年生，生前系国网青海电力调度控制中心主任、党总支副书记。

2010年4月14日，玉树大地震发生后，他立即组织抢险队赶赴灾区，冒着危险指挥抢险，为保障抗震救灾工作的顺利进行作出了重要贡献。他先后组织参与了青藏联网、青新联网、玉树联网、新能源发电大规模接入等一系列重大工程的投运，为推进青海电网的快速发展、提高青海电网的抗风险能力、保障青海电网的安全稳定运行作出了突出贡献。他组织参与并成功实施了青海2017年“绿电7日”、2018年“绿电9日”全清洁能源供电新实践，接连刷新世界电网全清洁能源运行纪录。他全力促进新能源消纳，青海新能源消纳保持了全国领先水平。张洪平加入党组织25年来，攻坚克难、奋斗不息，带领调控中心员工，通过推进大电网调度运行控制关键技术创新发展，有效提高故障处理和应急处置能力，保障了青海电网安全稳定运行7920天。

（青海省文明办供稿）

董占花

用爱和坚强“扛”起祖孙三代十余载

「孝老爱亲」

人物故事

董占花，女，1960年生，河北省张家口市桥东区大仓盖镇羊房堡村村民。

2007年9月4日，董占花20岁的小儿子明明发生严重车祸成了植物人。10多年来，董占花每天早5点起床，洗衣做饭；一天喂4顿饭、3次水；隔2小时翻身一次，换洗八九块尿垫；早晚各擦洗一次身子，隔几小时按摩一次。

2010年，婆婆去世，83岁的公公需要照顾。每天照顾儿子已是压力很大的董占花将伺候公公的重任揽了过来。她每天给老人洗脸擦身、端水端饭，搀扶老人大小便，凡事悉心照料，直至7年后公公离世。

2017年1月20日，董占花丈夫老张因糖尿病并发症引起的重度脑梗导致左侧偏瘫，从此，她一边照顾儿子，一边伺候老张。白天，给老张穿衣服、洗脸、做饭喂饭、打胰岛素；晚上，陪儿子的同时听着老张的动静。她说：“儿子和老张都在，至少是个完整的家。只要他们都好好的，日子再难也能熬过去！”

（河北省文明办供稿）

古宏媛

“90后”女孩悉心照顾养父一家 默默付出彰显人间大爱

「孝老爱亲」

人物故事

古宏媛，女，1991年生，安徽省铜陵市郊区灰河乡太阳村村委会主任。

1991年，单身汉古绪荣路遇弃婴，从此将其视如己出，取名古宏媛。2001年，古绪荣车祸去世，家里仅剩年迈母亲、聋哑弟弟和10岁的古宏媛。小小年纪的古宏媛一下子懂事了，每天放学回家都帮着家里干农活、烧饭、洗衣服，默默用柔弱的肩膀担起照顾养父一家的责任。

初中毕业后，古宏媛不顾奶奶和二叔反对，毅然放弃了继续学习的机会，选择打工挣钱养家。反复思考后，她应聘在家附近的饭店当服务员，虽然工资不高，但好在离家近，方便照顾瘫痪的奶奶。日子虽然很苦，但古宏媛的脸上始终挂着微笑，在她看来能照顾奶奶就是最幸福的事。2015年，98岁高龄的奶奶安详离世。就在当年，古宏媛也嫁作新人妇，从此拥有了属于自己的小家。离开了从小居住的老宅，她心里最放不下的就是残疾的二叔。古宏媛与丈夫商量后，选择把二叔接到新家来照顾，继续报答养父一家的养育之恩。

（安徽省文明办供稿）

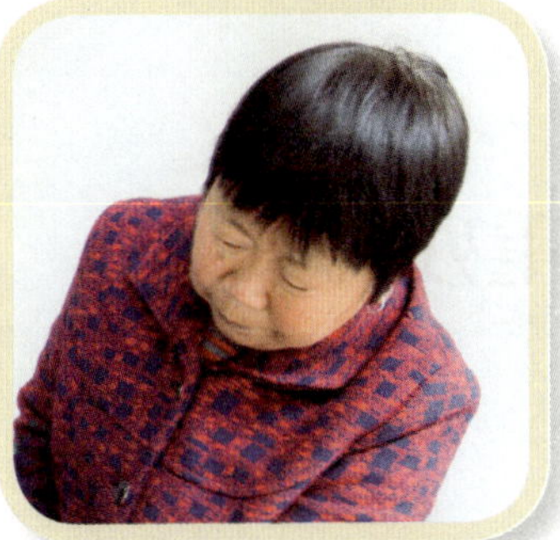

黄秀红

37 年风雨无畏只为陪你一起到老

「孝老爱亲」

人物故事

黄秀红，女，1947 年生，福建省泉州市德化县龙浔镇英山村村民。

1957 年，黄秀红经人介绍与李胜利喜结连理，婚后过着平淡幸福的生活。

1982 年正月，起床穿衣的李胜利整个人突然瘫软倒在床上。因为延误治疗导致李胜利瘫痪，黄秀红只能四处找亲戚邻居们借钱为他治病。

家中的顶梁柱倒下了，生活的重担一下子全部压到黄秀红身上。每天，她上山去挖芦柑坑、割芒草，赚钱买盐油，就连耕田等一些男人干的力气活，也都只能由她一个人做。为了果腹，她到田间将地瓜种子挖出，削掉外皮后直接煮汤喝。

让黄秀红欣慰的是，她的几个孩子都很懂事，从小就自立自强，由于家庭情况特殊没能继续读书，只能靠大的照顾小的，跟着她一起下地干活，一同照顾丈夫的吃喝拉撒。

30 多年的日子虽苦，只要丈夫还活着，黄秀红就会一直照顾和陪伴他。

（福建省文明办供稿）

廖孝凤

18 年辛勤付出撑起全家一片天

「孝老爱亲」

人物故事

廖孝凤，女，1969 年生，江西省赣州市崇义县金坑乡坪洋村人。

2001 年，一起安全事故，夺走了正在广东省韶光市采石场务工丈夫的生命，给年仅 32 岁的廖孝凤留下了一个刚出生不到 3 个月的儿子和 5 岁的女儿，家里还有体弱多病的公公婆婆和一个从小就痴呆没有独立生活能力的小叔子。上有老下有小，一家 6 口人的生活重担全压到了廖孝凤一个人的身上。

为了撑起这个残破的家，廖孝凤起早贪黑地干农活，到家乡附近的山场打零工，帮人砍竹子、扛木头。一年又一年，她每天都要劳作十几个小时，为了节约时间，她中午也不回家吃饭，而是带饭到山上应付一下。

如今，在国家扶贫政策的大力扶持下，在全家人的共同努力下，这个残破的家庭正在走向幸福、奔向小康！

（江西省文明办供稿）

郭桂平
贤妻24年如一日照顾重残丈夫

「孝老爱亲」

人物故事

郭桂平，女，1960年生，湖南省郴州市汝城县濠头乡宝沙村人。

1981年，21岁的郭桂平与濠头乡宝沙村寨脚下小组何卫华结婚，婚后生下两个孩子。1995年10月的一天，何卫华到河中打鱼，因操作不当身受重伤，血肉模糊地倒在岸上。经过50多天的治疗，何卫华保住了命，但双手如槌，双目失明。自那时起，妻子郭桂平就一刻都没离开过他，每天一口一口地喂他，一日三餐，一喂就是20多年。还有每日的洗澡、洗脸、洗脚，每次便后的卫生都由郭桂平照料。

有好几个人劝过郭桂平，“趁着年轻，带着小孩，离婚吧”。郭桂平始终淡淡一笑，“我知道这样过下去会很苦，但我与卫华彼此恩爱，他残了，我就走，我会一辈子不安的，如果天天想着这个人，不如天天能看到这个人”。现在，郭桂平在县城找到一份工作，成为汝城县环卫所的一名环卫工人，她依旧把丈夫带在身边，一起在县城上班生活。

（湖南省文明办供稿）

甘凤飞
六旬老妇10年如一日撑起病残之家

「孝老爱亲」

人物故事

甘凤飞，女，1956年生，广西壮族自治区钦州市浦北县乐民镇马朗村村民。她10年如一日地悉心照料自己病残的丈夫覃锡缔、大伯覃锡柱和二伯覃锡光3位亲人，在当地被传为佳话。

甘凤飞1978年与丈夫覃锡缔结婚后，一直和丈夫两个单身的哥哥生活在一起。5岁丧父、后又随母改嫁的甘凤飞心里清楚，丈夫的双亲过世得早，丈夫也是依靠年龄稍长几年的兄长大姐拉扯大的，两位大伯没成家，不分家也好相互照应。

大伯覃锡柱患有高血压、老年痴呆症，2015年11月，又突然中风瘫痪，生活完全不能自理。二伯覃锡光体弱多病，脚残疾行走不便，丧失了劳动能力。一家子的生活重担全部压在甘凤飞夫妇的身上。由于操劳过度，丈夫覃锡缔2006年突患中风，送医院治疗10多天后，还是落下了半身不遂的残疾。甘凤飞一边要忙着照顾病残的丈夫三兄弟，一边还要忙于耕种田地。2016年1月中旬，与甘凤飞相濡以沫38年的丈夫也走完了自己的生命之旅。

（广西壮族自治区文明办供稿）

黄建林

为偏瘫父亲设计制作代步机，脱贫致富摘穷帽

「孝老爱亲」

人物故事

黄建林，男，1978年生，陕西省宝鸡市高新区钓渭镇张家村农民。

10年前，他在宝鸡市二建当电焊工，每月有3000多元工资，一家人的日子也还算幸福，可是父亲那一年却突患脑梗偏瘫在床长达7年之久。因为父亲生活不能自理，为了照顾父亲他辞掉了工作，家里失去主要经济来源成为贫困户。起初，为了照顾父亲，他利用自己的电焊知识为父亲制作了一台康复训练机。他的康复训练机简单实用，价格适中，同村好多人见后纷纷慕名求购，黄建林的训练机名气越来越大，第一批制作了20余台全部被周边村民购买，收入约1万元，远远超过了他打零工的收入。

黄建林设计制作的训练机订单越来越多，他迅速抓住商机，研发了“第二代”“第三代”康复训练机并申请了专利。镇上为他办理了5万元扶贫金融贷款，他购买机床，扩大生产规模，办厂批量生产残疾人康复训练机。黄建林用自己的双手，为家人撑起一片天，走上了脱贫致富之路。

（陕西省文明办供稿）

中国
ZHONGGUO HAOREN ZHUAN
好人传

九
SEPTEMBER
月

史永乐

新时代活雷锋 将扶危助困使命进行到底

「助人为乐」

人物故事

史永乐，男，1965年生，中国航天科工二院二十三所职工。先后荣立二等功1次、三等功2次，曾荣获首都精神文明建设奖章。他的事迹被中央人民广播电台、中央电视台、北京电视台等10余家媒体宣传报道。

1985年7月，当时还在部队的史永乐开始义务赡养一位烈士的养父。他先后寄去3000多元钱和一些衣物等，又多次到家里探望照顾老人，直到将老人养老送终。1989年起，史永乐又先后帮助多名瘫痪病人。1992年，史永乐开始资助贫困地区学生。20多年间，他通过“希望工程”先后资助河北、湖北、江西、内蒙古、北京等地的32名贫困学生完成从小学到大学的学业。

2002年到2019年，史永乐还与学雷锋服务队先后到北京第一福利院、金秋园敬老院等地开展敬老爱老活动。

（北京市文明办供稿）

孟海全

致富不忘回报父老乡亲 村里大事小事处处用心

「助人为乐」

人物故事

孟海全，男，1974年生，山西省朔州市下面高乡江坪村党支部书记兼村委会主任。

2011年，孟海全放弃了在外有丰厚收入的工作，回村竞选担任了村党支部书记兼村委会主任，引领创办了“盛旺农牧专业合作社”。

孟海全利用上级驻村扶贫单位资助的小四轮拖拉机和自己购买的农用机械，自己掏腰包加油、雇用司机，从春耕播种到秋收拉运庄稼、秋后翻耕，全程为全村人服务，从不收取任何费用。

随着“盛旺农牧专业合作社”规模的日益壮大，孟海全不断吸收贫困户参与入股，发展到现在，有100多户贫困户购置种羊让他代养，在他的合作社参与分红。

村民孟建国患肾病综合征，常年治疗花费大量医药费用，家庭中无其他经济来源，2014年病情加重，孟海全慷慨解囊，拿出1.6万元交给孟建国去北京治疗，挽救了其性命。村内有3户五保户，孟海全隔三岔五登门探望，烧炭用水，得病就医，时刻关注。

（山西省文明办供稿）

马晓琳

乡村教师带领万名志愿者坚持不懈做好事二十载

「助人为乐」

人物故事

马晓琳，女，1972年生，内蒙古自治区包头市东河区环城路小学教师，包头市东河区义工志愿者协会会长。其个人先后获得“内蒙古岗位学雷锋标兵”“内蒙古好人”“内蒙古优秀志愿者”“全国最美教师志愿者”等荣誉称号，其家庭被评为“全国最美家庭”。

1988年，马晓琳自愿来到了包头市郊区农村的古城湾小学，成为一名乡村教师志愿者，在那里一干就是20年。在学校任教的同时，她利用节假日带领义工开展环保植树、义演义卖、探望照顾养老院老人、建立爱心墙募集衣物等活动。还组织了对西藏、山东、赤峰等贫困地区农村学生的冬棉衣捐赠；创立了“早安心语”“暖人暖事”“网络爱心一条街”“东河义工公益周”“百姓公益大讲堂”“童愿爱心超市”等大型志愿服务项目。截至2019年年底，马晓琳累计学雷锋做好事志愿服务时长已接近1万小时，她带领的团队短短5年时间，志愿者便由几十人发展到了近万人，开展各类公益活动600多场，共计服务时长20万小时，累计资助弱势群体上百万元。

（内蒙古自治区文明办供稿）

黄健东

不忘初心，用“血”诠释着生命的厚度

「助人为乐」

人物故事

黄健东，男，中建五局东北公司项目质量总监。

2012年，读大四的黄健东献血时，偶然得知自己是稀有的RH阴性A型血，俗称“熊猫血”。得知国内稀有血型库资源紧张，他萌生了当无偿献血志愿者的想法，他到医院做了申请登记，成为一名光荣的造血干细胞捐献者，开启了他的公益人生。

7年来，黄健东先后无偿献血14次，累计达4000毫升。一滴血，万分情。黄健东用“血”样激情诠释着生命的厚度；以无私的奉献展示了一名共产党员的责任与担当。

（辽宁省文明办供稿）

关清泉

身患小儿麻痹症自强不息 无私献身公益助残事业

「助人为乐」

人物故事

关清泉，女，满族，1967年生，辽宁省大连市甘井子区源昌物资商行经理、市无障碍建设促进会副会长。

2003年，关清泉开办了一家钢材贸易公司——源昌物资商行。2006年参加了由中残联发起的“你行、我行、大家同行·帮你建个家，走进宁夏”的公益助残活动；汶川地震时她个人向红十字会捐助1万元。除此之外，她还经常出资资助残疾人举办各种文体活动。住在辛寨子附近的残疾人，过年都会收到关清泉送来的年货，从第一年租着车子挨家挨户送年货，到后来家人都加入她的行列中，关清泉带动了全家人为残疾人做好事。

2016年6月，关清泉当选大连市无障碍建设促进会副会长。她把大部分精力用在了推动无障碍建设事业上。经过不懈努力，促进了无障碍设施的改善，方便了包括残疾人在内的老年人、孕妇、儿童、伤病患者等行动不便人群的出行。

（辽宁省文明办供稿）

万晓白

环保志愿者18年扎根乡村 开展生态修复

「助人为乐」

人物故事

万晓白，女，1980年生，吉林省白城市通榆县环保志愿者协会秘书长。2018年获“第22届中国青年五四奖章”。

她自2000年起跟随父亲在科尔沁沙地边缘地带从事沙化草原的生态修复环保志愿服务工作。

截至2019年6月，建立生态沙化草原修复区5块，共5000亩；原生植被覆盖率达到60%—95%，回归野生动植物达到300余种；栽种成活防风用杨树3万棵，保护恢复野生榆树及杠柳400亩。

万晓白扎根科尔沁沙地农村社区，她从最初凭借坚定理想开拓草原恢复区，到带领以大学生为主力的志愿服务团队，再到如今以本地居民共同组成的重建生态家园的民间环保社团，始终以系统的本土化生态修复为工作基础，坚持节约优先、保护优先、自然恢复为主的基本方针，从传统文化、爱国爱家、食品安全入手，解决生态脆弱区生态保护同经济发展矛盾，建成稳定的温带草原生态修复区，恢复物种基因库，带领各地青年，以志愿服务的形式，重建绿水青山，传播生态文明。

（吉林省文明办供稿）

费叶青

社区女医生坚持资助贫困山区孩子上学

「助人为乐」

人物故事

费叶青，女，1982年生，上海市青浦区赵巷镇社区卫生服务中心工作人员。

多年来，费叶青坚持资助贫困山区的孩子上学，她发动单位30多名女职工组成“天使织爱”爱心妈妈志愿者服务队，为青海边远山区的孩子们编织围巾90余条，募集小学课外书刊80余册。其家庭获评“全国最美家庭”，其个人获评“上海市优秀志愿者”等荣誉称号。

她通过网络了解并联系四川成都和贵州瓮安当地的教育机构，挑选两名小孩并资助他们上学，并在2013年和全家一起踏上贵州之行，亲身感受到当地小孩的艰苦求学情况。

贵州之行让费叶青触动很大，回沪后她随即募集了一批衣服进行捐赠并参加了“随手公益上海”公益组织。在参加随手公益后，她让儿子也加入了公益活动，成为当时随手公益最小的志愿者。每逢周末，母子俩最常去的就是随手公益设在上海的志愿者之家——志愿者们在这里汇集，清洗、分类整理、打包登记募集的旧衣物，分装文具袋。清点书包、图书等枯燥的工作，往往一干就是一天。

（上海市文明办供稿）

庄智敏

爱心搭桥　助贫困病患女孩获新生

「助人为乐」

人物故事

庄智敏，男，1986年生，福建省漳州市漳浦县医院内科住院医师。

2014年3月初，庄智敏加入省旅游局（现省文化和旅游厅）组织的对贫困病患赵丽萍的志愿医疗护理治疗团队。

赵丽萍11岁时因类风湿双髋关节损坏导致无法行走、生活无法自理。庄智敏每隔两三周去一次赵丽萍家中看望她，观察她的病情，教她如何关节康复锻炼。经过3年的治疗，赵丽萍摆脱了手脚关节疼痛的状况，2017年终于自己能站起来了。

为了使她能恢复正常行走，2018年年底庄智敏和爱心人士及赵丽萍的父母商量后决定给她进行关节置换手术，通过筹集解决了手术费用。

2019年5月21日，经历3个多小时的手术，赵丽萍平安地度过一次人生大考验。其间庄智敏常常前往医院看望她，并将她的手术情况和术后恢复情况及时地告知“赵丽萍平安喜乐群”微信群中的各界爱心人士。赵丽萍总共住院了25天，现在家里进行进一步的双髋关节功能康复训练。

（福建省文明办供稿）

李翠瑛　吴和平

不停歇的“公益夫妻”30余年助他人

「助人为乐」

人物故事

李翠瑛，女，1965年生，江西省上饶市广丰区财政局退休职工；吴和平，男，1965年生，江西省上饶市广丰区公安局永丰派出所民警。二人系夫妻关系，其家庭荣获2018年“全国最美家庭”。

吴和平、李翠瑛与慈善结缘源于1985年，当得知一位男孩因贫失学时，两人决定共同资助这位失学少年，直到男孩如愿考上大学。友善的种子在他们的心里深深地扎了根，并且成为牢固他们情感的纽带，乐于助人的他们于教师节当天结婚。

从1985年至今，他们资助的贫困学生数不胜数，在他们的帮助下，大量贫困学生获得了重返校园的机会，并成长为优秀人才，有些已经走上了工作岗位，也还有很多仍在学校就读。每当听到有学生因贫辍学时，便会积极联系，慷慨解囊，每年他们都会捐出上万元不等的费用用于帮助学生重返校园。

截至2019年，他们先后策划、组织公益活动300多场，参加志愿服务1万多个小时；15年来，他们先后捐物捐款价值30多万元，相继组织募捐财物价值200多万元。

（江西省文明办供稿）

舒永珍

以爱之名，她用一生的行动诠释最美“奉献”

「助人为乐」

人物故事

舒永珍，女，1973年生，生前系江西省南昌市进贤县季艺力志愿服务团副团长。

6年公益的坚持，志愿服务时间累积11160小时，帮助留守儿童，空巢、孤寡老人，困难残疾300多人。

她帮助的人里，有瘫痪在床20余年的孤寡老人、有风华正茂却难解困惑的花季少女、有家境贫寒由曾祖父抚养的年少孤儿、有为了生计奔波无可奈何的残障人士。

2018年8月，她因病前往医院检查并住院，一边接受化疗，一边坚持参加公益活动。只要没有倒下，她就始终用一颗火热的心温暖身边的人。2019年3月16日凌晨，舒永珍因病医治无效去世。

（江西省文明办供稿）

窦殿铭

“小窦热线”20 多年服务他人不断线

「助人为乐」

人物故事

窦殿铭，男，1958 年生，国家税务总局青岛市市南区税务局退休干部。

1999 年转业进入税务部门从事老干部服务管理工作的他，视老干部为亲人，关怀体贴、无微不至。他为老干部建立了详细的服务管理台账，所有老干部的电话、联系人、住址、疾病史等各种信息，台账中应有尽有、记录详尽。他考取国家高级保健按摩师资格证书，长期义务为老干部进行按摩康复服务。

这些年来，窦殿铭一直使用最早的“小灵通”号码，这条“小窦热线”成为他助人为乐的纽带。无论老干部还是街坊邻里，出门办事、身体抱恙、家庭装修、生病离世，无论工作日还是休息日、白天还是夜晚，刮风还是下雨，只要一接到电话，他总是第一时间上门为老人们服务。

他曾在战场上荣立二等功 1 次、三等功 1 次；从事税务工作以来，荣立二等功 1 次，荣获“全国税务系统先进个人”“全国税务系统先进老干部工作者”“山东好人”等称号。

（山东省文明办供稿）

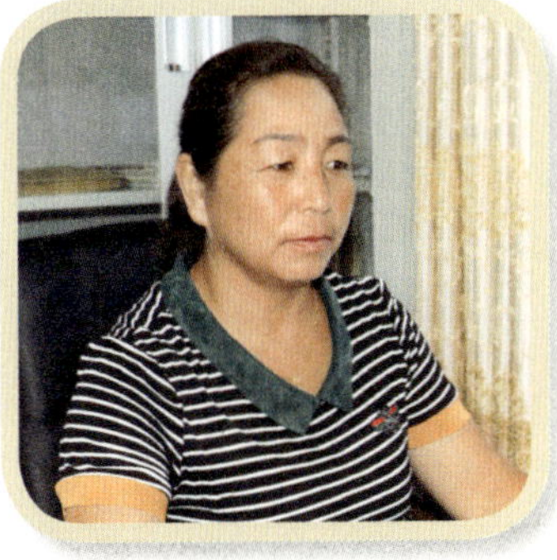

冯锦霞

自费建居村联养点 让 50 多名孤寡老人安度晚年

「助人为乐」

人物故事

冯锦霞，女，1970 年生，河南省周口市太康县朱口镇崔胡同行政村徐庄自然村人，徐庄村居村联养点负责人。

1996 年 2 月，头脑灵活的冯锦霞夫妇筹资开了一个预制板厂，靠着良好的口碑和过硬的产品质量，预制板厂逐渐红火起来。然而天有不测风云，1999 年 4 月 14 日，丈夫朱志伟外出送货时不幸遭遇车祸，经抢救无效死亡。“志伟走时，最大的女儿刚满 6 岁，最小的儿子还不到 2 岁。”丈夫去世后，看着 3 个年龄尚小的孩子，冯锦霞陷入极度悲痛中。“由于没有经营经验，加上资金紧张，预制板厂面临倒闭，乡亲们看我困难，自发为我筹集资金，你 10 元，他 50 元，我 100 元，筹集了 1 万元钱。靠着这 1 万元钱，我又重新把预制板厂干了起来。经过辛苦打拼，板厂生意红火了起来。”为回报乡亲，她每年为村里 90 岁以上老人发放高龄补贴。2014 年，出资 40 多万元，为村里修水泥路 100 多米。2018 年年底，出资 100 余万元建起村联养点，让周边 50 多名孤寡老人安度晚年。

（河南省文明办供稿）

张海涛

捐献器官　让生命延续亮色

「助人为乐」

人物故事

张海涛，男，1979年生，湖北省安陆市接官乡马安村人。

张海涛家里5口人就有3个是病人，高昂的医药费让这个本就不富裕的家一贫如洗，2018年成为建档立卡贫困户。

身为长子的张海涛在深圳打拼多年后，为方便照顾母亲，2018年张海涛返乡在安陆市城区找了份保安工作。从此，他常常单位、家、医院来回跑，劳心又劳力。母亲病重后，他喂饭、换洗，更是照顾得无微不至。

2019年5月1日，正在上班的张海涛突然晕倒在工作单位，被工友们紧急送往安陆市人民医院，经专家会诊后确认——脑干出血，医院判定已无再继续抢救的意义。

2019年5月10日，70岁的父亲张家银，坚毅地在人体器官捐赠登记表上签下"同意"。经身体检查，张海涛符合器官捐献的要求。2019年5月11日，在武汉大学人民医院，张海涛的器官捐献手术顺利进行，张海涛捐献的心脏、肝脏和两个肾脏，已分别成功移植到省内外4位患者体内。

（湖北省文明办供稿）

何剑辉

企业家为地中海贫血女孩垫付20万"救命钱"

「助人为乐」

人物故事

何剑辉，男，1976年生，湖南省郴州宜章嘉年华食品有限公司法人代表兼县工商经营户学雷锋志愿者服务队队长。

宜章县玉溪镇西门村的小女孩吴珍珠出生4个月就患上了地中海贫血，一直靠输血和排铁维持生命。为了给女儿进行新鲜脐带血移植，2017年，吴珍珠的母亲雷小英怀上了与吴珍珠配型全相合的孩子。由何剑辉负责的志愿者服务队了解到此情况后，和众多爱心人士一起为吴珍珠筹集到医疗费22万余元。但进行新鲜脐带血移植手术需要42万元手术费，还差20万元。紧要关头，何剑辉挺身而出，拿出了20万元为吴珍珠垫付手术费，挽救了吴珍珠的生命。

何剑辉一直热衷于爱心公益事业。自2009年以来，他每年都会带领志愿者服务队去慰问敬老院孤寡老人、环卫工人、值勤交警、消防队员、特岗老师；捐助失学儿童和贫困家庭以及老弱病残，与贫困生帮扶结对。自2012年以来，他创建的嘉年华公司为全县环卫工人寒冬送温暖提供免费营养早餐，参加爱心送考，带头参与抗冰救灾、慈善募捐等社会公益活动。

（湖南省文明办供稿）

颜丫丫

“80后”白衣天使坚持志愿服务20年

「助人为乐」

人物故事

颜丫丫，女，1981年生，湖南省怀化市第二人民医院服务中心副主任、靖州县志愿者协会会长。2017年荣获“湖南省最美志愿者”称号。

2014年年底，颜丫丫在靖州县坳上镇小开村认识了一名叫潘某某的学生，其父亲因为吸毒贩毒坐牢5年，母亲离家出走，剩下幼小的小潘和年迈的奶奶在家。颜丫丫鼓励小潘要努力读书，为她争取了靖州县志愿者协会的助学金和中国人口福利基金会的“拾穗计划”资助；她又经常与孩子爸爸联系，告诉孩子的近况，希望她爸爸洗心革面，早日出狱，来履行父亲的职责。小潘的奶奶逢人就讲：“没有颜丫丫，就没有我们三代人的幸福！”

颜丫丫还经常利用中午休息时间到中小学传授五防、急救、禁毒知识教育课，利用上、下午的休息时间到靖州的农村学校授课。300多次的公益活动，颜丫丫和靖州县志愿者协会的志愿者们募集资金100多万元，资助1000多人。在她的带动下，各种“学雷锋”活动深入靖州苗乡侗寨，吸引了大批热心青年参与公益。

（湖南省文明办供稿）

梁　艺

轮椅上的主播主持助人节目使千万人受益

「助人为乐」

人物故事

梁艺，女，1979年生，湖南省娄底广播电视台主持人。

2001年5月27日，22岁的梁艺第一次以主持人的身份登上了湖南卫视的荧屏，后来主持湖南电视台都市频道的开播晚会，一夜之间被赞为都市频道的“当家花旦”。然而灾难却突然从天而降。2001年9月的一天，因血管瘤破裂出血后压迫到了中枢神经，导致她肩膀以下全身瘫痪。

逐渐恢复的梁艺，用自己与病魔搏斗的心路历程，帮助很多处于困境中的人，走出了内心的阴霾。一个在德国留学的大学生，因为压力过大患上了抑郁症，梁艺鼓励他重拾生活的信念，帮助他走出了抑郁，顺利毕业找到了工作。梁艺2006年被台湾周大观基金会授予“第九届全球热爱生命奖章”。

2012年10月28日，梁艺坐着轮椅重返湖南电视台直播间，成为《帮助直通车》栏目的主播，很多媒体人称她为“中国第一位轮椅上的主播”。

（湖南省文明办供稿）

许晓东

非公企业党委书记带头做公益成学雷锋标兵

「助人为乐」

人物故事

许晓东，男，1971年生，广州立白集团党委书记、副总裁。2018年被评为“全国岗位学雷锋标兵”。

许晓东近10年来坚持引领企业参与社会公益，每年固定投入人力、物力、财力组织开展公益活动。在每年的党建工作计划中，他都要为党员和员工量身制定公益活动方案，如“公益爱心夏令营”“手拉手公益课堂”等，现已开展各类公益活动超过500项。

2012年，立白集团专门组建关爱留守儿童志愿者服务队，以偏远地区留守儿童为主要对象，组织开展公益关爱活动，在广西14个偏远地区的百余所小学开展了爱心助学行活动；为广东省偏远地区的近百所小学分别捐建了“爱心图书室”。在许晓东主持下，迄今组织和发动集团员工开展各类捐献和助学行动，参与人员达5万余人次，帮扶2万余人。

为了实现精准帮扶，许晓东多年来一直坚持对受助的项目进行实地走访，他的公益足迹已遍布贵州、广西、广东、江西、四川等地。

（广东省文明办供稿）

郭良才

“热血”爷爷和他的关爱成长工作

「助人为乐」

人物故事

郭良才，男，1941年生，四川省宜宾市翠屏区安阜街道关工委常务副主任。先后获“全国关心下一代先进工作者”“四川好人”等荣誉。

2002年退休后，郭良才挑起了宜宾市翠屏区安阜街道关工委常务副主任这一重任，继续发挥老党员的余热。通过郭良才多年的努力工作，累计支持特困青少年3412人，解决资金101.12万元。其中助学2812人、助困564人、助残12人、助孤24人。

当被公司无故辞退的退伍青年彭逸山，带着发高烧的孩子找到郭良才时，他当即掏钱给孩子治病，并支持彭逸山通过法律途径保护自己的权利。流杯池社区吴忠信老人一个人生活十分困难，郭良才得知后，主动协助他办理了低保。还有外来务工人员张军、张辉两姐弟的就业问题和子女读书问题。郭良才还对贫困学生、灾区人民捐款每年约800元到1000元，20多年约捐款2万余元。

（四川省文明办供稿）

陈翠微

守护希望的“交警妈妈”

「助人为乐」

人物故事

陈翠微，女，1981年生，四川省自贡市公安局交警支队大安区大队校园中队（筹）负责人，三级警督。先后获“四川十大我最喜爱的交警”“优秀巾帼志愿者”等荣誉。

2000年9月，陈翠微成为自贡市公安局交通警察支队自流井交警大队沙湾女子岗亭的一名交警。

2012年，各地发生了多起幼儿园校车事故，陈翠微提议大安区建立校车“一车一档”管理制度，促进当地校车标准化管理。2015年10月，大安区校车管理先进经验在全省推广。

陈翠微还策划了一系列交通安全宣传进校园活动，她走遍了大安区的各个学校，进行道路交通安全知识讲座。2015年1月，陈翠微得知大安小学的学生甘某和奶奶、爷爷相依为命。陈翠微就经常去他家“串门”，让小甘感受到了家的温暖。

随着陈翠微关心的事情越来越多，留给家人的时间也就慢慢变少。虽然感到一些遗憾，但陈翠微并不后悔。

（四川省文明办供稿）

杨永强

热心“的哥”自费往返700公里送陌生男子回家

「助人为乐」

人物故事

杨永强，男，1992年生，陕西省宝鸡海景出租汽车公司驾驶员。

2018年6月20日晚，杨永强驾驶出租车行至距离宝鸡市区十几公里的大散关附近时，发现了一名神态异常、提着包独自走在公路上的男子。通过询问和交流得知，该男子姓张，26岁，身上没有钱，当天下午从宝鸡火车站步行到大散关，准备步行回老家甘肃康县。杨永强发现该男子疑似有智力缺陷，劝说小张跟车回到宝鸡市区，杨永强把小张拉到宝鸡市金陵派出所，通过警方确认了小张的身份信息，并联系上小张的家人，他们希望杨永强能开车将小张送回家。杨永强毫不犹豫答应了，他带小张吃了饭并安排他在招待所休息。那时已是21日深夜1点多了。

6月21日一上班，杨永强就向公司汇报了情况，与公司一名管理人员将小张安全送到甘肃康县家人的身边。热心“的哥”自费往返700公里送陌生男子回家的事迹感动了身边的每一个人。

（陕西省文明办供稿）

韩杰荣

带领志愿者深耕 12 年 捍卫河西走廊生态安全

「助人为乐」

人物故事

韩杰荣，男，1977 年生，甘肃青梭公益发展中心理事长。获第七届全国“母亲河奖”绿色卫士、第十一届中国青年志愿者优秀个人奖、2018 年全国绿化奖章。

2004 年 4 月，韩杰荣创办了“拯救民勤网”。2006 年 6 月，他发起成立拯救民勤志愿者协会。从 2007 年开始，他通过互联网组织志愿者在民勤县压沙植树，14 年来共募集资金 790 余万元，先后在民勤县建设了 6 个志愿者生态林基地，种植梭梭等各类林木 4.5 万余亩，成活率超过 85%。累计向农民发放植树劳务款 370 余万元，实现村民与生态的良性互动发展。

2008 年开始，他组织农户推广节水农业，开发特色农产品 16 种，带动农村青年加入电商创业。与 136 户农民签订包销协议，授权网店 27 家，截至 2019 年年底，累计销售农产品 3718.2 万元，为农民增收 1042.1 万元，带动就业 600 多人，电商帮扶 371 家。

（甘肃省文明办供稿）

赵庚卯

积跬步至千里　积小善成大德

「助人为乐」

人物故事

赵庚卯，男，1963 年生，新疆维吾尔自治区市场监督审核评价中心总审核师。2019 年获“全国民族团结进步模范个人”称号。

赵庚卯同志始终把帮贫济困、关爱儿童作为己任。自 1997 年至今数十年默默坚守自己的人生信条，把帮贫济困作为自己的毕生追求。先后捐助了 20 多名南疆维吾尔族儿童，捐款 8 万余元。

他经常利用南北疆出差、技术评审等时机，发挥自身技术评审专家优势，采取实地走访了解困难、耐心讲解法规政策、免费培训技术人员的方法，积极帮扶喀什、和田、阿克苏、吐鲁番等地的各类民族企业 20 多家，受到了各族人民群众好评。作为一名共产党员，一名市场监管系统的工作人员，赵庚卯不忘初心，默默前行，积小善成大德，积跬步至千里，用自己朴素的言行诠释了工作生活中的真诚、善良和理想。

（新疆维吾尔自治区文明办供稿）

闫海峰

好邻居冲入火海救出九旬老人

「见义勇为」

人物故事

闫海峰，男，1968年生，黑龙江省尚志市乌吉密乡太来村个体客运司机。荣获2018年度哈尔滨市“见义勇为先进分子”称号。

2018年1月16日下午5时许，尚志市乌吉密乡太来村安孝军家意外失火。当时屋里还有一位90多岁的老人因腿伤卧病在床。在这危难之时，正巧闫海峰和妻子路过，他一边喊“救火”，一边冲向火海，和赶过来的村民一起把老人救了出来。

这时房主为奶奶买药赶了回来，大喊：“西屋还有一个煤气罐！”闫海峰跑过来高喊：“大家快撤一边去”，随即他就奋不顾身，一头冲进黑烟滚滚的屋里。经过艰难的四处找寻，终于在角落里摸到了已经烫手的煤气罐，在室外群众焦急的呼喊声中，他艰难地将煤气罐连同炉灶一起拖了出来，危险终于排除了。而闫海峰由于全身力气尽失，一出来便趴在地上晕了过去。

村民立即将其送医院，医生诊断为急性一氧化碳中毒。经紧急抢救后，闫海峰脱离了危险，出院后他至今还留下头疼后遗症。

（黑龙江省文明办供稿）

洪新根

热心小哥追停公交抓小偷

「见义勇为」

人物故事

洪新根，男，1990年生，福建省学大教育培训机构物理老师。

2019年5月28日上午，陈女士带着一岁宝宝乘坐76路公交车，下车后，发现背包内的钱夹不见了。她回想起，刚刚在车后门等着下车时，她身后一男子尾随她从后门下车后，却立即转身又从车前门上了车。于是，陈女士抱起小孩一路追赶公交车，但很快便体力不支。

此时，洪新根恰逢经过，听到陈女士呼救“抓小偷”！他果断拔腿相助，一边狂奔追车一边大喊抓贼。76路车开出近百米后，巧遇红灯，在短暂停留之际，洪新根眼疾脚快，加速冲至车前，挥手示意司机停车，大声呼喊：“车上有小偷，大家帮忙抓一下！”经司机和乘客众人的协助，该可疑男子最终乖乖交出陈女士的钱包。报警后，洪新根确保小偷已被众人控制，才悄悄离开，赶去给学生上课。

（福建省文明办供稿）

李益军

洪水中他奋力救起 3 人

「见义勇为」

人物故事

李益军，男，1971 年生，江西省赣州市全南县大吉山镇马安村村民。

2019 年 6 月 10 日早上，大吉山镇乌柏坝村街道被河水倒灌，短短几分钟，街上水位就达 1 米多深。7 点 30 分左右，家住乌柏坝圩街边的李益军，听到有人喊“救命”，他从二楼的窗户往外看，在离他家不远处，3 名初中学生正从一辆被洪水困住的面包车里往外爬，司机早已不见了踪影。眼看湍急的洪水就要淹没车顶了，他赶紧跑下楼，纵身一跃投入洪水中，拉住第一个孩子的手，把他抱到安全地带。李益军立即返身再冲入洪水中，几次因水势太急而差点被洪水冲走，他被呛了好几口水，艰难地把第二个孩子抱到高处。这时洪水如猛兽般扑来，把车和站在车顶的第三个孩子一起冲到远处，李益军毫不犹豫再次冲入水中，当他快要靠近面包车时，洪水再次来袭，淹没了他，也将车和孩子冲到更远处，李益军在水中抓住了一根电线杆，爬了上来，孩子却还在洪水中。这时，民警赶来了，李益军和民警一起奋力用绳索将孩子救了上来。

（江西省文明办供稿）

唐克强

公交司机舍命拦车 见义勇为暖人心

「见义勇为」

人物故事

唐克强，男，1976 年生，山东省威海公共交通集团有限公司驾驶员。

2018 年 1 月，一辆轿车因手刹失灵，从一陡坡上顺势急速冲下。唐克强用尽全力徒手从路基上抠出一块石头，用身体抵住车辆，努力将石头垫在车轮下面，阻止了车辆继续下滑。2018 年 11 月，唐克强驾车行驶至菊花顶站点时，发现对向的一辆黑色老式桑塔纳轿车底盘突然冒出了滚滚黑烟，他马上用灭火器将火势有效控制，避免了一场更大的火灾。

工作中，他兢兢业业，微笑服务。当看到老弱病残孕等乘客上车时，他都要多留心几分，提醒大家及时让座，上车下车时尽量稳当一些，多等他们一会儿，尤其是一些腿脚不便的老人，上车时，唐克强总要问问他们在哪里下车，提前记住他们的下车点，在快要抵达目的地时，提醒他们提前做好准备。

（山东省文明办供稿）

李　海

生死关头，勇救6名落水群众

「见义勇为」

人物故事

李海，男，1976年生，河南省驻马店市遂平县花庄镇赵庄村村民。

2019年6月23日早上，李海送完两个孩子上辅导班后去单位上班。当他走到康庄和王庄之间的一座漫水桥时，见桥上有人冲他大声呼叫："有人落水，快救人！"此时的李海来不及问什么，把电动车一扔，直接跳进长满浮萍的河水中，漫水桥下积水有2米多深，在路人的帮助下，李海先是拉上来一位老太太，随后又拉上来一个抱着幼儿的妇女，再返回水中又摸到一个小男孩。李海刚想松口气，得知落水车辆里还有人时，便顾不上救人的疲惫又一次扎进水里，将一名小男孩和一名妇女救出。此时，岸上已经围了很多人，大家纷纷参与到对落水者的施救之中。落水者的家人闻讯也赶到现场，随后，大家一起将落水者送进医院进行治疗，6个人全部得救。

在生死关头，李海舍生忘死，挺身而出，他的精神既体现了中华民族舍己救人、奋不顾身的传统美德，又展示了新时代中国农民的精神风貌。

（河南省文明办供稿）

于清旺

好党员多次搀扶倒地老人被称"扶人哥"

「见义勇为」

人物故事

于清旺，男，1973年生，国网河南省电力公司开封市祥符供电公司安装一公司党支部书记。

于清旺第一次"扶人"是在2014年1月20日，他开车经过河南开封市开尉路北段时碰上一起车祸，路边有个老太太被压在一辆农用四轮车下，昏迷不醒，身上都是血。于清旺在几位热心群众的帮助下，将受伤老太太抬到自己车上紧急送往医院，并掏出身上带的2000元现金，替老人办了住院手续，直到老人转危为安才离开。第二次"扶人"是在2018年7月11日，于清旺驾车经过开封市皮屯村时，遇到一位老大爷昏倒在血泊中，旁边还有一倒地的电动车，他忙将受伤老人抬上自己的车，一路疾驰直奔距离最近的医院。到医院后，于清旺只说："赶快救人，如果家属联系不上，医疗费我来出！"当即为老人垫付了医疗费。于清旺曾长期资助困难学子直到大学毕业，多次捐款捐物资助孤寡老人、留守儿童，关键时刻，他总能第一时间站出来，彰显党员本色。

（河南省文明办供稿）

张玉红

见义勇为好老师　勇斗歹徒救学生

「见义勇为」

人物故事

张玉红，女，1981年生，河南省郑州航空工业管理学院附属小学教师。

2019年2月25日，新学期开学第一天，张玉红一大早就从家里出来，准备在上班的路上买些早点。7点30分左右，她正在早餐店旁等候，突然一名患有精神疾病的男子手举菜刀砍向正在排队买早餐的人群。张玉红第一个飞身扑向歹徒，将歹徒紧紧抱住。但不到1.6米的她哪里是歹徒的对手，歹徒一下便将她摔倒在地，举刀向她乱砍，但她仍死死抱着歹徒不松手。这时早餐店店主及周围群众一起动手把歹徒制伏。不久，公安民警赶到将歹徒带走。突如其来的事件造成3个小学生受伤，其中就有张玉红的女儿。张玉红守护着3个孩子，直到120急救车赶到一起将孩子们送到医院。好在孩子们的伤势不重，没有生命危险，只需住院治疗。等一切都稳定下来，张玉红才发现自己一身是血，她以为是孩子们的血。等回家换衣服时，才发现自己的前胸后背全是血渍，头也开始剧烈疼痛，用手一摸，头上有道大伤口。她忍着疼痛赶到医院，检查结果是头部挫裂3.5厘米，深及颅骨，需要住院手术。

（河南省文明办供稿）

黄幼霆

“白大褂”勇救落水儿童受重伤

「见义勇为」

人物故事

黄幼霆，男，1981年生，广东省广州市海珠区赤岗街社区卫生服务中心员工。2019年被评为“广东好人”。

2019年4月5日，黄幼霆和家人到广州市番禺区海鸥岛吉泽雨百果园游玩，下午4时许，他听到有儿童呼救，立刻循声跑过去，看到一名小男孩趴在水池边沿上，双脚踩着水池中凸出来的砖块，动弹不得，随时都有可能掉下去，情况十分危急。黄幼霆马上冲上去，但因水池边沿湿滑、狭窄，加上小孩体重偏重，被小孩拖入水中。由于担心孩子受伤，黄幼霆一只手死死抱住小孩不松手，另外一只手则抓住水池边缘，而左边胸腔却撞向水池边缘，黄幼霆当即感到剧烈疼痛，但他一直坚持着让男孩站稳后爬出水池。

随后赶来的家人立即将他送往医院抢救，经检查，黄幼霆因脾脏破损，造成体内大量出血，加上4根肋骨骨折，随时可能危及生命。为了抑制出血保住性命，黄幼霆接受了摘除脾脏手术，在ICU观察了3天后才脱离了生命危险。2019年4月26日，黄幼霆又在医院接受续骨治疗，经过1个多月的休养才恢复正常工作。

（广东省文明办供稿）

李寿显

临危不惧，从湍急河流中勇救3人

「见义勇为」

人物故事

李寿显，男，壮族，1976年生，广西壮族自治区崇左市扶绥县龙头乡肖汉村村民。

李寿显是村里的赛龙舟队队员，水性好，平时就乐于助人。2019年7月18日下午，李寿显带着儿子到河边散步时，发现有3名学生落水，他来不及多想，连衣服都没脱就跳入水中救人，最终将3名学生成功救起。

“没有你的拼命相救，我的儿子就没了。我们三个家庭就破碎了，我真不知该如何感谢你才好。”在李寿显家中，获救学生的家长邓长信紧紧握着救人英雄李寿显的手感动地说道，并送上锦旗。“在湍急的河水中能够救出一名落水者已经很了不起了，何况三个，说明他体力好，精神好，我们很佩服，给他大大的赞！”村民李居发称赞道。

目睹了父亲救人的全过程，小儿子李华林深有感触，他为有这样勇敢的爸爸感到自豪：“老爸下水去救人的时候很勇敢，以后我长大了也要向他学习。”对于3次下水救起落水者导致体力耗尽而可能存在的生命危险，李寿显说：“我当时没想那么多，救人要紧，即便拼到只剩下最后一点力气，也要救人，换了别人也会这么做的。”

（广西壮族自治区文明办供稿）

李春波

赴汤蹈火全不惧　援险救难“我先上”

「见义勇为」

人物故事

李春波，男，1998年生，贵州省遵义市湄潭县公安局特巡警大队辅警人员。

2019年6月3日，湄潭县大林桥一女子失足落水，正在执勤的湄潭公安交巡警队员李春波在听到指挥中心指令后，立即赶往事发现场，纵身跳下10余米的高桥，英勇救下了该女子。2016年1月24日，李春波在县城官家巷某商店发生火灾时，冲进火场救出一人，并与同事一道将大火扑灭。同年8月10日夜里，他从湄潭中学河段湍急旋涡中救起一名游泳溺水的男子。2018年5月12日、8月27日、10月31日，李春波分别在县城滨江驿站8楼救下欲跳楼轻生的女子，县城院士大桥附近救起一名跳河轻生的男子，在县城农贸街徒手夺刀，挽救一名持刀欲自杀的男子。在工作和生活中，李春波总是主动帮助战友，为生病急需手术的战友垫付他仅有的积蓄。2018年在执行茶博会安保任务时，同事罗岚在岗位上晕倒，在交通管制的情况下，他硬是背着同事从茶博会会展中心狂奔2公里赶到医院……

李春波投身警营3年，挽救生命6条，多次获得“见义勇为先进分子”荣誉称号和上级表彰奖励。

（贵州省文明办供稿）

汪德斌

纵身一跃救儿童　英雄之举谱赞歌

「见义勇为」

人物故事

汪德斌，男，1977 年生，陕西省安康市平利县城关第二小学教务主任。2019 年入选“陕西好人榜”。

2019 年 3 月 19 日 12 点 15 分左右，他下班经过河滨路步行桥时，突然听到从河滨北路传来的呼救声。“救命啊！快来人啊！”听到呼喊声，他狂奔过去，看见一老人在岸边大喊救命，情况十分危急。汪德斌纵身一跃，跳入约 3 米深的河水中，快速游到孩子身边，托起孩子往回游，可就在游到离岸边约一两米的地方，他的腿突然抽筋，眼看就快没有力气，在河岸上热心群众的一声声加油打气中，他铆足最后的劲儿将孩子拖曳到岸边。此时平利县公安局 2 名巡特警队员也及时赶到并迅速接过汪德斌手里的孩子，将孩子交到赶来的警察手中后，汪德斌终于松了口气。最终，警民携手把一条幼小生命从死神手里抢了回来。

（陕西省文明办供稿）

马全友

平民中那颗闪亮的星

「见义勇为」

人物故事

马全友，男，回族，1972 年生，新疆维吾尔自治区博湖县查干诺尔乡敦都布呼村七组村民。2019 年被新疆维吾尔自治区人民政府评为“见义勇为模范”。

2016 年 8 月 28 日的下午，马全友在回家的路上，听到有人喊“救命”，他看到污水井盖旁围着几个人，立刻飞奔过去。发现井边有 3 个人费劲地抓着绳子往外拉，马全友赶紧帮忙，一起救起了一名在井下作业中毒的工人。当听说井下还有两人时，马全友义无反顾地借助绳索下到了 6 米多深的井里。他强忍着恶心，很快摸到了一个工人，迅速把绳索绑在这人的身上，摇晃着绳索喊井上的人拉绳子。因为张口说话，一股毒气吸入马全友的口中，他憋着气用最后一点力气把绳索绑在第二个工人腰上，就晕了过去。

马全友和 3 名中毒人员都被送到了博湖县人民医院抢救。因吸入毒气过多，医生建议马全友住院治疗观察一周，但他只在医院观察了 3 天就出院了。

（新疆维吾尔自治区文明办供稿）

何永云

农村党员智勇救人龙川江

「见义勇为」

人物故事

何永云，男，1970年生，云南省保山市龙陵县龙江乡新寨村濮家小组一名普通的农村党员。

2019年5月3日13时许，一辆载有3人的小轿车在新寨村沙坝田路段失控落入龙川江中。当时正在地里栽种玉米的何永云听到江对岸有人喊车子掉下江了，急忙向500余米外的江边飞奔而去。

何永云看见有人漂在江面上，顺手将附近的一根竹竿扔向落水者，可惜竹竿并未扔到落水者身边。10多年未下水的何永云跳入江中，将竹竿推向落水者，落水者抓到竹竿后向何永云求救“快救救我女儿”。何永云望去，江上浮着一名小孩，他立即游过去抓住小孩。何永云一边拖着小孩，一边将抓着竹竿的落水者奋力推到岸边。

在救起这对母女后，累得气喘吁吁的何永云再次跳入江中将第三名落水者带上了岸。做了10多分钟的心肺复苏抢救后，第三名落水者终于有了生命体征。及时赶到的医务人员和民警将3人送到医院救治。

（云南省文明办供稿）

刘广文

义务守碑人无私奉献 甘于付出数十载如一日

「诚实守信」

人物故事

刘广文，男，1946年生，河北省承德市孟子岭乡王厂沟村村民。

刘广文为了纪念牺牲的27位战士，自愿成为抗日英雄纪念碑的忠实守护者，冬天要扫雪，夏天还要将挡在路边的山柴砍掉。他维修土路3公里，栽植树木500棵，修整花草600平方米。

王厂沟村棒山沟曾经有9户村民，但随着生活水平的提高和潘家口水库搬迁，8户村民陆续搬出了棒山沟，现在只剩刘广文一户人家留在这里，陪着烈士们。

在刘广文的家中，有一本厚厚的记事本，这本账册里记录着许多来此参观的人们的姓名、时间、人数等信息，从2005年至今，他已经不厌其烦地为1万余人讲解了那段历史。

（河北省文明办供稿）

李文涛

“的哥”拾金不昧 物归原主传递正能量

「诚实守信」

人物故事

李文涛，男，1989年生，黑龙江省佳木斯市桦川县天安出租车公司司机。

2017年2月13日，李文涛正在营运，忽然发现后座上有一个女式挎包。查看包内物品时发现有不少现金、首饰、几张银行卡和购物小票，为安全起见，他立即将这个包交到了公司。经工作人员清点，包内共有现金2680元，一条金项链价值至少1万多元。中午，桦川县城北派出所副所长任国强打来电话，询问是否有司机捡到女包。下午上班时，任国强和一名警员带着失主来到公司，经李文涛和失主双方确认，正是失主丢失的物品。

失主当场拿出部分现金要感谢李文涛，却被李文涛婉言谢绝。他说：“不是自己的东西，咱就不能动，更何况乘客坐咱的车，图的就是个安全，落在车里的东西，必须保管好并交还给失主，这是咱应该做的。”

（黑龙江省文明办供稿）

乔增富

20年帮助“贫困村”变身“富裕村”的村书记

「诚实守信」

人物故事

乔增富，男，1958年生，江苏省泰州医药高新区野徐镇仲联社区党总支书记。2015年被评为江苏省“吴仁宝式”优秀村书记。

1999年，乔增富毅然放弃镇办企业“一把手”这个“肥差”，来到仲联村担任村党支部书记。仅仅用了4年时间，他就把一个集体债务多、农民税费欠缴多、村里矛盾多的贫困村，发展成为市级文明村。

由于长时间超负荷工作，2005年，乔增富罹患尿毒症进行了换肾手术，养病期间，他依然舍弃不下仲联村，借助野徐镇创办工业园区的契机，带领仲联村盘活资产、招引能人，仲联村从此跨入了“富裕村”行列，集体收入从负资产发展成现在的近300万元，仲联社区多次被评为市、区优秀基层党组织，获得“省级创业型社区”等称号。截至目前，乔增富已为全社区99%的农户办理了失地农民保障，每年扶贫帮困都自掏腰包几千元，老百姓都称他是社区的“守护神”，群众的“贴心人”。

（江苏省文明办供稿）

何刘竹

“90 后”小伙诚信经营包子店 归还食客误转的 14 万元

「诚实守信」

人物故事

何刘竹，男，1990 年生，安徽省安庆市怀宁县江镇镇上丰村人。

2018 年 4 月 2 日，何刘竹在郑州市商都路和十里铺街交叉口的汴梁大汤包店和往常一样正常营业。当天，一名叫“某洪伟”的顾客买包子时通过支付宝一下转了 147258 元，随后这位顾客一直没有现身。该店每月对一次账，平时每月经营额约 2 万元，5 月 2 日对账时发现经营额多出 14 万，通过核对收款记录，发现名为“某洪伟”的顾客的异常支付。于是他拨打郑州一家电视台的热线电话，希望媒体帮忙寻找食客，把钱归还给他。此事经媒体报道后，引起社会广泛关注，在多方努力下，5 月 8 日，何刘竹通过支付宝方面打来的电话联系上了食客“洪伟”，并在郑州公安的见证下将这笔误转巨款完璧归赵。“我两年前来到河南郑州，现在每天 2 点半起床和面做包子，一直忙到临近中午，挣钱虽然辛苦，但是不是自己的一分钱都不能要！”何刘竹说，诚信是金，做生意靠的就是诚信。

（安徽省文明办供稿）

林　毅

心系标准　诚信经营

「诚实守信」

人物故事

林毅，男，1987 年生，中科华宇（福建）科技发展有限公司总经理。

林毅致力于研究开发国家重点发展的高科技、高性能、高附加值的环保节能型胶粘剂产品，以绿色环保为己任，不断扩大研发领域，力争把一切有毒有害的胶粘剂产品都替换掉，让更多的鞋厂、家具厂一线员工能使用到绿色环保的胶粘剂。作为项目带头人，2017—2018 年新在研的项目《环保木用拼板胶的研制开发》，已于 2019 年实行产业化，该产品将改变千百万木工师傅的工作环境，提高他们的健康水平。

他不忘社会培育恩，积极融入精准扶贫工作。2018 年年初，他带领企业慰问城厢区灵川镇云庄村 17 家贫困户，慰问常太镇埔头村、顶坑村 10 家贫困户。2019 年年初，企业与莆田市城厢区安监局携手慰问城厢区灵川镇、常太镇贫困户。同时，他关爱老年人，不忘家乡培育恩，每年赞助城厢区华亭镇山牌村老人会总价值 1 万多的物资和红包。

（福建省文明办供稿）

陈志强

身处绝境不改初心 诚信立企造福桑梓

「诚实守信」

人物故事

陈志强，男，1978年生，江西省丰城市拖船镇源汉村人，广东省东莞市厚街镇丰正皮革有限公司总经理。

2008年，陈志强接到一笔越南宝成鞋业集团350万元的猪皮订单，准备交货时，因对方采购经理寄错色卡，导致猪皮颜色与确认版相差甚远，这一问题几近使陈志强破产。正当他为350万元短缺资金苦恼时，一个噩耗从老家传来：父亲因帮亲戚盖房，不慎坠亡。面对这样的情形，他没有多言，独自忍下失去至亲的悲痛，将家中的两头老黄牛和名下所有的车子、房子低价急售出去，勉强筹齐了资金，并按期将合格货物运达越南交货。

在公司刚刚起步，经济并不宽裕的情况下，他就先后向汶川、玉树等灾区捐款数十万元。之后，他又主动参与厚街镇扶贫工作，每年资助2名贫困学生上学，还带头为厚街镇儿患脑瘫、夫患癌的“坚强妈妈”筹齐善款50万元。数十年来，陈志强和他的公司在爱心助学、扶贫济困等公益事业的捐助资金已达450余万元。

（江西省文明办供稿）

范　霞

用诚实替人还债　用守信书写人生

「诚实守信」

人物故事

范霞，女，1979年生，山东省新泰市第一中学教师。

范霞2000年毕业后成了一位人民教师。2002年与丈夫结婚。2007年大伯哥要做货车生意，于是她和丈夫东借西凑并帮他从银行担保贷款，帮他买了一辆半挂车。2009年大伯哥因经营不善无力偿还30万元债务，远走他乡。当时她夫妻二人工资很低，月收入加起来才3000余元，还有孩子需要抚养，银行房贷也还有十几万要还。雪上加霜的是公公突发脑血栓，在泰安中医医院治疗4个月，花费4万多元，并从此卧病在床，每月要吃400多元的药维持治疗。她决定坚守诚信，不失信于借款的亲戚和银行。于是她制订详细的还款计划，一边精打细算到每一元每一角维持自己的生活，一边8年如一日地照顾卧病在床的公公，最终用了7年时间，在2016年替大伯哥还清了30万元债务。

（山东省文明办供稿）

廖聪济

祖孙三代恪守承诺 守护红军墓八十八载

「诚实守信」

人物故事

廖聪济，男，1970年生，广东省韶关市乐昌市梅花镇红七军革命烈士纪念园管理员。2019年获“第七届全国道德模范提名奖”。

1931年2月2日，红七军进入梅花墟（现广东省乐昌市梅花镇）后，遭到国民党军的包围，双方展开激烈战斗，史称“血战梅花”。第二天，廖家突然来了3名年轻的红军，其中一人身受重伤。祖父廖文成将这3名红军在自己家里安顿下来。受重伤的军官不到半个月便牺牲了，另外2名红军战士在出发寻找部队前告诉廖文成，牺牲的军官真名叫李谦，年仅22岁。廖文成将李谦的遗体掩埋在自家屋旁，他每年怀着敬意为李谦烈士扫墓。

2005年，廖聪济回到深山接过照看李谦烈士墓的重任。2010年12月，李谦烈士的遗骸被迁葬入乐昌市梅花镇新建的红七军革命烈士纪念园。廖聪济成为纪念园的管理员，继续守护着烈士墓。他还当起义务“红色讲解员”，向前来祭奠烈士和参观纪念园的各界人士讲解叙述烈士英勇战斗的故事。

（广东省文明办供稿）

王锋利

弘扬雷锋精神拾金不昧 演绎中国好“的哥”

「诚实守信」

人物故事

王锋利，男，1974年生，陕西省西安市出租汽车集团有限公司中北分公司驾驶员，2018年加入西汽集团雷锋车队。

2018年7月11日，他驾车前往西安咸阳国际机场途经三爻村军警路口时，看到地铁口路边有一辆三轮摩托车油箱着火，火势较大。此时正值早高峰，过往车辆行人较多，如果油箱爆炸后果不堪设想。摩托车司机惊慌失措，束手无策。他见状立刻停车，迅速拿出随车灭火器，快步跑到三轮车旁用灭火器将火扑灭，检查确认没有复燃迹象后才离去。

2018年12月7日，乘客李先生将刚从银行取出的20万元现金不小心遗落在他车上，这笔钱是20多名农民工的工资。发现这笔巨款丢失后，李先生万分焦急，当得知20万元现金已被出租车驾驶员王锋利在第一时间将钱送往所在车队时，李先生感动得热泪盈眶。

问起他这么多年坚持不懈地做好事动力是什么，他淡淡地说：“做这些事，让我踏实。”

（陕西省文明办供稿）

刘春东

凝心聚力敢担当　创业致富带头人

「敬业奉献」

人物故事

刘春东，男，1970年生，天津市北辰区双街镇双街村党委书记、村委会主任。2019年获全国“双带”农村致富青年先进个人，2019年当选“天津好人”。

2015年刘春东当选为双街村党委书记后，在农业上，主推花卉赏玩、有机蔬菜、幸福葡萄、甜香草莓、食用菌加工五大主导产业。在工业上，成功引入东具机电等多家企业，园区年租金达到2000余万元。在服务业上，打造尚河购物中心商业综合体，满足周边居民的生活需要。

刘春东带领村集体深度挖掘双街村文化旅游资源，打造文化引领农业观光旅游新模式，形成了文化载体和文化品牌的深度融合。

在刘春东的大力推动下，双街村完成集体产权制度改革。如今的双街村，各种配套设施完善，使村民真正享受到了优质的教育医疗资源和丰富的精神文化生活。

（天津市文明办供稿）

任绍全

38年60本电力技术笔记　他以匠心坚守石油初心

「敬业奉献」

人物故事

任绍全，男，1959年生，华北油田公司电力分公司工程大队电气试验班班长。

1981年，任绍全分配到水电厂，让他苦恼的是技术不行，任绍全坚信勤能补拙。没有现成的电气试验原理图，他就把仪器和接线画出来，仅头3年就写下笔记15本、20多万字，画各类设备原理及接线图300多张。电网抢修不分昼夜，翻开抢修工作单，几乎每一项电网抢修任务都有他的名字。持之以恒的勤学苦练让他脱颖而出，连续3年夺得岗位能手称号，1988年在油田十大行业竞赛中获得冠军。

成为电力抢修行家里手，他将自己的绝活儿总结成10万字的电气试验方法传授给工友，他所带的班成为全油田唯一获得天津电力试验研究院颁发的高压试验资格认证班组。

他的280余项创新项目获奖，省局级42项，获得32项国家发明及实用新型专利，创效3000余万元。

（河北省文明办供稿）

史彦昌

7 年扶贫路　满腔爱民情

「敬业奉献」

人物故事

史彦昌，男，1982 年生，河北省邯郸广播电视台副台长，驻邯郸市大名县前杨村第一书记。先后被评为全国扶贫先进个人、河北省扶贫先进个人、河北省基层建设年先进个人。

史彦昌同志带领干部群众筹资 850 万元，硬化田间主干道 3000 余米，硬化街道 3300 余米，改造全村电网 1.4 万米，新增变压器 4 台，新打深水机井 2 眼，铺设田间输水管道 19007 米，铺设便道砖 4400 余平方米，安装路灯 76 盏，栽种观赏树 200 余棵，粉刷墙面 1.6 万余平方米，建立电子商铺一个，修建文化广场 2 处，新建学校一所，新上占地 13 亩光伏发电项目一个，还新建了村党群服务中心，使前杨村发生了很大变化。

史彦昌同志多次带领村“两委”成员到河南、山东等地考察学习，引进了适合本地的好项目，先后建起了 6 个养鸡场、1 个微服装加工厂和 1 个光伏发电站。目前，在驻村工作队的帮扶下，前杨村 116 户在册的贫困户已经全部“摘帽出列”。

（河北省文明办供稿）

贾拴成

带领群众种植甘薯 5000 余种植户人均年增收 1000 元

「敬业奉献」

人物故事

贾拴成，男，1976 年生，河北省新乐市新农红薯种植专业合作社理事长，河北省农技协甘薯专业委员会主任委员。先后获得“全国乡村好青年”“全国劳动模范”“科普中国最美乡村科技致富带头人”等荣誉称号。

十几年来，贾拴成下大力度普及红薯种植技术，一是邀请大专院校、科研单位的专家教授办班和现场指导，举办甘薯产业发展论坛，创建中国红薯网；二是他先后培育了新农 1 号、新农 6 号等新品种，引进了日本黄金薯、普薯 32、烟薯 25、苏薯 16、济薯 25、济薯 26 等几十个高产优质品种，每年向薯农提供优质薯苗 5000 多万株；三是 2013 年他亲赴阜平骆驼湾顾家台村考察当地农业生产条件，免费捐赠了 10 万棵优质红薯种苗，由困难户试种，带领群众脱贫致富。2016 年他亲赴怀安县南刘家窑村进行实地考察，向该村赠送了 8 万株价值 2 万余元的优质红薯种苗。

十几年来，在他的引领下，河北省甘薯种植面积发展到 100 多万亩，规模种植户达 5000 多户，人均增收 1000 多元。

（河北省文明办供稿）

朱小林

致力储粪罐维修 30 年的“能工巧匠”

「敬业奉献」

人物故事

朱小林，男，1969 年生，河北省张家口市桥西区公厕管理处维修股副股长。

1988 年，朱小林去单位报到的第一天，就躺在淘粪车底下搞起了车辆维修。

一晃 15 年过去了，公司 30 多部淘粪车的储粪罐由于腐蚀老化，经常损坏，影响了正常使用。利用休息时间，他反复研究琢磨，一次次的切割、滚圆、焊接、复位，终于突破了技术难关，实现了零误差修复，仅此一项小革新，就能为公司节省购置新罐资金 60 多万元。

转眼又是 15 年，淘粪车基本“下岗”。2017 年他申请调到了公厕维修股。2018 年腊月，公厕自来水冻了。他迎着塞外零下 20 多摄氏度的严寒，连夜抢修 3 个多小时，终于将厕所修好。

2019 年 67 座水厕需要增加大量的配属设施。炎炎夏日，他带领 6 名同志组成党员突击队，利用 2 个多月的时间，安装干雾超声波杀菌除臭机 200 余台，节水感应水箱 100 余个，并在 40 座主干道繁华地段公厕内摆放绿色植物。

（河北省文明办供稿）

李　栋

残疾理发师自强不息 以工匠之心钻研业务

「敬业奉献」

人物故事

李栋，男，1979 年生，中环国际酒店（上海）有限公司聋人美发师。曾获 2017 年度“普陀工匠”荣誉称号。

1995 年，16 岁的他进入美发行业。除钟爱美发事业外，他还热爱体育运动。1999 年他被选入残疾人运动队，参加上海市第四届、第六届残疾人运动会。

2010 年 5 月，李栋进入上海中环国际酒店工作。他热情的服务、高超的技术，得到了宾客的称赞。每当酒店有重大接待任务时，李栋总会主动包揽下礼仪接待的美发任务。

凭借着精湛的手艺和刻苦的精神，李栋业余进修考出大专学历，并取得了国家级美发高级技师证书。在全国和市级残疾人职业技能美发比赛项目中荣获好成绩，获得上海市残疾人职业技能美发项目比赛第一名，全国残疾人职业技能美发项目比赛第二名等荣誉。他接受残联邀请，授人以渔，为其他热爱美发事业的残疾人培训。他利用工作之余筹备了两本美发师（初级和中级）教科书和 PPT 演示，用自己的技艺回报社会。

（上海市文明办供稿）

周丽娟

环卫巾帼以匠心“绣”出最美城市

「敬业奉献」

人物故事

周丽娟，女，1974年生，江苏省苏州市常熟市环境卫生清洁服务所机械化作业中心党支部书记、队长。曾获评江苏省劳动模范。

周丽娟26年来累计清运垃圾、粪便40多万吨；她驾驶技术精湛，是常熟环卫历史上4.3万小时、75万多公里安全行车纪录的保持者；她带领党员群众用“绣花”功夫推进环卫精细管理，在他们努力下，常熟获评中国十大最干净城市。

针对噪声扰民、污水滴漏、二次污染等群众关心关注的环卫热难点问题，她提出了“麻袋垫消音法”“污水箱扩容法”“多点位喷淋法”等“小妙招”，花费少、效果好，大大提升了环卫服务效能。她综合考虑不同车辆的性能特点及道路等级、通行条件等，首创“扫一冲一洗一清”“四位一体”机械化作业模式，实现了道路“亮边亮线，路见本色”的深度保洁效果。她将自己多年来的环卫工作经验凝练为“一示范、三创新、三提升”“133”工作法，还专门成立党支部书记工作室、劳模创新工作室、三八红旗手工作室。

（江苏省文明办供稿）

尚庆功

36年刻苦钻研，初中生“门外汉”变为电力技术尖兵

「敬业奉献」

人物故事

尚庆功，男，1968年生，国网江苏省电力有限公司连云港市赣榆区供电分公司营销部计量班副班长。获江苏省五一劳动奖章、全国五一劳动奖章。

1983年，尚庆功进入电力系统，成为当时的变电工区一名变电值班员。为了提高自己对“电”的认识，他用自己仅有的“节余工资”，订阅了各种杂志和书籍，一头扎进了知识的海洋。1996年，有一次电能表校验装置的稳压器出现故障，厂家无法按时上门修理，尚庆功自告奋勇担任维修重任，他对设备进行诊断和检查，发现一只滤波线圈烧坏，他就近选择材料，自己缠绕线圈，安装后设备运行正常。2011年尚庆功创新工作室成立，他带领团队，完成了26次的技术革新，申请实用新型专利13项，创新成果曾获全国电力职工技术成果二等奖、江苏省职工“十大科技创新成果奖”等不同级别的奖项共14项。

（江苏省文明办供稿）

张绍武

38年立足岗位 勇攀变压器行业高峰

「敬业奉献」

人物故事

张绍武，男，1965年生，江苏省常州西电变压器有限责任公司总经理助理、特高压车间主任。获评“全国变压器行业技术能手”“中央企业劳动模范”。

从1981年进厂从事变压器制造工作，张绍武一待就是38年。2008年，超（特）高压车间诞生，张绍武作为车间领头人，带领团队经过不懈努力，仅用10年时间完成国内外同行50年才能实现的目标，跨越变压器技术等级从220kV到±1100kV几个台阶，被业内称为“常变奇迹”。他助力中国西电集团“双百万”“±800kV”输电工程项目荣获国家科技进步特等奖；助力西电常变“±800kV”输电工程项目荣获中国机械工业科学技术一等奖。他本人也获得了中国西电“变压器产业”首届科学技术特等奖和一等奖的殊荣。他领导的超（特）高压车间已为国家14条特高压交、直流输电工程，提供了200台优质特高压变压器，其中包括中国首条“向家坝－上海”±800kV特高压直流工程；中国首个“一带一路”特高压“巴西美丽山”±800kV项目；世界上技术最先进的“昌吉－古泉”±1100kV直流输电工程等。

（江苏省文明办供稿）

荣　静

轮椅女孩化身“最美剑客” 赛场斩获多枚金牌

「敬业奉献」

人物故事

荣静，女，1988年生，中国轮椅击剑队队员。2016年获全国五一劳动奖章。

荣静出生于江苏省沭阳县华冲镇的一个普通农民家庭，因患有小儿麻痹症而右腿残疾。2004年，她被江苏省轮椅击剑队选中，开始了击剑运动生涯。

在2012年伦敦残奥会女子重剑团体比赛前，荣静的腰部意外受伤，严重到无法动弹。当身边所有人都在劝说荣静放弃比赛疗伤，她却无比坚定：“我出来，就是要参加比赛的！”荣静和队友在这次女子重剑团体赛中夺得冠军，首次参加残奥会的荣静登上了最高领奖台。在2013年匈牙利举行的世界锦标赛中，在肩膀受伤的情况下，荣静在重剑个人和团体比赛中各获得一枚金牌。2016年里约残奥会上，荣静作为中国残奥代表团旗手入场，她一举夺得女子花剑A级个人赛、女子重剑团体赛和女子花剑团体赛3枚金牌，将“最美笑容”和“亮剑人生”完美绽放在世人面前。

（江苏省文明办供稿）

李成义

好教师 3 次赴藏支教 身患重病依然心系当地教学

「敬业奉献」

人物故事

李成义，男，1973 年生，江苏省盐城市响水县第二中学安管处主任，拉萨江苏实验中学援藏教师。

2014 年，李成义作为江苏省首批组团式援藏教师，到西藏自治区拉萨江苏实验中学任教。2015 年，支教期满，又先后两次申请留藏，连续 5 年坚守雪域高原。

他因材施教，采取“激发兴趣、培养习惯、降难减量、小步快走”教学方法，调整教学内容和策略，不断提升教学质量。2014 年至 2017 年，他连续 3 年任教初三毕业班，所带班级语文成绩均列拉萨市前三名。2015 年，他任教的初三（1）班有 3 名同学中考成绩进入西藏自治区前 20 名。2017 年，他辅导学生格桑卓玛荣获全国作文大赛二等奖。

除了正常的教学工作外，李成义还兼任拉萨市教育局初中语文教研员。2018 年年底，他患重病回江苏治疗，仍时常通过电话、微信、视频等方式，帮助拉萨市各县区教师解决教学难题，给藏族学生答疑解惑。

（江苏省文明办供稿）

钱夕洋

坚如磐石爱若韧丝——一份乡村教师爱的坚守

「敬业奉献」

人物故事

钱夕洋，女，1983 年生，江苏省南京市浦口区大桥中学英语教师。

2004 年 9 月，钱夕洋成为一名乡村中学的英语老师。她每天第一个到达学校；她在班级里设立了临时办公桌，批改作业，辅导学生，听学生读书背书，即便是年三十晚上，也要检查完 80 多个学生的听力留言，没有一天懈怠。为了给贫困生家庭减轻负担，她把自己江浦的婚房免费借给学生住，一借就是 6 年。

2018 年秋，正当钱老师踌躇满志，再一次带着初三学生冲刺中考时，她患了“甲状腺癌伴淋巴转移”，恶性肿瘤大到 6 厘米，医生建议钱老师将脖子里转移的病变淋巴彻底清除掉，但这样势必会影响声线。为了继续教书，钱夕洋决定后期再继续治疗，保住嗓子。手术后，身体还未恢复的她又迫不及待地重返校园，全身心地投入忙碌的工作中。

（江苏省文明办供稿）

王营定

“最多跑一次”改革路上的服务尖兵

「敬业奉献」

人物故事

王营定，男，1976年生，浙江省宁波市人，宁波市公安局行政审批处受理科科长。

2008年，30岁的王营定主动请缨，来到市行政服务中心当起了窗口民警。

他把服务办事群众当作使命，在窗口服务中，他坚持“人民满意”标准，自觉践行“三严三实”要求，多次“急人所急”，为办事群众开辟“绿色通道”，加班加点帮助群众完成事项办理。

为了更好地提升窗口服务水平，王营定首创了“三多三少”窗口工作服务法，即在接待中多一点微笑，少一点冷漠；在办理中多一点细心，少一点推诿；在服务方式上多接些地气，少一些麻烦。他积极思考，创新“智慧审批”新模式——“互联网+”集约化服务，联合工作团队推出的“阿拉警察”App，为100多万办事企业和群众提供在线服务，被公安部和省里推广，实现了既方便企业、百姓，政府亦收获满意度的“三赢”工作模式。

（浙江省文明办供稿）

沈明芳

扎根基层卫生工作30年 视患者如亲人

「敬业奉献」

人物故事

沈明芳，女，1972年生，浙江省嘉兴市人。

1990年，18岁的沈明芳踏上了护理工作岗位。从一名普通的临床护士成长为医院的副院长、院长，从普通的临床到现在的精神专科护理，她始终视患者如亲人。

她目前所在的康安医院是一家精神病专科医院，而精神疾病护理工作有其特殊性，除了基本的护理工作外，还要面临着随时可能出现的危险情况。她带领医务团队不怕脏和累，让每个患者得到家一般的照顾。

2012年，她倡导成立了“蓝马甲志愿者服务队”。2015年，她发动创建了关爱精神残疾患者的“绿丝带志愿者联盟”，组织志愿者与精神病患者一起聊天、包饺子、做游戏；为精神障碍患者送去慰问演出；爱心人士在节假日为患者送慰问、过集体生日；志愿者捐赠闲置衣物和书籍等公益活动，填补了秀洲区公益组织关爱精神残疾患者的“空白”。

（浙江省文明办供稿）

刘海娟

特岗女教师扎根乡村 10 年 坚持走教以爱育人

「敬业奉献」

人物故事

刘海娟，女，1986 年生，安徽省阜阳市阜南县新村镇中心小学特岗教师。2019 年获评“全国优秀教师”。

刘海娟是安徽省第一批特岗教师，10 年来，为了让农村的孩子也能够拥有一个色彩缤纷的美术天地，圆孩子们的小小画家梦，刘海娟每天奔波于多所学校之间。刘海娟的辛勤付出，已经结出丰硕成果，她辅导的学生中有 153 名分别在省、市、县绘画比赛中获奖。

农村学校留守儿童数量很多，刘海娟用真爱唤起他们的自尊心和自信心。刘海娟在个人资助贫困生的同时还积极组织社会爱心人士资助贫困学子，曾为留守儿童捐赠价值 3 万元的 200 套儿童保暖内衣、20 台取暖器等生活物品。

2018 年 9 月 7 日，刘海娟作为安徽省教师先进典型加入了“安徽省最美教师”师德师风全省巡回报告团，共计作省、市、县级专题报告 122 场，与全省 13 万余名教育工作者分享了自己的乡村教育故事。

（安徽省文明办供稿）

张海虹

女检察官扎根基层二十三载 奋战职务犯罪预防工作一线

「敬业奉献」

人物故事

张海虹，女，1972 年生，安徽省亳州市纪委监委工作人员。2016 年获评“全省检察机关十佳女检察官”“安徽省三八红旗手”荣誉称号。

23 年的检察官生涯中，张海虹有 18 年的反渎工作经历，多次被省纪委、市纪委抽调办理要案，她任职期间，亳州市的反渎工作创下了连续 3 年全省业务考评第一的成绩，被省院荣记集体二等功。2013 年年初，张海虹被调整到市院预防处，全身心地投入预防业务的学习中，并很快从之前从事职务犯罪侦查的“治已病”调整到预防职务犯罪“治未病”，完成了彻底的工作理念转型。预防职务犯罪讲座第一次走进亳州的专家讲座“药都讲坛”；组建了全省第一支预防职务犯罪志愿者队伍，预防志愿者遍布机关、乡镇、企业、学校等多个领域；利用非物质文化遗产“二夹弦”编排预防剧目进行巡演，使预防宣传更接地气……

在预防工作中，她主动高点定位，自我加压，树立亳州检察预防品牌。

（安徽省文明办供稿）

王 珍　金爱萍　李 娟

潜心研究创服务标准化范本 爱岗敬业弘扬劳模精神

「敬业奉献」

人物故事

王珍，女，1973 年生，安徽省蚌埠市蚌埠百货大楼营业员；金爱萍，女，1972 年生，蚌埠百货大楼纪委副书记；李娟，女，1985 年生，蚌埠百货大楼名品中心综合部部长。这支劳模创新工作室团队从初出茅庐的销售“菜鸟”到成为公司金牌员工，先后荣获“全国商业服务业十佳营业员”“全国五一巾帼标兵”“中国青年志愿者优秀个人奖”等 10 余项荣誉。

2017 年年底，蚌埠百大集团成立了以王珍的名字命名的劳模工作室——“王珍劳模创新工作室”。通过不断完善和补充，《王珍式服务规范》最终发展成为《百大心悦服务标准化体系》，成为行业内第一部由企业自行编制的服务标准化范本，并获得了安徽省企业管理现代化创新成果三等奖。

在“王珍劳模创新工作室”成立后，王珍和金爱萍、李娟便确定了“扶新扶弱、均衡发展”的工作原则，对弱势品牌柜组或商场进行帮扶。工作室还在燕山乡幸福院和蚌埠市特殊教育中心建立了志愿服务基地，并将其作为长期帮扶对象。近 5 年来工作室共开展各类爱心公益活动超过 200 场次。

（安徽省文明办供稿）

施德鹏

扶贫专干积劳成疾不幸离世 以使命兑现承诺

「敬业奉献」

人物故事

施德鹏，男，1979 年生，生前系安徽省池州市青阳县林业局驻新河镇向阳村党支部第一书记兼扶贫工作队长。

2018 年 4 月，施德鹏被组织选派至青阳县新河镇向阳村党支部任第一书记兼扶贫工作队长，进驻向阳村之后，他全身心投入脱贫攻坚工作中，每天忙村里大小事务，忙扶贫工作，顾不上家，把“办公室”搬到了田间地头和群众家里。一个月内调研了全村 12 个村民组 37 户贫困户，详细记录了各户具体情况及需求，并制定精准扶贫方案。此后，他办公室的白墙贴满了表格，这些表格是他心中的一面面“扶贫明镜”。他经常在山间小路上奔跑，走访贫困户，不到两个月向阳村村民都把他当作“知心人”和“人生支柱”。当年，他带领村“两委”一班人一口气为村里拿到了党风廉政先进村、脱贫攻坚先进村等 5 项荣誉。

2019 年春节施德鹏被确诊为口腔癌，没挺过一期化疗，病魔把他的生命永远定格在 2019 年 3 月 10 日这一天，定格在 40 岁，施德鹏永远离开了他的同事和亲人，离开了他热爱的扶贫事业。

（安徽省文明办供稿）

岳喜环

“小巷管家”30年 为民服务初心不改

「敬业奉献」

人物故事

岳喜环，女，1965年生，安徽省宿州市泗县花园井社区党总支书记，第十三届全国人大代表。

岳喜环是7000余名居民公认的“小巷管家”，是社区居民公认的“贴心大姐”。她率先在秀水苑小区成立业主委员会，探索无物业小区管理新模式。她成立的“岳喜环调解工作室”共调处化解社区居民矛盾和治理问题600多起，调解成功率达到98%以上，实现了“小事不出社区、大事不出镇、矛盾不上交”维稳良好局面。

她通过开展移风易俗活动，倡导婚事新办、喜事小办、丧事简办，树立朴实节约新风。她通过举办楼道文化节，培养社区新型家风楼风，用楼道文化激发和谐小区活力，助力互帮互助行动；她让居民楼内的楼道不仅仅成为走路的“过道”，更成为联结邻里上下感情的“通道”。在她的带领下，花园井社区先后获得全国科普示范社区、全国综合减灾示范社区、全国妇联基层组织建设示范社区、全国社区侨务工作示范单位、安徽省和谐社区建设示范社区、安徽省文明社区、安徽省文明单位等多项荣誉。

（安徽省文明办供稿）

王文兵

客运司机生命最后一刻停稳车辆 用生命护乘客安全

「敬业奉献」

人物故事

王文兵，男，1976年生，生前系安徽省淮南市淮汽汽车运输有限公司驾驶员。

2019年6月6日上午，淮南市淮汽汽车运输有限公司驾驶员王文兵和往常一样，驾驶大客车由淮南前往苏州。当车辆正常行驶到沪蓉高速镇江丹阳路段时，一辆由东向西行驶的重型平板半挂车，突然失控冲过高速公路中间护栏进入对向车道，与王文兵驾驶的由西向东正常行驶的大客车发生猛烈碰撞。在生命的最后时刻，短短几秒钟的时间，王文兵强忍着剧痛，用仅存的一丝意识控制好方向盘，完成了人生最后一次平稳停车，稳稳地停在距离事故撞击点50米的安全应急车道内，挽救了车上16名乘客，而王文兵虽经全力抢救却因伤势过重，生命永远定格在了43岁。

（安徽省文明办供稿）

蔡美娜

守艺偶坛
足迹走遍海内外的非遗传承人

「敬业奉献」

人物故事

蔡美娜，女，1982年生，福建省晋江市池店镇柴塔村人，南派掌中木偶第六代继承人，福建省非物质文化遗产代表性传承人。

从艺20多年，蔡美娜每天与木偶为伴，业余时间也几乎投入木偶表演当中。从最初的基础表演到现在的“大戏”演出，从不知名的小角色到拿到了国家级大奖，这背后是蔡美娜对木偶艺术永不止步的追求。

她肩负交流使命，致力于弘扬非遗文化，足迹走遍大江南北各省市巡演，数十次出访欧洲、非洲及东南亚国家和地区进行文化活动交流，为传播中华民族优秀文化艺术作出积极贡献。

2013年9月晋江掌中木偶剧团与福建省艺术学校泉州分校联合办班，她主动请缨进班任教，传授技艺、立德树人。她坚持随团上山下乡，拉近木偶与小学生和老百姓的距离。她走进香港校园巡回演出50多场，深化香港、晋江两地木偶文化交流。

（福建省文明办供稿）

陈寿武

坚守高山不言悔　敬业奉献铸忠诚

「敬业奉献」

人物故事

陈寿武，男，1990年生，空军驻三明锣钹顶雷达站站长。

上任以来，陈寿武坚持带领官兵练精兵、比技能、强责任，2018年带队参加某军级基地岗位练兵比武，获团体第三名，连续4年被评为“基层建设先进单位”，连续3年被评为“军事训练一级单位”，近3年培养了20多名训练骨干和训练尖子，有3名战士立功提干。先后救济连队困难官兵8名，利用休假照顾2名孤寡老人、1名孤儿，结下20多个“穷亲戚”。2015年腊月，拯救了一名失足坠落三四米深池塘的8岁小孩。

他重视军民融合工作，经常与三明学院及附属小学等8个单位开展共建共助国防教育，近3年来邀请三明市图书馆、中级人民法院等10个单位500余人次到军营过“军事日”，进一步弘扬爱国主义精神，增强了全民国防观念。

（福建省文明办供稿）

朱润根

乡村教师坚守三尺讲台
吃止痛药坚持上课

「敬业奉献」

人物故事

朱润根，男，1971年生，江西省吉安市青原区富田镇王家村王家小学教师。获评江西省“最美乡村教师”。

1993年，朱润根渐感背部疼痛不已，经医院诊断为“强直性脊柱炎”，也叫“不死的癌症”。如何解决就医与教学不冲突的难题？朱润根每次都是周末去医院治疗，周一就带着药丸一瘸一拐地回到了讲台。每天晚上睡觉，他痛得在床上打滚，都不肯吃一粒止痛药，只为留到上课时才吃，这样才能不影响上课效果。

随着时间的推移，朱润根的脊柱逐渐钙化，腰椎佝程度越来越严重，连跨个门槛都费劲，浑身疼痛苦不堪言。病情恶化到如此地步，可朱润根却没有耽误一节课。他坚持撑到寒暑假期去治疗，然后开学时又带点药回家吃。2015年，他又得了双肾结石，输尿管被结石堵塞了，他只好兜着“尿不湿”去讲课，上完两节课换一片，一直坚持上完周五的课才去医院。

从教28年，朱润根饱受病魔侵扰，依然不改初心，连续多年被评为全镇优秀教师和模范班主任。

（江西省文明办供稿）

杨　盛　陈香兰　胡爱民　程明学

组建合唱团，义务巡演传播长征精神

「敬业奉献」

人物故事

杨盛，男，1976年生，江西省赣州市于都县教育科技体育局语委办副主任兼初中英语教研员；陈香兰，女，1970年生，江西省赣州市于都县自来水公司工会副主席；胡爱民，女，1969年生，江西省赣州市于都县铁山垅卫生院护士；程明学，男，1965年生，江西省赣州市于都县自来水公司保安。

2019年7月30日晚，一段段气势磅礴、感人肺腑的合唱在延安市大剧院响起。来自江西省于都县的长征源合唱团正在为延安人民倾情献唱，这是他们的《长征组歌》义务巡演第333场演出。杨盛、程明学、胡爱民、陈香兰分别是合唱团男高、男低、女中、女高声部的优秀代表。

多年来，他们都是义务演出、没有报酬，只要时间允许，随叫随到，总是以最好状态、最佳水准高质量完成每一场演出。

9年来，长征源合唱团的足迹遍布大江南北，他们下基层、到企业、进机关、入校园，先后到十几个省、市巡演，每次演出都获得观众们的认可和赞许。他们一路歌唱，一路传播正能量，早已视传承弘扬长征精神为己任。

（江西省文明办供稿）

郭旭理

“水下金牌护卫”坚守救捞一线三十载

「敬业奉献」

人物故事

郭旭理，男，1968年生，交通运输部烟台打捞局救捞工程船队潜水工程队潜水员兼副队长。2019年获“全国交通运输系统优秀共产党”称号，2020年获“全国交通运输系统劳动模范”称号。

1989年成为中国海上救捞事业一名职业潜水员以来，郭旭理同志扎根一线，先后参加“金山”轮、“大舜”轮、“天利”轮等救捞工程近百次，救助人员30余名，搜寻打捞遇难者20余人，成为烟台打捞局出海施工最多、一年300天奋战在海上的“水下金牌护卫”。

2018年10月23日，港珠澳大桥正式通车。世纪工程的背后，5年里，郭旭理和他的潜水员团队高质量完成了33节沉管水下安装任务，单节对接误差控制在3厘米以内，最小达到0.8厘米。完成近27万平方米的海底探摸，清理钢端壳面积达3.3万平方米，投放回淤盒1678个，下水作业时间累计超过1.5万小时。郭旭理和他的团队被授予“碧海蛟龙突击队”称号，他个人也先后被授予“建设功臣”“一等功”等荣誉。

（山东省文明办供稿）

袁国全

28年的编外巡防队员 风雨无悔守护当地平安

「敬业奉献」

人物故事

袁国全，男，1972年生，河南省安阳市内黄县公安局高堤派出所巡防队员。

2019年5月27日晚，在安阳市内黄县高堤乡西元村，李某因怀疑本村的电工故意跟他过不去，闯入电工家中将电工和他弟弟刺伤后逃跑。当袁国全赶到抓捕现场时发现犯罪嫌疑人身上带有刀具，于是他招呼同事一起从嫌犯的后面堵住了嫌犯逃跑的退路。为避免群众受伤，袁国全冲上去试着用抓捕器顶住李某，在僵持过程中，袁国全一脚踩空，倒在地上，李某拿着刀子在袁国全背上连刺两刀，顿时，从伤口涌出的鲜血浸透了袁国全的衣服，犯罪嫌疑人最终被同事制服。

袁国全在派出所已经工作28年了，在多次抓捕行动中他都身先士卒，屡立战功。2005年，他抓捕人贩子解救被拐少女，成功打掉一个横跨冀豫黔的特大跨省拐卖妇女团伙，解救妇女5人，抓获犯罪嫌疑人11人。2016年王某红杀人案中，正是因为袁国全的出色表现，在案发不足20小时的时间内就将王某红成功抓获，他也因此受到公安局的通令嘉奖。

（河南省文明办供稿）

赵化录

实干苦干　扎根农村带领群众致富

「敬业奉献」

人物故事

赵化录，男，1963年生，河南省辉县市冀屯镇党委书记、二级调研员。

1998年4月，赵化录到冀屯镇任党委书记。赵化录发动党员干部带头，发展食用菌种植，在全镇建起了1万多座大棚。为了把产业做大做强，他引进了投资11亿元的星河生物，日产金针菇300吨。仅食用菌一项，农民人均纯收入增加2000元。多年来，赵化录用“围墙内的事情企业办，围墙外的事情政府办”的理念，主动为企业排忧解难，20家企业相继落户冀屯，落地资金超过30亿元。2013年，他建立了“民情日记、代理代办、扶贫帮带”联系服务群众“三项制度”，让党员干部成为群众的“胳膊腿”，群众对党委政府的满意度达到了90%以上。

2014年，有段时间赵化录一直感觉胸闷心慌、浑身无力，去医院检查，心脏三根主动脉堵了两根，在家人的多次催促下，他才到医院做了造影手术，心脏里放了4个支架，手术结束仅10天后，他就回到了天然气项目施工现场。20多年来，在赵化录的带领下，冀屯镇成为全国文明镇、全国重点镇。

（河南省文明办供稿）

朱天珍

乡村教师坚守讲台六十载
她教了一家4代人

「敬业奉献」

人物故事

朱天珍，女，1941年生，河南省信阳市浉河区吴家店镇太阳坡村小学退休教师。

1960年，19岁的朱天珍登上太阳坡村小学的讲台。刚担任授课任务时，她怕教不好，白天工作劳动，晚上别人都休息了，她还伏在微弱的煤油灯下写教案。为了提升自己的水平，已经结婚生子的她，周末背着孩子去几里地远的同学家请教探讨教学。1998年退休后，朱天珍舍不得离开孩子们，被学校返聘后，她仍要求带学前班和一年级两个班，一周满满当当35节课。

2019年6月19日下午，朱天珍在太阳坡村小学西校迎来任教生涯的最后一堂课。得到消息的学生们纷纷前来，陪同老师上完最后一堂课。在人群中，有四五岁的孩童，有中年男子，也有60多岁的老人。78岁高龄，60年教龄，34年党龄，朱天珍用数字串起了她平凡的教师生涯，用60年如一日的悉心呵护和大爱浇灌着大山深处的花朵。

（河南省文明办供稿）

王 莉

20年坚守换来一方洁净 如厕小事干出“大成绩”

「敬业奉献」

人物故事

王莉，女，1977年生，湖北省襄阳市襄城公厕公司负责人。曾被授予“全省优秀环卫工人”“全国三八红旗手”，2018年当选全国人大代表，2019年荣获“全国五一劳动奖章”。

1998年王莉大学毕业时，恰逢环卫公司招考，王莉毅然报了名。10年扫帚生涯，王莉累计清扫道路2000公里，清理垃圾500多吨。

2008年5月，通过竞聘，王莉成为襄城公厕公司管理班班长。为了快速适应新角色，她从了解维修材料的种类、规格到用途、性能，从维修技能到现场作业，从粪井疏通到冬季防冻，凡是跟工作有关的，她都认真琢磨、细心研究，绝不当一个门外汉，绝不失一份应尽的责任。

短短一年的时间，王莉从一个公厕管理外行成为内行，由她组织开展的小革新、小创造就有6项之多，例如，有些公厕冲水的脚踩阀经常滑丝，市民踩着冲水不得劲，王莉便改装了脚踩阀内芯，使用方便也延长了脚踩阀的寿命，这些技术创新不仅提高了公厕管理的工作效率，也大大降低了管理成本和员工的劳动强度。

（湖北省文明办供稿）

李 然

“三峡门神”14年潜心研护“天下第一门”

「敬业奉献」

人物故事

李然，男，1981年生，长江三峡通航管理局升船机管理处技术主管。先后荣获2019年交通运输系统先进工作者、湖北省五一劳动奖章、“荆楚楷模”等荣誉。

研究生毕业的李然刚参加工作就被选入“人字门多点同步升降系统”研发团队。他连续22天每天只睡三四个小时，狂瘦10多斤，终于在2005年年底，研究成功“人字门多点同步升降系统”，使原来40人24小时协同完成的高风险工作，变成只需轻松一摁电钮，6个人1小时内搞定，极大提高了工作效率和安全系数。

2016年9月，“水上电梯”三峡升船机试通航，运行维护难题成为一道坎。李然耗时3年多，组织实施上千个大小试验，首次提出了侧扫式吃水检测技术，专门为升船机“量身定做”一套单波束侧扫式船舶吃水检测装置系统，彻底解决了船舶通过升船机吃水检测的难题。

他痴心科研，攻克并研发了20多项通航关键技术，获得18项国家专利，参与制定了3项行业标准，每年为船方和社会节省资金上亿元。

（湖北省文明办供稿）

周　刚

育种专家十几年蹲守田间地头选育玉米新品种

「敬业奉献」

人物故事

周刚，男，1975年生，湖北省十堰市农科院玉米育种研究所副所长、高级农艺师。获得“湖北省先进工作者”荣誉。

周刚1999年开始一直在十堰市农科院从事玉米新品种选育工作。他先后主持参与了国家、省、市科技项目30多项。截至目前，由他和他的团队共选育出了11个玉米新品种，推广种植面积达1亿多亩，新增社会经济效益100多亿元。

为保证试验质量，达到精准、规范的要求，周刚始终站在科研一线，事无巨细、亲力亲为，严格执行试验方案。每年5月至10月，周刚在十堰进行玉米育种，玉米收获后再把种子运到海南繁殖，然后从11月忙碌到次年4月，5月前又赶回十堰播种。2013年超强台风“海燕”登陆海南，南繁基地播种不久的田地全部被淹。周刚和同事一道扛着工具守在试验田旁，雨势稍小就挖沟排水。雨后田间还有积水无法排出，水泵短路无法使用，他们用水瓢一瓢一瓢地舀到桶里，一桶一桶提到田外，干了3天，终于排出了田间积水，保住了试验材料。

（湖北省文明办供稿）

陈景旭　孙红艳

呵护一江清水的垃圾清运工

「敬业奉献」

人物故事

陈景旭，男，1967年生；孙红艳，女，1968年生。二人均是长江荆州段上的垃圾清运工。

2007年，夫妻二人卖了老家的房子，买了艘船，取名为“荆长净1号”，开始了长江垃圾清运的工作。

只要天气允许出船，夫妻俩就从建华管材码头起，逆流而上，沿江收取船上垃圾，直到荆州旅游码头止，径流约10公里。

在水上收集和清理垃圾，要比岸上难，船上的垃圾大都是生活垃圾，天气炎热时，很容易腐烂发臭，往往一艘船上的垃圾都会有2吨多重，为了不耽误游轮船只出发时间，从早上9点到下午3点，整整6个小时，夫妻二人毫不间断进行垃圾搬运和清理，甚至连喝口水的时间都没有。

整整12年，陈景旭、孙红艳夫妻重复着单调的工作，没有休息过一个完整的节假日，船上没有电，也不能开火，夫妻俩一般吃干粮解决午饭，冬天就带一瓶开水，泡着馒头吃。

他们忍受着风吹日晒，酷暑严寒，穿行于波峰浪谷间，用心呵护母亲河的容颜。

（湖北省文明办供稿）

杨胜伟

一辈子育人桃李满天下 一甲子制茶香飘山内外

「敬业奉献」

人物故事

杨胜伟，男，苗族，1937年生，湖北省恩施职业技术学院茶学退休教师，国家级非物质文化遗产代表性项目恩施玉露制作技艺国家级代表性传承人。先后获得“湖北省职业教育先进工作者”“中华茶文化优秀教师”“国际硒茶大师”“湖北杰出茶人”等荣誉称号。

从事茶业教学39个春秋，杨胜伟培养茶叶专业学生1080名。在教学中，杨胜伟深入研习各种茶树的种植、茶叶采摘和茶叶加工技艺，尤其对“恩施玉露”情有独钟。他翻阅大量的资料和书籍，走访众多茶农和老茶人，经过10多年摸索、研究和总结，终于在1972年完成制茶专著——《恩施玉露生产技术》。

退而不休，22年如一日，献力茶业，服务农民。杨胜伟对恩施州各县市46家茶叶企业提供无偿服务，培训班授课96期，学员2万余人次；培养“恩施玉露”传统制作技师392人，培训技术工人196人，2014年出版《恩施玉露》专著，确立了“恩施玉露”传统制作技艺的理论体系。

（湖北省文明办供稿）

陈　刚

22年如一日　坚持为乡亲们摆渡

「敬业奉献」

人物故事

陈刚，男，1968年生，湖南省常德市安乡县安全乡董家垱客运渡口渡工。

1997年，陈刚跟随姥爷在渡口代班，开始他的摆渡生涯。每天，陈刚天未亮就开始工作，天黑才回家，有时候12点还有人过河，他就守在船上、住在渡口。安全乡的孩子绝大多数要去安全乡的中小学校读书，陈刚不仅是孩子求学路上的摆渡人，也是孩子们安全渡河的“守护神”。有一次，陈刚发现有4个小孩在河边玩耍，不慎落水，他发现后立马跳水营救，没有出现生命安全事故，孩子的父母这些年一直都十分感激他，逢年过节都前去探望，孩子们长大后也十分感恩。遇到大风大雪停渡，陈刚还会把过不了河的孩子们安顿到自己家里吃饭、过夜。22年里，董家垱客运渡口没有发生过一起安全事故，年年被评为安乡县的优秀渡口。

（湖南省文明办供稿）

吴惠萍

服务公交三十余载 乘客零投诉零差评

「敬业奉献」

人物故事

吴惠萍，女，1970年生，广东省佛山市粤运公共交通有限公司公交111线路驾驶员。2018年获“广东省五一劳动奖章”。

1986年，吴惠萍进入佛山市粤运公共交通有限公司成为一名售票员；1993年，公司实行无人售票，吴惠萍用了一年多的时间接受公司培训，成为公交车驾驶员，她自始至终把乘客的安全挂在心中，苦练操作技能和驾驶本领，安全行驶超过100万公里，相当于绕地球近30圈。

从事公交行业30多年，吴惠萍创下服务零投诉的好成绩，在吴惠萍的影响下，佛山市粤运公共交通有限公司的111线路创下了“三多二少”（产值多、节材多、出勤天数多，失班少、投诉少）的好成绩。她带领着111线路团体先后获得“全国三八红旗集体”“全国巾帼文明示范岗”“全国城市公共交通文明线路”“全国交通运输行业文明单位文明示范窗口”等荣誉。

（广东省文明办供稿）

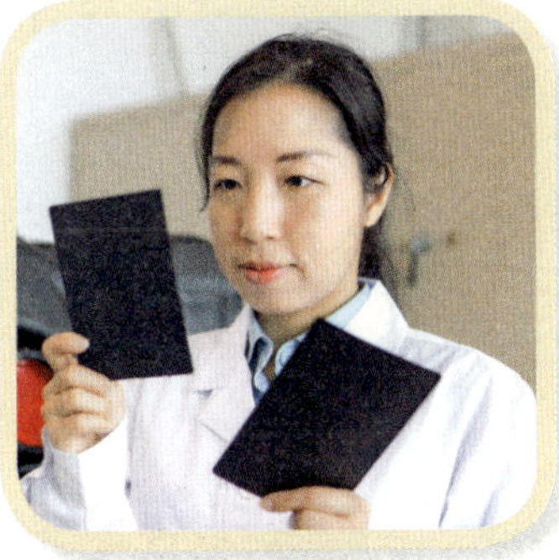

岑静芸

“油三代”女硕士科技创新 打破进口垄断

「敬业奉献」

人物故事

岑静芸，女，1981年生，中国石化茂名分公司研究院功能性高分子材料项目组主管师。2018年被评为“广东好人”“中国石化劳动模范”。

岑静芸2006年毕业回到茂名石化，走上了聚烯烃生产装置生产一线工作岗位。参与了2号高压聚乙烯装置的筹建与投产工作。凭着扎实的理论基础与对工作的积极热忱，她很快就步入科研岗位，扎根一线，在石化科技领域深耕细作，成长为合成树脂行业的专家型人才。她攻坚克难，打破外国公司垄断，开发汽车油箱料和土工膜专用料，将产品打入了德国考泰斯等知名跨国企业的供应链；她科技报国，制定土工膜树脂产品行业标准，在市场上树立国产品牌的高端形象；她锐意创新，对高密度聚乙烯大中空系列产品进行技术攻关，开发了10多个优质新产品，7个万吨级拳头产品，为企业增效近亿元。13年来，她负责了10多项科技项目，其中2项成果获得中国石化科技进步二等奖，1项获中国石化科技进步三等奖，申请发明专利22件并已获得11件授权。

（广东省文明办供稿）

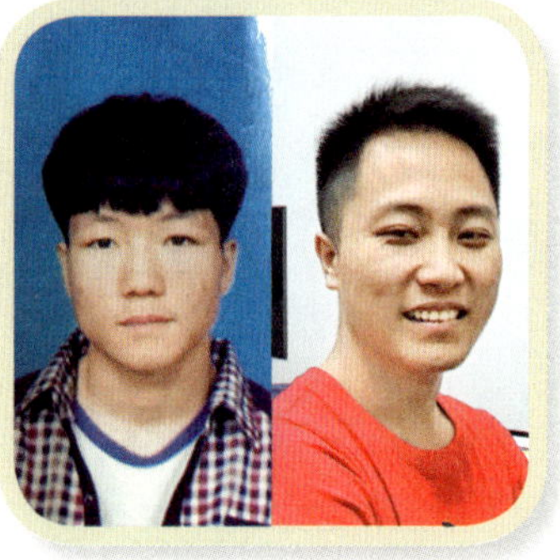

农继坡　何立凯

铁路职工高铁巡检返程途中不幸殉职

「敬业奉献」

人物故事

农继坡，生前系中国铁路南宁局集团有限公司百色工务段桥梁班班长，失联时年仅 26 岁；何立凯，生前系百色工务段桥梁工，牺牲时年仅 22 岁。

2019 年 5 月 28 日，广西百色平果地区连续降雨，24 小时雨量达 202.3 毫米，是当地 2007 年以来最强的一次降雨。当天 0 点 20 分，百色工务段平果高铁路桥综合维修工队按计划对三级防洪地点云桂高铁那吉隧道进行巡查。

凌晨 3 时，隧道巡查工作如期完成，工队职工坐汽车准备返回驻地。当时，暴雨如注，不一会儿，职工们就发现道路积水越来越深，汽车无法往前行驶。发现险情后，他们马上向上级部门汇报情况。

随后，农继坡叮嘱大家保护好汽车等公共财产安全，和何立凯主动请缨往前方探路。不料，山洪暴涨，路面积水快速上升。5 点 22 分，消防队到达现场救援，救出受困的工友。6 点 30 分，消防队找到何立凯，但经抢救无效，英勇殉职。农继坡处于失联状态，经搜救未果，家人已确认其死亡。

（广西壮族自治区文明办供稿）

赵茂兴

第一书记让富裕村名副其实

「敬业奉献」

人物故事

赵茂兴，男，1963 年生，重庆市秀山县隘口镇富裕村党支部书记。

秀山县隘口镇是重庆深度贫困乡镇，而富裕村是其辖区内最远、最偏、最穷的重点贫困村之一。

赵茂兴到了富裕村后，用了近 50 天时间挨家挨户走访调查，翻山越岭来回步行了 1500 余公里，摸清富裕村的基本情况。他多方筹集资金修建蓄水池，召开 50 余场院坝会，讲解核桃管护技术。

从 2015 年到 2019 年，赵茂兴多方筹集资金 100 余万元，在全村发展核桃产业，开垦荒地 3500 余亩，种植核桃树 52607 株，户平均 14.5 亩，227 株，真正实现了产业全覆盖。

为实现“长、中、短”效益结合，赵茂兴带领群众在核桃林套种雪莲果、魔芋、中药材以及传统作物 2700 多亩，增收 240 余万元。

2018 年，该村雪莲果等林下经济收入 180 余万元，畜禽养殖收入 80 余万元，村民核桃管护费收入 50 余万元。

此外，赵茂兴还引导 600 多名剩余劳动力外出务工，收入可达 1800 多万元。

（重庆市文明办供稿）

蒋　诚

上甘岭一等功臣 数十年默默奉献一方乡亲

『敬业奉献』

人物故事

蒋诚，男，1928年生，重庆市合川区隆兴镇玉河村人，现居住广福村。

1949年加入解放军；1951年随部队入朝参战；1952年，蒋诚所在的12军投入上甘岭战役。战斗中，弹片击中他的腹部，肠子都掉出来了，他塞回去继续战斗，作为重机枪手，歼敌多人，击毁敌军重机枪一挺，并奇迹般地击落敌机一架，荣获了一等功。

1954年，蒋诚随部队回国修营房。蒋诚因表现优异，贡献突出，荣获了三等功。

从部队回到合川，蒋诚凭借一手熟练的养蚕技术在县蚕桑站当养蚕员，揽下修路苦差事，以私人名义借钱给修路的村民发工资；国家号召退耕还林，蒋诚就带头在自家田地里种梨树、柏树、柚子树。2014年，广福村引进油橄榄种植扶贫产业，需要村民流转土地，蒋诚仍是第一个站出来主动将自家3亩多土地流转出去。

上甘岭屡建奇功、36年埋首乡野，蒋诚将国家信仰放在高于一切的位置。

（重庆市文明办供稿）

毛相林

带领村民绝壁凿出“致富路”

『敬业奉献』

人物故事

毛相林，男，1959年生，重庆市巫山县竹贤乡下庄村村委会主任。2016年荣获“重庆市优秀共产党员”称号，2019年荣获重庆市“扶贫开发工作先进个人”“基层理论宣讲先进个人”。

1997年，毛相林接任村党支部书记兼村主任，便下定决心要在悬崖上修出来一条路。没有机械设备，就腰系长绳，趴在箩筐里，吊在几百米高的悬崖峭壁上打炮眼、放炮，炸开一处处缺口作为“立足之地”，然后再“步步为营”，用钢钎和大锤向前凿进。

为了修路，毛相林和其他党员干部几乎吃住都在工地上，有6名同志牺牲。到2004年，终于在悬崖绝壁上抠出了一条长达8公里的“天路”。

从此，毛相林带领村民结合实际发展“三色经济”，2015年，下庄村率先实现整村脱贫。2019年，下庄村人均可支配收入达12670元，是修路前的40多倍。

（重庆市文明办供稿）

杨 林

24年精益求精践行初心 完美诠释"工匠精神"

「敬业奉献」

人物故事

杨林，男，1971年生，攀钢首席技师，四川省西昌钢钒炼铁厂首席点检员。获"四川省劳动模范"称号。

24年前，杨林进入工厂，从事钳工工作。为尽快提高自己的技能，凡是厂里和公司的培训学习或者是技术比武，杨林都积极报名参加，并多次在厂级、攀钢级的技术比武中获得状元及技术能手称号。

2011年，随着西昌钢钒建成投产，需要大量技术能力强的工人，杨林主动请缨。为尽快进入角色，杨林一心扑在保障生产设备顺行上。他们相继攻克了"缩短SCP机捣固锤更换时间""捣固焦炉SCP一体机高效长寿应用技术研究"等8项重点难题。

自2015年成立"劳模创新工作室"以来，创新成果7项，成果转化6项，先进操作法3项，累计创效680余万元，技能培训35期，导师带徒4人。由他撰写并获得专利授权18项，其中授权发明4项，实用新型专利14项，并有1项获德国纽伦堡65届国际发明展银奖。

（四川省文明办供稿）

杨德富

高位截瘫仍拄双拐坚守讲台

「敬业奉献」

人物故事

杨德富，男，1961年生，贵州省安顺市平坝区乐平镇补陇小学教师。

1981年7月，杨德富中师毕业，分配到乐平镇补陇小学任教。1996年6月23日晚，他在开展学生家访途中不幸摔伤了第四胸椎，造成高位截瘫，落下了终身残疾。因为行动不便，从1997年起，杨老师以校为家，几十年如一日，拄着双拐默默坚守在三尺讲台，用爱心诠释着新时代最美教师的风采。

从青春年少到如今临近六旬，村里很多孩子的父母外出打工，杨德富几乎是当"爹"又当"妈"。午间把跟不上学习进度的孩子叫来屋里补习；放学后拄着拐杖去田里"捉"一些调皮学生回家学习；半夜还背着发高烧的学生到镇中心医院就诊；垫钱替贫困学生交付学费；用嘴帮助被马蜂蜇到的学生吸出毒液……这些琐事在杨德富的教书生涯里，已经是一种常态。作为学校的骨干教师，38年来，杨老师始终默默坚守在大山深处，把自己的青春和热血奉献在大山里，倾注在事业上，甘之如饴，无怨无悔。

（贵州省文明办供稿）

陈　鹏

电信人为保护国有资产将生命定格在机房

「敬业奉献」

人物故事

陈鹏，男，穿青人，1976年生，生前系中国电信股份有限公司纳雍分公司副总经理、工会主席。

为保护国有资产不受损失，确保通信畅通，陈鹏在抢险过程中意外触电，不幸殉职，年仅43岁。

2019年7月22日19时左右，暴雨袭击了毕节市纳雍县，洪水灌入了中国电信股份有限公司纳雍分公司动力机房油机室，这关联到纳雍10多万电信手机用户、5万多宽带用户以及“110”“120”“119”等应急保障系统的备用电源，此时遭遇了严重的灾害考验。接到现场的紧急电话，正为侄女过生日的陈鹏来不及用餐，便冒着连绵不断的大雨，立即返回了公司。

19时40分左右，陈鹏赶到现场，涉水进入机房查看情况，并进行工作调度、汇报险情，可就在他继续抢险时，不幸触电，倒在了水中。现场的同事迅速将陈鹏送往医院抢救，可陈鹏再也没能恢复心跳。每一次抢修，陈鹏经常都是身先士卒地冲在最前面，这一次也不例外。

（贵州省文明办供稿）

付　帅

5000米高原上的健康保护神

「敬业奉献」

人物故事

付帅，男，1984年生，河南省新郑市人，中山大学孙逸仙纪念医院妇产科主治医生。

2018年，付帅作为第三批援藏医疗队队员驻点西藏仲巴开展对口帮扶工作。由于医疗条件限制，当地的疑难危重患者只能转送至650公里外的日喀则市人民医院，而这期间要翻越9座高山。

授人以鱼，不如授人以渔。他手把手向当地医师传授理论和技能，每周开展一次妇产科知识培训讲座。手术中，耐心细致地讲授每一个操作细节。2018年6月，仲巴县卫生服务中心独立完成首例剖宫产手术。2018年8月，仲巴县卫生服务中心首次开展了腹腔镜下双侧输卵管结扎术。半年内，该院妇产科共开展各类手术50余台。

2018年10月，仲巴卫生服务中心以优异的成绩通过二乙评审，正式命名为仲巴县人民医院，为藏族同胞的健康提供了可靠的保障。

2019年，在新一批援藏医疗队招募队员之际，付帅再次提交了入队申请书。

（西藏文明办供稿）

贾乾生

舍小家为大家 坚守脱贫攻坚第一线

『敬业奉献』

人物故事

贾乾生，男，1963年生，陕西省铜川市耀州区气象局副局长，杨山村脱贫攻坚第一书记、工作队长。

贾乾生1986年参加工作，在气象服务工作岗位36年。他和同事们积极创建气象防灾减灾“耀州模式”，被推介到全国，并创建耀州区为全国气象为农服务示范县（区），他本人先后35次获中省气象局表彰。2015年7月，贾乾生被单位选派耀州区照金镇杨山村，杨山村地处偏远山区，交通不便。5年来，他始终坚守在脱贫攻坚一线，积极联系，多方协商，筹资修建了6公里的水泥路，并对危险路段安装了护栏，修建了护坡。他接通了村里的自来水，改变了村民们吃窖水的命运。

2016年，贾乾生的母亲突发脑梗偏瘫家里，生活不能自理。2017年，79岁的父亲查出患有胃癌晚期，整个胃需要切除。父母都需要照顾，为了让贾乾生能够安心工作，身体病弱的妻子毅然扛起重任，替丈夫床前尽孝。2019年7月11日，杨山村迎接国务院脱贫攻坚巡查组随机巡访，并得到了国务院巡查组的充分肯定。

（陕西省文明办供稿）

谢青梅

“女汉子”扎根扶贫一线 矢志为贫困户排忧解难

『敬业奉献』

人物故事

谢青梅，女，1968年生，青海省黄南藏族自治州尖扎县扶贫开发局副局长。

尖扎县属国定深度贫困县，贫困发生率为22.44%。谢青梅先后协调县就业、扶贫等部门投入专项资金389万元，协调省州县技能培训学校来本县开展贫困人口技能培训36次，培训建档立卡贫困人口2027人，县内贫困劳动力就近务工5200余人次，实现劳务收入1500余万元。

2018年以来，谢青梅大力实施“雨露计划”短期技能培训，邀请专业教师对有意愿的贫困劳动力开展烹饪、唐卡制作、挖掘机驾驶、汽车修理等技能培训，落实补助资金达120余万元，培训合格率始终保持在100%，实现就业率60%以上；积极开展贫困大学生资助工作，先后累计为县域贫困大学生发放助学金683余万元，帮助850名贫困学子实现了大学梦；积极协调金融部门落实小额信贷，累计发放“530”小额贷款1012笔3937万元，落实贴息资金286万元。截至2019年11月，全县贫困村退出和贫困人口脱贫达到了“三率一度”的要求。

（青海省文明办供稿）

捷尔塔

哨所民兵守边30余年 把一生献给祖国边境线

「敬业奉献」

人物故事

捷尔塔，男，哈萨克族，1971年生，新疆生产建设兵团第五师双河市八十四团护边员。其个人2011年获评新疆维吾尔自治区“优秀护边员”，2018年获评“第六届兵团道德模范”，其家庭2019年被评为“全国最美家庭”。

捷尔塔的爷爷、父亲都是护边员，受父辈们的影响，1989年，捷尔塔接过父亲的马鞭，成为一名光荣的护边员，并主动承担地形最复杂、距离团部最远的乌图布拉格沟口的护边任务。婚后妻子乔布鲁根主动放弃安逸的生活，搬进哨所，成为一名女民兵。巡边生活艰苦枯燥又充满危险。团里要求每周巡逻三到四次，捷尔塔和妻子却几乎每天都坚持巡逻。捷尔塔遭遇过无数险情，有一次差点摔下悬崖，死里逃生后满身是伤的他爬起来继续前行。

30余年来，捷尔塔巡逻里程达4万余公里，阻止无证车辆400余台次、人员1000余人次，赶回预临界牲畜1.1万余头只，为牧民发放边境法规宣传单1.5万余份。

（新疆生产建设兵团文明办供稿）

杨润英

好妻子带着丈夫去上班，至亲至爱

「孝老爱亲」

人物故事

杨润英，女，中建五局东北公司沈阳华润公元九里项目部钢筋组组长。

2015年3月26日，丈夫毛远明因急性脑出血入院，抢救后仍昏迷不醒。在昏迷了10多天后，丈夫终于苏醒。杨润英每天耐心地陪丈夫做康复，坚持每天为他按摩。虽然疲惫，但她从未抱怨过半句。丈夫出院后，生活不能自理，需要人全天照顾。2015年9月，在公司领导的支持与鼓励下，杨润英做出了一个大胆的决定——带着丈夫去上班。为了让丈夫得到更好的照顾，杨润英每到一个项目部，领导都提出要为她租住单间，但都被杨润英谢绝了。于是，她与丈夫搬进项目部的员工宿舍中。

每天，她早早起床，为丈夫翻身拍腿，伺候丈夫洗漱、吃饭，陪丈夫在项目部门前走圈锻炼做康复练习。到了上班时间，她准时出现在工作岗位上，从未迟到。偶有空闲时间，她就赶回宿舍确认丈夫是否安好。下班后，杨润英又第一时间打饭回去照顾丈夫，为他推背按摩、泡脚擦身。为激起丈夫的斗志，杨润英坚持每天和丈夫聊天，回忆他们在一起的点点滴滴。

（辽宁省文明办供稿）

孙德荣

爱之永恒，25年悉心照顾养父不离不弃

「孝老爱亲」

人物故事

孙德荣，女，1963年生，黑龙江省齐齐哈尔市龙沙区南航街道新联社区居民。

孙德荣是孙庆春抱养回来的孩子，但她始终把两位老人当成自己的亲生父母。

1994年，养母去世了，养父因承受不了老伴离去的现实而病倒，孙德荣就搬来和老人同住，照顾老人的衣食起居，这样一照顾就是25个春秋。2019年，老人旧病复发，卧床不起，住进了医院，看病花了不少钱。父亲在住院期间，孙德荣每天都陪在父亲身边，吃喝拉撒睡全都包在她身上，丝毫不懈怠。待出院回到家里，她仍然坚持每天都给父亲擦拭、按摩身体，忙完家务活就陪父亲聊聊天解解闷，一有时间就搀扶父亲锻炼恢复，老人想吃啥，她总是尽量满足，从来不嫌麻烦，把老人照顾得舒舒服服、干干净净、开开心心。常言说“久病床前无孝子”，但这句话用在孙德荣身上并不合适。在她的精心照料下，父亲的病情已经比以前好转，脸上也挂上了笑容。

（黑龙江省文明办供稿）

张永红

坚强农妇用忠贞与孝心照顾全家20余年

「孝老爱亲」

人物故事

张永红，女，1972年生，江苏省南通市海门区贝斯特精细化工有限公司员工。

20多年来，张永红悉心照顾年迈多病的公婆、患尿毒症的丈夫、二级智残的小叔，患难与共、不离不弃，是邻里街坊口中的“好儿媳”“好妻子”“好妈妈”。

1995年年底，张永红只身来到海门，与在工厂工作的严敏喜结良缘。可是婚后不久，丈夫的身体抱恙，后来被查出罹患尿毒症。由于病情一直反复，严敏的脾气变得很差，张永红没有放弃，一边努力上班赚钱，一边帮助老公积极治疗。张永红从婚后便开始照顾智障的小叔子，虽然小叔子已经50多岁了，但在张永红眼中，依旧是个童心未泯的孩子，什么都要哄着来，吃喝拉撒都要操心。屋漏偏逢连夜雨，张永红的公婆也接连患了重病。1999年婆婆病危住院；2009年公公被查出膀胱癌，短短数月就撒手人寰。家人的逝去、高昂的医疗费用让张永红感受到了巨大压力，但她没有一天停歇，毅然承担着生活的重担。

（江苏省文明办供稿）

金雅琴

44 年照顾丈夫，不离不弃

『孝老爱亲』

人物故事

金雅琴，女，1951 年生，浙江省绍兴市上虞区百官街道凤山社区居民。

1969 年 7 月，金雅琴嫁给了在水产公司工作的沈小根，小两口生活过得美满幸福。1976 年 5 月 13 日，一根几百斤重的大木头滑落，砸中了沈小根的腰部，送到医院经及时抢救，沈小根脱离了生命危险，但下肢严重受伤，造成肢体一级残疾。

沈小根伤残后，家庭的经济负担一下子压在了金雅琴的身上。1979 年，金雅琴被安排到水产公司做些零工。每天清晨，她早早地起床，为丈夫安排妥当，整理完琐碎的家务后，便匆匆赶去上班。

金雅琴不仅给予了丈夫在生活上无微不至的关怀，更在精神上也予以莫大的慰藉。她时常给丈夫讲述康复成功的事例，用拳拳的爱心缓解丈夫身心痛苦，开导他鼓起生活的勇气，原本郁郁寡欢的丈夫也逐渐开朗了起来。

（浙江省文明办供稿）

王雅君

“90 后”女孩 13 岁起扛起一个家 不离不弃照顾爷爷

『孝老爱亲』

人物故事

王雅君，女，1994 年生，在安徽省黄山市屯溪区阜上路阜上东苑小区经营一家理发店。

王雅君出生 8 个月时父母就离异了，她便由爷爷奶奶抚养长大。13 岁时，奶奶摔成腿骨折瘫痪在床上，她便开始学着烧饭、做家务，照顾患病的奶奶。15 岁那年爷爷患上脑出血，半边腿脚不灵活，王雅君为了全身心地照顾爷爷奶奶，毅然放弃了学业，家里家外便由年少的王雅君撑了起来。18 岁那年，奶奶去世，为能养活爷爷和自己，也为了方便照顾爷爷，王雅君决定在屯溪学理发。学艺两年后，20 岁的她借了 3 万元，在屯溪区阜上小区东苑租了间 30 平方米的店面，开了“艺美”理发店。理发店的生意越做越好，祖孙俩的生活得到了保障。

王雅君凡事以爷爷为重，爷爷都是假牙，做饭烧菜她都会烧得软一些煮得烂一点。闲暇时陪爷爷下棋、聊天、散步。10 多年来，理发店里经常能看到王雅君照顾爷爷的温馨画面。

（安徽省文明办供稿）

纪道明

昔日贫困户照顾瘫痪妻子十六载 自强自立摘下贫困帽

「孝老爱亲」

人物故事

纪道明，男，1964年生，安徽省六安市舒城县五显镇梅山村仓房组村民。先后荣获“全国脱贫攻坚奋进奖”“安徽省道德模范”等荣誉。

2003年，纪道明的妻子外出务工时被大卡车撞伤，昏迷不醒17个月，完全丧失自理能力。为给妻子治病，家中17万元的积蓄全花光了。

由于家庭遭受的困境，纪道明长期处于贫困状态，2014年被确定为建档立卡贫困户。2015年，他积极响应产业扶贫号召，主动发展养牛业。2017年，在多方协调帮助下，他申请扶贫贷款5万元，租地3亩新建黄牛和皖西大白鹅散养基地，发起注册成立农民专业合作社和家庭农场，散养黄牛30头、白鹅200只、麻鸭200只。当年8月，纪道明作为贫困户代表与7家合作商签订了产业扶贫合作协议。2018年，纪道明多次赴外地学习养殖技术，并一心埋头苦干实干，全年净增收7万多元。2019年，他专门申请注册“纪道明”牌商标，又签订了1000只鹅苗的订购协议，还为贫困户代养500只，在不忘自身脱贫的同时，尽全力带动乡亲们增收致富。

（安徽省文明办供稿）

曾龙凤

只要有爱生活就很美好

「孝老爱亲」

人物故事

曾龙凤，女，1976年生，福建省龙岩市连城县实验小学附属幼儿园保育员。

2009年11月28日，长子张信腾与伙伴们玩耍时，发生意外，成了植物人。曾龙凤强忍泪水，全身心投入对患儿的护理，买菜做饭、鼻饲喂药、翻身拍背、浆洗衣物、消毒器具……无一不倾注心力。

曾龙凤对公公婆婆尤为孝顺，时常给公公买新衣新鞋。婆婆重病寄养在托老院，她利用假期周末前往探望，给婆婆按摩，护理吃药等。她常年侍奉老人，没叫过一声苦，没说过一声累。

曾龙凤过得很艰辛，但遇见危困人群，总会慷慨解囊，主动送爱心救助款，尽力帮助他们渡过难关。

（福建省文明办供稿）

喻莲艳

“继外婆”独自抚养非血缘外孙 17 年

「孝老爱亲」

人物故事

喻莲艳，女，1955 年生，江西省萍乡市萍矿机厂退休职工。

1988 年，离异的喻莲艳与王清明组建了新家庭。王清明与前妻育有一女，在 2002 年生下了儿子晟晟后便离家出走再也没有回家。2015 年，王清明被诊断为肺癌，2017 年 10 月病逝。从此，喻莲艳带着继外孙晟晟相依为命。

孩子生病，她忧心；孩子快乐，她高兴；孩子要是受了委屈，她总是吃不香睡不着。10 多年来，喻莲艳既当爹又当妈，在同龄人都开始过上幸福的晚年生活时，已年过花甲的喻莲艳丝毫不敢松懈。她最希望能看到外孙上大学、事业有成、结婚生子、家庭幸福。

在喻莲艳的精心培养下，晟晟懂事，有礼貌，品学兼优，老师、同学和邻居都喜欢这个好学上进的少年。2016 年，他还被评为“萍乡美德好少年”。

（江西省文明办供稿）

王贵玲

数十年如一日，农妇用行动诠释人间大爱

「孝老爱亲」

人物故事

王贵玲，女，1964 年生，山东省菏泽市东明县小井镇西紫荆村村民。

1987 年，王贵玲的大儿子代志勇呱呱落地，然而在孩子一岁多的时候，被确诊为脑瘫，作为母亲，王贵玲没有放弃。

孩子身体不好，抵抗力差，心脏供血不好，还有癫痫病，犯病的时候就会发晕翻白眼，会从轮椅上突然一头栽下去，并且还会大小便失禁，因此照顾好孩子，成了王贵玲生活的全部。孩子能吃，每顿饭要吃两个馒头，喝一碗粥，可即使是喂饭这样简单的事，每次都要耗费一个多小时的时间。几十年的辛劳，王贵玲一直默默承受着，她已经 50 多岁，儿子个头也长得高，如果他能够站起来，足有 1.7 米的个头，这样的体型，让王贵玲照顾他很是吃力。

代志勇如今已 32 岁，王贵玲也从满头黑发变成了白发，可对孩子的照顾，一直只增不减。几十年如一日精心照顾脑瘫儿子，撑起苦难家庭，王贵玲用她的实际行动诠释着人间大爱。

（山东省文明办供稿）

刘　杰

好军嫂甘做丈夫后盾 独自撑起一个家

「孝老爱亲」

人物故事

刘杰，女，1983年生，河南省漯河市人。其家庭2019年被评为“第二届河南省文明家庭”。

刘杰的丈夫卢海涛在武警河南省总队漯河支队工作，平时工作繁忙。为了让丈夫安心工作，结婚后刘杰就提出把公婆接到自己身边一起生活，不久她又把丈夫患脑出血的爷爷接来照顾治疗。结婚不到一年，家里就多了3个老人需要照顾，虽然很累，但刘杰脸上始终挂满笑容。2009年，她在外地出差的弟弟遭遇车祸截肢，半年后，大女儿出生，自己又被检查出慢性肾炎，面对这一系列的难题，刘杰没有退缩。为了不让丈夫分心，她忍痛辞掉教师的工作，专心在家照顾家人。2017年10月，刘杰的二女儿出生。而这时，她却得到了公公肝癌晚期的消息，为了给公公治病，刘杰借钱给他看病，在伺候公公的同时，还要照看自己的幼女，双重的重担，让她每天睡眠不足5个小时，但她从不言苦、从不说累，坚定地用自己柔弱的双肩支撑起军人家庭的“半边天”。

（河南省文明办供稿）

唐爱民

好媳妇照顾瘫痪婆婆35年未出远门

「孝老爱亲」

人物故事

唐爱民，女，1963年生，湖南省衡阳市石鼓区西湖一村居民。

1984年，唐爱民正在与龙秋林谈恋爱，然而龙秋林的母亲蒋桂香却突发脑梗住进医院，面对龙秋林一家的焦虑，当时的唐爱民不顾非议，放弃自己心爱的工作，申请调到医院附近的商场上班。2年后，蒋桂香出院，刚刚完婚不久的唐爱民有了身孕，白天要上班的她依然承担着家庭的琐事并尽心尽力照顾婆婆。其间，婆婆多次病危，医院不接收，她却不肯放弃，每次都耐心说服医生，并且积极配合医生把婆婆从死亡线上救过来。每天6点起床烧水、做早餐、用熬好的姜盐水给婆婆泡脚、擦拭身体、按摩、调好音乐、中午买菜做饭……除了照顾好老人的日常生活外，唐爱民不忘给婆婆丰富精神生活。在婆婆身体尚好时，家住四楼的唐爱民便一层一层将其背下楼与其他老人打牌娱乐，后来婆婆身体不便再下床时，她便自己抽空陪婆婆玩牌。

在照顾婆婆的同时，唐爱民同样照顾着丈夫的养母邬杏珍14年，直到老人96岁去世。至今，养母去世10多年了，唐爱民一家一直在为她扫墓祭祀。

（福建省文明办供稿）

蓝连青

全家 3 个民族五代同堂 慈孝家风传美名

「孝老爱亲」

人物故事

蓝连青，女，瑶族，1966 年生，广西壮族自治区南宁市上林县镇圩瑶族乡镇马社区镇马街居民。2018 年其家庭荣获“全国最美家庭”称号。

平日里，蓝连青与其他家庭成员相互携扶，互敬互爱，亲情融融。在事业上，蓝连青是丈夫的好帮手，全力支持丈夫的事业；在生活中，她是优秀的家庭主妇，侍奉老人、教导孩子、料理家务，把家庭照顾得细致入微。夫妇俩十分注重言传身教，以德育人，两个女儿也很懂事孝顺，成绩优异。结婚多年来，他们夫妻恩爱、孝敬老人、热心助人、邻里和睦，是乡里有口皆碑的“模范家庭”。爱如果只停留在一家人之间，那么这种爱是小爱；如果把这种爱、这份情延伸到亲朋邻里以及陌生人身上，成就的就是一种大爱。在对待邻里关系上，蓝连青和家人一直坚持着“邻里关系亲如弟兄，情同手足”的理念。邻居家不管谁有了困难，只要蓝连青知道了，就一定会伸出友爱之手，主动去帮助排忧解难。

（广西壮族自治区文明办供稿）

邹凤英

好妻子照顾双目失明丈夫 60 多年

「孝老爱亲」

人物故事

邹凤英，女，1943 年生，陕西省商洛市柞水县营盘镇营镇社区居民。

邹凤英出生在一个农民家庭，1958 年，她不顾家人的反对义无反顾嫁给了失明的战斗英雄叶世全。1956 年，叶世全在马古梁山平息藏乱时中弹致使双目失明，脑部残留的弹片让他无法工作，不得不回到了阔别 9 年的家乡。对于英雄的遭遇，邹凤英既敬佩又同情，萌发了用一生的时间当起英雄的眼睛的想法。

婚后的生活清贫却也幸福，邹凤英默默付出，不离不弃地陪伴失明的老伴，用她柔弱的肩膀为丈夫和孩子们撑起了一片天。孩子相继出生后，仅靠叶世全每月的补助金根本不够养活一家人。邹凤英就去工地上搬石头，去生产队帮忙掰苞谷、沤粪，只要能挣到钱，再苦再累的活总是抢着干。常年的辛劳，让邹凤英落下了满身的疾病，心脏病、类风湿、脑梗、白内障等。

60 多年风雨同舟，半世纪生死相依。邹凤英始终无怨无悔地守候着家人，用她孱弱的肩膀、坚强的内心撑起了这个家。

（陕西省文明办供稿）

杨军丽

用感恩之心照顾 4 位老人

「孝老爱亲」

人物故事

杨军丽，女，1970 年生，陕西省渭南市大荔县两宜镇南贝村妇女主任兼村医。

杨军丽在家中排行老二，生活中她既要行医看病，参与村上各项工作，又要照顾年近 80 岁的父母和 80 多岁的盲人伯伯（父亲的哥哥）。20 年来，她日复一日，年复一年，将老人照顾得无微不至。

多少年来，家里吃的第一碗饭她总是盛给老人，并按照老人口味调好。老人冬夏都有保障，冷了有暖气，热了有空调、风扇。四季衣服随脏随换，被褥定期清洗。2013 年，妹妹因车祸去世后，父母深受打击，变得沉默寡言，面对这样的双亲，她只要闲下来，就和父母聊天，没事带父母到周边逛一逛，合理安排饮食起居。丈夫是甘肃人，为了照顾行动不便的婆婆，2014 年，她把婆婆接到身边，变着花样改善老人生活，使老人很快适应了陕西的饮食习惯。杨军丽尽心尽力照顾 4 个老人的事迹在南贝村及周边几个村已传遍，感动和影响了许多人，是平凡生活中的楷模。

（陕西省文明办供稿）

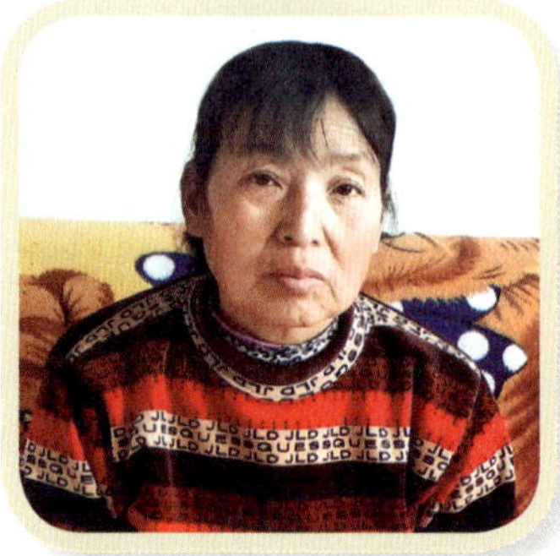

冯栓女

24 年不离不弃地守候谱写爱的赞歌

「孝老爱亲」

人物故事

冯栓女，女，1962 年生，陕西省榆林市府谷县赵五家湾便民服务中心粉房沟大队梁顶村村民。

1996 年，冯栓女的丈夫王存良瘫痪在床，生活不能自理。她毅然决然地选择留下来照顾瘫痪的丈夫，抚养年幼的孩子。冯栓女坚持每天给丈夫喂水喂饭、擦洗身子、换洗衣服，每隔一段时间为他翻个身，按摩身体，帮助其大小便，这一切都成了冯栓女的日常生活。

每年春种、秋收是冯栓女最难熬的时候，以往丈夫承担最重的活，如今都落到她瘦弱的肩膀上，年迈的公公心疼儿子儿媳经常帮着干农活，她担心公公的身体，自己干起活来更拼命。由于常年劳累，不能按时吃饭，让冯栓女患上了严重的胃病，有时胃疼得动弹不得。

冯栓女善良、坚强的性格不仅温暖了她的丈夫、激励了孩子们，还给儿媳树立了好榜样，她的儿媳也非常孝顺，理解婆婆，更加懂得这个家的不易。

冯栓女 24 年如一日用心照料丈夫，用爱撑起了这个苦难的家庭，也感动着周围的每一个人。

（陕西省文明办供稿）

十

OCTOBER

月

孔　晖

二十五载寒来暑往 退休教授在乡间义务教学

「助人为乐」

人物故事

孔晖，女，1943年生，北京市大兴区庞各庄镇南地村居民。1966年，孔晖前往新疆支教，一去便是27年。

1994年，孔晖回到大兴区庞各庄镇南地村。她目睹了村民们的不易，领悟到：只有教育才能帮助村民摆脱贫困。于是，她开始了免费英语教学生涯。

起初只有三五个孩子围在院里听课，到后来有30多个孩子来听她讲课。因院子空间有限、条件差，她便拿出自己的一间平房作为教室，并购买教学用具。这些学生主要集中在小学和初中阶段，孔晖以模块化的教学方式因材施教。最特别的是她还将很多知识元素纳入英语教学之中，并分类整理编写成11篇英语学科的爱国主义教材。

二十五载的寒来暑往，三尺讲台，一位老教授正鞠躬尽瘁，为国为民为学生。

（北京市文明办供稿）

安　旭

志愿服务传递细微处 无私奉献促进生态环保

「助人为乐」

人物故事

安旭，男，1970年生，天津市南开区社区绿邻居环保志愿者团队负责人。2017年获“全国‘四个100’最美志愿者”荣誉称号，2019年获“全国最美生态环保志愿者”荣誉称号。

安旭在2002年成为环保志愿者，2012年他作为发起人正式成立天津生态城绿色之友生态文化促进会，2014年发起并组织了天津市绿邻居社区环保志愿者工作站。10多年来，安旭共投入50余万元支持各种公益活动和公益组织的运营，志愿服务时长达9600小时。

安旭时刻从志愿服务对象的需求出发，实现精准服务。自闭症康复机构缺少空气净化设备，他就发起“除霾爱行动”弱势人群空气净化器组件捐赠项目；视障人士的按摩诊所知名度低、客流稀少，他就提供免费网络推荐服务；重症孤残儿童缺吃少穿，他就联系农田菜园，为孩子们提供有机蔬菜……

（天津市文明办供稿）

田瑞敬

热心公益　谱写大爱人生

「助人为乐」

人物故事

田瑞敬，女，1982年生，河北升平建材有限公司总经理。荣获“河北省道德模范提名奖”。

创业13年来，田瑞敬持续捐助200多名学子，资助金额80多万元。2017年8月，田瑞敬拿出6万元资助了6名大学生。2017年12月14日，她将爱心送到了广平镇中心校31名留守儿童身边，带去了价值8000元的书包、文具、图书等学习用品。2018年3月12日，她联合广平县委宣传部、县文明办“微爱”志愿者们走进广平县第二实验小学，为孩子们送去书包、文具盒、作业本等价值1.2万元学习用品。

在她的倡导下，40多家代理商也参与到“一帮一”中，为下岗职工、贫困户提供就业岗位140余个。活动开展5年来累计向社会捐赠60余万元，帮助120个困难家庭渡过难关。

为方便企业家联手做公益，2017年12月，田瑞敬在微信上组建了“企业家爱心公益群”，举办了30余场爱心公益主题活动，吸引了近200位企业家入群。累计捐款额110余万元，帮助了3000多个家庭。

（河北省文明办供稿）

李月花

“兵妈妈”李月花二十余载爱撒军营

「助人为乐」

人物故事

李月花，女，1961年生，山西省大同市市直机关房产处退休职工。2014年荣获山西省优秀“兵妈妈”称号，2015年荣获“山西省爱国拥军模范”称号。

20多年来，李月花的拥军工作从未间断过。她经常为官兵们钉衣扣、洗衣服、缝缝补补，和他们聊天谈心，坚持每年春节炸麻花、炸麻叶，端午节包粽子，中秋节打月饼慰问部队，新兵来了接新兵，老兵走时送老兵……1990年冬天，李月花无意间发现路边纸箱里有一个被人遗弃的残疾婴儿啼哭不止，她于心不忍，当即决定把孩子抱回去。那时家里的生活非常困难，亲人们极力反对，但她没有放弃，将孩子抱到母亲家抚养，其间一直出钱资助。2012年，李月花成立了春晖园学雷锋献爱心团队。8年来，团队从刚开始的十几人发展到现在的上千人。2017年，李月花邀请了和她同住一个小区的患有精神障碍疾病的邻居李大姐加入团队，时常带她去参加献爱心活动，如今李大姐的精神状态得到了明显恢复。在李月花的带领下，春晖园学雷锋献爱心团队经常去慰问部队、养老院、孤儿院，去田间地头干活。

（山西省文明办供稿）

图门巴雅尔

照顾非亲非故聋哑老人以行动诠释大爱

「助人为乐」

人物故事

图门巴雅尔，男，蒙古族，1978年生，内蒙古自治区鄂尔多斯市杭锦旗金盾公司守押大队押运员。

王文有是图门巴雅尔父亲在红瓦厂的同事，是聋哑人。图门巴雅尔的父亲是位热心人，逢年过节都会带着王文有回家吃饭。1997年，红瓦厂倒闭，退养后的王文有一直住在图门巴雅尔家里。

2000年，图门巴雅尔的父亲去世。图门巴雅尔一边照顾着体弱多病的母亲，一边照顾着聋哑老人王文有。2016年7月，王文有被查出患有糖尿病，住院治疗的半个月里，图门巴雅尔不嫌脏不嫌累一直陪护。待病情好转出院后，图门巴雅尔为老人购买了血糖仪、血压计等设备方便随时检测。由于糖尿病患者对饮食要求严格，图门巴雅尔会给哑叔“开小灶”，单独准备一日三餐。2017年2月，王文有老人突发脑梗，老人的一个胳膊和一条腿完全不能动弹，图门巴雅尔每天悉心照顾，不分昼夜守护在老人身边。在他的精心陪护下，老人身体逐渐恢复，现已完全康复。

（内蒙古自治区文明办供稿）

鲁守所

社区里的热心老大娘

「助人为乐」

人物故事

鲁守所，女，1948年生，黑龙江省鹤岗市向阳区胜利办十三社区居民。2019年被评为“黑龙江好人”。

鲁守所家楼下住着一对90多岁的独居老夫妻，因为子女常年不在身边，老人平时连个说话的人都没有。鲁守所每天主动上门嘘寒问暖，经常帮忙代缴水电费和购买小菜。有一次，楼下老伯突然中风，鲁守所急忙把老人送到医院并通知其子女。老人出院后，她更是主动承担起了照顾老人的重任，只要一有空就会到老人家里帮着打扫卫生、整理房间，给老人擦拭身体、陪老人聊天解闷，经常买些东西去看望他们，用自己的真情和实际行动书写着人间的大爱。

鲁守所从小就对理发感兴趣，学会了不少理发技巧。有居民建议她给大伙理发。一传十，十传百，鲁守所会理发的消息在辖区传开了，不少居民慕名而来，理发的人越来越多，鲁守所忙不过来了，于是她决定每周抽一个下午到老年公寓为大家免费理发，这一坚持就是好几年。

（黑龙江省文明办供稿）

辛　福

“80后”好青年全心全意帮教智力障碍人群

「助人为乐」

人物故事

辛福，男，1989年生，江苏省南京雨花睿泽障碍人士服务中心（西善桥街道残疾人之家）负责人。曾获“福布斯中国30岁以下精英”“江苏好青年”等荣誉称号。

2007年，辛福的母亲辛苍婷创办“万家帮希望安养庇护所”，辛福也由此正式接触社会公益事业。2011年大学毕业后，辛福从母亲手里正式接过托养中心负责人的接力棒，全心投入公益事业。针对残疾人的不同能力等级开发出不同公益项目，其中“蜗牛包裹”项目获得2019年中国慈善展示交流会“全国百强项目”荣誉。他还大胆提出数字化管理的概念和建设城市保障中心的构想，引领助残行业探索新路径。他先后在市区残联支持下走访30多个残疾人之家进行实地评估指导；承接省残联组织联络处委托，为500余名残疾人之家工作者讲解残疾人之家如何高效运作。2018年他组织各区协会与残疾人之家、儿童康复中心相互合作，开展残疾人系列相关工作。2018年和2019年在市区残联支持下，率先成立驻地党建联盟、企业家助残基地，为残疾人之家稳定可持续发展构建新模式。

（江苏省文明办供稿）

鲁仲清

企业家创业成功后捐资亿元回报乡里

「助人为乐」

人物故事

鲁仲清，男，1950年生，江苏金鼎电动工具集团有限公司董事长。先后获得“江苏省乡镇企业家”、第五届“江苏慈善奖”、“最具爱心慈善行为楷模”等荣誉。

1996年全镇财政紧张，湟里高中面临撤并的风险。鲁仲清一周之内，就凑出420万元送到学校，用于解决教师的社保缴费难题。得知学校新引进一批外地教师，他主动提出由金鼎来解决家属就业问题。全镇小学到高中都建有金鼎楼，都有扶持贫困学生的金鼎教育基金。湟里高中每年毕业500多人，不少学生外出学成归来建设家乡、回报家乡。2002年开始，凡是功能性和基础性项目，凡是有利于家乡长远发展和对外形象的，他都全身心参与。镇区自来水和天然气改造中，他个人就捐赠了50%的建设资金；资助湟里医院提档升级，在常州市武进区乡镇中唯一创成二级甲等医院；在安装路灯、沿河绿化、商业街打造、特色镇口出新、综合体建设等方面，他都慷慨解囊。据不完全统计，历年来，鲁仲清为家乡无偿捐款累计已超1亿元、配套地方发展的社会事业投入超过6亿元。

（江苏省文明办供稿）

郑晓兵

将公益做到生命最后一刻的硬汉

「助人为乐」

人物故事

郑晓兵，男，1975年生，生前系浙江民安救援队金华大队救援队员。

郑晓兵2002年被确诊患有胃癌后，他辞掉了工作，对外隐瞒患癌消息18年，拖着病体专职投身公益事业19年。

2015年郑晓兵看到金华市艾青文化公园内有处闲置房，便主动提出申请，设立了爱心驿站，为周边群众提供便民服务。同年，在他的发起下，金华民安救援队成立。17年来，他坚持365天做公益，爱心驿站从建立到现在，他没让政府补贴一分钱。他深入农村、学校开展避险救灾、水上救援等知识的志愿服务讲座共计300余次，受众人数达上万人，外出义工服务时间达7000多小时，总共参加了大大小小上百次的应急救援。

2017年，郑晓兵癌症转移复发，但他仍坚持在救援一线，全胃切除术后不久，还要自费参加马拉松的组织管理培训。2019年4月30日，郑晓兵病逝，他一生最后的善举是捐献出眼角膜，留下了一双明眸继续看世界。

（浙江省文明办供稿）

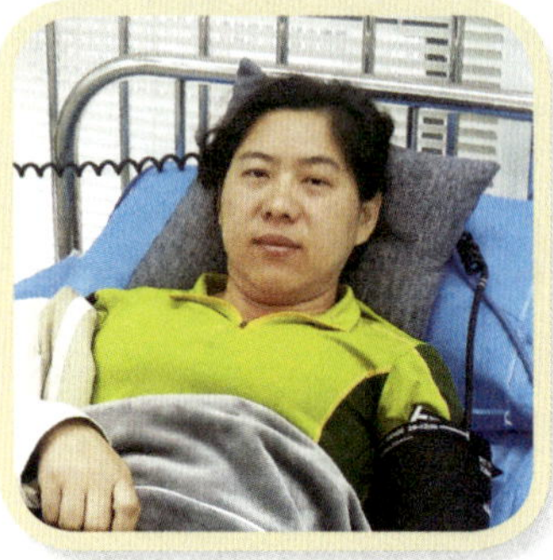

王萍萍

巾帼税花坚持献血19年
成立爱心小组帮扶困难群体

「助人为乐」

人物故事

王萍萍，女，1970年生，安徽省合肥市瑶海区税务局税政股副股长。连续3年荣获全国无偿献血奉献奖金奖和“最美安徽税务人”提名奖。

王萍萍从2001年7月第一次献血到2019年年底，共参加献血93次，其中献全血9次，共计3400毫升；84次捐献血小板，共计140个单位，远远高于常人的献血量。2010年她成为合肥市中心血站固定的血小板捐献者，并加入合肥市无偿献血者协会。2007年，她加入中国造血干细胞捐献者资料库，成为造血干细胞志愿捐献者。

王萍萍每月从工资中拿出100元资助农村贫困学生，并与6位同事成立“心中的麦田”爱心小组，利用节假日，带着衣物、书包、文具、点读机和现金等，定期探访贫困学生。爱心小组不断感染着身边的人，成员随之增加，“业务”也在不断扩大：由单纯地资助贫困学生，到每季度定期探望孤寡老人、慰问福利院的儿童等。爱心小组被评为安徽省文明单位创建优秀品牌。

（安徽省文明办供稿）

年介涛

老党员志愿为革命烈士寻亲 帮助16名英烈魂归故里

「助人为乐」

人物故事

年介涛，男，1949年生，安徽省蚌埠市怀远县陈集镇财政所退休职工。

2010年，退休后的年介涛开始从事烈士陵墓的维护工作。他积极参加陈集镇革命遗址普查工作，历时4个多月，查清散葬在陈集镇的83位无名烈士墓情况。2013年6月，怀远县修建了胡刘烈士陵园（又称淮海战役蚌西北阻击战烈士陵园），迁移工程中年介涛发现了写有烈士名字的砖块或印章，复原了18位无名烈士姓名。从那时起，年介涛便开启了为烈士寻亲的征程，他寻访100多人次，收集相关资料并整理了每一位烈士留下的物证和信息；6年里，他的足迹遍及皖、苏、鲁、冀、浙5省16市（县），行程近万公里，仅在参战部队兵源集中的环渤海地区，就查阅了近70个县（市、区）的10多万烈士名单，搜集记录整理寻亲资料足足有1尺多厚，约80万字。

经过6年坚持不懈的努力，截至2019年年初，年介涛老人已经成功为16名淮海战役的先烈找到了亲人。如今，已经70岁的年介涛仍在努力为烈士寻找亲人。

（安徽省文明办供稿）

黄梅萍

心有情怀 传递温暖

「助人为乐」

人物故事

黄梅萍，女，1979年生，福建省莆田市涵江区助涵社会工作服务中心理事长。

2016年8月，黄梅萍发起成立了涵江区助涵社会工作服务中心，为有需求的个人、家庭、组织、群体和社区提供社会工作专业服务，促进社会创新治理及幸福家庭建设。

每到节假日、周末，她都要到涵江区的12名孤儿家中，了解孩子的生活状况，倾听孩子的心声，用自己的专业手法去帮助孩子。

2018年，她接到一条求助短信，一名大学毕业生在经历就业挫折后便把自己封闭在家中一年多。黄梅萍就经常到该生家里，通过谈心让他找到自信，再教他制作简历，教授面试技巧，并联系爱心企业，一步步陪着他找到了工作。

她从不嫌弃流浪乞讨人员，尊重他们，并让他们感受到她的真心。

（福建省文明办供稿）

陈　照

救援队的领头人

「助人为乐」

人物故事

陈照，男，1973 年生，福建省福州市罗源县林业局绿化办干部。曾获全国无偿献血奉献奖银奖。

2015 年加入罗源县源野救援队以来，他坚持以一个救援人的初心，为困难群众、为团队搭建暖心道路。台风来袭，他与队员们一起通宵备战，坚守在抗击台风一线；百姓求援，他第一时间放下手中事情，迅速组织救援队主力参与各类搜救或救援；队员遇到难事，他立即化身贴心人、守护者，为队员解决后顾之忧。

2016 年，他担任源野救援队队长，在积极投身户外救援工作的同时，他更加主动带领队伍参与无偿献血、清理河道、清洁家园，宣传禁毒、宣传移风易俗等公益活动，同时还携手村委、学校、企业举办各种公益服务活动上百场。他还利用空闲时间组织队员、爱心人士一起去慰问敬老院的老人，入户慰问几十名老弱病残的困难群众或留守儿童，看望关心退伍老兵，努力为社会为群众提供力所能及的帮助。

（福建省文明办供稿）

杨水良

发挥余热甘当青少年健康成长“守护神”

「助人为乐」

人物故事

杨水良，男，1957 年生，江西省德兴市李宅乡李宅村村民。

2017 年，年过六十的杨水良主动揽下了防溺水宣传员的工作，每年 7 月到 9 月，他每天都义务为辖区进行防溺水巡逻宣传，被当地群众誉为青少年健康成长“守护神”。

李宅乡有 6 座水库、几十条小溪，还有一条大河李宅水穿境而过，家长一不留神，山里的孩子就会溜到水库边、河边去戏水、玩耍。经过一番实地考察，杨水良设计了一条科学的巡逻线路。上午从李宅村、舒家村经密川村再到中村村，中午回家吃午饭；下午从李宅村、文港村、宗儒村再到上田村，待到返程时，天已擦黑。3 年来，杨水良累计骑行 9000 多公里，巡逻路上，风雨无阻。在河里、水库里被杨水良逮到并驱赶上岸的、没有家长陪伴的孩子数百人。平时除了巡逻外，他还和当地学校一起开展形式多样的防溺水教育，与村居社区一道设立防溺水警示牌。

（江西省文明办供稿）

刘乐萍

以公益事业为荣的“草根”义务宣讲员

「助人为乐」

人物故事

刘乐萍，男，1969年生，江西省萍乡市鸿源贸易有限公司副总经理、工会主席，萍乡市灯塔计划公益发展中心常务副会长、工会主席。其个人荣获“江西省劳动模范”称号，其家庭获“江西省最美家庭”等荣誉。

刘乐萍从事志愿服务工作已14年，行程近3万公里，累计奉献8000余个小时，参与和策划了关爱空巢老人、留守儿童、贫困家庭、环卫工人、农民工、脱贫攻坚、文明城市创建等志愿活动，为需要帮助的人募集资金近200万元，为建档立卡贫困户建立“劳模爱心超市”29家，慰问留守儿童1800人次，帮扶走访贫困学生33人。

口才极佳的刘乐萍能把各种抽象的文件、政策用鲜活的方言概括出来，让党的路线方针政策及时、生动、形象、高效地飞入寻常百姓家，他的幽默、睿智、风趣，让他成为萍乡市委讲师团百姓宣讲团的一员。先后走进机关、学校、军营、社区、广场、企业、园区等地开展“文明城市创建百姓大宣讲”“改革巨变话萍乡百姓大宣讲”等宣讲活动800余场，观众、听众多达几十万人次。

（江西省文明办供稿）

杨茶生

“小修小补”二十三载，他是社区里的“活雷锋”

「助人为乐」

人物故事

杨茶生，男，1973年生，江西省南昌市安义县在沪流动党员。先后荣获江西省驻沪单位系统优秀共产党员、上海市合作交流系统优秀共产党员、江西省优秀共产党员荣誉称号。

1995年，杨茶生到上海徐汇区华泾镇经营小本生意。第二年，他发现有不少独居老人生活中存在各种困难，便萌生了帮社区居民修补小物件的想法。

杨茶生多年为华泾镇老人服务的过程中，始终都把他们当亲人对待。不管白天还是晚上，也无论酷暑还是严寒，只要老人一个电话，小杨就会在第一时间赶去帮助他们排忧解难，风雨无阻。每次杨茶生去老人家里，不但会帮助他们解决眼前的麻烦，还会为他们检查家里的水管、门窗等其他生活设施。

23年的坚守，杨茶生服务不少于2万人次，受到杨茶生无私帮助的老人们，一提到“江西老表”杨茶生，无不竖起大拇指啧啧称赞。

（江西省文明办供稿）

帅　武　余朝阳　邓晓东

点亮山腰那盏灯

「助人为乐」

人物故事

帅武，男，1976年生，江西省宜春市奉新县甘坊供电所所长；余朝阳，男，1974年生，甘坊供电所副所长；邓晓东，男，1976年生，甘坊供电所客户服务二班班长。

2015年帅武了解到大山里的坎上组胡祖生家特别困难，儿子上山砍毛竹不慎摔死，儿媳罗小玲受刺激患上癫痫，随后走失，患有多年内风湿的胡祖生经此打击，一蹶不振，连行走都十分困难，老伴唐名菊终日以泪洗面，导致右眼失明。听完后帅武立马翻山越岭来到了胡祖生老人家中，当即掏出身上仅有的260多元钱，全部给了老人，还修好了房屋中那盏灯。第二天，帅武便与余朝阳、邓晓东开始了爱心帮扶之旅，更换线路、劈柴烧水、家务清理。2017年奉新连续暴雨，各项抢险工作渐渐稳定后，他与余朝阳、邓晓东蹚过齐腰深的水，步行30余里，来到胡祖生老人家。同年，胡祖生老人因病去世，帅武与余朝阳、邓晓东上山全程帮助办理了老人的后事。之后，3人上山看望陪伴唐名菊老人的次数更多了，一直至今从未间断。

（江西省文明办供稿）

桑秀文　周洪三

“雷锋夫妻”的小城大爱

「助人为乐」

人物故事

桑秀文，女，1940年生；周洪三，男，1938年生。桑秀文、周洪三夫妇为山东省寿光市圣城街道南关村村民。

“2014年12月9日，给河南省水峪村小学捐上40副手套、30双袜子、12副耳罩；2015年1月28日，‘一份年货，温暖万家’的活动，给田柳二中孝心少年李文浩，送去一桶花生油，300元钱。”从2010年开始，一本日记里面记录着老两口每一次帮扶活动，密密麻麻几十页。桑秀文开玩笑说，雷锋写日记是为了追求进步，而自己是担心忘事。记下来就能方便以后再联系、沟通，特别是那些贫困家庭的孩子们，给他们送去助学金、学习用品、衣服、生活用品等。

老两口对别人很慷慨，对自己却非常“抠门”，日常生活非常节俭，一台电视看了十几年不舍得换，家具也都是儿女们替换下来的，吃穿从不讲究。除日常生活开销以外，老两口把自己积攒的退休金大部分都捐给了慈善总会，大到汶川地震、玉树地震，小到给贫困学生捐款。不大的房子里存放着四五十本红色的捐赠证书。

（山东省文明办供稿）

靳月英

绿化荒山
祖孙四代35年接力植树23万余棵

「助人为乐」

人物故事

靳月英，女，1923年生，河南省鹤壁市淇县黄洞乡鱼泉村村民。

1947年，靳月英的丈夫冯清海在解放战争中光荣牺牲，儿子还不到一周岁。年仅24岁的靳月英化悲痛为力量，继承丈夫遗志，为党的事业不懈努力，她历任村妇联主任、副大队长、副社长、副乡长和村党支部委员。据不完全统计，几十年来她为部队捐赠慰问品1万多份，价值10多万元。此外，她还帮助村里修路，接济乡邻生活，捐资助教，而这些都是靳月英上山摘酸枣、槐花、挖药用、割草换来的。1988年以来，她还带领家人自买树苗，在荒山植树，营造“八一”纪念林，成活侧柏6000多棵，一家人苦战多年，终于使昔日沙石裸露的山坡，变成一片100余亩郁郁葱葱的侧柏林。靳月英带领家人植树造林30余年，四代人劈开8道山19面坡，种下20多万株树。有人算过一笔账：靳月英栽树挖的土，垒树坑搬运的石头能装满6000多辆大卡车，相当于搬走了一座小山。

（河南省文明办供稿）

高致明

农大教授数十年扎根山区扶贫
被农民誉为“点金师”

「助人为乐」

人物故事

高致明，男，1960年生，河南农业大学农学院中药材系教授、中药学学科带头人。2019年获“河南省道德模范”。

豫西山区位于八百里伏牛山腹地，是天然的中药材宝库，但由于地理位置等原因，在很长一个时期，豫西不少百姓守着宝库讨饭吃。作为河南中药学领域的领军人，高致明将毕生心血都投入豫西山区中药材研究。从1987年至今，高致明将八百里伏牛山当成了天然课堂，并将自己所研究的众多中药种植技术倾囊传授给当地乡亲。

1998年以来，高致明在河南省方城县成功打造了药材品牌“裕丹参”，目前该县丹参产业年产值逾1亿元，带动3000多户家庭脱贫致富。在33年时间里，高致明主持各类扶贫及示范推广项目18项，指导20余家药材种植企业和合作社走上规模化发展道路，培训农业推广人才累计3万余人次，带动了10万余户农民脱贫。更难能可贵的是，高致明将自己每一项科研成果和药材种植核心技术都毫无保留地传授给药农，真正让豫西山区漫山遍野的连翘、丹参、柴胡、金银花、黄精等中药材成为当地百姓的“金饭碗”。

（河南省文明办供稿）

邹肇睿

创办爱心助学网站 守护3000多名贫困学子

「助人为乐」

人物故事

邹肇睿，男，1977年生，1996年入伍，2017年年底从部队自主择业退役。先后荣获“湖南省拥政爱民模范”、“全国社会扶贫先进个人”、第十届“中华慈善奖”。

邹肇睿从2005年开始资助贫困学生，他每年拿出3000多元资助云南丽江山区的3名学生，这对那时每月工资仅有1500余元的邹肇睿来说，并不是一个小数目。2008年，邹肇睿从网上看到衡阳常宁市塔山瑶族乡一些贫困学生辍学，冒出一个想法：通过互联网凝聚网友的力量，帮助山区孩子完成学业。邹肇睿建立了“一对一助学网”，并坚持所有运行经费由自己承担。网站建立11年来，得到了社会上广泛的响应，已经成为非常有影响力的民间助学网站。通过衡阳市慈善总会捐赠的和直接捐到学生手中的善款已近千万元，其他文具、图书、衣物等更是不计其数，150所山区学校的近3000多名贫困学生得到了一对一的长期资助。

邹肇睿几乎把所有的业余时间和休假时间都投入助学活动当中。

（湖南省文明办供稿）

谢仲馀

热心慈善25年

「助人为乐」

人物故事

谢仲馀，男，1946年生，广东省广州市金象工业生产有限公司董事长。2008年被评为“全国爱国拥军模范”。

谢仲馀是广州第一代个体户。早在1995年，谢仲馀就开始助养荔湾区的孤老、孤儿。2005年，他将捐助扩大到重点优抚对象，2010年慰问标准提升到每人500元，发放给荔湾区500名贫困优抚人员。谢仲馀做慈善的方式非常直接，备好现钞，依靠职能部门，直接面对救助对象。谢仲馀虽然做慈善很慷慨，对自己却很“吝啬”。他常带着自家做的盒饭在公司用餐，除了必要的开销外，他不愿意浪费，认为“有钱不如做慈善”。他的一言一行也影响到女儿，在广州慈善圈，有他出现的地方，就有谢小夏和谢小云这一对姊妹的身影，二人既是成功的女企业家，也是远近闻名的慈善家。

生于解放战争时期的谢仲馀还有着军人情结，特别崇拜解放军。1988年，谢仲馀开始踏上拥军之路，并带领两个女儿传承拥军家风，先后出资1500多万元支持部队建设、给退役士兵提供就业岗位、资助困难老兵、慰问军烈属等。

（广东省文明办供稿）

陈西达

退伍军人逆境重生 身残助人开启别样人生

「助人为乐」

人物故事

陈西达，男，1972年生，四川省泸州市圆梦关爱协会会长。获“四川好人”等荣誉称号。

2010年春节前夕，陈西达上街购买年货时，被一跳楼自杀的男子砸中，导致胸部以下高位截瘫。

自强不息的陈西达在网上开起微店，在2010年至2015年，他每天网上工作十几个小时，不但养活了自己，而且还清了因治疗欠下的26万元外债。2015年，陈西达组建了“泸州市西达残疾人关爱群”。他筹集衣服、医疗床、护理垫等各类物资送到偏远山区残疾人家中；连续举办四届“泸州市西达残疾人联谊晚会”；组织200多名残疾人外出旅游；多次组织开展残疾人技能培训；2018年关爱群注册为泸州市圆梦关爱协会，目前已有会员5000人。2018年，他在城区部分小区内开设了3个“西达生鲜店”，利用线上线下平台将土特产销往北京、上海等地，每年为残疾人销售特产约150万元。7年来，他帮助残疾人达万人次。

（四川省文明办供稿）

梁彦华

老人甘当“清道夫” 数年坚持义务扫路

「助人为乐」

人物故事

梁彦华，男，1943年生，贵州省遵义市绥阳县蒲场镇蒲场村村民。2019年获“贵州好人”荣誉称号。

2015年，退役军人梁彦华看到门前5.5米宽的大溪公路无人护理，路面垃圾成堆，路边杂草丛生，便萌生了义务清扫的念头。4.5公里的路程，每天打扫下来，梁彦华最少花费5个小时，每个月至少要用坏5把扫帚，3年1000多天，用坏扫帚200余把。

大溪公路与连户路纵横交错，村民种植的树木枝丫延伸到路边、路口，严重影响了各方视线，存在交通安全隐患。梁彦华号召村民们修剪从自家院子里延伸出来的树枝藤条，确保公路安全畅通，群众平安出行。2017年11月，重遵高速公路扩容，大量工程车辆途经蒲场村，被频繁碾压的大溪公路部分路面出现坑洼、塌陷，给路上行人带来了安全隐患，梁彦华找来沙石水泥对路面进行填补修复。在梁彦华的示范带动下，村民们思想观念和行为习惯也在悄然发生变化，大家都主动与他一起参与村里环境卫生治理工作，自觉维护村里环境。

（贵州省文明办供稿）

康秀莲

全心投入慈善事业 关爱救助服务他人

「助人为乐」

人物故事

康秀莲，女，1951年生，陕西省延安市吴起县慈善协会会长。2019年入选“陕西好人榜”。

康秀莲从2016年担任吴起县慈善协会会长以来，4年募捐资金1030.8万元，是2015年前至协会成立11年年均（100万元）的2.57倍。协会曾获陕西省慈善协会2017年、2018年、2019年度“9·9”公益日网络慈善奖、网络慈善工作先进单位、网络慈善最佳创新奖表彰。

全身心投入扶贫济困工作，她坚守“取之于民、用之于民”的慈善原则。4年救助孤儿236名；残疾人608人；贫困大学生513人次；大病重病患者239人；救助慰问各类特困人群3239人（户）。2018年，协会获陕西省扶贫开发办公室“互联网+”社会工作先进单位表彰。她本人也获得陕西省慈善协会、陕西省文明办“三秦善星”荣誉称号。

组建志愿服务队伍，开展志愿服务活动。2019年年底，全县组建42支志愿服务团队，志愿者9317人。开展了捐资捐物、济困帮扶、助老抚孤、义诊义演、理发餐饮、技能劳务等形式多样的志愿服务活动。

（陕西省文明办供稿）

李　默

退役兵为民擒拿盗贼

「见义勇为」

人物故事

李默，男，1997年生，辽宁省铁岭市外卖员。

2009年8月17日下午3时20分许，在铁岭市太平洋购物中心门前附近，靳女士买东西时，突然感觉到背包动了一下，她下意识地向后看了一眼，此时背包链已经被拉开，里面的钱包不见了。她向四周望去，一名男子立刻引起了她的注意，靳女士立马追上男子，并一把将其拽住质问：“你是不是偷我钱包了？”

男子甩开靳女士的胳膊准备逃离，而这一幕正好被刚取完餐路经这里的外卖小哥李默看到。退伍军人出身的李默走到男子身边，这时靳女士正好大喊“抓贼啊！”李默敏捷地抓住男子，男子试图挣脱逃离现场，李默从背后搂住男子脖子；男子反抗无望后再次试图逃跑，李默一个过肩摔将男子摔倒；男子第三次试图逃离现场，李默再次把男子摔倒，并死死地按住男子的双手。

李默是一名光荣的退役兵。2014年，李默应召入伍，在部队严格训练、实战练兵，让李默练就了一身格斗擒拿的本领。“对付一两个坏人是没有问题的。”李默说。

（辽宁省文明办供稿）

肖春旭

救死扶伤，勇救出事司机

「见义勇为」

人物故事

肖春旭，男，1992年生，辽宁省抚顺市抚顺县石文镇瓦房村人。

2019年8月17日凌晨4时许，抚顺市新抚区栗子沟桥下，一辆白色轿车撞上桥墩。肖春旭当时正坐着发小夏志恒的出租车经过，在三四十米外他们看到了事故车辆，等开到桥下的时候，车辆已经起火。

肖春旭让夏志恒赶紧停车，他几步跑到了肇事车跟前，车体变形挺严重，司机在车内人事不省。情急之下，肖春旭使出全力拉拽车门。拽了三四下，他把车门拉开了。肖春旭赶紧解开受伤司机身上的安全带。“这时受伤司机稍微清醒了点，我就搀着他赶紧下车往远处走”！肖春旭回忆说道。肖春旭清楚记得，夏志恒停好车后正迎面赶来，快走到他面前时，肇事车的火势一下子大了起来，火苗子蹿起来1米多高。

夏志恒说，栗子沟桥下空间狭小，把车停桥下怕发生事故，他便把车开到了几十米外比较宽阔的路段。停好车赶往桥下时，肖春旭正搀扶着受伤的司机迎面走来，夏志恒赶紧掏出手机拍下了42秒的视频。

（辽宁省文明办供稿）

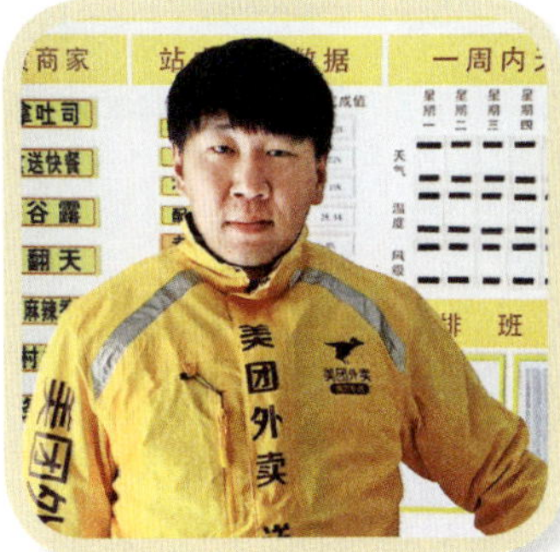

于超群

延吉外卖小哥奋不顾身 勇救落水被困女司机

「见义勇为」

人物故事

于超群，男，1990年生，美团外卖及时雨吉林省延吉北大站副站长。

2018年11月18日下午，在延吉市延新桥上，一辆白色轿车突然冲断护栏，坠入布尔哈通河中，司机被困，轿车眼看就要被淹没。延吉北大站美团外卖骑手于超群刚送完餐准备返回站点，经过此处，看到不远处有一群人正在桥上观望，一辆轿车在河水中浮动，大半个车身已经入水。

当得知落水车辆内有人，于超群赶紧停下摩托车，脱掉工作的制服，直接跳进冰冷的河水中。当时延吉的气温已接近-10摄氏度。于超群强忍寒冷，凭借好的水性，终于游到车旁。

当时车内灌进了河水，女司机的半个身子已经被水淹没，根本无法将车门打开，于超群使出浑身解数拽开车门，将女司机拽了出来，一手抱着女司机，一手奋力向岸边游，两人终于到了岸边，赶到的民警和消防人员扔过来游泳圈和绳子，大家一起把他们两个人救了上来，等候在岸边的120急救车马上将两人送往医院进行抢救。

（吉林省文明办供稿）

王金杰

为救落水老人狂奔 300 米

「见义勇为」

人物故事

王金杰，男，1983 年生，江苏省南通市天星湖中学体育教师。

2019 年 7 月 4 日早晨 7 点多，一位老人来到位于南通市经济技术开发区新开港河边给两条鱼放生。由于河堤坡度较陡，老人在上坡时用右手抓住河边的灌木枝条，希望借助灌木爬上河堤。谁知灌木枝条承受不住老人的重量，当场断裂，老人向后倒地，仰面落入水中。此时，正在河对岸晨跑的王金杰看见了，以最快的速度冲到岸边跳入河里。河水很深，几乎没过王金杰的鼻子，他不断调整姿势，将老人扶正后从背后抱住她，缓慢向岸边游去，在路人的协助下，完成了生死营救。后来从监控中看到，王金杰从晨练处赶到老人落水处路程近 300 米，他只用了短短 40 秒的时间。由于发现及时、行动迅速，老人没有大碍，王金杰在确认老人没事后，带着一身泥污离开了现场。

（江苏省文明办供稿）

王海彦

砸开生命通道救出火场被困母女的好邻居

「见义勇为」

人物故事

王海彦，男，1975 年生，江苏省盐城市建湖县人。

2019 年 3 月 13 日早上 6 点多，王海彦的妻子送孩子上学，刚下楼就闻到了一股刺鼻的气味，走到小区门口时，看到一团一团的黑烟从一间门市窄小的后窗里冒出来，一位妇女在窗前呼喊：“救命！救救我的两个孩子！”她看出情况危急，立刻打电话告诉丈夫王海彦，还在睡觉的王海彦听后，套上睡衣就从六楼家中冲了下来，向着相距有 50 多米的着火点狂奔。

可是，当王海彦和其他邻居试图进屋救人时，发现大门被紧紧反锁着，窗户外面都有一道不锈钢防盗栅栏。此时，冒出的黑烟更加浓密，王海彦当机立断从车上取出锤子，通过梯子爬到窗边，用锤子砸碎窗玻璃，用撬棒撬弯防盗窗，终于打开了一条生命通道。他先从屋内女子手中接过两个孩子交给屋外的邻居，再紧紧抓住妇女的两条胳膊，将她拉拽出来，短短 5 分钟内，母女 3 人都获救了。

王海彦还是建湖同城爱心接力站的一名志愿者。2019 年是他加入志愿服务队伍的第 5 个年头，平常有公益活动，他总是抢在前面参加。

（江苏省文明办供稿）

张肇瑞

年轻组工干部张肇瑞冲锋在前 见义勇为不留名

「见义勇为」

人物故事

张肇瑞，男，1985年生，福建省三明市委组织部组织一科副科长、电教中心副主任。

2019年4月4日中午12点15分，张肇瑞在回家路上，途经小学附近时，见有一名女子与男子争执扭打在一起，男子极力挣脱女子想逃。此时正值下班和放学的高峰期，路上行人、学生非常多，围观的群众也越来越多，他急忙冲进人群上前帮忙，得知该男子为小偷，就毫不犹豫同女子将小偷扑倒。在确认犯罪嫌疑人无法逃离后，向110报案，通知民警尽快赶来抓捕犯罪嫌疑人。其间，他多次劝告围观的群众和学生保持距离，积极协助稳住犯罪嫌疑人情绪，避免造成不必要的影响和误伤。警察到达现场后，他离开现场。

（福建省文明办供稿）

伦学冬

青年教师舍命救人 用生命托举坠海男孩

「见义勇为」

人物故事

伦学冬，男，1984年生，生前系山东省济南市商河县郑路镇褚集小学教导处副主任。2019年获“齐鲁最美教师”“山东好人”“山东好人之星”荣誉称号。

2019年7月27日下午，在烟台金沙滩公园旅游景区，伦学冬因救人不幸逝世，生命的指针永远停留在了35岁。

事发前，他还给家中带着两岁女儿的妻子打电话报了平安，随后，父子俩乘着脚踏小船入海，一名11岁男孩不知什么时候也跟着上了船，伦学冬与同船游玩的11岁小男孩并不相识，在游艇距离岸边50米左右的地方，小男孩看到了岸边的妹妹，便兴奋地站了起来，不慎跌入海中。伦学冬见状，毫不犹豫地跳入海中施救，但他拼尽力气托举男孩，避免男孩呛水窒息，自己却因为力竭沉入水中。

后来，景区内救援队赶到，将伦学冬一行人救上岸，救援人员不停地给伦学冬做心肺复苏，然而，伦学冬被救上岸时已意识模糊，最终因为力竭和呛水过多失去生命体征。当天下午，伦学冬永远离开了人世。

（山东省文明办供稿）

黄建友　陈　忠　黄德有　冯乔创　陶开学　黄坤海

景区 6 名船工
合力勇救 5 名落水游客

「见义勇为」

人物故事

黄建友，男，1970 年生；陈忠，男，1985 年生；黄德有，男，1966 年生；冯乔创，男，1977 年生；陶开学，男，1979 年生；黄坤海，男，1988 年生。6 人均在广西壮族自治区桂林市阳朔县漓江景区公司工作。

2019 年 7 月 13 日上午，一辆载有一家三代 5 口人的红色小车行驶至桂林阳朔县兴坪镇榕潭码头时由于不熟悉路况，被洪水冲走。正在周边执勤的黄建友等 6 名景区船工、竹筏工发现有人被困车内后，第一时间驾驶竹筏靠近，将车内 5 人全部救起。整个救援过程只用了 1 分多钟，但是就在这短暂的时间里，这 6 名船工与死神赛跑，挽救了一家 5 口的生命。一家人在获救后被送往当地卫生院，除了皮肤刮破等轻伤外，身体并无大碍。“我现在都不知道拉我起来的是哪一位船工。如果没有他们的救援，后果不堪设想，特别感谢他们。”获救的徐先生说。参与救援的 6 名好心人都是平时在漓江景区行船的船工和竹筏工。

（广西壮族自治区文明办供稿）

陈兴隆

铁路职工 2 次勇救溺水少年

「见义勇为」

人物故事

陈兴隆，男，1968 年生，西安铁路局安康机务段汽车司机。

2017 年 7 月 9 日傍晚，陈兴隆与家人正在安康市汉滨区吉河镇回龙观农家乐纳凉，突然听到河中有人在呼叫救命。来不及多想，陈兴隆直接奔向河中，奋力向溺水的小孩游去。小孩两只手死死地拽住陈兴隆的胳膊，两人都沉下了水面。他使劲掰开小孩双手，挣脱小孩浮出水面换了口气，又迅速潜下水，双手抓住小孩的腰部用力顶出水面。这时他的战友胡洪安也游了过来，两人合力把小孩救上岸，并不停地拍打小孩的后背。过了大约 5 分钟，小孩缓过了劲抬起头，慢慢站起来，双手合十给陈兴隆他们鞠躬感谢。

2016 年 8 月的一天，陈兴隆领着女儿在安康高新区的一家游泳池游泳，当他从深水区游向浅水区时，发现一名 10 岁左右的男孩误入深水区，双手乱动试图抓住泳道分水线，但由于个子小，脚踩不到底，手上又抓不住东西，身体已经开始下沉。陈兴隆赶忙游过去托起小孩送到浅水区，小孩呛得直咳嗽，吓得话都说不出来。

（陕西省文明办供稿）

艾西丁·再依尼丁

危难时刻挺身而出，平凡岗位绽放光彩

「见义勇为」

人物故事

艾西丁·再依尼丁，男，维吾尔族，1982年生，新疆维吾尔自治区吐鲁番市托克逊县公安局夏镇派出所副所长。2018年获“全疆优秀人民警察”荣誉称号，2019年获“自治区道德模范”荣誉称号。

2018年8月20日19时许，群众报警反映，县供排水公司两名工作人员在维修夏镇托台村污水排水道堵塞时在井下晕厥。艾西丁·再依尼丁接到报警后，带领民警火速赶到救援现场，现场除了一根绳索和简易护具外，并没有其他可用的防护设备。但考虑到此刻在下水道晕厥的维修工人有生命危险，艾西丁·再依尼丁毫不犹豫准备好绳索下井营救。昏暗的环境加上刺激性有毒气体使得他睁不开眼睛，经过多次的尝试，终于将被困人员安全固定，通过团队协作成功将被困人员救出。

扎根基层，为民服务，发生在艾西丁·再依尼丁身边的暖心故事还有很多，他用行动诠释着人民警察的责任与温暖。

（新疆维吾尔自治区文明办供稿）

程运景

“信义兄弟”替亡兄还债45万元

「诚实守信」

人物故事

程运景，男，1975年生，河北省邢台市隆尧县程玉面粉厂负责人。

程运景的哥哥程运其在本村经营一家小型面粉厂，程运景也在厂里帮忙干活。

2017年5月的一天，面粉厂风道堵塞，程运其到麦仓里查看机器故障，突发急病病逝。

程运其的猝然离世，给家庭带来了难以承受的打击，不久之后一些债主陆续登门。原来，程运其为了企业发展先后跟同学、朋友借款45万元，其中有10多万元的欠款还没有借条。当时，嫂子刘文芳没有其他经济收入，孩子们都还在上学，面对巨额债务一家人顿时感觉塌了天。

“大伙放心吧！我哥虽然走了，但大家的账不会赖，我都还！”面对着激动的债主们，程运景咬咬牙站出来，一声郑重的承诺接过了哥哥手里的巨额债务。在随后的生产中，程运景优化生产流程，通过提高生产率增加了面粉厂经济效益。

厂子效益好了，程运景个人的花销反而更少了。2018年3月初，程运景终于还清了哥哥欠下的所有债务。

（河北省文明办供稿）

赵瑛杰

守信践诺　返还善款

「诚实守信」

人物故事

赵瑛杰，女，1985年生，东北石油大学地球科学学院团委副书记。曾获得黑龙江省“向上向善好青年”等荣誉称号。

2017年9月3日，赵瑛杰年仅5岁的女儿在学习舞蹈过程中意外受伤，胸椎以下创伤性截瘫，连夜奔赴北京治疗。赵瑛杰的学生们自发组织起来，通过轻松筹发布了筹款信息，近60万元善款不到12个小时就筹集到位，直接打到了孩子在北京儿童医院的账户里。面对这份大爱和信任，赵瑛杰郑重表示一定会把善款陆续返还给大家。

2018年9月3日，赵瑛杰在孩子并未完全康复的情况下，四处周转，通过“轻松筹”平台返还了全部善款，兑现了自己当初的承诺。

（黑龙江省文明办供稿）

陈火培

老党员守诺20多年 退休后每天坚持做一件好事

「诚实守信」

人物故事

陈火培，男，1932年生。50多年来，他始终坚持践行雷锋精神，被群众誉为新时代“日行一善”的活雷锋。

20世纪60年代，《解放日报》多次报道了他的先进事迹，《文汇报》以他为原型发表了专题社论《轻骑兵前进吧》。1965年，陈火培到北京参加“群英会”，在人民大会堂受到周恩来、朱德等党和国家领导人的亲切接见。

1992年，入党33年的陈火培在退休时给自己定出了一个规矩：每天要做一件好事。从此，陈火培自觉承包了金港村周边的路桥修补工作。白天走在街上看见哪处有个坑洞、裂缝，晚上定要和好了水泥挑着担子去补一补。去的时候都是夜里10点多行人车辆少的时候，干完活已到凌晨了，再摸着黑往家赶。

陈火培的故事被《新闻联播》报道：道路泥泞，他拿起铲子清理到深夜；村里成立文艺队，他编排节目把党的政策演给村民看；村民发生矛盾，他入情入理做好和事佬；谁家有困难，他二话不说拿出退休金资助。

（上海市文明办供稿）

曾庆玲

捡到现金 10 余万元等失主 5 小时的小吃店主

「诚实守信」

人物故事

曾庆玲，女，1971 年生，江苏省徐州市丰县人。

1994 年 9 月，曾庆玲婚嫁到徐州市丰县华山镇华山村，由于家庭负担重，婚后生活比较困难。2011 年，她向亲友借款 3 万余元，在华山街南面开了一家“贵州汤粉店”。为了多赚点钱，她每天 5 点就起床，很晚才关店。

2019 年 6 月 2 日晚上 7 点多，曾庆玲像往常一样在店里收拾餐桌，忽然发现板凳上有个包。打开包一看，愣住了，里面鼓鼓囊囊装着十几万元现金，还有很多证件，唯独没有失主的联系方式。她心里想，失主丢失了这么多钱一定很着急，于是一直开着店门等待。果然，深夜 12 点半左右，店门“哐当”一声被打开，来人样子十分紧张，一进门就急切地问：“老板，你看见一个包吗？”曾庆玲赶紧把包从抽屉里拿出来，“是这个包吗？”“是，是！这可是几十人的工资啊！”望着失而复得的包，失主激动得热泪盈眶，随即拿出 1000 多元钱递给曾庆玲以示感谢，曾庆玲婉言谢绝了。

（江苏省文明办供稿）

钟光平

村书记履行诺言带动全村一起富

「诚实守信」

人物故事

钟光平，男，1968 年生，江西省吉安市永丰县佐龙乡富裕村党支部书记。先后获评“江西省劳动模范”“江西省优秀共产党员”等 30 多项荣誉。

32 年来，他白手起家，历经雨雪冰灾等打击，终于建成 1000 多亩家庭农场，年纯收入超百万元。他送大棚、赠种子、传技术、帮销售，带领 500 多户乡亲发展蔬菜、葡萄等产业，实现全村农民人均年收入达 2.3 万元，让富裕村名副其实。

他坚持每年无偿提供 30 多个蔬菜大棚给别人种，吸纳 100 多人做工，培训种植农户 1 万余人次，帮助 19 户贫困户脱贫，年资助款项 2 万元以上。2014 年挑起村支书担子，依托家庭农场，发挥自己成熟的种植技术和完善的营销网络，组建专业合作社。历经 3 年，村里新增 20 多个家庭农场，流转土地 2200 余亩，四成以上农户从事规模化种植养殖业。

钟光平为了改变落后的村容村貌，带领村两委班子争资金、跑项目、搞建设，如今 8 个自然村都通了水泥路、自来水，打造了 8 个新农村建设点，建起了活动中心、农家书屋、村民说事室。

（江西省文明办供稿）

张龙振

诚信立业树典范，致富不忘桑梓情

「诚实守信」

人物故事

张龙振，男，1977年生，山东真如铁酒业有限公司总经理。

张龙振在创业之初就树立了一个信念——“诚信立业，质量为先”。他在企业经营过程中，原料采购严把质量关、产品出售严把价格关。正是这诚实守信的经营方式，带来一个又一个回头客，同时将他的名声也传扬出去，得到了广泛关注和认可。生意伙伴都知道张龙振就是这样诚实守信的人，都愿意与他进行商业往来。

他致富不忘家乡，脱贫不忘乡亲。虽然不在村里居住，但是却没有忘记养育他的家乡，没有忘记家乡的父老乡亲。听说村里想安装路灯但以后的电费没法保障以后，张龙振积极联系同村几户生活比较富裕的村民，并带头捐款筹资，主动承担了缴纳电费的任务。张龙振经常购置些生活用品，帮助村里的贫困老人，解决生活困难。有时候村里人为一些小事发生争执，他都会主动出面调解。

（山东省文明办供稿）

向胜元

用诚信守诺回报医者仁心

「诚实守信」

人物故事

向胜元，男，土家族，1963年生，湖北省恩施土家族苗族自治州宣恩县沙道沟镇咸池村十三组村民。

2017年7月21日，向胜元的妻子张玉珍发生车祸，造成严重颅内损伤，全身多处骨折，肺部挫伤，生命垂危。经过10天治疗，张玉珍仍然昏迷。7月31日，向胜元将张玉珍转诊至恩施州中心医院。

张玉珍发生车祸后，每天花费过千元，事故赔偿金又一时半会儿到不了位。眼看住院费用一拖再拖，向胜元心里着急，他四处筹借2万多元，但仍是杯水车薪。向胜元交了3万元后实在无以为继，便找到州中心医院重症医学科主任田仁富，把家庭经济的窘况一五一十交了底。

虽然张玉珍伤势严重，治疗费用数额大，且欠款很可能无法归还，医院还是作出了“先救人”的决定，给向胜元吃下了“定心丸”。

经过半年精心治疗，张玉珍出院了。2019年6月3日，向胜元在赔偿款到账后，主动推着妻子到恩施州中心医院结清2年前所欠下的32万元医疗款，用诚信回报仁心。

（湖北省文明办供稿）

龙仁元

乡村医生坚守偏僻乡村 48 年 免费诊治 4860 余人次

「诚实守信」

人物故事

龙仁元，男，1958 年生，湖南省株洲市攸县莲塘坳下洞村仁元中医诊所负责人。2010 年获评“全国优秀乡村医生”。

1969 年，12 岁的龙仁元被送到公社卫生院拜师一名老中医，从此踏上了医疗之路，成为乡村医生。龙仁元曾南下深圳，办起了一家私人诊所，生意很是红火，收入也较丰厚。2003 年，看到老家的银坑卫生院因管理不善，面临倒闭的状况后，毅然向卫生院和县局领导自荐到卫生院工作，2004 年 2 月龙仁元就被县卫生局聘为银坑卫生院负责人。在他走马上任的第一年，大胆改革，引进医疗设备，改善服务条件，认真抓好业务，医院当年的收入就翻了 3 倍多。退休后，他又在莲塘坳下洞村开办仁元中医诊所，对于那些生活困难的病人、老年、残疾人等常年提供免费就诊。

从医 48 年来，他收治病人 30 余万人次，从未出现过医疗差错、纠纷和事故。除此之外，他还认真钻研，拜师求教，亲身体验，大胆探索治疗过上千人次的十几种疑难病症。他乐善好施，免费诊治 4860 余人次，免除金额 18.6 万元。

（湖南省文明办供稿）

李献铮

信守诺言 带领群众脱贫致富

「诚实守信」

人物故事

李献铮，男，1979 年生，广西壮族自治区南宁市横县百合镇庙庄村党支部书记。

李献铮曾经是一名代课老师，他深深地懂得知识就是财富，知识就是力量。自担任南宁市横县百合镇庙庄村党支部书记开始，他狠抓村中的教育事业，使村里适龄儿童入学率达到 100%。

为兑现带领全村人脱贫致富承诺，让庙庄村走出贫困，李献铮深入农户掌握贫困户的致贫原因和村民的发展需求，因地制宜利用现有林地资源，开展养殖、种植等产业项目。2016 年 6 月，李献铮以“基地 + 合作社 + 贫困户”模式，成立横县百合镇庙庄村家禽家畜养殖农民专业合作社。2018 年，利用中央和自治区第一批财政专项扶贫资金 10 万元，李献铮发动群众种植 25 亩木瓜，增收致富。

在李献铮的带领下，庙庄村发生了翻天覆地的变化，不仅实现了贫困村脱贫摘帽，还实现村民发家致富。

（广西壮族自治区文明办供稿）

刘　刚

一诺千金　为孩子撑起一片天

「诚实守信」

人物故事

刘刚，男，藏族，1977年生，国网四川省电力公司眉山供电公司象中供电所副所长。

2005年春节，刘刚的未婚妻杨梅家中突遭重大变故，杨梅的弟弟和弟媳因车祸双双身亡，留下了两个年幼的儿子。全家人商量后，决定由刘刚和杨梅将3岁的甲亦天带到眉山，一岁多的甲亦伟则由杨梅的父母暂时照顾。

2006年年底，刘刚与杨梅步入婚姻殿堂。婚后，刘刚并没有因为女儿的出生而忽略小亦天，反而对他格外疼爱。2011年，刘刚与妻子商量后，主动将小亦伟接回身边照顾。

多年来，刘刚用责任与担当扛起家庭的重担，对两个孩子视如己出，陪伴关心他们，为他们辅导功课，教他们学做人、学做事，让兄弟俩在充满爱的环境中健康快乐地成长。夫妻俩也相互理解、相互支持，生活工作两不误，还把一个清贫的家庭经营得其乐融融。

（四川省文明办供稿）

李　建

擀出百姓放心面，走出创业人生路

「诚实守信」

人物故事

李建，男，1976年生，陕西省渭南李建诚信面食餐饮有限公司总经理。曾获评陕西省“优秀志愿者”，荣登“陕西好人榜”。

李建出生在陕西省渭南高新区郑家村，是土生土长的渭南农家子弟。“穷人的孩子早当家”。李建15岁就开始外出打工，为家里减轻负担。30年间，李建加工过爆米花，烤过红薯，卖过西瓜、鸡蛋。受过挫折，有过成功，从一个“一穷二白”的小商贩变成了资产雄厚的大老板。

1998年面对创业失败欠下的3万元债务，李建没有选择逃避，秉持着做事诚信“欠别人的一定要还上”的信念，开始了艰难的“二次创业”，他靠着“诚信做面”不仅还清了所有外债，还成为渭南地区面食行业的标杆，用陕西汉子特有的“实在”引来千家客，生意蒸蒸日上。“一人致富不算富，共同富裕才算数。”做大做强企业，致富不忘带动乡亲，李建毅然担起回报社会的使命，无论是雅安地震现场，还是脱贫攻坚“战场”，随处可见他忙碌的身影。

（陕西省文明办供稿）

胡　方

开创“中国造”医学奇迹 深度创伤“再生”健康

「敬业奉献」

人物故事

胡方，男，1976年生，北京幸福益生高新技术有限公司董事长。其创业经历和科研成果多次被中央电视台、北京电视台、新华社、人民日报等权威媒体报道。

2013年为实现再生医学材料“中国造”，胡方带领团队经过数次实验，终于研制成功拥有完全自主知识产权且世界领先的再生医学材料——再生硅。

再生硅材料已在78家大型医院开始应用。未来将有2000家医院用上该产品，让更多患者得到有效果、价格低的治疗。

现阶段，胡方的团队正在研发骨科产品，将解决治疗骨头损伤、骨头坏死、骨关节再生、脊柱再生、癌症靶向载药精准治疗、开颅手术脑骨修复等医学难题。胡方带领的幸福益生已申请发明专利47项、国际专利7项，产品性能远远超越英国、美国、日本同类材料，远销日本、韩国等市场。

（北京市文明办供稿）

刘　璐

冲在抢险救援一线 彰显“90后”“火焰蓝”风采

「敬业奉献」

人物故事

刘璐，男，1991年生，天津市蓟州区消防救援支队盘山消防站代理指导员。2019年当选“天津好人”。

2017年4月，盘山附近狐狸峪村突发大火。刘璐和他的战友们凭借丰富的山林火警扑救经验，经过一昼夜的奋战，终于将大火彻底扑灭。

2018年7月24日，蓟州区遭遇大暴雨，穿芳峪镇九龙山一处房屋被山体滑落石块砸塌，有两名群众被困，刘璐和战友们把所有能用上的器材都用上，无奈落石体积较大，只能调用挖掘机协助实施救援，同时为避免被困者发生二次伤害，他带领大家徒手清理残渣碎块，经4个小时鏖战，终于成功将两名被困人员救出。

参加消防工作以来，刘璐参加了多次重大灭火救援任务，指挥和参加灭火救援战斗1500余次，不顾个人安危从各种危险事故现场中救出了上百名遇险人群，用实际行动展现了新时代“火焰蓝”的风采。

（天津市文明办供稿）

耿亚飞

“90后”潜心钻研技术 17项成果获国家专利

「敬业奉献」

人物故事

耿亚飞，男，1990年生，英利集团有限公司职员。荣获河北省科学技术成果国际先进奖、河北省“五一劳动奖章”、全国“五一劳动奖章”等荣誉。

2013年耿亚飞入职产品开发的岗位。2015年，耿亚飞所在的团队完成制作400KW的海岛组件产品的任务，海岛高盐雾、强台风的环境，要求设计的产品要耐盐雾腐蚀、抗得住18级台风，经过努力圆满完成了任务。

2016年耿亚飞与其团队开创了水面漂浮电站的先例，其水面漂浮基座荣获国家发明专利；2017—2018年承担多主栅光伏组件开发工作，使多主栅组件技术成熟并量产，开发出的多主栅光伏组件具有引领行业高发电量组件水平。

耿亚飞与同事反复进行试验，研发出底部带锚，漂浮于水面的一款高透太阳能板产品。这项水上光伏电站单元基座获得了国家实用新型专利。

（河北省文明办供稿）

石炳启

大校回村当支书 一心为民办好事

「敬业奉献」

人物故事

石炳启，男，1958年生，河北省河间市兴村镇大庄村党支部书记。2019年获得“全国模范退役军人”、2019年度十大“北京军休榜样”荣誉称号。

2015年退役后，2017年石炳启放弃了北京总参大院舒适安逸的环境携妻子回村生活。

在乡党委政府的推荐下石炳启担任了大庄村党支部书记。上任伊始他梳理村内矛盾，找原因、寻方法，制定出台了《大庄村村规民约“十要”“十不准”》，明确了什么该遵守、什么该摒弃，哪些能做、哪些不能做，内容全面、具体，与村民生活息息相关。这份文件得到了村民代表的签字认可，并通过张贴公告、大喇叭广播等形式，做到了家喻户晓。他完善《村规民约》、拓宽田间道路、修整排水管道、回收闲散土地、修建垃圾场、篮球场、文化广场等，切实为村民着想，一心为村民造福。

仅用半年多时间，一个矛盾纠纷频发、上访不断，村容村貌破乱不堪的后进村，就发生了翻天覆地的变化，村风实现了根本性的转变。

（河北省文明办供稿）

谷向阳

抗病魔履职责　诠释人民警察的坚守

「敬业奉献」

人物故事

谷向阳，男，1972年生，辽宁省东港市人，一级警督，东港市公安局孤山派出所所长。

2017年1月4日，是谷向阳终生难忘的一天，这一天他被确诊为淋巴癌。先后7次化疗，200多个日夜，奇迹般地闯过了鬼门关。第6次化疗结束后，谷向阳突然戴着口罩出现在全所民警大会上，他含笑对大家说："大家这就算是看望我了，你们的心意我领了。从警20多年，刑事案件我破了200多起，抓了100多名犯罪嫌疑人，帮助过的群众无数，获得的荣誉也不少，这些是我最大的财富，也是我最大的骄傲。我爱这身警服，将来真有那么一天，我一定要穿着警服，干干净净地离开。"出院后，还没过化疗反应期的谷向阳揣着化疗药就往派出所里跑，和民警一起搞视频建设、蹲坑守候抓捕、走访辖区企业、深入辖区群众。

有着23年从警生涯的谷向阳用实际行动赢得了百姓的信任和爱戴，屡创佳绩，他曾获得辽宁省公安厅授予的"全省优秀人民警察"等多项荣誉称号。

（辽宁省文明办供稿）

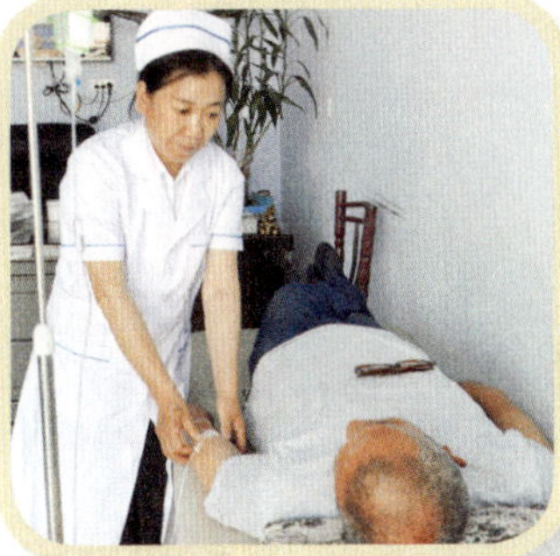

钟雅智

患癌护士长甘当孺子牛
坚守一线30年

「敬业奉献」

人物故事

钟雅智，女，1961年生，吉林省大安市第二人民医院护士长。2014年被评为"吉林好人"。

现已退休的护士长钟雅智，工作30多年来，几乎在医院的每个科室、疗区都工作过。

钟雅智先后做过5次大手术。她乳腺癌术后，仍然带着病痛坚持工作，加上她脑瘤术后留下后遗症，曾经多次昏倒在工作岗位上。2008年夏天傍晚，一次特别严重的抽搐，家人拨打急救电话，急救车把她送到了自己的医院抢救。经过抢救后苏醒过来的她，发现发病时将舌头咬坏，根本不能进食，但是她全然不在乎，一看表已经早上6点，决定照常上班，多年来，她一直没休过一天病事假，被人们称为二院"铁人"。

钟雅智不但对自己的本职工作一丝不苟，还热心帮助患者，多次为患者捐款捐物，解除患者困难，使患者安心治疗。在工作中，她不断地总结医护经验，多次发表具有学术价值的医护论文，曾多次受到上级部门的嘉奖。

（吉林省文明办供稿）

刘永强

10年立乡野，只为富村民

「敬业奉献」

人物故事

刘永强，男，1977年生，江苏省连云港市赣榆区宋庄镇副镇长、沙口村党总支书记、村委会主任。曾评为江苏省“吴仁宝式优秀村党（组织）书记”、“江苏省农村基层党建工作突出贡献者”、江苏省首批“百名示范”村书记。

赣榆区宋庄镇沙口村濒临海州湾，是全国“对虾养殖之乡”。2009年，刘永强担任沙口村党总支书记。他率先实行“村务、财务、党务”三公开制度，成为苏北鲁南地区加强村级民主管理的典范；突出抓好村庄建设、民风淳化、产业培育三大关键，强势推进村庄环境整治、大力推进乡贤文化建设、探索发展生态海水养殖产业。

刘永强带领村民利用电商创业，拓展农特产品销路，拓宽致富增收渠道，走出了一条通过转化资源优势实现强村富民的创新发展之路。全村从事水产品鲜活快运的车辆达36辆，年运销量达2200吨，仅此一项就带动村民增收400万元。通过畅通水产品流通渠道，解决销售难，让养殖户实现了在塘头进行活体销售，让千亩滩涂从“丑小鸭”变身“金凤凰”。

（江苏省文明办供稿）

徐允同

含辛茹苦十六载 25朵昆曲“小梅花”蓓蕾绽放

「敬业奉献」

人物故事

徐允同，女，1945年生，江苏省昆山市千灯中心小学退休音乐教师。

千灯古镇是昆曲故里。为传承“百戏之祖”，2004年，千灯镇有关部门拟创立“小昆班”，时年60岁的徐允同担起了重任。为圆昆曲梦，她辗转上海、苏州等地，拜访专业昆曲老师，反复钻研，从一个“昆曲盲”渐渐变成“昆曲筑梦人”，她既是勤杂工，又是辅导老师，她既传艺，又育人，学生南腔北调，她一一校准发音，孩子年龄小理解能力差，她一一分别引导，为让孩子们“曲不离口，拳不离手”，她想出“见缝插针”“守株待兔”的方法，她放弃了照顾家庭的时间，父亲90多岁，体弱多病，她只能利用训练间隙及下午休息时间两头跑。

在徐允同的悉心指导下，越来越多的孩子在昆曲传承的道路上脱颖而出。从2004年到2019年16年间，徐允同教授的“小昆班”学员已超百人，共培育出25朵昆曲“小梅花”。“小昆班”平均每年演出超过50场，获得众多奖项。2018年，徐允同又在千灯炎武社区设立昆曲工作室，成立秦峰曲社，向小镇居民义务教授昆曲声腔和唱法。

（江苏省文明办供稿）

周　莉

福利院院长用慈母之心抚育孤残儿童成长

「敬业奉献」

人物故事

周莉，女，1974年生，江苏省宿迁市宿城区社会福利院院长。先后获得“全国民政系统劳动模范”“全国巾帼建功标兵”“江苏最美基层共产党员”等荣誉称号。

1996年，周莉退伍后被分配到宿迁市宿城区社会福利院工作，从生活起居到医疗保健，从文化教育到心理成长，她悉心照顾孤残、先天性疾病儿童。吃喝拉撒，饮食起居，学说话，学走路，生活点滴中，她为无依无靠的孤残儿童建起了温暖的“宿”姓大家庭，成了孩子们口中的“周妈妈”。积极寻求与国际机构开展合作，开通涉外收养，为福利院60多个儿童开辟新的成长通道，这些国际娃们如今幸福地生活在11个国家的爱心家庭里。当孩子们成年后，她培养孩子读大学，福利院里嫁闺女，陪伴重病女儿抗战病魔共创医学奇迹。20多个春夏秋冬，8500多个日日夜夜，她让83个没爹没妈的孤残儿童拥有被爱的权利，把社会各界的关爱传递给那一颗颗原本受伤而幼稚的心灵。

（江苏省文明办供稿）

胡兆富

深藏功名60年的老共产党员

「敬业奉献」

人物故事

胡兆富，男，1926年生，山东省济宁市人。

77年前，年仅17岁的胡兆富入伍，先后参加抗日战争、孟良崮战役、淮海战役、渡江战役等大小战役46次，立功受奖26次（其中特等功2次、一等功7次、二等功8次、三等功5次、四等功2次），1947年被华东野战军党委授予三级战斗英雄，1951年8月被华东军区授予三级人民英雄，受到毛泽东和周恩来的接见。

62年前，他转业后进入筹建中的兰江冶炼厂职工医院。57年前，响应政府号召，他来到常山支援血吸虫病防治，并在常山县人民医院内科医生的岗位上退休。2019年7月，常山县退役军人事务局在摸排工作中，才揭开了这段被封存了60多年的赫赫战功。

60年，英雄默默行走在人民中间，如同一颗火红的心，融入无边的霞光。

（浙江省文明办供稿）

毛卓云

把风险留给自己 把安宁留给社会

「敬业奉献」

人物故事

毛卓云，男，1963年生，浙江省宁波市看守所管教四大队民警。

2007年，宁波市公安局党委决定将全市艾滋病在押人员集中羁押于宁波市看守所。面对巨大的监管压力、高传染性的监管风险和空白的监管经验，许多人望而却步，毛卓云却主动请缨，一干就是十几年。

面对别人的不理解，毛卓云表示，管好艾滋病在押人员，让他们既体会法律的威严，又感受人性的温暖，在认罪、悔罪中看到未来和希望，将为社会安宁增加一个重要砝码。

毛卓云对艾滋病在押人员，有爱心、有耐心、有真心，给予艾滋病在押人员活下去的决心和重归社会的信心，成为在押人员眼中的“毛老师”“毛校长”“毛爸爸”。他主动钻研法律法规，向市疾控中心请教知识，自学心理、教育、医学等知识，成为全市艾滋病防控的行家。同时他潜心钻研，边实践边总结，积累了10余万字工作笔记，总结提炼出“五心工作法”，在全省推广。

（浙江省文明办供稿）

沈　刚

一线刑警勇当忠诚卫士 破获刑事案件1200余起

「敬业奉献」

人物故事

沈刚，男，1977年生，安徽省黄山市公安局屯溪分局刑侦大队副大队长。

2004年，刚入警的沈刚被分配到基层派出所，凭借在派出所的出色表现，2007年年初，沈刚被调入分局刑侦大队从事刑侦工作。为了练就“看现场”技能，沈刚来到中国刑警学院参加了“痕检”专业的学习。4个月时间里，沈刚抓紧一分一秒的时间埋头苦读，从理论到技术，系统地学习了痕迹检验的专业知识。从刑警学院学习归来，他常常是白天辗转奔波于案件现场，晚上加班在实验室检鉴痕迹物证。拍照、比对、鉴定，途中、现场、实验室这样简单甚至枯燥的“三点一线”，并没有消退沈刚心中刑警的激情；也正是有了这些扎实的基础技能，才使之在破案工作中取得突出的成绩，破获各类刑事案件1200余起，抓获各类违法犯罪嫌疑人300余人。

2015年11月至2016年8月，不到一年的时间里，屯溪区接连发生3起命案，在人民群众中造成了很大的恐慌，为了快侦快破，沈刚迎难而上，经常加班到深夜，将3名犯罪嫌疑人移送起诉，在全国命案卷宗评比中名列前茅。

（安徽省文明办供稿）

李树林

放弃高薪返乡办学 为留守儿童撑起一个家

「敬业奉献」

人物故事

李树林，男，1983年生，安徽省亳州市谯城区城父镇树林学校校长。

2000年8月，李树林的父亲在谯城区城父镇创办了一所以留守儿童为主的民办寄宿制学校——树林学校。2008年李树林毅然放弃大城市的高薪工作，带着爱人叶莎回到了老家，开始了他的“孩子王”生涯，管理9个年级近500名学生。考虑到学校里大多是留守儿童，李树林在抓教学质量的同时还一直抓后勤保障服务。除了每天提供固定的营养餐和新鲜水果外，学校增设了英语、电脑、音乐、美术等教学课程，促进学生的全面发展。乡村里孩子居住得比较分散，很多孩子离学校的路程都非常远，他决定把学校改为寄宿制，让教师和孩子们同吃同住，不仅方便学生学习，而且还可以从生活细节入手，培养孩子们的良好生活习惯。11年来，李树林和妻子一直用心关心着每个孩子的成长，哪个孩子性格内向、哪个孩子家庭困难、哪个孩子有了心事，夫妻两人都是第一时间知道。

（安徽省文明办供稿）

和光辉

残疾人企业家身残志坚自主创业 致富不忘助乡梓

「敬业奉献」

人物故事

和光辉，男，1980年生，生前系安徽省阜阳市颍东区残联副理事长（兼）、颍东区大联合养殖专业合作社理事长。

和光辉自幼患小儿麻痹症，双腿残疾，2010年，他被颍东区聘用为残疾人专职委员，分配至老庙镇残联工作。初到岗位的他逐村逐户走访残疾人家庭，研究残疾人有关政策，制定了老庙镇村级残疾人专职委员联系卡和办事流程，切实解决了残疾人办事难的问题。为帮助残疾人脱贫致富，2012年5月，他投资80余万元，创办了颍东区大联合养殖专业合作社，年收入60万余元。合作社吸收临时工、季节工、长期员工50余人，其中残疾人20人，人均增加年收入约8000元。他还每年免费为10名至20名贫困残疾人和特困户发放2只种羊，聘请技术人员到老庙镇讲授养殖技术，提高贫困户养殖水平。

2018年4月16日，和光辉遭遇车祸不幸去世，他累计为全镇92户残疾人免费发放“扶贫羊”206只，价值30多万元，带动形成2个养羊专业自然村，发展2个养殖场，养殖技术惠及专业养羊户500多户。

（安徽省文明办供稿）

赵永明　王韬

民警被捅11刀勇擒歹徒　忠贞无畏力保村民平安

「敬业奉献」

人物故事

赵永明，男，1989年生，安徽省天长市公安局金集派出所民警；王韬，男，1989年生，安徽省天长市公安局金集派出所辅警。

2019年7月31日下午，赵永明、王韬将钱某带往金集派出所调解纠纷的途中，钱某突然掏出尖刀，从背后将赵永明肾脏扎穿后又捅进了他的肝脏。赵永明强忍疼痛，提醒村民和同事赶紧疏散。身后的王韬赶紧冲上去与钱某搏斗。几近疯狂的钱某又连捅王韬9刀，王韬当场昏迷。增援警力赶到现场后展开围捕，终于将钱某制服。赵永明和王韬虽脱离了生命危险，但却付出了惨重的代价。

（安徽省文明办供稿）

王　宏

助力武术入奥　讲好中国故事

「敬业奉献」

人物故事

王宏，男，1973年生，福建搏击体育发展股份有限公司董事长，助力武术入奥发起人。

2016年11月，王宏自费成功举办第一届世界杯武术套路比赛，正式拉开全民助力武术入奥的序幕。全球直播的世界杯现场悬挂“激发全民斗志”“团结中华民族凝聚力”等现已被广大民众熟知的“助力武术入奥五个维度”巨幅标语。

2013年至今，带领团队在20多个国家和地区系统性举办了88场助力武术入奥活动，有效增进各国民众对武术入奥的了解和支持。越来越多的开国将军、奥运冠军、专家学者、华人华侨、国际友人等爱心人士纷纷被“傻人王宏”的精神所感动，共同呼吁世界各国民众一起参与和支持国务院《体育强国建设纲要》——力争武术项目早日进入奥运会。

国际奥委会副主席于再清多次专程视察助力武术入奥活动并题词鼓励，助力武术入奥五个维度的各项规划正在逐一成为现实。

（福建省文明办供稿）

刘裕红

芳华付与为国忠诚 热忱献与税收事业

「敬业奉献」

人物故事

刘裕红，女，1978 年生，江西省抚州市南丰县税务局税源管理股股长。被评为“全省税务系统 20 年先进工作者”，多次荣立三等功。

她曾经因耐心指导答复 200 通纳税人咨询电话，几近哑然失声、耳朵嗡嗡作响；比对征管数据，熬到眼睛瞬间阴影；意外小产尚未足月，便投身省局金税三期系统上线高强度集中办公，过着南昌与南丰之间不断往来的“双城生活”。2017 年 7 月，她被确诊患“甲状腺乳头状癌”，经过手术、放射性隔离治疗等漫长治疗，病理综合评估合格后，她立马投入国税地税征管体制改革攻坚工作中。她白天不停地穿梭在大厅各个窗口，手把手辅导前台人员业务操作和解决各种难题，晚上认真制作课件，为第二天帮前台人员讲解知识点做准备。

她带领同事完善税收制度 20 多项，强化纳税评估工作，多篇纳税评估案例入选省局优秀案例库。仅 2019 年，为纳税人免费开办培训讲座 20 多场，受邀为企业辅导 130 户次；她力抓税收征管，全体管户个税扣缴申报、社保缴纳及时率和准确率连月达到 100%。

（江西省文明办供稿）

廖学经

抗美援朝老英雄解甲归田 扎根乡村默默奉献五十载

「敬业奉献」

人物故事

廖学经，男，1934 年生，江西省赣州市石城县小松镇江口村人。

1952 年，廖学经赴朝鲜参加抗美援朝战争，在上甘岭战役中，持续鏖战 43 天。1958 年退伍转业到山西省大同市建筑公司工作。1962 年，廖学经从山西大同回到家乡江西石城。在脱贫致富的新战场，带领村民义务投工，每天起早贪黑，让地处偏僻、出行危险的 3 个村小组通上了公路。从村民兵连长，到新坊村支部书记，廖学经的坚守让曾经落后不堪的江口村有了蝶变，经济发展多年位居全镇前列。

1971 年卸任村书记后，廖学经为缓解村小师资力量匮乏的问题，又主动请缨，投身讲台。18 年的从教生涯中，白天，守护着三尺讲台，对孩子们耐心细致教学。晚上，则打着马灯翻山越岭，走村串户上门家访，生怕有一个孩子辍学。在那个年代，每年都会遇到三五个家境特别贫困的学生，为防止因交不出足够的学费而辍学，廖学经用自己微薄的工资为贫困学生垫付学费。18 年来，廖学经累计为近 100 名贫困学生垫缴学费。

（江西省文明办供稿）

崔　欣　张玉娟　周　萍　颜双燕

铁路质检女工勇闯“生命禁区”，奋战高原坚守质量关卡

「敬业奉献」

人物故事

崔欣，女，1989年生；张玉娟，女，1985年生；周萍，女，1976年生；颜双燕，女，1989年生。4人均为中铁十一局集团（鹰潭）桥梁有限公司拉林铁路曲水分公司质检女工班职工。先后荣获“全国五一巾帼奖状”“全国五一巾帼标兵岗”“全国先进女职工集体”“全国最美铁路人”等荣誉。

拉林铁路是川藏铁路藏区起始段，全长433千米，设计时速160千米／时。2018年春节刚过，听说拉林铁路曲水分公司组建轨枕质检班，崔欣、张玉娟、周萍、颜双燕主动报名要求上高原从事质检工作。姐妹4人远离家乡，告别亲人，踏上去往西藏的“征途”。

质检工作繁重，她们工作时一站就是12小时，平均每人瘦了十几斤，却从来不叫苦叫累。2018年6月9日，拉林铁路首根轨枕生产下线，轨枕生产正式步入正轨。从第一根轨枕下线至2018年年底，拉林铁路曲水分公司生产129002根轨枕，出厂合格率达到100%。

（江西省文明办供稿）

陈训杨

百岁老兵的“铁”与“忠”

「敬业奉献」

人物故事

陈训杨，男，1920年生，江西省高安市大城镇洲上村人。先后参加了解放战争和抗美援朝战争，荣立一等战功2次，三等战功1次，被评为“水上英雄”“行军模范”。2019年被评为江西省“最美退役军人”，获颁“国家荣誉纪念章”。

1948年，陈训杨加入了中国人民解放军，编入第二野战军16军46师尖刀团。1949年4月，陈训杨参加渡江战役。之后，陈训杨随部队南征北战，不到半年行军六省区，先后参加解放大西南、成都会战等战役以及执行剿匪建政任务。1952年，陈训杨随部队入朝参战，先后参加了朝鲜西海岸反空降、抗登陆作战和1953年夏季反击作战等。

1955年，陈训杨复员后，被分配到县里从事林业工作。后来调至上游水库任施工团第三连指导员，辗转于高安水利工程建设一线，先后修建碧山、樟树岭、九龙等水库。1960年，组织上将陈训杨调到黄沙苗圃工作，他却主动回到大城洲上村老家，当起了普通农民。

（江西省文明办供稿）

王京臣

好税官无私奉献三十载 用生命书写担当和大爱

「敬业奉献」

人物故事

王京臣，男，1968年生，生前系国家税务总局山东省威海市税务局副调研员。荣立三等功1次，荣获“全省地税系统党建工作先进个人”荣誉称号。

在组织部门工作期间，王京臣创造性开展“摸岗、腾岗、送岗”活动，帮助近千名下岗职工走出生活困境；进入税务系统后，开展了一系列特色党建工作，撰写的《实施五项工程　推进“三型两化”党组织建设》荣获威海市政府优秀调研成果一等奖，《打造党建工作新引擎》等被多家省级媒体刊登。2018年威海市直党建工作现场会在税务局召开，经验在全市推广。日常工作中，他爱岗敬业，几乎每个周末都来单位，不是工作就是学习。

他把同事当亲人，为孩子刚上幼儿园的同事准备入学资料、自掏腰包给刚上班的同事改善伙食等，主动关心，默默帮助，从不要求任何回报。对待素昧平生的人亦是如此，他曾帮助下岗职工要过辛苦钱，帮助外来务工人员解决找工作难、孩子入学难等问题，每年为敬老院和村里捐款。

（山东省文明办供稿）

唐祖宣

大国医为乡民治病60年 仁医良方济当世

「敬业奉献」

人物故事

唐祖宣，男，1942年生，河南省邓州市中医院院长。2014年获“国医大师”称号，先后被评为“全国卫生文明先进工作者”“中青年有突出贡献专家”，享受国务院政府特殊津贴。

在长期的行医生涯中，唐祖宣给自己立了两条规矩：第一，不管有什么事情，只要有患者来访，首先看病，病人永远是第一位的；第二，不管病人有钱没钱，都要给药吃，治病要紧。2013年，在十二届全国人民代表大会召开前夕，已是第五次当选全国人大代表的唐祖宣准备进京。就在他拉开车门要出发的时候，一位来自农村的患者辗转几十里找到他看病。他二话没说，立即为患者把脉询诊，让患者脱下鞋袜查看病情。工作人员提醒唐祖宣乘车时间快到了，他却说不能耽误病情啊。就这样，他硬是坚持把病看完才走。在邓州市，唐祖宣是名人。当医生，他给贫困患者吃药不要钱；当人大代表，他全力为民生呼吁。从1981年开始，他先后多次担任县（市）、省和全国人大代表，提出议案、建议1067件。

（河南省文明办供稿）

马豹子

好支书带领村民致富 全村年创收近16亿元

「敬业奉献」

人物故事

马豹子，男，1972年生，河南省平顶山市宝丰县赵庄镇大黄村党支部书记，第十三届全国人大代表。先后被授予“全省优秀共产党员”、“感动中原”十大年度人物、“河南省最美村官”、“河南省劳动模范”、河南省劳模助力脱贫攻坚“十大领军人物”等荣誉称号。

2009年8月，马豹子放弃红火的演艺事业，回到家乡担任了村党支部书记。他规划全村2000多亩土地整村流转，大力发展园林花卉、药材种植和观光农业，并建成了入驻企业商户300多家的魔术文化产业园、小微企业创业园和小商品批发市场，不仅带动村民人均年收入从6000余元增长到3万余元，还辐射带动周边13万人就业，年创收入达15.6亿元。

同时，自担任村党支部书记以来，马豹子个人出资670多万元，先后为村里建设了党群服务中心、社区养老服务中心、文化大戏台、留守儿童家园、爱心救助超市等，对村内道路进行硬化、绿化，有效改善人居环境。

（河南省文明办供稿）

张明凤

农村福利院“好女儿” 燃尽生命照料多位老人

「敬业奉献」

人物故事

张明凤，女，1961年生，生前系湖北省宜昌市远安县洋坪镇农村福利院院长。2019年2月，张明凤在工作岗位突发脑出血，经抢救无效去世，享年58岁。生前获“荆楚楷模·最美民政人”等荣誉称号。

2012年，张明凤上任便接手福利院迁建工作，苦活累活，她都亲力亲为，其间脚后跟被倒下的铁门砸成粉碎性骨折，右手拇指意外骨折，这些都未让她放慢建设福利院的步伐。

福利院内老人中80岁以上的占20%，身残智障的在50%以上。面对这个特殊群体，张明凤坚持用爱心、耐心、细心、热心照料老人们，她根据老人实际情况制作“个别化”菜谱；坚持每天为老人调配淡盐水漱口并熬制防感冒汤药；为了身心兼顾，请专业老师教老人跳健身操、打腰鼓，鼓励带动爱唱歌的老人们成立合唱团……

7年来，2500个日夜，张明凤将福利院的每位老人当作父母一样孝顺，为逝者送行，为生者庆生，生来老去，她暖化了老人的心窝，也让老人体会到生命的尊严。

（湖北省文明办供稿）

邹　倩

福利院院长甘做孤残老人一辈子的“女儿”

「敬业奉献」

人物故事

邹倩，女，1978年生，湖北省黄冈市英山县孔家坊乡农村福利院院长兼养老护理员。先后获“全国先进工作者”“全国五一巾帼标兵”“湖北省先进工作者”“湖北省道德模范”“湖北省三八红旗手”等荣誉称号。

1995年年初，17岁的邹倩进入孔家坊乡福利院工作，1999年担任院长至今，8700多个日夜，邹倩既是院长，更是护理员、服务员。她为老人理发洗澡，喂水喂饭，寻医问药，端屎端尿，情暖近200位孤残老人心窝。

邹倩刚进福利院上班时，福利院是土坯房，遇上刮风下雨随时可能坍塌。当上福利院院长后，她积极争取上级支持，建成12联3层防震楼房。邹倩带领2名职工种菜种粮、养鸡养猪，改善老人生活。冬日暖阳，她带着老人在院子里晒太阳，围坐在炉火旁，煮美食，其乐融融；初夏，她开着自己的电动汽车，带老人去郊外赏风景，拍照片，陶冶情操。面对特殊大家庭里部分孤寡老人的怪僻性格和暴躁脾气，邹倩受到过多次无端谩骂和殴打，但她从不计较，始终用孝善为老人补上亲情的缺憾。

（湖北省文明办供稿）

张文魁

百战归来深藏功与名

「敬业奉献」

人物故事

张文魁，男，1928年生，汉江集团（原丹江口水利枢纽工程局）离休干部。

1945年，17岁的张文魁参加革命，担任民兵队长，1947年加入中国共产党，当年9月加入中国人民解放军，经历了上党战役、郑州战役、开封战役、淮海战役、渡江战役、中南战役、西南战役、贵州剿匪战役、云南剿匪战役、四川剿匪战役等大小战役百余场之多。1951年农历二月，张文魁所在的部队奉命入朝参加抗美援朝战争。在抗美援朝战场上，张文魁先后获得了抗美援朝纪念奖章、和平万岁纪念奖章等。1953年，张文魁被部队选中派回国内到军校进行深造，但一直牵挂朝鲜战事的他，主动请求回到朝鲜战场。在得到上级许可后，他二度入朝，直到1954年5月才回国。1958年，张文魁响应国家号召转业到地方，做过工人，当过农民。后来得知国家大型工程丹江口水利枢纽开建，他便主动请缨，到丹江口大坝建设工地，从此进入丹江口水利枢纽工程局工作，直到1983年9月光荣离休。

在军旅生涯中，张文魁战功赫赫。但60多年来，他将功名深藏，甚至妻儿都不知道。

（湖北省文明办供稿）

刘　俊

生死一线不畏牺牲
不忘初心使命永担

「敬业奉献」

人物故事

刘俊，男，1969年生，湖北省武汉市公安局武昌区分局中南警务综合服务站站长。曾荣立个人一等功1次、二等功2次、三等功1次，获“联合国和平荣誉勋章”、湖北省“人民满意的公务员”、“荆楚楷模”等荣誉。

2018年2月25日晚，武昌区大东门突发“嫌疑人驾车载煤气罐，扬言于闹市点燃”事件，刘俊拖出嫌疑人，开走爆燃车。1994年，“革命烈士许庆案”侦破中一脚踢开凶犯手中已经上膛的枪支，擒获凶犯；2008年6月只身游进深水区，成功救出车中被困3人；2013年3月，在水果湖一举制服持剑当街挥舞的精神病人。

他曾参加全市公安机关散打比赛勇夺第一，被聘为警务技战术教官。他制作的警技微课程，荣获省厅三等奖。2018年11月，受邀参加公安部《公安机关维护民警执法权威工作规定》专题研讨会，为维护公安民警执法权威建言献策。他2014年过五关斩六将赴利比里亚执行维和任务。当地爆发重大群体性骚乱劫持外国人质事件，他于枪林弹雨中成功解救人质。

（湖北省文明办供稿）

陈炎连

六旬老人带领村民种植花木致富

「敬业奉献」

人物故事

陈炎连，男，1958年生，广东省中山市横栏镇三沙村民。2010年获“全国劳动模范”称号，2012年当选“中国花木产业年度人物”。

20世纪90年代，横栏镇三沙村将花木产业作为农民“奔康致富项目”的主要发展方向之一，凭借花木商机实现“先富”的陈炎连义无反顾投身其中，一起动员村民发展花木业。

2001年，他开始筹划建设花木基地。当时三沙村大多数群众对花木种植业的发展前景不看好，他挨家挨户做工作，在陈炎连的努力下，三沙村400多户农户加入花木种植业。截至2019年年底，三沙村90%的农户都从事花木种植，从事花木种植、销售的超过1500人，就业率达到98%。

为做好花木基地路网，陈炎连积极协调村镇及乡亲出钱、出力、出让土地修建农路；为提高生产效率，他到处学习取经，推动农业机械化应用；为解决资金难题，他跑银行谈融资，推动花木贷助农解困；为畅通销路网，他推行花卉信息化和网络化。

三沙村脱贫后，陈炎连又身体力行为相邻镇区、其他省市的花木产业发展出谋献策。

（广东省文明办供稿）

范徽丽

幼儿园园长坚守海岛任教 树立师德榜样

「敬业奉献」

人物故事

范徽丽，女，1976年生，广西壮族自治区北海市机关幼儿园园长。

她深耕幼教二十五载，从普通幼师到名园长，她不畏艰辛，跨海支教，创办海岛第一所公办幼儿园，她带领教师坚守海岛任教，树立“大爱守望”的师德榜样。

范徽丽充分挖掘边防海岛的教育资源，深入开展海岛特色课程研究，开展“海丫丫365成长行动”探索与实践，结合“自然情境教学法”，把芭蕉林、大榕树、海滩等整个海岛变成生动的教育场所。该研究成果弥补了国内学前教育领域中海洋课程的不足，荣获2017年广西基础教育教学成果奖一等奖、2018年国家级基础教育教学成果奖二等奖。

2016年，范徽丽荣膺全国“最美教师”，她带着老师们走进中央电视台演播厅，向全国人民讲述海岛艰苦办学的故事。范徽丽曾获“全国教书育人楷模”、第十二届宋庆龄幼儿教育奖、“广西教学名师”、广西特级教师、广西五一劳动奖章、“广西三八红旗手”等荣誉。

（广西壮族自治区文明办供稿）

崔连喜

退伍不褪色　离休不离岗

「敬业奉献」

人物故事

崔连喜，男，1930年生，生前系重庆市原巴县武装部离休干部。

1946年，16岁的崔连喜参加了中国人民解放军，先后参加了解放战争、抗美援朝和四川剿匪战役，被授予解放战争金质勋章1枚，荣立二等功、三等功各1次。

1986年，崔连喜被批准离休，安置在重庆市巴南区鱼洞镇。街道办事处王主任找到他，想请他担任新成立的鱼新街居委会主任。

鱼新街社区是个“三无”单位，无办公场所、无办公设备、无办公经费，一切都得从零开始。许多熟人都劝崔连喜说，你年纪大了，身体又不好，何必再去奔波劳累。但崔连喜二话不说，走马上任。

在崔连喜的努力下，鱼新街社区多次被评为“重庆市先进居委会”“重庆市安全文明小区”。多年来，崔连喜收集群众意见建议200余条，60%以上被相关部门采纳。他坚持扶贫助困30余年，为贫困党员、困难群众捐款捐物累计达40余万元。他还是一位革命传统教育义务宣传员，为学校、部队、机关、企事业单位义务宣讲500余次。

（重庆市文明办供稿）

李顺清

一等功老兵回乡带领村民致富奔小康

「敬业奉献」

人物故事

李顺清，男，1962年生，重庆市长寿区葛兰镇盐井村人。

李顺清19岁参军，后参加对越自卫反击战，担任一观察所侦察班班长，在最前沿的二十五号高地坚守了353天，侦察验证目标78个，新发现目标15个，协助连长指挥射击10次，单独指挥射击4次。李顺清因表现突出，被授予一等功勋章、战地模范党员。

1987年，李顺清退伍回乡，被安排在原四川染料厂检修车间当机修工人。虽然患有类风湿性关节炎，他仍在一线岗位坚守了16年。

2003年，川染厂破产，他和妻子同时下岗。他回乡创业，流转了7亩地养鱼和种植柑橘，在夫妻二人的管理下，养殖种植规模不断发展壮大。

富裕起来的李顺清经常帮助困难乡邻。为65岁村民宋学芳免费看管10亩稻田，一管就是5年；他将自己闲置的鱼塘与村民郭以芬的稻田连接，作为稻田的备用水源，还当起了郭以芬果园的免费“顾问”；春耕时节，他是村里的机修能手，免费为村民修理微耕机。在李顺清的带领下，周边农户家家发展起了产业。

（重庆市文明办供稿）

蒲良培

88岁老兵把一切献给党和人民

「敬业奉献」

人物故事

蒲良培，男，1931年生，重庆市梁平区军休中心退休干部。

1950年，19岁的蒲良培成为一名志愿军战士，参加过上甘岭战役，荣立三等功3次。回国后，他由陆军转为长春航测团的飞行员。1970年，蒲良培离开了部队。

2008年，汶川地震后，他第一时间到原梁平县委组织部交纳特殊党费1000元；2014年，蒲良培得知一名贫困学生考上了大学却交不起学费，于是他拿出自己省吃俭用存下来的2万元钱，帮助这位贫困学生圆了大学梦。

2018年，蒲良培拿着自己存了多年的10万元钱，到区慈善会捐款，工作人员多次拒绝却没有让蒲良培放弃，他前前后后去了5次，坚持捐款。

多年来，蒲良培共资助了贫困学生26名，累计捐款17万元。2017年，蒲良培在区红十字会签订遗体全部捐赠协议，志愿捐赠遗体。

入党65年来，蒲良培始终用行动践行入党初心，真正将自己的一切献给了他热爱的党和人民。

（重庆市文明办供稿）

林　玲

一颗初心终不改　芬芳桃李竞相开

「敬业奉献」

人物故事

林玲，女，1952年生，四川省资阳市雁江一小退休教师。先后获“全国教育系统劳动模范”“全国三八红旗手”等荣誉称号。

林玲从教近40年，她所教学生有近百篇习作被刊登在全国、省、市级报刊上，有90多人次获全国、省、市级奖励，所教班集体被评为内江市“文明中队”“资阳市优秀班集体”。她主持并独研或主研的课题多次获奖，在全国、省、市级报刊发表论文90余篇，100余篇论文分获全国、省、市级奖。

作为一名学者型校长，林玲坚持为学生上课、批改作业，狠抓教育教学质量，创建学习型校园。她长期坚持深入课堂，指导青年教师，并培育出一批青年骨干教师、学科带头人。

2006年，市区两级政府共同投资新建马鞍九义校，54岁的她奉命出任校长。在她的带领下，该校提前实现了“两年受欢迎，五年出特色，八年成品牌”的目标，成为展示资阳教育的一扇窗口。

（四川省文明办供稿）

雍元书

坚守大山50年
做群众健康守护者

「敬业奉献」

人物故事

雍元书，男，1948年生，贵州省遵义市湄潭复兴镇湄江湖村村医。2018年获中央电视台“最美医生”、“贵州省脱贫攻坚优秀共产党员”、“贵州省第六届道德模范提名奖”等荣誉。

雍元书19岁入党，20岁从医，他总是主动上门服务，白天翻山越岭为病患测量血压血糖，访视重症精神病患者；晚上回到村卫生室后，收集整理患者信息并存档。他还经常为贫困的村民垫付药费，到雍医生处看病，不管有钱没钱都可以先看病。遇到家庭特别困难的村民，他还会免掉医药费。在50余年的村医生涯中，他累计为村民患者上门诊疗1.2万余次，建立患者信息档案300份，为村民免费测量血压、血糖1.8万次，访视重症精神病患者14人，治愈重症病人300人次，免掉医药费累计10余万元，平均每年为留守儿童、空巢老人等特殊群体开展义务就诊120余次。

50余年过去了，村里的交通条件有了很大改变，但村医雍元书依然不改初心，一如当年，把全部精力投入自己的村医事业中，以精湛医术和仁德良心守护着村民们的健康。

（贵州省文明办供稿）

谢厚芝

“拐杖医生”二十七载守护村民健康

「敬业奉献」

人物故事

谢厚芝，女，1972年生，贵州省毕节市黔西县林泉镇海子村村医。

谢厚芝2岁时，因患小儿麻痹症导致无法正常行走，她克服了重重困难，考上了卫校。1992年从卫校毕业后，谢厚芝成了黔西县林泉镇海子村的“赤脚医生”，经常拄着拐杖穿梭在乡间小路上，乡亲们都亲切地称呼她“拐杖医生”。

秋冬季节是谢厚芝行医工作条件最艰苦的时节，由于乡村小路泥泞崎岖，她拄着拐杖艰难行走，常常摔倒在泥沟里，遇上冰雪凝冻天气，进村串户巡诊一圈，摔得浑身都是泥水。27年来，她拄着拐杖，走遍村里的每个角落，除了在村卫生室为大家看病外，还要挤出时间上门为部分特殊患者服务。在海子村，谢厚芝负责监测的高血压患者132人，每年至少4次面访所有糖尿病、精神病患者，听到村里有新生孩子，她还要上门访视。对于一些家庭贫困的村民，她还经常免费治疗。

（贵州省文明办供稿）

王廷玉

尽其一生为人民而战　为人民服务

「敬业奉献」

人物故事

王廷玉，男，1929年生，1979年从部队转业到云南省昆明市第一人民医院工作，先后任政治处副主任、保卫科科长，1990年离休，2019年7月21日因病去世，享年91岁。

王廷玉同志70多年深藏功名，一辈子坚守初心、不改本色。1944年参加八路军，先后参加过抗日战争、解放战争、抗美援越战争、对越自卫还击保卫战等30余次大小战役和战斗，荣立特等功2次、一等功3次、二等功1次、三等功1次。1955年获得“解放奖章”。在昆明市第一人民医院工作期间，王廷玉多次被评为优秀共产党员、先进生产者、先进离退休人员。

他在近80岁高龄时，还主动挑起党小组组长工作担子，成为老干党支部年纪最大的一位党小组组长。汶川大地震，王廷玉同志带头捐特殊党费，在他的影响和感染下，离退休党员们积极为灾区捐款和交纳特殊党费。

（云南省文明办供稿）

张　宇

接待 4 万余名游客无一起投诉

「敬业奉献」

人物故事

张宇，男，云南省丽江白鹿国际旅行社导游。获全国青年岗位能手、全国五一劳动奖章、云南十大新闻人物奖等荣誉。

从事导游职业 14 年，张宇共接待了 1000 多个旅游团、游客 4 万余人，不仅没有一次投诉，还多次受到游客的致信表扬。

2010 年 11 月，张宇带领 14 人的团队旅游，途中因路面结冰，旅游大巴在避让来车时发生侧滑，车身连续翻转，游客伤势严重。他第一时间拨打报警电话，联系旅行社，紧急将游客送医救治。2015 年 8 月，张宇带着一个 15 人的团前往泰国普吉岛观光游览，到达目的地后有将近一半的人出现水土不服，严重腹泻和头痛，张宇紧急联系当地旅行社，把所有身体抱恙的游客送往医院救治。

在用心服务游客的同时，张宇也注重加强自身学习，2017 年 3 月，他代表云南省参加全国第三届导游服务技能大赛，最终进入了全国 10 强。

（云南省文明办供稿）

杜安东

青春之花绽放 5000 米云端

「敬业奉献」

人物故事

杜安东，男，1983 年生，山东省济宁市鱼台县人，西藏自治区那曲市双湖县中心小学教师。

2009 年 3 月，杜安东和妻子曹晓花到双湖县中心小学报到。牧区孩子的汉语水平普遍较低，而他俩都不懂藏语。第一个学期，杜安东所带的二年级学生汉语课平均分只有 7.8 分。杜安东和曹晓花绞尽脑汁，一遍一遍地用手势比画着讲。如果学生还不明白，就请学习好的同学帮忙翻译。11 年来，杜安东和曹晓花摸索出一套独特的教学方法，教学成绩名列前茅。“我带的五（3）班上学期汉语课平均分是 82.3 分！”杜安东自豪地说。

由于路途遥远，双湖县中心小学 438 名学生一半多在校寄宿，不少学生一个学期才回家一次。杜安东、曹晓花既当老师，又做父母。他的职工宿舍堆放有很多箱子，里面装着家长寄存的孩子的换洗衣服、夫妻俩为学生自费购买的小零食。

11 年过去了，远离故土与亲人的杜安东和曹晓花，带了一届又一届学生，从一年级到六年级带了个遍，仍然没有离开双湖。

（西藏自治区文明办供稿）

宋彦军

23 年躬耕不辍赤诚奉献 公而忘私的税务干部

「敬业奉献」

人物故事

宋彦军，男，1974 年生，陕西省西安市税务局征管和发展处副处长。先后多次荣立个人三等功，获得“陕西好人”等荣誉称号。

20 多年间，他历经了西安税务几乎所有的信息化建设项目，每一次国税信息化的重大变革中，他都是核心骨干。办公楼网络施工，已不年轻的他三天三夜不合眼；参加总局项目建设，在外出差连续 1 年多；汶川地震时，在封闭开发的现场无法照顾牙牙学语的儿子；历次征管软件上线，带领工作组熬过一个个通宵；征管系统维护，每次升级维护都是昼夜颠倒；营改增 72 小时的紧张工作，休息不足 9 小时；在他父亲病重住院的 51 天里，他白天快速高效处理工作，晚上赶到医院陪护，每天单位医院两头跑。

2019 年“金三并库”工作中，他作为全市工作领导小组业务组组长，负责全市“金三并库”各阶段工作的筹划安排和具体业务的推进落实。由他带领推行的《金三双轨运行全量业务测试表》等多项创新做法被陕西省税务局推广，保证了西安市“金三并库”工作走在全省前列。

（陕西省文明办供稿）

刘　憨

乡镇卫生院院长扎根山村 44 年，守护农民健康

「敬业奉献」

人物故事

刘憨，男，1958 年生，陕西省榆林市府谷县木瓜镇卫生院院长。

刘憨 8 岁起就开始学医，14 岁开始跟着长辈行医，1977 年高中毕业后进入木瓜镇卫生院实习。1992 年，考入绥德卫校（现榆林卫校），毕业后回到木瓜镇卫生院工作。在 44 年的行医过程中，他始终坚持“医生责任大于天”的信条。

2012 年 11 月，一位肺病患者病情严重四处求医，当一些医生建议家属放弃治疗时，刘憨院长的医术传到了病人家属的耳朵里。几经辗转他们来到木瓜卫生院，当时患者重度哮喘，身体极度虚弱，随身携带制氧机，刘憨及时开始抢救治疗，1 个月后，病人脱离危险，病情得以控制，逐渐好转。

因年轻劳动力常年外出打工，前来木瓜镇卫生院就诊的多是老人和儿童。对病人来说，医术精湛、收费便宜的刘憨已经成为他们最可靠的“健康管家”，最忙的时候刘憨一天接诊过 120 名病人。对行走不便的老弱病残患者，他主动上门服务。

本来已到退休年龄的他可以回家安享晚年，但他依然坚守在医疗一线。

（陕西省文明办供稿）

李生寿

基层民警戈壁大漠“魔鬼城”里坚守廿一载

「敬业奉献」

人物故事

李生寿，男，1962年生，甘肃省敦煌市公安局雅丹国家地质公园景区治安派出所所长兼雅丹公安检查站站长。2019年获“全国模范退役军人”“全国最美基层民警”等荣誉称号。

1998年年初，李生寿受组织委派，先后在大漠戈壁、深山幽谷组建了红十井派出所、方山口派出所、雅丹派出所3个公安派出所和雅丹公安检查站。雅丹位于罗布泊的东南边缘，20多年来，每当遇到罗布泊探险遇难救助任务，李生寿都身先士卒、竭尽全力开展救助工作，先后完成救助任务168次，从死亡线上救回了21条鲜活的生命。雅丹公安检查站成立以来，李生寿紧紧围绕“管好边、护好圈、守好卡”的原则，采取24小时双向查控、5人一班的工作机制，带班进行视频监控和现场督察。先后检查出入罗布泊车辆4.1万余辆，检查过往人员6.5万余人，收缴各类管制刀具140余把，抓获部级通缉在逃人员1名。

（甘肃省文明办供稿）

扎西东周

老党员一心向党永葆本色

「敬业奉献」

人物故事

扎西东周，男，藏族，1935年生，生前系青海省玉树藏族自治州治多县人大常委会原副主任。曾获“全省优秀共产党员”“优秀党务工作者”等荣誉称号。2019年6月因病去世，享年84岁。

1958年的一天，扎西东周带领7名民兵在巡逻侦查返回途中，碰巧遭遇一股叛匪，作为“领队”的扎西东周冷静分析形势后，决定带领战友向前逼近，劝其缴械归降。然而，叛匪仗着人多势众，一哄而上进行疯狂反扑，很快一个战友被控制，另一个战友被砍伤。扎西东周只身一人冲入敌群，一阵挥刀连砍，3名敌人倒在地上嗷嗷痛叫，最终23个叛匪放弃抵抗，缴械归降。

1960年，扎西东周被中央军委授予“民兵搏斗英雄”荣誉称号，受到了毛泽东的亲切接见，并授半自动步枪一支，而他杀敌所用的腰刀被中国革命军事博物馆收藏陈列。

离世前，扎西东周留下遗言：“我死后，不要做法事，4个儿女每人拿出一万元钱帮助贫困群众，党哺育了我一生，要将我的党费交到100岁，子孙中符合条件的都要积极入党。”

（青海省文明办供稿）

艾合买提·托乎提

穿越“死亡之海”160余次 “电”亮人民美好生活

「敬业奉献」

人物故事

艾合买提·托乎提，男，维吾尔族，1968年生，国网新疆电力有限公司巴州供电公司输电运检5班副班长。2018年获新疆维吾尔自治区“开发建设新疆奖章”，2019年被评为新疆维吾尔自治区第六届道德模范。

2010年，台远至塔中220千伏输变电工程建成投运，线路全长331公里，当年42岁的艾班长和班员肩负起运维这条穿越塔克拉玛干沙漠腹地“死亡之海”输电线路的职责。2018年5月，遮天蔽日的沙尘暴席卷而来，不到2个小时就将原本埋深近2米的拉线地锚上附着的沙子掏空，随时都有倒塌的可能。艾班长带领大家人工填装沙袋，连续奋战20余天，成功消除了50余公里的塔拉线地锚外露隐患。

多年的线路巡视让他熟记每条线路运行情况，并练就了仅凭敲击铁塔的声音，就能判断缺陷的能力。艾合买提30多年，带领班员穿越塔克拉玛干大沙漠160余次，行走6万余公里，作为我国第一代穿越塔克拉玛干沙漠的线路巡检守护人，被同事们誉为沙海里的“不朽胡杨”。

（新疆维吾尔自治区文明办供稿）

郭绍杰

农科院研究员带动 少数民族职工脱贫致富

「敬业奉献」

人物故事

郭绍杰，男，1962年生，新疆农垦科学院林园研究所研究员。2015年获“兵团科技进步二等奖”，2016年获“全国农牧渔业丰收二等奖”。

2018年，郭绍杰带领新疆农垦科学院林园研究所团队到墨玉县英也尔乡阔依克艾格勒村。团队克服沙尘暴、干旱等恶劣的自然条件和语言沟通不畅的困难，在风沙肆虐的沙包地上建设了葡萄简约栽培示范园和示范大棚，带动了阔依克艾格勒村葡萄种植技术优化与提升。2017年1月到2019年12月，郭绍杰先后29次赴墨玉县科技扶贫示范点。为了更好观察葡萄长势和存在问题，他长期吃住在葡萄种植示范园，持续推动示范园和设施大棚高标准建造。从2018年开始，每年的3月到12月，郭绍杰都会定期来到墨玉县的村里，为村民们进行葡萄种植现场技术指导，提高村民的种植水平，帮助生活困难群众增收致富。截至2019年12月，他培训少数民族职工群众达931人次。

（新疆生产建设兵团文明办供稿）

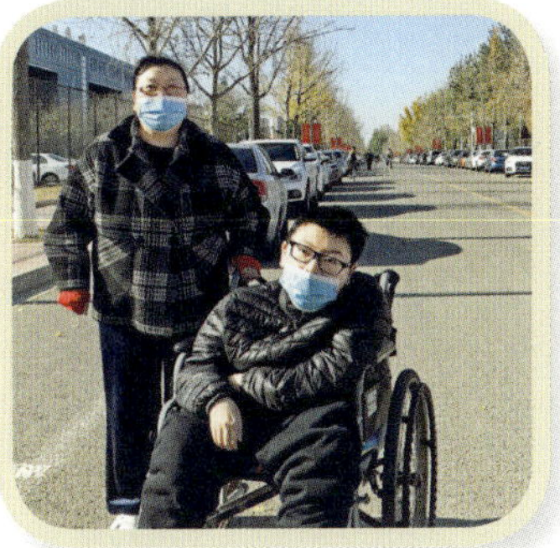

王淑静　王溢晟

世界以痛吻我　我当回报以歌

「孝老爱亲」

人物故事

王淑静，女，1962年生，北京市密云区溪翁庄镇石马峪村村民；王溢晟，男，2001年生，北京工业大学学生。二人系母子关系。

王溢晟8岁的时候，在一次意外摔倒后被诊断为重症肌无力，从此与床榻、轮椅为伴。

“妈妈，我想读书！”溢晟对于学习的坚持，让王淑静下定决心带着他走一条异常艰苦的求学之路。为方便溢晟上学，王淑静和儿子租住在学校附近一处低矮的石棉瓦房。严重的疾病困扰着溢晟，他的胳膊、腿没有力气，甚至都伸不直，视力也随之下降，只能靠耳朵听、脑子记，饭菜需要王淑静一口一口地喂。

这样的日子，母子俩一坚持就是9年。在王淑静的悉心照料和同学、老师的关怀帮助下，溢晟不负众望，以优异的成绩考入了密云二中。他的学习成绩一直名列前茅，2019年7月，王溢晟以578分的成绩被北京工业大学录取。

（北京市文明办供稿）

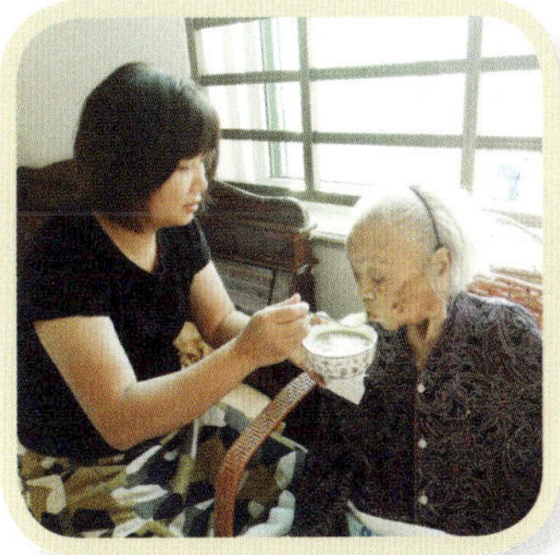

张利梅

6年如一日　悉心照顾瘫痪婆婆

「孝老爱亲」

人物故事

张利梅，女，1972年生，福建省泉州市惠安县净峰镇西头村村民。

张利梅的婆婆全身瘫痪，样样都需要人照料。每天醒来，张利梅首先要做的第一件事便是为婆婆熬煮稀粥，再一勺一勺喂食；每天早晚各为婆婆翻一次身，并给老人做手脚按摩，每隔三两天，她要为婆婆擦洗一次身体和换洗衣服；冬天发冷时，她每天晚上都用热水为婆婆泡脚，由于老人无法行动，张利梅晚上睡觉从不关门，也不敢让自己熟睡过去。

为了不让整天躺在床上的婆婆感到寂寞孤独，张利梅坚持每天上午把老人抱出房间，让她在大厅看电视，下午抱她到室外晒太阳、看风景，晚上再把老人抱进房间睡觉。在张利梅的精心护理下，婆婆张荷妹病情有所好转，不仅能辨认人，而且能在他人帮忙下独立坐着。卧床6年来，老人从未长过褥疮。

（福建省文明办供稿）

孔庆汉

相濡以沫半世纪　不离不弃 15 年

「孝老爱亲」

人物故事

孔庆汉，男，1940 年生，山东省曲阜市人民医院退休职工。

1968 年，孔庆汉与丰绪莲相识相恋，结为夫妻。两个儿子学业有成，婆婆享寿近百岁。

2003 年，丰绪莲突发脑出血，后又患上脑梗死。孔庆汉从一个需要别人照顾的老汉变成一个无所不能的“模范丈夫”。做饭、洗衣、喂饭、喂药、端屎端尿、擦洗身体、外出散心，每一样他都亲力亲为。

丰绪莲生病后脾气有时阴晴不定，精心准备的饭菜被打翻，药瓶被扔进垃圾桶是常有的事，面对这些，孔庆汉永远是面带微笑。

每逢天气晴朗，小区的居民都会看到孔庆汉在小区健身广场上搀扶着老伴蹒跚散步。

2017 年年初，他不幸患上了脑梗死，住院期间，他时刻惦记着老伴的生活起居和精神状态，反复叮嘱儿子每一个细节。

与妻子共同度过的 50 年，是孔庆汉最割舍不下的回忆，聊起往事，他常常会忘了，老伴儿已经去世 1 年多了。

（山东省文明办供稿）

刘　英

30 年悉心呵护 6 位公婆的好儿媳

「孝老爱亲」

人物故事

刘英，女，1960 年生，河南省许昌市五一路办事处光明社区居民。其家庭 2016 年评选为第一届“全国文明家庭”。

1984 年元旦，刘英与丈夫李云志结婚。婚后她得知，丈夫竟有 3 对父母，这让刘英有点始料未及，但既然遇上了这样的家庭，刘英很快就决定要像亲生儿女一样照顾好丈夫所有的父母，她像丈夫那样，称其养父为“爸”，称其生父为“叔”，称其生母为“婶”。

公公婆婆年迈多病，常担心养子李云志不为他们养老送终。刘英察觉后，一面安慰让他们放心，一面和丈夫对老人体贴入微、尽心孝敬。两位老人爱看戏，刘英就借三轮车拉他们赶会看戏；有了闲暇，小两口儿尽量陪他们度过，还想方设法逗老人开心。刘英的公公去世，刘英和丈夫披麻戴孝为他送终。婆婆 81 岁患上老年痴呆，躺在床上大小便不能自理，刘英每天为老人端屎倒尿。在刘英的悉心照顾下，婆婆活到 98 岁安然辞世。同时，在刘英的影响下，8 个不同姓氏却血脉相连的兄妹情同手足，7 个妯娌亲如姐妹，互相关心照顾，比着孝敬长辈，家庭成员之间的感情与日俱增。

（河南省文明办供稿）

李泉秀

最美妻子照顾瘫痪丈夫三十三载 用心兑现爱的誓言

「孝老爱亲」

人物故事

李泉秀，女，1950年生，湖南省长沙市开福区新河街道紫凤社区居民，原长沙市三十三中校医。

1977年，李泉秀与橘子洲小学体育老师沈健生喜结连理。本以为幸福会一直持续下去，谁知1986年2月的一场车祸却让这个快乐的小家庭遭受到沉重的打击。当天晚上李泉秀和丈夫沈健生从朋友家出来，各自骑着自行车回家，一辆摩托车突然从黑暗中冲出将沈健生撞飞。经过抢救的沈健生虽然保住了生命，却被医生诊断为重度脑闭合性外伤，视力受损，今后将丧失劳动能力，生活不能自理，可能只剩三五年的生命，且被认定为一级伤残。

1988年2月，沈健生病情进一步恶化，彻底失明，最终瘫痪在床，完全不能行动，同时还被诊断出癫痫、糖尿病等疾病。于是李泉秀白天上班，还要挤出时间为丈夫准备一日三餐。为了能让病人更干净、舒适，李泉秀从未睡过床铺，为的是只要听到稍有动静和需要，她就能迅速地跑到他身边。在李泉秀的悉心照料下，原本被医生宣判最多只有5年生命的沈健生，现在已奇迹般地生活了33年。

（湖南省文明办供稿）

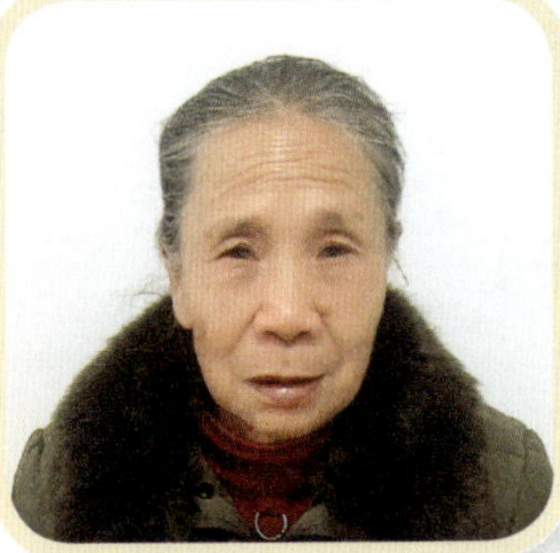

李丁朵

儿子因救人成植物人 母亲19年如一日精心照顾

「孝老爱亲」

人物故事

李丁朵，女，1947年生，湖南省郴州市永兴县太和镇盐塘村泉塘组村民。

1999年12月，李丁朵的儿子邓名龙从部队退伍后来到了株洲攸县酒埠江化工厂做临时工。2000年11月，攸县酒埠江化工厂碳铵分厂组织了一次中修，两名同事先后进入塔内检查填料，却因二氧化碳中毒倒在塔内。邓名龙不顾个人安危挺身而出，奋力将两人救出，而他却因吸入过量二氧化碳晕倒。随后，因为大脑受伤，成为一个生活完全不能自理的“植物人”。老父亲邓八斤被打击得处于精神崩溃的边缘，3年后，由于忧劳过度而突然病倒离世。从此以后，邓名龙的日常起居全部由母亲李丁朵一人照料。

虽然生活艰难，李丁朵对儿子邓名龙的照顾却是无微不至，每天都要帮儿子活动四肢，防止他的双腿萎缩。因为翻身翻得勤，十几年来，邓名龙的背上从没有长过褥疮。为了方便照顾儿子，李丁朵将床搬到了距离邓名龙不到一米的地方。李丁朵说，她没有权力要求被救者怎样，只能靠自己的力量好好照顾儿子，但要照顾一个生活完全不能自理的人，又谈何容易。

（湖南省文明办供稿）

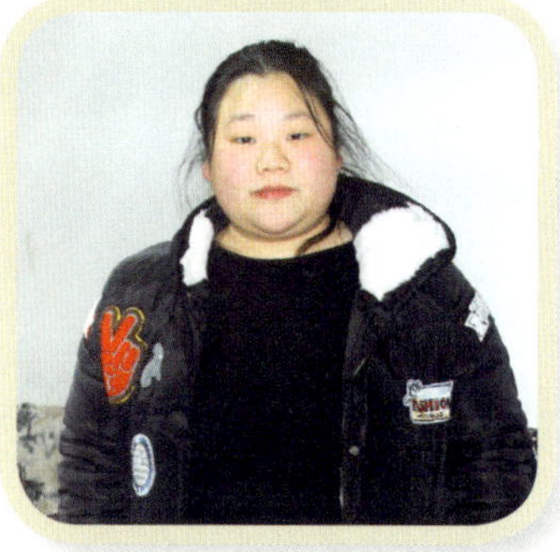

董文清

山阳“90后”好儿媳 柔肩撑起多难家

「孝老爱亲」

人物故事

董文清，女，1994年生，陕西省商洛市山阳县板岩镇宁湾村村民。曾获“陕西好人”荣誉称号。

2010年，董文清在广州打工时，认识了同在厂里打工的陕西山阳小伙魏玉久。魏玉久父母早逝，叔叔1990年打工时发生意外受伤，腰部以下高位瘫痪，常年卧床，爷爷年轻时受过伤，一生做不了重活，全家的重担压在奶奶一个人身上。从小被奶奶抚养长大的魏玉久勤劳能干，和董文清很快走到了一起，2012年年底，董文清跟随魏玉久回到了陕西山阳老家。

董文清的到来，让这个家庭重新燃起了生活希望。然而天有不测风云，2015年家里的顶梁柱奶奶因病去世，魏玉久的弟媳绝望丢下年幼的孩子离家出走。作为全家仅有的女人，董文清毅然承担起照顾一家人生活的重任：90多岁的爷爷、常年卧床不起的叔叔、自己的2个孩子、弟媳留下的1个女儿，还有丈夫和他的弟弟，照顾一家8口的重担压在她的肩膀上。砍柴、做饭、洗衣服、带孩子、打扫卫生、做农活……每天忙得不可开交。

（陕西省文明办供稿）

刘彦财

“只要活着，就决不放弃！”

「孝老爱亲」

人物故事

刘彦财，男，1944年生，宁夏回族自治区石嘴山市大武口区锦林街道丽日社区居民。

2004年6月，在石炭井二矿参加工作不到一年的儿子王建民在井下工作时，由于工作面冒顶，一块大石头掉下来砸伤了他，因颈部骨折导致高位截瘫。在ICU病房里，王建民昏迷了整整3个月，刘彦财老两口衣不解带地照顾。在这周而复始的日子里，原本无生机的儿子开始重拾对生活的希望，灰暗的心情重新布满阳光。

然而，命运对这个家庭的考验并未停止。2015年5月的一天，刘彦财的老伴儿刘凤兰外出回家，进屋坐下没多久忽然身子一歪栽倒在地，患上了急性脑梗，医生劝他放弃。可刘彦财却坚定地说：“不行！只要有一口气在，就决不放弃！”虽然，刘彦财明白妻子抢救过来后的生活，意味着他要一肩扛起照顾两个长期卧床病人的重担，可他却没有丝毫犹豫。

难舍的亲情，是他坚持下去的不竭动力。即使妻子再无康复可能，即使孩子永远躺在床上，他也决不放弃。

（宁夏回族自治区文明办供稿）

十一月

NOVEMBER

俞武松

15 年捐资助学 “知心哥哥”诠释人间大爱

「助人为乐」

人物故事

俞武松，男，1981 年生，北京市朝阳区常营乡常营保利社区居民。其家庭 2019 年被评为“首都最美家庭”。

俞武松在北京师范大学读研究生期间，就参加了“一帮一”助学活动，资助贫困学生。

参加工作后，他和妻子的收入都不高，夫妻俩勤俭节约、生活乐观，俞武松利用工作之余做兼职，资助活动就这样坚持了下来。15 年间，他从每年资助 2 名学生到每年资助 6 名学生，资助费用也增加到每人每学期 500 元。除了学费的资助外，俞武松还注重心理上的疏导，帮助孩子们乐观地对待面临的困境。孩子们也乐意给这位和善的大哥哥写信说说心里话，俞武松无论多忙，都有信必回。

15 年来，俞武松资助的学生中，已经有 10 人考上大学，其中一人还考上了研究生。

（北京市文明办供稿）

邱景霞

免费培训手工编织 帮助 500 余名贫困群众致富

「助人为乐」

人物故事

邱景霞，女，1962 年生，河北省沧州市吴桥县沟店铺乡徐庄村人。

1985 年以前，邱景霞在县城做地毯、台布、编织篮子。1991 年，全家去石家庄做鞋帽批发，在商场看到钩织的小老虎鞋、小帽子销售走俏，她决定回老家吴桥做手工编织。

2011 年，她成立了手工编织公司。她鼓励身边的人学，让附近村的妇女有时间愿意来的都到她家免费培训，对农村贫困妇女，她更是多有照顾，提前发放一个月工资，带动大家增加收入，贴补家用。

2018 年，吴桥县妇联组织开展了巾帼巧手助力脱贫行动，组织贫困家庭妇女学习手工编织，带动贫困户脱贫致富，培训班后的一个星期里，就有 10 多位农村贫困妇女打电话或者直接去村里找邱景霞，想要学习编织加入手工坊。现在，手工坊的工人里有贫困户，也有残疾人，大家在这里力所能及地做一些零活，既不耽误照顾家庭，也能挣个零花钱。她的真诚、努力带动了吴桥全县 500 余名妇女走上了增收致富路。

（河北省文明办供稿）

孙燕群

开展"公益红娘"志愿活动 引领婚恋新风尚

「助人为乐」

人物故事

孙燕群，男，1957 年生，河北省邢台市巨鹿县公益红娘协会会长。

近年来社会上的单身青年多了起来，大龄青年结婚难、成家难成为一种普遍现象。因为孙燕群交际广、为人正派，周围的人经常来找他说媒，他担当起了义务红娘，并且从来不收任何费用。2017 年在孙燕群的积极推动下，成立了 40 余人的巨鹿公益红娘协会，志愿服务活动轰轰烈烈地开展起来。他们提出了一个响亮的口号——"免费服务光荣，收费说媒可耻"，让全社会都知道他们是不收费的红娘，监督他们，并定期对公益红娘进行思想教育，带领出了一支"思想纯、业务精、带动强"的红娘队伍。协会成立以来，依托巨鹿的杏节以及中秋、七夕等传统节日，组织大型见面活动 200 余场，仅孙燕群参与介绍的就有 30 多对新人步入新婚殿堂，公益红娘队伍共成功介绍 400 多对，其中 56 对零彩礼结婚，其余均为低彩礼。公益红娘志愿服务活动得到了社会的认可和支持。

孙燕群也被称为"巨鹿红娘一哥"。

（河北省文明办供稿）

张振生

中国民贸企业家 致力中俄公益与爱同行

「助人为乐」

人物故事

张振生，男，1969 年生，内蒙古自治区满洲里新远货运代理有限公司总经理。

张振生患有先天性髋骨畸形，1996 年，27 岁的他成了满洲里中俄民贸倒包大军中的一员，10 年的艰苦奋斗让他成为当时在中俄民贸行业中最成功的人之一，2006 年转型做国际贸易加物流。

2010 年，他开始为俄罗斯赤塔州福利院的孩子们出钱购买装修物料、食品、体育用品、学习用品，每年组织主题活动邀请孩子们来满洲里做客，还每年资助 2 万多元，用于 2 名贫困家庭孩子的学费，为一个车祸致残的小女孩买衣服和学习用品。2012 年，开始赞助俄罗斯青少年足球；2016 年，把俄罗斯青少年带到满洲里进行足球友谊赛；2017 年，在满洲里建立足球联盟，在他的支持下满洲里终于拥有了内蒙古自治区唯一的职业球队。

他 10 年不间断为俄罗斯福利院捐助 100 多万元，8 年间支持俄罗斯青少年足球运动 80 多万元，5 年里支持满洲里足球联盟春冬两季联赛 50 万元，3 年中支持满洲里职业足球办联赛 100 多万元。

（内蒙古自治区文明办供稿）

刘庆杰

连续 7 年做公益　坚持救助困境儿童

「助人为乐」

人物故事

刘庆杰，女，1989 年生，内蒙古自治区兴安盟扎赉特旗社区党工委乌兰社区党支部书记。2019 年入选“内蒙古好人榜”。

2012 年，刚刚参加工作的她，在下乡入户走访时，来到居民陈国民家，当看见陈大爷 9 岁的孙女陈颖由于对 30 多种食物过敏导致每天只能靠抗过敏药物来维持时，她第一时间联系身边的亲朋好友，为其送来了米面油和生活必需品，并且带来了 2000 元现金。2013 年 3 月 29 日，在下乡工作中，得知年仅 26 岁的何永财病重，不能自主呼吸，由于家中无钱医治，急需呼吸机来维持生命。刘庆杰回到单位后写了一篇文章，先后在《兴安日报》和内蒙古广播电视台刊登和播出，并在单位积极呼吁，通过她的努力，单位全体同事共捐款 5240 元，兴安盟的一家私企看到报道后，向何永财捐款 1 万元。2018 年 12 月末，她听说朋友工作的学校中有很多单亲家庭的孩子，生活困难。她积极联系同事、朋友，为 8 名特殊贫困家庭的孩子每人捐助 500 元，并鼓励孩子们好好学习。自 2012 年以来，她每个月都会从工资里拿出一部分做公益，在平凡岗位上践行雷锋精神。

（内蒙古自治区文明办供稿）

王金全

传播暖心，演绎大爱人生

「助人为乐」

人物故事

王金全，男，1976 年生，吉林省松原市德爱天下志愿者协会会长。曾获“吉林省优秀志愿者”“吉林好人标兵”“吉林省道德模范提名奖”等荣誉。

自协会成立以来，在他的带领下组织了形式多样的志愿者服务活动：助学、助困、助残、助孤、助老、义务植树、紧急救援、捐衣送温暖、环境卫生整治、文化大讲堂、赛会服务等。截至 2019 年年底，植树 3 万余株，开展公益活动 800 余次，带领约 2 万多人次参与其中，为社会捐资百余万元。

“为弱势群体解忧，扶助贫困群体立志脱贫”，是他从事公益事业以来一直坚守的信念。这里有因病返贫的家庭和上学困难的孩子；有因遗孤需助学的孩子；有因残疾而找不到工作的人；有因年老体衰生活困难的孤寡老人；还有因灾急需救助的家庭；更有那些我们可敬可爱年年看望的老兵。他先后 7 次请来教育专家，免费帮助家长解决孩子教育的问题，仅此一项受益群体达万人以上。他潜心公益，志愿的足迹遍布松原一市三县一区。

（吉林省文明办供稿）

刘仕德

雷锋精神在这里延续 八旬老人为民修路四十余载

「助人为乐」

人物故事

刘仕德，男，1937 年生，黑龙江省密山市密山镇新和村村民。

过去，村里都是土路，路面坑洼不平，来往行人车辆通行十分不便。刘仕德看在眼里，急在心上，于是就下定决心开始了义务修路，哪里有坑补哪里。特别是下雨天，他更要在村里来回转悠，及时修补破损路面。2012 年，村里修硬质路面时，刘仕德充当了义务监督员，路修到哪里，他就监督到哪里。2019 年普降大雨，村里的水泥路由于常年来往农用车又经雨水侵蚀，有好几处出现坑洼破损现象。82 岁的刘仕德一个人、一把锹、一辆插着红旗的手推车，穿着雨披，用沙子和石块填补破损的水泥路面，路过的人把老人修路的场景发到了朋友圈，于是满满的正能量传递开来，这位八旬老者才走进人们的视线。

这 47 年修了多少公里路、花了多少钱，刘仕德自己也说不清楚。有人问他为什么要这么执着地修路，刘仕德说："与人方便，与己方便。"

（黑龙江省文明办供稿）

张用宪

耄耋老人义务宣传保护古树名木

「助人为乐」

人物故事

张用宪，男，1938 年生，江苏省宿迁市宿豫区林果站退休职工，中国林学会会员。

1988 年退休后，张用宪全身心做起了宿迁古树名木的保护和研究。张用宪跑遍了宿迁乡村和大街小巷，探寻古树名木，耗时 3 年多时间，查找 4273 株古树，行程 5 万多公里，最终把宿迁的古树名木整理成册，整理著述了《宿迁市木本植物志》，绘制了《宿迁市古树名木分布图》，填补了史库空白。2001 年年底，张用宪发现项王手植槐从枝梢到树干有一半枯死，他多次到北京和南京向林业专家请教，修改完善复壮方案 10 余次，终于让千年古树重新焕发了生机，并于 2016 年年初成功培育出 6 株项王手植槐子树。

除了保护古树名木外，张用宪还注重对爱绿护绿的宣传，致力于向青少年传播保护环境理念，截至目前，张用宪累计宣讲 800 余场次，受教育青少年达 30 余万人次。他还利用老年大学这一平台，打造公益团队，让更多的善心人士共同关注古树名木。

（江苏省文明办供稿）

单务民

乡村教师爱心助学 38 年 无私奉献传递正能量

「助人为乐」

人物故事

单务民，男，1963 年生，安徽省合肥市锦绣小学教师。

单务民 1982 年开始在农村小学担任教师，当时年工资只有 400 多元，他拿出一半用于资助贫困学生。10 多年里，他从微薄的收入中挤出 1 万多元，对肥西县苏小小学近百名农村孩子进行资助。2008 年 11 月，他被医院确诊为左肾癌晚期，做了左肾切除手术，化疗期间，他坚持与爱心人士共同创建了合肥市第一个民间公益 QQ 群——“合肥爱心驿站”。2009 年 3 月，他选择安徽省长丰县造甲乡双河小学为资助对象，他个人捐出 3 万元，为该校 10 名家庭贫困学生提供资助帮扶，同时募集资金 30 多万元，先后为该校建成了微机室、图书室、校园广播网，购买体育器材。

通过推广双河小学的资助模式，单务民和“合肥爱心驿站”先后为安徽省长丰县羊荒小学、庐江县谈岗小学等进行配套设施建设。同时，他也把近百名贫困家庭的孩子和留守儿童纳入受资助的行列，定期寻访和帮扶。多年来，他个人捐款超过 50 万元，募集爱心善款 200 多万元，衣被等生活用品 20 多万件（套）。

（安徽省文明办供稿）

赵　靖

无臂书画家苦练书画 屡获大奖热心公益 20 余年

「助人为乐」

人物故事

赵靖，男，1969 年生，安徽省滁州市定远县石膏矿工人，现从事书画教学工作。曾获评“安徽省自强模范”“全国自强模范”。

1988 年，年仅 19 岁的赵靖在井下排哑炮时，痛失双臂和牙齿，并导致一只眼球摘除、另一只眼睛视力只剩下 0.04。遭遇逆境的赵靖并没有倒下，而是靠着顽强的毅力，用嘴苦练书法，走上了“口书”之路，他的书画作品屡屡在全国性的书画比赛中获奖。

书法初成的赵靖，一直不忘回馈社会。1996 年，赵靖为“爱铸荆楚情”文化助残活动捐赠价值上万元的书画作品；在 2008 年“迎奥运献爱心”活动中，他捐赠 5 万余元书画作品；2015 年，浙江上虞华歆公司出资 100 万元购买了他所在的“无臂七子”书画团体的 70 幅书画作品，在赵靖的号召下，7 位无臂书法家一致决定将这笔钱款捐献给了云南丽江的桃花小学。20 多年来，赵靖积极参与慈善事业，扶贫济困、捐资助学近百万元。他还在定远县特教学校义务教授书法，并走进机关、厂矿和学校等地作专场励志报告。

（安徽省文明办供稿）

吕显才

耄耋老人从教 67 年帮扶贫困学生

「助人为乐」

人物故事

吕显才，男，1932 年生，安徽省阜阳市界首市崇文中学负责人。

1995 年，吕显才从界首一中退休，办起了崇文中学。随着教学成效日益显现，办学规模不断扩大，2019 年，崇文中学已建成 2 个中学校区和一个小学校区，在校学生近 5000 人。吕显才在崇文中学设立“校长基金”，用于奖励优秀学生、资助困难学生，还为特困优秀学生陪读家长提供免费住房，为患病学生捐款捐物，20 多年累计减免学生各项费用 600 余万元。2018 年，受到其他地区先进经验的启发，吕显才在界首一中设立助学基金，用于资助界首市品学兼优、家境贫寒的学子。他捐出毕生积蓄 300 万元作为原始基金总额，每年基金会都为界首一中、界首中学考取清华大学、北京大学、中国科学技术大学的学生提供资助，截至 2019 年年底，已资助 7 名学生。

吕显才说：“能为学生们做点事，是我多年的愿望。能为振兴界首教育出一份力，我感到很荣幸。”

（安徽省文明办供稿）

林金松

守护美丽渔乡的“背篓哥”

「助人为乐」

人物故事

林金松，男，1973 年生，福建省福州市连江县黄岐镇四海环保志愿服务队理事长。

2000 年，27 岁的林金松背起背篓开始捡拾海漂垃圾。泡沫、竹签、细绳、枯木、轮胎……种类繁杂的海漂垃圾散落海滩各处，他就像愚公移山一样，一点一滴清理海滩，为了将装满的一篓垃圾倒到垃圾集中地，有时来回要步行足足半小时。这一捡就是 19 年。

2017 年，为了普及共建美丽海洋知识，携手更多人参与海滩净化行动中，他开始筹建志愿者团队。起初，这只是一个 40 人左右的小队伍，现今这支环保志愿服务队伍已有逾 200 名志愿者。

逢年过节，他还组织开展敬老助困活动。每隔一段时间，他就帮留守老人和行动不便的人义务剪发，并留下自己的电话号码，成了许多残障人士的“一双腿”、孤寡老人的“一双手”。

（福建省文明办供稿）

叶原原

好园长将大爱注入幼教 唤醒“星儿”的春天

「助人为乐」

人物故事

叶原原，女，1962年生，福建省泉州市丰泽区东湖中心幼教集团、丰泽盛达自闭症儿童启能中心创始人。

1994年，叶原原创办了泉州市第一家高起点、低收费的私立幼儿园，对贫困残障与外来工的子女免费或低费就学，成为省级普惠幼儿园。

2012年，叶原原创办盛达自闭症儿童康复中心，一所非营利性的阳光工程，是丰泽区第一家由福建省残联定点的自闭症儿童康复训练机构。从开办到现在接纳了106名特殊孩子。率先在全省探索开展“融合共享阳光”活动，推进阶梯式融合教育，为不同能力和特性的残障儿童提供不同阶梯的融合教育服务，让特殊儿童和阳光孩子一起游戏和学习，帮助他们更好地融入社会。

康复中心坚持采取一对一的康复训练，收取的费用全市最低，并对困难家庭及外来工家庭的“星儿”实行免费。虽然一直在付出，但叶原原觉得都是值得的。日复一日的坚守和对孩子无微不至的关爱，让她成为这群“星星的孩子”们心目中的“好妈妈”。

（福建省文明办供稿）

万　云　陈　闽

与爱同行的公益夫妻

「助人为乐」

人物故事

万云，男，1975年生，江西省南昌市南昌县蓝天爱心志工协会会长；陈闽，女，1977年生，万云的妻子，江西省南昌市南昌县蓝天爱心志工协会义工。

2010年，万云加入社会公益组织“70公益”；2014年9月，他注册成为南昌慈善义工协会的义工；2015年8月，创立了公益组织“南昌县蓝天爱心志工协会”，关爱的主要对象为南昌县境内的困境儿童，特别是困境留守儿童。

公益路上，万云并不孤单，妻子陈闽对丈夫给予了全力支持，并成为蓝天爱心志工协会的核心成员，成为丈夫公益路上的铁杆战友和得力助手。夫妻二人还会带着儿子一起参加各种志愿服务活动。

几年来，万云、陈闽夫妇和义工伙伴们走访了30余户贫困家庭，已资助23个孩子累计22万余元，其他资助项目还在进行。为开阔孩子们的视野，万云夫妇为他们报名参加夏令营；为了让孩子们将来能有一技之长，他们还多方联系协调，送孩子们参加舞蹈、语言表演等课外特长培训。

（江西省文明办供稿）

李林娜

用“生命的礼物”助他人重生

「助人为乐」

人物故事

李林娜，女，1983年生，山东省青岛市城阳区棘洪滩街道中华埠社区居民。

2019年1月，李林娜7岁儿子和和得了脑干胶质瘤，而且无法医治。这一噩耗让李林娜全家瞬间崩溃，没办法治疗，李林娜就尽量陪在孩子身边，能多抱一会儿就多抱一会儿，孩子从走路不协调，到走路困难、无法站立、无法坐着，再到说话困难，这一路的煎熬，让这个家庭几乎崩溃。

随着和和病情的加重，李林娜和丈夫开始萌生器官捐赠的想法，在与青大附院器官捐献协调员张艳艳建立了联系后，他们了解器官捐献知识，在征得孩子同意后，李林娜全家一致决定进行器官捐赠，让孩子做最后一次好事。随后，李林娜全家一起填写了器官捐献申请登记表，互为执行人，成为器官捐献志愿者。

2019年6月，和和离开了这个世界。最终经过评估，和和的肝脏、两只肾脏和一对眼角膜符合捐献标准。从此，他用另外一种方式延续生命，让另外5个家庭迎来了新的希望。

（山东省文明办供稿）

赵庆九

10年音乐支教路 助力4万农村孩子的五彩梦

「助人为乐」

人物故事

赵庆九，男，1969年生，河南省漯河市第二高级中学音乐教师。2017年被评为河南省“岗位学雷锋标兵”。

2009年7月，赵庆九首次来到源汇区空冢郭乡中学，建立了漯河市第一支农村学校民乐团。为了开展更广泛的音乐课堂，他成立了志愿者团队，近百名音乐教师参与了音乐教学。为了解决农村学校音乐师资问题，他举办音乐教师培训班14期，培训教师680余名。为了进一步普及音乐教育，2017年9月至2019年9月他和他的团队顺利实施了“万人葫芦丝公益教学计划”项目，1.2万多名学生在这个项目中受益。

为了让孩子们不花一分钱就能学音乐，他主持实施了“童心、童声、童梦合唱进农村学校计划”项目，到2023年6月项目结束，计划在全市48个乡镇建立150个以上少儿合唱团，4500—6000名农村娃将通过合唱训练掌握歌唱技巧。10年间，赵庆九和他的支教团队走进漯河市偏远的近百所农村学校，4万多孩子直接或间接受到音乐教育，他所带领的公益团队也多次获得团中央“伙伴计划”30个项目奖、团中央全国志愿服务项目大赛特等奖等。

（河南省文明办供稿）

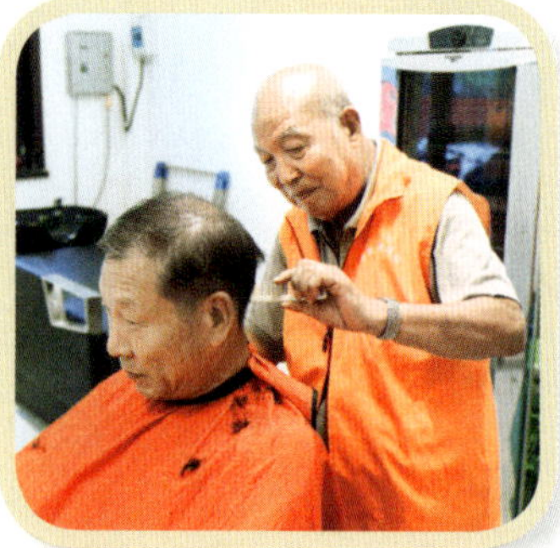

胡东乔

为群众义务理发 30 年的热心老党员

「助人为乐」

人物故事

胡东乔，男，1928 年生，河南省郑州市管城区西大街街道平等街社区便民志愿服务队队长。

胡东乔是一位有着 65 年党龄的老党员。他从 11 岁做学徒开始学习理发，一干就是大半辈子。退休之后，胡东乔并没有闲下来，而是重操旧业，再次拿起剪刀，为大家义务理发，至 2019 年，已坚持 30 余年。这么多年来，胡东乔义务理发 4000 余人次，光剃刀就用坏了 11 把。

2008 年，平等街社区成立了“便民志愿服务队”，胡东乔担任队长。为了方便群众理发，他就把平等街社区党员服务中心作为定点理发场所，每周三集中进行义务理发。他还主动把联系电话在社区公布，居民理发打电话随叫随到。2015 年，西大街街道办事处建立了西大街便民服务中心，在中心专门设立了胡东乔理发工作室，确定每周四为胡东乔志愿者服务日。后来，他和老伴搬家到较远的地方，为了准时到理发室，他每周四早上 5 点多起床，坐近一小时的公交车到理发店，理完发再搭乘公交车回家。胡东乔就是这样用无私的爱心、热情的服务给居民带来无限春意。

（河南省文明办供稿）

李风明

好村医 18 次无偿献血 捐献造血干细胞拯救生命

「助人为乐」

人物故事

李风明，男，1978 年生，河南省安阳市汤阴县宜沟镇王老屯村村医。

李风明从小就患麻痹症，走路不稳，但他没有自暴自弃，而是通过自己的努力考上了大学。2000 年大学毕业后，他回到了家乡当村医。近 20 年时间里，不管是白天还是夜晚，不管是严寒还是酷暑，只要乡亲们找他，他都会第一时间赶到病人身边，用自己的医术为全村 1000 多名乡亲的生命健康保驾护航。

同时，李风明还是一名献血达人。2008 年他开始无偿献血，截至 2019 年 11 月，他已无偿献血 18 次。同时，他还加入中华骨髓库，成为一名捐献造血干细胞志愿者。2019 年 5 月，他与一名血液病患者配型成功，当安阳红十字会把这个消息告诉他时，他十分高兴，毫不犹豫就答应了。7 月 8 日，李风明在河南省人民医院捐献了造血干细胞。

事实上，我国非血缘造血干细胞配型相符的概率还非常低。李风明希望有更多的人参与到造血干细胞捐献志愿者队伍中来，为患者带去生的希望。

（河南省文明办供稿）

黄春萍

匠心传承　扶弱助贫

「助人为乐」

人物故事

黄春萍，女，1965 年生，湖北省锦绣坊黄春萍汉绣工作室艺术总监。她是中国非物质文化遗产汉绣项目代表性传承人、国家高级工艺美术师、湖北省首席民间工艺技能传承大师，曾获中国第九届民间文艺最高奖——“山花奖”和“荆楚工匠”称号。

黄春萍 2008 年在武汉市武昌区创办锦绣坊黄春萍汉绣工作室，至今已发展到武汉市各区 10 多个门店和生产基地，年营业额达 850 万元左右，已初步形成汉绣文创产业链。

多年来，她不仅投身汉绣艺术传承，还热衷于公益事业，她个人投资近百万元，为残疾人和下岗女工创办汉绣培训基地。多年来，黄春萍积极参加省市妇联“巾帼巧娘脱贫计划”“楚凤起航汉绣培训”等公益项目，带动女性创业就业万余人。

2019 年，她在高桥村设立湖北省首个鄂西北贫困山区“中国非遗文化——黄春萍刺绣艺术精准扶贫基地”——黄春萍汉绣高桥村帮扶点，开展线上线下汉绣技能培训，无偿帮助 100 多名妇女通过技能学习和汉绣产品制作销售，在家门口就业增收。

（湖北省文明办供稿）

蒋　琦

一家 11 人签订器官捐献协议以大爱助生命重生

「助人为乐」

人物故事

蒋琦家庭，是汇聚了满、汉、苗、土家 4 个民族的军人之家、医学世家。

蒋琦是湖北省襄阳市第一人民医院西区手术室副主任。他的外公叫柴梁，1928 年生，1947 年参军入伍后就一直在部队从医。柴梁育有 5 位子女，蒋琦的母亲柴继红是老大。

几年前的一个清明节，柴家人聚在一起为父亲柴梁扫墓的时候，大家也顺势谈到了生死：“无论生前再辉煌，死后也就是一抔尘土，要是这样的话，还不如把我们身体里能留下来的器官都捐献出去，帮助需要帮助的人，也算是让自己的生命有了一些延续。”

2018 年 4 月，柴继红迎来自己七十大寿，步入古稀之年，她捐献器官的心愿越来越强烈。

2018 年 7 月 1 日，襄阳市红十字会得知柴家人的心愿后，专门安排工作人员上门服务。柴继红和老伴蒋克昌及儿子蒋琦一家 3 口，加上兄弟姐妹和其家人，共 11 人在器官捐献协议上签名，并摁下鲜红的手印，这意味着，柴继红一家 11 人正式成为器官捐献志愿者。

（湖北省文明办供稿）

余子文

助寒门学子圆梦　帮下岗职工脱贫

「助人为乐」

人物故事

余子文，男，1964年生，中国煤炭地质总局湖北煤炭地质局一八二队黄石分公司项目经理。曾获湖北五一劳动奖章。

余子文热心助学，2013年在经济并不宽裕的情况下，他拿出100万元开始助学之路。同事张国民是一名普通钻工，因突如其来的大病离开了人世，他正在读书的两个孩子面临辍学，余子文及时伸出援助之手，每年负担两个孩子共8000元的学费，4年一共3.2万元的资助使他们顺利完成学业。2016年，在经营急需转型的困难下，他咬牙出资200万元注册成立“黄石市利文助学基金会”，助学6年来，余子文已资助寒门学子145人，累计发放助学金57万元。

在热心助学的同时，余子文还积极帮助下岗职工脱贫致富。余子文曾经的同事陈华荣下岗后，由于爱人没有工作，又有两个孩子要照顾，生活十分困难。余子文伸出援助之手，为他垫付5万元入股资金购置了钻机，帮助他脱贫致富。

（湖北省文明办供稿）

巫爱桃

“爱心奶奶”坚持35年捐资助学

「助人为乐」

人物故事

巫爱桃，女，1934年生，湖南省衡阳市珠晖区苗圃街道大华社区居民，原核工业七一二矿培训中心退休老干部。

1984年，一个偶然的机会，巫爱桃得知二工区一职工家庭非常贫困，儿子刘勇聪明好学，成绩优异，但父母每月70多元的工资除了一家的生活开支外，已无力再供孩子上学。于是，她隔三岔五地给这个家庭送个30元、50元。在巫爱桃的资助下，刘勇顺利考上了大学，后又在她的鼓励下顺利考上了湖南某矿业大学的研究生。

在大华社区还有一户重残特困家庭，女主人周双红生育二胎时患上了运动神经元疾病。由于昂贵的治疗费用没能及时治疗，周双红已伴有脑萎缩、半身不遂、言语不清等状况，全家生活仅靠丈夫的微薄收入和低保维持，难以负担两个小孩的学费。巫爱桃四处奔波，通过各种渠道联络社会爱心人士、企业老板和政府职能部门，终于为周双红的儿子筹集到2.11万元学费，圆了孩子的大学梦。

35年来巫爱桃帮助贫困家庭和困难学生200余人。

（湖南省文明办供稿）

骆际菲

最美妈妈9年无偿照顾16名孤儿彰显人间大爱

「助人为乐」

人物故事

骆际菲，女，1967年生，湖南省郴州市临武县物资总公司职工，临武县爱心志愿者协会会长。2015年荣获湖南省“最美志愿者”称号，2016年荣获湖南省“雷锋式巾帼志愿者”称号。

2010年5月，临武县民政局福利院扶孤基地只有临义霞小朋友一个人，骆际菲了解到孩子在福利院没有其他朋友后，怕她孤单，一放假马上把临义霞接到自己家中，每天接送孩子去学舞蹈，晚上还陪孩子到公园游玩，使孩子感受到家的温暖。

骆际菲帮扶的孩子最多的时候有16个。2015年3月，临武三中谢佳乐、南强镇土桥中心小学黄馨仪两名女孩患上白血病，她通过网络为两位小朋友共筹爱心款7800元。在“腊八助孤，春暖童心”活动中，骆际菲得知楚江镇大溪头村邓家辉、邓玲丹两兄妹面临着即将辍学的情况后，马上召集志愿者及社会爱心人士，为孩子共筹善款14610元，还有衣服、被子等物资。在“牵手夕阳”探望孤寡老人活动中，她走遍了临武县的乡镇敬老院，带领团队为老人们义诊、义务理发、和老人聊家常，给老人们以无微不至的关怀。

（湖南省文明办供稿）

李楚民

老人创办职工之家34年千余名孩子受益

「助人为乐」

人物故事

李楚民，男，1934年生，湖南省永州市东安县人民医院退休职工。2015年获得湖南省“五老”特殊贡献奖。

1985年，在县总工会的精心指导和医院领导的支持下，李楚民利用医院礼堂建成了县里最早的职工之家。职工之家成了孩子们的乐园，也成为李楚民倾注大量心血的第二个“家”。1995年退休后，李楚民每天早上9点会准时来到职工之家，把场地打扫干净，晚上10点，他会检查电器开关、门窗，清扫完地面后才离开。为了让职工生活更加多姿多彩，李楚民购置了大量的文体设备以及各种书籍。为了让“家”更吸引孩子，他都会变着法子，与孩子们乐在一起，学在一起：抗战纪念日，组织孩子们参观红军长征、抗日战争展；国庆节开展“歌唱祖国”歌咏赛、“热爱共产党”书法赛、“改革开放好”绘画赛、“知荣明耻”作文赛；元宵节和孩子们一起制作剪纸、猜灯谜。

李楚民还带动全家参与爱心助学，累计资助贫困生130多人次，金额近20万元。

（湖南省文明办供稿）

耿希全

爱心“的哥”做好事上千件

「助人为乐」

人物故事

耿希全，男，1974年生，广东省深圳巴士集团龙岗公共汽车有限公司出租车驾驶员。2018年被评为“广东好人”。

耿希全是深圳爱心车队队员，也是深圳共筑爱心协会会员。他从事出租车驾驶员工作16年，保持无违章、零事故、安全行驶里程达200万公里的纪录。耿希全在全国道模范丛飞的熏陶下，开始走上公益道路，他积极参加各种公益活动，开展义工服务，服务时间累计近5000小时，拾金不昧、乐于助人这样的好事做了1100多件，捐助了300多名家庭贫困的失学儿童，累计捐款4万多元。作为爱心车队队员的他，积极参与爱心送考活动，常年为老、弱、病、残等弱势群体提供免费的出租车接送服务。

2010年，耿希全与爱心人士一起组建民间孝心协会，照顾孤寡老人的生活起居。2015年，孝心协会更名为“共筑爱心协会”，服务面从老人扩大到了贫困山区的学生，他组织爱心协会的会员一起为贫困山区的学童募捐并捐款，截至2019年年底，爱心协会已经为11所学校提供长期的捐助服务。

（广东省文明办供稿）

鲜　丽

用心用情为民解忧的雪域检察官

「助人为乐」

人物故事

鲜丽，女，1970年生，四川省甘孜藏族自治州康定市检察院党组书记、检察长。先后获“全国模范检察官”“全省政法系统先进个人”等荣誉。

自1990年12月参加工作以来，凭着对检察事业的一腔赤城和对人民群众的一片深情，她立足检察职能，争取司法救助，发动爱心力量，向一个个身处困境的群众施以援手：帮助父亲入狱的聋哑女孩圆梦大学，助濒临绝望的一家人渡过难关；帮助儿子服刑的冉大姐一家解决诸多难题，在冉大姐的儿子刑满释放后，又为他找工作提供担保；为帮扶贫困户平措一家，她购买他家的牦牛，帮助平措的儿子还上助学贷款，她想方设法为平措家增收，并引导他们改善生活习惯和精神面貌。多年来，她始终乐于助人、热忱奉献，用女性特有的耐心、细致和温情，演绎了一个又一个感人故事。

（四川省文明办供稿）

赵起友

带动村民谋发展　照料乡邻40年

「助人为乐」

人物故事

赵起友，男，白族，1949年生，贵州省毕节市黔西县铁石乡堰塘寨村村民。2019年获“贵州好人”荣誉。

2001年，为了改善通村路，他成为带头“愚公”，在家庭不富裕的情况下，自己出资购买修路设备，带领村民们劈山开路，组织群众用了6年时间，修凿了一条长达4公里的盘山砂石路。为让村小组早日通电通水，他先后垫付集资款1.4万余元，并贷款5000多元投入建设，为全村经济发展打下了坚实基础。

40多年来，赵起友先后把无依无靠的赵起明、赵起红、邱明珍3位老人和有智力障碍的赵周胜接到家中照顾，主动承担起做“儿子”和当“父亲”的义务和责任。后来3位孤寡老人相继去世，赵起友并没有寻求乡党委政府支持，自己出钱将他们安葬。

几十年来，赵起友用善良和真诚谱写出世间最美丽的仁德诗篇，用爱心谱写了一曲曲动人的乐章。他是脱贫致富的模范者、开山修路的老“愚公”、乐于助人的热心人。

（贵州省文明办供稿）

玉　珍

纳西乡群众致富路上的领头雁

「助人为乐」

人物故事

玉珍，女，纳西族，1963年生，西藏自治区昌都市芒康县纳西民族乡纳西村人。2015年荣获“全国劳动模范”称号，2016年荣获西藏自治区“三八红旗手标兵”称号，2017年荣获西藏自治区妇联“最美格桑花”称号。

2007年玉珍在家乡创办了妇女创业就业基地。其固定资产达120万元，员工总人数为48人，其中女性员工比例占96%，每年吸纳妇女就业人数达400人；每年培训人数52人，其中培训建档立卡贫困妇女8人，年扶持建档立卡贫困妇女就业数为8人，培训上岗率为100%。

同时，她没有忘记本地的那些贫困户、寄宿学生。几年前，纳西乡寄宿学生的生活条件还很差，她把赚来的钱先后几次捐给学校，为的就是让寄宿的学生们有个更好的学习环境，希望所有寄宿在学校的学生们都能有更好的住宿条件和生活环境。还先后多次为芒康县贫困户捐款、捐物，并且还为相邻灾区多次捐款，平日为贫困群众做的好事数不胜数。

（西藏自治区文明办供稿）

王 鸣

八旬教授20年热衷捐资助学 资助贫困生300余人

「助人为乐」

人物故事

王鸣，男，1933年生，西北农林科技大学教授、博士生导师。

王鸣不但是一位功业卓著的学者，也是一位品行高尚的慈善家。已86岁高龄的王鸣本可安度平静舒适的退休生活，但他一直热衷于捐资助学，执着奉献，20年从不停息。

10年前，王鸣的眼睛就患了黄斑变性病，左眼基本已经失明，家人要拿钱给他治疗，他却不愿意。他说："己所欲，要施与人，人的器官都有一个备份，我的右眼还能看得见，这些钱就拿出来做奖学金给孩子们吧。"王鸣认为捐资助人，不求回报，是满足最高层次精神上的快乐。

王鸣先后已捐资30多万元，资助贫困学生300余人次。先后资助山东枣庄及陕西丹凤13名贫困生，2002年在陕西省子长县捐建"圣爱希望小学"，在西北农林科技大学园艺学院、青岛农业大学、鲁东大学和杨凌职业技术学院设立圣爱扶贫奖学金。

（陕西省文明办供稿）

权文山

无偿捐献器官　让爱永留人间

「助人为乐」

人物故事

权文山，男，1995年生，生前系甘肃省张掖市高台县骆驼城镇建康村五社村民。

权文山自小患有哮喘，需长期服用药物控制。2018年，他结婚并经营起了一家小型印刷厂。有一次无意间在电视上看到了器官捐献的新闻，便对妻子提及了捐献器官的想法："我这个哮喘恐怕治不好了，如果将来真的有那么一天，也把我的器官捐了吧！"

2019年6月19日晚，权文山感到一阵头晕，刚到医院就因突发脑出血陷入了昏迷，医院立即进行了抢救，但由于病情恶化，自主呼吸消失。妻子想起了权文山的遗愿，和家里人商量后便毅然决定，将他的器官进行无偿捐献，让更多患者的生命得以延续。

2019年6月25日，权文山的肝脏、肾脏通过国家器官共享平台分配到了移植医院，并成功分配给了3位患者，眼角膜收入兰大一院眼库，将给适合的患者带去光明。捐献器官后的第二天，妻子许雪梅也默默注册成为一名器官捐献志愿者。

（甘肃省文明办供稿）

胡　洁

让"志愿之花"绽放

「助人为乐」

人物故事

胡洁，女，1988年生，宁夏回族自治区银川市贺兰县卫生健康局副局长、贺兰县志愿者协会副秘书长（兼职）。2018年被评为学雷锋志愿服务"四个100"先进典型。

参加工作9年，换了8个岗位的她，凭着内心的坚定在志愿服务这条路上一走就是11年。

2007年年初，刚上大一的胡洁申请支教。正是孩子们脸上的笑容和眼睛里的渴望，让她理解了志愿服务的意义。2012年年初，在贺兰县团委担任干事的胡洁，了解到居安社区一名正在读初一的学生，因父亲贩毒吸毒入狱、母亲失踪，成为无人照顾的孤儿。胡洁积极与民政部门、社区协调，为他办理了孤儿证，并定期家访，了解他的生活状况，资助他上学、找工作。

2013年3月，在胡洁的建议下，贺兰县志愿者协会成立。在胡洁的推动下，贺兰县建立青年志愿服务站（基地）13个、党员志愿服务队35支、青年志愿服务队42支，组织开展志愿服务活动150余次，志愿服务时数31198小时，累积帮扶人群超过1万人次。

（宁夏回族自治区文明办供稿）

王瑞东

18年无偿献血1万毫升

「助人为乐」

人物故事

王瑞东，男，1966年生，宁夏回族自治区长途电信传输局工作人员。

在无偿献血的爱心之路上，他坚持了十八载，累计献血32次，献血量1万毫升，用一腔热血累计救助53人。2015年3月王瑞东获全国无偿献血奉献奖银奖；2018年10月获全国无偿献血奉献奖金奖。

王瑞东第一次献血是在2001年4月12日，他参加了社区组织的无偿献血活动，献血400毫升之后，觉得身体并无不适，且能帮助他人，就决定把这件事一直做下去。以前只知道献全血，随着献血次数的增加，王瑞东知道还可以献血小板，并且血小板的献血周期短。当得知医院急需血小板的情况后，他开始不仅献全血，还献血小板，这一坚持就是18年。在自己献血的同时，他还经常向身边的人宣传无偿献血的好处。在他的带动下，身边的许多亲友和同事也都加入无偿献血者的行列。

（宁夏回族自治区文明办供稿）

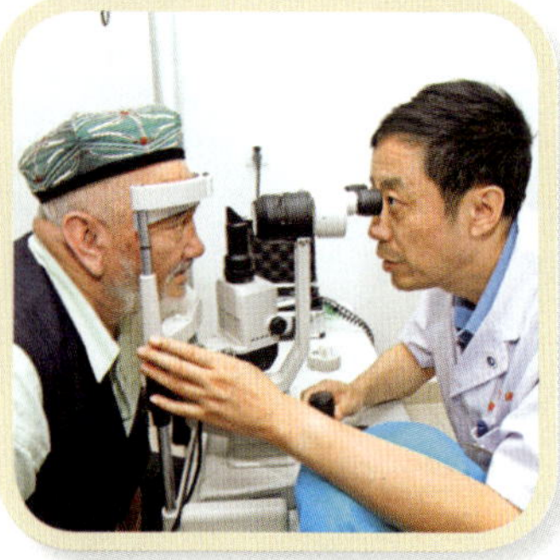

高晓唯

光明使者　温暖天山

「助人为乐」

人物故事

高晓唯，男，1958年生，新疆军区总医院全军眼科中心首席专家，主任医师。先后获得“全军创先争优优秀共产党员”“学雷锋先进个人”“昆仑卫士”等荣誉称号。

1984年9月，高晓唯来到新疆军区总医院北京路临床部前身——中国人民解放军第474医院工作。

新疆气候干燥、风沙大、紫外线强，眼疾发病率较高，尤其是南疆地区县级医院普遍缺乏眼科医生，有的患者因生活困难看不起病。高晓唯组织该中心先后推出了几项新举措：成立扶贫基金、缩短住院天数、降低用药比例。其中，扶贫基金救助特困患者110名，最高单笔救助金额达到2万元。同时，他多次参加自治区组织的“复明行动”，前往南北疆义务为白内障患者实施复明手术，脱残、脱盲率达95%以上。高晓唯还带领团队担负起了南疆县级医院眼科医生的培训任务，为南疆地区的眼病患者留下了一批带不走的“光明使者”。

30多年来，高晓唯将爱洒遍天山南北，为新疆各族眼病患者送去光明。

（新疆维吾尔自治区文明办供稿）

刘中德

一心投入公益事业献爱心

「助人为乐」

人物故事

刘中德，男，1983年生，生前系新疆生产建设兵团第一师阿拉尔慧佳德餐饮管理公司经理。2018年获“第六届兵团道德模范”称号。

2014年，退伍后的刘中德来到阿拉尔市以卖煎饼为生。生活并不宽裕的刘中德，每卖掉一个煎饼就捐出1角钱给塔里木大学“雪莲花”青年志愿者协会，用于资助贫困学生。2015年，刘中德筹建阿拉尔市第一支公益性救援队伍——蓝天救援队。2016年，救援队开展公益活动30次，救援救助300余人；2017年，参与水上、沙漠、城市搜索救援68次，大型群体活动安全保障任务5次，消防演练12次，协助警方找到走失的老人和孩子30余人。因为大部分收入都用于公益，直至2018年，刘中德都没能让家人在阿拉尔市有一套属于自己的房子。2018年5月，刘中德因车祸不幸遇难，妻子也在事故中受重伤。事发当日，阿拉尔各界人士通过网络发布求助信息，18万人为刘中德一家捐助60余万元，演绎了英雄遇难众人帮的感人故事。

（新疆生产建设兵团文明办供稿）

刘建文

见义勇为好榜样　群众满意好公仆

「见义勇为」

人物故事

刘建文，男，1971 年生，山西省吕梁市中阳县金罗镇南焉村委党支部书记。2018 年获得“吕梁市第五届道德模范”。

2016 年，村民张小明在西合村路口不慎遭遇车祸昏迷不醒，刘建文听说后放下当时病重的老母亲，匆忙驱车前往事发地点，找到肇事司机协商解决善后事宜。

2012 年 2 月的一天夜晚，刘建文正在熟睡中，突然一阵急促的电话铃声把他从睡梦中惊醒，村民刘水平打来电话说他的哥哥刘香平下班出来遭遇了车祸，刘建文便立即起身赶到出事地点，当时刘香平鲜血直流，处在生死关头。刘建文立即把伤者连夜送往山西大医院抢救，使刘香平保住了性命。

2012 年 10 月，村民贺文建家中起火，刘建文当时正在村里，听见有人大声叫快救人，他二话不说，冲进火场救人，经过 20 分钟的救援，救出贺文建一岁的女儿，随即送往中阳县人民医院，但经抢救无效不幸离世。

多年来，刘建文不仅营造了良好的家风，还把自己的青春年华融进了南焉村发展的事业中，带动身边的人助推南焉村走在乡村振兴的大道上！

（山西省文明办供稿）

卜庆平

路遇车祸，见义勇为连救 12 人

「见义勇为」

人物故事

卜庆平，男，1951 年生，辽宁省沈阳市市民。

2019 年 8 月，卜庆平和老伴、女儿等一家人从沈阳前往甘肃游玩。16 日下午，他们在 G30 连霍高速上，刚过玉门服务区约 11 公里处，遇到了一起车祸，车祸中有人甚至被甩飞出去。他赶紧将车停靠到了路边，第一时间下车到前方查看车祸情况。

车祸现场，12 人全部受伤，不能动弹。一名妇女的腿被车轮压住，她大声求救：“快救救我！”而车内另一名十几岁的儿童情况更危险，被压住了胸部，已经昏迷不醒。

“先别喊了，你没有生命危险，一会儿我救你，但是现在必须先救孩子。”卜庆平冷静有力的话，让那名妇女镇定了下来。随后，卜庆平和赶过来的其他人一起用高速路护栏上掉下来的铁栏杆当撬棍，将压在孩子身上的车体撬起来，费了很大劲，终于将孩子救了出来。

大约用了半个小时，连抬带抱，卜庆平与其他人一起将 12 名伤者全部从肇事车辆内救了出来。确定现场没事后，卜庆平才开车驶离了事故现场。

（辽宁省文明办供稿）

徐永仁

儒雅教师怀义勇　救火斗恶冲在前

「见义勇为」

人物故事

徐永仁，男，1960年生，吉林省梅河口市第四中学语文教师。2019年被评选为“吉林好人标兵”。

1975年，在放学回家的路上，他听到了路边池塘落水儿童呼救的声音，他跑过去，跳下水，拼命地拉，与那个孩子一样，一口一口地灌着池水。终于，一同上了岸，一同哇哇吐了一通水，一同脱离了生命危险。

2003年春季的一天早上，后院邻居家的房屋浓烟滚滚，他无暇多想，一边大喊“救火”，一边跳过篱笆，砸碎玻璃，用力掰下窗户，用衣服包着头部，迅速跳进屋去。屋里3个孩子在睡觉，他叫那个大一点儿的孩子赶紧逃出窗外，自己抱起两个小一点儿的孩子也逃了出来。

1997年，他在双兴中学任教时，一群社会人员挥舞着凶器，闯入校园殴打一名叫黄志鹏的学生，当时上课的老师为保护学生手指被打断……徐老师冲过去，护着黄志鹏抡起他手中的家伙，与这群歹徒拼斗，直到民警赶到。

（吉林省文明办供稿）

张祖林

不顾个人安危逆火而行 三进火场营救被困居民

「见义勇为」

人物故事

张祖林，男，1978年生，上海市公安局普陀分局交警支队政委。

2005年，初出茅庐的特警张祖林完成了上海首起校园人质劫持解救任务。

2008年汶川地震，张祖林第一时间奔赴四川参加抗震救灾。2010年上海世博会期间，张祖林担任上海世博园区第五安保责任区机动队队长，151天他全程无休在岗服务世博会。

2018年3月31日，普陀区江宁路某老式小区发生了火灾。在疏散群众的过程中，张祖林得知楼内有一名80岁的中风老人行动不便还未撤离后，拿上湿毛巾就冲入了这栋楼，最终在底楼尽头的房间里找到了这名老人和他60多岁的儿子。张祖林让老人的儿子用湿毛巾捂住口鼻，自己一手架起老人撤离了火场。居民又向他反映另一栋楼内还有一名男子没有撤离，他再次冒着滚滚浓烟冲进火场，又成功带该男子撤出火场。此时，周边群众说某楼夹层内似乎还有被困人员。张祖林两眼红肿、嗓子嘶哑、后背灼烫，但还是毅然冲进火场，直至确认楼内再无群众被困后才撤出。张祖林3次冲入火场，先后成功救出3名被困群众。

（上海市文明办供稿）

孙钟柱

三年间六次水中救起七条性命 两春秋四闯火海保护古堰安危

「见义勇为」

人物故事

孙钟柱，男，1991年生，江苏省淮安市洪泽区古堰景区管理员。

孙钟柱作为一名景区管理员，3年间一直值守在洪泽湖大堤，他6次跃入湖水，挽救7人生命。2016年8月，一名淮安大学生为游玩尽兴，擅闯洪泽湖深水区涉险，孙钟柱一个猛子扎入湖底将其救起。之后不久，一名本地籍高中生翻越洪泽湖深水区防护墙，游泳溺水，孙钟柱再次施以援手。2017年7月，一位来自山东聊城的武先生带着儿子下水嬉游，因忽视深水区警示牌，不慎坠入深潭，孙钟柱和同事一道将这对父子救上岸，挽救了两条生命。2018年夏天的一个下午，一名十八九岁的青年在洪泽湖游泳不慎溺水，孙钟柱第一时间将他救起，并对他采取心肺复苏和翻身控水的方法进行急救，溺水青年转危为安。

3年间，孙钟柱不仅救人还救火，他四闯火海扑灭大堤火险，避免了超千万的国家财产损失。2016年、2017年秋冬两季，孙钟柱发现并独立组织中型火警救灾两次、小型火警救灾两次。

（江苏省文明办供稿）

吕　挺

“90后”消防员为救落水群众英勇牺牲

「见义勇为」

人物故事

吕挺，男，1990年生，浙江省金华市人，生前系浙江省湖州市消防支队安吉中队队长，三级指挥员。

2014年6月，吕挺被分配到安吉消防中队工作。在5年多时间里，吕挺参加灭火救援行动2000余次，营救被困群众200多人。2019年8月14日下午5时许，安吉县鹤鹿溪村西苕溪水域两名群众落水。接警后，吕挺立即带领消防员携带救援装备赶赴现场处置。在他展开救援时，发现两名被困人员体力已经达到极限，身体正逐渐沉没至水面下。他立即改变救援方案，迅速佩戴好个人救援装备，扣好牵引绳，在激流中全力向落水人员靠近。经过不懈努力，他终于抓住了一名被困人员，拼尽所有的力气，将被困人员托上了冲锋艇。

他仍未放弃对另一名被困群众的搜救，再次一头扎进水中。随着夜幕的降临，当岸边的队员拉拽保护绳，想将吕挺拖上岸时，挂钩的那边却只剩下一条孤零零的绳索在水中飘荡。8月16日9时5分，失联37小时的吕挺同志在失联处下游的1800米处被发现，不幸壮烈牺牲。

（浙江省文明办供稿）

李云峰

休假战士协助救火 彰显军人担当

「见义勇为」

人物故事

李云峰，男，1990年生，安徽省黄山市黟县洪星乡村民，某部队现役士官。

2019年8月20日凌晨5时，洪星乡杨家墩村李彩娟家中突然起火，厨房还有做饭用的煤气罐，邻居听到呼喊声后迅速拨打了119。附近房屋都是木头搭建，如不迅速将火扑灭，整个村庄和屋后的几十亩树林都会化为灰烬。正在家休假的李云峰听到群众呼喊声后，不假思索，迅速跑向李彩娟家，一路上大声呼喊并敲打大门提醒附近熟睡中的居民。

屋顶已蹿起几米高的火苗，李云峰迅速判断着火点位置，用水将全身浇透、一个箭步向大火奔去，同时安排乡亲们取水，并清理出隔离带，最大限度控制着火面积，为消防救援争取时间。

他一趟趟地进出火场，徒手将那个随时可能爆炸的煤气罐搬了出来。手磨破了皮，脸上、身上全是灰烬，全身多处被烫伤，但他全然不顾，既当指挥员，又当战斗员，始终冲在火情最严重的地方。

最后，他和随后赶来的消防队员一起，经过1个多小时的奋力扑救，大火终于被扑灭。在确认现场安全后，他悄然离开。

（安徽省文明办供稿）

陈江桥

退役不褪色　铁血男儿勇斗歹徒

「见义勇为」

人物故事

陈江桥，男，1972年生，福建省漳平市委宣传部工勤人员。

2019年7月29日12时30分，陈江桥在家中，突然听到隔壁有人在呼救。他急忙冲出门口，发现对门邻居吴女士的家门敞开。陈江桥冲入屋内，只见一名戴着鸭舌帽和口罩的歹徒正在实施抢劫。歹徒手持匕首，从背后卡住吴女士女儿的脖颈。吴女士站在一旁，手部被匕首划伤。陈江桥见状，毫无惧色，喝令歹徒扔掉凶器，放开人质。情急之下，陈江桥抓起一个空花盆砸向歹徒，迫使歹徒放开吴女士女儿。歹徒恼羞成怒，手持匕首疯狂刺向陈江桥。陈江桥奋不顾身，冲上前去将吴女士女儿拉往身后，与歹徒从屋内搏斗到门外，直至一起翻滚至楼梯平台。歹徒挣脱后，夺路而逃。陈江桥紧追几步，因失血过多倒地。陈江桥的颈部、背部、腰部等处身中4刀，最长伤口近30厘米。随后，及时赶到的民警、医务人员和群众，将陈江桥送往市总医院，经抢救脱离生命危险。

（福建省文明办供稿）

兰海军

“国道守护者”高温下的22天坚守

「见义勇为」

人物故事

兰海军，男，1976年生，江西省萍乡市湘东区白竺乡大丰村村民。获得江西省“抗洪救灾”及时奖励二等奖。

2019年7月8日晚，萍乡市遭遇特大暴雨袭击，防汛防灾形势十分严峻。7月9日凌晨4点，兰海军在排查完险情后回到家中休息，突然听到家门口319国道传来阵阵异响，经观察发现，在暴雨的冲刷下，319国道已出现裂缝，道路下方部分泥土出现塌方。面对突如其来的险情，他第一时间向村干部反映情况，并叫上邻居帮忙砍树作临时路障，提醒来往车辆。由于还没来得及做好警示标志，天色很暗，很多过往车辆不了解前方险情，兰海军不顾危险，站在路中央对来往车辆进行拦停，避免了多起事故的发生。

在国道抢通期间，兰海军也一直在319国道值守，帮行人指路、引导疏通车辆。炎炎夏日，他每天24小时吃住都在国道上，连续22天认真值守。从发现险情到国道垮塌再到道路抢通，从始至终未出现过一起伤亡事故，兰海军也成为319国道湘东段最美的风景。

（江西省文明办供稿）

阮浩煌

21岁大学生奋力救人英勇献身

「见义勇为」

人物故事

阮浩煌，男，1998年生，生前系江西省景德镇市浮梁县郭家洲村村民。

2019年8月24日下午5点半左右，阮浩煌和同学赵辉、邬济三人在昌江河浮梁旧城村段东门滩的河边游玩，突然发现河中间一个中年男子抱着一个中年妇女扑腾，男子大喊救命。情况危急，阮浩煌和同学邬济没有任何犹豫当即向溺水者游了过去。在就要靠近落水者的时候，游在前面的阮浩煌陷入一个湍急的水流，并被水中挣扎的两人紧紧拉住，一起被急流卷入水中，很快被河水冲走了。紧跟在后的邬济喝了几口水，在慌乱中抓到水草才爬到了河床边上。邬济和同学虽然马上紧急呼救、及时报警，但阮浩煌和中年男女还是失去了宝贵的生命。勇敢的阮浩煌将自己的生命永远定格在了21岁。

（江西省文明办供稿）

赵秀强

退伍军人关键时刻挺身而出 冒险救火展英雄本色

「见义勇为」

人物故事

赵秀强，男，1968 年生，山东省德州市齐河县宣章屯镇综合执法办工作人员。

赵秀强于 1990 年退伍，在家乡的企业工作多年，2018 年被国家安置在公益岗位。2019 年 6 月 24 日中午，齐河县六一三分农场一住户家中突发火情，浓烟从窗户冒出，火势凶猛。下班途中赵秀强发现此情况后立即冲到现场，着火的厨房内煤气罐已经烧了半个小时，罐体通红，向外喷射的火焰足有半米高，屋内充满了浓浓的煤气味，煤气罐仍在泄漏，随时可能引发爆炸。刻不容缓，他拿起车载灭火器冲进厨房，担心温度升高会引起煤气罐爆炸，他改用水浇的形式，对煤气罐进行降温，火苗在水的不断冲刷下终于变小了，他抓住时机用湿毛巾拧紧阀门，终于停止了漏气，火势慢慢变小。不料，隔壁的房屋已被引燃，赵秀强拿起灭火器又冲了进去，将火扑灭后继续用凉水给煤气罐降温半小时，直到把爆炸的危险彻底解除。

（山东省文明办供稿）

王福财

千钧一发之际　他伸手接住坠楼男童

「见义勇为」

人物故事

王福财，男，1978 年生，广西壮族自治区玉林市博白县三滩镇亚桥村村民。

2019 年 9 月 8 日下午 1 点左右，一名 5 岁的小男孩跑到楼顶玩耍，越过了护栏，爬到了窗台上方的水泥板，突然小孩双手抓住水泥板，身体和双脚悬空！两位居民发现了这一险情，有人大喊“找棉被！找棉被！”有人给小孩鼓气，不停地叫他“坚持住！坚持住！”

千钧一发之际，王福财听到居民的呼救声，他一个箭步冲到了小孩下方的区域。就在王福财伸出双手之际，猛一抬头，发现小孩坚持不住掉了下来。幸运的是，王福财双手接到了小孩，由于巨大的冲击力，小孩还是滑到了地上。但是经过王福财双手的缓冲，小孩的情况并没有很糟糕。当 110 和 120 救援人员赶到现场后，医护人员经过简单救治后，把孩子送上救护车拉回医院做进一步处置，经检查，获救小孩除右脚骨折外，并无大碍。

王福财英勇果敢、当机立断，成功地保住了孩子的性命。

（广西壮族自治区文明办供稿）

杨桂秀

勇斗扒手的公交女司机

「见义勇为」

人物故事

杨桂秀，女，满族，1965年生，海南省三亚市公共交通集团有限公司驾驶员。2019年获第七届全国道德模范提名奖。

杨桂秀曾先后6次在公交车上识破行窃扒手并勇敢制止偷窃行为，帮乘客追回被盗财物。

2014年11月的一个中午，她驾驶8路车行至解放路第一市场公交站，落客时，突然响起了一声叫喊：“谁拿了我手机？”一位刚上车的乘客发现手机不见后大声呼叫。就在这时，一名男子突然从前门跳下车。杨桂秀立刻从座位上站起来，快速打开驾驶座旁边的安全护栏，冲下去追赶。跳下车后，从背后紧紧抓住那名刚下车，正想快速离开现场的男子，大声喝道：“拿出来！”偷手机的男子看到杨桂秀充满怒火的眼神后，只好乖乖地把藏在衣兜里的手机递给杨桂秀，用力挣脱后迅速离开现场。

在一次次见义勇为中，杨桂秀也曾负伤。丈夫心疼她，更担心她被打击报复，劝她不要再去管闲事了。虽然嘴上答应，但实际上，杨桂秀遇到类似的事情，还是会毫不犹豫地站出来。

（海南省文明办供稿）

田　禾

与正义同行　为生命出征

「见义勇为」

人物故事

田禾，男，1984年生，解放军陆军军医大学陆军第958医院现役军人。2019年被评为“重庆好人”。

2019年1月15日晚，田禾和同事驱车途经重庆市江北区黄泥村时，一位中年妇女向他们求助，包被抢了。田禾没有半点犹豫，便踩下油门，向妇女所指方向追去。

驾车来到一“Y”字形路口，田禾看见持挎包的嫌疑人正在逃窜。田禾下车朝嫌疑人飞奔而去，并一边大喊：“站住，不要跑！”嫌疑人听到田禾的呵斥，在路上愣了一下，田禾立即冲上前去，拉住了包带，嫌疑人转过身，右手肘顺势打了过来，他一时躲避不及，右脸被嫌疑人手肘狠狠打中，两人展开激烈的搏斗。当田禾把包抢了过来时，后脑勺被重重击打，失去了意识，倒在了血泊中，但他身下还死死地压着妇女的手提包……

作为军人，田禾情系家乡。2003年，开县发生特大井喷事故，田禾在抢险救灾现场；2004年，开县发生特大洪灾，田禾主动请战参加救援；2008年，“5·12”汶川大地震发生后，田禾连夜赶赴灾区……

（重庆市文明办供稿）

杨　胜

“00后”青年三度入水救起2名儿童

「见义勇为」

人物故事

杨胜，男，侗族，2001年生，贵州省铜仁市碧江区中等职业学校学生。2019年获“贵州好人”荣誉。

2019年6月29日中午12时，杨胜和姑姑路过碧江区兴市桥时，突然听见有人大喊：“有人落水了！”顺着路人手指的方向，杨胜狂奔400米，在锦江河岸边码头不远处，看见一名男孩紧闭双眼仰面漂浮在离岸数十米处的河中。杨胜纵身下水营救，很快把小男孩抱上岸。不料小男孩苏醒后第一句话竟是“姐姐在河里”。杨胜立即放眼搜索河面，发现距离自己10多米远处有一个小女孩在水面扑腾，杨胜毫不犹豫地扎进水里游向女孩。看到有人靠近，女孩立即伸手搂向杨胜，但水太深脚踩不到底，杨胜担心太慌乱导致两人均可能溺水，便挡开女孩伸来的手，顺势一把搂住女孩的脖子往回游，很快把女孩救上岸。正当杨胜想歇口气时，女孩却说，“表妹还在河里”。杨胜望向河中，根本不见人影。但他还是跳入河中，潜入水下继续寻找。历经数次潜水均没找到，因水下高压以及体力透支导致杨胜的身体极度不适，他被迫回到岸上。

（贵州省文明办供稿）

鲍开华

危难时刻显身手

「见义勇为」

人物故事

鲍开华，男，1952年生，陕西省商洛市山阳县南宽坪镇安家门村村民。

2017年10月的一天，鲍开华去东台组。走到王家沟口时，耳边传来汽车刺耳的轰鸣和刹车声，在离他200米开外的水库里有一辆车正在缓缓下沉。水库有近百米宽，最浅处也有五六米，而掉进水库的车距离岸边最少都有20米。鲍开华一边给镇村干部打电话说明情况，一边积极想办法进行救援。他看见有个男人从车里钻出来，手里抱着一个孩子向岸边游过来，放下孩子后又返回水中的汽车。附近并没有可以下去的路，周围都是直挺挺的高五六米的路崖，鲍开华不顾危险，把孩子转移到安全的地带。站在水边，他看到车里又钻出来一个女人，他们尽力靠拢，相互牵引着游向岸边。距离车不到2米时，车就沉没了，连带着两人都沉到了水里。两人挣扎了一阵，拼命向岸边游来。鲍开华不识水性，他急忙四处寻找，发现不远处有一条葛麻藤，然而这葛麻藤的长度也并不够施救的距离。情急之下，他跳下水缩短施救距离，把葛藤向两人扔去，把他们慢慢地拉到安全的地方。

（陕西省文明办供稿）

王奎凤

37 年用诚信经营守护百年老店

「诚实守信」

人物故事

王奎凤，女，回族，1966 年生，天津市宴宾楼餐饮有限公司董事长。2018 年当选全国三八红旗手，2019 年当选“天津好人”。

自 1982 年从事餐饮行业，王奎凤坚持诚信经营，引领企业不断发展壮大。

她面对顾客讲诚信，为了给津城百姓带来放心菜品，王奎凤坚持使用天然食材、调味品，拥有固定的牛羊肉供货商，选用纯正填鸭，并与供货商签订协议以确保所有食材的质量。她面对供货商讲诚信，从不拖欠对方的货款，按时结算。她面对员工讲诚信，从不拖欠员工工资，即使在企业最困难的时期，她也将工资按时足额发放。

为了企业提质增效，王奎凤积极进行市场调研，在饭店增设外卖窗口，推出了下午连市的举措。从 2010 年起，经过不懈努力，在天津各区开设了 7 家直营店。据统计，宴宾楼年创收达到 5000 多万元，为国家增税 530 万元。

（天津市文明办供稿）

周　新

百年老字号传承人
做百姓信得过香油

「诚实守信」

人物故事

周新，男，1973 年生，河北省保定大慈阁食品有限公司总经理。

多年来，周新秉承“民以食为天，食以安为先”的行业宗旨，大慈阁香油被评为保定市非物质文化遗产、河北省旅游推荐商品。同时，还获得保定市香油领域唯一“河北老字号”荣誉。

周新家传的大慈阁香油起源于南宋宝庆三年（公元 1227 年），传承至今已有近 800 年历史。大慈阁香油从选料、胚芽、清洗、炒籽、扬烟、过筛、磨酱、兑浆、敦油、撇油、沉淀、过滤到灌装，有 13 道工序，是严谨的传统工艺。使用石磨磨制大慈阁香油，其工艺温度为 60 摄氏度，虽说效率相对较低，但是，能充分保证大慈阁香油内在的优良品质。

周新说，大慈阁公司的业绩一部分是员工和经销商自己吃出来的。如果食品企业的员工都吃自己企业生产的食品，那么今天市场上的问题食品就会少之又少。

（河北省文明办供稿）

王艳梅

凭借诚实守信和执着奋斗扛起鹿业振兴大业

「诚实守信」

人物故事

王艳梅，女，1970 年生，吉林省东鳌鹿业集团有限公司董事长、吉林省中韩动物科学研究院院长、长春科技学院副校长。2017 年被评为“吉林省拔尖创新人才”，2019 年被评为“吉林好人标兵”。

1995 年，她投身办学做教育，培养成就了一批批学子。2011 年，创建了吉林省中韩动物科学研究院，先后与国内外科研院所合作，进行鹿源功能性食品、保健品、养生酒等产品深度开发。2012 年 10 月，创建集产、学、研、养、加、销为一体的梅花鹿全产业链精深加工企业——吉林省东鳌鹿业集团，2019 年 7 月，成立了梅花鹿产业学院。

2008—2012 年，王艳梅先后承担国家、省市级课题 70 余项，《大学生创业教育模式研究》荣获一等奖。出版《大学生就业十讲》《大学生创业指导》《吉林双阳鹿文化》等著作。2014 年 8 月、2016 年 6 月，与麻庸一起获授权专利 2 项，带领东鳌鹿业集团的科研团队完成涉鹿研究发明专利 15 项。

（吉林省文明办供稿）

蒋桂琴

20 年信守承诺当好“健康管家”的女村医

「诚实守信」

人物故事

蒋桂琴，女，1979 年生，江苏省盐城市大丰区三龙镇东红村卫生室室长。

1998 年，蒋桂琴毕业后来到三龙镇斗龙港村当起了乡村医生。在她的行医生涯中，出诊过多少次，为多少人看过病，连她自己也无法记清。她只知道，接到村民电话，就得往病人家里赶，一分一秒都不能耽误。这些年，她跑遍了渔村的每一条小道，把每一户村民的身体健康状况都清楚地装在心里。

2013 年 9 月，大丰市成为国家级乡村医生签约服务工作重点联系市，并在全国率先开展乡村医生签约服务试点工作，蒋桂琴挨家挨户地宣传签约服务的好处，跟村民一起算“签约账”，不到一个月，全村成功签约 217 户个性化服务包。村医签约服务得到村民的认同，签约后的群众得到更加贴心的服务，居民健康管理更加规范有序。在她的不懈努力下，全村 2456 名村民健康档案建档率 100%、基本公共卫生服务项目实施率 100%，村民身体素质有显著提高。东红村卫生室年接诊人次从几年前的五六万，增长到现在的近 20 万人次，这是蒋桂琴工作实绩的最好诠释。

（江苏省文明办供稿）

吴光潮

坚守“一元钱看病”承诺 做村民“健康守门人”

「诚实守信」

人物故事

吴光潮，男，1946年生，浙江省建德市人。先后荣获“全国优秀乡村医生”“中国好医生”等荣誉称号。

1966年，年仅20岁的吴光潮当了“赤脚医生”。50多年来，他默默扎根乡村，每天起早贪黑，为村民消解病痛，治愈的疑难杂症患者上万名。他为全村每一位村民建立了健康档案，基本实现了小伤、小病不出村，常见病、多发病都能在卫生室解决。

从1983年开始至今，他坚守“一元钱看病”承诺，诊疗、注射、包扎等，每次只收一元钱，被村民亲切地称为“一元钱医生”。

诊疗费廉价，对待病人的态度从不打折，吴光潮多次放弃去大医院和开私人诊所的赚钱机会，坚守在简陋的乡村卫生室。如今，吴光潮已经退休10余年，一如既往地践行着村民“健康守门人”的职责。

（浙江省文明办供稿）

廖竹生

自强不息　带动贫困残疾人脱贫致富

「诚实守信」

人物故事

廖竹生，男，1997年生，江西省赣州市宁都县对坊乡半迳村人。2018年荣获“全省脱贫攻坚奖奋进奖”，2019年获“全国自强模范”荣誉称号。

廖竹生的双手手腕先天畸形无法伸直，为肢体三级残疾人。一贫如洗的家境、3个年幼的妹妹和弟弟，致使他不得不早早走上社会。

2015年9月，廖竹生参加宁都县第一期免费电商培训班。在学校老师的指导及电商孵化园的帮助下，他与其他5名同学组成了一个小团队，网上专售时尚千层底布鞋及其他本地农产品，网店开业一个月，给实体店老板快速销售近2万元的销售额，自己所得工资2500元左右。淘宝运营中，他学到了很多东西，从而开设了“章坤设计工作室”。成立残疾人创业团队，创建励志园电子商务有限公司。2017年“励志园”列入全国脱贫攻坚先进典型候选对象。廖竹生成为带领大家创业致富的顶梁柱。

（江西省文明办供稿）

郭丽英

“抗癌勇士”组建病友艺术团 公益演出 250 余场

「诚实守信」

人物故事

郭丽英，女，1955 年生，广东省深圳市凤凰涅槃艺术团团长。2019 年被评为“广东好人”。

2001 年，郭丽英被确诊为乳腺癌晚期，虽然当时医生预判其生存期不到 1 年，但坚强的她没有向命运屈服。2006 年 1 月，郭丽英与全国道德模范丛飞相约，组建一个癌症病友艺术团。谁知 103 天后，丛飞因癌逝世。为了兑现约定，年近 60 岁的郭丽英四处奔走忙碌。经过长达 6 年的努力，终于在 2012 年正式注册成立了深圳癌症病友艺术团——“凤凰涅槃”艺术团。

艺术团成立之初没有经费、没有场地、缺少人员，郭丽英就发动丈夫亲人参加社团，把家设为活动场地，自己垫资。在她的带领下，艺术团不断发展壮大。郭丽英关爱每一位团员，帮助病发团员联系大医院好医生会诊和治疗，推动、参与各种公益活动，带领团友们把自己与命运抗争的经历融入表演，以艺术讴歌生命，用表演展现自我。

艺术团坚持公益初心，进医院、养老院、监狱看守所演出，截至 2019 年年底，已举办各类社会公益活动 250 余场，累计观演群众达 10 万余人次。

（广东省文明办供稿）

林以忠

“5 元理发店”20 多年不涨价 诚信服务邻里

「诚实守信」

人物故事

林以忠，男，1955 年生，广东省中山市忠记理发店店长。2019 年被评为“广东好人”。

1986 年，林以忠创办忠记理发店，60 多岁的他，坚持理发 30 多年。随着经济发展和生活水平提高，20 世纪 90 年代，价格从最初的 3 毛钱逐步提高到 5 元钱。从此以后，忠记理发店 20 多年来再未涨价，加上林师傅理发“顶上功夫”技法娴熟，“5 元理发店”因此得名，石岐老街许多街坊邻居都是常客。

街坊邻居和妻子女儿有时忍不住劝说，5 元理发怎么养家糊口呢？林以忠却坚持认为，还有不少老街坊收入不高，自己靠着理发手艺，能够帮助别人就尽力帮忙，让大家“能省就省”。

在林以忠看来，顾客大多是街坊邻里，每天和他们聊聊天，唠唠嗑，侃侃家常，也是一种精神寄托。林以忠每个月会去 10 多个行动不便的老主顾家里上门理发，陪他们聊天解闷。街坊邻居很多婴儿满月，也会找上林以忠上门理发。

林以忠的店铺正如他的名字一样，真真正正做人，忠忠诚诚做事。

（广东省文明办供稿）

邓荫伟

“点树成金”践行诺言带领农民致富

「诚实守信」

人物故事

邓荫伟，男，1956年生，广西师范大学生命科学学院教授、硕士研究生导师。

2004年7月，邓荫伟从桂林市林业科学研究所调到广西师范大学生命科学学院工作，成为一名授业解惑的人民教师。

从事科研工作40多年，邓荫伟诚实守信、精耕细作，发表省部级以上论文70多篇，获专利7项，参与出版编著7部，先后主持或参加的国家林业和草原局、广西壮族自治区科技厅等部门下达的17项科研成果均达到国内先进水平、国际先进水平。

作为一名党龄32年的老党员，邓荫伟践行“用自己的知识让农民过上富裕生活”的理想信念，40多年来，邓荫伟始终践行着“三农梦”，除了研究金花茶外，还从事银杏、油茶良种苗繁殖、栽培技术研究及应用，始终站在科研一线，积极探索产学研结合的有效路径，助推现代农林业的创新发展，助力农民群众脱贫致富，为广西经济社会发展和精准扶贫事业作出了自己的贡献。

（广西壮族自治区文明办供稿）

刘照元

七旬“愚公”还钱记

「诚实守信」

人物故事

刘照元，男，1949年生，陕西省安康市岚皋县蔺河镇蒋家关村二组村民。

2015年，刘照元的儿子因患鼻咽癌和淋巴癌去世，儿子的离世除了给老两口带来无尽的悲痛外，还留下了一张张因治病借钱而来的欠条。整整24万元，一笔借款就是一份天大的人情。刘照元将每一笔借款都深深地刻在了心里。“再难都要把钱还清，人家信任我，我也要做一个讲信用的人。”这是当时萦绕在刘照元心中的唯一想法。刘照元夫妇每天去给村里的民营企业种植的白芨锄草一天80元，卖一把木椅子100元，卖一斤漆100元，一点点积攒起来还债。到2019年年底，刘照元已经还清了10多万元的债务。“您年纪这么大了，身体又不好，要是债还不完咋办啊？”也曾有人这样问过刘照元。“我还不完，还有我孙子，我早就给孙子交代好了，要是在我有生之年还不完债，就让孙子还，一直到还完为止。”刘照元坚定地说道。

这就是刘照元，一位已经70岁的普通农民，一个替子还债的伟大父亲，一个视诚信为信仰的平凡老人，他用勤劳有力的双手践行着自己的诺言。

（陕西省文明办供稿）

刘云军

3年坚守在玉树高原 创造新时代援青奇迹

「敬业奉献」

人物故事

刘云军，男，1971年生，北京市西城区广外医院副院长。曾荣获第二届中国优秀扶贫“最美人物”、2019年“最美支边人”、2019年“全国民族团结进步模范个人”。

2016年7月，刘云军主动请缨参加为期3年的医疗援青工作，来到青海省玉树藏族自治州任卫生计生委副主任、州人民医院党委副书记、院长。

2017年，一个藏族妇女早产生下的3胞胎男婴生命危在旦夕，刘云军立即启动应急预案，经过三天三夜的抢救和一个多月的救治护理，3胞胎各项体征趋于正常，创造了高海拔地区早产3胞胎存活的奇迹。

3年多来，在刘云军的带领下，医院先后组建了危重新生儿救治中心、感染性疾病科、眼科中心、消化窥镜中心等14个新学科，相继开展了168项新技术、新业务。与此同时，填补了玉树州诊疗技术的多项空白，住院0—1岁婴儿死亡率从13.6%下降到2.3%。

（北京市文明办供稿）

韩泽民

退伍老兵“隐姓埋名” 严守国家秘密

「敬业奉献」

人物故事

韩泽民，男，1937年生，河北省邯郸市大名县供电公司退休军转干部。

1956年，韩泽民19岁，国家面向全国征召第一批义务兵。作为家中独子的韩泽民毅然决然报名参军，报效祖国。

1958年，中国人民解放军空军成立了地空导弹部队，韩泽民入选。1962年9月9日，导弹二营在江西省成功击落了一架U-2飞机，韩泽民当时担任作战指令发射车技师，韩泽民也因在战斗中的优异表现荣立一等功。1964年7月7日，韩泽民所在部队再次在福建省击落敌U-2高空侦察机，韩泽民担任作战指令发射车主任技师。韩泽民被提前晋级晋衔，并被破格提拔为中尉。

从部队转业后，韩泽民严格遵守相关规定、严格保守国家秘密，从未向别人提起自己过去的作战经历，也从未向组织提起自己过去的荣誉。

转业后的韩泽民始终保持着军人吃苦耐劳、甘于奉献的作风。因为工作努力、成绩突出，他连续多年被评为先进工作者。

（河北省文明办供稿）

魏官元

残疾身板架起党同群众的“连心桥”

『敬业奉献』

人物故事

魏官元，男，1971年生，山西省大同市新荣区西村乡人民调解委员会主任，西村司法所长，山西省一级人民调解员。曾获“全国模范人民调解员”“最受欢迎人民调解员”“全国人民调解工作先进个人”“全国模范司法所所长”“山西省最美基层干部先进典型”“山西省劳动模范”等荣誉称号。

1996年，魏官元看到群众因一些鸡毛蒜皮的小事处理不好引发的打架斗殴，甚至闹出人命等令人揪心的事情，他不顾家人反对、同事不解，放弃了乡党委办文秘工作，主动请缨当上了劳神费心的人民调解员。魏官元肢体残疾，干一件事情比正常人要克服更多的困难，但他凭着对民调事业的热爱和顽强的毅力，常年奔波在农村的巷尾街头、田间地头排查调解纠纷。20多年来，累计调解成功各类纠纷1960余件。

他不断创新，创办了“法治+民情夜校”巡回讲解法律知识，了解社情民意，把矛盾化解在萌芽状态；他创立了“网上调解室”和“党员调解车”相结合的“网下+网上”全时空服务模式，24小时随时随地随身服务群众。

（山西省文明办供稿）

孟祥民

用生命践行共产党人的初心和使命

『敬业奉献』

人物故事

孟祥民，男，蒙古族，1975年生，生前系吉林省长春市二道区英俊镇党委副书记、镇长，2019年因心脏病不幸去世，年仅44岁。2019年被追评为“吉林省道德模范”。

他是对党忠诚、信念坚定的好党员。他在黑臭水体治理攻坚战期间，坚持24小时值班，用脚丈量了英俊镇46公里河道；在推进农村旱厕改造工作中，他挨家挨户动员，在短短40多天里，完成改厕2051户，占全市改造总量的1/3。

他是勇于担当、敢为人先的好骨干。他面对英俊镇繁重征收任务，创造性地提出征收补偿方案，妥善解决了和平村、石碑岭煤矿塌陷区、英翔大街落位等一批群众反响强烈的征收难题。

他是一心为民、苦干实干的好公仆。他带头深入贫困村驻村蹲点调研，分类施策，英俊镇176名建档立卡贫困户实现100%脱贫。在卫星村自来水管线铺接的真空期，用车把水送到每户百姓家。

他是默默无闻、无私奉献的好干部。一件羽绒服穿了7年，一个方框眼镜戴了8年，一身西装穿了12年。

（吉林省文明办供稿）

戚珊红

“一种”发明成就多项第一

「敬业奉献」

人物故事

戚珊红，男，1971年生，上海市金山区亭林医院骨科主任。先后荣获上海市卫生健康系统“优秀志愿者”、上海市医务职工科技创新新人奖提名、上海市劳模、全国卫生系统先进工作者、全国医药卫生系统创先争优先进个人等殊荣。

他擅长骨科四肢创伤生物学内固定手术治疗，在腰椎间盘突出症微创治疗、脊柱内固定、关节置换、老年骨折精细化手术治疗方面有深入研究。戚珊红将髓内钉锁钉技术改良的数项国家实用新型专利运用于临床，锁定率接近100%，一改传统工具反复锁定率20%—30%的难题，极大地减轻病人痛楚，减少医疗费用，加快术后康复。

针对老年人骨折后生活质量低下的难题，戚珊红带领团队推陈出新，逐步形成了老年骨折病人精细化手术的特色，极大地改善了老人的生活质量。

戚珊红主任带领骨科团队钻研技术，不断创新，其戚珊红锁定髓内钉弹性固定创新工作室荣获上海市第九批“上海市劳模创新工作室”称号，团队多人有国家实用新型专利。

（上海市文明办供稿）

马　超

搏击长空执着拼搏为国争光

「敬业奉献」

人物故事

马超，男，1987年生，江苏省苏州市姑苏区人，空军某部伊尔-76大型运输机机长，空军一级飞行员。

他曾两次赴韩国执行护送志愿军遗骸回国的专机任务，还多次参加尼泊尔抗震救灾、赴马来西亚空运救灾物资等境外非战争军事行动任务。2018—2019年，马超担任机长带领机组赴俄罗斯参加国际军事比赛，获得了“航空飞镖2018”项目运输机组冠军和“航空飞镖2019”项目运输机组亚军。胜利的背后，是无数次艰苦的训练。每次规定的训练结束后，马超都会独自加量练习。在3个月时间里，马超瘦了30多斤。高强度的训练，使他的肩膀、手肘两度拉伤，游泳池氯水的长期浸泡导致他的牙齿开裂。然而，他贴上膏药、拔了坏牙，忍痛走进训练场，始终没有落下一天的训练计划。

入伍至今，马超一直秉着执着的精神出色完成每一项任务。

（江苏省文明办供稿）

王笑梅

奉献教育事业 35 年 打造美育范式的名校长

『敬业奉献』

人物故事

王笑梅，女，1966 年生，江苏省南通市通州区实验小学校长。先后获得“全国优秀教师”“全国名校长”“江苏省先进工作者”“江苏省优秀党务工作者”等荣誉称号。

王笑梅 1984 年开始从事教育工作，2003 年成为通州区实验小学校长后，她带领当时负债累累的小学走上快速发展新轨道，成功化解债务 1400 万元，重建教学新大楼 1.7 万平方米。她先后领衔创办 3 所新校区，集团学校的学生逾万人。她在全国小学语文界率先提出“儿童生命语文”教学主张，获江苏省首届基础教育成果一等奖。她倡导的“以美育德”立德树人范式为学术界瞩目，在教育部举办的全国第六届中小学生艺术展演活动中荣获两个全国一等奖。学校也先后获得“全国学习型学校”“全国中小学中华优秀文化艺术传承学校”等国家级、省级荣誉近百个。学生参加各级各类竞赛近千人次获奖，表演的节目多次登上央视少儿频道。

王笑梅是“中国好老师”公益行动的核心成员，近年来，她行程数万里，把研究成果送到教育资源薄弱的地方。

（江苏省文明办供稿）

陈声容

“南丁格尔”奖章获得者 平安接生 7000 余名新生儿

『敬业奉献』

人物故事

陈声容，女，1964 年生，东部战区总医院生殖医学科护士长。先后荣立二等功、三等功，曾获“和平勋章”、“省三八红旗手”、“南丁格尔”奖章、“全国巾帼建功标兵”等荣誉。

在从事护理工作的 34 年里，陈声容平安接生 7000 多名新生儿；作为一名部队医务人员，她多次上高山、下海岛，深入老少边穷地区，送医送药，服务病患。一次去舟山群岛巡诊，就完成了对舟山群岛 12 个外岛、特类岛，19 个基层单位和 6 个哨所的巡诊。几年来，她到过战区 20 多个基层部队巡诊，为上千名官兵提供了面对面的医疗服务。2004 年，她随维和部队远赴战火纷飞的利比里亚，执行维和医疗任务，在那 7 个月的战火硝烟中，她零距离和艾滋病人接触，冒着生命危险救死扶伤，接纳门诊病人 3100 多人次，化验 1600 多项，突破了驻地医院日门诊量的最高纪录，被联合国授予“和平勋章”。2010 年，海地发生强烈地震后，她又随国际救援队前往海地灾区，出色完成医疗救治任务。

（江苏省文明办供稿）

江胜霞

村干部扎根山村 35 年 带领乡亲甩掉“穷帽子”

「敬业奉献」

人物故事

江胜霞，女，1961 年生，安徽省桐城市嬉子湖镇蟠龙村党总支书记。党的十九大代表，全国三八红旗手。

江胜霞于 1999 年全票当选党支部书记，她下定决心当好“蟠龙人的家”，甩掉“穷帽子”。

要想富，先修路。江胜霞带着村“两委”一班人东奔西走，累计争取资金几千万元，改造电网、治田治水、修建道路。路修好后，江胜霞先把村里的西河圩对外招标承包，标的逐年升值，从几千元增至 15 万元。初尝甜头的江胜霞，坚定了走种养殖相结合、做活水产业、发展旅游业的道路。2008 年大年三十，得知“外出能人”毕国祥回乡祭祖，江胜霞苦等 5 个多小时，年夜饭都耽搁了。毕国祥被她的精神感动，在家乡设立了生态发展公司，投资建成 700 亩特色果园，还捐资 20 余万元给村组修路修塘，配套亮化、绿化。

在江胜霞的带动下，村两委迸发出强劲的干事热情和韧劲，多位乡村能人回乡投资，千余村民实现就近就业，年人均劳务收入过万元。

（安徽省文明办供稿）

王於昌

八旬退役军人深藏战功 40 余年 不忘初心奉献平凡岗位

「敬业奉献」

人物故事

王於昌，男，1936 年生，安徽省宿州市萧县龙城镇人，复员干部，原萧县百货公司副经理。2019 年获评“全国模范退役军人”荣誉称号。

1954 年 7 月入伍，先后在空军航空兵和地对空导弹部队服役，曾两次击落美制 U-2 高空侦察机；1963 年 11 月，因完成任务成绩突出提前晋升军衔一次；1964 年 7 月，被中国人民解放军空军司令部授予个人一等功。1973 年 3 月复员，被安置到萧县百货公司，1998 年 1 月退休。在百货公司工作期间他兢兢业业、任劳任怨、实事求是，先由营业员提升为柜组长，又由柜组长提升为门市部部长。

“我知道，我所做的一切，国家没有忘记！我愿随时听候党和人民的召唤！”王於昌老人说。

（安徽省文明办供稿）

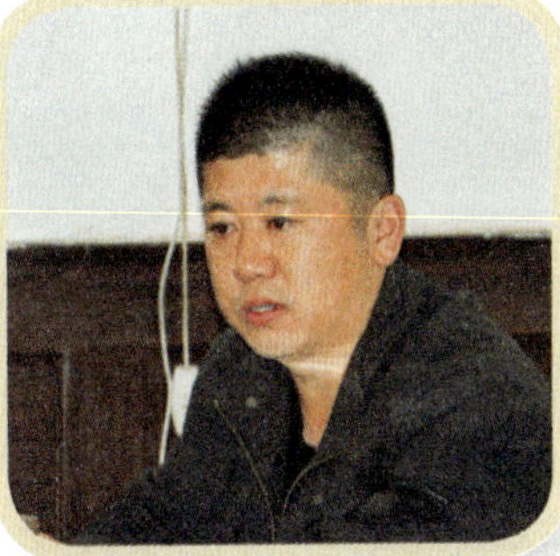

戴志军

一线刑警22年牢记使命 境外执勤突发疾病牺牲

「敬业奉献」

人物故事

戴志军，男，1975年生，生前系安徽省淮北市公安局刑事侦查支队副支队长，一级警长、一级警督。先后3次荣立个人三等功，获安徽省优秀人民警察等荣誉称号。

1997年7月，戴志军公安大学毕业，回到家乡当了一名刑警，从刑警到刑侦支队副支队长，变换的是工作岗位，始终不变的是他对刑侦工作的挚爱。办案中他兢兢业业，认真负责，以极强的专业能力和顽强拼搏的工作作风，破获了多起命案积案。

从事刑侦工作，随时都有可能流血牺牲。在与穷凶极恶的犯罪分子斗争中，戴志军总是对大家说："我是领导，又是老刑警，危险时刻，我先上。"他是这么说的，更是这么做的。

从警22年，戴志军参与侦破各类刑事案件3200余起（其中重大案件720余起），抓获违法犯罪嫌疑人370余人（其中命案积案逃犯12人），为人民群众挽回经济损失1500余万元。2019年8月26日凌晨，戴志军在带队执行境外打击电信网络诈骗专项行动任务时，因劳累过度，突发心脏病，经抢救无效，不幸牺牲，年仅44岁。

（安徽省文明办供稿）

方秋轩

痴心不改　当好群众的"娘家人"

「敬业奉献」

人物故事

方秋轩，女，1966年生，福建省三明市明溪县城关司法所所长。

2017年，在一次赡养纠纷调解中，80岁的王阿婆在陈述儿女们不孝时，情绪失控双手抽动，方秋轩不顾腰椎疼痛，单腿跪地揉摸了老人1个多小时，老人心结解开了，儿女们也知错了，纠纷得到了化解。

26岁的小海曾伙同他人多次用假黄金项链进行诈骗，被法院判处有期徒刑1年11个月，缓刑3年。2014年，在走访中得知他爷爷上了"福建好人榜"，方秋轩就经常到小海家和他谈心，引导小海向爷爷学习。在方秋轩的引领下，小海担负起照顾鳏寡残疾叔叔起居的重任，白天给叔叔喂饭、陪叔叔晒太阳、教叔叔开网店，晚上给叔叔按摩、翻身、上卫生间。渐渐地小海成为当地"孝老爱亲"的榜样。

（福建省文明办供稿）

李爱龙

接力当好路三代 倾情护路30年

『敬业奉献』

人物故事

李爱龙，男，1969年生，江西省吉安市新干县公路分局荷浦道班班长。2016年获江西省公路养护管理工作先进个人。

16岁那年，李爱龙从爷爷、父亲手中接过养路工这根“职业棒”，成了一名养路好手，多年来，创新发明10多项养护路技术，为国家节约养护资金230多万元。

2008年，一场50年未遇的雪灾袭来，导致新干境内道路严重积雪结冰，交通运输几近瘫痪。为了道路畅通，李爱龙总是一马当先，一次在搬运立在路沿的一块大石头时，由于用力过猛，仰面摔倒在路肩旁的水沟里，造成头部严重受伤，鲜血直流，同事们都劝他回家好好休息，李爱龙却说：“事还没做完，险情还未排除，我怎么能安心休息呢？”经过5天的连续奋战，圆满完成了抗冰救灾保畅通的任务，而他却因疲劳过度和体力不支累倒了几次。

他34年如一日，以班为家、与路为伴，认真巡路21万多公里，用坏板车30余辆，挖坏铁锹180多把，参与救灾抢险100余次。

（江西省文明办供稿）

郑海发

深藏功名60余年 九旬老兵践行党的初心使命

『敬业奉献』

人物故事

郑海发，男，1926年生，江西省上饶市玉山县岩瑞镇古城村人，在抗美援朝战场上荣立三等功。

郑海发出生于一个穷苦农民家庭。1947年，他在湖北参加中国人民解放军后，先后参加过淮海战役、渡江战役、中南战役、剿匪战役和抗美援朝战争，并在抗美援朝战场上荣获过三等功。

1957年，郑海发退伍回老家的水泥厂做工人。1962年，国家精减职工，郑海发离开水泥厂，默默返回了自己的家乡古城种田。因为为人正直，办事公正，深受群众喜爱，郑海发先任民兵副指导员，后被推荐任大队书记。在担任10年大队书记期间，他通过种粮技术比赛，激发百姓种粮热情，推动当地粮食年年大丰收。“郑老在我们当地很有威信，作为一名老党员，每次社区的工作他都是带头支持，还帮助我们做群众工作，我们都很尊敬他。”古城社区的村居干部这样说。

（江西省文明办供稿）

邹　荣

30 余年坚守农电岗位书写为民初心

「敬业奉献」

人物故事

邹荣，男，1970 年生，国网高安市供电分公司瑞州供电所所长。2011 年获江西省五一劳动奖章，2012 年获“江西省电力公司优秀共产党员”称号，2015 年获“江西省劳动模范”称号。

2010 年，他凭借丰富的经验和过硬的技能为一家陶瓷企业彻底消除了用电故障，为企业节省维修资金 10 余万元。2015 年，以他名字命名的劳模创新工作室研发的多个项目获得省部级优秀成果奖。

2016 年 6 月 22 日，戏台山一户居民家中断电，打电话要求帮忙检修。当时正发大水，市区有的地方积水很深。为了让居民家中能尽快用上电，邹荣蹚过齐腰深的洪水，及时赶到居民家中排除了用电故障。

2017 年 10 月 18 日深夜，高安市区城南农贸市场失火，火势凶猛，情况十分紧急，119 消防队打来求援电话。邹荣和 4 名抢修队员在 5 分钟内就赶到了现场，迅速切断了电源，并主动投入到了灭火行动中，帮助群众抢救生命财产。

（江西省文明办供稿）

徐济川

退休不褪色，九旬党员义务宣讲 30 余年

「敬业奉献」

人物故事

徐济川，男，1928 年生，江西省抚州市金溪县左坊镇人。被江西省委组织部评为“优秀共产党员”。

1965 年 8 月 6 日，徐济川参加了“八六”海战，时任人民解放军海军舰艇中队政委。他清楚地记得战斗是在深夜 2 点打响的。战友们发扬了解放军近战夜战的传统打法，在高速靠近敌舰 3 海里时才开炮。他们中队的 4 条艇围着“章江号”猛轰了一个多小时，就把它击沉了。他们掉转头来，又追着逃窜的“剑门号”打，最终也把它击沉了。这一仗，他们取得了新中国成立后人民海军最大一次海上歼灭战斗的胜利。战斗英雄麦贤得是他们中队的一名战士。

为了让红色精神薪火相传，1985 年退休后，徐济川把经历变成教材，询战友、找资料，数易其稿完成了《八·六海战》和《麦贤得英雄事迹》两个讲稿，30 多年来坚持深入全县各中小学校对学生进行革命传统教育，听过他报告的师生数以万计，每次演讲都引来雷鸣般的掌声。

（江西省文明办供稿）

岳玉强

用匠心诠释担当　做守护青山绿水的光明使者

「敬业奉献」

人物故事

岳玉强，男，1982 年生，国网山东省青州市供电公司庙子供电所杨集片区网格组长。

2001 年，18 岁的他进入农电队伍。2008 年起，岳玉强成为富旺服务站的负责人，肩负起当地 34 个自然村、60 余个公变台区、4600 户居民的供电服务重担。

2019 年 8 月 10 日，超强台风“利奇马”来袭，庙子供电所管辖区域成为重灾区。岳玉强和同事们连续 4 天奋战在抢修一线，不顾暴雨倾盆，甚至面临泥石流、桥梁被冲毁的险境。他们抢抓进度，全力修复被台风毁坏的电力设施，着力完成灾区的恢复供电任务。在这次抢修过程中，岳玉强还加入帮助疏散富旺村村民的任务中。当时，村南两位老人正紧抓大树在院门口已经过膝的洪水里等待救援。危急关头，岳玉强顾不上水流湍急，三步并两步蹚过洪水，冲到两位老人身边。他先背起其中一位腿脚不便的老人，迅速向安全地带转移。最终，在大家的帮助下，两位老人被成功解救出来，并被安置至上游安全的村民家中。

（山东省文明办供稿）

吕灿利

10 余年如一日坚守乡村诊所服务患者

「敬业奉献」

人物故事

吕灿利，男，1984 年生，山东省济宁市金乡县魏庄卫生所所长。曾被评为省级“最美乡村医生”。

吕灿利从小受中医出身的爷爷和父亲的影响，对中医尤其是针灸很感兴趣。他在医学院的成绩优异。毕业后，吕灿利考取乡村医生职业资格证，回到了家乡，加入了乡村医生队伍。2015 年，吕灿利为一位因车祸导致生活不能自理的患者坚持每天针灸。后来因患者行动不便，他干脆到患者家中。两个月的精心治疗后奇迹出现了，患者一句“爸爸”，令在场的所有家人落下了激动的泪水。他每年坚持两次为村里和金乡街道敬老院的 76 位老人做义诊。他办公桌上几本电话簿，记满了患者信息。定期的回访和对病症的跟踪研究是他的主要任务。用他的话说，就怕乡亲们有点小病硬扛着，我多打几个电话，心里踏实。吕灿利作为普通医务工作者，却以朴实的行动践行一名共产党员的铮铮誓言，时刻守护着家乡父老乡亲的健康。

（山东省文明办供稿）

李志艳

勇做舆论监督领头雁 甘为广电发展孺子牛

「敬业奉献」

人物故事

李志艳（播音名：肖雁），女，1967年生，山东省济南广播电视台节目中心副主任、济南新闻广播《作风监督热线》主持人。2017年当选山东省第十一次党代会党代表，2019年被评为山东省优秀共产党员。

作为《作风监督热线》主持人，8年间，她累计主持节目2500多期、直播时长超过10万分钟，接听市民热线电话5万个，解决百姓难题近2万个。2014年清明节前，针对破坏山林私建公墓猖獗的现象，李志艳走访济南市的一座座非法公墓，了解山体被破坏的情况，掌握了大量一手材料。采访之后，《作风监督热线》推出现场办公特别节目《私建公墓何时了?》，直击监管缺位。李志艳深入采访一线，了解社情民意，倾听百姓心声，创作出一件件有厚度、有力度、有深度的精品。

担任节目中心副主任8年，200多次绩效考核方案的测算，数万个索福瑞收听数据的分析，近百万字争创全国文明城市材料的撰写，上千份合同的审查把关，几十个规章制度的陆续出台，见证着李志艳的辛勤付出。

（山东省文明办供稿）

刘国勋

深藏功名67年 甘守清贫一辈子

「敬业奉献」

人物故事

刘国勋，男，1925年生，河南省周口市太康县独塘乡杨庄行政村村民。1948年获“解放东北纪念勋章”；1950年被授予“人民功臣勋章”，记二等功1次，同年获“华北解放八一勋章”；1951年被授予“抗美援朝纪念勋章”。

94岁的刘国勋，须发皆白、齿落耳背。67年来，几乎没有人会将这个耄耋老人与“雄赳赳，气昂昂”的中国人民志愿军战士联系在一起。1947年5月，22岁的刘国勋正式成为晋察冀野战军中的一名卫生员，跟随部队先后参加了解放石家庄、解放东北、解放华北、解放西北等诸多战役，历经枪林弹雨，九死一生。由于在战争中造成耳聋，不能继续参战，伤愈后申请回老家务农。

“刘国勋老人曾多次荣立战功，不仅复员时没给组织和政府提要求，67年来也从来没向组织提过任何要求、申请过任何补助，就连今年开展退役军人信息采集工作时，他也只字未提。”提及此事，独塘乡党委书记高毓明颇为感慨。

（河南省文明办供稿）

张太山

卧床行医 29 年　仁心仁术济乡民

「敬业奉献」

人物故事

张太山，男，1954 年生，河南省卫辉市汲水镇下园村卫生室医生。

每天，卫辉市下元村第四卫生室刚开门，就有不少患者拥了进来，不少经常过来的“老病号”轻车熟路地走到卫生室一楼最里面的屋子。这间屋子里面放了一张大床，床上躺着卫生室的医生张太山。从年过八旬的老人到牙牙学语的幼童，张太山不慌不忙，对每一个患者都细致地询问和查看。一直到中午 12 时，诊室里的患者才渐渐少了，但三三两两仍不断有人过来。不到 4 个小时，张太山诊治了三四十名患者。他没有喝水，甚至身体都没有挪动，一直保持侧卧，偶尔活动活动僵硬的手指。

张太山 4 岁时患上脊椎结核，行走需要双手扶膝盖。从那时起，他就暗下决心，长大要做一名医生，为群众解除病痛。经过刻苦努力的学校学习、多次进修，他终于成为一名村医。1990 年，他的腰椎病加重，后来，他就在床上问诊。29 年来，每天从早晨七八点到晚上九点，张太山就这样日复一日在床榻上为来自卫辉、辉县、原阳、新乡市区等多地患者诊病。

（河南省文明办供稿）

李俊贤

90 岁高龄院士一生攻坚克难　甘做国家发展的“推进剂”

「敬业奉献」

人物故事

李俊贤，男，1928 年生，四川省眉山市人，中国工程院院士。

1960 年年初，32 岁的李俊贤到北京化工研究院，加入高能推进剂研制队伍，一干就是一辈子。李俊贤和团队成功研制出特殊燃料偏二甲肼，并建设了中国第一套制备偏二甲肼装置。1970 年，中国第一颗人造卫星“东方红一号”发射升空，用的就是李俊贤团队研制的偏二甲肼。“两弹一星”、长征系列火箭、“神舟”系列飞船这些系统工程，使用的也是偏二甲肼。其间，他研制新型鱼雷推进剂把我国先进鱼雷研制的时间表提前了 3 年。1978 年，李俊贤组织投入研究聚氨酯涉及的几十种关键技术，为我国聚氨酯工业的发展奠定了基础。如今，虽然已是 90 岁高龄，李俊贤仍旧一如既往坚持工作。

2018 年年初，他以一名共产党员的名义给黎明化工研究设计院党委写信，提出捐赠 500 万元支持公司博士科研创新、帮扶公司离退休困难职工。最终，院党委综合考虑他的生活和健康需要，接受其 300 万元捐赠，设立博士创新基金和困难帮扶基金。

（河南省文明办供稿）

雷元坤

农村基层文化的拓荒人

「敬业奉献」

人物故事

雷元坤，男，1956年生，湖北省荆州市公安县狮子口镇综合文化站站长。先后被评为全省文化系统先进个人、全省优秀文化站长。

1981年，26岁的雷元坤主动请缨，从农村电影队到镇文化站工作。当时的文化站没场地、没经费、没老师、没队伍，雷元坤就是一个“光杆司令”。

2006年乡镇综合配套改革时期，狮子口镇综合文化站是全县唯一一个没有变卖资产的乡镇文化站。文化工作的阵地保住了，但房子破烂不堪，设施设备简陋，活动经费严重匮乏。2007年，雷元坤向上级申请，争取到省政府文化站建设资金20万元。他认真规划，精心设计，用一年的时间完成了对原文化站的全面维修和改建。

2010年，雷元坤又积极争取政府的大力支持，投入资金15万元，将原影剧院改建成镇文化活动中心，与文化站连成一体，占地面积2770多平方米，建筑面积1200多平方米。图书室、电子阅览室、多功能活动室、乒乓球室一应俱全，所有设施实行免费开放。

（湖北省文明办供稿）

伍国强

退役军人5次援藏 用责任担起湘藏桥梁

「敬业奉献」

人物故事

伍国强，男，1977年生，湖南省浏阳市农业农村局干部，援藏专业技术人才。

1997年，20岁的伍国强入伍到西藏，成为驻藏部队中的一员。2010年，伍国强光荣退役，惜别了西藏这片神圣的热土。2014年，伍国强作为浏阳唯一一名参加湖南省第二批短期援藏的专业技术人才，再次来到了西藏。2015年、2018年、2019年，伍国强一次次来到西藏。

西藏山南市是湖南省对口援建地区。由于特殊的地理环境，当地兽医技术人才十分缺乏，疫病防控工作任重道远。他首次在山南市推广牛尾采血法等先进的兽医技术，多次组织当地兽防技术人员培训，培养了一大批年轻的藏族兽医。在藏期间发表多篇学术论文，组织撰写20多万字的《西藏蜜蜂养殖技术概论》。为了让藏区人民尽快脱贫致富，他将秋葵种植技术和养蜂技术带到藏区。截至目前，贡嘎县养蜂产业从零起步已发展为现有8家养蜂示范基地，带动周边养蜂从业人员30多人，蜂蜜年产量20余吨，仅养蜂一项可为当地老百姓带来上百万元的年收益。

（湖南省文明办供稿）

肖宏宇
复兴号动车金牌教官 安全值乘280万公里

「敬业奉献」

人物故事

肖宏宇，男，1980年生，广州机务段广州南高铁运用车间动车组司机。曾获“全国铁路火车头奖章”“全国铁路技术能手”“新时期铁路精神百名示范人物”等荣誉，2019年被评为“广东好人”。

肖宏宇安全值乘高铁动车组约280万公里，相当于绕地球70圈。

肖宏宇是广州局集团有限公司首席技师，在第四届全国铁道行业职业技能大赛中，他以清远、郴州两个站“零厘米误差”停车对标、三个“零秒误差”通过车站的表现技压群雄，一举夺得动车组司机全能第一。他先后经武广、广深港高铁等11条新线的开通运营等考验，逐渐摸索出了一套“秒度厘米精确作业流程”，实现了动车组列车制动过程中平稳降速、一次到位、零距离对标。

肖宏宇注重把自己的“个人经验”转化为团队的“共同财富”，在他的精心指导下，230余名职工顺利成长为合格的“复兴号”高铁动车组司机，他也因此被誉为“复兴号”高铁动车组司机的金牌教官。

（广东省文明办供稿）

黎洪亮
消防战士坚守消防救援事业19年

「敬业奉献」

人物故事

黎洪亮，男，1980年生，2000年12月入伍，现任北海市消防救援支队海城区大队海上中队装备技师，三级消防长消防救援衔。多次被自治区消防救援总队表彰奖励。

黎洪亮坚守消防救援事业19年，真正把消防救援队伍当作自己的家，用务实的作风和坚韧的品格维护北海百年老街、外沙内港和附近海域消防安全。

2013年2月24日，满载着17吨柴油和3个煤气罐的“桂合渔80320”号渔船航行至冠头岭西南8海里处海域时机舱失火，当他驾驶消防艇与队员们一起来到火灾现场时，整个船已经燃烧起来，他沉稳冷静地驾驶消防艇一次又一次向火海发起进攻，直至将火灾扑灭。2014年7月，超强台风“威马逊”侵袭北海，外沙内港里风大浪急，整个中队营区都被海水淹没，在给消防艇做好加固措施后，他坚决要求所有人撤离上岸避风，而自己却坚持留在消防艇上逐一巡视每一个部位、逐一检查每一根缆绳、逐一扎紧船体外帆布包裹的每一个仪器。

（广西壮族自治区文明办供稿）

冯德伦

电力劳模驰援芦山 用生命点亮震区

「敬业奉献」

人物故事

冯德伦，男，1965年生，国网重庆南岸供电公司副总工程师。

2013年4月20日，四川芦山发生7.0级地震。冯德伦主动请缨参与灾区救援，带领25辆车、85人组成的抢险救援队伍连夜赶赴灾区现场。遇到救援道路中断时，他带头“手动抬车”，连续两天三夜没合眼指挥救援，脚走到肿得穿不上鞋。

在抢险救援的7天里，余震不断、滚石不断，冯德伦和队友在生死考验下，克服着一个又一个困难。

冯德伦还曾牵头举办社会电工技能培训班，担任重庆大学、重庆理工大学工程硕士研究生企业导师，累计开展培训上千场，受益上万余人次。

2014年，他兼任张毅劳模创新工作室主任，担负起创新研发和人才培养工作，带领工作室累计荣获省部级管理创新成果奖14项，省部级以上职工技术成果奖115项次，国家专利授权98项，创造经济效益超3000余万元，累计培养出高级技师22人、技师79人、各级优秀专家人才47人。

（重庆市文明办供稿）

李　科　周正良　罗永红

滔滔洪水见忠诚 巍巍青山映警魂

「敬业奉献」

人物故事

李科，男，1985年生，四川省成都市大邑县公安局西岭派出所副所长；周正良，男，1980年生；罗永红，男，1983年生。周正良、罗永红均为大邑县公安局西岭派出所辅警。

2019年8月19日晚开始，成都市大邑县西岭镇遭遇持续强降雨，近2000名群众被困。8月20日深夜2时许，西岭派出所接到大邑县警情指挥中心下达的救援指令：两名游客遇到山洪突然暴发，请前往救援。李科立刻带领周正良、罗永红驾车前往。

途中，他们与县局指挥室通话两次，报告出警情况及沿线路况。3时10分许，指挥室与李科通话过程中，信号突然中断。对讲机和手机也无法接通，出警车车载GPS定格在云华村2组路段再未发生新轨迹。县公安局立即指令周边警力搜寻，同时组织力量搜救被困游客，最终两名游客获救。20日14时许，搜寻人员找到李科、周正良的遗体；9月29日，罗永红遗体在邛崃市宝林镇某河道找到并经DNA比对确认。

（四川省文明办供稿）

十一月

侯元英

石笋人的好书记 老百姓的贴心人

「敬业奉献」

人物故事

侯元英，女，1974年生，四川省宜宾市翠屏区宋家镇石笋村党支部书记。2019年获“四川好人”荣誉。

2018年7月，在侯元英的主导下，石笋村建起了儿童之家。她邀请村里的大学生利用寒暑假为孩子们辅导功课，传播新思维新理念。同时，侯元英还利用休息时间带领孩子们参加志愿服务。

作为一名基层干部，她对村里每家每户的情况都了如指掌，为易地扶贫搬迁户争取补助金，关心帮助空巢老人。

侯元英积极带领全村2600余人发展蔬菜种植产业，争取到总投资100万元的蔬菜基地建设项目，又牵头成立了治江蔬菜专业合作社，有效增加了村集体收入，并带动建档立卡贫困户脱贫致富。为解决长期困扰村民的缺水问题，侯元英带领村民新修4条石河堰，大大改善了村里的农田水利基础设施条件，解决了全村老百姓的生产用水问题。

（四川省文明办供稿）

张桂梅

山村女教师用爱书写燃烛传奇

「敬业奉献」

人物故事

张桂梅，女，满族，1957年生，云南省丽江市华坪女子高级中学党支部书记、校长。获得“全国十佳师德标兵”“全国十大女杰”“全国最美乡村教师”等40多项荣誉。

1974年10月，17岁的张桂梅跟随姐姐从黑龙江来到云南，支援边疆建设。1990年，她与一位白族小伙子喜结良缘。1996年8月，丈夫不幸去世。张桂梅黯然神伤，来到丽江市华坪县师资最弱、条件最差的民族中学任教。

爱的本能让这位女教师在山区扎下了根。后来，她萌生了创办一所学校、让贫困山区女孩免费接受高中教育的想法。在她多方努力和政府大力支持下，2008年8月，全国第一所全免费的女子高级中学在丽江市华坪县建成。2011年以来，华坪女子高级中学连年高考综合上线率100%，1645名贫困女孩从这里走进大学。

张桂梅节衣缩食，把节省下来的每一分钱都用在学生身上。30万元的“兴滇人才奖”奖金，她捐了；政府部门给她治病的2万元，她也捐了；她甚至还想预支自己的丧葬费，用在山区孩子们身上。

（云南省文明办供稿）

薛少龙

一位从扶贫战线走来的审计人

「敬业奉献」

人物故事

薛少龙，男，1970年生，陕西省延安市黄龙县审计局局长。先后荣获“陕西省助力脱贫攻坚竞赛先进个人”“陕西好人”等荣誉。

2015年，薛少龙任县扶贫局局长，他牺牲了很多陪伴家人的时间。在母亲病危期间，他仍奔走在工作一线，没能给老人家尽到最后一点孝。工作中，他总是废寝忘食、亲力亲为，生怕黄龙掉队。2017年，县精准扶贫工作荣获全省第15名，进入全省第一方阵。2018年，薛少龙的父亲因患脑梗导致身体瘫痪，生活不能自理，他便家庭与工作两兼顾。本就瘦弱的身体，加上长期高负荷的工作，使他免疫力骤降，患了带状疱疹，可是他没在意，仍旧一线督战，最终病倒住进了医院。县领导在看望他时，他还是三句话不离工作。在县级领导的带领与支持下，2018年，黄龙交了一份满意答卷，县脱贫攻坚工作业绩排名全省第三。

2019年3月，薛少龙被任命为黄龙县审计局局长。他悉心学习审计法规，熟悉工作流程，掌握审计程序，上任不久，便完成了角色转变。

（陕西省文明办供稿）

叶志保

铁血老战士深藏功名，扎根高原奉献一生

「敬业奉献」

人物故事

叶志保，男，1928年生，江苏省宿迁市沭阳县人。1944年参加革命，先后参加抗日战争、解放战争、抗美援朝战争。1955年转业到地方工作，先后在青海省海南州共和县塘格木农场、黄南州尖扎县工作。2019年5月15日，因病去世，享年91岁。

1944年，穷苦人家出身的叶志保响应中国共产党的号召，满腔热血加入新四军第3师。刚参军2个月，就在河南信阳与日军英勇作战。

抗战期间，叶志保随队出战，他所在的连队几十号人去冲锋、去炸炮楼、去拼刺刀，整场战斗下来活着的战士一只手就能数过来，残酷的战争并没有吓退他。1945年抗战结束后，他随部队辗转江苏、湖北、北京参加解放战争。1950年，抗美援朝战争开始，他再一次踏上保家卫国的征程。

1954年春，经历铁血洗礼的叶志保，在北京第六炮兵预备学校学习文化知识，一年后主动请缨踏上开往建设青海的列车。从江苏到青海，跨越了大半个中国，在异乡坚守了一辈子，勤勤恳恳，两袖清风。

（青海省文明办供稿）

王生晓

安心扎根基层　只为一方百姓

「敬业奉献」

人物故事

王生晓，男，1967年生，宁夏回族自治区吴忠市红寺堡区柳泉乡水利站站长。

王生晓出生在宁夏固原市隆德县大山深处，徒步几公里担水吃是他刻骨铭心的童年记忆之一。参加工作后担任隆德县水务局干部，为乡镇的农田灌溉及居民用水提供服务。

在基层独当一面从事水务工作，除了要有精湛的业务水平支撑外，还要能承受高强度的体力劳动。2017年7月，柳泉乡河长制推行伊始，需要排查全乡18条沟河道。一周时间，王生晓沿沟徒步行走400多公里，排查有无垃圾及企业存在，日平均行走60多公里。由于经常下乡奔波，王生晓一年要淘汰3双鞋子。

这样的工作，王生晓一干就是几十年，数十年如一日。他始终坚守在需要用水的第一线，在铺设渠道的现场，在秋冬农田水利建设的点上，在矛盾调解最前线。

（宁夏回族自治区文明办供稿）

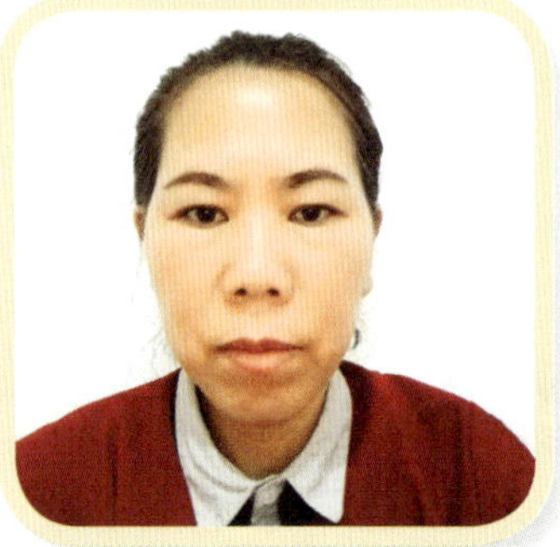

郭淑萍

对爱坚韧　对孝尽心　带公爹改嫁

「孝老爱亲」

人物故事

郭淑萍，女，1978年生，河北省张家口市赤城县三道川村村民。

2000年，郭淑萍和周继国结婚。2012年，周继国被确诊为脑胶质瘤。此时，90多岁的奶奶已生活不能自理；公公腿部残疾、患脑血栓；加上两个未成年的儿子，家庭的重担瞬间全落到她的肩上。

郭淑萍东拼西凑借钱，跑遍了北京、石家庄所有肿瘤专科医院。白天各个医院咨询、晚上就住在医院的大厅，饿了就啃上几口馒头、渴了就去卫生间喝点冷水。2013年，周继国被急救车送到了河北医科大学第一医院接受放疗化疗治疗。

2015年，在她细心照顾下，92岁的奶奶安然去世。2016年6月5日，她的丈夫被病魔夺去生命。留下郭淑萍抚养两个未成年的儿子、照顾残疾公公。2016年10月，郭淑萍带着公公改嫁。现在的她，不仅照顾前公公，还在照顾婆婆（现任丈夫的母亲），把两位老人安排得妥妥当当。

（河北省文明办供稿）

马　坤

6年如一日照顾患病公公 用爱撑起一个家

「孝老爱亲」

人物故事

马坤，女，1982年生，吉林省吉林市磐石市红旗岭镇二道岗村村民。

马坤作为普通的农村妇女，在丈夫去世后，6年如一日地照顾65岁满身是病、已经丧失劳动能力的公公，用自己的实际行动践行着一个妻子、一个儿媳的诺言。2019年获得“吉林好人标兵”称号。

2002年，马坤与耿大明喜结连理，从进门的第一天起，她就肩负起照顾公公的重任。2006年，孩子刚刚4岁时，丈夫耿大明急性胆囊炎穿孔，从此卧病在床，失去劳动能力。为了给丈夫治病，马坤四处借钱求医，2009年，丈夫撒手人寰，留下20多万元的高额债务和幼子老父。2016年，马坤带着公公再婚，可好景不长，马坤的丈夫开始抱怨老人不干活，还总是看病花钱，最后将老人气得离家出走。2017年，马坤毅然决定与再婚丈夫离婚，靠着家里仅有的30亩地，供孩子上学，供公公吃药，偿还债务，维持着整个家的开销。几年来，她用自己的实际行动践行着当初对丈夫的诺言。

（吉林省文明办供稿）

董安德

孝顺女婿悉心照顾岳母 百岁老人安享幸福晚年

「孝老爱亲」

人物故事

董安德，男，1958年生，江苏省连云港市连云区建安公司退休职工。

1981年，在建安公司上班的董安德经人介绍与陶文萍结为伉俪。婚后不久，董安德就主动提出将岳母和岳父接到家中一起生活。1998年，他因单位倒闭下岗回家，此时，岳父被查出食管癌晚期。夫妻俩为筹钱给老人治病，不惜卖掉了家中所有值钱的家当，最终老人还是因病重离世。岳父的丧事刚忙完，妻子上班时突然晕倒，最终确诊为脑胶质瘤。为维持家用，白天他不仅要照顾岳母和妻子，兼职给别人接孩子，晚上还要出去打工挣钱，直到2006年妻子也不幸离开人世。

经历了丧夫失女的一系列变故，时年88岁的岳母杨玉凤身体垮了下来。为了让老人尽快从丧女之痛中走出来，董安德决心不再婚娶，把岳母杨玉凤视为己母，为她养老送终。有一天，老人被查出患有脑萎缩，医生判断很难治愈，但董安德不肯放弃，依然细心护理，亲自端饭喂药，还专门学习食谱，只为增加老人食欲。寒来暑往十余载，老人如今已是96岁高龄，身体仍然硬朗。

（江苏省文明办供稿）

梅彩萍

善良村妇 18 年如一日服侍卧床姑母

「孝老爱亲」

人物故事

梅彩萍，女，1955 年生，江苏省常州市新北区人。

万听娣是梅彩萍丈夫的姑母，终身未嫁、无儿无女，18 年前因病卧床，失去自理能力，梅彩萍便将独居的姑母接到家中照顾。2014 年的大年夜，时年 88 岁的万听娣突然倒地，梅彩萍连夜请来熟识的医生，经诊断，万听娣是年纪大了小脑萎缩，身体协调性不比从前，所以才会摔倒，以后只能慢慢静养。第二天，万听娣苏醒过来，但只有眼能动，靠着输液维持生命。当时还在工作的梅彩萍，为了更好照顾老人，毅然辞职回家，专心照顾万听娣。因为万听娣身体没有知觉，梅彩萍需要每隔一两个小时就给万听娣翻一次身，所以梅彩萍夫妻时刻需要留一个人在家里，不可以出远门，晚上也要固定 3 次帮助万听娣翻身缓解淤血。经过 1 年多的努力，万听娣竟然奇迹般地痊愈了。但 2018 年元月的一天傍晚，万听娣再次中风，只能卧床在家。梅彩萍一生没有做过什么惊天动地的大事，却将一件常人难以坚持的事情坚持做了 18 年。

（江苏省文明办供稿）

王桂英

朴实农妇照顾精神残疾丈夫和年迈婆婆 25 年

「孝老爱亲」

人物故事

王桂英，女，1963 年生，安徽省亳州市蒙城县马集镇鹤庵村人。

1994 年，王桂英的丈夫葛力周因受惊而精神逐渐失常，导致家庭生活困境重重。那时，家里的小女儿即将出生，其他两个孩子年幼待抚，而婆婆已经 64 岁高龄，家庭生活的重担全靠王桂英一人支撑，种着十几亩地，还到工地打工，补贴家用。葛力周的病情严重，大部分时间处于发病期，不能正常生活。然而最让王桂英担心和害怕的，是葛力周会经常莫名其妙地离家出走，1998 年前后，葛力周曾带着小女儿离家出走，十几天没有联系。这急坏了王桂英一家人，后来经过马集镇派出所找寻，最终将两人平安送回。一问才知道，葛力周竟带着孩子徒步走到了河南一带，一双布鞋都磨烂了。王桂英的婆婆葛宋氏 89 岁高龄，身患听力二级残疾，听力障碍影响了婆婆的生活。婆婆虽有 3 个子女，但长子身体不便，三子经常外出，平时婆婆的衣食住行主要靠王桂英照顾。

现在，王桂英的儿女都已成家，党和政府的各种扶贫好政策，让她生活有了极大的改善。

（安徽省文明办供稿）

林爱华

坚强母亲照顾患病儿子 31 年

「孝老爱亲」

人物故事

林爱华，女，1965 年生，福建省泉州市德化县美湖镇斜山村人。

31 年前，林爱华出生 8 个月的儿子陈贵显因急症成了瘫儿。儿子需要营养，林爱华除了一日三餐照顾外，还坚持每天夜里给儿子煮上一碗吃食。儿子吞咽食物有困难，林爱华就把食物嚼烂了喂给孩子。儿子身体抵抗力弱，常常感冒、闹肚子，林爱华总能以母爱的特有敏感细心观察及时发现，她甚至能从他的叫声中，分辨出儿子是发烧还是肚疼。

55 岁的林爱华，成了斜山村坂面角落最年轻的留守人员。由于林爱华的公公婆婆分别患上血液疾病而不能下地劳动，每天上午照料好儿子，她就会去看看公公婆婆，和他们聊聊天，帮忙整理家务。林爱华公婆所居住的老房子还居住着 5 名老人，他们的儿女都在外打工，林爱华经常到他们家中嘘寒问暖，老人生病了就帮忙打电话叫医生，还帮忙喂养鸡鸭、料理家务，尽其所能地给予老人们各方面的照顾和帮助。

（福建省文明办供稿）

谢照乾

31 年精心照顾 4 个家庭 8 位老人孝感一方

「孝老爱亲」

人物故事

谢照乾，男，1952 年生，国网山东曹县供电公司退休干部。

谢照乾和妻子两人除了有自己的亲生父母外，每个人还都有养父和养母，算下来一共有 8 位老人。为了照顾好这 4 个家庭 8 位老人，谢照乾 1985 年毅然转业回家，第二年，生父便得了中风，瘫在床上不能自理。生父的病情还没有完全好转，谢照乾妻子的生父又查出患有肝癌。不到半年，谢照乾的养母又突发脑出血，留下了半身不遂的后遗症。这连串的厄运和重压并没有压垮他，他除按时上下班完成工作任务外，每天都要围着 4 个家庭 8 位老人奔波，忙得像个陀螺。

2013 年，谢照乾心脏病复发，不得不住院治疗，刚刚入院没几天，妻子 91 岁的养母突因骨折住院，他再无心思住院，转身来到老人病床前。

整整 31 年，家里的 8 位老人都得了不同程度的病，仅是卧病在床、生活不能自理的老人就有 5 位，谢照乾细心照顾每一位老人，给老人擦身、翻身、捏腿、换洗衣服、喂水喂饭。

（山东省文明办供稿）

陈　珍

传承中华美德　谱写人间大爱

「孝老爱亲」

人物故事

陈珍，女，1970年生，四川省达州市人。

1990年陈珍在武汉市蔡甸区打工，经人介绍认识了比自己大10多岁的孝感市绿洲村村民肖德华。肖德华的前妻因故去世，上有年迈的父母，下有2个嗷嗷待哺的孩子。但肖德华的诚实、坦荡、勤劳、朴实，深深打动了陈珍，不顾家人的反对，毅然嫁给了他。

他们于1990年结婚，当年生下一个女孩。亲生骨肉的到来，导致家庭负担加重，但丝毫没有削减陈珍对一家人和丈夫前妻2个孩子的爱。丈夫为了养家糊口，常年在外打工，养育和教管孩子的责任全部落在陈珍的肩上，但她对3个孩子从不厚此薄彼。陈珍不仅注重孩子的学习成绩，更注重培养孩子独立生活、学习的能力。前妻的2个孩子在她20多年悉心教导下，先后大学毕业成家立业。

在村民眼里，陈珍不仅是贤妻良母，更难能可贵的是孝女。公公、婆婆都是80多岁的高寿，全靠陈珍精心照料。

（湖北省文明办供稿）

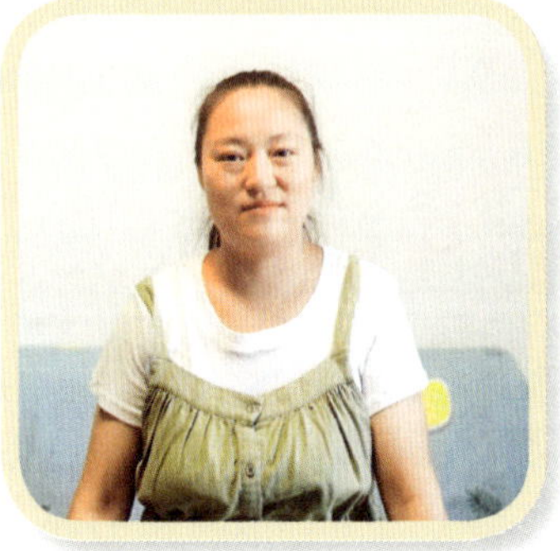

李志芳

好大嫂悉心照顾瘫痪小叔子5年

「孝老爱亲」

人物故事

李志芳，女，1985年生，重庆市巴南区鱼洞街道化龙桥社区居民。

2012年年初，李志芳与龚世成结为夫妻，开始了幸福的家庭生活。1年后，厄运降临，丈夫龚世成的弟弟龚浩突然脑干出血，经医生全力抢救才保住生命，但还是没有逃过半身不遂的命运。遭遇变故后，瘫痪在床的龚浩全靠父母和哥嫂照顾。

2017年，公公去世，而婆婆杨明素体弱多病，李志芳和丈夫就将弟弟和婆婆接到了家里照顾。

为了治好龚浩的病，5年来，李志芳和丈夫想尽各种办法，只要听说哪里的医院好，他们就带着兄弟去哪里看。

为照顾好龚浩，李志芳平时跟着一些大夫、护士学医学护理常识，自己还买一些书籍回来学习。由于长期瘫痪在床的人，最怕生褥疮，她和婆婆便每天给兄弟擦身按摩、换洗衣服，并定期买来药水消毒，一旦发现有褥疮的前兆，就及时治疗。

经过5年多的精心照顾，龚浩奇迹般地有了好转。

（重庆市文明办供稿）

孟过房

秦岭汉子苦难压不垮　孝悌美名扬

「孝老爱亲」

人物故事

孟过房，男，1973 年生，陕西省宝鸡市凤县河口镇安河寺村村民。

2008 年，年仅 32 岁的妻子病逝，给孟过房撇下了 4 位老人（高龄的奶奶、智残的父亲、疯癫的母亲、聋哑的二叔）和 2 个嗷嗷待哺的孩子（大女儿 7 岁，小女儿刚刚学走路），还有治病欠下的几万元债务。为了不拖累弟弟成家，他主动和弟弟分了家，承担起家中 4 位老人的赡养义务。屋漏偏逢连夜雨，2013 年，原本又聋又哑的二叔摔了一跤，经过抢救后保住了生命，但人却瘫痪了，从此卧病在床，吃喝拉撒都要靠人侍候。为了给二叔治病，家里又添了几万元债务。年近 90 的奶奶又气又急之下，眼睛也看不见了。面对连番打击，他没有怨叹和放弃，常年都是一边挣钱养家，一边照顾家人，从来没有睡过一个囫囵觉。为了照顾老人，他 10 多年来从来不敢离开家太远；为了撑起这个家，他 10 多年来没有休息过一天；为了节省开支，他 10 多年来没有买过一件新衣服，全靠他人接济。近年来，他自强不息，摘掉了贫困户帽子，家里日子越来越好。

（陕西省文明办供稿）

贾东洁

苦难家庭的“向阳花”
用瘦弱肩膀撑起家人的希望

「孝老爱亲」

人物故事

贾东洁，女，1995 年生，甘肃省兰州市城关区拱星墩街道范家湾村社区居委会就业专干。

贾东洁的父亲在她 4 岁的时候意外去世，哥哥从小得癫痫，经常发作，她的母亲因受不了打击得了严重的精神病。她几乎没有童年，当同龄的孩子还骑在父亲肩膀上逛公园的时候，她已开始扫地、做饭、洗碗。在上学的时候她利用每一个假期打工赚钱。为了给母亲看病，他们搬去舅舅家生活。她就是家中的小太阳，妈妈和哥哥已经不认识家里人了，但只记得她，只有见到她，妈妈和哥哥才会有灿烂的笑容。由于现在工作忙，她不得不把妈妈和哥哥送进医院长期治疗，只有在星期天和节假日的时候，她才能去医院看望他们。

生活中的她脸上总是挂着笑容，她就好像心中有一朵向日葵，太阳在哪里心就在哪里。

（甘肃省文明办供稿）

中国
ZHONGGUO HAOREN ZHUAN
好人传

十二月

DECEMBER

焦伟光

生前照亮知识殿堂
身后留下生命之光

「助人为乐」

人物故事

焦伟光，女，1962 年生，生前系天津市第四十二中学高中物理教师。2019 年当选“天津好人”。

焦伟光 1984 年毕业于天津师范大学物理系，生前曾在曲江路中学和第四十二中学任教。在 35 年的教学生涯中，她兢兢业业，桃李满园。为提高教学质量，她潜心钻研、追求卓越，业余时间免费给学生补课，她耐心讲解、不厌其烦；她帮助青年教师成长进步，言传身教、满腔热忱，把自己几十年的教育心得手把手地传授给他们。

2019 年 11 月 2 日 12 时 17 分，在与病魔顽强搏斗了 7 个月后，焦伟光走完了她的人生旅程。按照其遗愿，焦伟光的遗体捐给天津医科大学。她的眼角膜已被成功摘取，捐献给了天津医科大学眼科医院，将为两名眼疾患者送去光明，她用尽自己最后的力量帮助别人重获健康，用大爱续写了生命之光。

（天津市文明办供稿）

李　明

运动陪伴盲童
用爱呵护心灵

「助人为乐」

人物故事

李明，男，1985 年生，山西省分析科学研究院创新部副主任兼院工会主席。曾获“第四届山西省直机关道德模范”荣誉称号，荣获山西省“五一劳动奖”。

2012 年，李明随山西省科技厅机关党委一行前往太原市盲校进行慰问，在与孩子们的交流中，产生了“陪伴盲童融入社会”这个想法。在得到山西省科技厅机关党委及山西省分析科学研究院党支部的大力支持后，他积极与太原市盲校对接，于 2016 年 10 月组建“小明健乐志愿服务队”，开启了组织志愿者“关爱盲童、走进盲童”的陪伴式公益活动。

2016 年以来，共组织 350 余人 6 次走进盲校，两次带领盲童走出盲校。组织手拉手趣味运动会、与盲童包饺子，带领盲童参与感受马拉松比赛，增强盲童自信，促进其学习和成长。

李明说：“每次和孩子们接触，他们的努力拼搏、坚持不懈、开朗豁达都会刷新我们的认知。这一公益活动我们会一直坚持下去，同时呼吁社会各界爱心人士能加入进来，通过陪伴的形式，使盲童更好地融入社会。”

（山西省文明办供稿）

杨小龙

善行无疆
快递员彰显无私奉献真本色

「助人为乐」

人物故事

杨小龙，男，1988年生，内蒙古自治区呼和浩特市邮政分公司投递局腾飞投递部快递员。

2009年入职以来，杨小龙风雨无阻，累计出班4100多次，行程约28万公里，投递报刊990.6万份、快递信件95.85万多件，被群众亲切地称为“绿衣鸿雁”。2009年到2013年，他是一名骑着摩托车的乡邮员。大黑河牛场是他每天必去的地方，那里大多是留守老人，他除了是快递员外，更要常年承担为这些老人打水、劈柴、洗衣服、照顾病人的职责。寒来暑往四五年间，他对老人们的照顾始终没有中断过。

杨小龙一直热心公益，常常去敬老院陪伴孤寡老人，去留守儿童家里访贫问苦，并发起成立了呼和浩特市鸿雁志愿者协会。他利用业余时间，成功举办32场公益募捐活动，共募集衣物2.5万余件，形成爱心包裹3500个，已发往各贫困地区。2017年他们团队资助了一名贫困小学生到大学每年1000元。多年来，他和他的团队精准帮扶贫困人口7500余人，通过公益活动将“奉献、友爱、互助、进步”的志愿服务精神传递给了近5万人。

（内蒙古自治区文明办供稿）

辛爱国

初心不改　用爱前行
无偿献血铸就无悔青春

「助人为乐」

人物故事

辛爱国，男，1979年生，内蒙古自治区包头市科技创新服务中心新闻宣传部部长。曾获得2018—2019年度全国无偿献血奉献奖金奖。

自1995年参加工作以来，辛爱国24年坚持无偿献血，连续献血30余次，累计献血量达9000多毫升，捐献血小板15个治疗单位，相当于2个成年人体内的血量总和。他连续7年获得“包头市无偿献血先进个人”，2018年，他入选中国造血干细胞捐献者资料库。

从第一次献血坚持到现在，从开始的一次献200毫升，到一次献400毫升，再到后来定期捐献血小板，献血已经成为他生活中不可或缺的一部分。在他的感染下，周围的同事、朋友都纷纷加入无偿献血的行列，为推动无偿献血事业的发展贡献着自己的微薄之力。

他把无偿献血看作一种责任，他深深理解医护人员和病人对血液的迫切需求。一本本鲜红的献血证书，记录着他24年来每一次的爱心时刻，24年的身体力行，传递着爱的温度，也诠释出了他的无悔青春。

（内蒙古自治区文明办供稿）

乔安山

一辈子学雷锋　一辈子讲好雷锋故事

「助人为乐」

人物故事

乔安山，男，1941年生，辽宁省辽阳市辽阳县人。

1959年8月，乔安山到鞍山钢铁公司弓长岭铁矿开建新焦化厂工作，在这里他与雷锋成了好朋友。1959年12月，两人报名参军，并同开一辆车。雷锋的一言一行对乔安山的触动很大，他决心好好学习雷锋这种时时处处为人民服务的精神。

退休后，他先后担任全国160多所学校的校外辅导员。在他的积极参与下，2011年，中华雷锋文化促进会成立，他担任了副会长。他还担任了多个与雷锋有关组织的职务，并倡导、帮助建立了10多家“雷字号”单位。

乔安山平时生活节俭，但做公益从不吝啬。1998年，松花江、嫩江水灾，他捐了600元，又花400元钱买了棉被邮寄过去；1992年抚顺雷锋纪念馆翻修，他捐款400元；2002年改建又捐了6000元；2010年，湖北应城中学生张某得了白血病，他捐助1000元；同年，沈阳康平县高中生王某得了白血病，他捐助了1000元；2012年，他为山东泰安重病的好母亲王玉萍捐款1000元。

（辽宁省文明办供稿）

杨春武

初心如磐不改　奉献情怀永恒

「助人为乐」

人物故事

杨春武，男，1964年生，易视顿（中国）视光机构董事长。

杨春武2001年开始创业，几乎与企业成立同步，成立了吉林省易视顿光明志愿者协会。

易视顿为长春市186所中小学学生提供免费眼检、建立视力档案、入校爱眼科普宣讲，并为长春市中小学生捐赠价值300万元的爱眼仪和护眼设备；还出资80余万元，把具有专利技术的多维爱眼体操在长春市各个中小学免费普及推广；又出资近30万元用于“全省免费救助800名弱视患者”专项公益活动。2017年易视顿眼科医院携手长春解放大路小学建立“易视顿光明志愿者协会分会”，并捐助2万元，资助10名贫困学生；投资30万元联合长春红十字会设立中高考志愿者服务站；与妇女联合会开展“关爱明天，视力健康光明行”贫困家庭公益眼检。

从2001年创业以来，他通过设立公益基金，捐助贫困大学生，减免各种检查费用、捐助眼病治疗仪器和设备等共计2000余万元。

（吉林省文明办供稿）

刘殿武

耄耋老人，在平凡生活中坚守初心

「助人为乐」

人物故事

刘殿武，男，1930年生，黑龙江省齐齐哈尔市啤酒厂离休职工。

1990年离休后，刘殿武老人把党的组织关系转到五龙街道新宫社区，按时参加每一次支部活动、按时足额交纳党费、听党课，认认真真记笔记，工工整整写心得，定期向组织汇报学习和思想状况，为支部建设和社区发展建言献策。

为了美化小区环境，2002年，物业公司在小区建了13个花坛，刘殿武老人主动当起了“护花使者”，选买花种花苗、栽种花草、花坛维护修整，每天乐此不疲，18年从未间断，没有向物业公司提出过任何困难和要求，也没要过一分报酬。在老旧小区改造工作中，他就拆违工作前前后后写了数十页的整改意见和建议，同时积极向群众宣讲整改理念，带领居民配合整改工作。他在生活中始终保持勤俭节约的好习惯，从生活中点点滴滴从每件小事做起。在他的带动下，新宫社区志愿服务已蔚然成风！

（黑龙江省文明办供稿）

卞康全

祖孙三代接力守护五条岭烈士墓

「助人为乐」

人物故事

卞康全，男，1967年生，江苏省盐城经济技术开发区步凤镇五条岭烈士陵园守墓人。

卞康全家东边不远处就是盐南阻击战牺牲烈士安葬地——五条岭。1947年12月，2000多名指战员在盐南战役中壮烈牺牲，堆成5条长岭。爷爷卞德荣经常带着卞华去五条岭填土修坟。后来，父亲卞华带着卞康全，每年为烈士墓清除杂草，圆坟祭扫。

2009年，五条岭烈士陵园建成。“五条长岭里安葬了2000多人，他们来自哪里，为什么从没有亲人来拜祭？”后来，渐渐懂事的卞康全得知，五条岭中安葬的是“为人民牺牲的人”。尽最大努力为烈士找到亲人，成为卞康全最大的心愿。他四处奔波查阅大量的历史资料，到盐城、淮安等地党史、民政、人武部门查询烈士相关信息。截至2019年12月，五条岭2000多名无名烈士已有836名烈士有了名号资料记载，其中，有189名烈士找到了亲人，560多名原华东野战军老战士、烈士亲属因为卞康全的牵线搭桥建立了联系。

（江苏省文明办供稿）

郭凤萍

热心老人倾注矛盾调解 20 年

「助人为乐」

人物故事

郭凤萍，女，1942 年生，江苏省南京市栖霞区凤萍法律公益服务社负责人。先后荣获江苏省“最美人民调解员”“全国模范人民调解员”荣誉称号。

郭凤萍 1997 年退休后，利用自身丰富的民政、司法工作经验主动帮助别人调解纠纷。2011 年，“夕阳红”人民调解工作室成立，2017 年，以她名字命名的凤萍法律公益服务社成立，有了这两个大舞台，郭凤萍更是全身心扑在了矛盾调处这份公益事业上。矛盾调解也不全是风平浪静，经常会出现冲突激烈的情况，有时候甚至会动刀子。郭凤萍常常置自身安危于不顾，上前劝阻、安抚当事人，22 年来，她被送进医院做了 9 次手术，腰上、腿上、胳膊上的一处处伤疤被她自豪地称之为“军功章”。在调解工作中，郭凤萍还常常自掏腰包，帮助有困难的当事人，至今已花费将近 40 万元。22 年间，她化解过的矛盾有近 1.3 万件，仅近 2 年，经她调解处理的 124 起矛盾纠纷中，调处成功的就有 122 起，成功率高达 98%。

（江苏省文明办供稿）

李万银

罹患癌症 19 年 关爱青少年成长不停歇

「助人为乐」

人物故事

李万银，男，1941 年生，江苏省扬州市宝应县人。获评江苏省城乡社区校外教育辅导站先进个人、江苏省离退休干部先进个人。

2000 年退休后，李万银牵头成立“不老松”志愿者服务站，19 年来，他率领“不老松”志愿者到社区、学校巡回宣讲 300 多场次，受众近 30 万人次。2004 年起，李万银被聘为网吧义务监督员，先后教育帮助 30 多名迷恋网吧的未成年人走回正道。2008 年，李万银多方争取资源，在全县建起了第一个社区校外教育辅导站，11 年来，校外辅导站已授课 1500 多次，2 万多人次参加学习，其中留守儿童 1000 多人次。在他的悉心教导下，曾经的网瘾少年重拾课本考上了理想大学，昔日的迷途青年重振信心成长为电器厂技术能手，他还先后资助 20 名贫困学生完成学业。

其实很少有人知道，2000 年李万银在直肠癌手术后留下了后遗症，劳累情况下容易引发肠炎发作和便结。但这么多年来，1500 多场社区青少年活动他从没缺席过一次。

（江苏省文明办供稿）

陈尧祥

历时半年的“寻亲”之路

「助人为乐」

人物故事

陈尧祥，男，1986年生，浙江省台州市公安局黄岩分局宁溪派出所副所长。

2019年3月，陈尧祥带队在上凤村走访时，了解到村民赵福祥的妻子纳迫一直没有户口。1996年，赵福祥到勐海县做生意，经人介绍与纳迫结婚，并将纳迫带到黄岩。纳迫不识字，没有上过户口，也没有身份证，给生活带来极大的不便和困难。

陈尧祥明白，纳迫必须先在勐海落户，再迁到黄岩，办理户口的难度极大。回到单位，陈尧祥多次打电话给勐海县布朗山乡派出所的石所长，动之以情晓之以理，终于成功劝说勐海警方特事特办，为纳迫办理户口打开了一条“绿色通道”。

5月27日，陈尧祥和纳迫一起历时三天三夜，辗转换乘多次，奔波将近3000公里后，终于到达中缅边界线附近的布朗山乡。通过两天紧张的工作，他取到了几份宝贵的证据材料。当地警方确认后，表示可以落户，陈尧祥和纳迫这才放心地返回。这一趟，来回就是6000公里。

（浙江省文明办供稿）

张海林　朱丹丹

爱心接力传递人间大爱

「助人为乐」

人物故事

张海林，男，1977年生，浙江省临海市古城派出所协警；朱丹丹，女，1978年生，浙江省临海市人。

2013年年底，张海林、朱丹丹夫妇把跌入人生低谷、因患病而生活无法自理的朋友吴元渺接到自己家里一起生活。吴元渺曾每周为老人孩子和困难职工免费理发，义务为群众理发6万多次，获得全国五一劳动奖章。

夫妻俩对吴元渺的照顾可谓无微不至，不仅每日为他洗衣、煎药，解决温饱问题，更是走进了他的内心世界。为了吴元渺康复，并不富裕的小夫妻买了一套二手房，并把采光最好的主卧给了吴元渺。还在吴元渺的房间、灶间及卫生间的墙壁上安装了五六道扶手，以便他坐在轮椅上就能拉着扶手自如吃饭、解手。卧室里最醒目的是一个柜子，里面整齐摆放着吴元渺以前获得的种种荣誉。

从施助者到被施助，从孑然一身到重获“第二个家”，吴元渺的人生终于在这里有了一抹暖意。

（浙江省文明办供稿）

左泽旗　唐　玲

夫妇齐心向公益 妻子因病逝世自捐遗体显大爱

「助人为乐」

人物故事

左泽旗，男，1973年生，安徽省池州市青阳县向日葵爱心协会党支部书记；唐玲，女，1977年生，生前系青阳县向日葵爱心协会会员。

一直以来，左泽旗、唐玲夫妇乐于公益，常年热心社会各项爱心公益。虽然，他们经营的小养殖场效益并不好，但是他们每年依然为助学救病、敬老扶贫捐款捐物达数千元。2016年年底，唐玲被查出患上舌癌，左泽旗毅然变卖家产，四处筹资带领爱人远赴上海求医。在社会各界爱心人士的相助下，唐玲奇迹般地完成舌癌切除再植手术。2017年春节，左泽旗和唐玲夫妻2人签下了角膜、器官无偿捐献协议，成为当年青阳县第一例夫妻2人共同签订捐赠协议的志愿者。

但经过持续的化疗后，唐玲的器官和角膜无法达到捐献要求，为了能给医学提供帮助，研究出治疗这种病的方法，在生命的最后日子，唐玲努力说服其父母兄弟同意在她走后捐献遗体。2017年10月21日，唐玲因病情恶化，抢救无效去世。遵从她的遗愿，她的遗体被无偿捐献供医学研究，做医学的“无言良师”。

（安徽省文明办供稿）

藏丽苹

“爱心妈妈”陪伴8名孤残儿童成长 用真情书写人间大爱

「助人为乐」

人物故事

藏丽苹，女，1969年生，安徽省合肥市儿童福利院“爱心妈妈”。

2013年，经朋友介绍合肥市儿童福利院的“阳光家园”家庭养育项目，她感觉非常暖心，于是走进合肥市儿童福利院，当起了“爱心妈妈”。

为了支持藏丽苹的工作，她的丈夫把服装店门面转让，他们一起搬进了合肥市儿童福利院，当起了8名孤残儿童的妈妈。从那以后，一年365天，藏丽苹夫妻俩都生活在儿童福利院的“阳光家园”里，照顾孩子们的起居，丈夫在福利院附近找了工作，晚上下班就帮她打扫卫生、给孩子们洗澡等。

多年来，藏丽苹与这些残疾儿童日夜相伴，尝尽了酸甜苦辣，也打过退堂鼓，但看到孩子们纯真的笑容，听着那一声声“妈妈”的喊声，藏丽苹坚持了下来。现在，她和“阳光家园”的其他“爱心妈妈”一起，成为合肥儿童福利院在全国首创的“双亲家庭照顾模式”的志愿者，用真情书写人间大爱。

（安徽省文明办供稿）

吕佛才

村书记捐资百万助家乡发展 一心为民带动乡亲脱贫致富

「助人为乐」

人物故事

吕佛才，男，1975年生，安徽省黄山市歙县小川乡古稔村党总支书记、主任。

1996年，吕佛才只身去厦门谋求生计，经过10多年的努力，成立了属于自己的建设工程有限公司。

虽远在厦门，但是吕佛才始终心系家乡。从2009年开始，他累计捐赠资助600余万元，用于支持家乡的教育事业和公益事业；他设立了“励志资助”奖学金，组建起了一支“山区教育志愿服务队”；他资助400余万元，新建了面积约500平方米的古稔村文化活动中心；出资修建家乡道路近5公里；为带动山区就业，他成立了黄山亚川劳务服务有限公司，解决家乡80多名农民工就业问题；他积极参与乡村振兴，个人出资建设泉水鱼鱼塘30多口，以贫困户入股分红的形式发展石马山泉水鱼养殖基地，增加了村集体经营性收入。

2018年7月，吕佛才义无反顾返回家乡挑起了村党支部书记、主任的重任，踏上了扶贫这条艰辛的道路。

（安徽省文明办供稿）

冯金添

以善心做瓷画　描绘爱的蓝天

「助人为乐」

人物故事

冯金添，男，1954年生，福建省泉州市德化县憨鼠爱心小分队副队长、泉州市陶瓷工艺美术师。

冯金添在瓷画创作这一行业坚守40多年，专注于陶瓷创作的同时，他还热心公益事业，常常将售卖作品的钱，捐赠给需要帮助的人。他从2015年开始在网上拍卖亲手所画的挂盘、画作，所得款项2万多元，全部捐献给了需要帮助的人。

从2011年起，冯金添积极参与爱心公益活动，8年多来走遍了全县18个乡镇、200多个村（社区），为一些五保户、特困户、孤寡老人、残疾人、贫困学子、特殊病困对象等弱势群体，提供爱心帮扶工作。发动带领憨鼠爱心小分队志愿者下乡开展扶贫助困活动650多次，组织大型专题爱心活动130多场，慰问了1万多户（个）对象，上万人次参加爱心活动，累计为本县弱势对象募集、发放善款善物总值900多万元，取得了良好的社会成效。

（福建省文明办供稿）

李维正

九旬老党员的桑梓情怀

「助人为乐」

人物故事

李维正，男，1929年生，江西省萍乡市上栗县长平乡太塘村村民。2019年获“全国脱贫攻坚奉献奖”。

扎根山区教学30多年，李维正用一份微薄的工资，资助一个个贫困学生读书。他退休之后，牵头创办了教育奖励基金会。截至2018年年底，他带动4200多人加入助学队伍，共发放奖励资助金349万元，奖励资助贫困教师、特困学生4897人次。

1991年3月，李维正、李怡章等几位老教师组织发起创办长平人民教育奖励基金会，创办之初，基金会没有工作人员，李维正就一个又一个地邀集；没有办公地点，他就借教育组一张办公桌办公；没有钱，他就自己掏钱。白天，他徒步走村串户，募集捐款。晚上起草章程，传书海内外，至今基金会的档案中还保存着100余封他写给海内外爱心人士信件的底稿。基金会发展到现在共募集捐款400余万元，共举办28次奖励资助大会，创造了28年来长平乡无一人因贫困而失学的奇迹！

（江西省文明办供稿）

朱广彬

在扶贫攻坚道路上甘当志愿服务领头雁

「助人为乐」

人物故事

朱广彬，男，1982年生，山东省聊城市茌平区七彩年轮志愿者协会会长。2017年被评为山东省青年志愿服务先进个人，2018年被评为山东省扶贫攻坚先进个人、山东省“最美志愿者”。

2013年10月，朱广彬牵头成立了七彩年轮志愿者协会。7年来，作为会长的朱广彬积极组织各种公益活动，积极组织志愿者深入学校、社区、乡镇，开展扶贫志愿服务活动。他还牵头组织开展了“十元未来”扶贫助学项目，专门资助家境贫困的学生，目前共资助了160余名贫困学生，募集现金40余万元。在2017年组织开展的“金晖助老”项目中，他积极协同共青团，发挥协会乡镇服务站优势，实现乡村就近帮助模式。在项目开展的过程中，有一位行动不便的老人，去县里有关部门办理登记手续，他得知情况后，立刻安排志愿者专门开车为老人办理各项手续，最终，老人用了很短的时间就落实了手续问题。

（山东省文明办供稿）

申长远

残疾医生 热心助人

「助人为乐」

人物故事

申长远，男，1981年生，河南省新乡市延津县小潭乡卫生院盲人针灸医生。2019年被授予“全国自强模范”。

申长远出生于一个普通农家。1996年，一场突如其来的高烧让他双目失明，为了能够自食其力，他苦练推拿针灸，不仅成为“河南盲人针灸第一人”，还创立了“申氏中医针灸技法”疗法。

为了回报家乡人民，2016年8月，申长远返乡与延津县小潭乡卫生院合作创办了“针灸推拿门诊”。几年来，他坚持实行低价诊疗、免费诊疗，先后为前来就诊的贫困户、五保户减免医疗费2万余元。延津县东屯镇西屯小学王心琪等10名贫困家庭的孩子在生活学习方面存在困难，他就邀约郑州爱心人士一起捐款2万元，并和困难学生结成长期帮扶对子。与此同时，他还募集善款10万元，捐助延津县12个乡镇60个残疾贫困家庭和5名残疾贫困学生。他还经常组建爱心团队，开展义诊、捐赠活动，先后组织捐款捐物近20万元。不仅如此，他还免费收徒14人，帮助其他残疾人开办诊所实现自强自立。

（河南省文明办供稿）

左春秀

党龄70年的“活雷锋”义务服务百万人

「助人为乐」

人物故事

左春秀，女，1933年生，河南省郑州火车站原纪委书记，郑州市“老年雷锋团”创始人、首任团长。先后获评“感动中原”年度人物、河南省“文明使者志愿服务之星”、“全国离退休干部先进个人”、全国学雷锋志愿服务“四个100”最美志愿者、第七届河南省助人为乐道德模范。

1989年，左春秀从郑州火车站纪委书记的岗位上退了下来，离开了工作42年的岗位。1992年，左春秀将郑州火车站离退休的老人组织起来，成立了义务服务队（“老年雷锋团”的前身），为旅客答疑解惑、退换车票、提供热水。近30年来，她义务服务旅客及群众126万余人次，累计帮助旅客解决难题6.2万多个，志愿服务总时长达2.7万小时。

2019年，80多岁高龄的她仍然坚持到郑州火车站学雷锋“文明使者”志愿服务站执勤，她带领“老年雷锋团”常态化驻站服务，月均服务旅客4万余人次，单日最高服务3400余人次，被郑州市民称为“最温暖窗口”。

（河南省文明办供稿）

李波涛

成立公益团 7 年免费接送农民工 1 万余人次

「助人为乐」

人物故事

李波涛，男，1978 年生，河南省周口市太康县逊母口镇王喃庄村村民。

2002 年，李波涛到浙江平阳县打工，至今已有 17 个年头。其间，他打过零工，踩过三轮，开过货车，做过木工。

2012 年以来，李波涛先后组织成立了“河南爱心志愿服务队”“平阳县温州一家亲公益团”“鳌江镇新居民巡逻队”等公益组织，组织志愿者连续 7 年开展义务接送农民工春节返乡 1 万余人次，开展敬老扶弱、扶残济困等各类公益活动 50 余场，临时救助外来务工人员 400 余人，免费发放水、牛奶、面包和方便面等食物 1500 余件、为环卫工人送清凉、夜间义务巡逻、防火防盗公益巡查、“温情伴旅途”等志愿服务 60 余次。

（河南省文明办供稿）

伍庭光

爱国港商 14 年流动放映公益电影 2 万场

「助人为乐」

人物故事

伍庭光，男，1961 年生，广东省佛山大来有限公司董事长。

伍庭光是一名在广东省佛山市投资兴业近 30 年的港商。2005 年，他成立了中国第一批、广东第一家数字电影流动放映队，多年来在佛山各地公益播放电影，足迹遍及佛山最偏僻的乡村，还有最大的外来工集中地。截至 2019 年 12 月，放映队拥有流动放映车 16 台，累计公益放映电影超 2 万场，足迹遍布佛山每一个自然村，极大丰富了基层群众的精神文化生活。

2013 年，伍庭光牵头成立了大来文艺宣传队，购置了一批音响器材，组织 50 多名乐手、演员，以“歌唱祖国”为主题在基层社区、企业开展公益巡演。此外，他还组织宣传队开展“大来数字电影歌曲大家唱”群众卡拉 OK 进社区、进基层活动，组织开展“亲邻好声音”歌唱比赛巡回演出等。

多年来，伍庭光不仅坚持送电影下乡，还坚持在端午、中秋等节日到福利院慰问孤儿，在八一建军节到驻港部队慰问官兵，看望慰问困难归侨，在公益电影进社区、进福利院时探望当地残疾人、困难家庭等。

（广东省文明办供稿）

李　进

“扶贫团长”情暖高原帮贫助困

「助人为乐」

人物故事

李进，男，藏族，1970年生，四川省唐古拉风艺术团团长、四川省商会副会长。先后获“全国脱贫攻坚奉献奖”“全国民族团结进步模范个人”等荣誉。

李进创办四川省唐古拉风艺术团并担任团长，通过生动鲜活的文艺形式，演绎了一个个感人励志的扶贫故事，成为四川少数民族聚集区文化“扶志扶智”的特色品牌。

近年来，李进在脱贫攻坚、光彩事业、维护城市民族团结进步等工作中作出了较大贡献。据统计，李进在脱贫攻坚工作中累计投入产业发展资金14.9亿元，基础建设投入2亿元，脱贫攻坚事业捐资捐物达6000万元，惠及建档立卡贫困户4000余户，贫困人口2万余人；艺术团吸纳和培养贫困歌手200多名、贫困舞蹈演员800多名，开展文化公益和文化扶贫救助活动1000余场，覆盖甘孜、阿坝、凉山等17个深度贫困县，惠及贫困人口21.3万人；协助成阿两地党委政府疏解上访事件50余起，调解经济纠纷100余起，依法维权挽回经济损失1.2亿元。

（四川省文明办供稿）

黄　勇

身残志坚　关爱留守儿童情意长

「助人为乐」

人物故事

黄勇，男，1974年生，四川省自贡市志信社会工作服务中心主任，荣县旭阳镇东街社区关工委副主任。2019年获“四川好人”荣誉称号。

先天残疾的黄勇身残志不残，他凭着惊人的毅力用嘴和脚写字，从小学读到了高中。2011年11月，黄勇无意间加入荣州义工QQ群，和群友们时常捐款帮助有困难的人。2012年6月，在黄勇的提议下，正式成立了荣县义工联合会，黄勇为法人。2012年8月，黄勇和伙伴们在荣县发起了首支学生志愿者团队，为困难学生和留守儿童办实事。2012年11月，荣县留守儿童基地正式建立，利用周末和节假日长期为留守儿童开放。2016年4月，黄勇又建立了自贡市志信社会工作服务中心，通过做一些公益事业，专门对未成年人犯罪不予起诉的人员进行帮教。2018年黄勇还参加了精准扶贫，建立了一个名叫盐义仓的扶贫项目，他负责联系过水镇文昌村和乐德镇筲箕嘴村。

（四川省文明办供稿）

周其勋

贫困户苦干脱贫
捐出5万元积蓄修路

「助人为乐」

人物故事

周其勋，男，1958年生，贵州省毕节市大方县猫场镇箐口村村民。2019年获“贵州好人”荣誉称号。

多年前，周其勋的儿子身患疾病，一家人为其治病四处借钱、倾尽家当、一贫如洗。2014年，全家被政府识别为贫困户。儿子出院回家后，在脱贫攻坚政策的支持下，周其勋开始养羊、养猪、养牛，并响应村里的号召在自家3亩土地里种上了樱桃。他不仅没有“等”“靠”“要”，还带领全家苦干实干。几年下来，儿子看病欠下的债最终慢慢还清，2017年，一家人成功摘掉了贫困帽子，家庭条件得到改善。

为感恩政府，脱贫后的周其勋先后到大方县红十字会、毕节市红十字会、镇政府、村委会捐钱，但每次相关部门在派人实地调查后，都以家庭实际条件为由谢绝了他的好意。2018年，镇政府打算修建村里到镇中心的硬化路，由于没有匹配征地补偿款，又要占用邻村群众的土地，导致道路修建受阻。周其勋得知这一消息后，多次找到镇里的干部，决心要为修路出力，毅然将自己辛苦养羊积攒的5万元全数捐出，以表感恩政府之心。

（贵州省文明办供稿）

姜武远

坚守山村教书58年
年近八旬仍不休

「助人为乐」

人物故事

姜武远，男，1943年生，贵州省毕节市大方县鼎新苗族彝族乡长田小学原校长。2019年获“贵州好人”荣誉称号。

1963年，姜武远初中毕业刚一年，当时村小有90多名学生，但教师却只有姜武远的父亲一人。为了不让村里的教育“断带”，姜武远接过父亲手里的书本，成了一名代课教师。1963年至1970年，他一人教6个年级，学生最多时有179名。他白天马不停蹄地上课，晚上加班加点批改作业，每月工资7.2元。2003年8月，本该退休的姜武远看到长田小学紧缺教师，坚持回到学校上课，一上又是10余年，这期间，他没向政府和教育部门要取一分酬劳。

2007年，长田小学已经破烂不堪，为了让教职工及学生拥有一个安全舒适的学习生活环境，在得知政府按每平方米40.5元的价格征用土地准备修建新教学楼时，他自愿将自家1400多平方米的土地捐献出来扩建学校，分文不取，在政府和有关领导多次劝说下，姜武远最终同意按每平方米7元钱的价格转让土地，为国家节约资金4万多元。

（贵州省文明办供稿）

王自强

30年义务疏导交通的“快乐老王”

「助人为乐」

人物故事

王自强，男，1953年生，陕西省西安市人。获得西安市公安局授予“新长征突击手标兵”、“陕西好人”等荣誉称号。

他在做好本职工作以外，每天上下班高峰期，都会准时出现在容易拥堵的路段当起义务交警。

30多年来，无论酷暑严寒、刮风下雨，他每天早上6时30分之前，都会准时出现在人流量大的十字路口，护送附近学校的中小学生过马路，学生和家长们都非常熟悉“快乐老王”。曾经的学生变成了现在的家长，路过十字路口时总会对孩子说：“只要看到‘快乐老王’叔叔站在那里，我们心里就觉得踏实。当年，老王叔叔在，我们就很安全；现在，有老王爷爷在，你们就很安全。”

现如今，67岁的老王依然每天奔波在他的义务执勤岗位上，热情、执着、从容、快乐地疏导着交通，每位熟悉他的司机或路人从他身边经过时，都会投去敬佩和感激的目光，唤一声“老王，辛苦了！”

（陕西省文明办供稿）

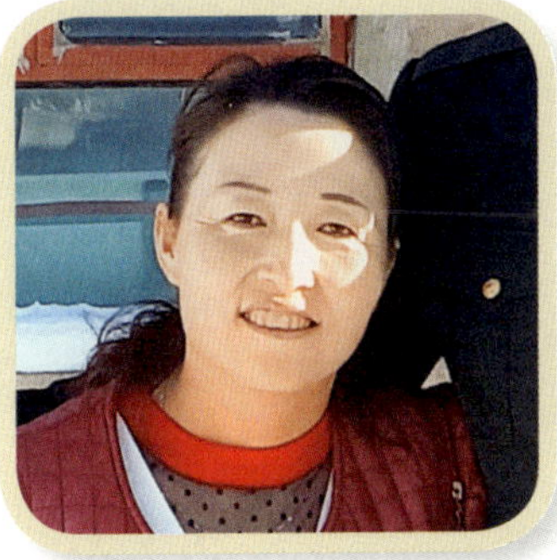

刘　红

拥军好嫂子义务为边防官兵送货送信10余年

「助人为乐」

人物故事

刘红，女，1975年生，新疆生产建设兵团第九师一六五团五连居民。2015年获“新疆维吾尔自治区爱国拥军模范”荣誉称号。

刘红在2岁时不幸患上小儿麻痹症，导致右腿残疾。距离刘红家5公里远的地方有一个边防连，由于交通不便，信件、报刊、包裹等只能运到团部，战士们不能及时收件。2006年起，刘红成为部队的义务邮递员、采购员和勤务员。13年来，无论是刮风下雨、严寒酷暑，她从未间断为连队的官兵服务。因为腿脚不便，翻车摔伤是常有的事。2010年春节前夕，刘红给战士们送节日慰问品和报刊、邮件。因雪大路滑，回家途中刘红的电动车陷进雪沟中出不来。幸好一辆从边防连开来的车发现了路上陷入险境的刘红。车上的官兵一眼就认出了刘红的车，急忙下来把她救上车。获救后的刘红并未因此退缩，时至今日，她依然在为边防连的官兵们义务送取邮件、邮寄包裹。

（新疆生产建设兵团文明办供稿）

杨　宝

退伍军人化身消防员
路遇火情英勇扑救

「见义勇为」

人物故事

杨宝，男，1975年生，天津市诚瑞丰科技有限公司员工。2019年当选“天津好人”。

2019年4月初，居住在武清区大良镇旗良路商贸街西侧水产店的黄某一家，因操作炉具失误，引发火情。邻里街坊闻讯纷纷拿出灭火器前来施救。施救中，黄某家人发现，在失火点附近，有一位陌生人正一手捂着口鼻对抗浓烟，一手拿着灭火器扑灭火舌。最终，在大家的齐心努力下，火被及时扑灭，避免了更大的火灾，也没有给邻里街坊、周边商户造成损失。

20多天过去了，黄某一家始终没有忘记寻找那位陌生人。4月底，黄某邻居在路上和那位陌生人相遇。此时，黄某才算认识了当天奋勇救火的杨宝。原来，那天起火时，杨宝正好在附近的复印店。听闻火情后，从部队退伍的他条件反射般拿起了复印店内的灭火器奔向失火处，奋不顾身同火舌搏斗。一瓶灭火器用完后，又迅速拿起了附近的湿毛巾和水盆，捂住口鼻冲进去灭火。后来，又拿起了第二瓶灭火器。待火彻底扑灭后，杨宝便默默离开了。

（天津市文明办供稿）

丁长龙

退役军人不失本色
无畏火海冲进救人

「见义勇为」

人物故事

丁长龙，男，1957年生，辽宁省丹东市市民。

2019年11月1日中午，辽宁省丹东市民栾东华路过邻居张大嫂的家时，发现80多岁的张大嫂家正在往外冒黄烟，有些担心的栾东华连忙拽门进屋，瞬间，浓烟从屋内涌了出来，她连忙冲着屋里喊：“大嫂！你在家吗？”此时去接外孙放学路过这里的丁长龙闻声跑了过来问：“屋里是有人吗？”“有！”栾东华忙答道。

丁长龙二话没说立即冲进着火的屋子，一直跑到里屋才发现倒在地上几乎已经处于昏迷状态的老人。此时房子已经开始从棚顶往下掉落燃烧物，房顶随时有塌陷的危险！丁长龙顾不上那么多，他拖起老人拼命地往屋外跑，突然，有燃烧着的东西掉下来正好砸中了他的头部，头发瞬间被引燃，丁长龙脑子一空，身体有些晃。他咬紧牙关继续往外挪动着，原本只有五六步的距离此时却显得格外遥远，他拼尽了全身力气，终于将老人拖出火场，就在他们刚刚脱身不久，身后的屋子就轰然倒塌，在场无人不是惊得一身冷汗。随后消防员很快赶到，将火彻底熄灭。

（辽宁省文明办供稿）

张留林

厨师下班途中勇救轻生女大学生

「见义勇为」

人物故事

张留林，男，1986年生，上海市松江区泰晤士小镇松荣料理店厨师。

2018年8月27日深夜，下班的张留林行经新松江路沈泾塘桥时，遇到女大学生章某轻生落水。夜色中，沈泾塘水泛着黝黑的光，随时都会吞噬年轻生命。他毫不犹豫跃入水中。由于光线昏暗，无法看清章某的具体位置，张留林只能循着挣扎时泛起的水花声游过去。靠近后，一把托住章某腋下，奋力向岸边游。一心想死的章某却不配合救援，拼命挣脱。张留林极力劝说。章某情绪低落，在挣脱不开的情况下竟然张口咬了张留林。忍着痛，张留林不但没有松开手，反而抓得更紧，继续边劝说边带着章某往岸边游。慢慢，章某开始体力不支，神志也有些模糊，这时女孩又说不是不想上岸，只是没有脸面上岸了。张留林意识到女孩子有了求生欲望，立刻安慰她。终于，张留林和民警合力把章某救上岸，随后送医，最终成功挽救轻生女子。

勇于出手相助的张留林，获得了“上海市见义勇为先进个人”称号。

（上海市文明办供稿）

王　歆　梁　峰

用鲜血和生命接力掩护群众的基层民警

「见义勇为」

人物故事

王歆，男，1987年生，浙江省台州市椒江区人；梁峰，男，1989年生，浙江省台州市路桥区人。

2019年10月2日凌晨，犯罪嫌疑人牟某希因与前妻沈某华感情纠纷，决意报复，驾车到其父母家门口，将汽油倒在门上点火后驾车逃离。接到群众报警后，王歆同志迅速带领辅警梁峰、林新志赶到现场进行现场调查和勘查工作。突然，牟某希持猎枪返回现场，直接朝在场群众开枪。林新志最先反应过来，冲上前伸手喝止，被其举枪击中腹部。随后，王歆和梁峰为了群众和战友的安全，不顾个人安危，主动放弃掩体的保护，挺身扑向牟某希欲将其抓捕，被其猎枪发射的霰弹击中，梁峰头部中弹当场倒地，王歆也被打伤右臂。但牟某希仍不罢休，继续追杀现场一名叫王某君（系沈某华姐夫）的人。已经受伤的王歆见王某君情况危急，向王某君身后追去，为其打掩护，鲜血洒了一路。王歆被牟某希再次开枪击中头部，当场倒在血泊之中，壮烈牺牲。

（浙江省文明办供稿）

赵进前

农民工房顶救助3岁男童高空坠落成重伤

「见义勇为」

人物故事

赵进前，男，1979年生，河南省驻马店市平舆县高杨店新张胡营厂庙村村民。

2019年10月13日8点，开封市第三十一中学附近的一处废旧工厂，一名3岁的男童趴在6米多高的房顶上，一只脚卡在了房顶的石棉瓦里。恰巧路过事发现场的赵进前和妻子宋美看到这惊险一幕后，赶紧呼喊救人。同时，赵进前想方设法爬到房顶，就在他抱住孩子的那一刻，由于孩子十分恐慌，不停地挣扎，再加上房子年久失修，房顶突然坍塌，赵进前抱着孩子从房顶摔了下去，男童被赵进前紧紧抱在怀里并无大碍，而赵进前的头部却受到重创。他被送到医院进行紧急抢救，术后他问了一句："孩子是否有事儿?"之后，就再也没有醒过来。由于他的头部重度开放性颅脑损伤，颅内大量出血，多发颅骨骨折。入院时呈现脑功能衰竭症状，急诊做了开颅手术抢救生命。术后CT发现颅内多发脑梗死，同时伴有颈椎骨折和多发肋骨骨折、肺部损伤，病情重，危及生命，经过长期治疗，目前仍存在肢体活动不便，失语，生活不能自理情况。

（河南省文明办供稿）

荆忠义

"面包叔"火海救人身受重伤亦无悔

「见义勇为」

人物故事

荆忠义，男，1963年生，广东省广州市白云区金沙街面包店经营者。2019年被评为"广东好人"。

荆忠义在广州居住已经30多年。他早年四处打工，直到2018年学得面包制作手艺后，拿出全部积蓄经营了一家面包店。2019年起，他开始给生活困难的街坊免费赠送面包等食物，大家亲切地称他为"面包叔"。

2019年6月25日晚7时许，当荆忠义在给独居街坊苏先生送面包时，突然在门外闻到了一股浓烈的煤气味，他马上意识到了不对劲，立即向屋里苏先生询问情况。苏先生却回答他几个小时前就已经打开了煤气，想自杀。荆忠义马上进行劝说，总算打消了苏先生自杀的念头，他不顾个人安危冲进屋内想要关掉煤气。就在踏进厨房的一刹那，屋内发生爆炸，荆忠义整个人被震飞到墙上，全身严重烧伤。荆忠义强忍疼痛，在昏迷倒下之前用尽办法将同样受伤的苏先生拉出门外等待救援。

经诊断，荆忠义呼吸道烧伤、面部烧焦、全身烧伤三度以上，烧伤面积达40%。经过两次手术，荆忠义才脱离生命危险。

（广东省文明办供稿）

秦文勇

"80后"小伙勇救落水夫妇献出宝贵生命

「见义勇为」

人物故事

秦文勇，男，1984年生，广西壮族自治区桂林市永福县堡里镇三多村村民。

2019年3月21日晚7时许，何先生夫妇两人在县城茅江桥河边散步途中，因下河洗手不慎掉入河中。路过的秦文勇毫不犹豫跳下河，救回一人后，又不顾身乏力疲再次游向河中，终因体力不支，再也没有回来。他的遗体被打捞上来后，整个身体仍呈托举状，在生命的最后时刻，他想的仍是救人！

据当时目击者方女士回忆，因为落水女子穿的衣服浮力较大，一直在水里起起伏伏。身边一位60多岁的男子已在脱衣服准备下水。"我年轻，让我去。"秦文勇冲上前说，匆忙地脱去鞋子和上衣。方女士刚要给他身上系个泡沫筒，可救人心切的秦文勇已一头扎进了河中。秦文勇很快游到了落水女子身边，一把抓住她就往岸边拖。快到岸边时，另一个小伙子也来帮忙，两人协力将落水女子扶上了岸。秦文勇没稍作休息和犹豫，又转头扎进了河中。不幸的是，就在快要接近落水男子时，秦文勇终因体力透支，和溺水者一起消失在了江面上。

（广西壮族自治区文明办供稿）

肖占祥

万米高空自制导管穿刺救人守护生命

「见义勇为」

人物故事

肖占祥，男，1964年出生，海南省人民医院血管外科主任。

2019年11月19日凌晨，广州飞纽约航班上，肖占祥突然听到广播在找医生，他和来自广州华侨医院的张红医生立刻前往救助。发现卫生间内一位老人在痛苦哀号、满身大汗。乘务员称，两小时前，老人出现排尿困难的情况。肖占祥初步诊断是急性尿潴留。如果不采取紧急措施的话，可能危及生命。然而此时距离飞机降落仍有6个小时。

当时在飞机上没有设备可以帮老人导尿，肖占祥和张红决定，为老人直接进行膀胱穿刺。

肖占祥医生利用自制穿刺吸尿装置，开始施救，然而尿液无法导出。正当大家一筹莫展时，张医生想到用嘴吸出尿液，整整37分钟，张医生不间断为旅客吸出尿液，吐到杯中；肖占祥医生则蹲在旁边，根据膀胱积尿情况调整穿刺位置和角度，而且手还要按着膀胱，轻轻地做按压，确保最大限度排出积存尿液，最终老人转危为安。

（海南省文明办供稿）

王　源

地震中勇敢沉着保护 4 名儿童安全

「见义勇为」

人物故事

王源，男，1996 年生，陕西省汉中市城固县董家营镇胥家营村人，新疆生产建设兵团第六师五家渠市文体广旅局干部。先后荣获“汉中市第五届道德模范”称号，荣登“陕西好人榜”。

2017 年 8 月 8 日，四川九寨沟发生 7 级地震时，在震中心天堂洲际酒店负责引导和服务的实习生王源在更衣室的墙皮脱落、顶灯掉落的危急时刻，凭借自身在 2008 年汶川地震中的经验和防灾演练知识，奋不顾身地将父母不在身边的 3 个孩子塞进沙发底下，又把第 4 个小孩护在自己怀里，迅速地从柜子里拿出一杯水，塞给了沙发底下的孩子，突然房顶上灯掉了下来，这时王源被倒塌的更衣柜和掉落的水泥墙皮砸中，由于处置及时果断，4 个孩子毫发无损。等到晃动平稳些，王源双手各抱起一个孩子，另外两个年纪稍大的男孩拉着他的衣角，5 人迅速离开了室内。余震过后，王源安全地将 4 名男童交给同事并与另外 9 名同在这里实习的同学会合，再次逆着人流返回酒店冒着危险和同学们全力投身到紧张的救援中。

（陕西省文明办供稿）

杨　欧

特巡警队员奋不顾身勇救两名跳河女孩

「见义勇为」

人物故事

杨欧，男，1993 年生，甘肃省陇南市康县大堡镇人，2019 年 5 月到康县公安局特巡警大队工作。

2019 年 10 月 19 日深夜 2 时 30 分许，县公安局 110 指挥中心打来电话，要求特巡警队立刻出警。

当特巡警队员们赶到现场后，听到有人在高声呼叫“有人跳河了！”反应敏捷的杨欧带领几名队员，飞速冲向落水点——康县市政广场彩虹桥岸边。杨欧和队友们看到桥下深水处有两名女孩正在冰冷的河水中拼命挣扎。杨欧毫不犹豫纵身从 6 米多高的桥面一跃而下。他首先游向近处的一名落水女孩，并将她拖送到岸边，在其他队员的协助下将女孩救上岸。杨欧又转身游向另一名女孩。

凌晨 3 点，两个女孩均被成功施救。杨欧和队友将这两名女孩带回队里，对事情发生的前因后果进行了详细的询问，之后，杨欧及时联系了案件相关人员的家长，等家长到达时，已经是凌晨 4 点了。

（甘肃省文明办供稿）

周学成　康进才

跳水救人谱写见义勇为赞歌

「见义勇为」

人物故事

“80后”青年周学成、康进才，是宁夏回族自治区石嘴山市平罗县通伏乡永华村村民。2019年荣获第四届“宁夏好人”称号。

2015年6月25日傍晚，周学成回到家中。突然他听到不远处传来“扑通”一声响。“学成，快出来救人呀。”母亲大喊了起来。不远处的排水沟里，一辆车已落入水中。来不及多想，周学成以最快的速度跑向事发点。

另一边，家住平罗县通伏乡永华村的康进才开着车往家走。当康进才路经永华村中心沟与五通路交叉处时，只见几个人正对着沟里大声呼救。顺着那些人手指的方向，康进才看到一辆白色越野车已四轮朝天地翻入沟里。“救人要紧！”想到这，周学成和康进才来不及脱去身上的衣服就跳进水中。

下水后，周学成发现车窗紧闭，车内空间狭小，车内还有孕妇。二人放弃破窗救人，就试图拉开车门和后备厢，在二人的共同努力下后备厢终于被打开。周学成和康进才合力将被困的孕妇抬了出来，又下水陆续将其他被困人员救上岸。

（宁夏回族自治区文明办供稿）

陈金文

小区保洁员拾到8万元现金完璧归赵

「诚实守信」

人物故事

陈金文，女，1952年生，江苏省苏州市高新区人。

陈金文小时候家里条件艰苦，只读过一两年书，但在她从事清洁工作的十几年间里，她时常捡拾到大小物件，都会第一时间交到保安室，物归原主。2019年1月30日早上6点50分，和往常一样，陈金文正在忙着清运小区垃圾。在这过程中，她无意间在垃圾桶中发现一个袋子，打开一看，里面装着8万元现金。陈金文没多想，直接把钱交到了保安室。保安工作人员紧急调看监控，发现是小区业主失手扔进了垃圾桶。经过联系，直到下午1点半，失主吴先生急匆匆找寻过来。原来，当天早晨6点半，失主吴先生带着这8万元出门，顺手还带了一袋家里的生活垃圾，结果一马虎，把钱和垃圾一起扔掉了，等到了单位才发现钱不见了，粗心的他还一度以为是忘在了家里没带出来。后来吴先生发现钱不见之后，四处找寻，却怎么也找不到。经过保安室的联系，吴先生赶来领取遗失的巨款，在保安室见到陈金文时，吴先生接连说着感谢，而陈金文却连连说，“自己做了一件普通的事。”

（江苏省文明办供稿）

施建银

用瘦弱肩膀"扛"起沉重债务

「诚实守信」

人物故事

施建银，女，1965 年生，江苏省如皋市人。

2006 年，施建银和丈夫邱小平贷款在村里办了一家小型织布加工厂。夫妻二人齐心协力，工厂一天天走上正轨，不仅他们的小家过上了小康生活，还帮助附近村民解决了就业难题。就在一家人和和美美地享受幸福生活的时候，邱小平在 2014 年不幸被查出肝癌，离开了人世。丈夫虽然不在了，织布厂的"后事"却不能一了百了。施建银在丈夫留下的织布厂账本中发现，除了 30 多万元的银行贷款外，还有 9 名女工的 10 万多元工资还没结清。

2016 年年初施建银在朋友的帮助下到一家脚手架公司清理脚手架。每天，她都要通过肩扛的方式，将上千根钢管一根一根地整理打包。为了多挣钱，施建银常常凌晨 5 点不到就起床，晚上 6 点多下班，一天工作超过 12 个小时。为了节约开支，她吃住都在工地上，除了基本的生活开销外，每月 3000 元的工资全部用来还债。2018 年，施建银还清了 3 位工人的欠款。2019 年 1 月 7 日，她约好其他 6 人，一起来到法院，还清了剩下的欠款。

（江苏省文明办供稿）

沈根甫

50 年信守承诺义务传播红色文化

「诚实守信」

人物故事

沈根甫，男，1948 年生，江西省吉安市永新县伤残退伍老兵。先后被评为"雷锋生前所在团的雷锋精神宣传员""井冈山斗争精神宣传员""宣讲国防教育先进个人""优秀刺绣老兵"。

1968 年退伍后，用刺绣传承红色基因成为沈根甫一生坚守的事业。看似简单的刺绣，要经过画像、印画、固定、选色等众多程序，需要足够的耐心。因为腰部受伤，沈根甫平时躺着、站着都难受，但是只要他拿起绣花针却能坚持坐几小时。

2016 年起，他通过红色文化专题讲座来弘扬革命精神，让更多的人更直观地了解红色文化。在家乡，他多次受邀到各中小学宣讲红色文化和雷锋精神，让更多青少年接受革命的洗礼。在深圳宝安区的青少年训练基地，他受邀作为国防教育宣传员，为青少年讲述红军长征和雷锋的故事。在沈阳，他更是被雷锋生前所在团邀请参观并讲课，并在雷锋班战士的带领下向他们讲述了三湾改编的历史故事，并被聘请为"雷锋精神宣传员"。

50 年来，沈根甫饱受病痛折磨，依然不改初心，用自己的实际行动弘扬革命精神。

（江西省文明办供稿）

白京波

诚信创业十六载 服务菜农奔小康

「诚实守信」

人物故事

白京波，男，1968年生，山东思远蔬菜专业合作社理事长。

2004年，白京波怀揣服务农村的梦想来到临淄开始创业。2005年，白京波确立了“标准化让生活更美好”的发展理念，带领团队研发了《设施蔬菜7F生产技术管理规程》，能使产量平均增加20%—30%，亩增效益近万元。他还设计制作了一系列标准化工具，录制教学片2800部，编写教材16部300余万字，每年带领团队开展田间课堂、农民夜校等培训15万人次。白京波带领研发的国内首家设施农业标准化服务系统“农保姆”，让菜农足不出户即可获得种、卖、学、聊一体化服务，2017年被评为原农业部农业农村大数据实践案例，在全国推广。

16年来，白京波一共遇到过3起较大的赔付事件，每次他都会首先保障菜农的利益。白京波制定了12小时问题解决机制，要求所有技术人员接到求助电话后，必须12小时内赶到现场处理。

截至2019年，服务已拓展到全国12个省17万标准化社员，服务面积46万余亩，为农户带来直接经济效益上亿元。

（山东省文明办供稿）

王瑞平

老人捡到52万元巨款物归原主

「诚实守信」

人物故事

王瑞平，女，1950年生，河南省林州市临淇镇关也庙村村民。2019年荣登“河南好人榜”。

王瑞平是一名小区保洁员，由于家庭经济条件不太好，平时捡点儿废品补贴生活。2018年9月9日晚8时许，王瑞平吃完晚饭在小区里散步，顺便拾点儿废品。忽然，她发现一个垃圾箱旁的草坪上，放着一个双肩包和一个手提包。她提了提，很沉，以为是学生扔的废书，没在意，便拿到家中。等把孙女哄睡后，她便到地下室整理拾到的废品。一拉开那个灰色的双肩包，一捆捆人民币映入眼帘，老人惊住了。她急忙拨通儿媳杨女士的电话：“早点下班回家，家里有点事儿。”杨女士回到家一看情况，立即拨通了派出所电话。值班民警赶到后将包内的现金、物品逐一清点，现金有52万余元，还有银行卡、部分票据等。根据票据，他们发现了失主张先生的姓名和联系方式。9月10日深夜1时30分许，民警拨通了张先生的电话，凌晨4时许，52万余元现金归回给了张先生夫妇。

（河南省文明办供稿）

肖跃莲

身残志坚诚信办企
带领残疾人勤劳致富

「诚实守信」

人物故事

肖跃莲，女，1962年生，湖南省衡阳市蒸湘区蒸湘街道居民。先后被评为“全国就业创业先进个人”“全国三八红旗手”“全国自强模范”。

因从小患有小儿麻痹症，双腿残疾，1995年下岗后，肖跃莲3年内再没有找到新的工作。迫于经济困境，她去市场淘剩毛线，编织成帽子、围巾去摆地摊获取微额回报。长沙一个企业看中她的手艺，给了她一笔3000双手工编织拖鞋的订单。肖跃莲带领10多名下岗女工日夜苦干，最终如期交货。第一笔订单完成后，肖跃莲租用破旧小厂房，创办了“衡阳腾跃工艺厂”，并雇用了大批下岗女工、残疾女工。

2008年广州锦伟针织有限公司倒闭，欠下衡阳腾跃工艺厂115万元的货款，这100多万元绝大部分要用来支付工人工资，是工人们养家糊口的救命钱。为了付清工人工资，肖跃莲拿出所有的积蓄，终于按时全额发放工人工资。蒸湘腾跃工艺厂经营10多年来，从未拖欠过工人一分钱，真正成了下岗职工、残疾人和农民工安全、放心的就业乐园。

（湖南省文明办供稿）

袁玉兰

未婚夫战场为国捐躯
她奉养烈士母亲40年

「诚实守信」

人物故事

袁玉兰，女，1953年生，重庆市万州区武陵镇椅城社区村民。

20世纪70年代，袁玉兰和同村青年张宜华确立了恋爱关系。1975年，20岁的张宜华应征入伍。参军入伍前，张宜华放心不下自己的母亲袁和菊，袁玉兰承诺会像照顾自己母亲一样照顾她。临行之前，两人许下爱的誓言：退伍荣归之时，就是两人结婚成家之日。

袁玉兰没想到，这一别，就再也不曾相见。1979年，张宜华在对越自卫反击战中不幸牺牲。消息传回，袁玉兰和袁和菊心痛欲裂、几近崩溃，这时，袁玉兰毅然搬到张宜华家，认袁和菊为妈，决定替未婚夫尽孝。后来，在妈妈的劝说下，袁玉兰和搬运工彭国政结婚。婚后，袁玉兰仍然带着妈妈，和丈夫一起为袁和菊筑起温暖有爱的家。

时至今日，袁玉兰仍一如既往地照顾着90岁高龄的妈妈。

（重庆市文明办供稿）

朱晓华

一个人，坚守两个人的承诺

「诚实守信」

人物故事

朱晓华，女，1973年生，陕西省安康市镇坪县庶康农业开发有限公司董事长。2019年入选“陕西好人榜”。

1995年，朱晓华与丈夫结婚后开始做木材生意，生意失败欠下外债，为还清债务，夫妻二人开了6年餐馆和4年商店，外债逐渐还清。2016年年底，她和丈夫贷款流转了土地，2017年3月注册了镇坪县庶康农业开发有限公司，建起了农业产业园区。

就在夫妻二人憧憬着产业园区美好前景时，2018年8月丈夫李绍清不幸发生车祸死亡。丈夫出事时夫妻二人还欠工人工资10余万元和190多万元的银行贷款，工人们都以为工资没了着落，园区可能也办不下去了。但是，让人没想到的是悲痛的朱晓华在处理完丈夫的丧事不久就到人社局贷了10万元贷款，又在亲戚朋友处借了10万元，把欠下的工资和土地租金全部支付了。为完成丈夫的遗愿，不让园区倒闭，早一点儿把巨额的银行贷款还完，她扩大公司规模，开起了农家乐和超市。她背负着失去丈夫的痛苦，辛勤劳作，抚育孩子，撑起夫业，独自一人一点一点地偿还两个人的债务。

（陕西省文明办供稿）

沙勒克江·依明

10多年来在自家小院升国旗表达爱国情怀

「诚实守信」

人物故事

沙勒克江·依明，男，维吾尔族，1946年生，新疆维吾尔自治区塔城地区塔城市新城街道哈尔墩社区居民。

自2009年10月1日以来，沙勒克江每周在自家小院升国旗，这件事一坚持，就是10多年。沙勒克江风雨无阻，不惧民族分裂分子恐吓，毅然用升国旗表达自己的爱国情怀，同时用自己的实际行动引导着身边的各族群众爱党爱国爱社会主义。如今，沙勒克江家院落已成为当地的爱国主义教育基地，在他家参加升国旗仪式的各族干部群众达2万余人（次），他家小院儿里飘扬的五星红旗也成为边境小城一道亮丽的风景。

沙勒克江因其突出表现，2017年荣获天山网、新疆文明网评选的“最美新疆人”荣誉称号，2019年先后荣获第六届自治区道德模范荣誉称号、全国民族团结先进个人。

（新疆维吾尔自治区文明办供稿）

闫永杰

5 年寻护烈士之路 让 2165 名烈士魂归故里

「敬业奉献」

人物故事

闫永杰，男，1987 年生，北京市延庆区民政局干部优抚科科员。

2014 年，闫永杰来到延庆区民政局工作。2016 年，延庆区民政局启动对全区零散烈士墓抢救性保护工作。闫永杰在半个月的时间里跑遍了 8 个乡镇，调查了 72 座烈士墓。同年开始，闫永杰连续 4 年清明节，跟随延庆区民政局团队，奔赴全区烈士纪念设施，为烈士墓祭扫，为没有后人的烈士尽孝。2017 年，延庆区烈士纪念墙工程启动，闫永杰和同事逐一对照延庆区烈士英名录及全区 22 处烈士纪念设施中记载的烈士姓名，共整理出 2165 位烈士英名，让烈士魂归故里。

闫永杰的言行也在影响着身边的同事，陆续有退役军人局的十几个年轻党员加入了寻找烈士的行列，并成立了“寻找英雄志愿服务队”。

（北京市文明办供稿）

耿　伟

碧水蓝天铸就英魂 一腔热血守护生态

「敬业奉献」

人物故事

耿伟，男，1980 年生，生前系河北省衡水市环境科学院院长，并主持大气科日常工作。

对待工作，耿伟有火一样炽热的干劲，在生命的最后时分，他仍旧理着工作头绪。

翻开耿伟的履历，2013—2015 年，连续 3 年考核优秀。从 2016 年起，耿伟主动把优异的称号让出来，鼓励单位的年轻人“有荣誉感、好好干”。

这样一个又一个集体，会聚成河北环保铁军，其间成千上万个耿伟在默默奉献、砥砺前行。他们把对生态文明建设的坚定信念，把切实改善环境、实现美丽中国的伟大愿景，合奏成一首铿锵有力的交响乐。2018 年年底，河北省 PM2.5 平均浓度为 56 微克 / 立方米，较 2013 年的 108 微克 / 立方米下降 48.1%，降幅接近一半，提前一年完成《打赢蓝天保卫战三年行动方案》既定的 2019 年全省任务。

2019 年 10 月 20 日，耿伟心脏骤停，与世长辞，生命定格在 39 岁。

（河北省文明办供稿）

李泽岩

一名海归的乡村振兴梦

「敬业奉献」

人物故事

李泽岩，女，1986年生，河北省秦皇岛市秦山农业科技发展有限公司总经理。2018年被评为“脱贫攻坚·乡村振兴·团青建功——河北青年风尚人物”，2019年被授予“河北省三八红旗手”称号。

2008年李泽岩到美国俄勒冈大学学习先进的现代化种植。回国后，她毅然返回家乡抚宁，和朋友创立秦山农业科技发展有限公司。

2016年10月，她在抚宁区紫金湾成立了“果蔬美”农场直营超市，实现早晨农场采摘，中午端上百姓餐桌的新模式。2017年3月，在门店上线微信订阅号及微店线上外送，部分农产品已实现预定采收的销售模式。

2017年，她开始带动周边农户调整农业种植结构，非转基因黄豆种植由单茬变为两茬，示范推广农科院散菜花、茄子等新品种，种植面积达200余亩，帮助农民每亩农田经济效益由800元/年升至4000元/年，增加每户年收入5倍左右。

在她的带动下，农场的独立品牌“秦山田甜”在2017年下半年成功打入北京3家高端社区及河北大型有机超市销售。

（河北省文明办供稿）

郭俊杰

医者仁心　默默奉献

「敬业奉献」

人物故事

郭俊杰，男，1969年生，黑龙江省绥化市望奎县人民医院党总支书记。

自2015年以来，郭俊杰开展冠状动脉介入治疗，填补了省内空白，已救治800余例病人。同时，开展了内镜治疗技术，对肝硬化门脉高压上消化道出血（食道胃底静脉瘤套扎术）、胃肠息肉（电切术）、晚期肿瘤（支架置换术）等病人进行镜下治疗，使患者在家门口就能接受到先进的治疗，受到广大患者的好评。作为望奎县人民医院心内科的当家人，数十年来，郭俊杰付出了很多心血，在工作岗位上，他牢记着医者仁心初心，传承着医者仁术，默默无闻奉献着。

多年来郭俊杰数次为贫困患者垫付药费多达200多人次，至今仍有数万元没有归还，垫付的药费从未催要过。

（黑龙江省文明办供稿）

吴红萍

带领小区进行综合改造 为800余户居民营造幸福家园

「敬业奉献」

人物故事

吴红萍，女，1974年生，上海市长宁区仙霞新村街道虹旭居民区党总支书记。

在虹旭小区的改造过程中，吴红萍在小区内开展了“我为社区献一计金点子”的活动，并召开了5场居民座谈会，共收到200多条金点子，使各项改造项目成为居民们的称心项目。

2018年，在虹旭二小区的精品小区建设中，为了提高虹旭小区与虹旭二小区的融合度，吴红萍不断沟通协调，成功地将两个小区之间的围墙打通做成了绿化景观带。她积极探索解决社区治理难点，首创大件建筑垃圾封闭式管理，解决建筑垃圾乱堆乱放问题；建造“喵星人乐园”，解决流浪猫扰民问题；设置“蚯蚓堆肥塔”，解决不文明养宠问题；打造瓶子菜园，不断激发居民参与垃圾分类热情；创新“湿垃圾堆肥桶”，真正做到垃圾源头减量等。

目前，300平方米的虹旭生境花园已落成，460平方米的集为老服务、亲子乐园、三点半课堂、白领沙龙等为一体的邻里中心陆续拔地而起。

（上海市文明办供稿）

王　浩

电网工扎根一线23年 获得国家专利40余项

「敬业奉献」

人物故事

王浩，男，1975年生，国网徐州供电公司电力调控中心地区监控班副班长。

1996年，王浩进入国家电网江苏徐州供电公司220千伏变电站。2002年，他研发了变电站设备巡视检查系统，在省内首次实现了设备巡视电子化管理，提高了变电站设备的巡视管理水平。2007年，他完成了江苏省电力公司科技项目《设备验收作业指导书》，在国家电网公司首家采用了掌上PDA进行设备验收管理，提高了变电设备的维护水平；2008年，他和同事研制了小电流单相接地检测报警仪，实现了对故障线路的快速检测，缩短了用户停电时间，2012年，又实现了小电流单相接地故障快速处置；2017年，他研发了变电站设备信息全回路自动校核平台，在国网公司系统率先实现了综合自动化信息表自动生成。

他在一线奋战23年，完成科技项目20余项，获得国家专利授权40余项，获得科技进步、管理创新及专利奖10多项、优秀QC成果奖30多项，在科技创新工作上交出了一张亮眼的成绩单。

（江苏省文明办供稿）

郝大宝

大学生村官扎根基层 让村民过上“花样生活”

「敬业奉献」

人物故事

郝大宝，男，1986年生，江苏省连云港市东海县双店镇党委委员（挂职）、三铺村党总支书记。荣获“全国脱贫攻坚奋进奖”。

郝大宝2011年大学毕业后到双店镇北沟村任村委会主任助理。他为花农引进试种并推广高端百合新品种160多个，带头创建占地30亩的“大学生村官创业示范基地”，带动周边100多个农户投入百合鲜切花种植，当年就实现户均增收6万元。他所在北沟村花卉产业获评“全国鲜切花生产基地”“华东最大鲜切花生产基地”，并跻身“国家地理标志产品保护”。

2017年6月，镇党委又委派他到经济薄弱的三铺村担任村党总支书记。郝大宝一边挨家挨户走访，一边组织村干部村民外出学习，经过3个月的不懈努力，建起一栋栋花卉大棚。到2018年年底，三铺村已流转土地2000亩，新发展花卉大棚500多栋。郝大宝为村民担保和协调各类惠农贷款资金1000多万元，让改粮种植花卉的农户年均增收7万元。三铺村的173户贫困家庭全部实现了脱贫，村民人均收入达到1.1万元。

（江苏省文明办供稿）

方美芳

女电缆工干“男人活” 只为守护“光明”

「敬业奉献」

人物故事

方美芳，女，1971年生，国网江苏省电力有限公司丹阳市供电分公司线路二班副班长。先后获得“全国五一劳动奖章”“全国劳动模范”“全国三八红旗手”“江苏省劳动模范”“江苏省十佳文明职工”“江苏最美职工”等荣誉。

1988年，方美芳参加工作，一年下来，成功从一个“门外汉”变成“内行人”。1993年，方美芳主动加入了主要承担高压电缆施工、检修、抢修等艰巨任务的变电综合班。31年来，她参与敷设电缆累计长达1000多公里，安装电缆头8000多个，抢修电缆近200次。参与40余座变电站和上千个客户配电房的安装投运及改扩建工作，从未因施工质量问题发生过故障。

2010年，方美芳劳模创新工作室成立，她发挥劳模传、帮、带的重要作用，带领青年员工积极钻研业务，推动技术创新，共获国家专利30多项，并得到推广应用，为客户省下真金白银。2011年，方美芳牵头成立“小芳”共产党员服务队。

（江苏省文明办供稿）

朱宗鹤

一个人的升旗仪式

「敬业奉献」

人物故事

朱宗鹤，男，1934年生，浙江省丽水市遂昌县人，浙西南第一个党支部旧址（泉湖寺）管理员。

2001年4月，朱宗鹤和镇上另外4位党员发起募捐，修缮泉湖寺。2003年6月，泉湖寺作为浙西南第一个党支部旧址开馆，当时已70岁高龄的朱宗鹤主动承担起了管理员一职，并许诺往后余生将一直守护着这片红色热土。

每天7点半，朱宗鹤准点在泉湖寺庄重地举行一个人的升旗仪式。没有嘹亮的国歌声，也没有第二个人，有的只是一根旗杆、一位单薄的老者与耀眼的红旗相随相伴。朱宗鹤默默地坚持了17年。17年来，升旗仪式已举行6000多次，钢铁结构的旗杆换了2根，拇指粗的旗绳断了4条，老人站立讲解的地方下陷了3厘米，国旗已换到了第27面。

义务兼职讲解员的朱宗鹤，熟背了38个展板、1.5万余字的讲解内容。2002年以来，他整理笔记整整8本，累计近10万字。17年来，泉湖寺已累计接待25万余人。

（浙江省文明办供稿）

赵荣华

“白忙官”的奋斗、奉献与担当

「敬业奉献」

人物故事

赵荣华，男，1949年生，浙江省嘉兴市海盐县人。

赵荣华，1994年起开始担任澉浦镇侨联主席，他倾尽全力为“侨”解忧，当地人亲切地称他为“赔饭铏贴功夫的傻主席”。曾获“全国归侨侨眷先进个人”“全国五一劳动奖章”。

澉浦镇素有“浙北侨乡”之称，登记在册的“三胞”125户、628人，分布在19个国家和港澳台地区。逢年过节，赵荣华总会挨家挨户上门送去关心和祝福，遇有侨胞侨眷有困难，他也总是第一时间赶到。

1984年，他联合5户农民创办了浙江省织造行业第一家联户企业澉浦织造厂（后更名为海盐县特种纤维织造厂）。

自从赵荣华身兼澉浦镇侨联主席、台联会长，他将1/3的时间留给织造厂，2/3的时间留给侨联台联和政协。他带头捐款家乡建钟楼、办敬老院、修路、资助困难户、资助教育事业，每年向县慈善总会捐献善款、向经济薄弱结对村提供资助。

（浙江省文明办供稿）

刘双燕

基层税务干部驻村扶贫 8 年 用柔弱双肩扛起脱贫重任

「敬业奉献」

人物故事

刘双燕，女，1975 年生，国家税务总局亳州市税务局干部，利辛县汝集镇朱集村扶贫挂职第一书记。先后获“安徽省脱贫攻坚十大工程先锋”“安徽省五一劳动奖章”。

2012 年 3 月至今，作为安徽省第五、第六、第七批选派帮扶干部，刘双燕连续驻两个贫困村担任第一书记。8 年来她舍小家顾大家，带领村“两委”和村民修建公路、改造电网、接自来水、建产业扶贫基地，发展种养合作社，引入特色种养殖、光伏发电、林业扶贫等产业。脱贫工作取得显著成效，326 户 739 人实现了稳定脱贫，贫困发生率由 2014 年的 13% 下降到现在的 0.4%。在贫困户间奔走，刘双燕已记不清淋过多少回雨、滑过多少次跤。2015 年，她双膝患上了髌骨软化症，医生建议多休息少走路，可她从没有停下过脚步。

她真实而感人的扶贫故事在中华大地引发强烈反响，成为全国扶贫干部鲜活的典范。

（安徽省文明办供稿）

徐淙祥

研制推广大豆新品种 两项技术获国家发明专利

「敬业奉献」

人物故事

徐淙祥，男，1953 年生，安徽省阜阳市太和县旧县镇张槐村村民、高级农技师。获评“全国劳动模范”。

20 世纪 70 年代，徐淙祥高中毕业后回乡务农。他力求改良作物品种。2009 年，徐淙祥绿色种植的 1230 亩现代农业示范田亩产超 700 公斤，2015 年高产田块优质小麦最高亩产超 750 公斤、夏玉米最高亩产超吨粮、夏大豆最高亩产 300 公斤，被誉为安徽省“麦王”“玉米、大豆状元”。他编辑整理的小麦优质高产栽培 60 首谚语小册子，被村民称为现代农业节本增收的法宝。2014 年，徐淙祥领衔研制的“太丰 6 号”大豆新品种获安徽省品种审定证书并在全省推广应用，现代农业示范田入选全国 100 个国家农业科技创新与集成示范基地。2017 年，小麦、玉米绿色高产种植技术获得国家发明专利，2018 年 3 月，现代农业示范田被命名为“中国生态食材生产示范基地”；2019 年 1 月，他创办的淙祥现代农业合作社被评为“全国农民专业合作社示范社”。

（安徽省文明办供稿）

杨春林　朱远景

基层警察中秋佳节坚守岗位 巡逻途中不幸牺牲

「敬业奉献」

人物故事

杨春林，男，1968年生，生前系安徽省滁州明光市公安局明东派出所副教导员；朱远景，男，1990年生，生前系安徽省滁州明光市公安局明东派出所辅警。

1998年，杨春林进入公安系统，承担“护学岗”、案件办理等大量工作。2019年春运，他在拥堵的高速路上为一名正在高烧昏迷的未满月婴儿打通了绿色生命通道；9月，他又跳河救下轻生的高三女孩。朱远景于2013年加入明光市特巡警大队，他曾在狂风暴雨中充当“人体线杆”近2小时，为群众托举出畅通的道路；他在2014年和2019年多次跳进冰冷的水中，救他人于危难。

2019年9月14日，杨春林和朱远景在工作9个多小时后接到参加打击非法采矿巡查的任务，两人在工业园区驾车巡逻，晚上10点，他们准备驾车绕园区道路再进行一次全面排查，一声巨响冲破月夜的宁静，他们的车辆遭遇一辆闯红灯的重型半挂大货车冲撞。杨春林同志经抢救无效不幸牺牲，时年51岁。朱远景同志身负重伤，经多方专家抢救无效，不幸牺牲，年仅30岁。

（安徽省文明办供稿）

王惠民

盲人按摩师32年义务植树10万余株 创业致富助乡邻

「敬业奉献」

人物故事

王惠民，男，1966年生，安徽省铜陵市郊区大通镇光荣村村民。2001年获“第五届地球奖”，2003年当选“全国自强模范”。

1982年，盲人王惠民作出让所有人惊疑不已的选择：上山种树。他从山顶到山脚拉根长绳，用特制的一米长的锄柄顺着绳子量，隔两米挖个坑，一行挖好了再移绳换行。栽苗、浇水、除草、施肥，在一团漆黑中他用心培育、呵护着绿色。

每天清晨，王惠民带上干粮和水上山，干活累了就停下来歇一会儿，啃几口干粮、喝一口水之后继续干。长年斩荆棘、翻硬土，身上的累累划痕、手上的个个血泡都没有让他退缩，每刨出一个树坑，每栽下一株幼苗，他的心里就种下了一株绿色的希望。自1982年起，他累计植树10万多棵，绿化7座荒山共计100多亩，并带动乡亲绿化了全村3000亩荒山，彻底改变了当地的生态面貌。2002年后，当地山林进入管护期，王惠民在合肥办起了小型盲人推拿店，为近30名残疾人解决了就业问题。

（安徽省文明办供稿）

余　静

巾帼扶贫队长以村为家 以行动兑现脱贫承诺

「敬业奉献」

人物故事

余静，女，1983 年生，安徽省六安市金寨县花石乡大湾村党总支第一书记、驻村扶贫工作队长、党的十九大代表。先后荣获“第五届安徽省道德模范”“安徽好人”“安徽省优秀选派帮扶干部标兵”“安徽青年五四奖章”等荣誉。

2015 年，她主动请缨驻村扶贫，成为大湾村扶贫第一书记。为弄清村民的致贫原因，余静走遍了全村 37 个村民组。2015 年 8 月，余静与乡村干部一起抗击台风所引发的山洪，三天两夜守在防汛抗洪第一线。

余静积极争取以工代赈项目资金 50 万元，彻底解决了基础设施建设问题；利用大湾村离旅游景区马鬃岭比较近的优势，挖掘旅游资源，带动群众增收致富；注重产业发展，与县内知名茶企业联系，流转群众茶园，牵头联系种养大户与贫困户结成帮扶对子，实行“大户带小户”，群众收入不断增加。

经过 3 年努力，大湾村贫困人口由过去的 707 人降至 2019 年的 43 人，贫困发生率降至 1.3%，人均收入增长到 1.2 万元，2018 年实现了“户脱贫、村出列”的既定目标。

（安徽省文明办供稿）

郭秋桥

责任在肩　别样“警色”

「敬业奉献」

人物故事

郭秋桥，男，1972 年生，福建省莆田市荔城公安分局党委委员、交警大队长。

郭秋桥 1997 年参加公安工作，从警 23 年来，他经历了多部门、多岗位的学习与实践，始终不忘初心、牢记使命。

2016 年创城考评关键时候，他父亲病重病危，仍坚守岗位。压降事故，他始终使命在肩，道安考评连续 3 年获得优秀等次，辖区亡人交通事故近 3 年平均数与前 3 年平均数比下降了 20.8%；疏堵保畅，他始终冲锋在前，每年 100 多场的安保任务得以圆满完成。

成功化解多起多年信访事件，并组织开展扶贫帮困活动，为困难群众争取困难补助；关心民警工作、家庭、生活，解决他们的后顾之忧。郭秋桥用他的勤恳实干、敬业奉献、默默坚守、忠诚诠释了一名交通警察对平凡的超越。

（福建省文明办供稿）

黄爽秋　刘燕辉　张　勇　张荣科　何晓峰

守初心传承文化遗产
舞瑞狮献礼国家庆典

「敬业奉献」

人物故事

黄爽秋，男，1957 年生，江西省赣州市定南县剧团原团长；刘燕辉，男，1983 年生，定南实验学校政教处副主任；张勇，男，1986 年生，定南县自然资源局执法大队办公室副主任；张荣科，男，2001 年生，定南瑞狮传承基地优秀学员；何晓峰，男，1994 年生，定南县公安局特巡警大队民警。

定南瑞狮是赣南客家舞狮艺术的典范，也是江西省级非物质文化遗产。2019 年 10 月 1 日，定南瑞狮表演队 18 头九色瑞狮在天安门广场参加了国庆 70 周年联欢活动表演，成为全国 9 个、江西唯一的地方民俗进京表演项目！

为了推广发展定南瑞狮，2009 年黄爽秋和瑞狮团队提议将瑞狮带进校园。作为此次进京参演定南瑞狮团队的教练兼班长，刘燕辉凭着自己对瑞狮独特的理解，在原有动作的基础上加以创新演变，有了天安门前定南瑞狮“叠罗汉”的惊艳亮相。张荣科曾是定南瑞狮传承基地最优秀的学员之一，瑞狮舞蹈动作非常规范。张勇和何晓峰克服家庭困难，轻伤不下火线，坚决完成任务。

（江西省文明办供稿）

钟　亮

23 年高空“漫步”
用匠心守护光明

「敬业奉献」

人物故事

钟亮，男，1975 年生，国网江西九江供电分公司配电带电作业班班长。先后获“全国电力行业技术能手”“国家级技能大师”“江西省优秀共产党员”“江西省能工巧匠”称号。

2002 年，九江供电公司成立配网带电作业班，他主动、积极地要求到带电作业班工作。10 余年来，钟亮最多一天做过 11 次带电作业，时间最长一次是顶着 38 摄氏度的高温一口气操作了 4 个小时，他开展的带电作业 3000 余次，从未发生一起带电作业事故。2011 年 12 月，在江西省电力公司首届 10 千伏配网架空线路带电作业技能竞赛中，钟亮荣获个人第一名。制定的《抢修服务行为规范》2014 年获得“全国电力系统先进操作法”。在钟亮的带领下，带电班先后获得“江西省电力公司标杆班组”“安全生产先进班组”“优秀共产党员服务队”“江西省电力公司工人先锋号”等荣誉称号。

（江西省文明办供稿）

汤云房

3次“倒挂金钩”勇救坠井母子3人

「敬业奉献」

人物故事

汤云房，男，1995年生，江西省宜春市袁州区人，安徽省阜阳市颍上县消防救援大队城北新区中队特勤班副班长。

2019年7月14日下午4点55分，安徽省阜阳市颍上县消防救援大队接到报警：该县六十铺镇发生一起村民坠井事故，有2名人员被困井底。接警后，中队立即出动，到达现场后得知，被困者为一名妇女、一名2岁儿童。汤云房主动请缨：“井底温度低，氧气稀薄。井口面积又小，大型救援器材使用受限，不能再耽误时间了，我下去吧！”

队友们在井口拽安全绳，让汤云房以“倒挂金钩”的方式下到井底。汤云房下去将双手插入小女孩腋下，指示队友往上拉拽，小女孩被成功救出。汤云房顾不上休息，他第二次“倒挂金钩”下井，努力地将两股救援绳扣在了被困妇女手上，并呼叫队友往上拉拽，成功解救被困妇女。妇女告知汤云房还有一名小男孩不见了，中队立即展开了严密的排查和搜索。终于在救援现场附近，发现另一口井里坠落了一名小男孩。汤云房不敢耽搁，第三次“倒挂金钩”，将小男孩成功救援出来。

（江西省文明办供稿）

严　毅

履职尽责担使命 真心倾情扶真贫

「敬业奉献」

人物故事

严毅，男，1979年生，江西省上饶市海关综合业务科主任科员。

2017年9月，严毅来到江西省鄱阳县田畈街镇新联村担任驻村第一书记。新联村地处偏远，交通不便，村基础设施和公共服务落后；贫困发生率高，一度高达17%，是鄱阳县3个“十三五”深度贫困村之一。严毅用了不到一个月时间，走遍了村里的每个角落，访遍村里的山林土地，熟记了所有贫困户的基本信息。

为做好脱贫攻坚工作，他连续50多天没有回家，其间家中孩子生病，也只能打个电话，祖父去世，也没能赶上看最后一眼。翻开他的工作笔记本，里面记载着新联村脱贫攻坚的点点滴滴。打开扶贫档案柜，动态管理、信息比对、一户一档等扶贫资料一应俱全，几乎没有任何差错。两年多来，新联村发生了翻天覆地的变化，村级卫生室、便民服务室、“农家书屋”等村级服务场所一应俱全；村容村貌焕然一新——通了水泥路，装了路灯；通过教育帮扶、医疗保障、产业分红、就业增收使得新联村已减贫人口41户215人，2018贫困发生率已降至4%。

（江西省文明办供稿）

陈金海

39年坚守乡村学校 执着追梦铸师魂

「敬业奉献」

人物故事

陈金海，男，1962年生，江西省景德镇市浮梁县江村中学语文教师。先后获“江西省优秀教师”“江西省学科带头人”等荣誉。

坚守在偏远山区学校39年的陈金海老师，业务能力强，教学成绩优，师德修养高。他写作发表的论文《释“语文”》，被本科师范院校选为专业硕士必读文献；他2008年根据课堂教学现象向人民教育出版社提建议被采纳，改变了全国初中语文教科书上生字词的印刷方式；他从2007年开始受邀走上大学讲台出任骨干教师培训授课专家，足迹遍布大江南北；他提出的关于语文教育哲学的“言语文化”本体论，为义务教育语文课程标准的修订给出了坚实的学术理论支撑；他独立创编交由江西人民出版社出版全国发行的硬笔规范字书写教材，获得“全国书法教育最受欢迎教材”称号。

2008年以来，他结对带的语文教师徒弟已遍布全国，他从不收一分钱学费。为了援助新疆的中小学写字教学，他曾向新疆各地70多名语文教师寄赠他创编的写字教程，书本和邮寄费每份花费接近50元。

（江西省文明办供稿）

陈正山

扶贫组长21年坚守扶贫一线 积极建立长效发展项目

「敬业奉献」

人物故事

陈正山，男，1947年生，江西省鹰潭市公安局退休干部。先后获“江西省新农村建设先进个人”“江西省脱贫攻坚奖”等荣誉。

1998年元月，51岁的陈正山从市区来到偏远山村开展精准扶贫工作。21年来，他先后在6个村委会49个村小组开展扶贫工作，另外在9个村小组开展新农村建设。为了农民增收，他跑农技部门学习技术，引导村民种植雷竹、葡萄、红芽芋等经济作物，帮助创办木竹加工厂、种粮专业合作社；他组织村集体发展旅游产业，并帮助10余户农民建起了“农家乐”。21年来，他共帮扶50余户贫困户走上了致富的道路。

陈正山急群众之所急，贫困家庭学生辍学，他自费为孩子购买书包文具和衣服，送孩子重返校园，迄今已帮助10多位农民工子女在城市就学；他自掏腰包买来了两只羊，送给贫困的养殖村民；贫困户生病入院，他出钱支付手术费。真心换真情，21年扶贫工作让陈正山和贫困群众结下了深厚情谊。

（江西省文明办供稿）

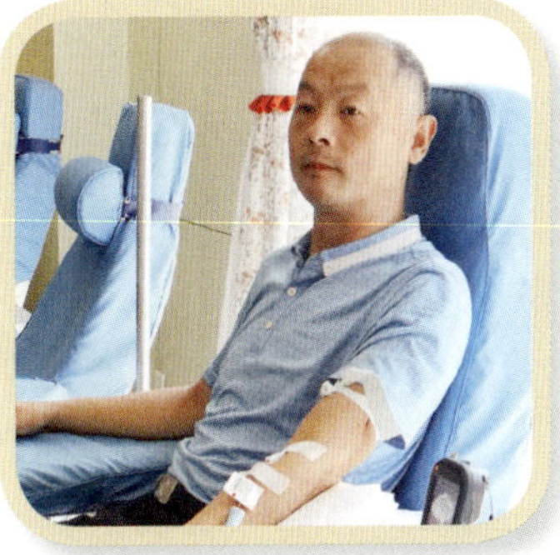

邓振华

公安战线的“拼命三郎”人民群众的“献血英雄”

「敬业奉献」

人物故事

邓振华，男，1968年生，山东省泰安市公安局岱岳区分局满庄派出所教导员。2018年荣获“全国无偿献血奉献金奖”。

2002年他被授予副主任法医师职称，后又通过了国家级高级技术任职资格。2008年在刑警大队工作期间，他把法医思路充分运用到侦查工作中，在山口杀人案中率先使用Y染色体排查犯罪嫌疑人，并成功破案。2014年到满庄派出所工作后，邓振华深入学习反电诈知识，不仅完成了岱岳分局电信诈骗案件冻结资金的首次线上返还工作，还与其他部门密切配合，打掉了多个诈骗犯罪团伙。已经50多岁的他，每年有一半的时间在全国各地征战办案。满庄镇辖区有3个4A级景区，每逢节假日安保执勤压力很大，邓振华节假日从来没有休过一天假，连续5年大年三十晚上都是在所里度过的。

从1995年起，邓振华坚持25年每年献血2次，从无间断，累计献血达1.2万多毫升。他还积极参加关爱留守儿童、照顾孤寡老人等志愿服务活动。

（山东省文明办供稿）

解建业

百战老兵深藏功名 牺牲奉献从不言悔

「敬业奉献」

人物故事

解建业，男，1923年生，河南省南阳市卧龙区方营村村民。

1939年，17岁的解建业被编入国民革命军第13军89师，曾3次在与日寇作战中立功。抗战胜利后，他参加了东北民主联军，担任某部机枪连班长。1946年4月，他参加了四平保卫战，并光荣地加入了中国共产党。他和战友们一起从东北打到天津，再到湖南，又南下广东广西剿灭国民党残余势力。1950年，朝鲜战争爆发，他随部队先后参加了云山战役等著名战役，直到1952年夏天换防回国，他也因此先后荣获“抗美援朝纪念勋章”“中国人民抗日战争胜利70周年纪念章”等8枚军功章。1956年，解建业转业到东北监狱和附属工厂当了两年管教干部。1958年，国家号召广大干部回农村支援农业生产，他毅然决定回到南阳老家当农民。就这样，浴血奋战近20年的解建业从国家干部变成了一个地道的农民，当时，他每年的固定收入只有24元的抚恤金。

多年来，尽管生活拮据，但他却常常提醒儿女们，不给组织添麻烦。

（河南省文明办供稿）

田京卫

电焊工 33 年初心不改 鞠躬尽瘁终成大国工匠

「敬业奉献」

人物故事

田京卫，男，1967 年生，世林（漯河）冶金设备有限公司高级技师。先后获“全国劳动模范”“全国技术能手”称号。

1986 年 12 月，18 岁的田京卫通过招工，进入世林（漯河）冶金设备有限公司成为一名普通工人。他先后获得创新成果 390 多项，获得专利 7 项，为企业带来直接经济效益达 1.6 亿元。他发明的“铸铁件冷焊焊接操作法”推广实施后，铸铁件由原来的因铸造缺陷大量报废，变成修复后合格率 100%，在保证质量的情况下大大降低了成本；他发明的“阀门一次试压合格操作法”推广实施后，阀门一次试压合格率由原来的不足 40%，提高到一次试压合格率 100%，降低成本 20%，效率提高 50%；他发明的“大型结构焊接反变形法”推广实施后，避免了因焊接完工后造成的变形而进行的返工返修，提高效率 50%。

田京卫用 33 年的执着坚守，生动诠释了工匠精神的深刻内涵，展示了一名技能大师锲而不舍、精益求精的良好精神风貌。

（河南省文明办供稿）

肖曙光

带着深情去扶贫 点燃深山脱贫新希望

「敬业奉献」

人物故事

肖曙光，男，1969 年生，湖北省宜昌市税务局党办主任科员，五峰湾潭镇红旗坪村第一书记兼扶贫工作队长。

2018 年 2 月，肖曙光主动请缨赴省级重点贫困村五峰湾潭镇红旗坪村开展扶贫工作。走马上任后，肖曙光以组织生活会听民意，了解民情，并通过实地走访，化解群众积怨，成为乡里乡亲人人信赖的贴心人。驻村以来，他先后自掏腰包 8 万多元，为群众办好事解难题上百件。

作为第一书记，他深知带领村民致富是他的终极目标。在经过充分调研后，他规划全村的产业发展，争取产业扶持资金 100 多万元，重点扶持发展蔬菜、中药材、乡村旅游等产业，新建和引进了 10 家专业合作社，覆盖全村 300 多农户，用“农民专业合作社 + 农民”的模式带动村民谋发展。截至 2019 年年底，红旗坪村各项产业增长迅猛。2019 年仅产业发展一项，户平均增收 3000 余元，带动全村找到产业脱贫路。

（湖北省文明办供稿）

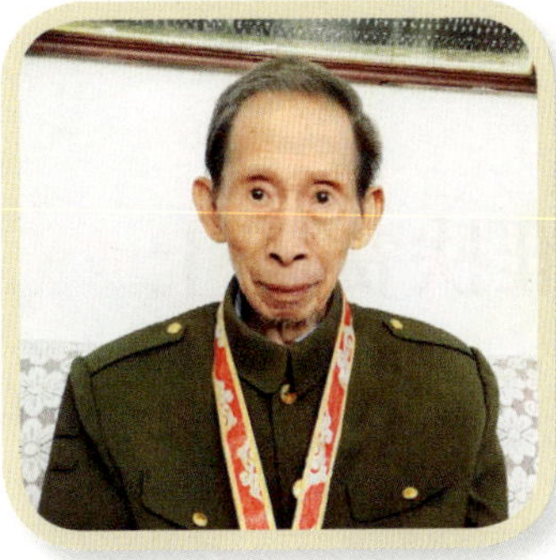

王明健

65年深藏功与名
献身国防核工业事业建功勋

「敬业奉献」

人物故事

王明健，男，1933年生，湖北省襄阳市南漳县人，中国人民解放军基建工程兵部队高级工程师。2019年获评“荆楚楷模年度人物”。

1955年，王明健被选拔到国家新组建的秘密机构——309队工作，开始学习原子能知识，1957年3月，他又被秘密派往北京跟随苏联专家学习。1958年夏天，王明健受命在半年之内建一个炼铀厂，拿出合格产品。通过无数次艰苦的实验，王明健终于自主设计了一套行之有效的“土法炼铀”。1958年8月底，由王明健设计的下庄水冶厂正式投入生产，这是全国第一家自办炼铀厂。

作为中国第一颗原子弹的燃料研制功臣，王明健发明了“简易炼铀法”“受控萃取法”以及“中性有机化合物对阴离子萃取剂协同效应”等，办起了中国第一家水冶厂，解决了中国第一颗原子弹的原料问题，为中国第一颗原子弹提前爆炸作出了巨大贡献。

他解决了70多项技术革新难题，实现了新中国重铀酸铵从不能生产、可以生产到超额生产的跨越。

（湖北省文明办供稿）

邹　炜　李　勇

扶贫路上的生命绝唱

「敬业奉献」

人物故事

邹炜，男，土家族，1979年生，生前系湖北省恩施土家族苗族自治州咸丰县委副书记、县脱贫攻坚指挥部副指挥长、办公室主任；李勇，男，土家族，1986年生，生前系咸丰县委办公室工作人员。

2018年12月18日9时50分左右，咸丰县委副书记邹炜、县委办工作人员李勇在前往咸丰县忠堡镇调研扶贫的途中发生交通事故，因公牺牲。39岁的邹炜和32岁的李勇，年轻生命永远定格在扶贫路上。

在咸丰县工作期间，邹炜蹲点调研232天，遍访全县11个乡镇、走访贫困村168个、贫困户700余户，解决精准扶贫具体问题326个，累计脱贫37059人，咸丰县贫困发生率由2014年的41.66%下降为14.08%。邹炜对咸丰扶贫事业倾心投入、鞠躬尽瘁，就在殉职前一天晚上，他还在连夜召开会议，安排部署全县的扶贫督办工作。

李勇工龄8年，或扶贫一线深耕细作，或案牍劳形服务中心工作，工作中多半的时间奔忙在田间地头，机关工作6年，尽心尽力，日常工作实现零差错，是青年干部的优秀代表。

（湖北省文明办供稿）

罗　强

将 58 岁生命定格在精准扶贫路上

「敬业奉献」

人物故事

罗强，男，1960 年生，中国工商银行股份有限公司咸宁分行驻湖北省通山县夏铺镇西湖村、青山村扶贫工作队队员。2019 年获评“荆楚楷模”。

罗强自 2015 年 10 月参加扶贫工作以来，用了不到 3 个月时间，就完成了西湖村全村贫困户精准识别工作。他发动村民建成了 6 亩白芨基地，带动 10 余户贫困户增产增收。

在青山村扶贫工作期间，他争取资金帮助青山村建成一座一期 50 千瓦光伏电站，每年给青山村带来 4 万余元收入；共为 15 户贫困户销售蜂蜜、黄桃、红苕粉等累计金额近 5 万元。

2018 年 12 月 17 日上午 8 时，罗强去西湖村与驻村第一书记焦金发对接年度扶贫工作；下午 2 时，与工行泉山支行行长万鹏联系帮贫困户销售蜂蜜和购买生猪事宜；下午 4 时，与村支书黄鹏程到湾下黄桃基地勘址；下午 6 时，到 3 组通知农户分装苕粉条；下午 7 时，赶到村里参加基地定址会议。

当晚 11 时 29 分，罗强因突发疾病倒下，再也没有起来，将 58 岁生命定格在准扶贫路上。

（湖北省文明办供稿）

卢登奎

风雨护路三十九年 献身公路写春秋

「敬业奉献」

人物故事

卢登奎，男，1962 年生，湖北省神农架林区公路管理局红坪公路管理站原站长。2007 年获全国五一劳动奖章，2019 年获评“荆楚楷模年度人物”。

红坪公路管理站所养护公路冰雪期长，养护难度大。卢登奎以站为家，39 年如一日，守护着公路的安全、畅通，是山区公路的“守护神”。

2004 年 6 月 17 日傍晚，209 国道倒石岩路段发生泥石流，过往车辆被困。卢登奎立即组织人员赶赴现场，奋力清除落石。直到深夜，淤泥和石块被清除，交通恢复，他才和职工们一起拖着疲惫的身躯返回驻地。

2008 年年初，百年不遇的冰冻天气持续了一个多月，红坪管理站所养护路段灾情严重，累计积雪厚度达 80 厘米。卢登奎带领职工们天天顶风冒雪，披星戴月，铲雪除冰排险，救助过往车辆，忙到腊月廿六雪停路通为止。

2014 年 8 月下旬至 9 月中旬，林区境内连续遭遇几场特大暴雨灾害，卢登奎管护的片区公路灾情最重。卢登奎带领职工日夜抢修公路，就这样不分白天黑夜连续奋战了近 2 个月。

（湖北省文明办供稿）

赵　宏

消防“兵王”的忠诚与奉献

「敬业奉献」

人物故事

赵宏，男，1977年生，湖北省襄阳市消防救援支队车城湖中队代理中队长，二级消防长。先后被公安部授予“全国优秀人民警察”等荣誉称号，并获评“湖北骄傲人物”“十大荆楚消防卫士”等称号，荣立个人二等功2次、三等功14次。

入队23年来，他一刻也没有放松对自己的要求，个人单项科目“挂钩梯”他创下了13.26秒的全国纪录，至今无人打破。他在全国17万消防员中脱颖而出，成为7名消防“兵王”之一。

20多年来，他先后参与了2600余次灭火救援任务，抢救群众800余人。赵宏常常每周才回家一天，遇到需要救援的情况，他甚至连续数月都不能回家，与12岁的儿子相处时间总共还不到两年。对于远在老家的年迈父母，赵宏更是无法陪伴。2008年的汶川地震救援，赵宏是湖北首批前往四川救援的消防员之一，抵达灾区后，他第一时间投入到救灾工作中，在恶劣的环境中安全转移疏散900多名群众，获评“全国抗震救灾先进个人”。

（湖北省文明办供稿）

邓盘瑛

退休党员坚守承诺 18年如一日关爱未成年人

「敬业奉献」

人物故事

邓盘瑛，男，1939年生，湖南省郴州市宜章县关工委顾问。2017年被评为“全省关心下一代先进工作者”“全国青少年普法教育先进个人”。

2000年，他开始担任宜章县教育基金会理事长，这一干就是10年。2014年，他组织开展了宜章县贫困学生大摸底，逐一进行了走访复查，邀请省、市、县人大代表、政协委员以及爱心企业家，与走访复查认定的贫困学生结成对子，3年多来，共结对帮扶贫困学生400多人。在10年的教育基金会工作中，他调研摸底，核实情况，把教育基金发放到最需要资助的学生手中。玉溪镇焦溪村吴起伟，有两兄弟和父母一家5口。有一年，吴起伟的父亲和弟弟先后在车祸中去世，邓盘瑛多次上门了解情况，对他进行精神鼓励，在资金上重点救助。吴起伟后来考上了重点大学。每年寒暑假，他对吴起伟进行家访和个人资助，从未间断。

（湖南省文明办供稿）

李　赞

从医 26 年致力乳腺癌术后修复重建

「敬业奉献」

人物故事

李赞，男，1968 年生，湖南省肿瘤医院乳腺肿瘤整形头颈外三科主任。

从事肿瘤整形外科临床工作 28 个年头，李赞每年要做 500 多台手术，很多都是全国各地慕名而来的患者。乳腺癌患者对待自己的病情，咨询的问题、担心的东西比较多，特别是二期重建的病人。吴英就是典型的例子，她走访了全国各大医院，最后来到湖南省肿瘤医院乳腺肿瘤门诊，通过李赞不厌其烦地解释各种重建方案的优缺点，最终选择了腹壁下动脉穿支皮瓣二期重建乳房。

2013 年，湖南省肿瘤医院成立“双百工程”（100 万元帮助 100 个贫困患者进行术后修复重建）后，李赞在全国各地奔走，积极推动中国乳房修复重建的发展。为了使修复重建技术得到普及，他牵头每年举办一期全国显微学习班，向全国各地的医生培训指导显微操作基本技术及肿瘤整形修复重建理念。

（湖南省文明办供稿）

刘国卿

央企干部深入大山扶贫
帮助上万名群众脱贫

「敬业奉献」

人物故事

刘国卿，男，1974 年生，中铁四局人才交流中心正处职干部。

2016 年 10 月，刘国卿接到扶贫任务，来到了湖南省郴州市桂东县。刘国卿针对山区土地金贵的情况，积极引导贫困户们广种朝天椒、油菜等经济作物。他根据市场需求由中国中铁确定订单，贫困户合作集中种植，并由县山货集团进行农产品深加工，让绿色食品、山珍山货走出大山。仅 2020 年中国中铁就完成订单 556.11 万元。同时，他指导当地组织有一定知识能力的贫困户参加专业的技能培训。这几年已有 829 名贫困户参加培训。

桂东县委、县政府决定开发牛郎山风电项目，刘国卿作为该项目执行副指挥长，通过项目投资入股的方式吸纳贫困户资本金入股，建立起了贫困户、央企加县企的县域产业经济发展机制。2018 年该项目竣工投产，满山遍野的“致富”大风车转了起来，惠及了 5152 户贫困家庭的 1.2 万余名贫困群众。

（湖南省文明办供稿）

林　红

深耕特教 21 年 用心呵护残疾儿童

「敬业奉献」

人物故事

林红，女，1979 年生，广西壮族自治区北海市残疾人康复培训中心教师。

1999 年，林红成为启智学校（北海市特殊学校前身）语训部的一名特殊教育老师，她认为，如果这些孩子在很小的时候，得到专业的康复训练，佩戴康复设备，很多完全可以过普通人的生活。

2008 年，北海市残疾人康复中心语训部成立，林红毫不犹豫加入，开始从事 0—7 岁学龄前孩子的康复教育工作。林红工资和普通教育系统老师的工资相差无几，但林红每天都要上六七节的课，工作量远超普通学校。康复中心的孩子，很多没有或者只有少部分行动能力，因而康复工作对体力的消耗极大。比如，自闭症的孩子有时候突然出现攻击性行为，她只能紧紧抱住孩子，慢慢把力气卸掉，再安抚他，让他平静下来，这样，孩子才不会继续伤害别人或者自己。

21 年，是什么让林红坚持下来的？她说道：康复一个孩子，就是拯救一个家庭，我要用自己有限的知识去帮助那些家庭。

（广西壮族自治区文明办供稿）

杨芝汉

带领 23 户深山人家 绝壁凿出“致富天路”

「敬业奉献」

人物故事

杨芝汉，男，1951 年生，重庆市巫溪县兰英乡兰英村 4 组村民。

14 年前，他带领周家坪村民在绝壁上凿出了通往外界的“致富天路”。

千百年来，周家坪的村民进出村子，必须在绝壁上上下攀爬。打通到山下的公路，一直是他们的梦想。

2001 年盛夏，23 户村民围坐在一起，定下横切老虎嘴（地名，上下落差 1500 多米的悬崖绝壁）、打通进村路的计划，领头人就是杨芝汉。

在山腰绝壁上横切打出一条道路来，其难度之大可想而知。别说大型机械设备无法进场，就是小型电动工具也使不上劲。杨芝汉带领着村民们提着钢钎、铁锤等工具，一寸一寸地凿进。

2005 年 12 月底，历时 4 年零 3 个月，1.2 公里的“挂壁公路”终于凿通了。

“老虎嘴”的天路通了，“天路精神”成为巫溪人诠释“落后不落伍，认穷不认输”的最好佐证。

（重庆市文明办供稿）

安永恩

绝症支书隐藏病情 鏖战贫困700余天

「敬业奉献」

人物故事

安永恩，男，土家族，1968年生，生前系贵州省铜仁市德江县桶井乡沿江村党支部书记。2019年获评“贵州好人”。

2017年5月，安永恩受命担任沿江村党支部书记。2017年10月，时常疼得浑身直冒冷汗的安永恩，在家人的强烈要求下，赴重庆西南医院全面检查，最终确诊直肠癌晚期。一家人东拼西凑16万元，安永恩接受了直肠靶向手术——“肛门再造”。出院后的安永恩挂着便袋，一边化疗抗病魔，一边带领群众战贫困。仅仅一年多，沿江村贫困人口从345人下降到4人，贫困发生率从45.51%下降到3%，村民年人均收入达6800元。

2019年8月，德江县委书记和桶井乡党委书记多次到医院看望慰问安永恩，为他送来慰问金。病榻上的安永恩却为自己没能坚持到脱贫攻坚胜利的那一天而惭愧，请求把慰问金和一个月的工资作为特殊党费全额上缴。2019年9月8日凌晨，与直肠癌抗争600余天后，51岁的村党支部书记安永恩拉着小儿子安作敏的手，永远地闭上了双眼。

（贵州省文明办供稿）

李文芝

警魂芳华定格在扶贫路上

「敬业奉献」

人物故事

李文芝，女，彝族，1973年生，生前系云南省楚雄彝族自治州武定县公安局经侦大队教导员。公安部追记个人一等功，云南省妇联追授“三八红旗手”称号，云南省总工会追授五一劳动奖章。

2015年，李文芝奔赴脱贫攻坚第一线。9月以来，她帮扶东坡乡以赤叨村委会罗干莫村4户建档立卡贫困户。4年里，她多次深入联系户家中，帮她们解决困难问题。李文芝与村干部积极争取资金，硬化了罗干莫村进村道路0.9公里，村间道路1.1公里，新建党支部活动室和罗干莫村100平方米的2个饮水池，使该村村民告别了泥泞路，喝上了自来水。了解到以赤叨村委会两个花季少年因家庭贫困面临辍学时，她主动提出资助这两名学生，并组织开展捐赠活动，使两个同学得以重返校园。

2019年4月3日，李文芝和县公安局3位干警赶赴罗干莫村，返程途中遭遇交通事故，李文芝伤势过重，抢救无效牺牲。

（云南省文明办供稿）

吴志宏

扶贫干部离世 捐献器官救 5 人

「敬业奉献」

人物故事

吴志宏，男，1970 年生，生前系云南省红河哈尼族彝族自治州党史研究和地方志编纂办公室副主任，红河县三村乡党委副书记兼补干村委会第一书记、驻村工作队队长。

2018 年 3 月，吴志宏被派驻红河县三村乡任扶贫工作队队长，他遍访贫困户，带领村民大力发展产业，种植花椒、辣椒、茶叶，养殖牛蛙，全乡 2028 户建档立卡贫困户因此摘掉贫困帽子；他带领扶贫干部们翻山越岭寻找水源，解决了 700 余名群众的饮水困难问题；他到群众家中做危房改造宣传动员工作，让三村乡 709 户近 3000 名贫困群众搬进了安全舒适的新房。

2019 年 10 月 17 日 16 时 50 分，吴志宏在扶贫工作动态管理公开评议会上讲话时突发疾病，送医抢救无效去世，年仅 49 岁。2019 年 11 月 8 日，吴志宏家人遵从其生前意愿，将其部分器官捐献，让 3 名器官衰竭者重获新生、2 名患者重见光明。云南省总工会追授吴志宏同志五一劳动奖章。

（云南省文明办供稿）

马春海

20 年穿梭高山峡谷 为独龙人架起“信息高速路”

「敬业奉献」

人物故事

马春海，男，独龙族，1979 年生，中国移动云南公司怒江贡山分公司副总经理。

独龙江乡自然条件恶劣，2004 年，中国移动在这里实施“兴边富民移动通信工程”。马春海无数次翻越高黎贡山，为独龙江乡各村移动通信基站建设和开通 GSM 移动通信网络立下汗马功劳，中国最后一个不通电话的少数民族聚居区进入通信新时代。

2014 年，怒江分公司提出“极速 4G、魅力怒江”的建设战略，马春海和同事们架光缆、爬铁塔、装设备、测信号，在当年 4 月底将 4G 基站建成开通，独龙江成为所有村委会都开通 4G 的乡镇。

2015 年 11 月 15 日，云南省首个乡镇级“移动互联网 + 项目办公室”在独龙江乡揭牌。马春海担任项目办公室负责人，为独龙江架设“信息高速公路”。自此，独龙江乡特色优质经济作物和特产得以通过互联网走出大山。

（云南省文明办供稿）

丹增克珠

当好生命“最后一程”守护者

「敬业奉献」

人物故事

丹增克珠，男，藏族，1982年生，西藏自治区拉萨市西山殡仪馆业务科副科长。2019年被授予“第六届西藏自治区道德模范”荣誉称号。

丹增克珠坦言，在殡仪馆工作的10年时间里，他一直以勇气、坚韧和阳光心态，承受和克服着各种心理压力。

个人的恐惧心理容易克服，但是人们对于殡葬行业的忌讳心理却一时难以改变。因为职业原因，丹增克珠仍然单身。丹增克珠说，他最大的期待就是他们的职业能够得到社会的理解和尊重。

面对世俗的压力，丹增克珠却从不后悔进入殡葬行业。自2010年进入西山殡仪馆工作以来，丹增克珠努力保持着良好心态，勤勤恳恳、任劳任怨、清正廉洁，践行着“丧家至上，服务第一”的工作理念，为每一位丧家提供真诚的服务和关怀。

（西藏自治区文明办供稿）

普布扎西

在高原税收工作岗位默默奉献20个春秋

「敬业奉献」

人物故事

普布扎西，男，藏族，1977年生，西藏自治区拉萨经济技术开发区税务局总经济师。

在普布扎西的领导下，成立于2016年8月的拉萨经济技术开发区税务局稽查局上下一心，大力组织税收查补收入，从最初2016年的查补收入323.6万元，到2017年1.65亿元、2018年的1.8亿元，有效打击了开发区内的不良税收秩序，为诚实守信的纳税人营造了公平、公正、稳定的税收环境。

2019年，普布扎西积极拓展网上申报工作，经过不懈努力，开发区税务局每月网报缴税金额占月税收收入的90%以上，网报申报户数占全区的1/3以上，走在了全区税务系统的前列。

他大力推行“一站式”办税服务等各种便民措施。一系列优质、便捷、高效、贴心的办税服务，得到了纳税人的高度认可与充分肯定。

（西藏自治区文明办供稿）

熊远有

扎根深山　献身广电

「敬业奉献」

人物故事

熊远有，男，1975年生，陕西省商洛市柞水县文旅局五华山发射塔值机员。

1994年，19岁的熊远有来到五华山调频发射台担任巡线员。这里山高路险，方圆几十公里无路、无人烟，生活条件极其艰苦。每年春秋季，山林里毒蛇、野兽时常出没；到了冬天，气温低到零下十几摄氏度。山上没有水，工作和生活都要走20余里去山沟底背，粮菜要往返30里下山去买，买一次用半个月。

熊远有的主要工作是巡查线路，维护设备。每天他都要往返20多里开展巡线工作，沿着羊肠小道巡到山脚下，顺便背上满满一桶水原路返回。1995年春季，当地一村民不慎将五华山的山林引燃，眼看火借风势向发射台逼近。紧急关头，熊远有拿起锄头和砍刀，强忍着浓烟，在距机房50米开外的地方挖隔离带。经过5个多小时的扑救，大火最终扑灭了，而他却累倒在山林中。

在这样的环境里，熊远有一干就是28年，艰苦的环境让他患上了风湿、哮喘、关节炎等多种疾病，但他仍然带病坚守在岗位上。

（陕西省文明办供稿）

张小娟

扶贫干部用生命践行使命

「敬业奉献」

人物故事

张小娟，女，藏族，1985年生，甘肃省甘南藏族自治州舟曲县人，生前系舟曲县扶贫开发办公室副主任。2019年10月7日，在工作返程途中因交通事故不幸殉职，年仅34岁。被追授“全国脱贫攻坚模范”“中国青年五四奖章”“全国三八红旗手”。

2003年，张小娟以舟曲县文科状元的优异成绩考入中央民族大学。2008年，大学毕业的她义无反顾地回到舟曲县，立志改变家乡贫困面貌。在扶贫办工作的几年里，她几乎没有周末和节假日，一年中有2/3以上的时间不是在贫困户家里，就是在去往贫困户家的路上。

经过大量的知识积淀和实践经验，她做到了各类数据、标准、规定、政策精准掌握、烂熟于胸，也因此成为各乡镇、各部门24小时在线的“业务联络员”。舟曲县19个乡镇、87个贫困村、3万余名贫困群众几乎无人不知、无人不晓“张小娟”这个名字，“移动数据库”“活词典”是当地干部群众对张小娟最形象的称谓。

（甘肃省文明办供稿）

魏鹏飞

不忘初心　坚守岗位　无私奉献

「敬业奉献」

人物故事

魏鹏飞，男，1972年生，国家税务总局茫崖市税务局党委书记、局长。2013年被授予“全省精神文明建设先进工作者”荣誉称号。

2018年，税务部门机构改革、税收业务整合，时任青海省茫崖行委国家税务局党组书记、局长的魏鹏飞，划出严守机构改革工作纪律、增强保密意识、个人必须服从组织的3条红线，保障上级各项改革部署在基层的全面落实。

无论工作多忙，魏鹏飞坚持带头保证每周至少一天的学习时间。在工作中，带头发扬艰苦奋斗的工作作风，秉着“今日事今日毕、事不解决不放手”的工作原则，与干部职工同甘共苦，营造了风清气正的政治生态。在生活中，他坚持按原则和制度办事，从不利用职务之便谋私利。

家国梦、税务梦，甘于做为民服务的先锋。魏鹏飞的家距离单位1000多公里，2018年税务机构改革关键期恰逢儿子中考，加上儿子考前模拟成绩不理想，繁重的工作和家庭的压力，让他夜不能寐，经过慎重考量，他毅然决定坚守岗位，在做好工作的同时，打电话为儿子打气。

（青海省文明办供稿）

梁树海

19年坚守照顾患病妻儿演绎人间大爱

「孝老爱亲」

人物故事

梁树海，男，1970年生，河北省遵化市建龙钢铁厂工人。

1998年梁树海和妻子温淑侠相识并结婚，1999年年底妻子怀孕不久，患上了妊娠高血压，怀孕7个月后，儿子降临人间。孩子被诊断为先天性脑瘫，不能正常行走。2007年温淑侠突发脑出血住进了医院，留下了严重的后遗症。由于常年吃药，又患上了慢性胰腺炎，频繁的手术又患上了腰椎间盘脱落，生活不能自理。

每天早晨5点他就起床，给妻子喂饭、擦脸、翻身、按摩，每隔2小时换一次尿不湿，自学按摩防止妻子肢体萎缩。忙完了妻子这边，梁树海就和孩子一起练习走路。为方便照顾妻子，梁树海睡觉经常不脱衣服。为了节省路费，买了一辆人力三轮车，每天拉着妻子、儿子去医院做康复训练。

在梁树海无微不至的照顾下，妻子的病出现了好转，能自己吃饭了，儿子也慢慢学会了走路。

（河北省文明办供稿）

袁国萍

爱老如亲　让生命更有尊严地离开

「孝老爱亲」

人物故事

袁国萍，女，1974 年生，山西省太原市精神病医院老年科护士。

太原市精神病医院老年科里的老人年龄在 60 岁以上，受精神障碍与老年阿尔茨海默病影响，老人的日常洗护、喂食、陪伴，样样需要悉心照料。为让老人开心，袁国萍处处顺着老人的心思，老人喜欢听书，她就讲故事；老人喜欢健身，她就陪着散步。自老年科 2004 年成立以来，袁国萍不论严寒还是酷暑，不管白天还是夜晚，只要接到紧急电话，她都会风雨无阻地赶到病房，为老人排忧解难，如有老人去世，袁国萍都会为老人擦拭身体，换干净内衣。

寒来暑往的护理生涯中，袁国萍用专业知识和技能，用实际行动把真诚的爱心奉献给了一个个身患疾苦的精神病患者、一个个阿尔茨海默病患者、一个个即将走完人生的老年人。

（山西省文明办供稿）

宋艳红

好妹妹照顾瘫痪哥哥 24 年，至今未嫁

「孝老爱亲」

人物故事

宋艳红，女，1967 年生，辽宁省营口市大石桥市村民。

官屯村有一户人家只有两口人：62 岁的哥哥宋树森瘫痪在床，52 岁的妹妹宋艳红已经照顾哥哥 24 年，至今没有嫁人。宋树森 2019 年接受采访时说。“我没有褥疮，身上没一块破的地方，妹妹每天都得给我翻上十几遍身。这么多年她没在外面住过一宿。我的被子褥子有一点埋汰了，妹妹马上拆洗。我身上的衣服天天换，地下炕上天天擦。”宋艳红从 19 岁起就全心全意地支撑这个家，个人的婚姻大事根本无暇顾及。28 岁时，妈妈病逝了。宋艳红说：“我永远忘不了妈妈临走时，望着躺在炕上的哥哥，拉着我的手说你哥俩要好好过。我向妈妈保证你放心吧，这个家有我呢。”

对于生活的不易和照顾哥哥的付出，宋艳红强调：“这是我的分内事，不愿意向外面提起，我们就是正常的日子。有重担，我自己扛了就是，为啥要拖累别人？”宋艳红说：“现在政府的照顾挺多的了，我们很满足，感谢政府和社会给予我们的温暖。”

（辽宁省文明办供稿）

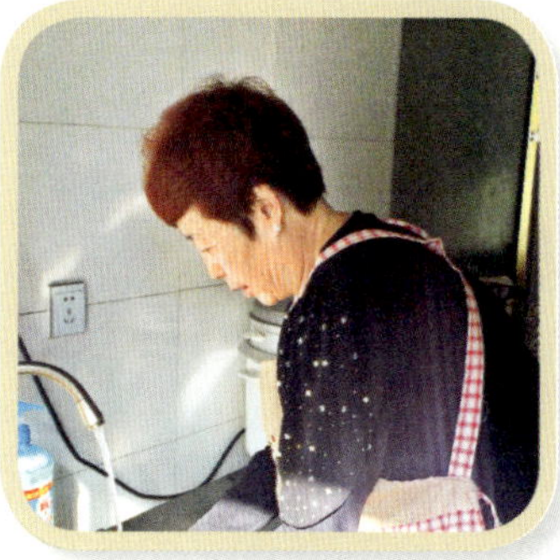

董淑英

办托老所倾心奉献 数十年照顾失能老人

「孝老爱亲」

人物故事

董淑英，女，1961年生，吉林省白山市抚松县抚松镇淑英托老所所长。

走进淑英托老所，第一印象就是干净、整洁。这里住的全是患有各种疾病、生活上半自理、不能自理或身有残疾的老人，但屋内却一点儿异味也没有。老人们被伺候得干干净净，坐在轮椅或者沙发上看看电视、和护理人员聊聊天。每日的中、晚餐，一定是荤素搭配的4个菜，周末的时候还会改善一下伙食。晚上，还有两名护理人员值班，定时巡检，为老人翻身、更换屎尿垫等。另外，每周还有专业医生帮助老人进行一次常规健康检查，需要输液治疗的，由专业人员每天上门打针。

董淑英把每一位老人都当自己的亲爹亲娘，从办了托老所以来，她从来没有先吃过一顿饭，每次都是先喂老人吃，老人吃完了她才吃。此外，她每天还要为老人擦洗、换药，夜里还要为老人翻3次身。

董淑英和托老所里的老人没有血缘关系，但他们之间的感情却比亲人还要好上几分。这几年来，董淑英送走了40多位老人，每送走一位老人，她都好些天才能从痛苦中走出来。

（吉林省文明办供稿）

杨应昌

祖母的好孙子　弟弟的好哥哥

「孝老爱亲」

人物故事

杨应昌，男，1941年生，福建省三明市将乐县古镛镇胜利村村民。

1969年秋，杨应昌把年逾八旬的祖母接来赡养。在物资极度匮乏的年代，他想尽办法为老人补充营养。同时，教育弟弟妹妹和子女孝敬长辈，善待老人。祖母于1976年94岁高龄辞世。1977年，弟弟杨慎昌在水库建设时遭遇土方塌陷，被土方掩埋，经医治后，无法独立行走，日常生活也需要人照顾。42年来，杨应昌一心一意照顾弟弟的生活起居。

2017年12月，杨应昌自己因脑血栓发病住院治疗。治疗后，落下行动缓慢、手脚不便的后遗症，但他照顾弟弟一点儿也没有松懈。

（福建省文明办供稿）

张付香

淳朴农妇默默照顾患病母亲和弟弟 17 年

「孝老爱亲」

人物故事

张付香，女，1974 年生，山东省临沂市兰陵县向城镇泇头村村民。

张付香父亲在世时就长期身体不好，大姐身患精神疾病，常年在精神病医院治疗，二姐出嫁，家庭贫寒，四妹嫁到外地，多年没有联系。现已 87 岁的老母亲双目失明，行动不便，需要照顾。农忙时节，她天不亮就起床去忙地里的农活，再急匆匆地赶回家中做饭，给孩子们穿上衣服，再为母亲梳头、洗脸、做饭、喂饭，每天起早贪黑照顾家庭。

雪上加霜的是，张付香原本身体健康的弟弟张海峰，19 岁那年突然患上了银屑病，在带着弟弟辗转济南、枣庄等地寻医问药无功而返后，张付香又扛起了照顾弟弟的重担。弟弟卧病在床，吃饭呕吐，张付香就细心地擦干净再喂，从不厌烦。长期病痛的折磨，让弟弟的精神出现了问题，张付香更是不敢离家，只能带着丈夫和 3 个女儿一起住在娘家照顾母亲和弟弟。17 年的日子虽然又苦又累，可是张付香却从没抱怨过一句。

（山东省文明办供稿）

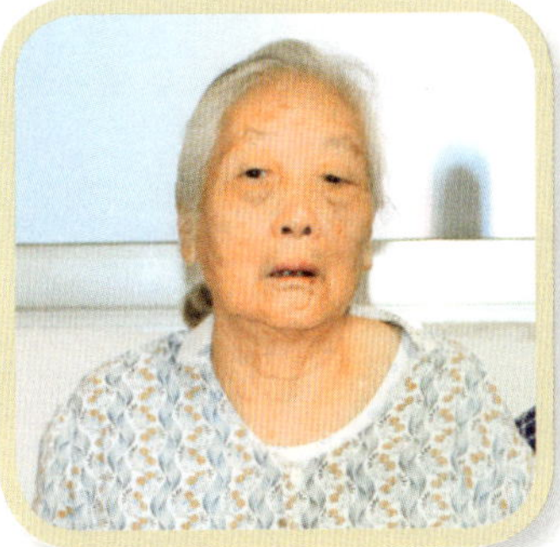

何碧华

耄耋老人照顾智障妹妹 80 年亲情暖人间

「孝老爱亲」

人物故事

何碧华，女，1932 年生，四川省内江市资中县重龙镇西外社区居民。

何碧华二妹在 3 岁的时候因为患重病成了智力障碍者。何碧华的父母很早就去世了，作为家里的长女，何碧华很小就担负起照顾弟弟妹妹的重任。妹妹穿衣、洗澡以及所有生活细节都需要何碧华亲自打理。为了方便照顾妹妹，姐妹俩从小就住在一间屋子里，妹妹有需要叫一声，何碧华就会立刻起来。何碧华无微不至地细心照料妹妹 80 年。

何碧华的言行也影响了子孙。孝老爱亲的家风，在这个家庭一代又一代传承着。对邻里，何碧华也是默默付出不求回报。从 1994 年搬进现在住的院落起，何碧华义务打扫楼道 20 余年；自掏腰包填补单元楼门口的低洼的地面；每天都要在家附近转一转，将地上的垃圾捡起来扔进垃圾桶。在资中县重龙镇孝子街，说起何碧华老人，几乎没有人不称赞她。

（四川省文明办供稿）

树群花

纳西族媳妇用爱营造和睦幸福之家

「孝老爱亲」

人物故事

树群花，女，纳西族，云南省丽江市玉龙纳西族自治县奉科镇柳青村委会联合四组村民。其家庭获全国“最美家庭”、云南省“最美家庭”荣誉称号。

树群花自嫁给丈夫杨丽军之后，除了照顾公公婆婆外，和平常人家不同的是，多了一个照顾对象——大姑姐。杨丽军的姐姐出生6个月，不幸患小儿麻痹而瘫痪，生活不能自理，衣食起居都要有人照料。树群花嫁给杨丽军那天，就承担起照顾姐姐的责任，饥饿时为她送饭，口渴时为她端水，背着她上厕所，背着她走几十里山路去赶集。长年累月，她成了姐姐的腿，更是姐姐的知心朋友。就连不善言辞的杨丽军都对自己的妻子夸赞连连：“我有个好妻子，没有她，就没有我们现在的幸福家庭。”家和万事兴，家人和睦、其乐融融的同时，树群花家种菜的规模越来越大，收入也多了起来，还在城里买了房。

（云南省文明办供稿）

陈万明

陕北一对夫妇33年赡养4位非亲老人

「孝老爱亲」

人物故事

陈万明，男，1968年生，陕西省延安市富县北道德乡湫塬村人。

熊尚红、李秀英、郝以平、王有4位老人原是陈万明当年在寺儿河组的老邻居，他们都没有子女，所以平时对邻家的这个小娃娃很是照顾，完全当自己的孩子一样对待。陈万明感恩他们的照顾，自1986年以来，他一直尽自己所能帮助4位老人。如今这4位老人已经去世3位，仅郝以平健在。

1996年湫塬村组合并，陈万明劝说老人们与他一起搬迁到交通更便捷的上湫塬组，但因老人们的土地都在寺儿河，只有郝以平1人跟着搬迁，另外3位老人没有跟着搬过来。为了照顾老人，陈万明每隔几天就会骑着摩托车翻山翻沟去看看老人们，帮忙买些米面、药品。

2007年8月13日，王有老人意外去世，这件事警醒了他，安排好老人的后事之后，他就回家和妻子商量着把仍在寺儿河居住的李秀英、熊尚红老两口接到了家里住，以防再发生意外。老人没有儿女，他就行儿女之事，不论是赡养老人还是安葬老人，陈万明都做得很周全。

（陕西省文明办供稿）

巴哈义古丽·尼合买提

20年如一日照顾社区10多位孤寡老人

「孝老爱亲」

人物故事

巴哈义古丽·尼合买提，女，塔塔尔族，1974年生，新疆维吾尔自治区昌吉回族自治州吉木萨尔县吉木萨尔镇满城路社区民政干事。2019年获得新疆维吾尔自治区“第六届道德模范”称号。

刘国群和刘桂花夫妇俩是满城路社区的低保户，老两口因早年丧子无依无靠。巴哈义古丽知道情况后便自愿做他们的女儿，长期以来无微不至地照顾他们，并陪同老人回河南老家探亲，完成了二老40多年来未了的心愿。

颜培侠老伴2005年去世时，两个孩子还在上大学，生活非常困难。巴哈义古丽得知情况后帮助颜培侠找工作、申请低保金，还给孩子送去了学费，并拿出自己的2万元积蓄帮助她创业。

为了让爱心传递，巴哈义古丽牵头成立了巴哈义古丽工作室，下有8支志愿者服务队，已吸纳志愿者1000多人。截至2019年年底，累计帮扶贫困家庭450余户、残疾人130名、困难学生1800余名；给南疆地区贫困村民捐赠衣服5760件；开展扶贫帮困活动1200多次。

（新疆维吾尔自治区文明办供稿）

后 记

伟大时代呼唤伟大精神，崇高事业需要榜样引领。2008年4月起，中央文明办通过中国文明网开展网上“我推荐我评议身边好人”活动，发动城乡基层群众和广大网民举荐身边的好人好事，定期推评助人为乐、见义勇为、诚实守信、敬业奉献、孝老爱亲的身边好人入选“中国好人榜”。10余年来，活动充分利用互联网创新先进典型宣传，开展社会主义核心价值观宣传教育，接地气、聚人气、有生气、树正气，产生了广泛的社会影响和积极的教育效果，成为网上网下互动、群众积极参与的道德实践活动品牌。

2019年，网上“我推荐我评议身边好人”活动继续在省（区、市）、地市、县区、街道乡镇、社区村组等各个层面广泛开展。全年有1249人（组）入选“中国好人榜”，在江苏徐州等11个城市举办示范性的月度“中国好人榜”发布仪式暨全国道德模范与身边好人现场交流活动并组织网络直播和宣传推广，参与评议点赞、交流互动的网友累计超8亿人次。网上“我推荐我评议身边好人”活动树立了鲜明时代价值取向，彰显了社会道德高度，营造了学习好人、宣传好人、争当好人、关爱好人的新风尚，进一步推动形成崇德向善、见贤思齐、德行天下的浓厚社会氛围。

为深入贯彻落实党的十九大和十九届历次全会精神，深入学习贯彻习近平总书记关于宣传思想工作和精神文明建设的重要思想，深入开展社会主义核心价值观宣传教育，培养担当民族复兴大任的时代新人、弘扬共筑美好生活梦想的时代新风，中国文明网组织力量精心编写了《中国好人传（2019年卷）》。本书按照“中国好人”上榜时间顺序，逐月分类别编排，力图通过简洁生动的文字、图文并茂的形式，充分展现“中国好人”的感人故事和高尚精神。榜样的力量是无穷的。此书旨在为平凡而伟大的身边好人、平民英雄树碑立传，推动全社会广泛开展先进模范学习宣传活动，让不同行业、不同群体都能学有榜样、行有示范，以榜样的力量激励人、鼓舞人，引导人们争做崇高道德的践行者、文明风尚的维护者、美好生活的创造者。

在本书编辑出版过程中，各省（区、市）和新疆生产建设兵团文明办负责同志认真审核把关，各地文明办、文明网的特约编辑和很多同志做了大量艰苦细致的工作。学习出版社对本书出版给予了大力支持。中国文明网许多同志利用休息时间参与书稿审改。在此，一并表示衷心感谢。

由于时间仓促及条件所限，书中难免有疏漏之处，敬请读者指正。

编　者

2022 年 8 月